# Die chronologische Entwicklung des einheitlichen europäischen Luftraumes

# Schriften zum Internationalen und zum Öffentlichen Recht

Herausgegeben von Gilbert Gornig

Band 123

*Zu Qualitätssicherung und Peer Review der vorliegenden Publikation*

Die Qualität der in dieser Reihe erscheinenden Arbeiten wird vor der Publikation durch den Herausgeber der Reihe geprüft.

*Notes on the quality assurance and peer review of this publication*

Prior to publication, the quality of the work published in this series is reviewed by the editor of the series.

Carolin Kaiser

# Die chronologische Entwicklung des einheitlichen europäischen Luftraumes

Geschichte, Rechtsfragen und Probleme des „Single European Sky“

PETER LANG

Berlin - Bruxelles - Chennai - Lausanne - New York - Oxford

**Bibliografische Information der Deutschen Nationalbibliothek**
Die Deutsche Nationalbibliothek verzeichnet diese Publikation in der DeutschenNationalbibliografie; detaillierte bibliografische Daten sind im Internet über http://dnb.d-nb.de abrufbar.

Zugl.: Marburg, Univ., Diss., 2023

D 4
ISSN 0943-173X
ISBN 978-3-631-91228-7 (Print)
E-ISBN 978-3-631-91235-5 (E-PDF)
E-ISBN 978-3-631-91236-2 (E-PUB)
DOI 10.3726/ B21416


Published by Peter Lang GmbH, Berlin, Deutschland

info@peterlang.com-_www.peterlang.com



Die Publikation wurde begutachtet.

*Meiner Familie*

# Vorwort

Die vorliegende Arbeit wurde im Sommersemester 2023 von der Philipps-Universität Marburg als Dissertation angenommen.

Mein besonderer Dank gilt meinem Doktorvater, Herrn Professor Dr. Dr. h. c. mult. *Gilbert Gornig* für die wissenschaftliche Betreuung meiner Arbeit und seine stetige Hilfsbereitschaft. Er ist nicht nur fachliche Leitfigur, sondern auch ein wertvoller Mentor für mich und sein unerschütterlicher Glaube an mein Potential und seine konstruktive Kritik waren entscheidend für die Vollendung dieser Arbeit. Danken möchte ich meinem Doktorvater auch für die Aufnahme in die vorliegende Schriftenreihe.

Herrn Professor Dr. Dr. h. c. *Hans-Detlef Horn* danke ich für die zügige Erstellung des Zweitgutachtens.

Mein ganz besonderer Dank gilt meinem Ehemann *Raphael Kaiser*, auf dessen liebevolle und tatkräftige Unterstützung ich stets zählen konnte. Er hat mich in den herausfordernden Phasen dieser Arbeit stets ermutigt und mir den nötigen Rückhalt gegeben.

Ebenso danke ich meinen lieben Eltern, die mich bei der Entstehung der Arbeit begleitet haben.

Mein herzlicher Dank gebührt auch meiner Freundin Dr. *Anne Kristin Kant* für ihren stetigen Zuspruch und ihre Unterstützung.

Im November 2023
Carolin Kaiser

# Inhaltsübersicht

# Abkürzungsverzeichnis

| | |
|---|---|
| a. A. | anderer Ansicht |
| ABl. | Amtsblatt |
| Abk. | Abkommen |
| abl. | ablehnend |
| Abs. | Absatz |
| a. F. | alte Fassung |
| ACI | Airports Council International |
| ACC | Area Control Centre (Area Control Services)/ Bezirkskontrolldienst |
| ADL | Arbeitsgemeinschaft Deutscher Luftfahrtunternehmen |
| ADS | Automatic Dependent Surveillance/ Flugverkehrsdatendienste |
| a. E. | am Ende |
| AETR | Accord Européen sur les Transports Routiers |
| AEUV | Vertrag über die Arbeitsweise der Europäischen Union |
| a. F. | alte Fassung |
| AG | Aktiengesellschaft |
| AIS | Aeronautical Information Service/Flugberatungsdienste |
| AL | Aktualisierungslieferung |
| ALS | Alerting Services/Flugalarmdienste |
| allg. | allgemein |
| AllgVerwR | Allgemeines Verwaltungsrecht |
| Alt. | Alternative |
| Anh. | Anhang |
| ANS | Air Navigation Services/Flugsicherungsdienste |
| ANSP | Air Navigation Service Provider |
| APATSI | Airport/Air Traffic System Interface |
| APP | Approach (Approach Control Services)/ Anflugkontrolldienst |
| ARCAS | Aircraft Communications Addressing and Reporting System |
| Art. | Artikel |
| ASAS | Airborne Separation Assurance System |

| | |
|---|---|
| Aserbaidschan | Republik Aserbaidschan |
| ASM | Airspace Management/Luftraummanagement |
| ATC | Air Traffic Control/Flugverkehrskontrolle |
| ATFCM | Air Traffic Flow and Capacity Management |
| ATFM | Air Traffic Flow Management/Verkehrsflussregelung |
| ATIS | Automatic Terminal Information Service |
| ATM | Air Traffic Management/Flugverkehrsmanagement |
| ATS | Air Traffic Services/Flugverkehrsdienste |
| ausf. | ausführlich |
| BAF | Bundesaufsichtsamt für Flugsicherung |
| BAFG | Gesetz zur Errichtung des Bundesaufsichtsamts für Flugsicherung |
| Bd. | Band |
| BDF | Bundesverband der Deutschen Fluggesellschaften |
| Belgien | Königreich Belgien |
| BesVerwR | Besonderes Verwaltungsrecht |
| BFS | Bundesanstalt für Flugsicherung |
| BGB | Bürgerliches Gesetzbuch |
| BGBl. | Bundesgesetzblatt |
| BGHZ | Entscheidungen des Bundesgerichtshofs in Zivilsachen |
| BMDV | Bundesministeriums für Digitales und Verkehr |
| BMVBS | Bundesministerium für Verkehr, Bau und Stadtentwicklung |
| BMVI | Bundesministerium für Verkehr und digitale Infrastruktur |
| BR-Drs. | Drucksache des Deutschen Bundesrates (zitiert nach Wahlperiode und Nummer) |
| bspw. | beispielsweise |
| BT-Drs. | Drucksache des Deutschen Bundestages (zitiert nach Wahlperiode und Nummer) |
| Bulgarien | Republik Bulgarien |
| BVerfGE | Entscheidungen des Bundesverfassungsgerichts (zitiert nach Band und Seite) |
| BVerwGE | Entscheidungen des Bundesverwaltungsgerichts (zitiert nach Band und Seite) |
| bzgl. | bezüglich |
| bzw. | beziehungsweise |

| | |
|---|---|
| CA | Chicagoer Abkommen |
| ca. | circa |
| CDU | Christlich Demokratische Union Deutschlands |
| CEP | Centrum für Europäische Politik |
| CFMU | Central Flow Management Unit/ Verkehrsflusssteuerungszentrale |
| CINA | Commission internationale de navigation aérienne |
| CMIC | Civil-Military Interface Standing Committee |
| CNS | Communications, Navigations and Surveillance (Services) |
| $CO_2$ | Summenformel für Kohlenstoffdioxid oder Kohlendioxid |
| CODA | Central Office for Delay Analysis |
| COM | Europäische Kommission/Legislativvorschläge und sonstige Mitteilungender Kommission an den Rat und/ oder an die anderen Organe sowie die entsprechenden vorbereitenden Dokumente; Dokumente der Kommission für die anderen Organe (Legislativvorschläge, Mitteilungen, Berichte etc.) |
| CSU | Christlich Soziale Union in Bayern e. V. |
| CTA | Control Area |
| CTR | Control Zone/Kontrollzone |
| CTZ | Control Zone/Kontrollzone |
| d. | der/die/das |
| Dänemark | Königreich Dänemark |
| dems. | demselben |
| ders. | derselbe |
| DFS | Deutsche Flugsicherung GmbH |
| d. h. | das heißt |
| DHV Info | Mitgliederzeitschrift Deutscher Gleitschirm- und Drachenflugverband |
| Doc. | Document |
| Dok. | Dokument/Dokumentation |
| DÖV | Die Öffentliche Verwaltung |
| Drs. | Drucksache |
| DVBl. | Deutsches Verwaltungsblatt |
| DVO | Durchführungsverordnung |

| | |
|---|---|
| DVZ | Deutsche Verkehrszeitung |
| DWD | Deutscher Wetterdienst |
| EAA | European Union Agency for Aviation/Agentur der Europäischen Union für Luftfahrt |
| EASA | European Aviation Safety Agency/Europäische Agentur für Flugsicherheit |
| EATCHIP | European Air Traffic Control Harmonisation and Integration Programme |
| EATMN | European Air Traffic Management Network |
| EATMP | European Air Traffic Management Programme |
| ECAA | European Common Aviation Area |
| ECAC | European Civil Aviation Conference/Europäische Zivilluftfahrt-Konferenz |
| ECAD | European Centre for Aviation Development – ECAD GmbH |
| ECIP | European Convergence and Implementation Plan |
| eds. | editors |
| EEA | Einheitliche Europäische Akte |
| EG | Europäische Gemeinschaft(en) |
| EGV | Vertrag zur Gründung der Europäischen Gemeinschaft |
| Einl. | Einleitung |
| EL | Ergänzungslieferung |
| EMAA | Europa-Mittelmeer-Luftverkehrsabkommen |
| endg. | endgültig |
| engl. | englisch |
| entspr. | entsprechend |
| ESARR | Eurocontrol Safety Regulatory Requirements |
| Estland | Republik Estland |
| etc. | et cetera |
| EU | Europäische Union |
| EuGH | Europäischer Gerichtshof |
| EUIR | European Upper Flight Information Region/Europäisches Fluginformationsgebiet für den oberen Luftraum |
| EuR | Europarecht |
| EUROCONTROL | Europäische Organisation zur Sicherung der Luftfahrt |
| EUV | Vertrag über die Europäische Union |
| EuZW | Europäische Zeitschrift für Wirtschaftsrecht |

| | |
|---|---|
| EWG | Europäische Wirtschaftsgemeinschaft/EWG-Vertrag |
| EWR | Europäischer Wirtschaftsraum |
| EWSA | Europäischer Wirtschafts- und Sozialausschuss |
| f./ff. | (fort)folgende (Seite/Randnummer) |
| FAA | Federal Aviation Authority |
| FAB | Functional Airspace Block |
| FABEC | Functional Airspace Block Europe Central |
| FAS | Flight Advisory Service/Flugverkehrsberatungsdienste |
| FAZ | Frankfurter Allgemeine Zeitung |
| Finnland | Republik Finnland |
| FIR | Flight Information Region/Fluginformationsgebiet |
| FIS | Flight Information Service/Fluginformationsdienst |
| FL | Flight Level/Flugfläche |
| Fn. | Fußnote |
| FHK | Flughafenkoordinator |
| FPK | Flugplankoordinator |
| Frankreich | Französische Republik |
| FS | Festschrift |
| FUA | Flexible Use of Airspace |
| GALILEO | Europäisches globales Navigationssatellitensystem |
| gem. | gemäß |
| GG | Grundgesetz für die Bundesrepublik Deutschland |
| ggf. | gegebenenfalls |
| GmbH | Gesellschaft mit beschränkter Haftung |
| grds. | grundsätzlich |
| Griechenland | Hellenische Republik |
| GYIL | German yearbook of International Law |
| Hdb. | Handbuch |
| HFR | Humboldt Forum Recht |
| hPa | Hektopascal |
| Hrsg. | Herausgeber |
| IATA | International Air Transport Association |
| ICAO | International Civil Aviation Organisation |
| ICB | Industry Consultation Body |
| i. d. F. | in der Fassung |
| IFPS-Zone | Integrated Initial Flight Plan Processing System |
| IFR | Instrument Flight Rules/Instrumentenflugregeln |

| | |
|---|---|
| insb. | insbesondere |
| insg. | insgesamt |
| INSTAR | Institutional Arrangement Study der ECAC |
| INSTRAT | Institutional Strategy |
| i. S. d. | im Sinne des |
| Island | Republik Island |
| Israel | Staat Israel |
| i. S. (v.) | im Sinne (von) |
| Italien | Italienische Republik |
| i. V. m. | in Verbindung mit |
| JAA | Joint Aviation Authorities |
| Jordanien | Haschemitisches Königreich Jordanien |
| Jura | Juristische Ausbildung |
| JZ | Juristenzeitung |
| Kg | Kilogramm |
| km | Kilometer |
| KOM | Europäische Kommission/Legislativvorschläge und sonstige Mitteilungen der Kommission an den Rat und/oder an die anderen Organe sowie die entsprechenden vorbereitenden Dokumente; Dokumente der Kommission für die anderen Organe (Legislativvorschläge, Mitteilungen, Berichte etc.) |
| krit. | kritisch |
| Kroatien | Republik Kroatien |
| LBA | Luftfahrtbundesamt |
| LBAG | Gesetz über das Luftfahrtbundesamt |
| Lettland | Republik Lettland |
| Libanon | Libanesische Republik |
| lit. | Litera (Buchstabe) |
| Litauen | Republik Litauen |
| LuftABw | Luftfahrtamt der Bundeswehr |
| LuftSiG | Luftsicherheitsgesetz |
| LuftVG | Luftverkehrsgesetz |
| LuftVO | Luftverkehrs-Ordnung |
| LuftVZO | Luftverkehrs-Zulassungs-Ordnung |
| Luxemburg | Großherzogtum Luxemburg |
| LoA | Letter of Agreement |

| | |
|---|---|
| m | Meter |
| Malta | Republik Malta |
| Marokko | Königreich Marokko |
| MET | Meteorological Service for Air Navigation/ Flugwetterdienste |
| MoC | Memorandum of Cooperation |
| Mrd. | Milliarden |
| MTOW | Maximum Take-off weight |
| MWARA | Major World Air Route Areas |
| m. w. Nachw. | mit weiteren Nachweisen |
| Nachw. | Nachweis |
| NATO | North Atlantic Treaty Organisation |
| n. F. | neue Fassung |
| NfL | Nachrichten für Luftfahrer |
| Niederlande | Königreich der Niederlande |
| NJW | Neue Juristische Wochenschrift |
| NM | Nautical Mile/Seemeile |
| Norwegen | Königreich Norwegen |
| Nr. | Nummer |
| NVwZ | Neue Zeitschrift für Verwaltungsrecht |
| Österreich | Republik Österreich |
| Polen | Republik Polen |
| PPP | Public Private Partnership |
| PRC | Performance Review Commission |
| QANTAS | Queensland and Northern Territory Aerial Services |
| RG | Reichsgericht |
| RGBl. | Reichsgesetzblatt |
| RGDIP | Revue Générale de Droit International Public |
| Rn. | Randnummer |
| Russland | Russische Föderation |
| S. | Satz; Seite |
| SAR | Search and Rescue/Such- und Rettungsdienst |
| SARPS | Standards and Recommended Practices |
| SAS | Scandinavian Airline System |
| Schweden | Königreich Schweden |
| Schweiz | Schweizerische Eidgenossenschaft |

| | |
|---|---|
| SES | Single European Sky/einheitlicher europäischer Luftraum |
| SESAR | Single European Sky ATM Research Programme |
| SESAR JU | SESAR Joint Undertaking |
| SIGMET | Significant Meteorological Phenomena/signifikante Wettererscheinungen |
| SJU | SESAR Joint Undertaking |
| Slg. | Sammlung der Rechtsprechung des EuGH |
| Slowakei | Slowakische Republik |
| Slowenien | Republik Slowenien |
| sog. | sogenannt(e) |
| Spanien | Königreich Spanien |
| SPD | Sozialdemokratische Partei Deutschlands |
| SRÜ | Seerechtsübereinkommen |
| SSC | Single Sky Committee |
| StGB | Strafgesetzbuch |
| StoffR | Stoffrecht |
| SWIM | System Wide Information Management System |
| TCAS | Technical Collision Avoidance System |
| TransportR | Transportrecht |
| Tschechien | Tschechische Republik |
| Tunesien | Tunesische Republik |
| TWR | Tower (Aerodrome Control Service)/ Flugplatzkontrolldienst |
| u. a. | unter anderem/und andere |
| UAC | Upper Area Control |
| UAS | Unmanned Aircraft Systems/unbemannte Luftfahrtsysteme |
| UIR | Upper Flight Information Regions |
| umstr. | umstritten |
| USA | United States of America |
| UTA | Upper Control Area |
| v. | vom/von |
| VDL | VHF Data Link |
| Königreich | Vereinigtes Königreich Großbritannien und Nordirland |
| VFR | Visual Flight Rules/Flüge nach Sichtflugregeln |
| VG | Verwaltungsgericht |

| | |
|---|---|
| vgl. | vergleiche |
| VHF | very high frequency = Ultrakurzwelle |
| VO | Verordnung |
| VVDStRL | Veröffentlichungen der Vereinigung der Deutschen Staatsrechtslehrer |
| VwGO | Verwaltungsgerichtsordnung |
| VwVfG | Verwaltungsverfahrensgesetz |
| WRV | Weimarer Reichsverfassung |
| WS | Wintersemester |
| WSA | Wirtschafts- und Sozialausschuss |
| ZaöRV | Zeitschrift für ausländisches öffentliches Recht und Völkerrecht |
| z. B. | zum Beispiel |
| ZfF | Zentralstelle für Flugsicherung |
| ZfRV | Zeitschrift für Europarecht, Internationales Privatrecht und Rechtsvergleichung |
| Ziff. | Ziffer |
| zit. | zitiert |
| ZLW | Zeitschrift für Luft- und Weltraumfahrtrecht(sfragen) |
| ZRP | Zeitschrift für Rechtspolitik |
| Zypern | Republik Zypern |

# Einführung

*„Zuerst wird Europa, dann der Globus durch das Fliegen verbunden, Nationen werden so miteinander verknüpft, dass sie zu Nachbarn werden... Was Eisenbahnen für Nationen getan haben, werden Flugrouten für die Welt tun." (Claude Grahame-White, 1914)*

## A. Problemstellung

Die Bedeutung des Luftverkehrs als einziges weltumspannendes Verkehrsmittel ist bis heute ungebrochen. Der Luftverkehr wuchs in den letzten einhundertzwanzig Jahren rasant und stetig. Und so unglaublich es klingen mag, der Luftraum über Europa operiert mancherorts bereits an seiner Kapazitätsgrenze[1] und könnte schon bald zu klein sein. Bewahrheitet sich diese Prognose, könnten die Kapazitäten des Luftraumes und der europäischen Flughäfen bald erschöpft sein.[2] Allein im Jahr 2015 wurden rund 920 Millionen Fluggäste und 15 Millionen Tonnen Fracht an den mehr als 440 europäischen Flughäfen abgefertigt.[3] Die Flugsicherung[4] kontrollierte dabei täglich etwa 27. 000 Flüge, was pro Jahr ca. 9 Millionen Flügen im europäischen Luftraum entsprach.[5] Rund 80 % dieser Flüge verkehrten im Jahr 2015 allein in der Europäischen Union.[6] Im Jahr 2018 waren so viele Flüge wie noch nie im deutschen Luftraum unterwegs, insbesondere in der ersten Jahreshälfte 2018 erreichte das Luftverkehrsaufkommen

---

1 *Belz*, in: Transmission, Magazin der DFS, S. 12 ff. (12).

2 MEMO/13/666 der Europäischen Kommission vom 10.07.2013 „Europäische Kommission investiert 600 Millionen Euro in neue Forschungen zur Verringerung der Überlastung des europäischen Luftraumes", S. 1, abzurufen unter http://europa.eu/rapid/press-release_MEMO-13-666_de.htm, zuletzt am 31.01.2023.

3 Sonderbericht des Europäischen Rechnungshofes, Einheitlicher Europäischer Luftraum: eine veränderte Kultur, aber kein einheitlicher Luftraum, Nr. 18/2017, S. 8, abzurufen unter https://www.eca.europa.eu/de/Pages/DocItem.aspx?did=43538, zuletzt abgerufen am 01.02.2023, ausf. zu dem Sonderbericht des Europäischen Rechnungshofes unter Kapitel 5, F.

4 Hier gemeint die Flugsicherungen in Europa insgesamt.

5 MEMO/13/666, S. 1.

6 MEMO/13/666, S. 1; Sonderbericht des Europäischen Rechnungshofes, Nr. 18/2017, S. 8.

in Europa einen neuen Höchstwert.[7] In der ersten Jahreshälfte 2019 erreichte das Luftverkehrsaufkommen in Europa einen weiteren Höchstwert, wobei das Tempo des Wachstums nachließ.[8] In der Zeit der Corona-Pandemie ging die Zahl der Starts und Landungen allerdings erheblich zurück. Im europäischen Vergleich traf die Corona-Pandemie den deutschen Luftverkehr im Jahr 2021 besonders hart. Die Zahl der Flüge erreichte in Deutschland mit 1,67 Millionen Flugbewegungen nur rund 50 % des Vorkrisenjahres 2019.[9] Insgesamt zählte EUROCONTROL auf dem Kontinent 6,2 Millionen Starts und Landungen.[10] Das bedeutete einen Rückgang um 4,9 Millionen gegenüber dem Jahr 2019 und lag nur knapp über dem Niveau von 2020.[11] Zwischen 1,4 und 1,5 Milliarden weniger Passagiere bedeuteten laut EUROCONTROL-Schätzung etwa 18,5 Milliarden Euro Verluste für die Airlines nach 22,2 Milliarden Euro im Jahr zuvor.[12] Nach zwei Jahren Corona-Krise hat sich der Flugverkehr im Jahr 2022 merklich erholt.[13] Bis zur Mitte des Jahres 2022 näherte sich der Passagierverkehr der Fluggesellschaften infolge der gelockerten Covid-Beschränkungen in

---

7 Luftverkehr in Deutschland, Mobilitätsbericht 2018, DFS Deutsche Flugsicherung GmbH, S. 2, S. 32, https://www.dfs.de/homepage/de/medien/publikationen/mobilitaetsbericht-2018-web-k.pdf?cid=7g, zuletzt abgerufen am 02.01.2023.

8 Luftverkehr in Deutschland, Mobilitätsbericht 2018, DFS Deutsche Flugsicherung GmbH, S. 32.

9 Luftverkehr in Deutschland, Mobilitätsbericht 2021, DFS Deutsche Flugsicherung GmbH, S. 3, abzurufen unter https://www.dfs.de/homepage/de/medien/publikationen/luftverkehr-in-deutschland-mobilitaetsbericht-2021.pdf?cid=gvb, zuletzt abgerufen am 05.01.2023.

10 EUROCONTROL PRR 2021, Performance Review Report, An Assessment of Air Traffic Management in Europe, Performance Review Commission, Juni 2021, S. 6, abzurufen unter https://www.eurocontrol.int/publication/performance-review-report-prr-2021, zuletzt abgerufen am 03.01.2023.

11 EUROCONTROL PRR 2021, Performance Review Report, An Assessment of Air Traffic Management in Europe, Performance Review Commission, Juni 2021, S. 6.

12 EUROCONTROL PRR 2021, Performance Review Report, An Assessment of Air Traffic Management in Europe, Performance Review Commission, Juni 2021, S. 4; https://www.rnd.de/wirtschaft/50-prozent-weniger-fluege-als-vor-corona-pandemie-trifft-luftverkehr-in-deutschland-besonders-hart-VV2OBJWUVM6XPOWWHVYNCV2Q7M.html, zuletzt abgerufen am 05.01.2023.

13 „DFS verzeichnet bis zu 20 Prozent mehr Verkehr", abzurufen unter https://www.dfs.de/homepage/de/medien/presse/2022/20-07-2022-dfs-verzeichnet-bis-zu-20-prozent-mehr-verkehr/, zuletzt abgerufen am 05.01.2023.

Deutschland dem Niveau vor Ausbruch der Corona-Pandemie.[14] Die DFS Deutsche Flugsicherung GmbH zählte im deutschen Luftraum in den ersten sechs Monaten des Jahres 2022 mehr als 1,2 Millionen Flugbewegungen nach Instrumentenflugregeln, was etwa 76 % des Niveaus von 2019 entspricht.[15] Insbesondere die große Zahl von Urlaubern sorgte im Vorjahresvergleich für ein enormes Plus von 267 %.[16] Fast 4,6 Millionen Fluggäste zählte Fraport im Mai 2022.[17] Der Passagierzuwachs gegenüber dem Vormonat April lag bei 600.000.[18] Insgesamt begrüßte der Flughafen Frankfurt im Jahr 2022 insgesamt etwa 48,9 Millionen Passagiere, was ungefähr einer Verdopplung[19] gegenüber dem Vorjahr entspricht.[20] Insgesamt waren es in Frankfurt im Jahr 2022 382.211 Starts und Landungen und damit knapp 45,9 % mehr als 2021.[21] Noch immer liegt man aber knapp 25,6 % unter Vor-Corona-Niveau 2019.[22] Langsam nähert sich aber

14 „Am Himmel wird es enger“, abzurufen unter https://www.tagesschau.de/wirtschaft/konjunktur/flugverkehr-fraport-dfs-101.html, zuletzt abgerufen am 05.01.2023.

15 „DFS verzeichnet bis zu 20 Prozent mehr Verkehr“, abzurufen unter https://www.dfs.de/homepage/de/medien/presse/2022/20-07-2022-dfs-verzeichnet-bis-zu-20-prozent-mehr-verkehr/, zuletzt abgerufen am 05.01.2023.

16 „Am Himmel wird es enger“, abzurufen unter https://www.tagesschau.de/wirtschaft/konjunktur/flugverkehr-fraport-dfs-101.html, zuletzt abgerufen am 05.01.2023; „Fraport-Verkehrszahlen im Mai 2022: Passagierzahlen wachsen weiter sehr dynamisch“, abzurufen unter https://www.fraport.com/de/newsroom/pressemitteilungen/2022/q2/fraport-verkehrszahlen-im-mai-2022.html, zuletzt abgerufen am 05.01.2023.

17 „Fraport-Verkehrszahlen im Mai 2022: Passagierzahlen wachsen weiter sehr dynamisch“, abzurufen unter https://www.fraport.com/de/newsroom/pressemitteilungen/2022/q2/fraport-verkehrszahlen-im-mai-2022.html, zuletzt abgerufen am 05.01.2023.

18 „Am Himmel wird es enger“, abzurufen unter https://www.tagesschau.de/wirtschaft/konjunktur/flugverkehr-fraport-dfs-101.html, zuletzt abgerufen am 05.01.2023.

19 Plus 97,2 %.

20 „Fraport-Verkehrszahlen 2022: Dynamisches Wachstum verdoppelt Passagieraufkommen in Frankfurt“, abzurufen unter https://www.fraport.com/de/newsroom/pressemitteilungen/verkehrszahlen/q4/verkehrszahlen-2022.html, zuletzt abgerufen am 20.01.2023.

21 „Fraport-Verkehrszahlen 2022: Dynamisches Wachstum verdoppelt Passagieraufkommen in Frankfurt“, abzurufen unter https://www.fraport.com/de/newsroom/pressemitteilungen/verkehrszahlen/q4/verkehrszahlen-2022.html, zuletzt abgerufen am 20.01.2023.

22 „Fraport-Verkehrszahlen 2022: Dynamisches Wachstum verdoppelt Passagieraufkommen in Frankfurt“, abzurufen unter https://www.fraport.com/de/newsroom/pressemitteilungen/verkehrszahlen/q4/verkehrszahlen-2022.html, zuletzt abgerufen am 20.01.2023; siehe auch https://www.frankfurt-fluglaermschutz.de/monitoring/flu

die Zahl der Flugbewegungen der vor der Pandemie, so dass auch die Probleme der Zeit vor der Pandemie wieder auftauchen.[23]

Zu den befürchteten Kapazitätsengpässen kommt erschwerend hinzu, dass, während auf europäischem Boden inzwischen wohl die meisten Ländergrenzen offen sind, der darüber liegende Luftraum noch immer nach den nationalen Grenzen aufgeteilt ist. Trotz des grundsätzlich internationalen Charakters erfolgt die Regelung des Luftverkehrs bisher auf nationaler Ebene in einem monopolistischen und zersplitterten Umfeld.[24] Der internationale Luftraum ist in kleine Einheiten aufgeteilt, die sich an den nationalen Ländergrenzen orientieren, wodurch Einschränkungen sowohl bei der Integration als auch bei der Interoperabilität entstehen und Flugverspätungen verursacht werden.[25] Der Luftraum wird daher bis heute nicht den aktuellen und tatsächlichen Verkehrsflüssen entsprechend abgefertigt und wird noch immer von vielen verschiedenen nationalen Flugsicherungsorganisationen mit meist unterschiedlichen Flugsicherungssystemen überwacht. Diese Abläufe und Strukturen der Flugsicherung beruhen bis heute auf Konzepten aus früheren Zeiten, als die Anzahl der zu bewältigenden Flüge noch deutlich geringer war.[26] Erschwerend kommt hinzu, dass die technischen Systeme und Kommunikationswege der Flugsicherungen häufig noch den Standards der 50er-Jahre entsprechen und somit überholt sind.[27] Diese Zersplitterung des Luftraumes geht mit hohen Kosten nicht nur für die einzelnen Volkswirtschaften, sondern auch für die Umwelt einher und verhindert die optimale, sichere und effiziente Nutzung des europäischen Luftraumes, die in Anbetracht des steigenden Luftverkehrsaufkommens immer dringlicher wird.

Um der Lage Herr zu werden, verfolgt die Europäische Kommission seit 1996 das grundsätzliche Ziel, das kleinteilige und ineffektive mitgliedstaatlich organisierte Luftraummanagement durch ein europäisches System zur regulierten Nutzung des Luftraumes zu ersetzen.[28] Jedoch erst schwerwiegende

---

gbewegungen/#:~:text=Im%20Oktober%202022%20wurden%2035.429,Vor%2DCorona%2DNiveau%202019, zuletzt abgerufen am 05.01.2023.

23 Siehe dazu „Deutsche Flugsicherung sieht teils ‚wahnsinnige Nachfrage'", abzurufen unter https://www.zeit.de/politik/2022-07/fluege-pandemie-deutscher-luftraum-flugverkehr?utm_referrer=https%3A%2F%2Fwww.google.com%2F, zuletzt am 07.01.2023.

24 Sonderbericht des Europäischen Rechnungshofes, Nr. 18/2017, S. 8.

25 Sonderbericht des Europäischen Rechnungshofes, Nr. 18/2017, S. 20.

26 *Koos*, promet 2014, S. 135 ff. (135).

27 *Koos*, promet 2014, S. 135 ff. (135).

28 *Droege*, DÖV 2006, S. 861 ff. (862).

Flugverspätungen Ende der 1990er-Jahre, für die die Zersplitterung des europäischen Luftraumes verantwortlich gemacht wurde, veranlassten die Europäische Kommission schließlich dazu, die Schaffung eines einheitlichen europäischen Luftraumes, des „Single European Sky" (kurz: „SES") stärker zu forcieren.[29] Die Implementierung des Single European Sky gelang im Jahr 2004 durch ein konzentriertes Verordnungspaket[30] weitgehend.[31] Das vorrangige Ziel der Schaffung des einheitlichen Luftraumes ist es bis heute, die Schwierigkeiten zu überwinden, die insbesondere aus der bestehenden Fragmentierung des bewirtschafteten Luftraumes entlang nationaler Grenzen resultieren.[32] Das bisher weitestgehend national organisierte Luftraummanagement soll durch ein europäisches System zur regulierten Nutzung des Luftraumes ersetzt werden, der zu einem „einheitlichen" europäischen Luftraum umstrukturiert wird.[33] Der einheitliche europäische Luftraum soll nach tatsächlichen Verkehrsflüssen und Flugaufkommen anstatt nach nationalen Grenzverläufen geplant und überwacht, seine Kapazität erhöht und ein Binnenmarkt für Flugsicherungsdienste in der EU geschaffen werden.[34] Die Flugsicherungsdienste in Europa sollen mithilfe dieses Verordnungspaketes modernisiert und harmonisiert werden, um den Luftverkehr im

29 Mitteilung der Kommission an den Rat und das Europäische Parlament, Die Schaffung eines einheitlichen europäischen Luftraumes vom 01.12.1999, KOM(1999) 614 endgültig, S. 2 ff.; Sonderbericht des Europäischen Rechnungshofes, Nr. 18/2017, S. 20.

30 Verordnung (EG) Nr. 549/2004 des Europäischen Parlaments und des Rates vom 10.03.2004 zur Festlegung des Rahmens für die Schaffung eines einheitlichen europäischen Luftraumes, ABl. EG Nr. L 96 vom 31.03.2004, S. 1 („Rahmenverordnung"); Verordnung (EG) Nr. 550/2004 des Europäischen Parlaments und des Rates vom 10.03.2004 über die Erbringung von Flugsicherungsdiensten im einheitlichen europäischen Luftraum, ABl. EG Nr. L 96 vom 31.03.2004, S. 10 („Flugsicherungsdienste-Verordnung"); Verordnung (EG) Nr. 551/2004 des Europäischen Parlaments und des Rates vom 10.03.2004 über die Ordnung und Nutzung des Luftraumes im einheitlichen europäischen Luftraum, ABl. EG Nr. L 96 vom 31.03.2004, S. 20 ff. („Luftraum-Verordnung"); Verordnung (EG) Nr. 552/2004 des Europäischen Parlaments und des Rates vom 10.03.2004 über die Interoperabilität des europäischen Flugverkehrsmanagementnetzes, ABl. EG Nr. L 96 vom 31.03.2004, S. 26 ff. („Interoperabilitäts-Verordnung").

31 *Droege*, DÖV 2006, S. 861 ff. (862).

32 *Scherer*, in: FS für Manfred Zuleeg, S. 456 ff. (456).

33 *Scherer*, in: FS für Manfred Zuleeg, S. 456 ff. (456).

34 *Langner/Schwenke*, Cep-Studie „Der einheitliche europäische Luftraum: Single European Sky, Stand und Ausblick", 2011, S. 4, abzurufen unter http://www.cep.eu/Studien/Single_European_Sky/cepStudie_Single_European_Sky.pdf, zuletzt abgerufen am 22.01.2023.

europäischen Luftraum effizienter, sicherer, kostengünstiger und umweltschonender zu gestalten. Die Verabschiedung des Verordnungspaketes soll insbesondere dabei helfen, den europäischen Luftraum neu zu ordnen, indem harmonisierte Regeln für die Erbringung von Flugsicherungsdiensten innerhalb des Luftraumes aufgestellt und Vorgaben für die Interoperabilität des europäischen Flugverkehrsmanagementnetzes geschaffen werden.[35]

Von dieser Zielvorstellung eines einheitlichen europäischen Luftraumes ist Europa allerdings noch immer weit entfernt. Das erste SES-Verordnungspaket wurde von der Europäischen Union zwar bereits im Jahr 2004 rechtlich verabschiedet, die Umsetzung geht jedoch bis heute schleppend voran. Viele der EU-Mitgliedstaaten möchten weder ihre nationalen Kompetenzen in Bezug auf die Lufthoheit noch im Bereich der Flugsicherung aufgeben. Diesbezüglich sind viele Hürden zu überwinden und sowohl technische als auch operative Neuerungen erforderlich, um das komplette europäische Luftverkehrsmanagementsystem auf einen gemeinsamen Nenner und denselben technischen Stand zu bringen. Allerdings stellt nicht nur die Technik ein Problem dar, sondern auch ihre einheitliche Verwendung und ihre Anpassung an die europäischen Verkehrsaufkommen und Zuständigkeiten. Wenn man den Prognosen Glauben schenkt, dann wird es im Jahr 2035 in Europa 14,4 Millionen Flüge geben, was rund 50 % mehr als noch im Jahr 2012 wären.[36] Dieser Anstieg des Luftverkehrs wird die ATM[37]-Kapazität strapazieren und die Diskrepanz zwischen Flughafendurchsatz[38] und ATM-Kapazität dermaßen vergrößern, dass voraussichtlich zwei Millionen Flüge aufgrund fehlender Flughafenkapazitäten nicht durchgeführt werden könnten.[39] Voraussetzung ist natürlich, dass nicht erneut

35 *Sendmeyer*, in: Schulze/Zuleeg/Kadelbach, Europarecht, § 34, Rn. 164.

36 Mitteilung der Kommission an das Europäische Parlament, den Rat, den Europäischen Wirtschafts- und Sozialausschuss und den Ausschuss der Regionen, Beschleunigte Verwirklichung des einheitlichen europäischen Luftraumes vom 11.06.2013, COM 2013 (408) final, S. 3.

37 Englisch für „Air Traffic Management“, kurz ATM.

38 Siehe dazu Mitteilung der Kommission an das Europäische Parlament, den Rat, den Europäischen Wirtschafts- und Sozialausschuss und den Ausschuss der Regionen, Flughafenpolitik in der Europäischen Union – Kapazität und Qualität zur Förderung des Wachstums, guter Verkehrsverbindungen und einer nachhaltigen Mobilität vom 01.12.2011, KOM(2011) 823 endgültig, S. 5.

39 EUROCONTROL, Challenges of Growth 2013, S. 3, www.eurocontrol.int/sites/default/files/content/documents/official-documents/reports/201307-challenges-of-growth-summary-report.pdf, zuletzt abgerufen am 02.01.2023; COM(2013) 408, S. 3.

Pandemien oder Kriege wie 2022 den Luftverkehr erheblich beeinträchtigen, also Ereignisse, mit denen früher niemand gerechnet hat.

Zusätzlich deuten die wissenschaftlichen Erkenntnisse darauf hin, dass die Klimaänderung entscheidend vom Menschen verursacht ist. Luftfahrzeuge stoßen Schadstoffe aus und in Europa entfielen im Jahr 2017 schätzungsweise 3,5–5 % der gesamten anthropogenen $CO_2$-Emissionen auf den Luftverkehr.[40] Allerdings brachte der geringere Flugverkehr infolge der Corona-Pandemie deutlich geringere Umweltbelastungen mit sich. Durch die COVID-19-Pandemie wurden die $CO_2$-Emissionen des Flugverkehrs im Jahr 2020 (-57,0 % im Vergleich zu 2019) und im Jahr 2021 (-48,4 % im Vergleich zu 2019) um die Hälfte reduziert.[41] Die $CO_2$-Menge reduzierte sich demnach um 106 Millionen Tonnen.[42] Dennoch ist klar, dass die ökologischen Herausforderungen für den Luftverkehr während der Erholungsphase und darüber hinaus bestehen bleiben werden.[43] Dies liegt daran, dass der relative Anteil des Luftverkehrs an den Gesamt-$CO_2$-Emissionen weiter zunehmen wird, da andere Sektoren voraussichtlich schneller dekarbonisieren werden.[44] Bei Zunahme des Flugverkehrs nach der Pandemie werden die Schadstoffzahlen wieder die ursprüngliche Höhe erreichen. Die Schaffung des einheitlichen europäischen Luftraumes wird daher auch als wichtiger Beitrag gesehen, um den $CO_2$-Ausstoß des Luftfahrtsektors durch eine effizientere Luftraumnutzung zu verringern.[45] Die möglichen $CO_2$-Einsparungen je Flug durch die Verwirklichung des einheitlichen europäischen Luftraumes schätzt die Europäische Kommission auf bis zu 12 %.[46] Von dem

---

40 PRR 2017, Performance Review Report, An Assessment of Air Traffic Management in Europe during the Calendar Year 2017, Performance Review Commission, Mai 2018, S. 8.

41 PRR 2021, Performance Review Report, An Assessment of Air Traffic Management in Europe, Performance Review Commission, Juni 2021, S. 16.

42 PRR 2021, Performance Review Report, An Assessment of Air Traffic Management in Europe, Performance Review Commission, Juni 2021, S. 16; https://www.rnd.de/wirtschaft/50-prozent-weniger-fluege-als-vor-corona-pandemie-trifft-luftverkehr-in-deutschland-besonders-hart-VV2OBJWUVM6XPOWWHVYNCV2Q7M.html, zuletzt abgerufen am 12.01.2023.

43 PRR 2021, Performance Review Report, An Assessment of Air Traffic Management in Europe, Performance Review Commission, Juni 2021, S. 16.

44 PRR 2021, Performance Review Report, An Assessment of Air Traffic Management in Europe, Performance Review Commission, Juni 2021, S. 16.

45 *Langner/Schwenke*, Cep-Studie 2011, S. 4.

46 Vgl. Mitteilung der Kommission an den Rat, das Europäische Parlament, den Europäischen Wirtschafts- und Sozialausschuss und den Ausschuss der Regionen, Einheitlicher

Projekt des einheitlichen europäischen Luftraumes erhoffen sich das Europäische Parlament und die Europäische Kommission erhebliche Vorteile, da der Single European Sky, sobald er um 2030–2035 fertiggestellt ist, die Luftraumkapazität im Vergleich zum Jahr 2004 verdreifachen, die Flugsicherungskosten halbieren, die Auswirkungen der Luftfahrt auf die Umwelt um 10 % verringern und die Sicherheit um ein Zehnfaches erhöhen könnte.[47]

Zur Leistungssteigerung und Harmonisierung des Rechtsrahmens wurden die Verordnungen zum einheitlichen europäischen Luftraum im Jahr 2009 im Rahmen eines zweiten Verordnungspaketes (SES-II-Paket) durch die Verordnung (EG) Nr. 1070/2009[48] modifiziert. Die europäischen Institutionen haben durch die Ausarbeitung der Single-European-Sky-Pakete zwar den Weg für die Schaffung eines einheitlichen europäischen Luftraumes beschritten und den Grundstein für dieses Unterfangen gelegt, von einer Zielerreichung kann jedoch auch heute noch keine Rede sein.[49] Obwohl das Europäische Parlament bereits vor fast zwei Jahrzehnten die gesetzlichen Grundlagen zur Vereinheitlichung des europäischen Luftraumes verabschiedete und die Schaffung des Single European Sky mittlerweile schon seit Jahren diskutiert und auch von der EU weiter vorangetrieben wird, lässt der einheitliche europäische Luftraum dennoch auf sich warten. Im Laufe der Zeit mussten die Ziele immer wieder relativiert werden und wurden von den Akteuren weniger als konkrete Vorgaben denn als Bestrebungen empfunden.[50]

---

europäischer Luftraum II: Kurs auf einen nachhaltigeren und leistungsfähigeren Luftverkehr, KOM(2008) 389 endgültig vom 25.06.2008, S. 3 ff.

47 Diese übergeordneten Ziele wurden ursprünglich im Jahr 2005 bekannt gegeben und später in den vom Rat 2009 gebilligten europäischen ATM-Masterplan miteinbezogen, Sonderbericht des Europäischen Rechnungshofes, Nr. 18/2017, S. 21, Fn. 11; Europäisches Parlament, „Luftverkehr: Einheitlicher europäischer Luftraum", März 2022, abzurufen (zuletzt abgerufen am 02.01.2023) unter https://www.europarl.europa.eu/factsheets/de/sheet/133/luftverkehr-einheitlicher-europaischer-luftraum.

48 Verordnung (EG) Nr. 1070/2009 des Europäischen Parlaments und des Rates vom 21.10.2009 zur Änderung der Verordnungen (EG) Nr. 549/2004, (EG) Nr. 550/2004, (EG) Nr. 551/2004 und (EG) Nr. 552/2004 im Hinblick auf die Verbesserung der Leistung und Nachhaltigkeit des europäischen Luftverkehrssystems, ABl. EG Nr. L 300 vom 14.11.2009, S. 34 ff.; siehe auch KOM(2008) 389.

49 *Langner/Schwenke*, Cep-Studie 2011, S. 4.

50 Sonderbericht des Europäischen Rechnungshofes, Nr. 18/2017, S. 21.

Im Jahr 2013 schlug die Europäische Kommission schließlich eine erneute Änderung, das SES 2+-Paket[51], vor, um die Verwirklichung des einheitlichen europäischen Luftraumes weiter zu beschleunigen. Das Leistungsüberprüfungsgremium (Performance Review Body – PRB) stellt der Europäischen Kommission unabhängige Beratung und Fachwissen zur Verfügung, um die Leistung der Flugnavigation in Europa in den Schlüsselbereichen Sicherheit, Kapazität, Umwelt und Kosteneffizienz zu verbessern. Der jährliche Überwachungsbericht 2021 blickte bereits auf ein zweites Jahr zurück, das stark von der COVID-19-Pandemie in Europa betroffen war. Der Bericht stellte fest, dass die Sicherheit trotz der vielen Herausforderungen, denen sich die Luftfahrtindustrie und ANSPs im Jahr 2021 gegenübersahen, hoch blieb, während insbesondere die Umweltleistung Anlass zur Sorge gab.[52]

## B. Gang der Darstellung

Die nachfolgende Arbeit gliedert sich in elf Kapitel, in denen nach Ansicht der Verfasserin die zentralsten Rechts- und Umsetzungsfragen des „ambitionierten"[53] Projekts zur Vereinheitlichung des europäischen Luftraumes chronologisch behandelt werden.

Einleitend werden im ersten Kapitel der Begriff und die Systematik des Luftrechts erläutert, um einen ersten Eindruck über das Rechtsgebiet zu gewinnen. Das sich anschließende zweite Kapitel beleuchtet die historische Entwicklung der Luftfahrt und des Luftraumes mitsamt den dazu entwickelten Theorien und geschlossenen Abkommen. Insbesondere auf die Konferenz von Chicago wird in diesem Kapitel Bezug genommen. Um das Konzept des einheitlichen europäischen Luftraumes und seine Auswirkungen besser einordnen zu können, versucht das zweite Kapitel weiterhin, sich dem Begriff der Luftraumsouveränität und der Definition sowie dem Umfang des Luftraumes anzunähern. Im dritten Kapitel werden die verschiedenen Ebenen der Luftverkehrsgesetzgebung dargestellt. Hier werden die Besonderheiten der internationalen, der europäischen und

---

51 Mitteilung der Europäischen Kommission an das Europäische Parlament, den Rat, den Europäischen Wirtschafts- und Sozialausschuss und den Ausschuss der Regionen: Beschleunigte Verwirklichung des einheitlichen europäischen Luftraumes vom 11.06.2013, COM(2013) 408 final.

52 Performance Review Body Monitoring Report 2021, Oktober 2022, abzurufen unter https://transport.ec.europa.eu/document/download/fe8b4352-4b36-4540-be2a-59ebe106bdcd_en, zuletzt abgerufen am 01.03.2023.

53 Sonderbericht des Europäischen Rechnungshofes, Nr. 18/2017, S. 49.

schließlich der nationalen Ebene erläutert, die die Grundlage der Flugsicherung bilden. Ein kurzer Exkurs über die Entwicklung der Flugsicherung in Deutschland gestaltet die Hintergründe und den Zusammenhang des einheitlichen europäischen Luftraumes für die Bundesrepublik Deutschland verständlicher. Schließlich widmet sich das vierte Kapitel der Entwicklung in der Europäischen Union. Nach einer chronologischen Darstellung der Anfänge des einheitlichen europäischen Luftraumes bis hin zur Ausarbeitung des ersten Single-European-Sky-Paketes im Jahr 2004 werden die Rechtsgrundlagen erläutert, auf die die Europäische Union das Verordnungspaket stützen kann. Das fünfte Kapitel stellt schließlich die einzelnen Verordnungspakete bis heute ausführlich dar. Zunächst werden die vier mit dem ersten Single-European-Sky-I-Paket neu geschaffenen Verordnungen erläutert sowie auf entsprechende ergänzende Rechtsakte näher eingegangen. Anschließend wird ergänzend die technologische Säule des Projekts, das Single European Sky ATM Research Programme beschrieben. Schließlich wird das Single-European-Sky-II-Paket erläutert, das auf der Erkenntnis basiert, dass grenzüberschreitende Flugsicherungsdienste eine Notwendigkeit und Erleichterung darstellen, die stärker forciert werden müssen als noch im ersten Verordnungspaket. Es erweiterte daher den Anwendungsbereich für eine grenzüberschreitende Flugsicherung und erwartete eine schnellere, effizientere Verwirklichung des Legislativvorhabens. Dennoch mündete das zweite Single-European-Sky-Paket in einen weiteren Vorschlag der Europäischen Kommission zur Verwirklichung des einheitlichen europäischen Luftraumes, dem an dieser Stelle vorgestellten „Single European Sky 2+“-Paket.

Um die Reichweite der Verordnungspakete einschätzen zu können, widmet sich Kapitel sechs der Luftraumsouveränität in der Europäischen Union und damit einhergehenden möglichen Veränderungen sowie den Beziehungen der EU-Mitgliedstaaten zu Drittstaaten. Das siebte Kapitel beschäftigt sich ausführlich mit den Anforderungen der Verordnungen und beschreibt die wesentlichen Handlungsaufträge an die EU-Mitgliedstaaten. Danach geht Kapitel acht gesondert auf die einzelnen Flugsicherungsaufgaben ein und beschreibt diese en détail. Anschließend wird im neunten Kapitel die Luftraumgestaltung samt ihren Möglichkeiten und Fortschritten bei der Umsetzung untersucht. Hierbei wird insbesondere das Konzept der funktionalen Luftraumblöcke sowie der Functional Airspace Block Europe Central begutachtet, dem die Bundesrepublik Deutschland angehört. Das zehnte Kapitel beschäftigt sich mit anderen zukunftsträchtigen Bereichen der Luftfahrt. Daneben wird auf die Entscheidung des Vereinigten Königreichs von Großbritannien und Nordirland eingegangen, die Europäische Union zu verlassen. Zum Schluss werden im elften Kapitel die bisherigen Ergebnisse zusammengetragen und ein Fazit gezogen. Abschließend wird ein Ausblick auf die Zukunft des Luftverkehrs geworfen.

## C. Einführung in die Terminologie

Da das Vorhaben des einheitlichen europäischen Luftraumes Maßnahmen zur Harmonisierung der Flugsicherungslandschaft in Europa vorsieht, sollen einige essenzielle Ausdrücke zum besseren Verständnis vorab definiert werden. Ein Überblick soll genügen, da die Begriffe im weiteren Verlauf der Arbeit ausführlicher erläutert werden.

### I. Begriffsbestimmungen

Die Sicherheitserfordernisse des Luftverkehrs beziehen sich auch auf dessen Abwicklung, die partiell durch die Luftverkehrsregeln vorgegeben wird, die von den beteiligten Luftfahrzeugführern einzuhalten sind, ohne dass die Mitwirkung offizieller Stellen durch verkehrslenkende Maßnahmen erforderlich ist.[54] Die Verkehrslenkung tritt zur Gewährleistung der Verkehrssicherheit zu den Verkehrsregeln hinzu.[55] Wie auch § 27c LuftVG[56] zu entnehmen ist, ist diese Aufgabe das wesentliche Element der Flugsicherung. In den Verordnungen zum einheitlichen europäischen Luftraum werden der Begriff und der Auftrag der „Flugsicherung" nicht näher bestimmt. Allerdings können § 27c Abs. 1 und Abs. 2 LuftVG bezüglich der Definition des Zwecks und der Rolle der Flugsicherung im deutschen Luftraum herangezogen werden. Danach dient die Flugsicherung der sicheren, geordneten und flüssigen Abwicklung des Luftverkehrs.[57] Der Luftverkehr wird durch die Flugsicherungsdienste (ANS – Air Navigation Services) und durch das Flugverkehrsmanagement (ATM – Air Traffic Management) gesteuert, kontrolliert und abgewickelt, die man zusammen als Flugsicherungsaufgaben im weiteren Sinne bezeichnen könnte.[58]

---

54 *Schwenk/Giemulla*, Hdb. des Luftverkehrsrechts, Kapitel 5, S. 189, Rn. 45.

55 *Schwenk/Giemulla*, Hdb. des Luftverkehrsrechts, Kapitel 5, S. 189, Rn. 45.

56 Luftverkehrsgesetz vom 01.08.1922, RGBl. 1922 I vom 10.08.1922, S. 681, zuletzt geändert durch das Fünfzehnte Gesetz zur Änderung des Luftverkehrsgesetzes vom 28.06.2016, BGBl. 2016 I vom 02.07.2016, S. 1548 ff.

57 § 27c Abs. 1 LuftVG.

58 *Bues*, S. 4.

In Art. 2 Rahmen-VO[59] wurde ein rechtsverbindlicher Katalog von Begriffsdefinitionen zur Vereinheitlichung der Flugsicherung niedergelegt.

### 1. *Flugsicherung*

Die Flugsicherung besteht aus vielen verschiedenen Flugsicherungsdiensten, da der moderne Luftverkehr, insbesondere der nach Instrumentenflugregeln, ohne die Flugsicherung nicht denkbar ist.[60] Das Hauptaugenmerk der Flugsicherung liegt auf der flüssigen, sicheren und geordneten Abwicklung des Luftverkehrs.[61] Darunter versteht man die Bewegungslenkung und Unterstützung im Luftraum im Sinne von dessen Überwachung und Kontrolle.[62] Die Abwicklung des Luftverkehrs umfasst den gesamten Flugvorgang mitsamt Start und Landung sowie der Bewegung auf dem Rollfeld inklusive der Rollbahn.[63] Der wichtigste Aspekt der Flugsicherung besteht dabei darin, die Luftfahrzeuge so zu steuern, dass der Abstand sowohl zu anderen Luftfahrzeugen als auch zu eventuellen Bodenhindernissen groß genug ist.[64] Diese Sicherheitsfunktion darf den Verkehrsfluss allerdings nicht beeinträchtigen und muss auch die Forderungen der Luftraumnutzer berücksichtigen.[65] Im Vordergrund steht daher unter anderem die Abwicklung des Luftverkehrs durch die Installation und Unterhaltung von Luftverkehrskontrollsystemen, wodurch die Voraussetzungen einer fortwährenden Kontrolle und Koordination der Flugbewegungen geschaffen werden.[66] In erster Linie sollen eine möglichst ökonomische Kapazitätsauslastung und Kapazitätszuteilung des

---

59 VO (EG) Nr. 549/2004 des Europäischen Parlaments und des Rates vom 10.03.2004 zur Festlegung des Rahmens für die Schaffung eines einheitlichen europäischen Luftraumes, ABl. Nr. L 96 vom 31.03.2004, S. 1 („Rahmenverordnung").

60 *Baumann*, in: Ehlers/Fehling/Pünder, BesVerwR 1, Bd. 1: Öffentliches Wirtschaftsrecht, § 27, Rn. 111.

61 § 27c Abs. 1 LuftVG; *Risch*, in: Grabherr/Reidt/Wysk, Luftverkehrsgesetz, 14. EL, 2010, § 27c, S. 13, Rn. 25.

62 *Risch*, in: Grabherr/Reidt/Wysk, Luftverkehrsgesetz, 14. EL, 2010, § 27c, S. 13, Rn. 25; *Baumann*, in: Ehlers/Fehling/Pünder, BesVerwR 1, Bd. 1: Öffentliches Wirtschaftsrecht, § 27, Rn. 111.

63 Vgl. §§ 21a, 23 Abs. 1 LuftVO; *Risch*, in: Grabherr/Reidt/Wysk, Luftverkehrsgesetz, 14. EL, 2010, § 27c, S. 13, Rn. 25.

64 Europäische Kommission, Flugverkehrsmanagement: Für einen grenzenlosen Himmel über Europa, Weißbuch vom 06.03.1996, KOM(96) 57 endg., S. 3.

65 KOM(96) 57, S. 3.

66 *Bues*, S. 4; *Knieps*, S. 67 f.; *Schwenk/Giemulla*, Hdb. des Luftverkehrsrechts, Kapitel 5, S. 189, Rn. 45.

Luftraumes und der Flughäfen erzielt und die Effekte des Luftverkehrs wie z. B. Lärm- und Schadstoffemissionen reduziert werden.[67] Die Flugsicherung kann außerdem ergänzende Dienste und Serviceangebote, wie z. B. die Kommunikations-, Navigations-, Überwachungs- und Wetterdienste anbieten.[68]

Die Flugsicherung gehört zu dem Sachgebiet „Luftverkehr", über das der Bund gemäß Art. 73 Abs. 1 Nr. 6 GG die ausschließliche Gesetzgebungsbefugnis hat.[69] In der Bundesrepublik Deutschland ist gemäß § 31b Abs. 1 LuftVG eine Gesellschaft mit beschränkter Haftung, die Deutsche Flugsicherung GmbH (DFS), für die Wahrnehmung der Aufgaben der Flugsicherung zuständig.[70]

### 2. *Flugsicherungsfunktionen*

Die Flugsicherungsdienste und das Flugverkehrsmanagement kontrollieren, steuern, ordnen und regeln den Luftverkehr und nehmen gemeinsam die Flugsicherungsaufgaben im weiteren Sinne wahr.[71]

---

67 *Bues*, S. 4.

68 *Bues*, S. 4.

69 *Schwenk/Giemulla*, Hdb. des Luftverkehrsrechts, Kapitel 5, S. 189, Rn. 46.

70 Ihre Beauftragung aufgrund der Ermächtigung in § 31b LuftVG ist durch die „Verordnung zur Beauftragung eines Flugsicherungsunternehmens (FS-AuftragsVO)" vom 11.11.1992 erfolgt, BGBl. 1992 I vom 27.11.1992, S. 1928.

71 *Bues*, S. 4; siehe dazu auch insb. *Bues*, S. 4, Fn. 21: In den SES-Verordnungen findet sich keinerlei Oberbegriff, der die Flugsicherungsdienste und auch das Flugverkehrsmanagement beinhaltet. Die genauen Begriffsdefinitionen werden unterschiedlich verwendet, insb. in der älteren Literatur wird allg. beim Flugverkehrsmanagement von einem Sammelbegriff gesprochen. Das Flugverkehrsmanagement (ATM) bezeichnet die Funktionen, die erforderlich sind, um die sichere und effiziente Bewegung von Luftfahrzeugen in allen Phasen des Flugbetriebs sicherzustellen (Flugsicherungsdienste, Luftraummanagement und Verkehrsflusssteuerung). Flugverkehrsdienst (ATS) – zum ATM gehörend – ist ein Sammelbegriff, der abwechselnd den Flugberatungsdienst, den Flugalarmdienst und den Flugverkehrskontrolldienst bezeichnet, dazu *v. Dam*, in: Hobe/v. Ruckteschell, Kölner Kompendium Luftrecht, Bd. 1, S. 60, Rn. 123, dort Fn. 191; dazu inzwischen auch Vorschlag für eine Verordnung des Europäischen Parlaments und des Rates zur Verwirklichung des einheitlichen europäischen Luftraumes vom 11.06.2013, COM(2013) 410 final, S. 34. Nachfolgend sollen ausschließlich die Begrifflichkeiten der Verordnungen zum einheitlichen europäischen Luftraum verwendet werden.

### a) *Flugsicherungsdienste*

Bei den der Flugsicherung unterfallenden Flugsicherungsdiensten[72] kann grob zwischen den Flugverkehrsdiensten[73] und den Unterstützungsdiensten[74] unterschieden werden. Gemäß Art. 2 Nummer 4 Rahmen-VO[75] bezeichnen die „Flugsicherungsdienste“ die Flugverkehrsdienste und die Kommunikations-, Navigations- und Überwachungsdienste, Flugwetterdienste sowie Flugberatungsdienste. Die Flugsicherungsdienste sollen auch im Zuge des einheitlichen europäischen Luftraumes grundsätzlich von den nationalen Flugsicherungsorganisationen erbracht werden.[76] Dies macht die Luftraum-VO[77] durch eine terminologische Differenzierung durch die Begriffe „Dienste“ und „Funktionen“ und auch der gesonderten Regelung des Luftraummanagements und der Verkehrsflusssteuerung deutlich.[78]

Weiterhin muss zum besseren Verständnis der Verordnungen zum einheitlichen europäischen Luftraum zwischen hoheitlichen und nicht-hoheitlichen

---

72 Siehe dazu auch *Schwenk/Giemulla*, Hdb. des Luftverkehrsrechts, Kapitel 5, S. 189, Rn. 45 ff.

73 Vgl. Art. 2 Nummer 11 Rahmen-VO: Flugverkehrsdienste bezeichnet wechselweise Fluginformationsdienste, Flugalarmdienste, Flugverkehrsberatungsdienste und Flugverkehrskontrolldienste (Bezirks-, Anflug- und Flugplatzkontrolldienste).

74 Der Begriff Unterstützungsdienste wird von den Verordnungen zum einheitlichen europäischen Luftraum nicht direkt verwendet, er wird lediglich in § 27c Abs. 2 S. 2 LuftVG für die aufgezählten Dienste benutzt. Siehe auch *Baumann*, in: Ehlers/Fehling/Pünder, BesVerwR 1, Bd. 1: Öffentliches Wirtschaftsrecht, § 27, Rn. 115: Sie sind damit entweder rein technischer Natur (Bereitstellung, Betrieb und Überwachung der Fernmelde-, Navigations- und Radarinfrastruktur) oder betreffen die Unterstützung der Luftfahrer bei der normativ geforderten Flugvorbereitung (siehe dazu die Vorgaben in § 3a LuftVO), also im Vorfeld der Flugdurchführung; siehe auch *Risch*, in: Grabherr/Reidt/Wysk, Luftverkehrsgesetz, 14. EL, 2010, § 27c, S. 27, Rn. 65.

75 Art und Umfang der Flugsicherungsdienste sind zusätzlich zu den europäischen Rechtsakten zur Schaffung eines einheitlichen europäischen Luftraumes auch in §§ 27c und 27d LuftVG, der Verordnung über die Durchführung der Flugsicherung (FSDurchführungsVO) und den Betriebsanweisungen der Flugsicherungsorganisationen gem. § 25 FSDurchführungsVO niedergelegt.

76 Siehe dazu auch *Schwenk/Giemulla*, Hdb. des Luftverkehrsrechts, Kapitel 5, S. 189, Rn. 48; *Bues*, S. 5.

77 VO (EG) Nr. 551/2004 des Europäischen Parlaments und des Rates vom 10.03.2004 über die Ordnung und Nutzung des Luftraumes im einheitlichen europäischen Luftraum, ABl. EG Nr. L 96 vom 31.03.2004, S. 20 ff. („Luftraum-Verordnung“).

78 Bspw. Art. 6, Art. 7 Luftraum-VO; *Bues*, S. 5.

Flugsicherungsdiensten unterschieden werden.[79] Die Flugverkehrsdienste, die im Kern die Bewegungslenkung und die damit zusammenhängenden Dienste betreffen, werden gemäß dem europarechtlichen[80] und dem nationalen[81] Rechtsverständnis als genuin staatliche, sich unter Ausübung von Hoheitsrechten vollziehende Aufgaben betrachtet, während die Unterstützungsdienstleistungen von Wirtschaftsunternehmen zu Marktbedingungen als privatwirtschaftliche Dienstleistungen in Übereinstimmung mit europäischem Recht erbracht werden können.[82]

### *b) Flugverkehrsmanagement*

Neben den Flugsicherungsdiensten mit den Flugverkehrsdiensten und den Unterstützungsdiensten ist auch das Flugverkehrsmanagement ein Teil der Flugsicherungsaufgaben. Das Flugverkehrsmanagement stellt sämtliche Tätigkeiten dar, die für den geordneten und sicheren Ablauf des Flugverkehrs erforderlich sind.[83] Gemäß der Definition von Art. 2 Nummer 10 Rahmen-VO bezeichnet das Flugverkehrsmanagement die Zusammenfassung der bord- und bodenseitigen Funktionen (Flugverkehrsdienste[84], Luftraummanagement und Verkehrsflussregelung), die für die sichere und effiziente Bewegung von Luftfahrzeugen in allen Betriebsphasen erforderlich sind. Es umfasst somit alle Dienste und Funktionen des Luftraummanagements (ASM – Airspace Management) und der Verkehrsflusssteuerung (ATFM – Air Traffic Flow Management). Im Gegensatz zu den Flugsicherungsdiensten, die auch zukünftig von nationalen Flugsicherungsorganisationen organisiert werden sollen, darf ein Teil des Flugverkehrsmanagements (ATFM und ASM)

---

79 *Bues*, S. 5.

80 Siehe Erwägungsgrund Nummer 5 der VO (EG) Nr. 550/2004 des Europäischen Parlaments und des Rates vom 10.03.2004 über die Erbringung von Flugsicherungsdiensten im einheitlichen europäischen Luftraum, ABl. EG Nr. L 96 vom 31.03.2004, S. 10–18.

81 Siehe Beleihungsvorschrift des § 31b Abs. 1 LuftVG.

82 Erwägungsgrund Nummer 13 Flugsicherungsdienste-VO; Deutscher Bundestag, Gesetzentwurf der Fraktionen CDU/CSU und SPD, Entwurf eines Gesetzes zur Änderung luftverkehrsrechtlicher Vorschriften, BT-Drs. 16/12279 vom 17.03.2009, S. 3 und S. 9; § 27c Abs. 2 S. 2 und 3 LuftVG; *Baumann*, in: Ehlers/Fehling/Pünder, BesVerwR 1, Bd. 1: Öffentliches Wirtschaftsrecht, § 27, Rn. 112.

83 KOM(96) 57, S. 3; Sonderbericht des Europäischen Rechnungshofes, Nr. 18/2017, S. 8.

84 Die Flugverkehrsdienste werden sowohl den Flugsicherungsdiensten als auch dem Flugverkehrsmanagement zugerechnet, siehe Art. 2 Nummer 4 und 10 Rahmen-VO.

in Zukunft als eigenständige (pan-)europäische Funktion EU-weit beauftragt werden.[85]

*aa) Luftraummanagement*

Das Ziel des Luftraummanagements ist es, die begrenzten Ressourcen des Luftraumes optimal zu verwalten, um die Vielzahl der zivilen und auch militärischen Nutzer uneingeschränkt bedienen zu können.[86] Gemäß Art. 2 Nummer 7 Rahmen-VO bezeichnet es eine Planungsfunktion, die vorrangig dem Zweck dient, die Nutzung des vorhandenen Luftraumes durch dynamische Zeitzuteilung (Timesharing) und zu bestimmten Zeiten durch Trennung des Luftraumes für verschiedene Kategorien von Luftraumnutzern auf der Grundlage kurzfristiger Erfordernisse zu maximieren. Dies erfolgt auf nationaler Ebene, wird aber dessen ungeachtet international von der Internationalen Zivilluftfahrt-Organisation (ICAO[87]) und der Europäischen Organisation zur Sicherung der Luftfahrt (EUROCONTROL) koordiniert, um ein Mindestmaß an Kohärenz zu gewährleisten.[88] In der Bundesrepublik Deutschland nimmt diese Aufgabe der DFS-Geschäftsbereich Center wahr, in dessen Zuständigkeitsbereich überregionale Vorhaben der besonderen Luftraumnutzung in der Bundesrepublik Deutschland (bspw. überregionale Luftfahrtveranstaltungen oder militärische Großmanöver) in enger Abstimmung mit den dafür zuständigen militärischen und/oder zivilen Stellen koordiniert und ggf. veröffentlicht werden.[89] Auch bei der Steuerung der Luftraumnutzung handelt es sich um eine Staatsaufgabe, die jedoch nicht mit der Ausübung von Hoheitsrechten einhergeht.[90]

---

85 *Bues*, S. 5; *Uhl*, in: Hobe/v. Ruckteschell, Kölner Kompendium Luftrecht, Bd. 2, S. 947, Rn. 242; die Definition der Flugsicherungsorganisationen in Art. 2 Nummer 5 Rahmen-VO verdeutlicht, dass diese ausschließlich Flugsicherungsdienste übernehmen sollen, vgl. *Bues*, S. 5, Fn. 22.

86 KOM(96) 57, S. 3.

87 Ausführlich zur ICAO unter Kapitel 2 B, IV., 2.; grds. dazu siehe Teil II, Kapitel VII ff. Chicagoer Abkommen; siehe auch Überblick bei *Weber*, in: Hobe/v. Ruckteschell, Kölner Kompendium Luftrecht, Bd. 1, S. 32 ff.; *Mensen*, Planung, Anlage und Betrieb, S. 157 ff.; bzgl. der geschichtlichen Entwicklung vgl. *Schäffer*, TransportR 2003, S. 377 ff. (377 ff.); *Böhme*, S. 129; *v. Antwerpen*, Air & Space Law 2002, S. 3 ff. (7 ff.). Vgl. auch https://www.icao.int/publications/pages/doc7300.aspx, zuletzt abgerufen am 15.02.2023.

88 KOM(96) 57, S. 4.

89 *Schwenk/Giemulla*, Hdb. des Luftverkehrsrechts, Kapitel 5, S. 202, Rn. 102.

90 *Risch*, in: Grabherr/Reidt/Wysk, Luftverkehrsgesetz, 14. EL, 2010, § 27c, S. 33, Rn. 81.

### *bb) Verkehrsflussregelung*

In Art. 2 Nummer 9 Rahmen-VO[91] wird die Verkehrsflussregelung als eine Funktion definiert, die mit dem Ziel eingerichtet wird, zu einem sicheren, geordneten und reibungslosen Verkehrsfluss beizutragen, indem sichergestellt wird, dass die Kapazität der Flugverkehrskontrolle so weit wie möglich ausgeschöpft wird und das Verkehrsaufkommen mit den Kapazitäten vereinbar ist, die die entsprechenden Flugsicherungsorganisationen angegeben haben.[92] Ihre wichtigste Aufgabe besteht darin, den Fluss der Luftfahrzeuge so effizient wie möglich zu regeln, um eine Überlastung bestimmter Kontrollbereiche zu vermeiden.[93] Die dazu bestehenden Möglichkeiten werden genutzt, um Angebot und Nachfrage bestmöglich zu bewerkstelligen, wobei die Nachfrage sowohl zeitlich als auch räumlich gestaffelt und eine bessere Organisation der Kontrollkapazitäten zur Deckung der Nachfrage möglich gemacht wird.[94] Zu den Maßnahmen der Koordination gehören unter anderem die Zuweisung von sogenannten „en-route-slots“[95] und das Anbieten von Empfehlungen für Umleitungsstreckenführungen.[96]

---

91 Siehe auch § 27c Abs. 2 S. 1 LuftVG.

92 Hierzu wurde bei der Flugsicherungsorganisation EUROCONTROL die Central Flow Management Unit (CFMU, heute Network Manager, siehe dazu https://www.skybrary.aero/index.php/Central_Flow_Management_Unit_(CFMU), zuletzt abgerufen am 03.01.2023) eingerichtet, die alle zentralen Steuerungsmaßnahmen für den europäischen Luftraum wahrnimmt und inzwischen auch die ehemals von der Luftraumnutzungszentrale der Deutsche Flugsicherung GmbH (DFS) wahrgenommenen Aufgaben übernommen hat, *Risch*, in: Grabherr/Reidt/Wysk, Luftverkehrsgesetz, 14. EL, 2010, § 27c, S. 32, Rn. 79; siehe auch *Baumann*, Private Luftfahrtverwaltung, S. 282 f.; siehe zur CFMU auch *Schwenk/Giemulla*, Hdb. des Luftverkehrsrechts, Kapitel 5, S. 202, Rn. 98.

93 KOM(96) 57, S. 3; Art. 2 Nummer 9 Rahmen-VO; *Schwenk/Giemulla*, Hdb. des Luftverkehrsrechts, Kapitel 5, S. 200, Rn. 97.

94 KOM(96) 57, S. 3.

95 Bei den *„en-route-slots“* handelt es sich um antizipierte Zeitnischen für die Nutzung der Lufträume, die sowohl dem Luftraumnutzer als auch der Flugverkehrskontrolle durch die Zuweisung einer kalkulierten Startzeit (calculated take off time) einige Stunden vor dem geplanten Flug mitgeteilt werden. Diese Slots stellen eine kurzfristige taktische Reaktion dar und beziehen sich ausschließlich auf die jeweilige Luftraumkapazität, *Risch*, in: Grabherr/Reidt/Wysk, Luftverkehrsgesetz, 14. EL, 2010, § 27c, S. 32, Rn. 79; ausf. dazu auch *Baumann*, Private Luftfahrtverwaltung, S. 284 f.

96 *Risch*, in: Grabherr/Reidt/Wysk, Luftverkehrsgesetz, 14. EL, 2010, § 27c, S. 32, Rn. 79; *Schwenk/Giemulla*, Hdb. des Luftverkehrsrechts, Kapitel 5, S. 200, Rn. 97 f.

Die Vergabe der en-route-slots stellt einen bloßen Informationsakt dar, der erst durch die Umsetzung durch die zuständige Flugverkehrskontrollstelle mittels einer konkreten Flugverkehrskontrollfreigabe für den Luftraumnutzer verbindlich wird.[97] Bei der Verkehrsflussregelung handelt es sich daher nicht um eine hoheitliche Maßnahme.[98] Sie ist kein Bestandteil der Flugverkehrsdienste, sondern nur noch eine Flugsicherungsfunktion.[99] Da die Verkehrsflussregelung jedoch keine privatwirtschaftlich zu erbringende Dienstleistung darstellt,[100] gehört sie nach der gesetzgeberischen Entscheidung als nicht-hoheitliche Staatsaufgabe zur Luftverkehrsverwaltung gemäß Art. 87d GG, die durch die supranationale Organisation EUROCONTROL wahrgenommen wird.[101]

---

97 *Risch*, in: Grabherr/Reidt/Wysk, Luftverkehrsgesetz, 14. EL, 2010, § 27c, S. 33, Rn. 80; *Schwenk/Giemulla*, Hdb. des Luftverkehrsrechts, Kapitel 5, S. 201, Rn. 99.

98 *Risch*, in: Grabherr/Reidt/Wysk, Luftverkehrsgesetz, 14. EL, 2010, § 27c, S. 33, Rn. 80.

99 Siehe dazu Art. 2 Nummer 9 Rahmen-VO; *Risch*, in: Grabherr/Reidt/Wysk, Luftverkehrsgesetz, 14. EL, 2010, § 27c, S. 33, Rn. 80.

100 Argument aus § 27c Abs. 2 S. 3 LuftVG: „Sie sind keine hoheitliche Aufgabe des Bundes und werden zu Marktbedingungen als privatwirtschaftliche Dienstleistung in Übereinstimmung mit dem Recht der Europäischen Union erbracht."

101 Siehe ausf. *Baumann*, Private Luftfahrtverwaltung, S. 282 ff.; *Risch*, in: Grabherr/Reidt/Wysk, Luftverkehrsgesetz, 14. EL, 2010, § 27c, S. 33, Rn. 80; ähnlich bei *Schwenk/Giemulla*, Hdb. des Luftverkehrsrechts, Kapitel 5, S. 200, Rn. 98.

## II. Tabelle und Abkürzungen

Zum besseren Verständnis werden vorab die wichtigsten Abkürzungen in einer überblicksartigen Tabelle dargestellt, um aufzuzeigen, in welchem Verhältnis die jeweiligen Flugsicherungsdienste und das Flugverkehrsmanagement auf EU-Ebene zueinanderstehen.

<table>
<tr><th>Die Flugsicherungsdienste (ANS, kurz für Air Navigation Services) gliedern sich auf in die …</th><th>Daneben gliedert sich das Flugverkehrsmanagement (ATM, kurz für Air Traffic Management) in …</th></tr>
<tr><td>• Flugberatungsdienste (AIS, kurz für Aeronautical Information Services)</td><td>• Luftraummanagement (ASM, kurz für Airspace Management)</td></tr>
<tr><td>• Unterstützungsdienste (CNS, kurz für Communications, Navigation and Surveillance Services)</td><td rowspan="2">• Verkehrsflussregelung (ATFM, kurz für Air Traffic Flow Management)</td></tr>
<tr><td>• Flugwetterdienste (MET, kurz für Meteorological Services for Air Navigation)</td></tr>
<tr><td colspan="2">Die Flugverkehrsdienste (ATS, kurz für Air Traffic Services) zählen auf der europäischen Ebene sowohl zu den Flugsicherungsdiensten als auch zum Flugverkehrsmanagement. Die Flugverkehrsdienste unterteilen sich in die …</td></tr>
<tr><td colspan="2">• Flugverkehrsberatungsdienste (FAS, kurz für Flight Advisory Services)</td></tr>
<tr><td colspan="2">• Fluginformationsdienste (FIS, kurz für Flight Information Services)</td></tr>
<tr><td colspan="2">• Flugalarmdienste (ALS, kurz für Alerting Services)</td></tr>
<tr><td colspan="2">• Flugverkehrskontrolldienste (ATC, kurz für Air Traffic Control Service), diese sind unterteilt in …<br>o Bezirkskontrolldienst (ACC, kurz für Area Control Centre, Area Control Services)<br>o Anflugkontrolldienst (APP, kurz für Approach, Approach Control Services)<br>o Flugplatzkontrolldienst (TWR, kurz für Tower, Aerodrome Control Service)</td></tr>
</table>

# Kapitel 1: Begriff und Wesen des Luftrechts

Um sich dem Luftrecht als Rechtsgebiet zu nähern, sollen neben der Systematik und dem Begriff des Luftrechts auch die verschiedenen Rechtsquellen kurz erläutert werden.

## A. Systematik des Luftrechts

### I. Begriff des Luftrechts

Der Begriff des Luftrechts ist nicht klar umrissen. Neben dem Begriff „Luftrecht" werden die Begriffe „Luftverkehrsrecht", „Luftfahrtrecht" oder auch „Luftschifffahrtrecht" synonym verwendet.[102] Im internationalen Sprachgebrauch finden sich die englischen Begriffe „Aviation Law", „Air Law", „Air Transport Law", im niederländischen „Luftrecht" und im französischen „Droit Aérien".[103]

Unter dem Begriff „Luftrecht" ist die Summe der Rechtsnormen zu verstehen, die sich auf die Benutzung des Luftraumes mit Luftfahrtgeräten beziehen.[104] Der Begriff schließt sämtliche damit zusammenhängende Sachmaterien, einschließlich der Abwehr von Gefahren, die solchen Tätigkeiten durch externe Eingriffe erwachsen können, ein.[105] Da es vor allem um die Nutzung von Luftfahrzeugen geht, ordnet man das Luftrecht dem Verkehrsrecht zu. Inzwischen hat sich das Luftrecht von dem anfänglichen Dualismus aus einem reinen Sonderordnungsrecht (also dem öffentlichen Luftrecht) und einem besonderen Schadensersatzrecht (also dem privaten Luftrecht) zu einer Sammelbezeichnung für die umfassende Regulierung der mit dem Luftverkehr verbundenen Lebenssachverhalte im Sinne eines Querschnittsrechtsgebietes entwickelt.[106] Dem öffentlichen Luftrecht sind dabei alle Rechtsnormen zuzuordnen, die bspw. der Zulassung

102 *Riese*, Luftrecht, S. 11; *Schleicher/Reymann/Abraham*, S. 1; *Schwenk/Giemulla*, Hdb. des Luftverkehrsrechts, Kapitel 1, S. 4, Rn. 1.

103 Ebenso *Riese*, Luftrecht, S. 12; *Schleicher/Reymann/Abraham*, S. 1.

104 *Baumann*, in: Ehlers/Fehling/Pünder, BesVerwR 1, Bd. 1: Öffentliches Wirtschaftsrecht, § 27, Rn. 3; *Brinkhoff/Windhorn*, in: Hobe/v. Ruckteschell, Kölner Kompendium Luftrecht, Bd. 1, S. 2, Rn. 3.

105 *Baumann*, in: Ehlers/Fehling/Pünder, BesVerwR 1, Bd. 1: Öffentliches Wirtschaftsrecht, § 27, Rn. 3.

106 *Baumann*, in: Ehlers/Fehling/Pünder, BesVerwR 1, Bd. 1: Öffentliches Wirtschaftsrecht, § 27, Rn. 4.

und dem Betrieb von Luftfahrzeugen dienen oder die Erlaubnisse für Luftfahrtpersonal und die Genehmigung und Planfeststellung von Flugplätzen mitsamt der Verkehrsregelung im Luftraum und der staatlichen Beaufsichtigung der gestatteten Tätigkeit regeln.[107] Das Luftprivatrecht hingegen regelt alle privatrechtlichen Rechtsbeziehungen, die mit der Luftfahrt zusammenhängen. Große Themenbereiche sind dabei das Lufttransportrecht, verschiedene Rechtsfragen, die in Zusammenhang mit dem Beförderungsvertrag stehen oder das haftungs- und luftverkehrsspezifische Versicherungsrecht.[108] Auf den Gedanken, das Luftrecht könne das Recht zur Benutzung der Luft „zu Zwecken" wie etwa der Stickstofferzeugung oder Nachrichtenübermittlung durch Ätherwellen regeln, dürften daher nur noch wenige kommen, auch wenn dies vor 50 Jahren in Betracht gezogen wurde.[109]

## II. Definitionen

Zum Begriff des Luftrechts haben sich verschiedene Definitionen herausgebildet. Die wohl am häufigsten verwendete Definition des Luftrechts stammt von *Alex Meyer*. Danach ist „Luftrecht die Gesamtheit der rechtlichen Sondernormen, welche sich auf die Benutzung des mit Luftschichten angefüllten Raumgebietes oberhalb der Erdoberfläche durch Geräte beziehen, die sich kraft der Eigenschaften der Luft im Luftraum halten können und deren Unterstellung unter die Sondernormen des Luftrechts nach vernünftiger Verkehrsauffassung geboten erscheint".[110] Demgegenüber möchte *Schladebach* die Definition prägnanter fassen und definiert das Luftrecht als die Gesamtheit der Rechtsnormen, die für die Nutzung von Luftfahrzeugen relevant sind.[111]

---

107 Sehr ausf. bei *Baumann*, in: Ehlers/Fehling/Pünder, BesVerwR 1, Bd. 1: Öffentliches Wirtschaftsrecht, § 27, Rn. 6 ff.; *Brinkhoff/Windhorn*, in: Hobe/v. Ruckteschell, Kölner Kompendium Luftrecht, Bd. 1, S. 2, Rn. 3.

108 *Baumann*, in: Ehlers/Fehling/Pünder, BesVerwR 1, Bd. 1: Öffentliches Wirtschaftsrecht, § 27, Rn. 4; *Brinkhoff/Windhorn*, in: Hobe/v. Ruckteschell, Kölner Kompendium Luftrecht, Bd. 1, S. 2, Rn. 3.

109 *Riese*, Luftrecht, S. 11 f.; *Schwenk/Giemulla*, Hdb. des Luftverkehrsrechts, Kapitel 1, S. 4, Rn. 2; *Brinkhoff/Windhorn*, in: Hobe/v. Ruckteschell, Kölner Kompendium Luftrecht, Bd. 1, S. 1, Rn. 2.

110 *Meyer*, Luftrecht in fünf Jahrzehnten, S. 61; *Schladebach*, Luftrecht, S. 7, Rn. 10; *Schwenk/Giemulla*, Hdb. des Luftverkehrsrechts, Kapitel 1, S. 5, Rn. 3.

111 *Schladebach*, Luftrecht, S. 7, Rn. 12.

## B. Rechtsquellen des Luftrechts

Das Luftrecht als der Zusammenschluss der Rechtsnormen des themenbezogenen Einsatzes von Luftfahrzeugen ist ausgesprochen komplexer Natur, weil viele Tatbestände einer Regelung bedürfen, die rechtssystematisch zu unterschiedlichen Rechtsgebieten zählen.[112] Die Rechtsnormen des Luftrechts lassen sich sowohl nach ihrem Regelungsgegenstand als auch nach ihrer Regelungsebene unterscheiden.[113]

### I. Regelungsgegenstände

Die Rechtsnormen lassen sich zunächst nach ihrem Regelungsgegenstand dem Luftprivatrecht oder dem öffentlichen Luftrecht zuordnen.[114]

#### *1. Öffentliches Luftrecht*

Kennzeichnend für das öffentliche Luftrecht sind Regelungen, die das vertikale Verhältnis zwischen einem Hoheitsträger einerseits und Bürgern und Unternehmen andererseits oder das Verhältnis zwischen Hoheitsträgern untereinander betreffen und eine einseitige hoheitliche Regelungsbefugnis beinhalten. So enthält das Chicagoer Abkommen[115] in Art. 6 die Bestimmung, dass im Rahmen des internationalen Fluglinienverkehrs Luftverkehrsunternehmen eines Vertragsstaates nur dann in den Luftraum eines anderen Vertragsstaates einfliegen dürfen, wenn dieser den Einflug ausdrücklich erlaubt hat.[116] Das EU-Recht macht die Erbringung von Flugverkehrsdienstleistungen im innergemeinschaftlichen Bereich von der Erteilung einer Betriebsgenehmigung an das jeweilige Luftverkehrsunternehmen abhängig.[117] Das Luftsicherheitsgesetz (LuftSiG) legt Maßnahmen zur Abwehr von polizeilichen Gefahren fest, die den Luftverkehr von außen beeinflussen können.[118] Zum öffentlichen Luftrecht gehören bspw.

---

112 *Schwenk/Giemulla*, Hdb. des Luftverkehrsrechts, Kapitel 1, S. 6, Rn. 6.

113 *Schladebach*, Luftrecht, S. 7, Rn. 13.

114 *Brinkhoff/Windhorn*, in: Hobe/v. Ruckteschell, Kölner Kompendium Luftrecht, Bd. 1, S. 2, Rn. 3; *Schwenk/Giemulla*, Hdb. des Luftverkehrsrechts, Kapitel 1, S. 13, Rn. 30 ff.

115 Zum Chicagoer Abkommen (kurz: „CA") siehe ausf. Kapitel 2, B., IV.

116 Art. 6 CA lautet „No scheduled international air service may be air services operated over or into the territory of a contracting State, except with the special permission or other authorization of that State, and in accordance with the terms of such permission or authorization."; *Schladebach*, Luftrecht, S. 11, Rn. 24; *Wysk*, in: Grabherr/Reidt/Wysk, Luftverkehrsgesetz, 22. EL, 2021, Einl., S. 11a, Rn. 10.

117 *Schladebach*, Luftrecht, S. 11, Rn. 24.

118 *Schladebach*, Luftrecht, S. 11, Rn. 24.

auch die Zulassung und der Betrieb von Luftfahrzeugen, Erlaubnisse für Luftfahrtpersonal sowie die Genehmigung und Planfeststellung von Flugplätzen.[119]

## 2. *Luftprivatrecht*

Die privatrechtlichen Normen des Luftrechts (Luftprivatrecht) beziehen sich vorrangig auf privatrechtliche Rechtsbeziehungen, z. B. Haftungs- und Versicherungsfragen, die beim Betrieb der Luftfahrzeuge auftauchen können.[120] Betroffen sind hierbei meist nicht-staatliche Rechtssubjekte. Da es nicht im gleichen Maße wie das öffentliche Luftrecht Gegenstand direkt geltender spezieller Regelungen geworden ist, wird in vielen Fällen auf Rechtsvorschriften des allgemeinen Privatrechts zurückgegriffen.[121] Große Themenbereiche sind dabei das Lufttransportrecht, das Rechtsfragen im Zusammenhang mit dem Beförderungsvertrag regelt, sowie das Dritthaftungsrecht, das sich mit den Auswirkungen auf an der Beförderung unbeteiligte Personen befasst.[122] Zum privaten Luftrecht gehören auch die Regelungen über (Pfand-)Rechte an Luftfahrzeugen, die Benutzung von Flugplätzen, das Luftfahrtpersonal oder nachbarrechtliche Fragen zwischen Anliegern und Flugplätzen.[123]

Das Montrealer Übereinkommen betrifft bspw. Rechtsfragen des Luftbeförderungsvertrages auf internationaler Ebene.[124] Im Geltungsbereich des EU-Rechts legt die VO (EG) Nr. 261/2004[125] eine gemeinsame Regelung für Ausgleichs- und Unterstützungsleistungen für Fluggäste im Fall der Nichtbeförderung und bei Annullierung oder großer Verspätung von Flügen fest. Auf nationaler Ebene weist bspw. das Luftverkehrsgesetz in §§ 33 ff. LuftVG zivilrechtliche Haftungsregelungen bei Unfällen beim Betrieb von Luftfahrzeugen auf.[126]

---

119 *Brinkhoff/Windhorn*, in: Hobe/v. Ruckteschell, Kölner Kompendium Luftrecht, Bd. 1, S. 2, Rn. 3; *Schwenk/Giemulla*, Hdb. des Luftverkehrsrechts, Kapitel 1, S. 7, Rn. 9.

120 *Schwenk/Giemulla*, Hdb. des Luftverkehrsrechts, Kapitel 1, S. 6, Rn. 8.

121 *Giemulla/v. Schyndel/Schorcht*, Luftverkehrsrecht, S. 2, abzurufen unter http://www.luftfahrtrecht.de/Luftrecht.pdf, zuletzt abgerufen am 03.01.2023.

122 *Brinkhoff/Windhorn*, in: Hobe/v. Ruckteschell, Kölner Kompendium Luftrecht, Bd. 1, S. 2, Rn. 3.

123 *Schwenk/Giemulla*, Hdb. des Luftverkehrsrechts, Kapitel 1, S. 6, Rn. 8.

124 *Schladebach*, Luftrecht, S. 11, Rn. 25.

125 VO (EG) Nr. 261/2004 des Europäischen Parlaments und des Rates vom 11.02.2004 über eine gemeinsame Regelung für Ausgleichs- und Unterstützungsleistungen für Fluggäste im Fall der Nichtbeförderung und bei Annullierung oder großer Verspätung von Flügen und zur Aufhebung der VO (EWG) Nr. 295/91, ABl. EG Nr. L 46 vom 17.02.2004, S. 1 ff., in der aktuellen konsolidierten Fassung vom 17.02.2005.

126 Siehe auch *Schladebach*, Luftrecht, S. 11, Rn. 25.

## II. Regelungsebenen

Weiterhin gibt es verschiedene Luftrechtsebenen, die den Geltungsbereichen entsprechend aufgeteilt sind. Ihrem Geltungsbereich nach kann das internationale, das supranationale[127] und das nationale Luftrecht unterschieden werden.[128]

### 1. *Internationales Luftrecht*

Das internationale Luftrecht regelt die Rechtsbeziehungen, die beim grenzüberschreitenden Luftverkehr auftreten,[129] da der Luftverkehr in erster Linie als grenzüberschreitender Verkehr angelegt ist, mit dem in kürzester Zeit große Entfernungen zurückgelegt werden.[130] Seine Rechtsquellen sind vor allem bi- und multilateralen Abkommen über den internationalen Luftverkehr zu entnehmen.[131] Bereits am 7. Dezember 1944 wurde das bedeutendste Abkommen über den Luftverkehr geschlossen, nämlich das Abkommen über die Internationale Zivilluftfahrt von Chicago (Chicagoer Abkommen).[132]

Weitere zentrale Abkommen des internationalen Luftrechts sind das Abkommen vom 14. September 1963 über strafbare und bestimmte andere an Bord eines Luftfahrzeugs begangene Handlungen (Tokioter Abkommen[133]) und auch das Übereinkommen zur Vereinheitlichung bestimmter Vorschriften über die Beförderung im internationalen Luftverkehr vom 28. Mai 1999 (Montrealer

127 Als supranationales Recht wird das von der Europäischen Union erlassene und unmittelbar innerhalb der EU-Mitgliedstaaten geltende Recht bezeichnet.

128 *Schwenk/Giemulla*, Hdb. des Luftverkehrsrechts, Kapitel 1, S. 6, Rn. 7; *Brinkhoff/Windhorn*, in: Hobe/v. Ruckteschell, Kölner Kompendium Luftrecht, Bd. 1, S. 2, Rn. 4.

129 *Brinkhoff/Windhorn*, in: Hobe/v. Ruckteschell, Kölner Kompendium Luftrecht, Bd. 1, S. 2, Rn. 4.

130 *Schladebach*, Luftrecht, S. 7, Rn. 14.

131 *Baumann*, in: Ehlers/Fehling/Pünder, BesVerwR 1, Bd. 1: Öffentliches Wirtschaftsrecht, § 27, Rn. 29.

132 Gesetz über den Beitritt der Bundesrepublik Deutschland zu dem Abkommen vom 07.12.1944 über die Internationale Zivilluftfahrt und die Annahme der Vereinbarung vom 07.12.1944 über den Durchflug im Internationalen Fluglinienverkehr vom 07.04.1954, BGBl. 1956 II vom 11.04.1956, S. 411 ff.; *Schladebach*, Luftrecht, S. 7, Rn. 14; *Schwenk/Giemulla*, Hdb. des Luftverkehrsrechts, Kapitel 1, S. 13, Rn. 31; siehe auch Kapitel 2, B., IV.

133 Gesetz zu dem Abkommen vom 14.09.1963 über strafbare und bestimmte andere an Bord von Luftfahrzeugen begangene Handlungen, BGBl. 1969 II vom 13.02.1969, S. 121–137.

Übereinkommen[134]). Ebenfalls erwähnenswert ist das Übereinkommen vom 23. September 1971 zur Bekämpfung widerrechtlicher Handlungen gegen die Sicherheit der Zivilluftfahrt (Abkommen von Montreal[135]).

Da zahlreiche regelungsbedürftige Fragen des Luftrechts nicht multilateral geregelt werden, existieren über 4.000 bilaterale Luftverkehrsabkommen, die ebenfalls der internationalen Regelungsebene zuzuordnen sind.[136] Hauptgegenstand solcher bilateralen Abkommen ist die gegenseitige Gewährung von Verkehrsrechten.[137] Grundsätzlich sind diese Abkommen, ihrem Wesen nach, völkerrechtliche Verträge, die trotz Kündigungsmöglichkeit auf Dauer angelegt sind.[138]

### 2. *Europäisches (supranationales) Luftrecht*

Neben der internationalen Regelungsebene stellt das Recht der Europäischen Union eine weitere Regelungsebene dar. Es regelt den Luftverkehr innerhalb der und zwischen den Mitgliedstaaten der Europäischen Union. Es ist im primären und sekundären Unionsrecht, also im Vertrag über die Arbeitsweise der europäischen Union (abgekürzt: AEUV), sowie in Verordnungen und Richtlinien niedergelegt.[139]

Rechtliche Vorgaben für den Bereich des Luftverkehrs enthält zunächst das unionsrechtliche Primärrecht.[140] Die luftrechtlichen Sachverhalte müssen sich unter anderem an der Zuständigkeit der Europäischen Union für den Luftverkehr

134 Gesetz zu dem Übereinkommen vom 28.05.1999 zur Vereinheitlichung bestimmter Vorschriften über die Beförderung im internationalen Luftverkehr (Montrealer Übereinkommen), BGBl. 2004 II vom 14.04.2004, S. 458–483.

135 Gesetz zu dem Übereinkommen vom 23.09.1971 zur Bekämpfung widerrechtlicher Handlungen gegen die Sicherheit der Zivilluftfahrt vom 08.12.1977, BGBl. 1977 II vom 10.12.1977, S. 1229–1238.

136 *Schladebach*, Luftrecht, S. 8, Rn. 16; *Schladebach*, EuR 2006, S. 773 ff. (775); *Wysk*, in: Grabherr/Reidt/Wysk, Luftverkehrsgesetz, 21. EL, 2019, Einl., S. 68, Rn. 153.

137 *Schladebach*, Luftrecht, S. 8, Rn. 16.

138 *Giemulla*, Luftrecht, Skript WS 2010/2011, S. 34.

139 Nachfolgend soll ausschließlich der Text des Vertrages über die Arbeitsweise der Europäischen Union (AEUV), ABl. EU Nr. C 202 vom 07.06.2016, S. 47 ff. in der konsolidierten Fassung vom 01.03.2020 verwandt werden; *Brinkhoff/Windhorn*, in: Hobe/v. Ruckteschell, Kölner Kompendium Luftrecht, Bd. 1, S. 2, Rn. 4; *Schwenk/Giemulla*, Hdb. des Luftverkehrsrechts, Kapitel 1, S. 20, Rn. 64 ff.

140 *Schladebach*, Luftrecht, S. 8, Rn. 17; *Schwenk/Giemulla*, Hdb. des Luftverkehrsrechts, Kapitel 1, S. 20, Rn. 65.

(Art. 100 Abs. 2 AEUV), der Niederlassungsfreiheit (Art. 49 AEUV), der Dienstleistungsfreiheit (Art. 56 AEUV), dem Kartellverbot (Art. 101 AEUV), dem Missbrauchsverbot (Art. 102 AEUV) oder dem Beihilfeverbot (Art. 107 AEUV) orientieren.[141]

Auch die Zahl der luftrechtlichen Bestimmungen im Sekundärrecht steigt stetig. Darunter wird das von Organen der Europäischen Union im Rahmen der ihnen von den Mitgliedstaaten übertragenen hoheitlichen Kompetenzen erlassene Recht verstanden, wozu gemäß Art. 288 AEUV insbesondere Verordnungen, Richtlinien und Entscheidungen gehören.[142]

Aus diesem umfangreichen Bestand an sekundärem europäischem Luftrecht sollen vor allem die vier Verordnungen (EG) Nr. 549/2004, ABl. EG Nr. L 96/1 vom 10. März 2004 („Rahmenverordnung"), Verordnung (EG) Nr. 550/2004, ABl. EG Nr. L 96/10 vom 10. März 2004 („Flugsicherungsdienste-Verordnung"), Verordnung (EG) Nr. 551/2004, ABl. EG Nr. L 96/20 vom 10. März 2004 („Luftraum-Verordnung") und Verordnung (EG) Nr. 552/2004, ABl. EG Nr. L 96/26 vom 10. März 2004 („Interoperabilitäts-Verordnung") des Europäischen Parlaments und des Rates dargestellt werden, die die Grundlage der Schaffung eines einheitlichen europäischen Luftraumes bilden. Anschließend daran werden die Verordnungen zum Single-European-Sky-II-Paket sowie die neuesten Bemühungen der Europäischen Kommission zum Vorhaben des Single European Sky 2+ näher beschrieben.

### 3. *Nationales Luftrecht*

Nach dem internationalen und dem europäischen Luftrecht stellt das nationale Recht die dritte Regelungsebene des Luftrechts dar.[143] Sein Geltungsbereich ist grundsätzlich auf innerstaatliche Vorgänge ohne Auslandsbezug beschränkt.[144] Das Öffentliche Luftrecht befasst sich bspw. mit der Zulassung und dem Betrieb von Luftfahrzeugen, der Genehmigung von Flugplätzen und den Erlaubnissen für das Luftfahrtpersonal. Das Luftprivatrecht regelt Rechtsbeziehungen zivilrechtlicher Natur, die mit der Luftfahrt in Zusammenhang stehen. Das Luftrecht

---

141 *Schladebach*, Luftrecht, S. 8, Rn. 17.

142 *Schladebach*, Luftrecht, S. 8 f., Rn. 18; *Schwenk/Giemulla*, Hdb. des Luftverkehrsrechts, Kapitel 1, S. 20, Rn. 67 f.

143 *Schladebach*, Luftrecht, S. 9, Rn. 20; ausf. auch bei *Schwenk/Giemulla*, Hdb. des Luftverkehrsrechts, Kapitel 1, S. 31, Rn. 75 ff.

144 *Schladebach*, Luftrecht, S. 9, Rn. 20; *Brinkhoff/Windhorn*, in: Hobe/v. Ruckteschell, Kölner Kompendium Luftrecht, Bd. 1, S. 2, Rn. 4.

wird in zwölf speziellen Gesetzen und 25 Rechtsverordnungen geregelt, darüber hinaus gibt es auf den Luftverkehr anwendbare Regelungen in den allgemeinen Gesetzen.[145] Das grundlegende deutsche luftrechtliche Gesetz ist das Luftverkehrsgesetz (LuftVG) vom 1. August 1922[146], dessen jüngste Neufassung am 10. Mai 2007 bekannt gemacht wurde[147], auf welche wiederum punktuelle Änderungen[148] folgten, die letzte durch Art. 42 des Gesetzes zur Anpassung von Gesetzen und Verordnungen an die neue Behördenbezeichnung des Bundesamtes für Güterverkehr[149] vom 02.03.2023. Das LuftVG ist in seinem öffentlich-rechtlichen Teil auf die Abwehr betriebsimmanenter Gefahren bezogen.[150]

---

145 *Brinkhoff/Windhorn*, in: Hobe/v. Ruckteschell, Kölner Kompendium Luftrecht, Bd. 1, S. 2, Rn. 4.

146 Luftverkehrsgesetz vom 01.08.1922, RGBl. 1922 I vom 10.08.1922, S. 681.

147 Bekanntmachung der Neufassung des Luftverkehrsgesetzes vom 10.05.2007, BGBl. 2007 I vom 21.05.2007, S. 698 f.

148 Insbesondere für die Flugsicherung an den Flugplätzen und Flughäfen in der Bundesrepublik Deutschland hat das Sechzehnte Gesetz zur Änderung des Luftverkehrsgesetzes vom 05.07.2021 (BGBl. 2021 I vom 08.07.2021, S. 2287 ff.) einige Neuerungen gebracht. Schon vor der COVID-19-Pandemie gaben die kleineren Regionalflughäfen an, dass sie die Kosten für die Flugsicherung nur ungenügend an die Flughafennutzer weiterreichen könnten. In § 27d LuftVG ist zunächst geregelt, dass nur an bestimmten Flugplätzen Flugsicherungsdienste vorgehalten werden. Demnach wird grundsätzlich die DFS Deutsche Flugsicherung GmbH mit den Flugverkehrsdiensten beauftragt, das BMDV darf an jenen Flugplätzen, für die nur die Notwendigkeit nach § 27d Abs. 1 LuftVG, aber nicht der Bedarf aus Sicherheitsgründen und verkehrspolitischen Interessen nach § 27d Abs. 1a LuftVG anerkannt ist, auch andere Flugsicherungsorganisationen beauftragen. Hier setzt das Sechzehnte Gesetz zur Änderung des Luftverkehrsgesetzes an und bringt durch das Einfügen von § 27d Abs. 1a LuftVG eine wichtige Änderung. Ergänzende Regelungen finden sich in § 31b LuftVG und § 31f LuftVG. Das Sechzehnte Gesetz zur Änderung des Luftverkehrsgesetzes hat mit den Neuregelungen zur Beauftragung anderer Flugsicherungsorganisationen außerdem die Diskussion um die Reichweite der Staatsverantwortung aus Art. 87d GG wieder aufgenommen, siehe Neuerungen bei der Flugsicherung vom 25.09.2021 https://www.airliners.de/luftrechtskolumne-89-neuerungen-flugsicherung/62152, zuletzt abgerufen am 28.03.2023.

149 Vgl. Gesetz zur Anpassung von Gesetzen und Verordnungen an die neue Behördenbezeichnung des Bundesamtes für Güterverkehr vom 02.03.2023, BGBl. 2023 I vom 08.03.2023, S. 2 ff.

150 *Baumann*, in: Ehlers/Fehling/Pünder, Besonderes BesVerwR 1, Bd. 1: Öffentliches Wirtschaftsrecht, § 27, Rn. 56.

Das Luftverkehrsgesetz wird ergänzt durch die Luftverkehrsordnung (LuftVO) vom 10. August 1963[151], die ihre letzte Änderung am 14. Juni 2021[152] erfuhr. Daneben sind die Luftverkehrs-Zulassungs-Ordnung (LuftVZO) vom 19. Juni 1964[153] zu erwähnen und auch das Luftsicherheitsgesetz (LuftSiG) vom

151 Ursprüngliche Fassung der Luftverkehrs-Ordnung (LuftVO) vom 10.08.1963, BGBl. 1963 I vom 16.08.1963, S. 652 ff.

152 Eine erste „Verordnung über Luftverkehr" stammt vom 19.07.1930, RGBl. I, S. 363 ff. Eine Neufassung erfolgte am 21.08.1936, RGBl. I, S. 659. Endgültig außer Kraft gesetzt wurde diese Verordnung erst mit der LuftVO vom 10.08.1963, BGBl. 1963 I vom 16.08.1963, S. 652 ff. Das gilt auch für die vom „Civil Aviation Board (CAB)", der Luftfahrtbehörde der Alliierten Hohen Kommission, im Rahmen des Besatzungsstatuts für die Bundesrepublik Deutschland erlassene „Verordnung über Luftverkehrsregeln" vom 04.06.1953, BAnz. Nr. 104, S. 1 ff. Zuletzt geändert durch Art. 1 Verordnung zur Anpassung nationaler Regelungen an die DVO (EU) Nr. 923/2012 vom 26.09.2012 zur Festlegung gemeinsamer Luftverkehrsregeln und Betriebsvorschriften für Dienste und Verfahren der Flugsicherung und zur Änderung der DVO (EG) Nr. 1035/2011 sowie der Verordnungen (EG) Nr. 1265/2007, (EG) Nr. 1794/2006, (EG) Nr. 730/2006, (EG) Nr. 1033/2006 und (EU) Nr. 255/2010 vom 29.10.2015, BGBl. 2015 I, S. 1894. Inkrafttreten am 06.11.2015 (Art. 8 VO vom 29.11.2015). Die letzte Änderung erfolgte durch Art. 2 G Gesetz zur Anpassung nationaler Regelungen an die DVO (EU) 2019/947 der Kommission vom 24.05.2019 über die Vorschriften und Verfahren für den Betrieb unbemannter Luftfahrzeuge vom 14.06.2021 (BGBl. I, S. 1766, 1770), diese letzte Änderung trat am 18.06.2021 (Art. 6 G vom 14.06.2021) in Kraft; vgl. ferner VO zur Anpassung nationaler Regelungen an die DVO (EU) Nr. 923/2012 vom 26.09.2012 zur Festlegung gemeinsamer Luftverkehrsregeln und Betriebsvorschriften für Dienste und Verfahren der Flugsicherung und zur Änderung der DVO (EG) Nr. 1035/2011 sowie der Verordnungen (EG) Nr. 1265/2007, (EG) Nr. 1794/2006, (EG) Nr. 730/2006, (EG) Nr. 1033/2006 und (EU) Nr. 255/2010, BGBl. 2015 I vom 05.11.2015, S. 1894–1919, zuletzt geändert durch Art. 2 der VO, BGBl. 2017 I vom 11.06.2017, S. 1617.

153 Luftverkehrs-Zulassungs-Ordnung (LuftVZO) vom 19.06.1964, BGBl. 1964 I vom 27.06.1964, S. 370 ff., neugefasst durch Bekanntmachung der Neufassung der Luftverkehrs-Zulassungs-Ordnung vom 10.07.2008 BGBl. I 2008 vom 18.07.2008, S. 1229 ff., geändert durch Art. 1 VO zur Regelung des Betriebs von unbemannten Fluggeräten (DrohnenVO) vom 30.03.2017, BGBl. 2017 I vom 06.04.2017, S. 683 ff., und zuletzt geändert durch Art. 4 VO zur Änderung luftrechtlicher Vorschriften über die Prüfung und Zulassung von Luftfahrtgerät, über das Luftfahrtpersonal und über die Kosten der Luftfahrtverwaltung vom 07.12.2021 (BGBl. 2021 I S. 5190, 5201), Inkrafttreten am 07.12.2021 (Art. 5 VO).

11. Januar 2005[154], welches speziell der Abwehr äußerer Gefahren für die Sicherheit der Luftfahrt dient.[155]

## C. Zusammenfassung des Kapitels

Der Begriff des Luftrechts ist nicht klar umrissen. Im Sprachgebrauch durchgesetzt haben sich die Begriffe des Luftverkehrsrechts und des Luftrechts, die heute synonym verwendet werden. Das Luftrecht umfasst (unter anderem) die Nutzung von Luftfahrzeugen jeglicher Art und wird daher der Sparte des Verkehrsrechts zugeordnet. Die bekannteste Definition zum Begriff des Luftrechts stammt von *Alex Meyer*, wonach das „Luftrecht die Gesamtheit der rechtlichen Sondernormen ist, welche sich auf die Benutzung des mit Luftschichten angefüllten Raumgebietes oberhalb der Erdoberfläche durch Geräte beziehen, die sich kraft der Eigenschaften der Luft im Luftraum halten können und deren Unterstellung unter die Sondernormen des Luftrechts nach vernünftiger Verkehrsauffassung geboten erscheint."

Die Rechtsnormen des Luftrechts lassen sich nach ihrem Regelungsgegenstand wie auch in ihrer Regelungsebene unterscheiden. Dabei unterscheidet man das Luftprivatrecht und das öffentliche Luftrecht auf der Seite der Regelungsgegenstände und auf der Seite der Regelungsebenen das internationale, das europäische und das nationale Luftrecht.

154 Gesetz zur Neuregelung von Luftsicherheitsaufgaben vom 11.01.2005, BGBl. 2005 I vom 14.01.2005, S. 78 ff., zuletzt geändert durch Art. 1 Erstes Gesetz zur Änderung des Luftsicherheitsgesetzes vom 23.02.2017, BGBl. 2017 I vom 03.03.2017, S. 298 ff. Zuletzt geändert durch Art. 1 G Gesetz zur Verbesserung der Rahmenbedingungen luftsicherheitsrechtlicher Zuverlässigkeitsüberprüfungen vom 22.04.2020. Inkrafttreten der letzten Änderung am 01.05.2020 (Art. 9 G vom 22.04.2020).

155 *Baumann*, in: Ehlers/Fehling/Pünder, BesVerwR 1, Bd. 1: Öffentliches Wirtschaftsrecht, § 27, Rn. 56.

# Kapitel 2: Historische Entwicklung der Luftfahrt und des Luftrechts

Für das Verständnis des Luftrechts ist ein historischer Überblick über die Entwicklung des Luftrechts hilfreich.[156]

## A. Der Beginn der Luftfahrt

Der Wunsch des Menschen, fliegen zu können, geht bis in die Antike zurück.[157] Jahrhunderte später beschäftigte sich Leonardo da Vinci (1452–1519) intensiv mit dem Fliegen und entwarf verschiedene Luftfahrzeuge.[158] Der erste unbemannte Ballon der Gebrüder Montgolfier stieg im Juni 1783 bis in eine Höhe von etwa 2.000 m auf und markiert den Beginn der Luftfahrt und einer rasanten Entwicklung im Bereich der Luft- und Weltraumtechnik vor allem im vergangenen Jahrhundert.[159]

Der Wechsel vom 19. ins 20. Jahrhundert markiert den Auftakt des juristischen Zeitalters der Luftfahrt.[160] Der erste gesteuerte Motorflug der Geschichte gelang den Brüdern Wright im Dezember 1903.[161] Der Flug dauerte zwölf

---

156 *Schwenk/Giemulla*, Hdb. des Luftverkehrsrechts, Kapitel 1, S. 8, Rn. 11; ausführliche Übersicht bei *v. Wrangell*, Globalisierungstendenzen, S. 8 ff. m. w. Nachw.; zur historischen Entwicklung der europäischen Flugsicherung *Hobe/Irmen/Plingen*, Air & Space Law 2007, S. 168 f. (170 ff.).

157 Das Fliegen wurde häufig als das Privileg der Götter angesehen. Sowohl die Griechen als auch die Inder und Azteken zeichneten Bilder fliegender Götter, Tiere und Menschen. Bereits 2300 vor Christus wurde König Etana von Mesopotamien auf einem zylinderförmigen Spiegel dargestellt, wie er auf dem Rücken eines Adlers fliegt, siehe *Klußmann/Malik*, Kompendium Luftfahrt, S. 386; ausf. auch bei *Streit/Taylor*, Geschichte der Luftfahrt, S. 11 ff.; *Streit*, S. 11 ff. Die wohl bekannteste Geschichte ist die von Ikarus und seinem Vater Dädalus, die mit selbstgebauten Schwingen aus mit Wachs verklebten Vogelfedern die Flucht von Kreta nach Sizilien versuchten, die sich etwa 750 vor Christus zugetragen haben soll.

158 *Weigand*, in: Themenheft Traum vom Fliegen 2013, S. 9 f.

159 *Vogel*, S. 22; *Bethkenhagen*, S. 27; *Streit/Taylor*, Geschichte der Luftfahrt, S. 19; *Streit*, S. 19 f.

160 *Schladebach*, Lufthoheit, S. 27.

161 *Brinkhoff/Windhorn*, in: Hobe/v. Ruckteschell, Kölner Kompendium Luftrecht, Bd. 1, S. 11, Rn. 16; *Vogel*, S. 22; *Klußmann/Malik*, Kompendium Luftfahrt, S. 396;

Sekunden und ihr Flugzeug legte dabei eine Strecke von 36,6 m zurück.[162] Dieser Flug machte deutlich, welche unbekannten Möglichkeiten die Luft in Zukunft als Verkehrsraum darbieten würde.[163] Bereits 1909 flog Louis Blériot als Erster in 32 Minuten mit einer von ihm selbst konstruierten Maschine und ohne Kompass von Calais nach Dover.[164] Dies kann wohl als die Geburtsstunde des internationalen Flugverkehrs bezeichnet werden.[165] Nachdem der Ärmelkanal das erste Mal mit dem Flugzeug überquert worden war, bestand ab 1911 eine regelmäßige Flugverbindung zwischen Großbritannien/Irland und Kontinentaleuropa.[166] Charles Lindbergh überquerte schließlich im Jahr 1927 als erster Mensch den atlantischen Ozean von New York nach Paris im Nonstop-Alleinflug.[167] Mit diesem Flug setzte er gleichzeitig den Startpunkt für einen regelmäßigen Luftverkehr zwischen Europa und den Vereinigten Staaten von Amerika.[168] In den 20er-Jahren war die technische Entwicklung so weit fortgeschritten, dass Flugzeuge systematisch als Verkehrsmittel zur sicheren und raschen Beförderung von Waren, Post und Personen über größere Entfernungen eingesetzt werden konnten – die Entwicklung des internationalen Luftverkehrs hatte begonnen.[169]

Mit dem einsetzenden internationalen Luftverkehr ergaben sich jedoch unter anderem dadurch rechtliche Probleme, dass international unterschiedliche Auffassungen vertreten wurden, ob und wenn ja welche Hoheitsrechte einem Staat über seinem Luftraum gebühren.[170] Außerdem wurden die nationale

---

*Bethkenhagen*, S. 34; *Streit*, S. 52 ff.; *Grant*, Fliegen – Die Geschichte der Luftfahrt, S. 26; *Schladebach*, Lufthoheit, S. 24.

162 *Brinkhoff/Windhorn*, in: Hobe/v. Ruckteschell, Kölner Kompendium Luftrecht, Bd. 1, S. 11, Rn. 16; *Klußmann/Malik*, Kompendium Luftfahrt, S. 396; *Streit/Taylor*, Geschichte der Luftfahrt, S. 54; dazu auch *Schäffer*, TransportR 2003, S. 377 ff. (377).

163 *Schladebach*, Lufthoheit, S. 27.

164 *Klußmann/Malik*, Kompendium Luftfahrt, S. 397; *Grant*, Fliegen – Die Geschichte der Luftfahrt, S. 38.

165 *Pfenninger*, S. 16, Fn. 11.

166 Zunächst diente diese Linienverbindung der Postbeförderung, *Streit*, S. 97 f.; *Fritzsche*, S. 26.

167 Sehr ausf. bei *Schulz*, S. 22; *Giemulla*, Luftrecht, Skript WS 2010/2011, S. 8.

168 *Fritzsche*, S. 26.

169 *Grant*, Fliegen – Die Geschichte der Luftfahrt, S. 132 ff.; *Brinkhoff/Windhorn*, in: Hobe/v. Ruckteschell, Kölner Kompendium Luftrecht, Bd. 1, S. 11, Rn. 16; *Schwenk/Giemulla*, Hdb. des Luftverkehrsrechts, Kapitel 1, S. 8, Rn. 11.

170 *Giemulla/v. Schyndel/Schorcht*, Luftverkehrsrecht, S. 1; so auch bei *Pellegrini/Rodriguez*, Transportation Research Part 2013, S. 64 ff. (65); siehe auch *Wysk*, in: Grabherr/Reidt/Wysk, Luftverkehrsgesetz, 22. EL, 2021, Einl., S. 11a, Rn. 9.

Zugehörigkeit von Luftfahrzeugen, die Verantwortlichkeit für Schäden durch Luftfahrzeuge sowie die Rahmenbedingungen für den Bau von Flughäfen oder die Anforderungen an die Zulassung von Luftfahrzeugen zum Flugbetrieb als problematisch erachtet.[171] Die aufkommenden juristischen Probleme und Rechtsfragen des Luftraumes mussten in Angriff genommen werden.

## B. Der Rechtsstatus des Luftraumes

Schon lange bevor es überhaupt möglich war, sich in der Luft fortzubewegen, philosophierten die Menschen über die Frage der rechtlichen Stellung des Luftraumes, bspw. im Römischen Reich.[172] Gegen Ende des 19. Jahrhunderts ließ die steigende Zahl von Ballonfahrten und Flugversuchen mit verschiedenen Flugzeugmodellen die Nutzung des Luftraumes als völkerrechtliches Problem interessant werden.[173] Die Nutzung von Luftfahrzeugen führte zu jeder Menge neuer Rechtsfragen, deren Lösung mit zunehmender Intensität des Luftverkehrs immer dringender wurde.[174] In diesem Zusammenhang stellten sich vor allem folgende Fragen: Steht dem Eigentümer eines Grundstücks auch das Eigentum am darüber liegenden Luftraum zu? Welche nationale Zugehörigkeit hat ein Luftfahrzeug? Welche Zölle sind zu erheben?[175]

Eine Reihe von Rechtsgelehrten befasste sich mit der Frage, inwieweit die Luftfahrt in die Rechte Dritter eingreift und wie der Staat auf diese Entwicklung reagieren sollte.[176] Auf der internationalen Ebene sahen sich die Staaten erstmals mit der Frage konfrontiert, ob der grenzüberschreitende Einflug von Luftfahrzeugen geduldet oder von einer Erlaubnis abhängig gemacht werden sollte.[177] Die ersten Regelungen der Luftfahrt ergingen bereits im 18. und 19. Jahrhundert, meist in Form von Polizeiverordnungen, begrenzt auf einzelne Regionen und bezüglich Ballonfahrten.[178] Im Herbst 1783 erging eine solche Verordnung der

---

171 *Giemulla/v. Schyndel/Schorcht*, Luftverkehrsrecht, S. 1.

172 *Fritzsche*, S. 27.

173 *Bartkowski*, S. 37; *Hobe*, in: Ipsen, Völkerrecht, § 46, Rn. 1; *Vogel*, S. 22.

174 *Brinkhoff/Windhorn*, in: Hobe/v. Ruckteschell, Kölner Kompendium Luftrecht, Bd. 1, S. 11, Rn. 17.

175 *V. Wrangell*, Globalisierungstendenzen, S. 14.

176 *Giemulla*, Luftrecht, Skript WS 2010/2011, S. 8.

177 *Schwenk/Giemulla*, Hdb. des Luftverkehrsrechts, Kapitel 1, S. 8, Rn. 13; *Brinkhoff/Windhorn*, in: Hobe/v. Ruckteschell, Kölner Kompendium Luftrecht, Bd. 1, S. 11, Rn. 18.

178 *Giemulla*, Luftrecht, Skript WS 2010/2011, S. 8.

Pariser Polizei, die den Überflug von „Montgolfieren" mit offenem Feuer über die französische Hauptstadt verbot.[179] In Deutschland richtete sich der Betrieb von Luftfahrzeugen bis zu einer speziellen gesetzlichen Regelung durch das Luftverkehrsgesetz nach den allgemeinen Vorschriften des öffentlichen Rechts, das heißt praktisch nach den Vorschriften des Polizeirechts und des allgemeinen Privatrechts.[180] Im Privatrecht stand vor allem die Frage im Vordergrund, ob und inwieweit ein Eigentümer den Überflug über sein Grundstück zu dulden habe.[181] Im öffentlichen Recht standen hingegen die Voraussetzungen für eine Betriebserlaubnis von Luftfahrzeugen im Vordergrund.[182]

Das erste völkerrechtlich relevante Dokument, das sich auf die Luftfahrt bezog, war ein Brief *Bismarcks* vom 19. November 1870 an die französische Regierung, in dem er grenzüberschreitende Luftfahrer warnte, dass mit ihnen genauso verfahren würde wie mit Personen, die auf dem Boden die feindlichen Linien überquerten.[183] Damit machte Preußen als erster Staat einen Anspruch auf die Herrschaftsgewalt über den Luftraum geltend, wobei dieser Anspruch zunächst lediglich auf den kriegsrechtlichen Zusammenhang beschränkt war.[184] In diesem Zusammenhang musste der grenzüberschreitende Verkehr nun geregelt werden, weshalb die rechtliche Natur des Luftraumes der Staaten zu diskutieren war.

## I. Theorien für den Luftraum

Die Völkerrechtswissenschaft fand für den neu entdeckten Interaktionsraum „Luft" zunächst keinerlei grundsätzliche Regelungen vor, nach denen sie die Hoheitsverhältnisse bestimmen konnte.[185] Daher gab es sehr unterschiedliche Auffassungen darüber, ob und wenn ja welche Hoheitsrechte einem Staat hinsichtlich seines Luftraumes zustünden.[186] In diesem Zusammenhang bildeten

---

179 *Schladebach*, Luftrecht, S. 15, Rn. 4; *Schladebach*, Lufthoheit, S. 14 f.

180 *Schwenk/Giemulla*, Hdb. des Luftverkehrsrechts, Kapitel 1, S. 8, Rn. 12.

181 *Schwenk/Giemulla*, Hdb. des Luftverkehrsrechts, Kapitel 1, S. 8, Rn. 12.

182 *Schwenk/Giemulla*, Hdb. des Luftverkehrsrechts, Kapitel 1, S. 8, Rn. 12.

183 *Schladebach*, Lufthoheit, S. 19; ähnlich bei *Riesch*, Niemeyers Zeitschrift für Internationales Recht 1935, S. 15 ff. (20); *v. Wrangell*, Globalisierungstendenzen, S. 12 f.; *Scharpenseel*, S. 29.

184 *Schladebach*, Lufthoheit, S. 19; *Khan*, Die deutschen Staatsgrenzen, S. 623, Fn. 39.

185 *Schladebach*, Lufthoheit, S. 28.

186 Ausf. dazu *Lübben*, S. 20 ff.; vgl. auch *Brinkhoff/Windhorn*, in: Hobe/v. Ruckteschell, Kölner Kompendium Luftrecht, Bd. 1, S. 11, Rn. 18; *Hobe*, in: Ipsen, Völkerrecht, § 46, Rn. 1.

sich drei mannigfaltige und kontroverse Theorien heraus: die Luftfreiheitstheorie, die Lufthoheitstheorie und die Luftzonentheorie.[187]

## 1. *Die Luftfreiheitstheorie*[188]

Die Luftfreiheitstheorie als älteste Lehre stammt aus einer Zeit, lange bevor die Nutzung des Luftraumes überhaupt möglich wurde. Sie war daher zunächst rein theoretischer Natur und ohne praktischen Hintergrund.[189] Als Begründer der Luftfreiheitstheorie gilt *Paul Fauchille.*[190] Dieser knüpfte im Jahre 1901 an den Grundsatz der „Freiheit der Meere" an und vertrat, dass der den Erdball komplett umgebende Luftraum im Interesse des Weltluftverkehrs als Allgemeingut aller Völker gelten müsse.[191] Seinen Grundsatz, dass der Luftraum frei sei („*l'air est libre*[192]") und nicht das Objekt von Eigentums- und Souveränitätsrechten sein könne, stützte er maßgeblich auf die Überlegung, dass die Begründung von Eigentum nur an Sachen denkbar sei, die tatsächlich und dauernd beherrscht werden könnten und eine Eigentumsbegründung an der Luft daher unmöglich sei.[193] *Fauchille* ging demzufolge davon

---

187 *Schwenk/Giemulla*, Hdb. des Luftverkehrsrechts, Kapitel 1, S. 8, Rn. 13; *Bartkowski*, S. 38; *Hobe*, in: Ipsen, Völkerrecht, § 46, Rn. 1 f.

188 Siehe dazu ausf. *Goeke*, S. 150 ff.; *Fritzsche*, S. 28; *v. Schyndel*, in: Giemulla/Schmid, Kommentar LuftVG, Einl. AL Nr. 65, 2014, Rn. 28; *Pfenninger*, S. 40 f.; *Schladebach*, Lufthoheit, S. 28 ff.

189 Zu dem Zeitpunkt der ersten Erörterung gab es keinerlei manövrierbares Fluggerät, denn im Gegensatz zu den späteren steuerbaren Zeppelinen war der Kurs der Ballone von der Windrichtung abhängig, *Fritzsche*, S. 28; *Scheibeck*, S. 37.

190 Fauchille beschrieb seine Ideen zum Rechtsstatus des Luftraumes erstmals im Jahre 1901, siehe dazu *Fauchille*, Le domaine aérien et le régime juridique des aérostats, RGDIP 1901, Bd. 8, S. 414 ff.; siehe auch *Schladebach*, Lufthoheit, S. 33.

191 *Fauchille*, RGDIP 1901, Bd. 8, S. 414 ff.; *Lübben*, S. 22; *Schladebach*, Lufthoheit, S. 34.

192 Siehe dazu Art. 7 des von *Fauchille* erarbeiteten Resolutionsentwurfes, der da lautet „*L'air est libre. Les États n'ont sur lui en temps de guerre que les droits nécessaires à leur conservation. Ces droits sont relatifs à la répression de l'espionnage à la police douanière, à la police sanitaire et aux nécessités de la défense.*" Übersetzt „*Die Luft ist frei. Die Staaten haben in Kriegszeiten nur die Rechte über sie, die zu ihrer Erhaltung notwendig sind. Diese Rechte beziehen sich auf die Unterdrückung von Spionage, die Zollpolizei, die Gesundheitspolizei und die Erfordernisse der Verteidigung*", *Fauchille*, Régime juridique des aérostats, in: Annuaire 1902, Bd. 19, S. 19 ff. (32); *Schladebach*, Lufthoheit, S. 34; so auch *Bethkenhagen*, S. 41; *Dauses*, Die Grenze des Staatsgebietes im Raum, S. 34; *Hüttel*, S. 52; *Böhme*, S. 8; *Meyer*, Freiheit der Luft als Rechtsproblem, S. 69; *Schwenk/Giemulla*, Hdb. des Luftverkehrsrechts, Kapitel 1, S. 8, Rn. 13; siehe auch *Bues*, S. 61.

193 *Fauchille*, RGDIP 1901, Bd. 8, S. 414 ff. (424); *Lübben*, S. 22 f.; *Bethkenhagen*, S. 42; *Pfenninger*, S. 41; *Riese*, Luftrecht, S. 73; *Schladebach*, Lufthoheit, S. 34; *Giemulla*,

aus, dass die Hoheit über den Luftraum seine Okkupation verlangte.[194] Durch die fehlende Manövrierbarkeit der Ballone konnte keinerlei Abwehr von Kriegsballons aus der Luft erfolgen, weshalb die Beherrschung des Luftraumes nur bis zu der maximalen Schusshöhe von Kanonen möglich war.[195] Da sich allerdings nicht der komplette Luftraum über einem Staat derart beherrschen lasse und es außerdem Überschneidungen an den Staatsgrenzen gebe, sei eine Okkupation des Luftraumes faktisch unmöglich.[196]

*Fauchille* nahm weiterhin an, dass nach den Regeln des Völkerrechts keinerlei Souveränität über den Luftraum begründet werden könne.[197] Dazu konstatierte er im negativen Sinne, dass der Luftraum nicht der staatlichen Souveränität unterworfen sein könne, da es hierzu notwendig sei, eine dauerhafte, unmittelbare und wirkliche Beziehung des Inhabers des Souveränitätsrechts zu seinem Objekt herzustellen, die ihm die ausschließliche und allgegenwärtige Herrschaft ermögliche.[198] Dies sei nur durch die effektive Besitzergreifung möglich, allerdings sei jeder Besitz am Luftraum unmöglich und somit der Luftraum nicht dazu qualifiziert, unter der Souveränität eines Staates zu stehen.[199] Souveränitätsrechte könnten schon aufgrund der Unmöglichkeit der Inbesitznahme also nicht begründet werden.[200] Daher kam *Fauchille* zu dem Ergebnis, dass der Luftraum frei sei und nicht das Objekt von Eigentums- und Souveränitätsrechten sein könne, da er sich schon von Natur aus dazu nicht eigne.[201]

Nach der Luftfreiheitstheorie dürfen demnach Fluggeräte jeglicher Art in beliebiger Höhe durch den Luftraum des Grundstaates fliegen, ohne dabei gestört zu werden.[202] Da der Luftraum ebenso wie die Hohe See durch die Staaten nicht

---

Luftrecht, Skript WS 2010/2011, S. 13; ähnlich *Schwenk/Giemulla*, Hdb. des Luftverkehrsrechts, Kapitel 1, S. 8, Rn. 13.

194 *Fauchille*, RGDIP 1901, Bd. 8, S. 414 ff. (424 f.); *Schladebach*, Lufthoheit, S. 34; *Fritzsche*, S. 28; *Lübben*, S. 22.

195 *Fritzsche*, S. 28; *Lübben*, S. 29; *Hüttel*, S. 55.

196 *Fritzsche*, S. 28; *Hüttel*, S. 55.

197 *Fauchille*, RGDIP 1901, Bd. 8, S. 414 ff. (424); *Schladebach*, Lufthoheit, S. 34; *Lübben*, S. 23; *Bethkenhagen*, S. 42.

198 *Schladebach*, Lufthoheit, S. 34; *Lübben*, S. 23; *Riese*, Luftrecht, S. 73.

199 *Fauchille*, RGDIP 1901, Bd. 8, S. 414 ff. (424 f.); *Schladebach*, Lufthoheit, S. 34; *Lübben*, S. 23.

200 *Schladebach*, Lufthoheit, S. 34; *Lübben*, S. 23; *Bethkenhagen*, S. 42.

201 *Fauchille*, RGDIP 1901, Bd. 8, S. 414 ff. (424 f.); *Schladebach*, Lufthoheit, S. 34; *Bethkenhagen*, S. 42; *Pfenninger*, S. 41; *Lübben*, S. 23.

202 *Brinkhoff/Windhorn*, in: Hobe/v. Ruckteschell, Kölner Kompendium Luftrecht, Bd. 1, S. 11, Rn. 18; *Schwenk/Giemulla*, Hdb. des Luftverkehrsrechts, Kapitel 1, S. 8, Rn. 13.

beherrschbar ist, können sie daher keiner Hoheitsgewalt unterworfen werden.[203] Diese Theorie nimmt die völlige Freiheit des gesamten Luftraumes von einzelstaatlichen Rechten und Pflichten ohne räumliche und sachliche Beschränkung an.[204]

Gegen die Luftfreiheitstheorie wurden verschiedene Einwände erhoben. Die Theorie wurde generell kritisiert, da die elementaren Schutzbedürfnisse des Grundstaates nicht angemessen berücksichtigt würden.[205] Ein Kritikpunkt war der Argumentationsansatz, dass *Fauchille* seine Überlegungen unter anderem damit begründet, dass das Element Luft mit dem Luftraum als örtlich bestimmbares Gebiet gleichzusetzen sei.[206] Dass das Element Luft einer Besitzergreifung nicht zugänglich sei und daher nicht als Eigentums- bzw. Souveränitätsobjekt in Betracht komme, sage noch nichts über den rechtlichen Status des Luftraumes aus, der als abgrenzbares, örtlich festgelegtes Gebiet verstanden wird.[207] Daneben wurde auch die Analogie zum Seerecht kritisiert.[208] Auch wenn sowohl der Luftraum als auch die Hohe See „unendliche Räume mit fluktuierendem Inhalt"[209] seien, könne eine solche Analogie zum Seerecht nicht gezogen werden.[210] Insbesondere erstrecke sich das Meer horizontal neben dem Staatsgebiet, der Luftraum verlaufe jedoch vertikal dazu, weswegen eine Einwirkung auf den Grundstaat zwar aus der Luft denkbar wäre, vom Wasser aus mit zunehmender Entfernung von der Küste jedoch nicht möglich sei.[211] Außerdem stelle der Luftraum im Gegensatz zum Meer eine Existenzbedingung für einen Staat dar, da der Luftraum mit der Erde untrennbar verbunden sei.[212] Es sei zwar ein Land ohne Meer, niemals aber ohne Luftraum möglich.[213]

Auch der Denkansatz, dass der Luftraum mangels staatlicher Herrschaftsausübung nicht der Souveränität eines Staates unterliegen könne, wurde kritisiert.[214]

---

203 *Schladebach*, Luftrecht, S. 18, Rn. 14; *Dauses*, Die Grenze zwischen Luftraum und Weltraum, S. 77.

204 *Meyer*, Freiheit der Luft als Rechtsproblem, S. 69.

205 *Schwenk/Giemulla*, Hdb. des Luftverkehrsrechts, Kapitel 1, S. 8, Rn. 13; *v. Schyndel*, in: Giemulla/Schmid, Kommentar LuftVG, Einl. AL Nr. 65, 2014, Rn. 28; *Bethkenhagen*, S. 42; *v. Wrangell*, Globalisierungstendenzen, S. 20.

206 *Hüttel*, S. 56.

207 *Hüttel*, S. 56.

208 Ähnlich bei *Lübben*, S. 30.

209 *Warschauer*, S. 24; *Lübben*, S. 30.

210 *Lübben*, S. 30; *Schladebach*, Lufthoheit, S. 38.

211 *Schladebach*, Lufthoheit, S. 38 f.; *Lübben*, S. 30.

212 *Schladebach*, Lufthoheit, S. 38 f.; *Lübben*, S. 30.

213 *Schladebach*, Lufthoheit, S. 39; *Lübben*, S. 30.

214 *Schladebach*, Lufthoheit, S. 39.

Diesem Argument wurde jedoch entgegengehalten, dass auf dem Landgebiet an schwer zugänglichen Orten nur an einzelnen Punkten eine effektive staatliche Herrschaft erkennbar sei, so dass für die Etablierung von Hoheitsgewalt solch eine allgegenwärtige Kontrolle übertrieben und nicht erforderlich sei.[215] Eine Begründung von Souveränität war somit grundsätzlich auch im Luftraum denkbar und *Fauchilles* Luftfreiheitstheorie daher nicht zu folgen.[216]

### 2. *Die Lufthoheitstheorie*

Im Jahre 1906 führte der Engländer *John Westlake* das dem Prinzip der Luftfreiheit entgegengesetzte Prinzip der Lufthoheit[217] in die Diskussion ein.[218] Dieser schlug vor, dass „*L'État a un droit de souveraineté sur l'espace aérien au-dessus de son sol, sauf un droit de passage inoffensif pour les ballons ou autres machines aériennes et pour la correspondance télégraphique sans fil.*"[219] Gemäß der Lufthoheitstheorie soll dem Staat im Gegensatz zur Luftfreiheitstheorie ein absolutes Recht an dem über ihm liegenden Luftraum zugestanden werden.[220] Der Luftraum über der Hohen See und über nicht okkupiertem Gebiet unterliegt dieser Theorie zufolge keiner Staatsgewalt.[221] Die Lufthoheitstheorie wurde unterschiedlich begründet, wobei grundsätzlich zwei Argumentationslinien erkennbar sind:

---

215 *Schladebach*, Lufthoheit, S. 39 f.; *v. Wrangell*, Globalisierungstendenzen, S. 19; *Riese*, Luftrecht, S. 73; *Lübben*, S. 29.

216 *Schladebach*, Lufthoheit, S. 41.

217 Siehe dazu ausf. *Goeke*, S. 155 f.; *Fritzsche*, S. 28 f.; *Schladebach*, Luftrecht, S. 18, Rn. 15 f.; *ders.*, Lufthoheit, S. 42 ff.; *Schleicher/Reymann/Abraham*, S. 23 ff.; *v. Schyndel*, in: Giemulla/Schmid, Kommentar LuftVG, Einl. AL Nr. 65, 2014, Rn. 28.

218 *Westlake*, Tagung des Institut de droit international, Gent 1906, in: Annuaire de l'institut de droit international, XXI 1906, S. 299; *Schladebach*, Luftrecht, S. 18, Rn. 15; *ders.*, Lufthoheit, S. 43; *Dauses*, Die Grenze zwischen Luftraum und Weltraum, S. 80.

219 *Westlake*, Tagung des Institut de droit international, Gent 1906, in: Annuaire de l'institut de droit international, XXI 1906, S. 299, übersetzt „*Der Staat hat ein Souveränitätsrecht über den Luftraum über seinem Boden, mit Ausnahme eines harmlosen Durchflugrechts für Ballons oder andere Luftmaschinen und für den drahtlosen Telegrafenverkehr.*"

220 *Schwenk/Giemulla*, Hdb. des Luftverkehrsrechts, Kapitel 1, S. 8 f., Rn. 13; *Lübben*, S. 26; *v. Wrangell*, Globalisierungstendenzen, S. 18; *Schladebach*, Lufthoheit, S. 42; *ders.*, Luftrecht, S. 18, Rn. 15; *Bethkenhagen*, S. 42; *Riese*, Luftrecht, S. 74.

221 *V. Wrangell*, Globalisierungstendenzen, S. 18; *Schwenk/Giemulla*, Hdb. des Luftverkehrsrechts, Kapitel 1, S. 8, Rn. 13.

Ein Ansatz proklamierte die Dreidimensionalität der Erde.[222] Das Erdgebiet und der Luftraum seien naturgemäß miteinander verbunden, gehörten zwangsläufig und herrschaftlich zusammen und seien daher rechtlich als eine Einheit zu betrachten.[223] Der Luftraum bilde somit einen wesentlichen Bestandteil des Staates, da der Staat aufgrund seiner nationalen Gesetzgebung Rechte am Luftraum nur vergeben könne, wenn er selbst die Hoheit daran innehabe.[224] Generell fußte dieser Argumentationsansatz eher auf dem Versuch einer Erweiterung des Staatsgebietsbegriffes und nicht auf einer gesonderten Begründung der Lufthoheit.[225]

Ein anderer Ansatz ging davon aus, dass die Befugnis zur Ausübung der Staatsgewalt im Luftraum aus den bestehenden Defiziten der Luftfreiheitstheorie folge.[226] Gegen diese Auffassung wurde zum Beispiel vorgebracht, dass sowohl das Meer als auch die Wüste häufig über einen längeren Zeitraum nicht betreten werden würden.[227] Dennoch seien allein durch den von den anderen Staaten geachteten Herrschaftswillen des Staates dessen Hoheitsansprüche und seine Souveränität über diese schwer zugänglichen, effektiv wenig genutzten Areale ungebrochen.[228] Auch auf dem Landgebiet sei es dem Staat nicht durchgängig möglich, jedes unbefugte Eindringen in sein Territorium oder Zuwiderhandlungen gegen seine Gesetze zu kontrollieren oder zu verhindern.[229] Der Staat sei zudem absolut in der Lage, Herrschaftsgewalt im Luftraum über seinem Territorium auszuüben, wozu schon allein die Möglichkeit zur Luftraumbeherrschung, bspw. durch Polizeiflugzeuge, ausreiche.[230] Andernfalls stelle man die völkerrechtlich anerkannte staatliche Herrschaftsgewalt auf dem Landgebiet in Frage.[231]

---

222 *Meyer*, Freiheit der Luft als Rechtsproblem, S. 91 mit Verweis auf *Zitelmann*, S. 20; *v. Wrangell*, Globalisierungstendenzen, S. 19; *Lübben*, S. 26; *Hüttel*, S. 61.

223 Dazu ausf. m. w. Nachw. *v. Wrangell*, Globalisierungstendenzen, S. 19; *Lübben*, S. 26 f.; *Schladebach*, Lufthoheit, S. 44 f.; *Hüttel*, S. 61.

224 *Lübben*, S. 27.

225 *Hüttel*, S. 60.

226 *Meyer*, Freiheit der Luft als Rechtsproblem, S. 81; *Hüttel*, S. 59; *v. Wrangell*, Globalisierungstendenzen, S. 19 f.; *Schladebach*, Lufthoheit, S. 44 f.; *Lübben*, S. 26.

227 *V. Wrangell*, Globalisierungstendenzen, S. 19; *Schladebach*, Lufthoheit, S. 45.

228 *V. Wrangell*, Globalisierungstendenzen, S. 19; *Schladebach*, Lufthoheit, S. 45.

229 *Hüttel*, S. 60; *Schladebach*, Lufthoheit, S. 45.

230 *Schladebach*, Lufthoheit, S. 45 f.; *v. Wrangell*, Globalisierungstendenzen, S. 19 f.; *Lübben*, S. 27; *Hüttel*, S. 60.

231 *Hüttel*, S. 60.

Der Vorschlag der Lufthoheitstheorie wurde zunächst zurückgewiesen, was jedoch daran lag, dass die Fachöffentlichkeit von einer Unbeherrschbarkeit des Luftraumes ausging.[232] Während jedoch zu *Fauchilles* Zeit noch recht gekünstelt gegen die Luftfreiheitstheorie argumentiert[233] werden musste, zeigte die Entwicklung der Luftfahrzeuge schließlich, dass die Beherrschung des Luftraumes trotz allem möglich schien.[234] Vor allem während des Ersten Weltkrieges wurde durch den Einsatz von Kampfflugzeugen das Gefahrenpotenzial deutlich, das die Luftfahrt barg.[235] Es wurde eine grundsätzliche Freiheit des gesamten Luftraumes ohne räumliche Begrenzung diskutiert, allerdings mit der sachlichen Beschränkung, dass den Staaten im Luftraum über ihren Staatsgebieten zwar keine Staatsgewalt, wohl aber gewisse Schutzrechte zustehen sollten.[236] Die Lufthoheitstheorie besagt, dass den Staaten ein absolutes Recht an dem über ihnen liegenden Luftraum zusteht.[237] Der Luftraum über der Hohen See und über nicht okkupiertem Gebiet untersteht jedoch dieser Theorie zufolge keiner Staatsgewalt.[238]

Als weiterer Einwand gegen die Lufthoheitstheorie wurde das Argument angeführt, dass die Souveränität des Staates nicht unendlich bis in den Weltraum reichen könne.[239] Dass die Einwände gegen die Lufthoheitstheorie auch heute noch Bedeutung haben und diskutiert werden, beweist der Beitrag von *Khan*[240]. Seiner Auffassung nach sei eine „dogmatisch überzeugende positive Begründung der Annahme staatlicher Souveränität im Luftraum" auch bis heute nicht gelungen.[241] Diese Feststellung werde gerade dadurch gestützt, dass sie

---

232 *Schladebach*, Luftrecht, S. 18, Rn. 15; *ders.*, Lufthoheit, S. 44, S. 47.

233 Bzgl. der Argumente siehe *Lübben*, S. 26 ff.; *Schladebach*, Lufthoheit, S. 38 ff.

234 *Fritzsche*, S. 28; *v. Wrangell*, Globalisierungstendenzen, S. 19.

235 *Pfenninger*, S. 42 f.; *Fritzsche*, S. 28.

236 *Meyer*, Freiheit der Luft als Rechtsproblem, S. 69; *Giemulla*, Luftrecht, Skript WS 2010/2011, S. 12.

237 *Brinkhoff/Windhorn*, in: Hobe/v. Ruckteschell, Kölner Kompendium Luftrecht, Bd. 1, S. 11, Rn. 18; *Schwenk/Giemulla*, Hdb. des Luftverkehrsrechts, Kapitel 1, S. 8 f., Rn. 13; *Schladebach*, Luftrecht, S. 18, Rn. 15; *v. Wrangell*, Globalisierungstendenzen, S. 19.

238 *Riese*, Luftrecht, S. 75; *Schwenk/Giemulla*, Hdb. des Luftverkehrsrechts, Kapitel 1, S. 9, Rn. 13; *Brinkhoff/Windhorn*, in: Hobe/v. Ruckteschell, Kölner Kompendium Luftrecht, Bd. 1, S. 11, Rn. 18.

239 *Schwenk/Giemulla*, Hdb. des Luftverkehrsrechts, Kapitel 1, S. 9, Rn. 13; *Riese*, Luftrecht, S. 74 mit Fn. 10; *v. Schyndel*, in: Giemulla/Schmid, Kommentar LuftVG, Einl. AL Nr. 65, 2014, Rn. 28; *v. Wrangell*, Globalisierungstendenzen, S. 20.

240 *Khan*, Die deutschen Staatsgrenzen, S. 627 ff.

241 *Khan*, Die deutschen Staatsgrenzen, S. 628.

vehement in Abrede gestellt würde.[242] Wenn etwa ausgeführt werde, dass „die Herrschaft der Staaten im Luftraum über ihren Gebieten nicht auf irgendeiner Völkerrechtspraxis beruhe und auch unabhängig von der durch die Erfindung von Luftfahrzeugen geschaffenen Umwälzung sei und vielmehr als ‚begriffliche Notwendigkeit' infolge des geschilderten natürlichen Verhältnisses zwischen Luftraum und Erdgebiet von jeher dagewesen sei, wenn sie auch erst mit der Entwicklung der Luftfahrt praktisch geworden sei"[243], so werde die Annahme des Gegenteils geradezu provoziert.[244] *Khan* zieht daher das Resümee, dass sich die Lufthoheitstheorie nur negativ über eine kritische Auseinandersetzung mit den Defiziten der Luftfreiheitstheorie begründen lasse.[245]

### 3. *Die Luftzonentheorie*

Die Luftzonentheorie[246] bezieht sich mangels bestehender luftrechtlicher Grundsätze auf die bereits seit Jahrhunderten gefestigten seerechtlichen Maximen.[247] Diese Theorie geht von der Annahme aus, dass die aus dem Seerecht bekannte horizontale Aufteilung in Küstenmeer, Anschlusszone und Hohe See sinngemäß auf eine vertikale Dreiteilung des Luftraumes zu übertragen sei:[248] Danach gebe es eine untere Zone, in der der Bodenstaat die uneingeschränkte Hoheitsgewalt besitzt, eine darüber liegende mittlere Zone, in welcher der Bodenstaat auf die Ausübung bestimmter Schutz- und Kontrollrechte beschränkt ist, und eine wiederum darüber liegende obere Zone, in der, der freien Hohen See entsprechend, Luftfreiheit herrscht.[249]

Die Luftzonentheorie fand in der luftrechtlichen Praxis ab 1907 nur wenig Anerkennung, da die Flughöhen die Zwischenzone für den Bodenstaat praktisch

---

242 *Khan*, Die deutschen Staatsgrenzen, S. 628, Fn. 62; siehe auch *Schladebach*, Lufthoheit, S. 48.

243 So *Meyer*, Freiheit der Luft als Rechtsproblem, S. 91; *Khan*, Die deutschen Staatsgrenzen, S. 628, Fn. 62.

244 *Khan*, Die deutschen Staatsgrenzen, S. 628; dazu auch *Schladebach*, Lufthoheit, S. 48.

245 *Khan*, Die deutschen Staatsgrenzen, S. 628; *Schladebach*, Lufthoheit, S. 48.

246 *V. Schyndel*, in: Giemulla/Schmid, Kommentar LuftVG, Einl. AL Nr. 65, 2014, Rn. 28; *Schladebach*, Lufthoheit, S. 51; *ders.*, Luftrecht, S. 19, Rn. 17 f.; *Riese*, Luftrecht, S. 73 f.; *v. Wrangell*, Globalisierungstendenzen, S. 20 ff.; *Lübben*, S. 31 mit Fn. 71.

247 *Schladebach*, Lufthoheit, S. 51.

248 *Schladebach*, Lufthoheit, S. 51; *Brinkhoff/Windhorn*, in: Hobe/v. Ruckteschell, Kölner Kompendium Luftrecht, Bd. 1, S. 11, Rn. 18; *v. Wrangell*, Globalisierungstendenzen, S. 20 ff.; *Schwenk/Giemulla*, Hdb. des Luftverkehrsrechts, Kapitel 1, S. 9, Rn. 13.

249 *Schladebach*, Luftrecht, S. 19, Rn. 17; *ders.*, Lufthoheit, S. 51; *Riese*, Luftrecht, S. 74.

wertlos machen.[250] Der sich über dem Staatsgebiet erhebende Luftraum könne nicht dem lediglich horizontal an das Gebiet des Küstenstaates angrenzenden Meer gleichgestellt werden, da die Interessenlage hinsichtlich beider Räume verschieden sei.[251] Das Schutzbedürfnis in Bezug auf das Meer sei ein anderes als in Bezug auf den Luftraum.[252] Außerdem könne die Luftzonentheorie keine ausreichende Sicherheit gewährleisten, da sie einerseits kaum praktikabel sei, da die Zonen recht willkürlich festgelegt werden konnten, und andererseits diese Zonen schlecht kontrollier- bzw. durchsetzbar seien.[253]

### 4. *Ergebnis*

Die verschiedenen Luftraumtheorien treten nicht miteinander in Konkurrenz, sondern bilden vielmehr die verschiedenen Entwicklungsstufen ab, die durch den technischen Fortschritt und dessen Entwicklungen miteinander einhergingen.[254] Den Durchbruch der Lufthoheitstheorie brachte schließlich der Erste Weltkrieg (1914 bis 1918), in dem sich sowohl die kriegsführenden als auch die neutralen Staaten auf den Standpunkt stellten, dass der Luftraum über ihren jeweiligen Staatsgebieten sachlich und räumlich ihrer Hoheitsgewalt unterliege.[255] Es ist nicht verwunderlich, dass die Staaten die Theorie der Freiheit der Luft im Ergebnis ablehnten und die staatliche Hoheit im Luftraum über ihrem Staatsgebiet und den dazugehörigen Territorialgewässern beanspruchten.[256] Dadurch wurde jeder grenzüberschreitende Verkehr einer Erlaubnispflicht unterworfen.[257] Die Lufthoheitstheorie ist bis heute in nationalen Gesetzen und internationalen Luftfahrtabkommen verankert und das Luftrecht baut grundsätzlich auf diesem Prinzip auf.

---

250 *Schleicher/Reymann/Abraham*, S. 25; *Schladebach*, Lufthoheit, S. 51 f.; *Riese*, Luftrecht, S. 74; *Abraham*, Seerecht, S. 37.

251 *Schladebach*, Lufthoheit, S. 52; *Riese*, Luftrecht, S. 74.

252 *Riese*, Luftrecht, S. 74; *Schladebach*, Lufthoheit, S. 52.

253 *V. Wrangell*, Globalisierungstendenzen, S. 24; *Schladebach*, Lufthoheit, S. 52; *Lübben*, S. 31.

254 *Fritzsche*, S. 29.

255 *V. Wrangell*, Globalisierungstendenzen, S. 26; *Lübben*, S. 33; *Schladebach*, Lufthoheit, S. 61; *Schwenk/Giemulla*, Hdb. des Luftverkehrsrechts, Kapitel 1, S. 9, Rn. 14.

256 *V. Schyndel*, in: Giemulla/Schmid, Kommentar LuftVG, Einl. AL Nr. 65, 2014, Rn. 28; *Schladebach*, Lufthoheit, S. 61; *Lübben*, S. 33; *v. Wrangell*, Globalisierungstendenzen, S. 26.

257 *V. Schyndel*, in: Giemulla/Schmid, Kommentar LuftVG, Einl. AL Nr. 65, 2014, Rn. 28.

## II. Definition des Luftraumes

Da der Begriff des „Luftraumes“ ein im Luftrecht wiederkehrender Terminus ist und wohl eine der wichtigsten Komponenten dieses Rechtsgebietes beschreibt, soll sich der Begrifflichkeit genähert werden. Schließlich ist neben dem Luftfahrtgerät der Luftraum das wichtigste Element des Luftverkehrs, da ohne den Luftraum der Luftverkehr nicht darstellbar ist.[258]

Die Konkretisierung des staatlichen Luftraumes als des Bezugsraumes der Lufthoheit hat systematisch beim Chicagoer Abkommen[259] anzusetzen.[260] Jedoch bestimmt das Chicagoer Abkommen diesen elementaren Begriff nicht, sondern setzt ihn vielmehr als gegeben voraus.[261] Auch innerhalb der Verordnungen zum einheitlichen europäischen Luftraum wird der Begriff des Luftraumes nicht definiert, wenngleich das Wort „Luftraum“ zweifellos einen juristischen Begriff beschreibt, der in (fast) allen nationalen Luftverkehrsgesetzen und internationalen Luftabkommen enthalten ist.[262] Die im Rahmen dieser Arbeit zu untersuchenden Verordnungen werden unter dem Überbegriff des „Single European Sky“ oder des „einheitlichen europäischen Luftraumes“ zusammengefasst und verweisen wörtlich auf den „europäischen Luftraum“ und damit auf den staatlichen Luftraum der beteiligten EU-Mitgliedstaaten und auch auf jenen der mit dem Projekt des Single European Sky kooperierenden Drittstaaten.[263]

---

258 *Schwenk/Giemulla*, Hdb. des Luftverkehrsrechts, Kapitel 4, S. 151, Rn. 1.

259 Abkommen über die Internationale Zivilluftfahrt vom 07.12.1944, BGBl. 1956 II vom 11.04.1956, S. 411 ff.; auch Chicagoer Abkommen, kurz: CA oder ICAO-Abkommen genannt, Text abzurufen unter https://www.fedlex.admin.ch/eli/cc/63/1377_1378_1381/de, zuletzt abgerufen am 01.02.2023.

260 *Schladebach*, Lufthoheit, S. 155; zum Chicagoer Abkommen siehe ausf. unter Kapitel 2, B., IV.

261 *Schladebach*, Lufthoheit, S. 155.

262 *Schmitt-Sody*, S. 125; *Dauses*, Die Grenze des Staatsgebietes im Raum, S. 14.

263 Siehe zu einem weiten Anwendungsbereich Erwägungsgrund Nummer 6 VO (EG) Nr. 2150/2005 der Kommission vom 23.12.2005 über gemeinsame Regeln für die flexible Luftraumnutzung, ABl. EG L 342 vom 24.12.2005, S. 20; *Bues*, S. 53; mittlerweile definiert Art. 3 Nr. 33 VO (EU) 2018/1139 des Europäischen Parlaments und des Rates vom 04.07.2018 zur Festlegung gemeinsamer Vorschriften für die Zivilluftfahrt und zur Errichtung einer Agentur der Europäischen Union für Flugsicherheit sowie zur Änderung der VOen (EG) Nr. 2111/2005, (EG) Nr. 1008/2008, (EU) Nr. 996/2010, (EU) Nr. 376/2014 und der Richtlinien 2014/30/EU und 2014/53/EU des Europäischen Parlaments und des Rates, und zur Aufhebung der VOen (EG) Nr. 552/2004 und (EG) Nr. 216/2008 des Europäischen Parlaments und des Rates und der VO (EWG) Nr. 3922/91 des Rates, ABl. EU Nr. 212 vom 22.08.2018, S. 1–122

Der Luftraum ist der Bereich, der sich über einem bestimmten Teil der Erdoberfläche, bspw. einem Staat, senkrecht[264] nach oben, also vom Staatsgebiet weg[265], erstreckt.[266] Dieser Teil der Erdoberfläche kann entweder das Territorium eines Staates oder auch nicht-staatlicher Natur sein.[267] Der Luftraum kann auch allgemein als die senkrechte Luftsäule über dem Territorium eines Staates definiert werden.[268] Dieser allgemein gehaltene Begriff des Luftraumes unterliegt im rechtlichen Bereich einer vertikalen und einer horizontalen Abgrenzung.[269]

### *1. Umfang des staatlichen Luftraumes*

Der Begriff des „Luftraumes" bildet den grundsätzlichen Schlüsselbegriff des internationalen Luftrechts, da er die Referenz für ein differenziertes hoheitliches Regimes darstellt.[270] In Art. 1 des Chicagoer

„einheitlicher europäischer Luftraum" als den Luftraum über dem Gebiet, auf das die Verträge Anwendung finden, sowie jeden anderen Luftraum, in dem Mitgliedstaaten die VO (EG) Nr. 551/2004 gemäß Art. 1 Abs. 3 der genannten Verordnung anwenden.

264 *Schladebach*, Lufthoheit, S. 156 und *ders*., Luftrecht, S. 25, Rn. 2 weist darauf hin, dass bei dieser zunächst geometrischen Beschreibung zu berücksichtigen ist, dass die an den Staatsgrenzen jeweils senkrecht verlaufenden äußeren Luftraumgrenzen im Verhältnis zueinander nicht parallel sind. Obwohl sie an ihrem Messpunkt an der Erdoberfläche senkrecht zu dieser stehen mögen, sorgen die Erdkrümmung und der Treffpunkt der Grenzlinien im Erdmittelpunkt für eine kegelförmige Luftsäule, die sich in vertikaler Richtung verbreitert.

265 *Schladebach*, Lufthoheit, S. 155 f., hingegen empfindet diesen Definitionsvorschlag als schwammig. Einerseits sei die Erklärung eines Raumes als „ein Bereich oberhalb der Erdoberfläche" recht allgemein und sprachlich nicht korrekt, andererseits passe der geografische Hinweis „vom Staatsgebiet weg" nicht zum Rechtsstatus des Luftraumes, da dieser selbst Teil des Staatsgebietes sei und daher nicht aus diesem ausgegrenzt werden dürfe.

266 *Lübben*, S. 64; *Schwenk/Giemulla*, Hdb. des Luftverkehrsrechts, Kapitel 4, S. 151, Rn. 1; *Hobe*, in: Hobe/v. Ruckteschell, Kölner Kompendium Luftrecht, Bd. 1, S. 258, Rn. 2; *Bues*, S. 53.

267 *Hobe*, in: Hobe/v. Ruckteschell, Kölner Kompendium Luftrecht, Bd. 1, S. 258, Rn. 2.

268 *Schladebach*, Luftrecht, S. 25, Rn. 2; *ders*., ZLW 2003, S. 355 ff. (356); *ders*., Lufthoheit, S. 156; *Herdegen*, § 24, S. 204 f., Rn 5; *Pfenninger*, S. 43; *Probst*, ZaöRV 1958, S. 637 ff. (639), fügt hinzu, dass der Luftraum nach Art eines Kegels nach unten wächst, dessen Spitze im Erdmittelpunkt zusammenläuft; ebenso *Müller*, S. 214.

269 Ausf. dazu *Hobe*, in: Hobe/v. Ruckteschell, Kölner Kompendium Luftrecht, Bd. 1, S. 258, Rn. 1; *Bues*, S. 53; *Schwenk/Giemulla*, Hdb. des Luftverkehrsrechts, Kapitel 4, S. 152, Rn. 2 f.

270 *Schladebach*, Luftrecht, S. 25, Rn. 1.

Abkommens[271] erkennen die Vertragsstaaten an, dass jeder Staat über seinem Hoheitsgebiet die volle und ausschließliche Lufthoheit innehat.[272] Aufgrund der bestehenden staatlichen Hoheitsgewalt gilt dieser Bereich des Luftraumes als staatlicher Luftraum.[273]

### *a) Horizontale Grenzen des Luftraumes*

Um die horizontalen Grenzen des staatlichen Luftraumes erfassen zu können, ist es notwendig, den waagerechten Umfang des darunterliegenden Hoheitsgebiets des Bodenstaates zu begreifen.[274] Der einem Staat zugehörige und damit dessen Hoheitsgewalt unterstehende Luftraum ergibt sich in seiner horizontalen Ausdehnung aus den jeweiligen Staatsgrenzen, wozu neben dem Landgebiet auch die Hoheitsgewässer gehören.[275] Bei Binnenstaaten[276] ist dies unproblematisch, da das Hoheitsgebiet ausschließlich Landgebiet ist und einem abgegrenzten Teil der Erdoberfläche entspricht.[277] So wird der sich darüber befindliche Luftraum anhand der Ländergrenzen begrenzt.[278] Die Bestimmung der horizontalen Ausdehnung des Hoheitsgebiets und des sich senkrecht darüber befindlichen Luftraumes gestaltet sich hingegen bei Küstenstaaten, also bei Staaten mit Meereszugang, problematischer.[279] Art. 2 des Chicagoer Abkommens bestimmt dazu im Wege der Fiktion, dass *„im Sinne des Abkommens […] als Gebiet eines Staates die der Staatshoheit, der Oberhoheit, dem Schutze oder der Mandatsgewalt dieses Staates unterstehenden Landgebiete und angrenzenden Hoheitsgewässer*

271 Abkommen über die Internationale Zivilluftfahrt vom 07.12.1944, BGBl. 1956 II vom 11.04.1956, S. 411 ff.; auch Chicagoer Abkommen, kurz: CA oder ICAO-Abkommen genannt, Text abzurufen unter https://www.fedlex.admin.ch/eli/cc/63/1377_1378_1381/de, zuletzt abgerufen am 01.02.2023.

272 Art. 1 des Chicagoer Abkommens lautet: „Die Vertragsstaaten erkennen an, dass jeder Staat über seinem Hoheitsgebiet volle und ausschließliche Lufthoheit besitzt.“; siehe dazu auch *Schwenk/Giemulla*, Hdb. des Luftverkehrsrechts, Kapitel 4, S. 152, Rn. 2; *Lübben*, S. 39; *Bentzien*, Der unerlaubte Einflug, S. 7; *Hobe*, in: Ipsen, Völkerrecht, § 46, Rn. 6; *Schladebach*, Luftrecht, S. 48, Rn. 8.

273 *Schladebach*, Luftrecht, S. 25, Rn. 1.

274 *Schladebach*, Luftrecht, S. 27, Rn. 8.

275 *Schwenk/Giemulla*, Hdb. des Luftverkehrsrechts, Kapitel 4, S. 152, Rn. 2.

276 Also Staaten ohne Meereszugang.

277 So z. B. Schweiz, Luxemburg, Österreich oder Ungarn, *Schladebach*, Luftrecht, S. 28, Rn. 8; *Bues*, S. 53.

278 *Schladebach*, Luftrecht, S. 28, Rn. 8.

279 *Schladebach*, Luftrecht, S. 28, Rn. 9.

*[gelten].*"[280] Die „angrenzenden Hoheitsgewässer" genauer zu definieren wurde dem internationalen Seerecht überlassen, das lange Zeit über gewohnheitsrechtliche Grundsätze geregelt war.[281] Erst am 10. Dezember 1982 wurde das Seerechtsübereinkommen der Vereinten Nationen (SRÜ)[282] geschlossen, das für die Bundesrepublik Deutschland zum 1. Januar 1995 in Kraft trat.[283] Der staatliche Luftraum umfasst damit auch die senkrechte Luftsäule über den angrenzenden Hoheitsgewässern, deren Reichweite im SRÜ festgelegt wurde.[284] Dazu gehört gemäß Art. 2 Abs. 1 SRÜ zunächst der „angrenzende Meeresstreifen" (= Küstenmeer)[285], der nach Art. 3 SRÜ maximal zwölf Seemeilen (1 Seemeile = 1.852 m) von der bestimmten Basislinie entfernt sein darf:[286] *„Jeder Staat hat das Recht,*

---

280 Art. 2 Chicagoer Abkommen; *Hobe,* in: Hobe/v. Ruckteschell, Kölner Kompendium Luftrecht, Bd. 1, S. 259, Rn. 6; *Schwenk/Giemulla,* Hdb. des Luftverkehrsrechts, Kapitel 4, S. 152, Rn. 2; *Schladebach,* Luftrecht, S. 28, Rn. 8; *Bues,* S. 53.

281 *Schladebach,* Luftrecht, S. 28, Rn. 9.

282 Gesetz zu dem Seerechtsübereinkommen der Vereinten Nationen vom 10.12.1982 (Vertragsgesetz Seerechtsübereinkommen) vom 02.09.1994, BGBl. 1994 II vom 13.09.1994, S. 1798 ff.

283 *Schladebach,* Luftrecht, S. 28, Rn. 9.

284 *Schladebach,* Luftrecht, S. 28, Rn. 9; *ders.,* ZLW 2003, S. 355 ff. (356); *Bues,* S. 53.

285 Vgl. dazu *Roach,* Excessive Maritime Claims; *Proelss,* United Nations Convention on the Law of the Sea. Commentary, 2013; *Beazley,* International Journal of Estuarine and Coastal Law 1991, S. 281 ff. (281 ff.); *Hofmann,* Das Küstenmeer im Völkerrecht; *Jaenicke,* ZaöRV 1978, S. 438 ff. (438 ff.); *Jessup,* The Law of Territorial Waters and Maritime Jurisdiction.

286 *Schladebach,* ZLW 2003, S. 355 ff. (356); *ders.,* Luftrecht, S. 28 f., Rn. 10 f.: Die Zugehörigkeit des „angrenzenden Meeresstreifens zum Staatsgebiet war auch unter der früheren Geltung gewohnheitsrechtlicher Grundsätze unbestritten. Nach Art. 2 SRÜ erstreckt sich die Souveränität eines Küstenstaates insbesondere auch auf den Luftraum dieses Meeresstreifens, Keine Einigkeit bestand jedoch lange Zeit über die Breite des Küstenmeeres. Bis zur Dritten Seerechtskonferenz 1982, auf der das Seerechtsübereinkommen beschlossen wurde, wurden unterschiedliche Küstenmeerbreiten beansprucht, die von drei bis zu 200 Seemeilen reichten. Die zurückhaltend erscheinende Breite der drei Seemeilen geht zurück auf die im 17./18. Jahrhundert weitgehend anerkannte und durch den niederländischen Juristen *Cornelius van Bynkershoek* im Jahre 1702 aufgestellte These, dass die „Kontrolle über das Gebiet endet, wo die Macht der Waffen endet" („terra dominum finitur, ubi finitur armorum vis", De domino maris disseratio, Kapitel II, S. 127). Diese häufig als die „Kanonenschussweite" bezeichnete Breite von drei Seemeilen sah sich jedoch ab dem 20. Jahrhundert – nicht nur wegen der modernen Waffensysteme – erheblichen Ausdehnungstendenzen ausgesetzt"; so auch *Bues,* S. 53 f., Fn. 372.

*die Breite seines Küstenmeeres bis zu einer Grenze festzulegen, die höchstens zwölf Seemeilen von den in Übereinstimmung mit diesem Übereinkommen festgelegten Basislinien entfernt sein darf.*" Die Inanspruchnahme der zwölf Seemeilen wird nicht als Pflicht, sondern als Recht formuliert.[287] Zur Bestimmung der horizontalen Grenze des Hoheitsgebietes eines Küstenstaates muss somit die genaue Breite des Küstenmeeres festgestellt werden.[288] Die Luftsäule, die vertikal über dem Festland und dem Küstenmeer steht, beschreibt danach den staatlichen Luftraum, der der Lufthoheit des Bodenstaates untersteht.[289] Durch Proklamation hat die Bundesrepublik Deutschland am 11. November 1994 ihre Hoheitsgewässer auf eine Zone von zwölf Seemeilen ausgedehnt.[290]

Zum Hoheitsgebiet eines Staates zählen auch die Inseln, weshalb deren Ausdehnung für die Grenzen des staatlichen Luftraumes gleichermaßen von Bedeutung ist.[291] Die Legaldefinition einer Insel findet sich in Art. 121 Abs. 1 SRÜ, wonach eine Insel eine natürlich entstandene Landfläche ist, die vom Wasser umgeben ist und bei Flut über den Wasserspiegel hinausragt. Art. 121 Abs. 2 SRÜ legt fest, dass Inseln wie Festland behandelt werden und somit auch ein Küstenmeer beanspruchen können.[292] Aus diesem Grund besitzt derjenige Staat, zu dem die Insel gehört, über dem Luftraum, der sich vertikal über der Insel und über das die Insel umschließende Küstenmeer ausdehnt, die Lufthoheit.[293] Diejenigen Teile des Meeres, die nicht zur ausschließlichen Wirtschaftszone

287 *Schladebach*, Luftrecht, S. 29, Rn. 13.

288 *Schladebach*, Luftrecht, S. 29, Rn. 13.

289 *Schladebach*, Luftrecht, S. 29, Rn. 13.

290 Vgl. Bekanntmachung der Proklamation der Bundesregierung über die Ausweitung des deutschen Küstenmeeres vom 11.11.1994, BGBl. 1994 I vom 18.11.1994, S. 3428 f.

291 *Schladebach*, Luftrecht, S. 29, Rn. 14; die Frage nach dem staatlichen Luftraum von Archipelstaaten soll hier nicht behandelt werden, da es solche Staaten in der Europäischen Union nicht gibt. Rechtliche Regelungen hierzu finden sich in Art. 53 SRÜ, eine Legaldefinition findet sich in Art. 46 SRÜ: Ein Archipelstaat ist ein eigenständiger Staat, der vollständig aus einem oder mehreren Archipelen und ggf. aus anderen Inseln besteht, bspw. Jamaika, die Bahamas oder die Malediven. Dazu ausf. bei *Schladebach*, Luftrecht, S. 30, Rn. 17 ff.

292 Probleme können hierbei entstehen, wenn Inseln so dicht vor der Küste eines anderen Staates liegen, dass der Verlauf der Grenzen des Küstenmeeres bestritten wird oder aber die Küstenmeere der Staaten miteinander kollidieren, bspw. bei den griechischen Inseln in der Ägäis, so *Schladebach*, ZLW 2003, S. 355 ff.; *ders.*, Luftrecht, S. 30, Rn. 15; *Bues*, S. 54.

293 *Schladebach*, Luftrecht, S. 29 f., Rn. 14.

(AWZ)[294], zum Küstenmeer oder zu den Archipelstaaten gehören, bezeichnet man als Hohe See.[295] Gemäß Art. 87 Abs. 1 SRÜ ist die Hohe See rechtlich frei, sodass auch eine Freiheit des Überflugs besteht.[296] Aufgrund internationaler Vereinbarungen[297] werden die Flugsicherungsdienste über der Hohen See und auch über ausländischem Hoheitsgebiet durchgeführt.[298] International anerkannt im Sinne voller staatlicher Hoheitsgewalt ist nur der durch die Staatsgrenzen bestimmte Luftraum einschließlich des Luftraumes über den Hoheitsgewässern.[299] Der Luftraum über der Hohen See unterliegt hingegen keiner Hoheitsgewalt und wird als nichtstaatlicher Luftraum charakterisiert.[300]

### *b) Vertikale Grenzen des Luftraumes*

Für die Definition der vertikalen Grenzlinie des Luftraumes bedarf es der Beantwortung der staatsrechtlichen Frage, in welcher Höhe das Staatsgebiet und damit

---

294 Als ausschließliche Wirtschaftszone wird gem. Art. 55 SRÜ ein jenseits des Küstenmeeres gelegenes und an dieses angrenzende Gebiet von maximal 200 Seemeilen Ausdehnung bezeichnet, in dem der Küstenstaat spezielle wirtschaftliche Nutzungsvorrechte besitzt (ausf. dazu siehe *Herber*, Seehandelsrecht, S. 63 ff.). So hat er laut Art. 56 Abs. 1 lit. a) SRÜ souveräne Rechte zum Zweck der Erforschung und Ausbeutung, Erhaltung und Bewirtschaftung der lebenden und nicht lebenden natürlichen Ressourcen der Gewässer. Luftrechtliche Relevanz hat Art. 58 Abs. 1 SRÜ, wonach alle Staaten, ob Küsten- oder Binnenstaaten, in der AWZ die in Art. 87 SRÜ genannten Freiheiten der Schifffahrt und des Überflugs genießen. Nach Art. 87 Abs. 1 lit. b) SRÜ ist der Überflug der jeweiligen AWZ frei, wodurch der Luftraum über der AWZ keiner Hoheitsgewalt unterliegt. Es handelt sich um die Luftraumkategorie des nichtstaatlichen Luftraumes, vgl. *Schladebach*, Luftrecht, S. 31 f., Rn. 20 ff. Ferner: *Proelss,* United Nations Convention on the Law of the Sea, Commentary, 2013; *Roach,* Excessive Maritime Claims; *Rothwell.* (Hrsg.), Law of the Sea; *Lagoni/Proelß,* in: Vitzthum, Handbuch des Seerechts, S. 161 ff. (161 ff.); *Jaenicke,* ZaöRV 1978, S. 438 ff. (438 ff.).

295 *Schladebach*, Luftrecht, S. 32, Rn. 24; *Bues*, S. 54.

296 *Schladebach*, Luftrecht, S. 32, Rn. 24; *Bues*, S. 54.

297 Siehe Art. 12 und Annex 2 des Chicagoer Abkommens, sofern der ICAO-Staat eine solche Verpflichtung im Rahmen eines Regional Air Navigation Plans übernommen hat.

298 *Schwenk/Giemulla*, Hdb. des Luftverkehrsrechts, Kapitel 4, S. 152, Rn. 2; die Bundesrepublik Deutschland ist bspw. für die Flugsicherung über bestimmten Teilen der Nordsee außerhalb deutscher Hoheitsgewässer verantwortlich, der deutsche Luftraum wird dadurch jedoch nicht ausgedehnt, siehe zum Thema Staatsgrenzen und Lufthoheit ausf. *Schwenk/Giemulla*, Hdb. des Luftverkehrsrechts, Kapitel 4, S. 155, Rn. 10 ff.

299 *Schwenk/Giemulla*, Hdb. des Luftverkehrsrechts, Kapitel 4, S. 152, Rn. 2.

300 *Schladebach*, Luftrecht, S. 32, Rn. 24.

die Lufthoheit aufhören.[301] Während der Luftraum in horizontaler Hinsicht durch die Staatsgrenzen und die Territorialgewässer begrenzt wird, wird er in vertikaler Hinsicht durch den Weltraum abgegrenzt.[302]

Der Weltraumvertrag[303] und das Völkergewohnheitsrecht[304] haben den Weltraum für frei von staatlicher Hoheitsgewalt erklärt.[305] Bis zu diesem Zeitpunkt war der staatliche Luftraum theoretisch höhenmäßig nicht beschränkt.[306] Praktisch wird und wurde er durch die Höhe bestimmt, bis zu der die Luftfahrzeuge eingesetzt werden können.[307] Die vertikale Grenze ist aber im Gegensatz zu der horizontalen Grenze weder gewohnheits- noch vertrags- und (völker-)rechtlich einheitlich geregelt[308] und eine definitive Abgrenzung zwischen Luft- und Weltraum gibt es bisher nicht.[309]

---

301 *Schladebach*, Luftrecht, S. 36, Rn. 36; *ders.* merkt ebenda auch an, dass die vertikale Ausdehnung des Luftraumes (anders als die horizontale Ausdehnung) rechtlich nicht geregelt ist; *Bentzien*, Der unerlaubte Einflug, S. 11 ff.

302 *Lübben*, S. 65; *Schwenk/Giemulla*, Hdb. des Luftverkehrsrechts, Kapitel 4, S. 152, Rn. 3; *Bentzien*, Der unerlaubte Einflug, S. 11 f.; *Hobe*, in: Hobe/v. Ruckteschell, Kölner Kompendium Luftrecht, Bd. 1, S. 260, Rn. 8; *Probst*, ZaöRV 1958, S. 637 ff. (639), fügt hinzu, dass der Luftraum nach Art eines Kegels nach unten wächst, dessen Spitze im Erdmittelpunkt zusammenläuft.

303 Gesetz zu dem Vertrag vom 27.01.1967 über die Grundsätze zur Regelung der Tätigkeiten von Staaten bei der Erforschung und Nutzung des Weltraums einschließlich des Mondes und anderer Himmelskörper vom 02.10.1969, BGBl. 1969 II vom 08.10.1969, S. 1967 ff.

304 Siehe *Khan*, Die deutschen Staatsgrenzen, S. 634, Fn. 81: „Der Weltraumvertrag ist zwar bis heute nicht von allen Staaten ratifiziert worden, sein Inhalt ist aber allemal zu Gewohnheitsrecht erstarkt." Dazu auch *Dauses*, Die Grenze zwischen Lufttraum und Weltraum, S. 89: „Darüber hinaus kann heute als alleinige Auffassung angesehen werden, dass der Weltraum in seiner Gesamtheit keinerlei Ausübung einzelstaatlicher Anschlussrechte, wie territorialer Souveränität und Gebietshoheit oder inhaltlich beschränkter Hoheitsbefugnisse, unterliegt (…)."

305 Siehe Art. II des Weltraumvertrages: „Der Weltraum einschließlich des Mondes und anderer Himmelskörper unterliegt keiner nationalen Aneignung durch Beanspruchung der Hoheitsgewalt, durch Benutzung oder Okkupation oder durch andere Mittel."; *Schwenk/Giemulla*, Hdb. des Luftverkehrsrechts, Kapitel 4, S. 152, Rn. 3; *Khan*, Die deutschen Staatsgrenzen, S. 634, Fn. 81; *Schladebach*, Luftrecht, S. 27, Rn. 6.

306 *Schwenk/Giemulla*, Hdb. des Luftverkehrsrechts, Kapitel 4, S. 152, Rn. 3.

307 *Schwenk/Giemulla*, Hdb. des Luftverkehrsrechts, Kapitel 4, S. 152, Rn. 3.

308 *Khan*, Die deutschen Staatsgrenzen, S. 635; *Bues*, S. 55; *Schladebach*, Luftrecht, S. 36, Rn. 36.

309 *Schwenk/Giemulla*, Hdb. des Luftverkehrsrechts, Kapitel 4, S. 152, Rn. 3; *Khan*, Die deutschen Staatsgrenzen, S. 635.

Es bildete sich bereits früh ein breites Meinungsspektrum[310] zur Beantwortung der Frage der vertikalen Grenze, dessen Extrempositionen sich in den Jahren 1957 und 1960 herauskristallisierten.[311] Der Russe *Zadoroshnyi* schlug 1957 vor, die obere Grenze des Luftraumes bei 20 bis 30 km festzulegen, während *Rinck* im Jahr 1960 empfahl, die Lufthoheit des Staates so weit reichen zu lassen, wie die Anziehungskraft der Erde wirke.[312] Daher fände der Luftraum in einer Höhe von vielleicht 1,5 Millionen km sein Ende, was dem Souveränitätsgedanken und Schutzbedürfnis der Staaten am besten gerecht würde.[313] Genaugenommen nimmt aber die Gravitationskraft zwar mit zunehmender Entfernung der Massen ab, besitzt jedoch eine unbegrenzte Reichweite.[314]

Unter den verschiedenen Vorschlägen bezüglich der Abgrenzung ragt vor allem die des deutsch-ungarischen Forschers *Theodor von Kármán* heraus. Dieser hatte bereits 1957 aufgrund physikalischer Grenzwertberechnungen angeregt, die Grenze bei einer Höhe von 83 km festzulegen,[315] da in Höhen größer als 83 km die Luftdichte so weit sinke, dass ein Flug auf der Basis des Luftauftriebs physikalisch nicht mehr möglich sei.[316] Als Abgrenzungskriterium wird häufig diese Kármán-Linie als eine fiktive Höhenlinie bei etwa 100 Kilometern zugrunde gelegt.[317] Sie wurde von der *Fédération Aéronautique Internationale (FAI)* zur Klassifizierung von (sportlichen) Flugleistungen festgelegt.[318]

---

310 Siehe ausf. zu den Theorien *Hobe*, in: Hobe/v. Ruckteschell, Kölner Kompendium Luftrecht, Bd. 1, S. 260, Rn. 10 ff.; *Schladebach*, Lufthoheit, S. 168 ff.; *ders.*, Luftrecht, S. 36, Rn. 37 ff.; *Khan*, Die deutschen Staatsgrenzen, S. 634, Fn. 79.

311 *Schladebach*, Luftrecht, S. 37, Rn. 38.

312 *Rinck*, ZLW 1960, S. 191 ff. (196); *Schladebach*, Luftrecht, S. 37, Rn. 38 f.

313 *Rinck*, ZLW 1960, S. 191 ff. (196); krit. dazu *Meyer*, ZLW 1960, S. 209 ff. (209 ff.).

314 Newtonisches Gravitationsgesetz, wonach jeder Körper eine anziehende Kraft auf jeden anderen Körper ausübt. Diese Kraft ist proportional zu den Massen der beiden Körper und umgekehrt proportional zum Quadrat des Abstandes zwischen ihnen; Die Vermessung der Erde, abzurufen unter https://www.fr.de/wissen/vermessung-erde-11251982.html, zuletzt abgerufen am 06.02.2023.

315 Sog. „Kármán Primary Jurisdictional Line", ausf. dazu *Schladebach*, Lufthoheit, S. 173 f.

316 *Meyer*, ZLW 1965, S. 296 ff. (309); *Schladebach*, Luftrecht, S. 37, Rn. 40 und S. 40, Rn. 48; *ders.*, Lufthoheit, S. 174; *Schwenk/Giemulla*, Hdb. des Luftverkehrsrechts, Kapitel 4, S. 152, Rn. 3; *Hobe*, in: Hobe/v. Ruckteschell, Kölner Kompendium Luftrecht, Bd. 1, S. 261 f., Rn. 12.

317 *Schwenk/Giemulla*, Hdb. des Luftverkehrsrechts, Kapitel 4, S. 152, Rn. 3.

318 Vgl. FAI-Status, abzurufen unter https://www.fai.org/federation, zuletzt abgerufen am 05.02.2023; *Knauff*, in: Schwarze, EU-Kommentar, Art. 100 AEUV, Rn. 11; *Schwenk/Giemulla*, Hdb. des Luftverkehrsrechts, Kapitel 4, S. 152 f., Rn. 3.

Teilweise wird die Auffassung vertreten, dass es aufgrund fehlender praktischer Relevanz dieser Rechtsfrage keiner linearen Grenzziehung bedürfe.[319] Da die Grenzziehung zwischen Luft- und Weltraum grundsätzlich eine Frage der staatlichen Souveränität ist, ist sie formal gesehen völkerrechtlich unerheblich.[320] Daneben bedarf es für Erfassung der Ausmaße des vertikalen europäischen Luftraumes keiner expliziten Festlegung der Ausdehnung des staatlichen Luftraumes, also der Grenzziehung zum rechts- und staatsfreien Weltraum (sog. Weltraumfreiheit).[321]

Insbesondere herrscht Konsens darüber, dass sowohl die erdnächste Troposphäre als auch die Stratosphäre[322] bis zu einer Höhe von etwa 50 Kilometern[323] zum staatlichen Luftraum gehören.[324] Die Regelungen zum einheitlichen europäischen Luftraum beziehen sich auf den zivilen Luftverkehr, der in dieser Höhe fliegt.[325]

### 2. *Ausübung der Lufthoheit*

Übt ein Staat die Lufthoheit in seinem Luftraum aus, entspricht dies der Territorialgewalt, die ihm auf seinem Hoheitsgebiet zusteht.[326] Das heißt für die Bundesrepublik Deutschland, dass sowohl die Normen des nationalen Luftrechts als auch die Vorschriften des EU-Rechts Geltung haben, da die Bundesrepublik

---

319 *Khan*, Die deutschen Staatsgrenzen, S. 637; *Bues*, S. 55; *Schladebach*, Luftrecht, S. 38 f., Rn. 44.

320 *Schwenk/Giemulla*, Hdb. des Luftverkehrsrechts, Kapitel 4, S. 153, Rn. 3.

321 *Bues*, S. 55.

322 Genauer gesagt die Atmosphärenschicht von ungefähr 12 bis 50 km Höhe zwischen Troposphäre und Mesosphäre und damit auch die sog. Ozonschicht in einer Höhe von etwa 20 bis 25 km, so *Khan*, Die deutschen Staatsgrenzen, S. 637, Fn. 92.

323 *Khan*, Die deutschen Staatsgrenzen, S. 641: „Es besteht eine rechtliche ‚Grauzone', die einen Streifen in den oberen Luftschichten, der den Raum zwischen ca. 60 und ca. 110 km Höhe über der Erdoberfläche umfasst. Der Raum in noch größerer Höhe kann als potenzieller Verkehrsraum von Satelliten und anderen Weltraumfahrzeugen keinesfalls mehr zum Staatsgebiet gezählt werden, während die technische Möglichkeit einer aerodynamischen Bewegung im Luftraum bislang auf eine maximale Höhe von etwa 50–60 km begrenzt wird, womit annäherungsweise die obere Grenze des unstreitig zum Staatsgebiet zählenden Luftraumes bezeichnet ist."; siehe dazu auch *Herdegen*, § 24, S. 204 f., Rn. 5.

324 *Khan*, Die deutschen Staatsgrenzen, S. 637 und S. 641; *Bues*, S. 56; so auch schon *Probst*, ZaöRV 1958, S. 637 ff. (647 f.).

325 Vgl. *Bues*, S. 56; vgl. auch *Schladebach*, Luftrecht, S. 40, Rn. 48.

326 *Schwenk/Giemulla*, Hdb. des Luftverkehrsrechts, Kapitel 4, S. 153, Rn. 4.

Deutschland als Mitglied der Europäischen Union ihre Hoheitsbefugnisse teilweise an die EU abgetreten hat.[327] Die Hoheitsgewalt im Luftverkehr wird durch die Luftfahrtbehörden inklusive der mit Luftaufsichtsaufgaben Beliehenen als hoheitlich tätige Staatsorgane bzw. „Behörden"[328] ausgeübt, die jeweils Verwaltungsakte erlassen.[329] Soweit durch Gesetz nichts anderes bestimmt ist,[330] bedeutet die Lufthoheit für den grenzüberschreitenden Luftverkehr, dass Ein- und Ausflüge von Luftfahrzeugen unter dem Vorbehalt staatlicher Erlaubnis stehen.[331]

Ein Staat kann grundsätzlich kraft seines Hoheitsrechts den Luftraum über seinem Staatsgebiet als eine öffentliche Sache begreifen und diese Ausgestaltung findet auch in der Bundesrepublik Deutschland Anwendung.[332] Die in räumlichem Umfang für den Luftverkehr in der Bundesrepublik Deutschland gültigen Luftverkehrsvorschriften bildet die Luftraumordnung, deren Grundlage in § 1 LuftVG verankert ist.[333] Danach ist die Benutzung des Luftraumes durch Luftfahrzeuge frei, soweit sie nicht durch dieses Gesetz, durch die zu seiner Durchführung erlassenen Rechtsvorschriften, durch im Inland anwendbares internationales Recht, durch Rechtsakte der Europäischen Union und die zu deren Durchführung erlassenen Rechtsvorschriften beschränkt wird.[334] Diese Vorschrift widmet den Luftraum dem Gemeingebrauch für Luftfahrzeuge.[335]

---

327 *Schwenk/Giemulla*, Hdb. des Luftverkehrsrechts, Kapitel 4, S. 153, Rn. 4.

328 Behörde im Sinne von § 1 Abs. 4 VwVfG ist jede Stelle, die Aufgaben der öffentlichen Verwaltung wahrnimmt.

329 *Schwenk/Giemulla*, Hdb. des Luftverkehrsrechts, Kapitel 4, S. 153, Rn. 4.

330 Vgl. § 1 LuftVG.

331 Vgl. Art. 6 Chicagoer Abkommen; siehe dazu *Schladebach*, Luftrecht, S. 48, Rn. 11: Als Folge der Anerkennung uneingeschränkter staatlicher Lufthoheit legt Art. 6 Chicagoer Abkommen fest, dass der internationale planmäßige Fluglinienverkehr über oder in das Hoheitsgebiet eines Vertragsstaates nur mit der besonderen Erlaubnis dieses Staates und nur in Übereinstimmung mit den Bedingungen dieser Erlaubnis betrieben werden darf. Vgl. ferner *Schwenk/Giemulla*, Hdb. des Luftverkehrsrechts, Kapitel 4, S. 153, Rn. 4.

332 Vgl. § 1 LuftVG; Rechtsgutachten *Ronellenfitsch/Maier*, Rechtsgutachten, S. 11; *Detterbeck*, S. 391, Rn. 961 f.; *Papier*, S. 23.

333 *Schwenk/Giemulla*, Hdb. des Luftverkehrsrechts, Kapitel 4, S. 153, Rn. 5.

334 Siehe § 1 Abs. 1 LuftVG.

335 *Lübben*, S. 94 ff.; *Schleicher/Reymann*, Recht der Luftfahrt, S. 62 und S. 63; siehe auch *Ronellenfitsch/Maier*, Rechtsgutachten, S. 11; *Papier*, S. 23.

Gleichzeitig entstehen Beschränkungsmöglichkeiten, soweit diese dem parlamentarischen Gesetzgeber nicht sowieso gebühren.[336]

### 3. *Der nicht-staatliche Luftraum*

Der Luftraum über staatenlosen Gebieten und der Hohen See außerhalb der Territorialgewässer unterliegt keiner staatlichen Hoheitsgewalt, sondern steht Luftfahrzeugen aller Staaten zur Nutzung offen.[337] Durch Art. 2 der Genfer Konvention über die Hohe See von 1958[338] wird der Grundsatz der Freiheit der Meere bestätigt und die Freiheit der Luftfahrt über der Hohen See mit eingeschlossen.[339] Auch über der Hohen See ist der Luftraum in Fluginformationsgebiete aufgeteilt, für die die Flugsicherungsbehörden bestimmter Staaten aufgrund von Übereinkommen im Rahmen der ICAO[340] verantwortlich sind, ohne dass daraus die Ausübung von Hoheitsbefugnissen folgt.[341]

---

336 *Ronellenfitsch/Maier*, Rechtsgutachten, S. 11.

337 *Schwenk/Giemulla*, Hdb. des Luftverkehrsrechts, Kapitel 4, S. 160, Rn. 25; *Schladebach*, Luftrecht, S. 41 ff., Rn. 52 ff.

338 Internationales Übereinkommen über die Hohe See, abgeschlossen in Genf am 29.04.1958, zu finden in UNTS, vol. 450, S. 82 ff.; https://www.fedlex.admin.ch/eli/cc/1966/986_1013_1004/de, zuletzt abgerufen am 15.02.2023. Vgl. auch *Rafii*, in: Schöbener, Burkhard (Hrsg.), Völkerrecht. Lexikon zentraler Begriffe und Themen, S. 143 ff. (143 ff.); *Wolfrum*, in: Vitzthum, Handbuch des Seerechts, S. 287 ff. (287 ff.); *ders.*, GYIL 1981, S. 200 ff. (200 ff.).

339 So auch *Schwenk/Giemulla*, Hdb. des Luftverkehrsrechts, Kapitel 4, S. 160, Rn. 25; ebenso *Schladebach*, Luftrecht, S. 41 ff., Rn. 52 ff.

340 International Civil Aviation Organisation (Internationale Zivilluftfahrtorganisation) – kurz „ICAO". Siehe dazu vertiefend Kapitel 2, B., IV., 2.; vgl. auch https://www.icao.int/Pages/default.aspx, zuletzt abgerufen am 15.02.2023.

341 Dänemark und Island erbringen auf der Grundlage des „Joint Support Agreements" von 1956 Flugsicherungsdienste über dem Nordatlantik. So kann eine nationale Flugsicherungsstelle über der Hohen See kein Flugbeschränkungs- oder Luftsperrgebiet verbindlich anordnen. Zulässig ist hingegen eine Errichtung sog. Gefahrengebiete, durch die die Luftfahrzeuge auf ihnen drohende Gefahren, bspw. durch militärischen Flugverkehr, aufmerksam gemacht werden, so *Schwenk/Giemulla*, Hdb. des Luftverkehrsrechts, Kapitel 4, S. 160, Rn. 25.

## III. Erste Ansätze und Abkommen für eine internationale Flugsicherung

Die internationale Zusammenarbeit auf dem Gebiet der Flugsicherung ist im Wesentlichen eingebunden in Kooperationsformen für den Flugverkehr, bei denen zunächst von Flugsicherung nicht die Rede war.[342] Dennoch zeigte sich bereits früh ein Bedürfnis für eine multilaterale Regelung von Fragen des Luftrechts.[343] Die Entwicklung des Luftrechts zwischen 1910 und 1944 wurde durch verschiedene internationale Konferenzen geprägt.[344]

### 1. *Entwicklung bis zum Ende des Ersten Weltkrieges*

Bei der ersten diplomatischen Luftfahrtkonferenz in Paris 1910 konnte keine Einigung über die Anwendbarkeit der Luftraumtheorien erzielt werden.[345] Mit dem Ausbruch des Ersten Weltkrieges setzte sich jedoch, vor allem auch aus militärischen Gesichtspunkten, die Lufthoheitstheorie durch.[346] Die Staaten reklamierten die staatliche Hoheit im Luftraum über ihrem Staatsgebiet und den zugehörigen Territorialgewässern für sich.[347] Der grenzüberschreitende Verkehr unterfiel damit einer Erlaubnispflicht.[348] Auch heute noch stützt sich das Luftrecht auf die Lufthoheitstheorie, die in den nationalen Gesetzen und den internationalen Luftfahrtabkommen verankert ist.[349]

Nach dem Ersten Weltkrieg entwickelte die Luftfahrttechnik sich rasch weiter. Es wurden größere Flugzeuge gebaut, die längere Entfernungen zurücklegen konnten. Bereits Ende der 1930er-Jahre gab es ein internationales Flugliniennetz.[350] Dieses bediente vor allem das Vereinigte Königreich und

---

342 *Schwenk/Schwenk*, ZLW 1993, S. 121 ff. (122).

343 *V. Schyndel*, in: Giemulla/Schmid, Kommentar LuftVG, Einl. AL Nr. 65, 2014, Rn. 29.

344 *V. Wrangell*, Globalisierungstendenzen, S. 27.

345 *Schwenk/Giemulla*, Hdb. des Luftverkehrsrechts, Kapitel 1, S. 9, Rn. 14.

346 *Giemulla/v. Schyndel/Schorcht*, Luftverkehrsrecht, S. 1; ausf. dazu *Böhme*, S. 37 ff.; *Schwenk/Giemulla*, Hdb. des Luftverkehrsrechts, Kapitel 1, S. 9, Rn. 14.

347 *Schwenk/Giemulla*, Hdb. des Luftverkehrsrechts, Kapitel 1, S. 9, Rn. 13.

348 *Schwenk/Giemulla*, Hdb. des Luftverkehrsrechts, Kapitel 1, S. 9, Rn. 13.

349 *Schwenk/Giemulla*, Hdb. des Luftverkehrsrechts, Kapitel 1, S. 9, Rn. 13; *v. Schyndel*, in: Giemulla/Schmid, Kommentar LuftVG, Einl. AL Nr. 65, 2014, Rn. 28.

350 *Spode*, in: Roth/Schlögel, S. 491 ff. (494 ff.); vgl. auch https://www.qantas.com/de/en/about-us/our-company/our-history.html (zuletzt abgerufen am 05.02.2023): Aus ersten Flügen vom Vereinigten Königreich nach Australien entwickelte sich die Fluglinie Qantas. Am 16.11.1920 wurde die Fluggesellschaft Qantas unter dem Namen „*Q*ueensland *a*nd *N*orthern *T*erritory *A*erial *S*ervices" in Winton (Queensland)

die weit entfernten Kronkolonien sowie den inneramerikanischen Markt. Eine einheitliche Regelung bezüglich des internationalen Flugverkehrs fehlte zu diesem Zeitpunkt noch. Erst mit dem Abschluss des Abkommens von Chicago im Jahre 1944 wurden internationale Regelungen für den Flugverkehr geschaffen. Der Weg dorthin beginnt mit dem Pariser Luftverkehrsabkommen.

### 2. *Das Pariser Luftverkehrsabkommen (1919)*

Nach dem Ersten Weltkrieg wurde im Jahr 1919 in Paris eine Konferenz abgehalten, auf der das erste internationale Luftverkehrsabkommen verabschiedet wurde. Das am 13. Oktober 1919 unterzeichnete Pariser Luftverkehrsabkommen (Convention portant Réglementation de la Navigation Aérienne)[351] war das erste multilaterale Luftrechtsabkommen und ist bis heute sowohl in nationalen Gesetzen als auch in internationalen Luftrechtsabkommen verankert geblieben.[352] Das Abkommen bot erstmals ein einheitliches Regelwerk für den weltweiten Luftverkehr und verankerte grundsätzlich die Gebietshoheit der Staaten über ihrem Luftraum.[353] Es wurde von 33 Staaten ratifiziert. Im Wesentlichen erstreckten sich die Bestimmungen auf die Staatszugehörigkeit der Luftfahrzeuge, die Anerkennung von Lufttüchtigkeitszeugnissen und Erlaubnissen sowie Vorschriften über den Einflug.[354]

Durch das Abkommen sollte ein einheitliches öffentliches Recht für die gesamte zivile Luftfahrt geschaffen werden.[355] Ohne eine solche Vereinheitlichung, insbesondere ohne kongruente Verkehrsregeln, gegenseitige Anerkennung der Zulassungs- und Lufttüchtigkeitsscheine und vor allem ohne Statuten die Ein- und Überflugrechte betreffend, hätte die internationale Luftfahrt weitreichenden Schwierigkeiten entgegengeblickt.[356] Die Staaten gingen daher wie

---

gegründet. Ihrem Namen entsprechend war Qantas vorwiegend in eben jenen beiden australischen Bundesstaaten tätig.

351 Abgekürzt „CINA-Abkommen“, benannt nach der durch das Abkommen gegründeten Luftfahrtkommission „Commission internationale de navigation aérienne“. Der Text des Abkommens ist unter https://www.luftfahrt-bibliothek.de/datenarchiv/pariser-luftverkehrsabkommen-1919.pdf abzurufen, zuletzt abgerufen am 05.02.2023.

352 *Brinkhoff/Windhorn*, in: Hobe/v. Ruckteschell, Kölner Kompendium Luftrecht, Bd. 1, S. 11, Rn. 19; *Lübben*, S. 34; *Schladebach*, Lufthoheit, S. 66 ff.

353 *Hobe*, in: Ipsen, Völkerrecht, § 46, Rn. 2; *Giemulla*, Luftrecht, Skript WS 2010/2011, S. 20.

354 *Schwenk/Giemulla*, Hdb. des Luftverkehrsrechts, Kapitel 1, S. 9, Rn. 14; vgl. auch Kapitel II bis VI des Pariser Luftverkehrsabkommens.

355 *Riese*, Luftrecht, S. 80; *Schladebach*, Lufthoheit, S. 67.

356 *Riese*, Luftrecht, S. 80; *Schladebach*, Lufthoheit, S. 67 f.

selbstverständlich vom Prinzip der Lufthoheit aus[357] und verankerten dies in Artikel 1 des Abkommens: *„Die Hohen vertragsschließenden Teile erkennen an, dass jeder Staat die vollständige und ausschließliche Hoheitsgewalt im Luftraum über seinem Gebiet hat.“*[358] Mit dieser Formulierung in Art. 1 des Pariser Luftverkehrsabkommens wurde das Prinzip der Lufthoheit eines jeden Staates auf seinem Gebiet völkerrechtlich anerkannt.[359] Die rechtliche Besonderheit lag in der Formulierung „jeder Staat“, die bedeutete, dass völkerrechtlich jedem Staat diese Lufthoheit zustand, auch wenn er nicht Vertragspartner des Pariser Luftverkehrsabkommens war.[360] In Art. 2 beschränkten die Vertragsstaaten ihr Souveränitätsrecht. Darin wurde jedem Luftfahrzeug das Recht zum unschädlichen Durchfliegen des Luftraumes der Staaten in Friedenszeiten („liberté de passage inoffensif“, „right of innocent passage“) gewährt.[361] Ob unter dieses Recht zum Durchflug auch das Recht zu Landungen im fremden Staatsgebiet fallen sollte, war nach dem Wortlaut des Abkommens nicht ersichtlich, wurde jedoch überwiegend bejaht.[362]

Auf der Konferenz wurde eine Luftfahrtkommission, die „Commission internationale de navigation aérienne“ (CINA)[363] gegründet, die die Luftfahrtinteressen koordinieren sollte. Die CINA erhielt die Aufgabe, die geschaffenen Vorschriften weiterzuentwickeln und zu aktualisieren.[364] Das Pariser Luftverkehrsabkommen enthielt in Anh. D (Regeln über Lichterführung und Signale) Regelungen über die Flugsicherung, nachdem im Ersten Weltkrieg die technische Entwicklung der Militärluftfahrt erhebliche Fortschritte gemacht hatte und sich daraus erst ein ziviler Luftverkehr im Sinne der kommerziellen Beförderung von Personen und Fracht entwickeln konnte.[365] Mit der Gründung der ersten

357 *Schladebach*, Lufthoheit, S. 68.

358 Art. 1 des Pariser Luftverkehrsabkommens, das am 13.10.1919 in Paris verabschiedet und von 33 Staaten ratifiziert wurde.

359 *Fritzsche*, S. 30; *Böhme*, S. 48; *Schäffer*, TransportR 2003, S. 377 ff. (380); *Lübben*, S. 35; *Schladebach*, Luftrecht, S. 22, Rn. 28.

360 *Bentzien*, Der unerlaubte Einflug, S. 7; vgl. auch *Riese*, Luftrecht, S. 76; *Fritzsche*, S. 30; *Schäffer*, TransportR 2003, S. 377 ff. (380); *Lübben*, S. 35; *Schladebach*, Lufthoheit, S. 69.

361 Art. 2 des Pariser Luftverkehrsabkommens; *Fritzsche*, S. 30; *Böhme*, S. 49; *Lübben*, S. 35 f.; *Schladebach*, Lufthoheit, S. 70; *Riese*, Luftrecht, S. 89.

362 *Riese*, Luftrecht, S. 90; *Lübben*, S. 36.

363 Vgl. dazu https://www.icao.int/about-icao/AirNavigationCommission/Pages/default.aspx (zuletzt abgerufen am 15.02.2023).

364 Art. 34 des Pariser Luftverkehrsabkommens; *Fritzsche*, S. 31; *Böhme*, S. 54 ff.

365 *Schwenk/Schwenk*, ZLW 1993, S. 121 ff. (122).

Fluggesellschaften in den 1920er-Jahren begann der anhaltend zunehmende Fluglinienverkehr.[366]

Auf nationaler Ebene wurde in Deutschland mit dem ersten deutschen Luftverkehrsgesetz von 1922, das den Grundsatz der Lufthoheit als gegeben voraussetzt, erstmals eine einheitliche Rechtsgrundlage zur Regelung des Luftverkehrs geschaffen.[367]

Das Pariser Luftverkehrsabkommen von 1919 ist ein Vorläufer des Abkommens von Chicago.[368]

#### *3. Das Panamerikanische Abkommen (1928)*

Am 20. Februar 1928 wurde das liberalere Panamerikanische Abkommen unterzeichnet.[369] Auf Initiative der USA, die zwar zu den Unterzeichnern, nicht aber zu den Ratifikanten des CINA-Abkommens 1919 gehörten, kam dieses auf Amerika beschränkte Luftverkehrsabkommen zustande.[370] Es garantierte neben der Lufthoheit der Staaten erstmals in Art. 4 auch das Recht auf friedlichen Durchflug („freedom of innocent passage“) für planmäßig durchgeführte Linienflüge.[371] Im Verlauf des Zweiten Weltkriegs kam der Personenverkehr in Kriegsgebieten fast vollständig zum Erliegen und die Flugzeuge wurden vielmehr als Kriegsgerät eingesetzt.[372]

### IV. Die Konferenz von Chicago (1944)

Den bis heute wichtigsten Schritt bei der Entwicklung des internationalen Luftrechts stellt das am 7. Dezember 1944 unterzeichnete Abkommen über die

---

366 *Schladebach*, Luftrecht, S. 23, Rn. 29.

367 *Brinkhoff/Windhorn*, in: Hobe/v. Ruckteschell, Kölner Kompendium Luftrecht, Bd. 1, S. 12, Rn. 20.

368 Convention on International Civil Aviation vom 07.12.1944, ICAO Doc 7300/9; Gesetz über den Beitritt der Bundesrepublik Deutschland zu dem Abkommen vom 07.12.1944 über die Internationale Zivilluftfahrt und die Annahme der Vereinbarung vom 07.12.1944 über den Durchflug im Internationalen Fluglinienverkehr, BGBl. 1956 II vom 11.04.1956, S. 411 ff.; das Abkommen über die internationale zivile Luftfahrt wurde am 07.12.1944 von 52 Staaten in Chicago unterzeichnet.

369 Abgedruckt in *Meyer*, Freiheit der Luft als Rechtsproblem, S. 283 ff.; *Fritzsche*, S. 31; *Schladebach*, Lufthoheit, S. 74 f.

370 *Lübben*, S. 37 f.

371 *Fritzsche*, S. 31; *Lübben*, S. 38.

372 Vgl. *Giemulla/v. Schyndel/Schorcht*, Luftverkehrsrecht, S. 1; ähnlich *Schladebach*, Luftrecht, S. 46, Rn. 1.

internationale Zivilluftfahrt dar.[373] Mit dem Ziel, den rechtlichen Rahmen des Pariser Luftverkehrsabkommens von 1919 international auszuweiten und ihn inhaltlich den Bedingungen des ansteigenden Luftverkehrs anzupassen, trafen sich auf Einladung der USA vom 1. November 1944 bis zum 7. Dezember 1944 Vertreter aus 54 Staaten zur Internationalen Zivilluftfahrt-Konferenz in Chicago.[374] Argentinien, die Achsenmächte Deutschland, Italien und Japan sowie deren Verbündete waren nicht geladen.[375] Die Bundesrepublik Deutschland trat dem Abkommen jedoch mit Wirkung zum 8. Juni 1956 bei.[376]

Die drei erklärten Hauptziele der Konferenz waren erstens der Abschluss einer gemeinsamen Vereinbarung über die vorläufigen Weltluftstrecken, zweitens die Errichtung eines vorläufigen Rates und drittens die Einigung über die Grundsätze, die für die ständige Organisation der zivilen Luftfahrt und für ein multilaterales Abkommen über die Luftfahrt und die Lufttransporte gelten sollten.[377] Es sollte ein wirtschaftlich frei nutzbarer Luftraum für alle Luftfahrtunternehmen erreicht werden.[378] Außerdem sollte eine internationale Behörde zur Koordinierung des Luftverkehrs eingerichtet werden.[379]

Auf der Konferenz wurden die Unterschiede in der Entwicklung der Staaten deutlich sichtbar, wofür der Verlauf des Zweiten Weltkrieges ursächlich war.[380] Die USA hatten eine noch funktionierende Luftfahrtindustrie, während man

---

373 Text zu finden unter Abkommen über die Internationale Zivilluftfahrt vom 07.12.1944, BGBl. 1956 II vom 11.04.1956, S. 411 ff.; vgl. auch *Schladebach*, Lufthoheit, S. 79; das Abkommen wird auch Chicagoer Abkommen, kurz: CA oder ICAO-Abkommen genannt.

374 *Schladebach*, Luftrecht, S. 46, Rn. 1; *Bartkowski*, S. 41; *Scharpenseel*, S. 33.

375 *Fritzsche*, S. 33; *Böhme*, S. 97; *v. Wrangell*, Globalisierungstendenzen, S. 37 f.

376 Gesetz über den Beitritt der Bundesrepublik Deutschland zu dem Abkommen vom 07.12.1944 über die Internationale Zivilluftfahrt und die Annahme der Vereinbarung vom 07.12.1944 über den Durchflug im Internationalen Fluglinienverkehr, BGBl. 1956 II vom 11.04.1956, S. 411 ff.; Bekanntmachung über das Inkrafttreten des Abkommens über die Internationale Zivilluftfahrt und der Vereinbarung über den Durchflug im Internationalen Fluglinienverkehr für die Bundesrepublik Deutschland vom 12.10.1956, BGBl. 1956 II vom 08.11.1956, S. 934 f.

377 *Riese*, Luftrecht, S. 98; *Loewenstein*, S. 21; *Giemulla*, Luftrecht, Skript WS 2010/2011, S. 26.

378 Präambel des Abkommens über die Internationale Zivilluftfahrt, Convention on International Civil Aviation vom 07.12.1944, ICAO Doc 7300/9.

379 *Schladebach*, Luftrecht, S. 46 f., Rn. 3.

380 Vgl. *Fritzsche*, S. 33.

sich in Europa auf die Produktion von Kriegsgeräten beschränkt hatte.[381] Nur das Vereinigte Königreich von Großbritannien und Nordirland verfügte über ein funktionstüchtiges Liniennetz, mit dem die Kronkolonien bedient wurden.[382] Die Erwartungen der teilnehmenden Staaten an den Ausgang der Konferenz waren daher äußerst unterschiedlich. Eine Kompromisslösung stellte das Chicagoer Abkommen[383] dar. Auch bezüglich der Flugsicherung wurden schon damals Verpflichtungen der Vertragsstaaten festgelegt.

### *1. Chicagoer Abkommen*

Das auf dieser internationalen Staatenkonferenz von Chicago geschaffene „Abkommen über die Internationale Zivilluftfahrt" vom 7. Dezember 1944[384] enthält die wichtigsten allgemeinen Grundsätze, ohne die der internationale Luftverkehr nach heutigem Maßstab schwer denkbar wäre.[385] Es stellt bis heute in seiner Bedeutung ein herausragendes völkerrechtliches Instrument des Luftrechts dar. Seine Entstehung wurde maßgeblich von den USA und dem Vereinigten Königreich von Großbritannien und Nordirland vorangetrieben, die sich ein zügiges Wiedererstarken des internationalen Luftverkehrs nach Kriegsende wünschten und dazu ein möglichst allgemeingültiges internationales Regelwerk erschaffen wollten.[386]

Die Präambel des Chicagoer Abkommens spiegelt in wenigen Worten die Strömungen wider, die damals unter dem Eindruck des Weltkrieges maßgeblichen Einfluss auf die Ausgestaltung des Abkommens hatten und dadurch faktisch bis heute die internationale Luftverkehrsindustrie prägen:[387] Der Glaube an den Nutzen des Zivilluftverkehrs bei gleichzeitiger Furcht vor seinem Missbrauch als möglichem Risiko für die internationale Sicherheit.[388]

---

381 *V. Wrangell*, Globalisierungstendenzen, S. 34 f.

382 *V. Wrangell*, Globalisierungstendenzen, S. 35.

383 Kurz: CA.

384 Abkommen über die Internationale Zivilluftfahrt vom 07.12.1944, BGBl. 1956 II vom 11.04.1956, S. 411 ff.

385 *Schwenk/Giemulla*, Hdb. des Luftverkehrsrechts, Kapitel 1, S. 13, Rn. 31; *Schladebach*, Lufthoheit, S. 79.

386 *Zur Hausen*, in: Hobe/v. Ruckteschell, Kölner Kompendium Luftrecht, Bd. 1, S. 164, Rn. 595.

387 *Zur Hausen*, in: Hobe/v. Ruckteschell, Kölner Kompendium Luftrecht, Bd. 1, S. 164, Rn. 595.

388 Vgl. Übersetzung bei *Zur Hausen*, in: Hobe/v. Ruckteschell, Kölner Kompendium Luftrecht, Bd. 1, S. 164, Rn. 595, Fn. 583: Chicagoer Abkommen (ICAO Doc 7300/9), Präambel „Eingedenk dessen, dass die zukünftige Entwicklung des internationalen

Das Chicagoer Abkommen enthält unter anderem die allgemeinen Grundsätze der Luftfahrt, die auch die Lufthoheit der einzelnen Staaten bestätigen, ferner die Satzung der zu schaffenden Internationalen Zivilluftfahrt-Organisation (ICAO), außerdem die Regeln für die technische internationale Zusammenarbeit sowie die Regelungen über die Schlichtung von Streitigkeiten.[389]

In Art. 1 des CA wird die völkerrechtlich bereits etablierte Lufthoheitstheorie deklariert.[390] Diese Regelung stellte im Ergebnis keine Weiterentwicklung des CINA-Abkommens und des Panamerikanischen Abkommens dar, vielmehr wurden diese Verträge durch Art. 80 Chicagoer Abkommen ersetzt.[391]

Als Folge der Anerkennung uneingeschränkter staatlicher Lufthoheit bestimmt Art. 6[392] des Chicagoer Abkommens, dass *„planmäßiger internationaler Fluglinienverkehr über oder in das Hoheitsgebiet eines Vertragsstaates nur mit der besonderen Erlaubnis oder einer sonstigen Ermächtigung dieses Staates und nur in Übereinstimmung mit den Bedingungen dieser Erlaubnis oder Ermächtigung betrieben werden darf"*. Durch diesen Artikel wird die Souveränität des

---

Zivilluftverkehrs außerordentlich hilfreich zur Schaffung und zum Erhalt von Freundschaft und Verständigung zwischen den Staaten und Völkern der Welt sein kann, sein Missbrauch jedoch zur Bedrohung für die allgemeine Sicherheit werden kann, und eingedenk dessen, dass es wünschenswert ist, zwischen den Staaten und Völkern – von denen der Weltfrieden abhängt – jegliche Unstimmigkeit zu vermeiden und ihre Zusammenarbeit zu fördern, [...] [haben] die unterzeichneten Regierungen bestimmte Prinzipien und Maßnahmen mit dem Ziel vereinbart, dass der internationale Zivilluftverkehr auf sichere und geordnete Weise entwickelt werden kann, und dass internationale Lufttransportdienste auf der Grundlage von Chancengleichheit aufgebaut und stabil und wirtschaftlich betrieben werden können [...]."; dazu auch *Riese*, Luftrecht, S. 102.

389 *Brinkhoff/Windhorn*, in: Hobe/v. Ruckteschell, Kölner Kompendium Luftrecht, Bd. 1, S. 12, Rn. 21.

390 Vgl. Art. 1 des Chicagoer Abkommens, Lufthoheit: „Die Vertragsstaaten erkennen an, dass jeder Staat über seinem Hoheitsgebiet volle und ausschließliche Lufthoheit besitzt."; *Bentzien*, ZLW 2013, S. 671 ff. (671); *Probst*, ZaöRV 1958, S. 637 ff. (642); *Lübben*, S. 39; *Meyer*, ZLW 1965, S. 296 ff. (305); *Motyka/Njoya*, Journal of Aerospace Technology and Management 2020, S. 1 ff. (2, 14); das Lufthoheitsprinzip war durch die identische Formulierung „jeder Staat" im Pariser Luftverkehrsabkommen bereits seit 1919 völkergewohnheitsrechtlich anerkannt, sodass es unabhängig von einer Mitgliedschaft in diesen Abkommen für „jeden" Staat Geltung beanspruchte, so *Schladebach*, Lufthoheit, S. 89.

391 *Fritzsche*, S. 35; *Schladebach*, Lufthoheit, S. 84; *Lübben*, S. 39.

392 Art. 6 Chicagoer Abkommen ist ursächlich für bilaterale Luftverkehrsabkommen; dazu auch *Schladebach*, EuR 2006, S. 773 ff. (775); siehe auch *Bues*, S. 12.

Bodenstaates gesichert. Auf welche Art und Weise eine solche Erlaubnis zu erteilen ist, wird von dem Abkommen nicht vorgegeben. Daher versuchten die Teilnehmerstaaten der Konferenz, die in Art. 6 des Chicagoer Abkommens geforderte Erlaubnis in weiteren multilateralen Abkommen zu regeln. So wurden ein Transit- und ein Transportabkommen[393] als Zusatzabkommen vorbereitet.

Beispielhaft sollen einige besonders für die Flugsicherung wichtige Artikel des Chicagoer Abkommens hervorgehoben werden: Gemäß Art. 12 CA *„verpflichtet sich jeder Vertragsstaat, durch Maßnahmen sicherzustellen, dass jedes sein Hoheitsgebiet überfliegende oder darin verkehrende sowie jedes mit seinem Staatszugehörigkeitszeichen versehene Luftfahrzeug, wo immer es sich befinden mag, die in dem entsprechenden Hoheitsgebiet geltenden Flug- und Luftverkehrsregeln und -vorschriften befolgt“*.[394] Aus Art. 12 CA folgen somit ausdrücklich das Recht und die Pflicht der ICAO-Staaten, ihren souveränen Luftraum durch die Bereitstellung von Flugsicherungsdiensten zu überwachen.[395] Art. 15 CA behandelt die Benutzung der Flugplätze und die dafür zu entrichtenden Gebühren. In Art. 28 lit. a) CA wird die völkerrechtliche Verpflichtung der Vertragsstaaten festgelegt, auf ihrem Hoheitsgebiet Flughäfen, Funk- und Wetterdienste und andere Luftfahrteinrichtungen, die der Erleichterung der internationalen Luftfahrt dienen, bereitzuhalten.[396] Die Vertragsstaaten können sich dieser Verantwortung nicht entziehen, gleich welche Form der Erbringung von Flugsicherungsaufgaben sie vorsehen.[397] Anh. 11 CA spezifiziert Art. 28 lit. a) CA näher. Dadurch konnte eine gewisse Vereinheitlichung der Verfahren und Vorschriften im Bereich der Flugsicherung erreicht werden.[398]

## *2. International Civil Aviation Organization (ICAO)*

Die Gründung der International Civil Aviation Organisation (Internationale Zivilluftfahrtorganisation) – kurz ICAO[399] – war eine der wesentlichsten

---

393 Dazu ausf. unter Kapitel 2, B., IV., 4. und 5.

394 Art. 12 S. 1 Chicagoer Abkommen.

395 *Schubert*, Air & Space Law 2010, S. 113 ff. (130); *Riese*, Luftrecht, S. 103; so auch *Bues*, S. 12.

396 Art. 28 lit. a) Chicagoer Abkommen.

397 Vgl. *Bues*, S. 12 f.

398 Vgl. *Schwenk/Schwenk*, ZLW 1993, S. 121 ff (125 und 127); *Bues*, S. 13 empfindet das Maß an Vereinheitlichung jedoch noch nicht als ausreichend.

399 Teil II, Kapitel VII ff. Chicagoer Abkommen; siehe auch Überblick bei *Weber*, in: Hobe/v. Ruckteschell, Kölner Kompendium Luftrecht, Bd. 1, S. 32 ff.; *Mensen*, Planung, Anlage und Betrieb, S. 157 ff.; bzgl. der geschichtlichen Entwicklung vgl. *Schäffer*,

Errungenschaften der Konferenz von Chicago.[400] Sie ist die für Fragen der Luftfahrt zuständige Sonderorganisation der Vereinten Nationen mit Sitz in Montreal (Kanada).[401] Ihre Ziele sind in Art. 43 ff. Chicagoer Abkommen festgelegt. Die ICAO widmet sich den technischen Bereichen der internationalen Luftfahrt und ist verantwortlich für eine Vielzahl einheitlicher Standards mit weltweiter Geltung zwischen den 193[402] Mitgliedern.[403]

Der organisatorische Aufbau der ICAO ist in Teil II des Chicagoer Abkommens, insbesondere in den Kapiteln VIII (Versammlung), IX (Rat), X (Luftverkehrskommission), XI (Personal) und XII (Finanzen) niedergelegt.[404] Danach gliedert sich die ICAO in die Versammlung (Kapitel VIII, Art. 46 ff. CA) und den Rat (Kapitel IX, Art. 50 ff. CA). Als Unterstützung des Rates wird gemäß Kapitel X, Art. 56 ff. CA eine Luftverkehrskommission eingerichtet. Diese setzt sich aus 15 Mitgliedern zusammen, die vom Rat aus den von den Vertragsstaaten vorgeschlagenen Experten ernannt werden. Der weitere organisatorische Aufbau beinhaltet das Personal und die Finanzen der ICAO.

Die ICAO kann neben auffordernden Resolutionen der ICAO-Versammlung Richtlinien und Empfehlungen (Standards and Recommended Practices – SARPs)[405] auch Verfahren (Procedures)[406] festlegen, die für die Flugsicherung

---

TransportR 2003, S. 377 ff. (377 ff.); *Böhme*, S. 129; *v. Antwerpen*, Air & Space Law 2002, S. 3 ff. (7 ff.). Vgl. auch https://www.icao.int/publications/pages/doc7300.aspx, zuletzt abgerufen am 15.02.2023.

400 *Scheibeck*, S. 54; vgl. auch *Wiebel*, S. 7; so auch *Hobe*, in: Ipsen, Völkerrecht, § 46, Rn. 28; *v. Schyndel*, in: Giemulla/Schmid, Kommentar LuftVG, Einl. AL Nr. 65, 2014, Rn. 47; *Pompl*, S. 20; *Müller*, S. 34.

401 *Weber*, in: Hobe/v. Ruckteschell, Kölner Kompendium Luftrecht, Bd. 1, S. 32, Rn. 1; *v. Schyndel*, in: Giemulla/Schmid, Kommentar LuftVG, Einl. AL Nr. 65, 2014, Rn. 47; so auch bei *Müller*, S. 34.

402 Stand 01.06.2022, http://www.icao.int/MemberStates/Member%20States.Multilingual.pdf, zuletzt abgerufen am 02.01.2023.

403 *Wiebel*, S. 7 f.

404 Teil II Chicagoer Abkommen; *Weber*, in: Hobe/v. Ruckteschell, Kölner Kompendium Luftrecht, Bd. 1, S. 34, Rn. 7.

405 Siehe zu den SARPS z. B. Art. 37, 38, 54 CA; Überblick bei *Weber*, in: Hobe/v. Ruckteschell, Kölner Kompendium Luftrecht, Bd. 1, S. 47, Rn. 62 ff.

406 Die Standards und Empfehlungen (SARPS) werden durch die Verfahren (Procedures) ergänzt, dazu Überblick bei *Weber*, in: Hobe/v. Ruckteschell, Kölner Kompendium Luftrecht, Bd. 1, S. 48, Rn. 66 ff.; ebenso ausf. bei *Kaienburg/Wysk*, in: Grabherr/Reidt/Wysk, Luftverkehrsgesetz, 21. EL, 2019, Einl., S. 112 ff., Rn. 268 ff.

wichtig sind.[407] Das CA hat 19 Anhänge[408], wovon vor allem Anh. 11 mit der Bezeichnung „Luftverkehrsdienste" (ATC, Luftraumüberwachung) für die Flugsicherung Bedeutung hat. Die rechtliche Bindungswirkung der Annexe für die Mitgliedstaaten ist umstritten und wird überwiegend abgelehnt.[409] Gemäß Art. 37 CA verpflichten sich die Mitgliedstaaten jedoch zur Zusammenarbeit. Das gilt auch für die Bundesrepublik Deutschland, die durch ihren Beitritt zur ICAO 1956 völkerrechtlich an das Chicagoer Abkommen gebunden ist.[410] Nach deutschem Recht beliehene Flugverkehrsdienstleister können im Rahmen der Fachaufsicht an die ICAO-Normen gebunden werden.[411]

### 3. *Freiheiten der Luft*[412]

Da die Entwicklung eines einheitlichen Verkehrsrechts von den Staaten als zu komplex angesehen wurde, wurden die möglichen Ausprägungen von

---

407 *Bues*, S. 13; sehr ausf. zu den Arten der ICAO-Vorschriften siehe *Kaienburg/Wysk*, in: Grabherr/Reidt/Wysk, Luftverkehrsgesetz, 21. EL, 2019, Einl., S. 112 ff., Rn. 268 ff.

408 Stand März 2023. Annex 1: Lizenzierung von Luftfahrtpersonal. Annex 2: Luftfahrtregeln. Annex 3: Meteorologische Dienste. Annex 4: Luftfahrtkarten. Annex 5: Messeinheiten zur Verwendung in der Luft und am Boden. Annex 6: Betrieb von Luftfahrzeugen. Annex 7: Nationalitäts- und Registrierungskennzeichen von Luftfahrzeugen. Annex 8: Lufttüchtigkeit von Luftfahrzeugen. Annex 9: Erleichterungen. Annex 10: Funk. Annex 11: Luftverkehrsdienste (ATC, Luftraumüberwachung). Annex 12: Suche und Rettung (SAR). Annex 13: Flugunfalluntersuchung. Annex 14: Flugplätze. Annex 15: Flugverkehrsinformationsdienste. Annex 16: Umweltschutz. Annex 17: Sicherheit: Schutz der internationalen Zivilluftfahrt vor illegalen Eingriffen. Annex 18: Sicherer Lufttransport gefährlicher Güter. Annex 19: Sicherheits-Management.

409 *Weber*, in: Hobe/v. Ruckteschell, Kölner Kompendium Luftrecht, Bd. 1, S. 50, Rn. 73 ff.: Die Anhänge haben nicht dieselbe Rechtsverbindlichkeit wie die Vorschriften des Abkommens selbst, sondern lösen nur die Rechtswirkungen der Art. 37, 38 CA aus. Danach hat jeder Mitgliedstaat einen Entscheidungsspielraum bei der Frage, ob er neue SARPs oder Procedures anwendet oder ob er von seinem Recht gem. Art. 38 des Abkommens Gebrauch macht, die Nichtanwendung an die ICAO zu notifizieren; *Bues*, S. 13; *Kaienburg/Wysk*, in: Grabherr/Reidt/Wysk, Luftverkehrsgesetz, 21. EL, 2019, Einl., S. 122 f., Rn. 292.

410 *Wysk*, in: Grabherr/Reidt/Wysk, Luftverkehrsgesetz, 21. EL, 2019, Einl., S. 29, Rn. 50; *Bues*, S. 13; *Müller*, S. 35.

411 *Uhl*, in: Hobe/v. Ruckteschell, Kölner Kompendium Luftrecht, Bd. 2, S. 945, Rn. 239; *Bues*, S. 13 f.

412 Siehe dazu insb. ICAO Manual on the Regulation of International Air Transport, Document 9626, Part 4; https://www.icao.int/pages/freedomsair.aspx, zuletzt abgerufen

Zugeständnissen im internationalen Luftverkehr in fünf Varianten (Freiheiten) aufgeschlüsselt.[413] Diese „fünf Freiheiten der Luft" gelten als die „Minimalanforderungen" für den planmäßigen internationalen Linienluftverkehr.[414]

Darüber hinaus haben sich in der Literatur mittlerweile noch eine sechste, siebte, achte und neunte Freiheit herausgebildet,[415] die jedoch erst später definiert wurden und nur durch spezielle völkerrechtliche Verträge realisiert werden können.[416] Die neun Luftverkehrs-Freiheiten, die sich die Vertragspartner gewähren können, unterscheiden sich wie folgt:

*1. Freiheit*

Überflug: das des Recht, das Hoheitsgebiet Vertragspartners ohne Landung zu überfliegen. Das bedeutet, dass zum Beispiel eine Fluggesellschaft mit Heimatstaat Bundesrepublik Deutschland das Hoheitsgebiet der Republik Österreich überfliegen darf, um in der Italienischen Republik zu landen.

---

am 15.02.2023; vgl. auch *Brinkhoff/Windhorn*, in: Hobe/v. Ruckteschell, Kölner Kompendium Luftrecht, Bd. 1, S. 13, Rn. 25 ff.; *Brinkhoff*, in: Wald/Fay/Gleich, S. 278 (288 f.); *v. Wrangell*, Globalisierungstendenzen, S. 45 ff.; *Lübben*, S. 41; ausf. auch bei *Conrady/Fichert/Sterzenbach*, S. 39 ff.; *Krämer*, Kapazitätsengpässe, S. 30 ff.; *Riese*, Luftrecht, S. 131 f.; *Schwenk/Giemulla*, Hdb. des Luftverkehrsrechts, Kapitel 14, S. 581 ff., Rn. 78 ff.

413 *Brinkhoff/Windhorn*, in: Hobe/v. Ruckteschell, Kölner Kompendium Luftrecht, Bd. 1, S. 12, Rn. 22.

414 *Giemulla*, Luftrecht, Skript WS 2010/2011, S. 31.

415 Hierbei handelt es sich um Kombinationsformen der ersten fünf Freiheiten bzw. um die in Art. 7 Chicagoer Abkommen niedergelegte multilaterale Regelung zur Kabotage: „Jeder Vertragsstaat ist berechtigt, den Luftfahrzeugen anderer Vertragsstaaten die Erlaubnis zu verweigern, innerhalb seines Hoheitsgebietes Fluggäste, Post und Fracht zur entgeltlichen Beförderung nach einem anderen Ort innerhalb seines Hoheitsgebietes aufzunehmen." Diese multilaterale Regelung stellt die Gewährung dieses Rechts einerseits in das Belieben eines jeden Vertragsstaates, andererseits verpflichtet sie diesen, ein solches Recht nicht ausschließlich einem ausländischen Unternehmen zuzusichern, so *Schwenk/Giemulla*, Hdb. des Luftverkehrsrechts, Kapitel 14, S. 582, Rn. 84.

416 Die sechste bis neunte Freiheit werden auch „sogenannte Freiheiten" genannt, da sie nicht in den ICAO-Dokumenten zu finden sind, *Schwenk/Giemulla*, Hdb. des Luftverkehrsrechts, Kapitel 14, S. 583, Rn. 85; ICAO, Freedoms of the Air, abzurufen unter https://www.icao.int/pages/freedomsair.aspx, zuletzt abgerufen am 15.02.2023.

*2. Freiheit*

Technische Zwischenlandung: das Recht zu einer technischen Zwischenlandung aus nichtkommerziellen Gründen im Land des Vertragspartners, bspw. zur Treibstoffaufnahme, zu Reparaturen oder Ähnlichem.

*3. Freiheit*

Direkter Transport (bringen): das Recht, Fluggäste, Post und Fracht aus dem Heimatstaat des Luftfahrzeugs ins Land des Vertragspartners zu bringen und dort abzusetzen. Dabei fliegt eine (deutsche) Fluggesellschaft bspw. von Frankfurt nach Paris.

*4. Freiheit*

Direkter Transport (holen): das Recht auf Beförderung von Fluggästen, Post und Fracht vom Land des Vertragspartners in den Heimatstaat der Fluggesellschaft. Das bedeutet zum Beispiel, dass eine deutsche Fluggesellschaft von Paris nach Frankfurt fliegt.

*5. Freiheit*

Transport zwischen fremden Staaten (Start- oder Endpunkt im Heimatstaat): das Recht, zwischen zwei fremden Staaten Fluggäste, Post und Fracht zu befördern, wobei der Flug im Heimatstaat der Fluggesellschaft enden oder beginnen muss. Die Fluggesellschaft mit Heimatstaat Bundesrepublik Deutschland fliegt bspw. von Frankfurt nach Windhoek und anschließend nach Kapstadt und auf dem Rückweg von Kapstadt über Windhoek nach Frankfurt.

*6. Freiheit*

Transport zwischen fremden Staaten (Zwischenlandung im Heimatstaat): das Recht, Fluggäste, Post und Fracht mit Zwischenlandung im Heimatstaat zwischen zwei Vertragsstaaten zu transportieren. Dabei befördert zum Beispiel eine deutsche Fluggesellschaft Passagiere, Post und Fracht von Paris über Frankfurt nach Kopenhagen. Insofern ist diese 6. Freiheit eine Kombination der 3. und 4. Freiheit.

*7. Freiheit*

Transport zwischen Drittstaaten ohne Bezug zum Heimatstaat: das Recht, Post, Fracht und Fluggäste zwischen Drittstaaten zu befördern, ohne Verbindung mit dem Heimatstaat. Dabei fliegt bspw. eine Fluggesellschaft mit Heimatstaat Bundesrepublik Deutschland von Dubai nach Kairo.

*8. Freiheit*

Beförderung innerhalb eines anderen Staates mit Bezug zum Heimatstaat („aufeinander-folgende Kabotage"): Das Recht auf aufeinanderfolgende Kabotage beinhaltet das Recht, Fluggäste, Post und Fracht innerhalb eines Vertragsstaates auf dem Weg ins Heimatland zu befördern oder umgekehrt. Dabei fliegt bspw. eine deutsche Fluggesellschaft von Frankfurt über New York nach Chicago und transportiert dabei auf dem zweiten Flugabschnitt in New York zugestiegene Passagiere.[417]

*9. Freiheit*

Beförderung innerhalb eines anderen Staates ohne Bezug zum Heimatstaat („unabhängige Kabotage"): Das Recht auf unabhängige Kabotage beinhaltet das Recht, Fluggäste, Post und Fracht innerhalb eines Vertragsstaates ohne Bezug zum Heimatland zu befördern oder umgekehrt. Dabei fliegt zum Beispiel die deutsche Fluggesellschaft nur von New York nach Chicago und befördert dabei Passagiere oder Fracht.[418]

Da eine Einigung auf die Gewährung der Luftverkehrsfreiheiten für den internationalen Linienflugverkehr im Rahmen des Chicagoer Abkommens nicht erreicht werden konnte, wurden die Freiheiten in zwei Einzelabkommen zur Ratifizierung aufgelegt.[419] Diese Abkommen sollten die wirtschaftspolitischen Gesichtspunkte der internationalen Luftfahrt, Überflugrechte, Lande- und Transportrechte regeln.[420]

---

417 Dieses Beispiel ist allerdings in der Praxis nicht umsetzbar, da das Kabotagerecht den Mitgliedstaaten innerhalb der USA verwehrt bleibt. Darin wird insoweit eine Ungleichheit für die Luftfahrtunternehmen der Europäischen Union gesehen, als diese nicht innerhalb der USA fliegen dürfen, US-Luftfahrtunternehmen hingegen jedoch Beförderungen zwischen den Flughäfen der Europäischen Union zugestanden werden. Luftrechtlich liegt der Grund darin, dass die Europäische Union aus souveränen Einzelstaaten besteht und der Luftverkehr zwischen ihnen für Dritte Nicht-EU-Staaten daher weiterhin grenzüberschreitender Luftverkehr (5. Freiheit) ist, vertiefend *Bentzien*, ZLW 2007, S. 587 ff. (606).

418 Die Auflistung und eine ausführliche Beschreibung aller Freiheiten der Luft sind abzurufen (zuletzt abgerufen am 12.01.2023) unter http://www.icao.int/Pages/freedomsAir.aspx; ebenso *Fritzsche*, S. 279 ff. (Anhang).

419 *Fritzsche*, S. 37; siehe auch *Hobe*, in: Ipsen, Völkerrecht, § 46, Rn. 4.

420 *Brinkhoff/Windhorn*, in: Hobe/v. Ruckteschell, Kölner Kompendium Luftrecht, Bd. 1, S. 12, Rn. 22.

### 4. *International Air Services Transit Agreement (Transitabkommen)*

Die „Vereinbarung über den Durchflug im Internationalen Fluglinienverkehr" vom 7. Dezember 1944[421] räumt auf multilateraler Basis das Recht zum freien Überflug und zu nichtgewerblichen Landungen ein.[422] Anders als das Chicagoer Abkommen gewährt das Transitabkommen Flugzeugen im planmäßigen Linienflugverkehr die erste und zweite Freiheit.[423] Dieses Abkommen garantiert damit die sogenannten „technischen Freiheiten" (1. und 2. Freiheit), quasi die „Grundrechte der Luft".[424] 133 Parteien haben dieses Abkommen bisher unterzeichnet.[425]

### 5. *International Air Transport Agreement (Transportabkommen)*

Die „Vereinbarung über den Internationalen Lufttransport" vom 7. Dezember 1944 ist ein weiteres Ergebnis der Staatenkonferenz von Chicago und regelt wirtschaftspolitische Aspekte der internationalen Luftfahrt, Überflug-, Lande- und Transportrechte.[426] Seine Bedeutung liegt vor allem in der Definition der internationalen „gewerblichen Luftverkehrsfreiheiten", also der 3. bis 5. Freiheit.[427]

---

421 Vereinbarung über den Durchflug im internationalen Fluglinienverkehr, BGBl. 1956 II vom 11.04.1956, S. 442 ff.

422 *Schwenk/Giemulla*, Hdb. des Luftverkehrsrechts, Kapitel 1, S. 14, Rn. 32; *ders.* Hdb. des Luftverkehrsrechts, Kapitel 14, S. 14, Rn. 79; *Meyer*, Luftrecht in fünf Jahrzehnten, S. 63; *Scharpenseel*, S. 34 f.

423 Art. 6 Chicagoer Abkommen gegenüber Art. I Abschnitt 1 Nr. 1 und 2 Transitabkommen, dazu *Fritzsche*, S. 38.

424 *Brinkhoff/Windhorn*, in: Hobe/v. Ruckteschell, Kölner Kompendium Luftrecht, Bd. 1, S. 14, Rn. 27; *Wysk*, in: Grabherr/Reidt/Wysk, Luftverkehrsgesetz, 21. EL, 2019, Einl., S. 66 f., Rn. 149; *Scharpenseel*, S. 34 f.; *Böhme*, S. 124; *v. Wrangell*, Globalisierungstendenzen, S. 50; *Lübben*, S. 42; *Schwenk/Giemulla*, Hdb. des Luftverkehrsrechts, Kapitel 1, S. 14, Rn. 32; *Fritzsche*, S. 37.

425 http://www.icao.int/secretariat/legal/List%20of%20Parties/Transit_EN.pdf?Mobile=1, zuletzt abgerufen am 15.02.2023; Nichtunterzeichnerstaaten sind die Volksrepublik China, die Republik Indonesien und die Russische Föderation, *Schwenk/Giemulla*, Hdb. des Luftverkehrsrechts, Kapitel 14, S. 581, Rn. 80.

426 *Schwenk/Giemulla*, Hdb. des Luftverkehrsrechts, Kapitel 1, S. 14, Rn. 33; *ders.*, Hdb. des Luftverkehrsrechts, Kapitel 14, S. 581, Rn. 81; *Conrady/Fichert/Sterzenbach*, S. 39; *Meyer*, Luftrecht in fünf Jahrzehnten, S. 63; *Scharpenseel*, S. 35; *Böhme*, S. 125 f.

427 *Schwenk/Giemulla*, Hdb. des Luftverkehrsrechts, Kapitel 1, S. 14, Rn. 33; *ders.*, Hdb. des Luftverkehrsrechts, Kapitel 14, S. 581 f, Rn. 81 f.; *Fritzsche*, S. 38; *Wysk*, in: Grabherr/Reidt/Wysk, Luftverkehrsgesetz, 21. EL, 2019, Einl., S. 67, Rn. 150.

Dieses Abkommen wurde allerdings nur von wenigen Staaten unterzeichnet und von den USA später gar wieder gekündigt.[428] Aktuell sind elf Staaten Partei des Transportabkommens.[429] Die Vereinbarung dieser Freiheiten bleibt daher bilateralen Abkommen vorbehalten.[430]

## V. Begriff und Inhalt der nationalen Luftraumsouveränität

Während der Betrachtung der verschiedenen Ansätze und Theorien zur rechtlichen Qualifikation und Einordnung des Luftraumes fällt auf, dass weder die Luftraumtheorien noch die verschiedenen luftrechtlichen Abkommen den Begriff der Souveränität näher definieren, sondern diesen vielmehr als eine Selbstverständlichkeit voraussetzen. Da die Bezeichnung ein wiederkehrender Terminus ist, der insbesondere auch im Zusammenhang mit dem Projekt des einheitlichen europäischen Luftraumes wiederholt auftaucht, ist es daher angebracht, die Idee der Souveränität kurz zu skizzieren.

Kaum ein Begriff des Staatsrechts ist „schillernder“[431] und facettenreicher als der der Souveränität.[432] Inwiefern die nationale Luftraumsouveränität sich im Zuge der Anwendung der Verordnungen zum einheitlichen europäischen Luftraum verändert, wird nachfolgend betrachtet. Die heute unbestrittene Ansicht, wonach der Luftraum ein integraler Bestandteil des Staatsgebietes ist, hat nach dem Ersten Weltkrieg (1914–1918) erstmals Eingang in ein multilaterales Vertragswerk gefunden.[433] In Art. 1 Abs. 2 der im Jahr 1922 in Kraft getretenen Pariser Luftfahrtkonvention vom 13. Oktober 1919 heißt es in unmissverständlicher Deutlichkeit, dass jeder Staat die vollständige und ausschließliche Staatsgewalt im Luftraum über seinem Gebiet hat: „*Les Hautes Parties contractantes*

---

428 *Schwenk/Giemulla*, Hdb. des Luftverkehrsrechts, Kapitel 14, S. 581, Rn. 81.

429 http://www.icao.int/secretariat/legal/List%20of%20Parties/Transport_EN.pdf?Mobile=1, zuletzt abgerufen am 12.01.2023.

430 *Giemulla*, Luftrecht, Skript WS 2010/2011, S. 33.

431 Dieser Ausdruck findet sich bspw. bei *Hillgruber*, JZ 2002, S. 1072 ff. (1073); *Maurer*, Staatsrecht I, § 1 Rn. 9; *Schliesky*, S. 57, S. 123.

432 *Schliesky*, S. 57; vgl. bspw. auch *Yang*, Sovereignty in China's Perspective.

433 *Khan*, Die deutschen Staatsgrenzen, S. 614; siehe auch *Bues*, S. 61; *Dauses*, Die Grenze zwischen Luftraum und Weltraum, S. 15, der den Grundsatz staatlicher Hoheit im Luftraum über staatlichen Bodengebieten sogar als ein Vertragsprinzip im Rang von „Völkerverfassungsrecht“ ansieht.

*reconnaissent que chaque Puissance a la souveraineté complète et exclusive sur l'espace atmosphérique au-dessus de son territoire.*"[434]

Damit wurde im Sinne einer unbeschränkten Souveränitätstheorie festgelegt, dass die Zulassung des internationalen Luftverkehrs allein dem Bodenstaat oblag.[435] Der sich dadurch ausbildende und zu einem anerkannten, auch von der Bundesrepublik Deutschland akzeptierten Rechtssatz verdichtende (völker-)rechtliche Konsens[436] hinsichtlich der Dimension staatlicher Souveränität in den Luftraum hinein, konnte erst später hergestellt werden, als bezüglich anderer Räume, über die der Mensch durch die Beschaffenheit des jeweiligen Raumes nur eine eingeschränkte Gebietshoheit ausübt.[437] Dies trifft insbesondere auch auf das Küstenmeer und das Erdinnere zu.[438]

### *1. Definition der Souveränität*

Der Begriff der „Souveränität" hat keinen abstrakt-generellen und zeitübergreifend bestimmbaren Inhalt, sondern kann nur historisch relativ und typisierend durch den kulturellen Vergleich gewonnen werden.[439] Kaum ein Terminus der

434 *„Die Hohen vertragsschließenden Teile erkennen an, dass jeder Staat die vollständige und ausschließliche Hoheitsgewalt im Luftraum über seinem Gebiet hat."*; *Khan*, Die deutschen Staatsgrenzen, S. 614; *Schmitt-Sody*, S. 128; *Lübben*, S. 35; *Bues*, S. 61, Fn. 422: Dieser Grundsatz der Lufthoheit war ursprünglich durch Art. 15 eingeschränkt, der die ungehinderte Luftraumnutzung für zivile Luftfahrzeuge gewährte, die keinen Linienverkehr durchführten. Diese Regelung wurde im Jahr 1929 jedoch aufgehoben; siehe auch *Loewenstein*, S. 18; zum Pariser Luftverkehrsabkommen siehe auch Kapitel 2, B., III., 2.

435 *Lübben*, S. 35.

436 Durch die regionalen Nachfolgeabkommen, die der Pariser Luftfahrtkonvention von 1919 nachgebildet sind (ibero-amerikanische Luftverkehrsabkommen vom 01.11.1926, dazu *Meyer*, Freiheit der Luft als Rechtsproblem, S. 57 f. und das panamerikanische Handelsabkommen betreffend die Handelsluftfahrt vom 20.02.1928, abgedruckt bei *dems.*, S. 283 ff.) wurde der Grundsatz absoluter staatlicher Lufthoheit vertragsrechtlich der Universalität angenähert, dazu *Bues*, S. 61, Fn. 423; ausf. auch *Khan*, Die deutschen Staatsgrenzen, S. 615, Fn. 4.

437 *Khan*, Die deutschen Staatsgrenzen, S. 614 f.; so ähnlich auch *Hobe*, in: Ipsen, Völkerrecht, vor § 46.

438 *Khan*, Die deutschen Staatsgrenzen, S. 615.

439 *Kersten*, S. 295; vgl. *Jellinek*, Allgemeine Staatslehre, S. 485; ausf. zum Begriff der Souveränität im Völkerrecht, siehe *Breuer*, in: FS für Eckart Klein, S. 747 ff. (748 f.).

Staatslehre und des Staatsrechts ist so mit verschiedenen, historisch[440] entwickelten Inhalten gespickt und angesichts seines Einsatzes als (innen- wie außen-)politischer Kampfbegriff[441] so umstritten wie derjenige der Souveränität.[442] Unter der Souveränität im völkerrechtlichen Sinne versteht man grundsätzlich die höchste, unabgeleitete, umfassende Rechtsmacht der voneinander unabhängigen, einander gleichberechtigten und völkerrechtsunmittelbaren Staaten[443], die selbst keiner fremden Bindung unterliegt[444], oder generell ein „Zu-höchst-sein“[445].[446] Die Souveränität wird grundsätzlich in die äußere und innere Souveränität unterteilt.[447] Mit anderen Worten kann man die Souveränität als Unabhängigkeit nach außen und als höchste Gewalt nach innen beschreiben.[448]

### a) Innere Souveränität

Die innere Souveränität bedeutet in völkerrechtlicher Hinsicht die Anerkennung des prinzipiell ausschließlichen und umfassenden Eigenrechts des Staates, mit Bezug auf sein Territorium und gegenüber seinen Staatsangehörigen verbindlich Recht zu setzen und durchzusetzen (Gebiets- und Personalhoheit[449]), das

---

440 Ausf. bzgl. der Entwicklung unterschiedlicher Souveränitätsbegriffe, siehe *Haltern*, Was bedeutet Souveränität?, S. 24 ff., S. 52 ff., S. 75 ff., S. 98 ff.; ausf. dazu auch *Jellinek*, Allgemeine Staatslehre, S. 435 ff.; *Hobe*, Verfassungsstaat, S. 38 ff.

441 *Schachtschneider*, S. 17.

442 *Schliesky*, S. 57.

443 *Hillgruber*, JZ 2002, S. 1072 ff. (1074); vgl. ferner: *Funke*, Souveränität, in: Schöbener, Lexikon Völkerrecht, S. 391 ff. (391 ff.); *Müller*, S 211; *Bamberger*, in: Bergmann, Handlexikon der EU, Souveränität, S. 940; *Bentzien,* Die völkerrechtlichen Schranken der nationalen Souveränität im 21. Jahrhundert; *Bleckmann*, in: AVR 1985 S. 450 ff. (450 ff.); *Bettati,* La souveraineté au XXe siècle; *Bindschedler*, Betrachtungen über die Souveränität, in: Recueil d'études de droit international en hommage à Paul Guggenheim, 1968, S. 167 ff. (167 ff.).

444 *Kaufmann*, Europäische Integration, S. 32.

445 *Krüger*, in: Problem der Souveränität, S. 1 ff. (22): Souveränität bedeutet immer ein „Zu-höchst-sein“, ein „Niemanden-über-sich-haben“; so auch *Kelsen*, S. 37; *Schladebach*, Lufthoheit, S. 104; *Krüger*, Staatslehre, S. 186.

446 *Schliesky*, S. 57.

447 *Hillgruber*, JZ 2002, S. 1072 ff. (1074); *Schliesky*, S. 57; *Schladebach*, Lufthoheit, S. 104; *Weber-Fas*, Staatsgewalt, S. 287; *Jellinek*, Allgemeine Staatslehre, S. 475; *Kelsen*, S. 37; *Bues*, S. 62.

448 *Krüger*, in: Problem der Souveränität, S. 1 ff. (3); *Scheibeck*, S. 35; *Verdross/Simma*, S. 29; *Bues*, S. 62 f.

449 Siehe statt vieler zum Umfang der Gebietshoheit der Staaten *Epping*, in: Ipsen, Völkerrecht, § 7, Rn. 59 ff. und zum Umfang der Personalhoheit der Staaten *Epping*,

heißt die grundsätzliche Zuerkennung einer Letztentscheidungsbefugnis über Personen und Sachen auf seinem Hoheitsgebiet und über jeden Status der ihm zuzurechnenden juristischen und natürlichen Personen.[450] Nach innen begründet die Souveränität also ein prinzipielles Über- und Unterordnungsverhältnis und eine Kompetenz, kraft derer die souveräne Staatsgewalt als Kernbefugnis die Rechtsetzungsbefugnis innehat.[451] Untrennbar damit verbunden ist die Rechtsdurchsetzungsbefugnis.[452] Die Bewahrung dieser inneren Souveränität setzt voraus, dass das gesetzte Recht grundsätzlich auch ausgeweitet oder eingeschränkt werden kann.[453]

### *b) Äußere Souveränität*

Im Außenverhältnis bedeutet Souveränität die Befehlsunabhängigkeit von anderen Staaten,[454] die völkerrechtlich die gleiche Rechtsmacht besitzen.[455] Diese nennt man äußere Souveränität. Sie ist insoweit die Ausgangsbasis für das Zusammenwirken der Staaten in der internationalen Staatengemeinschaft.[456]

---

in: Ipsen, Völkerrecht, § 7, Rn. 78 f.; vertiefend auch *Kettler*, S. 36; ebenso auch *Horn*, in: Territoriale Souveränität, S. 21 ff. (29 f.).

450 *Hillgruber*, JZ 2002, S. 1072 ff. (1074); *Schliesky*, S. 57; sehr ausf. zur inneren Souveränität, *Schachtschneider*, S. 321 ff.; *Schliesky*, S. 125 ff.; siehe dazu auch *Jellinek*, Allgemeine Staatslehre, S. 481 f.; der Begriff Souveränität selbst kommt im Grundgesetz nicht vor. Das Lissabon-Urteil des Bundesverfassungsgerichts führt den Begriff weiter aus, siehe dazu ausf. *BVerfGE* 123, 267 (346 ff.). Souveränität für den Staat bedeutet bspw. das freie Austrittsrecht, Vorbehalt der Kompetenz-Kompetenz, die Mitgliedstaaten bleiben „Herren der Verträge", Letztentscheidungsbefugnis und Umkehrbarkeit der vertraglichen Selbstbindung, *BVerfGE* 123, 267 (267 ff., insb. 348 ff.); ähnlich *Schliesky*, S. 135 f.; *Isensee*, ZRP 2010, S. 33 ff. (36); siehe dazu auch *Bues*, S. 62, Fn. 434; vgl. auch *Hillgruber*, JZ 2002, S. 1072 ff. (1077 f.); *Kettler*, S. 41 ff.; *Kaufmann*, Europäische Integration, S. 32.

451 *Schliesky*, S. 147; vgl. auch *Bues*, S. 63.

452 *Schliesky*, S. 147 und S. 386 f.

453 *Zippelius*, § 9, S. 51; *Bues*, S. 63.

454 Siehe den Schiedsspruch von *Huber* im Fall Islands of Palmas (Niederlande gegen USA) vom 04.04.1928, Reports of International Arbitral Awards, Vol. II, S. 829 ff. (838); *Krüger*, Staatslehre, S. 853; *Kaufmann*, Europäische Integration, S. 32.

455 *Hillgruber*, JZ 2002, S. 1072 ff. (1074); ähnlich auch *Scheibeck*, S. 35; *Funke*, Souveränität, in: Schöbener, Lexikon Völkerrecht, S. 392; *Zippelius*, § 10, S. 56; *Bamberger*, in: Bergmann, Handlexikon der EU, Souveränität, S. 940; sehr ausf. auch *Schachtschneider*, S. 341 ff.

456 *Schliesky*, S. 57; siehe Art. 2 Nummer 1 UN-Charta, wonach die Organisation auf dem Grundsatz der souveränen Gleichheit aller ihrer Mitglieder beruht.

Ein Staat ist keiner höheren Autorität unterworfen, kann also frei seine inneren und äußeren Angelegenheiten regeln.[457] Souveränität hat die Gleichordnung der Staaten zur Folge, unabhängig von ihrer territorialen Größe oder der ihrer Bevölkerung oder der Macht eines Staates.[458]

## 2. *Territoriale Souveränität und Gebietshoheit*

Den Staaten steht der Rechtstitel der territorialen Souveränität zu.[459] Zum Staatsgebiet gehören das Landgebiet, das auch das Küstenmeer und die Binnengewässer umfasst, der beherrschbare Raum unter der Erdoberfläche sowie der über dem Landgebiet befindliche Luftraum.[460] Das Staatsgebiet[461] ist nicht Eigentum eines Staates, sondern derjenige Raum, für den dieser Staat völkerrechtlich ausschließlich zuständig ist.[462] Durch die völkerrechtliche Zuordnung des Luftraumes zu dem jeweiligen Bodenstaat wird die territoriale Souveränität auch über ein bestimmtes Luftraumgebiet begründet.[463] Diese Zuordnung schließt das Recht des Staates ein, über das Luftraumgebiet zu verfügen und zu herrschen.[464]

---

457 *Pieper*, in: FS für Eckart Klein, S. 839 ff. (842); *Weber-Fas*, Staatsgewalt, S. 287; *Krüger*, in: Problem der Souveränität, S. 1 ff. (22); vergleiche auch *BVerfGE* 123, 267 (346 ff.) zum Souveränitätsverständnis des Grundgesetzes.

458 *Pieper*, in: FS für Eckart Klein, S. 839 ff. (842).

459 *Funke*, Souveränität, in: Schöbener, Lexikon Völkerrecht, S. 393; ausf. zur territorialen Souveränität *Kment*, S. 74 ff.

460 *Scheibeck*, S. 36, 56 ff.; *Epping*, in: Ipsen, Völkerrecht, § 7, Rn. 5; *Horn*, in Territoriale Souveränität, S. 20 ff. (25).

461 *Jellinek*, Allgemeine Staatslehre, S. 394, beschreibt das Staatsgebiet so: „Das Land, auf welchem der staatliche Verband sich erhebt, bezeichnet seiner rechtlichen Seite nach den Raum, auf dem die Staatsgewalt ihre spezifische Tätigkeit, die des Herrschens, entfalten kann." Aus dieser Definition lassen sich die territoriale Souveränität und die Gebietshoheit ableiten; ausf. bei *Schliesky*, S. 26 f.

462 *Funke*, Souveränität, in: Schöbener, Lexikon Völkerrecht, S. 393; *Kau*, in: Graf Vitzthum/Proelß, Völkerrecht, S. 239 f., Rn. 131.

463 *Scheibeck*, S. 36; ausf. bei *Verdross/Simma/Geiger*, S. 15 ff.; *Bues*, S. 64.

464 Insb. *Herdegen*, § 23, S. 199, Rn. 1: Klassischen Ausdruck hat der mit der territorialen Souveränität verbundene Ausschließlichkeitsanspruch in dem berühmten Schiedsspruch von *Huber* im Fall Islands of Palmas (Niederlande gegen USA) vom 04.04.1928, Reports of International Arbitral Awards, Vol. II, S. 829 ff. (838) von 1928 gefunden: „Sovereignty in the relations between States signifies independence. Independence in regard to a portion of the globe is the right to exercise therein, to the exclusion of any other State, the functions of a State. The development of the national organisation of States during the last few centuries and, as a corollary, the development of international law, have established this principle of the exclusive competence of the

Von der territorialen Souveränität wird die Gebiets- oder Territorialhoheit (= tatsächliche Herrschaft) unterschieden.[465] Die Gebietshoheit[466] spiegelt die exklusive Befugnis zur Durchführung von Hoheitsakten auf einem bestimmten Territorium wider, das nicht der fortwährenden Verfügungsgewalt des Hoheitsträgers unterstehen muss.[467] Unter der Gebietshoheit eines Staates versteht man daher die tatsächliche Herrschaft des Staates in einem Gebiet (sog. Hoheitsgewalt), während die territoriale Souveränität über die Gebietshoheit hinaus das Recht des Staates auf das von ihm beherrschte Gebiet umfasst.[468] Die territoriale Souveränität umfasst die ausschließliche Befugnis, auf dem Staatsgebiet staatliche Funktionen wahrzunehmen und schließt (im Gegensatz zur Gebietshoheit) das Recht ein, über das Gebiet zu verfügen.[469] In aller Regel übt der Inhaber der territorialen Souveränität auch die Gebietshoheit aus.[470] Diese umfasst auch den Luftraum über dem Staatsgebiet (nämlich die Lufthoheit – „Luftherrschaft" hingegen bedeutet die faktische Kontrolle über den Luftraum eines anderen Staates im Kriegsfall)[471], also die Luftsäule über dem Staatsgebiet.[472] Der

---

State in regard to its own territory in such a way as to make it the point of departure in settling most questions that concern international relations"; *Bues*, S. 64; *Verdross/Simma*, S. 655.

465 *Funke*, Souveränität, in: Schöbener, Lexikon Völkerrecht, S. 393; *Graf Vitzthum*, in: Isensee/Kirchhof, HStR II, § 18, Rn. 4; *Gornig*, in: Territoriale Souveränität, S. 35 ff. (36); *ders.*, in: Gornig/Michel/Bohle, S. 11 ff. (12).

466 „Territorial supremacy", *Verdross/Simma*, S. 655 f.; *Bues*, S. 64.

467 *Herdegen*, § 23, S. 199, Rn. 2; siehe *ebenda*: Ein Beispiel bildete die befristete Verpachtung der *New Territories* von Hongkong durch China an die britische Krone (im Jahr 1898). Bei den früheren deutschen Ostgebieten ist die aufgrund des Potsdamer Abkommens begründete Gebietshoheit von Polen und der damaligen Sowjetunion spätestens mit dem Moskauer Vertrag von 1990 zur vollen territorialen Souveränität erstarkt. Vertiefend dazu siehe *Gornig*, Hongkong und *Gornig*, Völkerrechtlicher Status Deutschlands zwischen 1945 und 1990; *Graf Vitzthum*, in: Isensee/Kirchhof, HStR II, § 18, Rn. 22; ähnlich *Bues*, S. 64; siehe auch *Horn*, in: Territoriale Souveränität, S. 20 ff. (28).

468 *Kau*, in: Graf Vitzthum/Proelß, Völkerrecht, S. 240, Rn. 132; *Graf Vitzthum*, in: Isensee/Kirchhof, HStR II, § 18, Rn. 4; *Gornig*, in: Gornig/Michel/Bohle, S. 11 ff. (14); *Bues*, S. 64.

469 *Herdegen*, § 23, S. 199, Rn. 1; *Gornig*, in: Gornig/Michel/Bohle, S. 11 ff. (13).

470 *Gornig*, in: Territoriale Souveränität, S. 35 ff. (36); *ders.*, in: Gornig/Michel/Bohle, S. 11 ff. (15); *Bues*, S. 65.

471 *Vosgerau*, Staatsgebiet, in: Schöbener, Lexikon Völkerrecht, S. 432.

472 *Herdegen*, § 24, S. 204, Rn. 5; siehe auch ausf. dazu *Vosgerau*, Staatsgebiet, in: Schöbener, Lexikon Völkerrecht, S. 432: Die staatliche Gebietshoheit erstreckt sich auch

territoriale Souverän kann das Recht zur Ausübung der Gebietshoheit auch an einen Dritten übertragen[473], wodurch die Gebietshoheit von der territorialen Souveränität getrennt wird.[474] Ebenso können die territoriale Souveränität und die Gebietshoheit besonderen Einschränkungen, möglicherweise Dienstbarkeiten wie Transitrechten, Truppenstationierungsrechten oder Grenzservituten, Verwaltungszessionen oder Gebietsverpachtungen unterliegen.[475] Denkbar ist auch, allgemein untersagte extraterritoriale Hoheitsakte durch Völkergewohnheitsrecht oder völkerrechtliche Verträge zuzulassen, um Staaten auf fremdem Staatsgebiet Hoheitsakte zu erlauben.[476]

Die Begriffe „territoriale Souveränität" und „Gebietshoheit" sind somit überwiegend, aber nicht gänzlich kongruent.[477] Die beiden Ausdrücke verhalten sich zueinander ähnlich wie das zivilrechtliche Begriffspaar Eigentum (§ 903 BGB) und Besitz (§ 854 BGB): Der territorialen Souveränität, als dem engeren Begriff[478] und „Vollrecht", entspricht dabei das Eigentum, denn nur

---

auf die Luftsäule über dem Staatsgebiet (Land- und Hoheitsgewässer), nicht jedoch auf den Weltraum. Der Weltraum beginnt demnach völkerrechtlich dort, wo die Territorialhoheit endet. Zu der Frage, bis in welche Höhe sich die Lufthoheit erstrecken soll, wurden – stets parallel zu den sich erweiternden technischen Möglichkeiten der Luftfahrt – verschiedenste Theorien angedacht. Mittlerweile ist anerkannt, dass jedenfalls der Luftraum bis in die Höhe von 50 Landmeilen (ca. 80 km) zum Staatsgebiet gehört. Die wesentlichen Grundsätze des internationalen Luftrechts sind im Chicagoer Abkommen über die internationale Zivilluftfahrt vom 07.12.1944 niedergelegt. Luftverkehr über fremden Staaten bedarf grds. der Erlaubnis dieser Staaten; die im CA vorgesehene Unterscheidung zwischen planmäßigem und nicht planmäßigem Luftverkehr spielt inzwischen schon wegen der enormen Zunahme der Flugbewegungen und im Zeichen der Bedürfnisse nach Luftsicherheit und Flugraumüberwachung keine Rolle mehr.

473 Sehr ausf. zur Übertragung der territorialen Souveränität *Gornig*, in: Territoriale Souveränität, S. 35 ff. (40 ff., 69 ff.).

474 *Gornig*, in: Territoriale Souveränität, S. 35 ff. (36); *Bues*, S. 65.

475 *Herdegen*, § 23, S. 200 f., Rn. 4.

476 *Schweisfurth*, S. 322, Rn. 172 ff.; *Bues*, S. 65.

477 *Herdegen*, § 23, S. 199, Rn. 1; *Bues*, S. 65; siehe dazu *Breuer*, Gebietshoheit, in: Schöbener, Lexikon Völkerrecht, S. 116: Im Regelfall sind die territoriale Souveränität und die Gebietshoheit deckungsgleich, sie können jedoch auseinanderfallen, z. B. im Falle kriegerischer Besetzung („occupatio bellica") oder bei Verpachtung des Gebietes an einen anderen Staat; so auch *Kau*, in: Graf Vitzthum/Proelß, Völkerrecht, S. 240, Rn. 133.

478 So *Herdegen*, § 23, S. 199, Rn. 1.

der territoriale Souverän kann über das Eigentum verfügen.[479] Der Begriff des Besitzes dagegen entspricht der Gebietshoheit als der faktischen Innehabung der Herrschaftsgewalt.[480]

Die mit der Gebietshoheit einhergehende Ausschließlichkeit der Herrschaftsgewalt über ein bestimmtes Territorium ist im Falle supranationaler Organisationen zusätzlich relativiert.[481] Im Unterschied zu den internationalen Organisationen klassischen Zuschnitts gilt das supranational gesetzte Recht regelmäßig unmittelbar in den Mitgliedstaaten der supranationalen Organisation, ohne dass es eines gesonderten Umsetzungsaktes auf nationaler Ebene bedürfte.[482]

### 3. *Verzicht auf Souveränität*

Die Einzigkeit der Staatsgewalt erfährt eine maßgeblich materielle Ausprägung im Gewaltmonopol des Staates, was allerdings nicht bedeutet, dass es neben der souveränen Staatsgewalt überhaupt keine andere Herrschaftsgewalt im Staat geben darf.[483] Die Unterwerfung der Staaten unter völkerrechtliches Vertragsrecht wie Gewohnheitsrecht ist nach heutiger[484] allgemeiner Auffassung[485] durchaus zulässig.[486] Der souveräne Staat gilt als „völkerrechtsunmittelbar", wird

---

479 *Breuer*, Gebietshoheit, in: Schöbener, Lexikon Völkerrecht, S. 116; *Kau*, in: Graf Vitzthum/Proelß, Völkerrecht, S. 240, Rn. 132; *Gornig*, in: Territoriale Souveränität, S. 35 ff. (37); *ders.*, in: Gornig/Michel/Bohle, S. 11 ff. (12 f.); ausf. dazu auch *Proelß*, in: Graf Vitzthum/Proelß, Völkerrecht, S. 474 f., Rn. 2 ff.; *Kment*, S. 78; *Schweisfurth*, S. 278, Rn. 5.

480 *Breuer*, Gebietshoheit, in: Schöbener, Lexikon Völkerrecht, S. 116.

481 *Breuer*, Gebietshoheit, in: Schöbener, Lexikon Völkerrecht, S. 119.

482 *Breuer*, Gebietshoheit, in: Schöbener, Lexikon Völkerrecht, S. 119; *ebenda*, die für das Völkerrecht so typische Mediatisierung des Individuums durch den Staat wird hier aufgegeben, der staatliche „Souveränitätspanzer" wird durchbrochen und stattdessen ist der Einzelmensch unmittelbarer Adressat supranationaler Rechte und Pflichten. Vgl. dazu EuGH-Urteil vom 16.08.1962, Rs. C-26/62, Slg. 1963, S. 8 („Van Gend & Loos").

483 *Schliesky*, S. 145; *ders.*, S. 146: „Die Teilung der Staatsgewalt bei ihrer Ausübung beeinträchtige die Souveränität des Staates als solche nicht".

484 Vgl. dazu ausf. *Schliesky*, S. 123 ff.

485 Diese Aussage eines „heutigen Souveränitätsverständnisses" bedarf der Relativierung, da sie ein allg. anerkanntes Souveränitätsverständnis der deutschen Staats(rechts-)lehre nach dem Zweiten Weltkrieg voraussetzt, das nicht existiert. Allerdings haben sich einige Übereinstimmungen herauskristallisiert, so *Schliesky*, S. 123 ff.; *Bues*, S. 63, Fn. 443.

486 *Bues*, S. 63.

also zwar als befehlsunabhängig, nicht jedoch als ordnungsunabhängig begriffen.[487] Die staatliche Souveränität untersagt es demnach nicht, bewusst auf Teile der sich daraus ergebenden Handlungsfreiheit zu verzichten,[488] ohne dadurch die Qualität eines souveränen Staates einzubüßen.[489] Der Staat kann entsprechend eines „offenen Verfassungsstaates“[490] bis zu einem bestimmten Maß Verpflichtungen eingehen, ohne dadurch seine eigene Souveränität zu verlieren.[491] Die klassische Definition der inneren und äußeren Souveränität wird heute daher nicht mehr im Sinne einer unbeschränkten Souveränität verstanden.[492] Denn wenn man streng die Richtschnur der klassischen nationalstaatlichen Souveränität anlegen würde, so könne der Staatsgewalt angesichts der Abhängigkeit von einer supranationalen Herrschaftsgewalt Souveränität nicht mehr attestiert werden.[493] Die Souveränität wird nicht mehr *„legibus solutus“*, also von rechtlichen Bindungen abgekoppelt und bestenfalls göttlichem Recht und Fundamentalgesetzen verpflichtet, begriffen, sondern als eine rechtlich gebundene Staatsgewalt.[494] Sie bezeichnet damit heute keine „virtuell allumfassende Staatsgewalt“ mehr.[495] Wenn Souveränität ein Rechtsbegriff sein soll, dann muss es

---

487 *Schliesky*, S. 96 f.; *Bues*, S. 63.

488 *Bues*, S. 63; *Franklin*, Air & Space Law 2007, S. 425 ff. (427).

489 *Hillgruber*, JZ 2002, S. 1072 ff. (1076).

490 So Begriff bei *Hobe*, Verfassungsstaat, S. 380; *Horn*, in: Territoriale Souveränität spricht von „offener Staatlichkeit“, die sich in grenzüberschreitenden Rechtssystemen und Wirtschaftsgemeinschaften integriert siehe da S. 21 f. (22); siehe dazu auch *Di Fabio*, Das Recht offener Staaten, S. 122 ff.

491 Siehe dazu *Hobe*, Verfassungsstaat, S. 394 f.; *König*, S. 277; *Bues*, S. 63 f.; *Schilling*, S. 192: „Diese Offenheit äußert sich insb. dadurch, dass das Grundgesetz viel Raum für die internationale und insb. die europäische Zusammenarbeit bereitstellt.“

492 *Bues*, S. 63; *Schliesky*, S. 388; *Di Fabio*, Das Recht offener Staaten, S. 122 f.

493 *Schliesky*, S. 388; siehe dazu auch *Di Fabio*, Das Recht offener Staaten, S. 123, der betont, dass man bei all der Verkleidung, der Machtbegrenzung, der Kontrolle, Juridifizierung, Selbstbindung und den vielen Hoheitstransfers nicht mehr ernsthaft das Vorhandensein von Souveränität in dem Sinne behaupten kann, dass eine staatliche Zentralinstanz mit einem unvermittelten Machtspruch im Alltag oder auch nur im Ausnahmefall aufträte.

494 *Schliesky*, S. 138 f.

495 *BVerfGE* 42, 312 ff. (332): „Das Bundesverfassungsgericht geht in ständiger Rechtsprechung davon aus, dass das Grundgesetz – unter anderem, um der Würde und Freiheit des Menschen willen – nicht eine „virtuell umfassende Staatsgewalt“ verfasst (hat), sondern den Zweck des Staates materialiter auf die Wahrung des Gemeinwohls beschränkt, in dessen Mitte Freiheit und soziale Gerechtigkeit stehen.“ Siehe dazu

sich um eine rechtlich konfigurierte Gewalt handeln.[496] Darauf ist insbesondere im demokratischen und rechtsstaatlichen Verfassungsstaat zu achten, der als ein rechtlich begrenzter und in Verantwortlichkeiten gegenüber Dritten gebundener Souverän begriffen wird.[497] Schließlich gibt gerade die Verpflichtung der Staatsgewalt auf Rechtsstaatlichkeit vor, dass politische Macht vorrangig nach der Maßgabe von Recht und Gerechtigkeit auszuüben ist.[498] Souveränität wird demnach vornehmlich nur noch als höchste Gewalt von Rechts wegen begriffen, die eben nicht unbeschränkt „*legibus solutus*", jedoch zumindest in einigen Erscheinungsformen nicht an das selbstgesetzte positive Recht gebunden ist.[499] Verdeutlicht wird dies in Art. 20 Abs. 3 GG, der Teile der Staatsgewalt (Exekutive und Judikative) an Recht und Gesetz bindet, den Gesetzgeber jedoch nur einer Bindung an die Verfassung unterwirft und auf diese Weise die Gesetzgebungsbefugnis als Kern der Souveränität herausstellt.[500]

Die mitgliedstaatliche, europäische Souveränität im klassischen Sinn existiert nicht mehr.[501] Das auf Einzigartigkeit und „Zu-höchst-sein" orientierte Modell souveräner Staatsgewalt wurde durch das Hinzutreten der supranationalen Herrschaftsgewalt, insbesondere in Form der Unionsrechtsordnung, beschädigt, aber auch modifiziert.[502] Die Souveränitätskennzeichen der Staatsgewalt sind wohl noch feststellbar, der Ausschließlichkeitsanspruch der Staatsgewalt kann jedoch nicht mehr geltend gemacht werden.[503] Grundsätzlich hat die supranationale Herrschaftsgewalt der Europäischen Union die nationale Staatsgewalt

---

auch *Ress*, VVDStRL 1990, S. 56 ff. (70 ff.); *Schliesky*, S. 133; *Hillgruber*, JZ 2002, S. 1072 ff. (1073).

496 *Schliesky*, S. 139.

497 *Kirchhof*, DVBl. 1999, S. 637 ff. (650); *Schliesky*, S. 139.

498 *Schliesky*, S. 139.

499 *Schliesky*, S. 139.

500 *Schliesky*, S. 139; siehe auch *Di Fabio*, Das Recht offener Staaten, S. 124: „Souverän ist, wer Herr der Verfassung ist, wer notfalls (Bundes-)Zwang anwenden darf, um die Verfassung durchzusetzen."

501 *Schliesky*, S. 388; ähnlich auch *Loth*, in: FS für Manfred Zuleeg, S. 59 ff. (60).

502 *Schliesky*, S. 388; ähnlich bei *Haltern*, Was bedeutet Souveränität?, S. 100 f.; *Bues*, S. 64; siehe dazu auch *Hillgruber*, JZ 2002, S. 107 ff. (1077): „Die Staaten haben den Verlauf des europäischen Integrationsprozesses bestimmt, indem sie mit den Europäischen Gemeinschaften und der Europäischen Union internationale und supranationale Organisationen geschaffen und ihnen zur gemeinsamen Aufgabenerfüllung eigenständig wahrzunehmenden Hoheitsrechte zugewiesen haben"; so auch *Herdegen*, § 28, S. 239 f., Rn. 7.

503 *Schliesky*, S. 388.

nicht vollständig verdrängt, sondern sie überlagert, durchdringt und verändert diese vielmehr.[504] Dadurch kommt es zu einer Verschränkung der Herrschaftsgewalt der Europäischen Union und ihrer Mitgliedstaaten durch (verfassungs-) rechtliche Regelungen.[505]

## C. Zusammenfassung des Kapitels

Für das Verständnis des Luftrechts ist ein historischer Überblick über die Entwicklung des Luftrechts durchaus hilfreich. Aufgrund der historischen Entwicklung und des größer werdenden Bewusstseins der Staaten, juristische Regeln für den Luftraum schaffen zu müssen, wurden zunächst verschiedene bedeutende juristische Theorien für den Luftraum diskutiert. Die Lufthoheitstheorie setzte sich schließlich durch und besitzt auch heute noch Gültigkeit. Nach der Lufthoheitstheorie besitzt der Staat im Luftraum über seinem Staatsgebiet volle und ausschließliche Souveränität.

Da die zu untersuchenden Verordnungen unter dem Überbegriff des „Single European Sky“ oder eines „einheitlichen europäischen Luftraumes“ zusammengefasst werden, liegt es nahe, sich für ein besseres Verständnis des Projekts auch dem Begriff des „Luftraumes“ zu nähern. Der Luftraum gilt als Schlüsselelement des Luftrechts. Die Verordnungen zum einheitlichen europäischen Luftraum beziehen sich wörtlich auf den „europäischen Luftraum“ und damit auf den staatlichen Luftraum der EU-Mitgliedstaaten und auch der Staaten, die sich am Projekt des Single European Sky beteiligen. Der Begriff des Luftraumes wird jedoch von den entsprechenden Verordnungen nicht näher definiert. Der Luftraum ist der Bereich, der sich über einem bestimmten Teil der Erdoberfläche, bspw. einem Staat, nach oben, also vom Staatsgebiet weg erstreckt. Das Erfordernis zur Bestimmung des Umfangs des staatlichen Luftraumes folgt aus dem Bedürfnis der Staaten, ihr Staatsgebiet ab- und einzugrenzen. Dazu müssen die vertikalen und horizontalen Grenzen des Luftraumes festgelegt sein. Die Ausübung der Lufthoheit eines Staates in seinem Luftraum entspricht der Territorialgewalt, die ihm auf seinem Hoheitsgebiet zusteht. Für die Bundesrepublik Deutschland bedeutet dies, dass die Vorschriften des nationalen Luftrechts und,

---

504 *Schliesky*, S. 388; ähnlich *Bues*, S. 64.

505 *Schliesky*, S. 389; diese Verschränkung ist nicht i. S. einer „gemeinsamen oder geteilten Souveränität“ zu verstehen, sondern als aktuelle Nichtausübung souveräner, staatlicher Rechte. Siehe dazu auch *Hobe*, Verfassungsstaat, S. 433 ff.; *Bues*, S. 64; *ebenda*, S. 64 Fn. 450.

da Deutschland als Mitglied der Europäischen Union seine Hoheitsbefugnisse teilweise an diese übertragen hat, die Vorschriften des EU-Rechts gelten. Demgegenüber unterliegt der Luftraum über staatenlosen Gebieten und der Hohen See außerhalb der Territorialgewässer keiner staatlichen Hoheitsgewalt, sondern steht der Benutzung durch Luftfahrzeuge aller Staaten offen.

Nachdem erste Luftfahrtkonferenzen abgehalten worden waren, wurden erste Luftverkehrsabkommen formuliert und unterzeichnet, die die Vorboten des Chicagoer Abkommens darstellen. Maßgebend für die internationale Entwicklung nach dem Ersten Weltkrieg war aber schließlich die Konferenz von Chicago, auf der das Abkommen über die Internationale Zivilluftfahrt (Chicagoer Abkommen) entstand. Dieses nahm eine einheitliche Einbettung des internationalen Flugverkehrs in ein internationales Rechtsregime vor und stellt bis heute in seiner Bedeutung eines der wichtigsten völkerrechtlichen Instrumente des Luftrechts dar. Neben allgemeinen Grundsätzen für die Luftfahrt bestätigte das Abkommen von Chicago die bereits völkerrechtlich etablierte Lufthoheitstheorie. Auch die Gründung der International Civil Aviation Organisation (Internationale Zivilluftfahrt-Organisation, kurz ICAO) war eine der wesentlichsten Errungenschaften der Konferenz von Chicago. Die ICAO widmet sich den technischen Bereichen der internationalen Luftfahrt und der Vereinheitlichung geltender Standards. Die möglichen Ausprägungen der verschiedenen Verkehrswege und Transportmöglichkeiten im internationalen Luftverkehr wurden in verschiedene Freiheiten aufgeteilt, da die Bildung eines einheitlichen Verkehrsrechts von den Staaten als zu komplex angesehen wurde. Da eine Einigung auf die Gewährung der Luftverkehrsfreiheiten für den internationalen Linienflugverkehr im Rahmen des Chicagoer Abkommens nicht erreicht werden konnte, wurden die Freiheiten der Luft in zwei Einzelabkommen zur Ratifizierung aufgelegt. Das Transit- und das Transportabkommen wurden allerdings bis heute nur von einigen wenigen Staaten unterzeichnet.

Während der Betrachtung der unterschiedlichen Ansätze und Theorien zur rechtlichen Qualifikation und Einordnung des Luftraumes fällt auf, dass weder die Luftraumtheorien noch die verschiedenen luftrechtlichen Abkommen den Begriff der Souveränität näher definieren, diesen jedoch als Selbstverständlichkeit voraussetzen. Der Begriff stellt jedoch einen wiederkehrenden Terminus dar, der insbesondere auch im Zusammenhang mit dem Projekt des einheitlichen europäischen Luftraumes verstärkt auftaucht. Unter der Souveränität im völkerrechtlichen Sinne versteht man die höchste, unabgeleitete, umfassende Rechtsmacht der voneinander unabhängigen, einander gleichberechtigten und völkerrechtsunmittelbaren Staaten[506], die ihrerseits keiner weiteren fremden Bindung unterliegt[507], gewissermaßen ein „Zu-höchst-sein“[508].[509]

Die Souveränität wird grundsätzlich in die äußere und innere Souveränität unterteilt, außerdem steht den Staaten der Rechtstitel der territorialen Souveränität zu.

Durch die völkerrechtliche Zuordnung des Luftraumes zu dem jeweiligen Bodenstaat wird die territoriale Souveränität auch über ein bestimmtes Luftraumgebiet begründet. Sie ist von der Territorialhoheit und Gebietshoheit zu unterscheiden. Die staatliche Souveränität untersagt es nicht, bewusst auf Teile der Handlungsfreiheit zu verzichten, ohne dadurch die Qualität eines souveränen Staates zu verlieren. Dies ist vor allem bei supranationalen Organisationen wie der Europäischen Union interessant. Dabei hat die supranationale Herrschaftsgewalt der EU die nationale Staatsgewalt nicht vollständig verdrängt, sondern überlagert diese, wodurch es zu einer Verschränkung der Herrschaftsgewalt der Europäischen Union und ihrer Mitgliedstaaten durch (verfassungs-)rechtliche Regelungen kommt.

---

506 *Hillgruber*, JZ 2002, S. 1072 ff. (1074).

507 *Kaufmann*, Europäische Integration, S. 32.

508 *Krüger*, in: Problem der Souveränität, S. 1 ff. (22): Souveränität bedeutet immer ein „Zu-höchst-sein“, ein „Niemanden-über-sich-haben“; so auch *Kelsen*, S. 37; *Schladebach*, Lufthoheit, S. 104; *Krüger*, Staatslehre, S. 186.

509 *Schliesky*, S. 57.

# Kapitel 3: Die Ebenen der Luftverkehrsgesetzgebung als Grundlagen der Flugsicherung

Bei ausführlicher Auseinandersetzung mit der Flugsicherung und den ihr zugrundeliegenden rechtlichen Voraussetzungen muss man sich durch ein kompliziertes Geflecht nationaler, europäischer und internationaler Vorschriften kämpfen.[510] Dabei sind grundsätzlich drei Normenebenen, nämlich das nationale und das europäische Recht sowie das internationale Recht der ICAO zu beachten.[511] Dieses Recht der ICAO ist in den Annexen[512] sowie in weiteren erläuternden Dokumenten[513] formuliert.[514] Da es dabei keinerlei unmittelbare Gesetzeskraft entfaltet, bedarf es zu seiner unmittelbaren Rechtsverbindlichkeit der Umsetzung in nationales Recht.[515] Insbesondere auch im Hinblick auf die Verordnungen zum einheitlichen europäischen Luftraum sind die Normenebenen zu beachten.

## A. Internationale Ebene

Die Luftfahrttechnik entwickelte sich nach dem Ersten Weltkrieg rasant weiter. Zwar stellten das Pariser Luftverkehrsabkommen und das Panamerikanische Abkommen gültige Regelungen bis 1944 dar,[516] deren wichtigste Errungenschaft die Anerkennung der Lufthoheitstheorie bildet; eine einheitliche Einbettung des internationalen Flugverkehrs in ein internationales Rechtsregime gab es allerdings bis zum Chicagoer Abkommen im Jahr 1944 nicht.[517] Die Grundlage des internationalen Rechtsrahmens für den zivilen Luftverkehr und die Flugsicherung[518] wurde erst durch das Abkommen über die Internationale

---

510 *Uhl*, in: Hobe/v. Ruckteschell, Kölner Kompendium Luftrecht, Bd. 2, S. 945, Rn. 239.
511 *Uhl*, in: Hobe/v. Ruckteschell, Kölner Kompendium Luftrecht, Bd. 2, S. 945, Rn. 239.
512 Insb. Annex 11 mit dem Titel „Air Traffic Services" ist für die Flugsicherung relevant.
513 Unter anderem Doc 4444-ATM, Procedures for Air Navigation Services, 16. Edition 2016 vom 10.11.2016.
514 *Uhl*, in: Hobe/v. Ruckteschell, Kölner Kompendium Luftrecht, Bd. 2, S. 945, Rn. 239.
515 *Uhl*, in: Hobe/v. Ruckteschell, Kölner Kompendium Luftrecht, Bd. 2, S. 945, Rn. 239.
516 *V. Wrangell*, Globalisierungstendenzen, S. 31.
517 *Fritzsche*, S. 30; *Loewenstein*, S. 18 f.; *v. Houtte*, Common Market Law Review 2004, S. 1595 ff. (1597).
518 Und damit auch für den einheitlichen europäischen Luftraum.

Zivilluftfahrt[519] (ICAO-Abkommen bzw. Chicagoer Abkommen) von 1944 geschaffen und durch die Rechtssetzung der ICAO[520] weiter ausgeführt.[521] Es gilt als die wichtigste internationale Rechtsquelle für die Regelung des globalen Luftverkehrs.[522]

## I. Das Chicagoer Abkommen von 1944

Gegen Ende des Zweiten Weltkrieges wurde am 7. Dezember 1944 das Abkommen von Chicago (CA)[523] geschlossen. Das CA bildet die zentrale Rechtsgrundlage des internationalen öffentlichen Luftrechts und besaß im Gegensatz zu den regionalen Luftverkehrsabkommen erstmals einen weltweiten Geltungsanspruch.[524] Es wurde durch zwei Zusatzabkommen vom selben Tage, die Transit[525]- und die Transportvereinbarung[526], ergänzt.

## II. Internationale Organisationen des Luftverkehrs

Nachfolgend werden verschiedene internationale Organisationen des Luftverkehrs vorgestellt.

---

519 Convention on International Civil Aviation vom 07.12.1944, ICAO Doc 7300/9; die Bundesrepublik Deutschland trat 1956 bei, siehe Gesetz über den Beitritt der Bundesrepublik Deutschland zu dem Abkommen vom 07.12.1944 über die Internationale Zivilluftfahrt und die Annahme der Vereinbarung vom 07.12.1944 über den Durchflug im Internationalen Fluglinienverkehr vom 07.04.1956, BGBl. 1956 II vom 11.04.1956, S. 411 ff.

520 Die International Civil Aviation Organization (ICAO, Internationale Zivilluftfahrt-Organisation) wurde durch das Abkommen über die internationale Zivilluftfahrt vom 07.12.1944 (Chicagoer Abkommen) gegründet. Ihr Hauptsitz befindet sich in Montréal (Kanada); dazu auch https://www.icao.int/about-icao/Pages/default.aspx, zuletzt abgerufen am 12.01.2023; ausf. zur ICAO siehe in Kapitel 2, B., IV., 2.

521 *Bues*, S. 11; *Horn*, in: v. Mangoldt/Klein/Starck, Grundgesetz, Bd. 3, Art. 87d GG, Rn. 3e.

522 *Baumann*, in: Ehlers/Fehling/Pünder, BesVerwR 1, Bd. 1: Öffentliches Wirtschaftsrecht, § 27, Rn. 30; so auch *v. Houtte*, Common Market Law Review 2004, S. 1595 ff. (1597).

523 Kurz: CA, zum Chicagoer Abkommen, siehe ausf. unter Kapitel 2, B., IV.

524 *Schladebach*, Lufthoheit, S. 79; *ders.* Luftrecht, S. 25, Rn. 67: Die Bedeutung des Chicagoer Abkommens kann wohl zutreffend mit „Magna Charta des internationalen Luftrechts" beschrieben werden.

525 Zur Transitvereinbarung, siehe ausf. unter Kapitel 2, B., IV., 4.

526 Zur Transportvereinbarung, siehe ausf. Kapitel 2, B., IV., 5.

### 1. *International Air Transport Association (IATA)*

Ähnlich der Koordinierung der Zivilluftfahrt durch die Staaten organisieren sich ebenfalls die Luftverkehrsunternehmen international.[527] Die International Air Transport Association (IATA)[528] ist die Nachfolgerin der bereits 1919 von sechs europäischen Luftverkehrsgesellschaften in Den Haag unter dem Namen „International Air *Traffic* Association" gegründeten Vorgängerorganisation,[529] die durch Ausbruch des Zweiten Weltkrieges zur Auflösung im Jahre 1941 veranlasst wurde.[530] Die International Air Transport Association wurde am 19. April 1945 auf Anregung der International Civil Aviation Organization (ICAO) als Nichtregierungsorganisation der Luftverkehrsunternehmen in Havanna (Kuba) gegründet.[531] Am 18. Dezember 1945 wurde sie nach kanadischem Recht als internationale Körperschaft zur globalen Interessenvertretung des gewerblichen Luftverkehrs konstituiert.[532] In dieser Eigenschaft ist sie seitdem unter dem aktuellen Namen tätig.[533] Zu Gründungszeiten hatte die IATA 57 Mitglieder aus 31 vorwiegend europäischen Ländern und denen Nordamerikas.[534] Mittlerweile zählt die Organisation knapp 300 Mitglieder aus 120 Nationen.[535]

Die „Purposes and Objectives" der IATA wurden in Ziffer drei der „Act of Incorporation" und gleichlautend in Art. III ihrer „Articles of Association"

527 *Fritzsche*, S. 39.

528 Vgl. https://www.iata.org/, zuletzt abgerufen am 12.02.2023.

529 *Gran*, Die IATA, S. 22; http://www.iata.org/about/Pages/history.aspx, zuletzt abgerufen am 12.02.2023; siehe auch *Fritzsche*, S. 39, Fn. 81: Unter den Gründungsmitgliedern befand sich auch die Deutsche Luft-Reederei (DLR), die die erste deutsche Fluggesellschaft im eigentlichen Sinne war. Die bereits zuvor gegründete Deutsche Luftschifffahrts-Aktiengesellschaft (DELAG) fuhr ausschließlich mit den von Zeppelin entwickelten Verkehrsluftschiffen.

530 *Gran*, Die IATA, S. 22; *Fritzsche*, S. 39; *Schwenk/Giemulla*, Hdb. des Luftverkehrsrechts, Kapitel 3, S. 136, Rn. 25.

531 http://www.iata.org/about/Pages/history.aspx, zuletzt abgerufen am 12.02.2023; *Schladebach*, Luftrecht, S. 170, Rn. 24; *Fritzsche*, S. 40; *Schwenk/Giemulla*, Hdb. des Luftverkehrsrechts, Kapitel 3, S. 135 f., Rn. 24.

532 *Gran*, Die IATA, S. 22; *Schladebach*, Luftrecht, S. 170, Rn. 24; *Kehrberger*, TransportR 1996, S. 131 ff. (132); *Fritzsche*, S. 40; *Schwenk/Giemulla*, Hdb. des Luftverkehrsrechts, Kapitel 3, S. 135 f., Rn. 24; *Giemulla*, Luftrecht, Skript WS 2010/2011, S. 35.

533 *Gran*, Die IATA, S. 22.

534 http://www.iata.org/about/Pages/history.aspx, zuletzt abgerufen am 12.02.2023.

535 http://www.iata.org/about/Pages/history.aspx, zuletzt abgerufen am 12.02.2023.

festgelegt.[536] Demnach sind die Förderung eines sicheren, regelmäßigen und wirtschaftlichen Luftverkehrs zum Wohle und Nutzen der Völker der Welt, der Ausbau des Handelsverkehrs, die Unterstützung der Zusammenarbeit zwischen den Lufttransportunternehmen, die direkt oder indirekt am Luftverkehrssystem beteiligt sind, und die Zusammenarbeit mit der International Civil Aviation Organisation (ICAO) und anderen internationalen Organisationen als Ziele der IATA beschrieben.[537] Der Hauptsitz der IATA befindet sich in Montreal (Kanada), weitere Hauptbüros unterhält sie in Genf und in New York.[538]

### 2. *Airports Council International (ACI)*

Der Vollständigkeit halber sei der Airports Council International (ACI)[539] erwähnt. Der ACI wurde 1991 gegründet und ist eine internationale Vereinigung von internationalen Verkehrsflughäfen mit Hauptsitz in Montreal, Kanada.[540] Das Ziel dieser Organisation ist es, die Zusammenarbeit sowohl zwischen den Mitgliedern selbst als auch zwischen den Mitgliedern und deren Partnern der Weltluftfahrt, bspw. Regierungen, Flugzeugherstellen und Fluglinien zu fördern.[541] Im Zusammenhang mit dem einheitlichen europäischen Luftraum spielt diese Vereinigung eine geringe bis gar keine Rolle.

## B. Europäische Ebene

Im internationalen Vergleich ist die Situation des europäischen Luftverkehrs zwangsläufig von der Staatenvielfalt auf engem Raum geprägt.[542] Die daraus entstehende Diversität der monetären, rechtlichen und wirtschaftlichen Systeme

---

536 *Kehrberger*, TransportR 1996, S. 131 ff. (132); *Gran*, Die IATA, S. 20; siehe auch https://www.iata.org/en/about/history/history-early-days/, zuletzt abgerufen am 12.02.2023.

537 https://www.iata.org/en/about/history/history-early-days/, zuletzt abgerufen am 12.02.2023; *Gran*, Die IATA, S. 20; *Schladebach*, Luftrecht, S. 170, Rn. 25; *Pompl*, S. 24; *Kehrberger*, TransportR 1996, S. 131 ff. (132); *Fritzsche*, S. 39.

538 *Schladebach*, Luftrecht, S. 170, Rn. 24.

539 Dazu vgl. https://aci.aero/, zuletzt abgerufen am 12.02.2023.

540 Siehe dazu http://aci.aero/, zuletzt abgerufen am 12.02.2023; https://www.easa.europa.eu/en/newsroom-and-events/press-releases/aci-world-joins-forces-easa-enhance-airport-safety-and, zuletzt abgerufen am 15.02.2023; *Schwenk/Giemulla*, Hdb. des Luftverkehrsrechts, Kapitel 3, S. 137, Rn. 35.

541 Siehe dazu https://aci.aero/about-aci/, zuletzt abgerufen am 12.02.2023; *Giemulla*, Luftrecht, Skript WS 2010/2011, S. 37.

542 *Lübben*, S. 49.

und der nationalen Motivationen erschwert die Ausarbeitung und Schaffung europäischer Abkommen über den Luftverkehr.[543]

Zwar fand mit der CINA-Konferenz von 1919 als erster bedeutender Luftfahrtkonferenz eine regionale Versammlung zur Festlegung geltender Vorschriften im internationalen Luftverkehr innerhalb Europas statt, Lösungen bezüglich einer europäischen Zusammenarbeit brachte die Konferenz allerdings nicht hervor.[544] Die ersten theoretischen Gedanken über ein einheitliches europäisches Luftverkehrsregime kamen 1936 auf, als der britische Admiral Lawson über eine europäische Luftfahrtbehörde nachdachte, die für die Luftfahrt in Europa das Monopol innehaben sollte.[545] Die Idee wurde jedoch wieder verworfen. Sie fand ihren Niederschlag später bei den Verhandlungen zum Chicagoer Abkommen durch die Schaffung der ICAO, der jedoch, anders als von Lawson angedacht, weniger hoheitliche als vielmehr koordinierende Kompetenzen zugeteilt wurden.[546]

## I. European Civil Aviation Conference (ECAC)

Neben den Ideen von Admiral Lawson aus dem Jahr 1936[547] reichen die ersten Bestrebungen zur Schaffung einer multilateralen Koordinierung des europäischen Luftverkehrs bis ins Jahr 1951 zurück.[548] Damals lagen der Beratenden Versammlung des Europarates unterschiedliche Vorschläge zur Verwirklichung des Zieles vor.[549] Es gab unter anderem einen französischen, einen italienischen und einen eigenen, vom Wirtschaftsausschuss des Europarates erarbeiteten Vorschlag.[550] Der französische Vorschlag („Bonnefous-Plan“) schlug die Konstituierung einer supranationalen europäischen Luftfahrtbehörde vor, die den

543 *Lübben*, S. 49 f.

544 *Fritzsche*, S. 45.

545 *Lawson*, S. 9 ff.; *Weber*, Die Zivilluftfahrt im europäischen Gemeinschaftsrecht, S. 24; *Fritzsche*, S. 45.

546 *Fritzsche*, S. 46.

547 *Lawson*, S. 9 ff.; ausf. bei *Fritzsche*, S. 45 ff.

548 *Schwenk/Giemulla*, Hdb. des Luftverkehrsrechts, Kapitel 2, S. 78, Rn. 19; *Froehlich*, in: Hobe/v. Ruckteschell, Kölner Kompendium Luftrecht, Bd. 1, S. 55, Rn. 89; *v. Schyndel*, in: Giemulla/Schmid, Kommentar LuftVG, Einl. AL Nr. 65, 2014, Rn. 54.

549 *Schwenk/Giemulla*, Hdb. des Luftverkehrsrechts, Kapitel 2, S. 78, Rn. 19; *v. Schyndel*, in: Giemulla/Schmid, Kommentar LuftVG, Einl. AL Nr. 65, 2014, Rn. 54; *Schwenk/Schwenk*, ZLW 1993, S. 121 ff. (129); *Mensen*, Hdb. der Luftfahrt, 2003, S. 63.

550 *Schwenk/Giemulla*, Hdb. des Luftverkehrsrechts, Kapitel 2, S. 78, Rn. 19.

europäischen Luftverkehr kooperativ entwickeln und lenken sollte.[551] Der „Van de Kieft-Plan" empfahl hingegen die Schaffung eines Konsortiums der europäischen Luftverkehrsgesellschaften entsprechend dem Modell „SAS"[552], das den Luftverkehr zwischen den beteiligten europäischen Staaten regeln sollte.[553] Der italienische Plan („Sforza-Plan") stellte wohl den ehrgeizigsten Vorschlag dar und wollte die Kombination der beiden oben genannten Pläne durchsetzen. Es sollte ein gemeinsamer europäischer Luftraum geschaffen werden und die Kontrolle darüber von einer gemeinsamen Aufsichtsbehörde übernommen werden.[554] Der eigene Plan des Wirtschaftsausschusses legte die Gründung einer einzigen europäischen Organisation nahe, die unter bestimmten Voraussetzungen den Luftverkehrsbetrieb zwischen den jeweiligen Mitgliedstaaten übernehmen könnte.[555] Die Beratende Versammlung des Europarates überließ das weitere Vorgehen der auf diesem Gebiet kompetenteren ICAO. Im Dezember 1953 berief die ICAO eine Konferenz zur Koordinierung des Luftverkehrs in Europa (Co-ordination of Air Transport in Europe, kurz CATE) in Straßburg[556] ein.[557] Zur Fortsetzung der in dieser Konferenz angefangenen Arbeiten über die Koordinierung des europäischen Luftverkehrs wurde die Empfehlung ausgesprochen, die European Civil Aviation Conference (ECAC)[558] zu gründen.[559] Von Beginn an hatte die

551 Siehe dazu *Mensen*, Hdb. der Luftfahrt, S. 398; *Weber*, Die Zivilluftfahrt im europäischen Gemeinschaftsrecht, S. 27 f.; *Schwenk/Giemulla*, Hdb. des Luftverkehrsrechts, Kapitel 2, S. 78, Rn. 19.

552 Kurz für „Scandinavian Airline System".

553 *Mensen*, Hdb. der Luftfahrt, S. 398; *Weber*, Die Zivilluftfahrt im europäischen Gemeinschaftsrecht, S. 28.

554 *Mensen*, Hdb. der Luftfahrt, S. 398; *Weber*, Die Zivilluftfahrt im europäischen Gemeinschaftsrecht, S. 27; *Schwenk/Giemulla*, Hdb. des Luftverkehrsrechts, Kapitel 2, S. 78, Rn. 19.

555 *Schwenk/Giemulla*, Hdb. des Luftverkehrsrechts, Kapitel 2, S. 78, Rn. 19.

556 Am Sitz des Europarates in Straßburg, so *Schladebach*, Luftrecht, S. 120, Rn. 137; *v. Schyndel*, in: Giemulla/Schmid, Kommentar LuftVG, Einl. AL Nr. 65, 2014, Rn. 54.

557 Siehe https://www.ecac-ceac.org/about-ecac/history/the-beginnings, zuletzt abgerufen am 12.02.2023; *Froehlich*, in: Hobe/v. Ruckteschell, Kölner Kompendium Luftrecht, Bd. 1, S. 55, Rn. 89; *v. Schyndel*, in: Giemulla/Schmid, Kommentar LuftVG, Einl. AL Nr. 65, 2014, Rn. 54; *Schwenk/Giemulla*, Hdb. des Luftverkehrsrechts, Kapitel 2, S. 78, Rn. 19; *Lübben*, S. 50; *Giemulla*, Luftrecht, Skript WS 2010/2011, S. 40; *Schladebach*, Luftrecht, S. 120, Rn. 137; *Fritzsche*, S. 51.

558 https://www.ecac-ceac.org/, zuletzt abgerufen am 12.02.2023.

559 *Schwenk/Giemulla*, Hdb. des Luftverkehrsrechts, Kapitel 2, S. 78, Rn. 20; *Lübben*, S. 50; *Schladebach*, Luftrecht, S. 120, Rn. 137.

ECAC einen Sonderstatus inne[560]: Sie war von der ICAO weder unabhängig noch ein Bestandteil dieser Organisation.[561] Heute bezeichnet sich die ECAC aufgrund ihrer kontinuierlichen Emanzipation im Verhältnis zur ICAO, insbesondere in verwaltungstechnischer Hinsicht, als autonom.[562]

Die Ziele der ECAC stimmen mit denen der ICAO überein, setzen jedoch europäische Akzente.[563] Laut ihrer Satzung verfolgt die ECAC das Ziel, ein sicheres, effizientes und nachhaltiges europäisches Lufttransportsystem zu entwickeln[564] und die entsprechende Gesetzgebung der Mitgliedstaaten zu harmonisieren.[565] Die ECAC soll die allgemeine Entwicklung des europäischen Luftverkehrs fördern und alle aufkommenden Probleme in diesem Bereich diskutieren.[566]

Die innerhalb der ECAC getroffenen Vereinbarungen ergehen als Empfehlungen, Resolutionen oder sonstige Beschlüsse, die – außer politischer und kollektiver Zwänge – keinerlei unmittelbare Bindungswirkung für die 44 Mitgliedstaaten[567] entfalten, sondern lediglich beratenden Charakter haben.[568] Die Vollversammlung als das oberste Organ der Konferenz tagt alle drei Jahre, um

560 *Fritzsche*, S. 52; *Lübben*, S. 50; *Mensen*, Hdb. der Luftfahrt, 2003, S. 64.

561 Art. 8, 9 der Entschließung 1955, ICAO Doc. 7676-ECAC; dazu auch https://www.ecac-ceac.org/about-ecac/history/creation-of-ecac, zuletzt abgerufen am 12.02.2023; *Fritzsche*, S. 52.

562 *Fritzsche*, S. 52; ähnlich *Mensen*, Moderne Flugsicherung, S. 17.

563 Siehe dazu https://www.ecac-ceac.org/about-ecac/mission, zuletzt abgerufen am 12.02.2023; *Giemulla*, Luftrecht, Skript WS 2010/2011, S. 40; *Mensen*, Moderne Flugsicherung, S. 17.

564 Vgl. Art. 1 Abs. 1 der ECAC Constitution 2021, abzurufen unter https://ecac-ceac.org/documents/ecac-documents-and-international-agreements, zuletzt abgerufen am 12.02.2023.

565 Siehe dazu https://www.ecac-ceac.org/about-ecac, zuletzt abgerufen am 12.02.2023.

566 Siehe dazu https://www.ecac-ceac.org/about-ecac, zuletzt abgerufen am 12.02.2023; *Schladebach*, Luftrecht, S. 120, Rn. 137; *Schwenk/Giemulla*, Hdb. des Luftverkehrsrechts, Kapitel 2, S. 79, Rn. 21; *Giemulla*, Luftrecht, Skript WS 2010/2011, S. 40.

567 Stand Februar 2023, abzurufen unter https://www.ecac-ceac.org/about-ecac/member-states, zuletzt 12.02.2023.

568 Art. 1 Abs. 3 ECAC Constitution 2021; *Bues*, S. 14; siehe auch *ders.*, S. 14, Fn. 76: Um Geltung gegenüber Dritten zu erlangen, müssen die Resolutionen, Beschlüsse und Empfehlungen der ECAC also von den Mitgliedstaaten in nationales Recht umgesetzt werden; *Fritzsche*, S. 52; *Lübben*, S. 50; *Schladebach*, Luftrecht, S. 120, Rn. 139; *Schwenk/Giemulla*, Hdb. des Luftverkehrsrechts, Kapitel 2, S. 80, Rn. 29.

den Haushalt und das Arbeitsprogramm der Organisation zu beschließen.[569] Bei besonders wichtigen luftfahrtpolitischen Themen kann die Vollversammlung zwischenzeitlich auf Ministerebene einberufen werden, wenn europarelevante Entscheidungen notwendig sind.[570]

Bei der Schaffung des einheitlichen europäischen Luftraumes agiert die ECAC als integratives Beratungs- und Koordinierungsorgan („Brückenfunktion“[571]), um diejenigen Staaten Europas, die nicht integraler Bestandteil des Binnenmarktes der Europäischen Union sind, einzubeziehen und die Harmonisierung luftverkehrspolitischer Angelegenheiten und die einheitliche Umsetzung von Sicherheitsregeln in Europa zu unterstützen.[572] Daher besteht eine enge Zusammenarbeit mit der ICAO und den EU-Organen.[573] Der Fokus der ECAC-Tätigkeiten konzentriert sich neben den Bereichen der Integration, der Außenbeziehungen, der betrieblichen Sicherheit und dem Schutz vor äußeren Gefahren auf die Themenfelder der Umwelt und der Erleichterung der Abwicklung des Flugverkehrs.[574] Das Sekretariat der ECAC befindet sich im Regionalbüro der europäischen Zweigstelle der ICAO in Paris.[575]

## II. Joint Aviation Authorities (JAA)

Die Joint Aviation Authorities[576] (Arbeitsgemeinschaft der europäischen Luftfahrtbehörden) wurden von der ECAC initiiert.[577] Die JAA war eine

---

569 *Fritzsche*, S. 52; *Froehlich*, in: Hobe/v. Ruckteschell, Kölner Kompendium Luftrecht, Bd. 1, S. 56, Rn. 98; *Schladebach*, Luftrecht, S. 120, Rn. 138; *Schwenk/Giemulla*, Hdb. des Luftverkehrsrechts, Kapitel 2, S. 80, Rn. 27.

570 *Froehlich*, in: Hobe/v. Ruckteschell, Kölner Kompendium Luftrecht, Bd. 1, S. 55, Rn. 98.

571 *Froehlich*, in: Hobe/v. Ruckteschell, Kölner Kompendium Luftrecht, Bd. 1, S. 55, Rn. 92; *Bues*, S. 14.

572 *Bues*, S. 14; so auch *Müller*, S. 38.

573 Die Europäische Kommission hat einen Beobachterstatus bei der ECAC, siehe *Fritzsche*, S. 54; *Froehlich*, in: Hobe/v. Ruckteschell, Kölner Kompendium Luftrecht, Bd. 1, S. 55, Rn. 91; *Bues*, S. 14.

574 *Froehlich*, in: Hobe/v. Ruckteschell, Kölner Kompendium Luftrecht, Bd. 1, S. 57, Rn. 100; *Schwenk/Giemulla*, Hdb. des Luftverkehrsrechts, Kapitel 2, S. 80, Rn. 31.

575 *Lübben*, S. 50; siehe auch *Schladebach*, Luftrecht, S. 120, Rn. 137.

576 Kurz: JAA, https://jaato.com, zuletzt abgerufen am 20.03.2023.

577 *Schwenk/Giemulla*, Hdb. des Luftverkehrsrechts, Kapitel 2, S. 81, Rn. 37; *Schladebach*, Luftrecht, S. 120, Rn. 140; sehr ausf. *Wysk*, in: Grabherr/Reidt/Wysk, Luftverkehrsgesetz, 21. EL, 2019, Einl., S. 37 ff., Rn. 74 ff.

Arbeitsgemeinschaft der zivilen europäischen Luftfahrtbehörden von 34 europäischen Staaten, die der Harmonisierung der Zulassung und des Betriebs von Luftfahrzeugen und auch der Lizensierung des eingesetzten Luftfahrtpersonals diente.[578] Die JAA stellten im Jahr 2009 ihre Tätigkeiten ein, nachdem ihre regulatorischen Aufgaben vollständig von der European Aviation Safety Agency „EASA" übernommen worden waren.[579]

## III. EUROCONTROL[580]

Ende der 50er-Jahre wurde die Flugsicherung durch die mit dem Einsatz von Strahltriebwerken im zivilen Luftverkehr verbundenen hohen Geschwindigkeiten der Luftfahrzeuge und der Steigerung des Luftverkehrs insgesamt vor neue Herausforderungen gestellt, woraus ein Bedürfnis nach internationaler Zusammenarbeit in der Flugsicherung hervorging.[581] Das galt insbesondere für den aufgrund der geographischen Gegebenheiten durch eine Vielzahl an nationalen Grenzen aufgeteilten verkehrsreichen europäischen Luftraum.[582] Durch das Internationale Übereinkommen über die Zusammenarbeit zur Sicherung der Luftfahrt vom 13. Dezember 1960[583] vereinbarten die Bundesrepublik Deutschland, das Königreich Belgien, die Republik Frankreich, das Großherzogtum Luxemburg, das Vereinigte Königreich von Großbritannien und Nordirland und das

578 *Schladebach*, Luftrecht, S. 120 f., Rn. 140 f.; *Schwenk/Giemulla*, Hdb. des Luftverkehrsrechts, Kapitel 2, S. 81 f., Rn. 37.

579 Ausschließlich für den Bereich der fachlichen Weiterbildung bleibt die Nachfolgeorganisation namens JAA-TO erhalten. Diese unterhält mehre Ausbildungszentren wie das in Hoofdorp in den Niederlanden. Alle anderen Aufgaben der JAA wurden von der EASA übernommen. Siehe dazu https://jaato.com/joint-aviation-requirements-jars/, zuletzt abgerufen am 28.01.2023; *Schwenk/Giemulla*, Hdb. des Luftverkehrsrechts, Kapitel 2, S. 82, Rn. 40 f.

580 Gesetz zu dem Internationalen Übereinkommen vom 13.12.1960 über die Zusammenarbeit zur Sicherung der Luftfahrt „EUROCONTROL" vom 14.12.1962, BGBl. 1962 II vom 20.12.1962, S. 2273 ff.; vergleiche dazu grds. auch http://www.eurocontrol.int, zuletzt abgerufen am 19.02.2023.

581 *Schwenk/Schwenk*, ZLW 1993, S. 121 ff. (123); *Schwenk/Giemulla*, Hdb. des Luftverkehrsrechts, Kapitel 2, S. 83, Rn. 43; ähnlich bei *Fritzsche*, S. 56.

582 *Schwenk/Schwenk*, ZLW 1993, S. 121 ff. (123); *Schwenk/Giemulla*, Hdb. des Luftverkehrsrechts, Kapitel 2, S. 83, Rn. 43; *Fritzsche*, S. 56.

583 Gesetz zu dem Internationalen Übereinkommen vom 13.12.1960 über die Zusammenarbeit zur Sicherung der Luftfahrt „EUROCONTROL" vom 14.12.1962, BGBl. 1962 II vom 20.12.1962, S. 2273 ff. Das Abkommen trat am 01.03.1963 in Kraft; außerdem http://www.eurocontrol.int, zuletzt abgerufen am 19.02.2023.

Königreich der Niederlande eine engere Zusammenarbeit auf dem Gebiet der Luftfahrt und insbesondere die gemeinsame Organisation der Luftverkehrs-Sicherungsdienste im oberen Luftraum.[584] Um die Maßnahmen in diesem Bereich anzugleichen und die Auswirkungen der mit den politischen Grenzen zusammenhängenden Unterbrechungen zu minimieren, gründeten die beteiligten Staaten die supranationale Organisation EUROCONTROL (European Organisation for the Safety of Air Navigation) in Brüssel.[585] Deren Aufgabe sollte es sein, unter Wahrung der Souveränität ihrer Mitglieder die Zusammenarbeit zwischen den zuständigen nationalen Stellen zu organisieren und für das Luftraummanagement in einem Teil des belgischen, luxemburgischen, deutschen und niederländischen Luftraumes zu sorgen.[586] EUROCONTROL wurde daher ursprünglich die hoheitliche Aufgabe der Luftverkehrs-Sicherungsdienste im oberen Luftraum (oberhalb 8.000 m) zur gemeinsamen Kontrolle übertragen.[587] Der untere Luftraum (1.500–8.000 m) konnte von den Mitgliedstaaten selbst gesichert werden.[588] Art. 14 des Übereinkommens sah somit die Übertragung der Luftverkehrs-Sicherungsdienste der Mitgliedstaaten für den oberen Luftraum auf die Organisation EUROCONTROL vor.[589]

584 *Schladebach*, Lufthoheit, S. 379; *Schwenk/Giemulla*, Hdb. des Luftverkehrsrechts, Kapitel 2, S. 83, Rn. 43; *Müller*, S. 36; dazu auch *BVerfGE* 58, 1 (1 ff.).

585 KOM(1999) 614, S. 3; *Knieps*, S. 83; *Schladebach*, Lufthoheit, S. 379; *Hobe*, in: Hatje/Müller-Graff (Hrsg.), Europäisches Organisations- und VerfassungsR, § 42, S. 1790, Rn. 6 ff.; *Schwenk/Giemulla*, Hdb. des Luftverkehrsrechts, Kapitel 2, S. 84, Rn. 43.

586 KOM(1999) 614, S. 3.

587 Art. 1 Abs. 1 des Internationalen Übereinkommens über Zusammenarbeit zur Sicherung der Luftfahrt „EUROCONTROL" von 1960; *Schladebach*, Lufthoheit, S. 379; *ders.*, Luftrecht, S. 121, Rn. 142; *Schwenk/Giemulla*, Hdb. des Luftverkehrsrechts, Kapitel 2, 84, Rn. 46; *Fritzsche*, S. 57; *v. Dam*, in: Hobe/v. Ruckteschell, Kölner Kompendium Luftrecht, Bd. 1, S. 62, Rn. 133.

588 „Bezüglich des unteren Luftraumes kann jede Vertragspartei entsprechend den praktischen Betriebserfordernissen die Kommission ersuchen, sie möge beschließen, dass die Luftverkehrs-Sicherungsdienste für ihren unteren Luftraum oder einen Teil desselben der Organisation oder einer anderen Vertragspartei übertragen werden", Art. 2 Abs. 1 des Internationalen Übereinkommens über Zusammenarbeit zur Sicherung der Luftfahrt „EUROCONTROL" von 1960.

589 „Die Vertragsparteien übertragen der Agentur für Luftverkehrs-Sicherungsdienste in dem nach den Art. 6 Abs. 2 lit. d) und 38 bestimmten Luftraum", Art. 14 des Internationalen Übereinkommens über Zusammenarbeit zur Sicherung der Luftfahrt „EUROCONTROL" von 1960; vgl. *Fritzsche*, S. 57.

Der zunächst gefasste Plan, mit EUROCONTROL eine zwischenstaatliche Einrichtung im Sinne des Art. 24 Abs. 1 GG[590] zu gründen, missglückte jedoch aufgrund einzelner nationaler Souveränitätsängste.[591] Es wurde schnell deutlich, dass nicht alle Vertragsstaaten die Bereitschaft besaßen, ihren Verpflichtungen aus dem Übereinkommen nachzukommen.[592] Lediglich die Bundesrepublik Deutschland, das Königreich Belgien, das Königreich der Niederlande und das Großherzogtum Luxemburg waren bereit, den Vollzug der Flugsicherungsaufgaben auf EUROCONTROL zu übertragen.[593] Die Republik Frankreich und das Vereinigte Königreich von Großbritannien und Nordirland äußerten hingegen Souveränitätsvorbehalte und nahmen nicht weiter an der Umsetzung des Übereinkommens teil.[594] Die Flugsicherung wurde daraufhin auch im oberen Luftraum wieder mehrheitlich von nationalen Stellen übernommen, die aufgrund fehlender Zuständigkeiten für den oberen Luftraum im Auftrag von EUROCONTROL tätig werden mussten.[595] Zunächst für die Dauer von 20 Jahren angelegt, wurde das ursprüngliche Übereinkommen durch das am 1. Januar 1986 in Kraft getretene Protokoll vom 12. Februar 1981[596] abgeändert und damit in einer Art und Weise umfunktioniert und gekürzt, die mit der Zielsetzung des Abkommens kaum noch etwas gemein hat.[597] Die Kompetenz für den oberen Luftraum fiel an die Vertragsstaaten zurück; der erste Versuch zur Schaffung eines einheitlichen Luftraumes war somit an der Frage gescheitert, ob und inwieweit die

---

590 *BVerfGE* 58, 1 (31).

591 *Bues*, S. 15; siehe auch *v. Dam*, in: Hobe/v. Ruckteschell, Kölner Kompendium Luftrecht, Bd. 1, S. 62, Rn. 133.

592 *Schladebach*, Lufthoheit, S. 379; *Schwenk/Giemulla*, Hdb. des Luftverkehrsrechts, Kapitel 2, S. 84 f., Rn. 49; *v. Antwerpen*, Air & Space Law 2002, S. 3 ff. (12).

593 *Schladebach*, Lufthoheit, S. 379; *ders.*, Luftrecht, S. 122, Rn. 143; *Schwenk/Giemulla*, Hdb. des Luftverkehrsrechts, Kapitel 2, S. 84, Rn. 48 f.

594 *Schladebach*, Lufthoheit, S. 379; *Müller*, S. 36.

595 *Schladebach*, Lufthoheit, S. 379; *ders.*, Luftrecht, S. 122, Rn. 143; *Fritzsche*, S. 58; *Schwenk/Giemulla*, Hdb. des Luftverkehrsrechts, Kapitel 2, S. 84 f., Rn. 49.

596 Gesetz zu dem Protokoll vom 12.02.1981 zur Änderung des Internationalen Übereinkommens über die Zusammenarbeit zur Sicherung der Luftfahrt „EUROCONTROL“ vom 13.12.1960 und zu der Mehrseitigen Vereinbarung vom 12.02.1981 über Flugsicherungs-Streckengebühren vom 02.02.1984, BGBl. 1984 II vom 08.02.1984, S. 69 ff.; sehr ausf. dazu *Hobe*, in: Hatje/Müller-Graff (Hrsg.), Europäisches Organisations- und VerfassungsR, § 42, S. 1788, Rn. 9 ff.

597 *Schwenk/Schwenk*, ZLW 1993, S. 121 ff. (124); *Schladebach*, Lufthoheit, S. 379; *Fritzsche*, S. 58 f.

Staaten bereit sind, einen Teil ihrer Lufthoheit aufzugeben.[598] EUROCONTROL konnte jedoch weiterhin freiwillig beauftragt werden.[599]

Im Juni 1997 entstand eine weitere Vertragsergänzung.[600] Das Gesetz zu dem Protokoll vom 27. Juni 1997 trat in der Bundesrepublik Deutschland am 11. Februar 2017 in Kraft.[601] Die wesentlichsten Neuerungen der Überarbeitung des Abkommens stellten die Ausdehnung der Kompetenzen der Organisation mit bindender Entscheidungskraft für die Vertragsstaaten, die Erweiterung der Koordinierungsfunktionen auf fast alle Luftverkehrsmanagementbereiche, die effektivere Beschlussfassung der Organe durch die Einführung von Mehrheitsbeschlüssen, die Einrichtung neuer Kontrollinstanzen und eine verbesserte innere Führungsstruktur dar.[602] Ebenso schuf EUROCONTROL eine neue Organisationsstruktur und diverse Gremien wie die Performance Review Commission (PRC)[603], Safety Regulation Commission (SRC)[604] und Civil & Military Interface Standing Committee (CMIC)[605] für die Koordinierung der zivil-militärischen Belange.[606] Aufgenommen wurde auch die Möglichkeit für „Organisationen

598 *Bues*, S. 15; vgl. auch *Schwenk/Giemulla*, Hdb. des Luftverkehrsrechts, Kapitel 2, S. 85, Rn. 50.

599 *Schwenk/Giemulla*, Hdb. des Luftverkehrsrechts, Kapitel 2, S. 85, Rn. 50, *Schladebach*, Luftrecht, 2007, S. 101, Rn. 383.

600 Protokoll zur Neufassung des internationalen Abkommens vom 13.12.1960 über die Zusammenarbeit zur Sicherung der Luftfahrt am 27.06.1997; ausf. dazu *Hobe*, in: Hatje/Müller-Graff (Hrsg.), Europäisches Organisations- und VerfassungsR, § 42, S. 1789, Rn. 12 ff.; *Tannhäuser*, in: Hobe/v. Ruckteschell, Kölner Kompendium Luftrecht, Bd. 2, S. 927 f.; *Fritzsche*, S. 59; *Bues*, S. 15.

601 Gesetz zu dem Protokoll vom 27.06.1997 zur Neufassung des Internationalen Übereinkommens vom 13.12.1960 über Zusammenarbeit zur Sicherung der Luftfahrt „EUROCONTROL" vom 06.02.2017, BGBl. 2017 II vom 10.02.2017, S. 74 ff.

602 Dazu ausf. *Fritzsche*, S. 59 f.; so auch *Bues*, S. 15; sehr ausf. *Hobe*, in: Hatje/Müller-Graff (Hrsg.), Europäisches Organisations- und VerfassungsR, § 42, S. 1789, Rn. 12 ff.; außerdem *Schladebach*, Lufthoheit, S. 379.

603 Performance Review Commission (PRC); siehe dazu *v. Dam*, in: Hobe/v. Ruckteschell, Kölner Kompendium Luftrecht, Bd. 1, S. 65, Rn. 150 f.

604 Safety Regulation Commission (SRC); siehe ausf. *v. Dam*, in: Hobe/v. Ruckteschell, Kölner Kompendium Luftrecht, Bd. 1, S. 65, Rn. 152 f.

605 Civil & Military Interface Standing Committee (CMIC); siehe dazu *v. Dam*, in: Hobe/v. Ruckteschell, Kölner Kompendium Luftrecht, Bd. 1, S. 66, Rn. 156 ff.

606 KOM(1999) 614, S. 21 f.; *Bues*, S. 15 f.; *v. Dam*, in: Hobe/v. Ruckteschell, Kölner Kompendium Luftrecht, Bd. 1, S. 65, Rn. 150 ff.; *Hobe*, in: Hatje/Müller-Graff (Hrsg.), Europäisches Organisations- und VerfassungsR, § 42, S. 1790, Rn. 16.

der regionalen Wirtschaftsintegration“ (insbesondere der Europäischen Union) EUROCONTROL beizutreten, wobei die genauen Voraussetzungen in einem Zusatzprotokoll festzuhalten sind.[607]

Die Tätigkeiten von EUROCONTROL umfassen die komplette Palette der Flugsicherungsdienste, die von Flugsteig zu Flugsteig erbracht werden („Gate-to-Gate“), also von der Verkehrsflusssteuerung über die Fluglotsenaus- und -weiterbildung hin zur regionalen Flugverkehrskontrolle und außerdem die Entwicklung und Umsetzung führender sicherheitsgeprüfter Regelungen, Verfahren und Technologien.[608] Weiterhin entwickelte EUROCONTROL ein Flugsicherungs-Streckengebührensystem, anhand dessen EUROCONTROL die Gebühren für die Zurverfügungstellung von Flugsicherungsdiensten durch die EUROCONTROL-Mitgliedstaaten und durch Dritte regelt und einzieht.[609]

EUROCONTROL ist eine rechtsfähige internationale Organisation mit Sitz in Brüssel, die gemäß Art. 4 des EUROCONTROL-Übereinkommens eine eigene Rechtspersönlichkeit besitzt und aktuell 41 Mitgliedstaaten hat.[610] Im Hoheitsgebiet der Vertragsstaaten hat die Organisation Rechtsfähigkeit entsprechend der einer inländischen juristischen Person inne.[611]

Eines der wichtigsten Ziele von EUROCONTROL ist und bleibt die Entwicklung eines zusammenhängenden und koordinierten Flugverkehrsmanagements

---

607 Art. 40 des revidierten EUROCONTROL-Übereinkommens; die Besonderheit der Mitgliedschaft der EU bei EUROCONTROL ist, dass neben der EU auch ihre Mitgliedstaaten Parteien des EUROCONTROL-Übereinkommens sind, ausf. dazu *Hobe/Kunzmann/Reuter/Neumann*, S. 267 f.; außerdem *Hobe*, in: Hatje/Müller-Graff (Hrsg.), Europäisches Organisations- und VerfassungsR, § 42, S. 1789, Rn. 12 ff.

608 *V. Dam*, in: Hobe/v. Ruckteschell, Kölner Kompendium Luftrecht, Bd. 1, S. 61, Rn. 126.

609 *V. Dam*, in: Hobe/v. Ruckteschell, Kölner Kompendium Luftrecht, Bd. 1, S. 61, Rn. 126; *Schwenk/Giemulla*, Hdb. des Luftverkehrsrechts, Kapitel 2, S. 86 f., Rn. 57 f.; *Fritzsche*, S. 61.

610 Art. 4 des Internationalen Übereinkommens über Zusammenarbeit zur Sicherung der Luftfahrt „EUROCONTROL“ von 1960; https://www.eurocontrol.int/about-us, zuletzt abgerufen am 19.02.2023; außerdem *Hobe*, in: Hatje/Müller-Graff (Hrsg.), Europäisches Organisations- und VerfassungsR, § 42, S. 1786, Rn. 4; *ebenda*, § 42, S. 1790, Rn. 15; *Schwenk/Giemulla*, Hdb. des Luftverkehrsrechts, Kapitel 2, S. 86, Rn. 54; *Schladebach*, Lufthoheit, S. 379; *Bues*, S. 15; *v. Dam*, in: Hobe/v. Ruckteschell, Kölner Kompendium Luftrecht, Bd. 1, S. 62, Rn. 132.

611 Art. 4 des Internationalen Übereinkommens über Zusammenarbeit zur Sicherung der Luftfahrt „EUROCONTROL“ von 1960; *Schladebach*, Lufthoheit, S. 379.

(ATM)[612] in Europa.[613] Daher kommt EUROCONTROL auch im Rahmen der Bestrebungen bezüglich eines einheitlichen europäischen Luftraumes entscheidende Bedeutung zu.

Am 8. Oktober 2002 wurde mit der Europäischen Union vereinbart, dass diese dem revidierten EUROCONTROL-Abkommen beitritt.[614] Im Januar 2013 wurde die „Vereinbarung zwischen der Europäischen Union und der Europäischen Organisation zur Sicherung der Luftfahrt zur Schaffung eines allgemeinen Rahmens für eine verstärkte Zusammenarbeit"[615] unterzeichnet, die mittlerweile genehmigt wurde.[616] In dieser Vereinbarung kommen die Parteien überein, „die Zusammenarbeit zwischen der Europäischen Union und EUROCONTROL zu stärken und zu konsolidieren, um es EUROCONTROL zu ermöglichen, die EU bei der Umsetzung des einheitlichen europäischen Luftraumes und anderer

612 Siehe *v. Dam*, in: Hobe/v. Ruckteschell, Kölner Kompendium Luftrecht, Bd. 1, S. 60, Rn. 125, Fn. 191: Flugverkehrsmanagement (ATM) bezeichnet die Funktionen, die erforderlich sind, um die sichere und effiziente Bewegung von Luftfahrzeugen in allen Phasen des Flugbetriebs sicherzustellen.

613 Art. 2, Anlage 1 des revidierten EUROCONTROL-Übereinkommens; *V. Dam*, in: Hobe/v. Ruckteschell, Kölner Kompendium Luftrecht, Bd. 1, S. 61, Rn. 128; *Schwenk/Giemulla*, Hdb. des Luftverkehrsrechts, Kapitel 2, S. 85, Rn. 50 ff.

614 Beschluss des Rates vom 29.04.2004 über den Abschluss des Protokolls über den Beitritt der Europäischen Gemeinschaft zur Europäischen Organisation für Flugsicherung durch die Europäische Gemeinschaft, ABl. EU Nr. L 304 vom 30.09.2004, S. 209; *Hobe/Kunzmann/Reuter/Neumann*, S. 267; *Schwenk/Giemulla*, Hdb. des Luftverkehrsrechts, Kapitel 2, S. 84., Rn. 45.

615 Beschluss des Rates vom 29.10.2012 über die Unterzeichnung im Namen der Europäischen Union und die vorläufige Anwendung der Vereinbarung zur Schaffung eines allgemeinen Rahmens für eine verstärkte Zusammenarbeit zwischen der Europäischen Union und der Europäischen Organisation zur Sicherung der Luftfahrt, ABl. EU Nr. L 16 vom 19.01.2013, S. 1.

616 Beschluss des Rates vom 09.07.2013 über den Abschluss der Vereinbarung zwischen der Europäischen Union und der Europäischen Organisation zur Sicherung der Luftfahrt zur Schaffung eines allgemeinen Rahmens für eine verstärkte Zusammenarbeit, ABl. EU Nr. L 160 vom 29.05.2014, S. 1–2; die Bundesrepublik Deutschland hat ein Gesetz verabschiedet, damit die Europäische Union dem revidierten EUROCONTROL-Abkommen beitreten kann. Gesetz zu dem Protokoll vom 08.10.2002 über den Beitritt der Europäischen Gemeinschaft zum Internationalen Übereinkommen vom 13.12.1960 über Zusammenarbeit zur Sicherung der Luftfahrt „EUROCONTROL" entsprechend den verschiedenen vorgenommenen Änderungen in der Neufassung des Protokolls vom 27.06.1997, BGBl. 2017 II vom 10.02.2017, S. 138 ff.

damit zusammenhängender EU-Politiken in der EU und darüber hinaus in den Staaten, die ihr Einverständnis mit einer diesbezüglichen Einbindung erklären, zu unterstützen".[617]

## IV. Die Europäische Union

Auch die Europäische Union als ein aus 27[618] europäischen Mitgliedstaaten[619] bestehender Staatenverbund[620] leistet ihren Beitrag bezüglich der Schaffung eines einheitlichen europäischen Luftraumes. Gemäß Art. 13 EUV[621] sind die Organe der Europäischen Union das Europäische Parlament, der Europäische Rat, der Rat, die Europäische Kommission, der Gerichtshof der Europäischen Union, die Europäische Zentralbank und der Rechnungshof. Innerhalb der Europäischen Kommission werden die verschiedenen Gesichtspunkte des

617 Vereinbarung zwischen der Europäischen Union und der Europäischen Organisation zur Sicherung der Luftfahrt zur Schaffung eines allgemeinen Rahmens für eine verstärkte Zusammenarbeit, Allgemeiner Rahmen, Ziff. 1.1, ABl. EU Nr. L 16 vom 19.01.2013, S. 2 ff.; erwähnenswert in diesem Zusammenhang ist, dass EUROCONTROL bereits seit 2011, zuletzt verlängert 2019, mit der Funktion des Netzmanagers des Flugverkehrsmanagementsystems betraut ist. Siehe dazu VO (EU) Nr. 677/2011, zuletzt geändert durch die DVO (EU) Nr. 970/2014, die die Netzmanagementfunktion entsprechend, geschaffen hat und schließlich durch den Beschluss der Kommission vom Juli 2011 EUROCONTROL zum Netzmanager ernannt; COM(2013) 408, S. 10, Fn. 17; Durchführungsbeschluss (EU) 2019/709 der Kommission vom 06.05.2019 über die Benennung des Netzmanagers für die Netzfunktionen des Flugverkehrsmanagements (ATM) im einheitlichen europäischen Luftraum, ABl. EU Nr. L 120 vom 08.05.2019, S. 27 ff. benennt in Art. 1 Abs. 1 EUROCONTROL auch weiterhin als Netzmanager. Nach Art. 7 der DVO (EU) 2019/317 der Kommission vom 11.02.2019 zur Festlegung eines Leistungssystems und einer Gebührenregelung für den einheitlichen europäischen Luftraum und zur Aufhebung der DVOen (EU) Nr. 390/2013 und (EU) Nr. 391/2013, ABl. EU Nr. L 56 vom 25.02.2019, S. 1–67 erstreckt sich die genannte Benennung auf den dritten und vierten Bezugszeitraum.

618 Stand März 2023.

619 Albanien, Bosnien und Herzegowina, Moldau, Montenegro, Nordmazedonien, Serbien, Türkei und Ukraine sind Beitrittskandidaten (Stand März 2023), siehe https://european-union.europa.eu/principles-countries-history/joining-eu_de, zuletzt abgerufen am 25.02.2023.

620 So *BVerfGE* 89, 155, zur Frage der Verfassungsmäßigkeit des deutschen Zustimmungsgesetzes zum Maastrichter Unionsvertrag; *Hobe*, Völkerrecht, S. 120.

621 Vertrag über die Europäische Union (in der konsolidierten Fassung), ABl. EU Nr. 326 vom 26.10.2012, S. 13 ff.

Luftverkehrs von der Generaldirektion DG MOVE (Mobilität und Verkehr) und COMP (Wettbewerb) betreut.[622] Dort befassen sich insbesondere das Direktorat E (Luftfahrt)[623] mit den wirtschaftlichen und technischen Voraussetzungen des Luftverkehrs bzw. das Direktorat F (Verkehr, Post und andere Dienste)[624] mit der Durchsetzung des Verbotes von unfairem Wettbewerb und Staatsbeihilfen sowie Fusionskontrollen.[625]

### 1. *Rechtsetzung in der Europäischen Union*

Seit der Ausarbeitung des ersten Verordnungspaketes zum einheitlichen europäischen Luftraum im Jahre 2004 gewinnt das europäische Recht für die Flugsicherung zunehmend an Bedeutung. Die Europäische Union nimmt originäre Souveränitätsrechte wahr, da die EU-Mitgliedstaaten dieser teilweise Hoheitsrechte übertragen haben.[626] Innerhalb der ihr gewährten Zuständigkeiten kann die EU daher verbindliche Rechtsakte erlassen.[627] Rat und Parlament der Europäischen Union haben aufgrund der dramatischen Verspätungen im Luftverkehr in den 90er-Jahren und des „Flickenteppichs" an europäischen Kontrollzentralen, deren Kompetenzen vorwiegend an den Ländergrenzen endeten, einen dringenden Handlungs- und Regelungsbedarf erkannt und von ihrer Kompetenz zur Regelung der Luftverkehrsangelegenheiten gemäß Art. 100 Abs. 2 AEUV Gebrauch gemacht.[628] Hierbei ist das Prinzip der begrenzten Einzelermächtigung zu berücksichtigen (Art. 5 EUV), da die Europäische Union nur innerhalb der Grenzen der Zuständigkeiten tätig werden kann, die die Mitgliedstaaten ihr zur Verwirklichung der

---

622 https://ec.europa.eu/info/departments/mobility-and-transport_de; https://commission.europa.eu/about-european-commission/departments-and-executive-agencies/competition_de, beides zuletzt abgerufen am 10.02.2023; *Schwenk/Giemulla*, Hdb. des Luftverkehrsrechts, Kapitel 2, S. 89, Rn. 64.

623 https://commission.europa.eu/about-european-commission/departments-and-executive-agencies/mobility-and-transport_en, zuletzt abgerufen am 10.02.2023.

624 https://commission.europa.eu/about-european-commission/departments-and-executive-agencies/competition_de#leitung-und-organisation, zuletzt abgerufen am 10.02.2023.

625 *Schwenk/Giemulla*, Hdb. des Luftverkehrsrechts, Kapitel 2, S. 89, Rn. 64.

626 In der Bundesrepublik Deutschland erfolgt dies über Art. 24 GG; *Schwenk/Giemulla*, Hdb. des Luftverkehrsrechts, Kapitel 2, S. 90, Rn. 70.

627 *Schwenk/Giemulla*, Hdb. des Luftverkehrsrechts, Kapitel 2, S. 90, Rn. 70.

628 *Uhl*, in: Hobe/v. Ruckteschell, Kölner Kompendium Luftrecht, Bd. 2, S. 946, Rn. 241; ähnlich bei *Bentzien*, ZLW 2013, S. 671 ff. (673).

im EUV und AEUV niedergelegten Ziele übertragen haben.[629] Beim (Luft-) Verkehr spricht eine a-priori-Vermutung für die Regelungskompetenz der Europäischen Union.[630] Alle der Europäischen Union nicht in den Verträgen übertragenen Zuständigkeiten verbleiben bei den Mitgliedstaaten.[631] Für die Ausübung der Zuständigkeiten der EU gelten die Grundsätze der Verhältnismäßigkeit und der Subsidiarität.[632]

Die Vorschriften des Verordnungspaketes zum einheitlichen europäischen Luftraum sowie dessen nachfolgende Änderungen als auch die aktuellen Vorschläge der Europäischen Kommission und der unionsrechtliche Rechtsrahmen werden gesondert dargestellt.

### 2. *Europäische Agentur für Flugsicherheit (EASA)*[633]

Die „European Aviation Safety Agency" (EASA)[634] ist die Flugsicherheitsbehörde der Europäischen Union für die zivile Luftfahrt.[635] Sie wurde durch Verordnung (EG) Nr. 1592/2002[636], der sog. „EASA-Basisverordnung"

---

629 Art. 5 Abs. 2 S. 1 EUV; *Bentzien*, ZLW 2013, S. 671 ff. (673); *Schwenk/Giemulla*, Hdb. des Luftverkehrsrechts, Kapitel 2, S. 90 f., Rn. 72.

630 *Schwenk/Giemulla*, Hdb. des Luftverkehrsrechts, Kapitel 2, S. 91, Rn. 76; *ebenda*: Obwohl der Akzent des Luftverkehrs auf dem geographischen Rahmen des außerhalb der Europäischen Union liegenden Verkehrs liegt, bejahte auch der Europäische Gerichtshof dies stets; ausf. dazu siehe auch *Schwenk/Giemulla*, Hdb. des Luftverkehrsrechts, Kapitel 14, S. 591, Rn. 112 ff.

631 Art. 5 Abs. 2 S. 2 EUV; *Schwenk/Giemulla*, Hdb. des Luftverkehrsrechts, Kapitel 2, S. 91, Rn. 72.

632 Art. 5 Abs. 1 S. 2 EUV; *Bentzien*, ZLW 2013, S. 671 ff. (673); *Schwenk/Giemulla*, Hdb. des Luftverkehrsrechts, Kapitel 2, S. 91, Rn. 73 ff.

633 European Union Aviation Safety Agency, https://www.easa.europa.eu/en/light zuletzt abgerufen am 16.02.2023. In der Roadmap der Kommission zur Umsetzung der „Gemeinsamen Erklärung des Europäischen Parlaments, des Rates der Europäischen Union und der Europäischen Kommission zu den dezentralen Einrichtungen" vom Juli 2012 wird die Standardisierung der Bezeichnungen aller EU-Einrichtungen gefordert, damit diese ein identisches Format haben. Vorliegend wird jedoch weiterhin der Name EASA und nicht die neue Bezeichnung „European Union Agency for Aviation" (Agentur der Europäischen Union für Luftfahrt, EAA) verwendet, COM(2013) 408, S. 3, Fn. 11.

634 Europäische Agentur für Flugsicherheit. Vgl. https://www.easa.europa.eu/en/light, zuletzt abgerufen am 16.02.2023.

635 *Schwenk/Giemulla*, Hdb. des Luftverkehrsrechts, Kapitel 2, S. 92, Rn. 83.

636 VO (EG) Nr. 1592/2002 des Europäischen Parlaments und des Rates vom 15.07.2002 zur Festlegung gemeinsamer Vorschriften für die Zivilluftfahrt und zur Errichtung

gegründet. Damit gingen die wesentlichen Kompetenzen der JAA auf die EASA über.[637] Die Agentur ist das operative Element zur Umsetzung der Ziele der Verordnung.[638] Die EASA nahm am 28. September 2003 ihre Tätigkeit auf der Grundlage der VO (EG) Nr. 1592/2002 auf[639] und wurde entsprechend der fast schon „legendären“[640] US-amerikanischen Luftfahrtbehörde „US Federal Aviation Administration“ (FAA) gestaltet.[641] Unterstützt durch die Haltung der Mitgliedstaaten und des Europäischen Parlaments setzte die EASA-Basisverordnung auf eine starke unabhängige Gemeinschaftsagentur.[642] Am 8. April 2008 löste nach mehreren vorangegangenen Änderungen[643]

---

einer Europäischen Agentur für Flugsicherheit, ABl. EG Nr. L 240 vom 07.09.2002, S. 1 ff.

637 *Auer/Mick*, in: Hobe/v. Ruckteschell, Kölner Kompendium Luftrecht, Bd. 2, S. 752, Rn. 10; siehe dazu auch Arbeitsdokument der Kommission, Hinsichtlich der Diskussion über die Schaffung einer Europäischen Behörde für die Luftsicherheit vom 21.03.2000, KOM(2000) 144 endgültig und Vorschlag für eine Verordnung des Europäischen Parlaments und des Rates zur Festlegung gemeinsamer Vorschriften für die Zivilluftfahrt und zur Errichtung einer Europäischen Agentur für Flugsicherheit vom 04.12.2000, KOM(2000) 595 endgültig.

638 *Stiehl*, ZLW 2004, S. 312 ff. (328).

639 So festgelegt in Art. 56 VO (EG) Nr. 1592/2002, siehe *Stiehl*, in: Hobe/v. Ruckteschell, Kölner Kompendium Luftrecht, Bd. 1, S. 195, Rn. 84; *Schwenk/Giemulla*, Hdb. des Luftverkehrsrechts, Kapitel 2, S. 92, Rn. 83; *Auer/Mick*, in: Hobe/v. Ruckteschell, Kölner Kompendium Luftrecht, Bd. 2, S. 752, Rn. 10.

640 So *Stiehl*, ZLW 2004, S. 312 ff. (328).

641 *Bues*, S. 163; so ähnlich auch *Stiehl*, in: Hobe/v. Ruckteschell, Kölner Kompendium Luftrecht, Bd. 1, S. 189, Rn. 58.

642 *Stiehl*, ZLW 2004, S. 312 ff. (328).

643 Vgl. VO (EG) Nr. 1643/2003 des Europäischen Parlaments und des Rates vom 22.07.2003 zur Änderung der VO (EG) Nr. 1592/2002 zur Festlegung gemeinsamer Vorschriften für die Zivilluftfahrt und zur Errichtung einer Europäischen Agentur für Flugsicherheit, ABl. EU Nr. L 245 vom 29.09.2003, S. 7–9; VO (EG) Nr. 1701/2003 der Kommission vom 24.09.2003 zur Anpassung von Artikel 6 der VO (EG) Nr. 1592/2002 des Europäischen Parlaments und des Rates zur Festlegung gemeinsamer Vorschriften für die Zivilluftfahrt und zur Errichtung einer Europäischen Agentur für Flugsicherheit; ABl. EU Nr. L 243 vom 27.09.2003, S. 5; VO (EG) Nr. 103/2007 der Kommission vom 02.02.2007 zur Verlängerung der in Art. 53 Abs. der VO (EG) Nr. 1592/2002 des Europäischen Parlaments und des Rates vorgesehenen Übergangszeit, ABl. EU Nr. L 28 vom 03.02.2007, S. 8 f.; VO (EG) Nr. 334/2007 der Kommission vom 28.03.2007 zur Änderung der VO (EG) Nr. 1592/2002 des Europäischen Parlaments und des Rates zur Festlegung gemeinsamer Vorschriften für die Zivilluftfahrt und zur Errichtung einer Europäischen Agentur für Flugsicherheit, ABl. EU Nr. L 88 vom 29.03.2007, S. 39.

die VO (EG) Nr. 216/2008[644] als sogenannte „Grundsatzverordnung" die ursprüngliche „EASA-Basisverordnung" ab.[645] Auch diese Verordnung wurde mehrfach geändert[646] und schließlich im Jahr 2018 in die neue „EASA-Grundverordnung" Verordnung (EU) 2018/1139 des Europäischen Parlaments und des Rates vom 4. Juli 2018 überführt.[647] Die EASA hat ihren Sitz in

---

644 VO (EG) Nr. 216/2008 des Europäischen Parlaments und des Rates vom 20.02.2008 zur Festlegung gemeinsamer Vorschriften für die Zivilluftfahrt und zur Errichtung einer Europäischen Agentur für Flugsicherheit, zur Aufhebung der Richtlinie 91/670/EWG des Rates, der VO (EG) Nr. 1592/2002 und der Richtlinie 2004/36/EG, ABl. EG Nr. L 79 vom 19.03.2008, S. 1–49.

645 *Marx*, Lehrbuch Luftrecht, S. 85; *Schwenk/Giemulla*, Hdb. des Luftverkehrsrechts, Kapitel 2, S. 92, Rn. 83; *Bues*, S. 163; siehe auch *Müller*, S. 38.

646 VO (EG) Nr. 690/2009 der Kommission vom 30.07.2009 zur Änderung der VO (EG) Nr. 216/2008 des Europäischen Parlaments und des Rates zur Festlegung gemeinsamer Vorschriften für die Zivilluftfahrt und zur Errichtung einer Europäischen Agentur für Flugsicherheit, zur Aufhebung der Richtlinie 91/670/EWG des Rates, der VO (EG) Nr. 1592/2002 und der Richtlinie 2004/36/EG, ABl. EU Nr. L 199, vom 31.07.2009, S. 6; VO (EG) 1108/2009 des Europäischen Parlaments und des Rates vom 21.10.2009 zur Änderung der VO (EG) Nr. 216/2008 in Bezug auf Flugplätze, Flugverkehrsmanagement und Flugsicherungsdienste sowie zur Aufhebung der Richtlinie 2006/23/EG, ABl. EU Nr. L 309 vom 24.11.2009, S. 51 ff.; VO (EU) Nr. 6/2013 der Kommission vom 08.01.2013 zur Änderung der VO (EG) Nr. 216/2008 des Europäischen Parlaments und des Rates zur Festlegung gemeinsamer Vorschriften für die Zivilluftfahrt und zur Errichtung einer Europäischen Agentur für Flugsicherheit, zur Aufhebung der Richtlinie 91/670/EWG des Rates, der VO (EG) Nr. 1592/2002 und der Richtlinie 2004/36/EG, ABl. EU Nr. L 4 vom 09.01.2013, S. 34 f.; VO (EU) 2016/4 der Kommission vom 05.01.2016 zur Änderung der VO (EG) Nr. 216/2008 des Europäischen Parlaments und des Rates hinsichtlich grundlegender Umweltschutzanforderungen, ABl. EU Nr. L 3 vom 06.01.2016, S. 1 f.

647 VO (EU) 2018/1139 des Europäischen Parlaments und des Rates vom 04.07.2018 zur Festlegung gemeinsamer Vorschriften für die Zivilluftfahrt und zur Errichtung einer Agentur der Europäischen Union für Flugsicherheit sowie zur Änderung der VOen (EG) Nr. 2111/2005, (EG) Nr. 1008/2008, (EU) Nr. 996/2010, (EU) Nr. 376/2014 und der Richtlinien 2014/30/EU und 2014/53/EU des Europäischen Parlaments und des Rates, und zur Aufhebung der VOen (EG) Nr. 552/2004 und (EG) Nr. 216/2008 des Europäischen Parlaments und des Rates und der VO (EWG) Nr. 3922/91 des Rates, ABl. EU Nr. L 212 vom 22.08.2018, S. 1–122, zuletzt geändert durch Art. 1 Delegierte VO (EU) 2021/1087 der Kommission vom 07.04.2021 zur Änderung der VO (EU) 2018/1139 des Europäischen Parlaments und des Rates hinsichtlich der Aktualisierung

Köln.[648]

### a) Ziele der EASA

Die EASA wurde unter anderem vor dem Hintergrund des ansteigenden europäischen Flugverkehrs gegründet.[649] Ihr ursprüngliches Ziel bestand darin, dem einheitlichen europäischen Binnenmarkt eine einheitlich tätige Verwaltung auf der Basis eines einheitlichen Rechtsrahmens entgegenzusetzen, die etwa Formulierungsvorschläge für diverse technische Vorschriften ausarbeiten oder einheitliche europäische Musterzulassungen erteilen kann.[650] Die Ziele der EASA werden in VO (EU) 2018/1139 festgelegt. Gemäß Art. 1 ist ihr Hauptziel die Schaffung und die Aufrechterhaltung eines einheitlichen hohen Niveaus der zivilen Flugsicherheit in Europa.[651]

### b) Geltungsbereich

Aufgrund der Erweiterung von Art. 1[652] VO (EG) Nr. 216/2008 durch VO (EG) Nr. 1108/2009[653] umfasste der ursprüngliche Geltungsbereich der Verordnung

der Bezugnahmen auf die Bestimmungen des Abkommens von Chicago, ABl. EU Nr. L 236 vom 05.07.2021, S. 1.

648 Art. 1 lit. e) Einvernehmlicher Beschluss der auf der Ebene der Staats- und Regierungschefs vereinigten Vertreter der Mitgliedstaaten vom 13.12.2003 über die Festlegung der Sitze bestimmter Ämter, Behörden und Agenturen der Europäischen Union, ABl. EU Nr. L 29 vom 03.02.2003, S. 15; ebenso *Schwenk/Giemulla*, Hdb. des Luftverkehrsrechts, Kapitel 2, S. 93, Rn. 83.

649 *Schwenk/Giemulla*, Hdb. des Luftverkehrsrechts, Kapitel 2, S. 93, Rn. 84.

650 *Schwenk/Giemulla*, Hdb. des Luftverkehrsrechts, Kapitel 2, S. 93, Rn. 84; *Schladebach*, Luftrecht, S. 122 f., Rn. 145 ff.; *Bues*, S. 163.

651 Art. 1 Abs. 1 VO (EU) 2018/1139.

652 Art. 1 Abs. 1 lit. a) lautet „die Konstruktion, die Herstellung, die Instandhaltung und den Betrieb von luftfahrttechnischen Erzeugnissen, Teilen und Ausrüstungen sowie für Personen und Organisationen, die mit der Konstruktion, Herstellung und Instandhaltung dieser Erzeugnisse, Teile und Ausrüstungen befasst sind." In Art. 1 Abs. 1 lit. b) heißt es „Personen und Organisationen, die mit dem Betrieb von Luftfahrzeugen befasst sind."

653 VO (EG) Nr. 1108/2009 des Europäischen Parlaments und des Rates vom 21.10.2009 zur Änderung der VO (EG) 216/2008 in Bezug auf Flugplätze, Flugverkehrsmanagement und Flugsicherungsdienste sowie zur Aufhebung der Richtlinie 2006/23/EG, ABl. EG Nr. L 309 vom 24.11.2009, S. 51–70, diese wurde zuletzt geändert durch VO (EU) Nr. 2016/4 der Kommission vom 05.01.2016, ABl. EU Nr. L 3 vom 06.01.2016, S. 1–2. Die Verordnung wurde mittlerweile aufgehoben, siehe https://eur-lex.europa.eu/legal-content/de/ALL/?uri=CELEX:32009R1108, zuletzt abgerufen am 03.01.2023.

nun zusätzlich gemäß lit. c) die Gestaltung, Instandhaltung und den Betrieb von Flugplätzen.[654] Außerdem wurde der Geltungsbereich in lit. d) ausgeweitet auf die Konstruktion, Herstellung und Instandhaltung von Flugplatzausrüstungen sowie für damit befasste Personen und Organisationen und gemäß lit. e) auf die Konstruktion, Herstellung und Instandhaltung von Systemen und Komponenten für das Flugverkehrsmanagement und die Flugsicherungsdienste (Air Traffic Management/Air Navigation Services) sowie für damit befasste Personen und Organisationen. Art. 1 Abs. 1 lit. f) erweitert den Geltungsbereich der EASA auch auf ATM/ANS und die damit befassten Personen und Organisationen.[655] Gerade angesichts der Schaffung eines einheitlichen europäischen Luftraumes war diese Kompetenzerweiterung geboten.[656]

Die Aufgaben der EASA erfuhren eine erneute Erweiterung, als die Verordnung (EG) Nr. 216/2008 durch die Verordnung (EU) 2018/1139 ersetzt wurde.[657] Erstmals enthält die EASA-Grundverordnung ein Kapitel überschrieben mit „Flugsicherheitsmanagement“[658], worin die Grundanforderungen an ein „Europäisches Flugsicherheitsprogramm“[659], einen „Europäischen Plan für Flugsicherheit“[660], ein „Staatliches Sicherheitsprogramm“[661] und einen „Staatlichen Plan für Flugsicherheit“[662] niedergelegt sind.[663] Durch die VO (EU) 2018/1139 wird die EASA gemäß Art. 55 ff. außerdem dazu ermächtigt, die grundlegenden Anforderungen für unbemannte Luftfahrzeugsysteme[664] aller Größenordnungen

654 Der Geltungsbereich bezieht sich gem. Art. 1 Abs. 1 lit. c) VO (EG) Nr. 1108/2009 auf die Gestaltung, die Instandhaltung und den Betrieb von Flugplätzen sowie für damit befasste Personen und Organisationen und, unbeschadet des Unionsrechts und der einzelstaatlichen Gesetzgebung über Umwelt und Flächennutzungsplanung, die Sicherung der Umgebung von Flugplätzen.

655 Genaue Begriffsbestimmungen der einzelnen Ausdrücke finden sich als Legaldefinitionen in Art. 3 VO (EG) Nr. 216/2008.

656 Art. 2 VO (EU) 2018/1139; *Schwenk/Giemulla*, Hdb. des Luftverkehrsrechts, Kapitel 2, S. 95, Rn. 90.

657 Die aktuelle Version stammt vom 25.07.2021, https://eur-lex.europa.eu/legal-content/de/TXT/?uri=CELEX:32018R1139, zuletzt abgerufen am 03.01.2023; vgl. *Schwenk/Giemulla*, Hdb. des Luftverkehrsrechts, Kapitel 2, S. 95, Rn. 91.

658 Überschrift von Kapitel II der VO (EU) 2018/1139.

659 Art. 5 VO (EU) 2018/1139.

660 Art. 6 VO (EU) 2018/1139.

661 Art. 7 VO (EU) 2018/1139.

662 Art. 8 VO (EU) 2018/1139.

663 So auch bei *Schwenk/Giemulla*, Hdb. des Luftverkehrsrechts, Kapitel 2, S. 95, Rn. 92.

664 Sog. UAS, englisch kurz für „unmanned aircraft system“.

zu normieren und die Regelungen für kommerzielle Aktivitäten im gesamten Binnenmarkt anzugleichen.[665] Die Verordnung erweitert die Rolle der EASA in den Gebieten der Forschung und Entwicklung[666], des Umweltschutzes[667] und der internationalen Zusammenarbeit[668] und spricht der EASA darüber hinaus eine koordinierende Rolle bei Fragen betreffend der Cybersicherheit[669] in der Luftfahrt zu.[670] Auf EU-Ebene wird hiermit einer Forderung der ICAO entsprochen, die von den EU-Mitgliedstaaten die Einführung eines „State Safety Programme (SSP)"[671] verlangt.[672]

### c) *Aufgaben der EASA*

Die Europäische Agentur für Flugsicherheit übernimmt verschiedene Aufgaben. Diese ergeben sich größtenteils aus der EASA-Grundverordnung, insbesondere aus Art. 2 VO (EU) 2018/1139. Gemäß Art. 2 Abs. 1 VO (EU) 2018/1139 gilt die Verordnung unter anderem für die durch natürliche oder juristische Personen unter der Aufsicht der Agentur oder eines Mitgliedstaates erfolgende Konstruktion und Herstellung von Erzeugnissen und Teilen sowie von Ausrüstung zur Fernsteuerung von Luftfahrzeugen.[673] Ebenso gilt diese Verordnung für die Erbringung von ATM/ANS im einheitlichen europäischen Luftraum und die Konstruktion, Herstellung, Instandhaltung und den Betrieb von Systemen und Komponenten für die Erbringung dieser ATM/ANS.[674] Auch die Gestaltung von Luftraumstrukturen im einheitlichen europäischen Luftraum, unbeschadet der

---

665 Art. 55 ff. VO (EU) 2018/1139; *Schwenk/Giemulla*, Hdb. des Luftverkehrsrechts, Kapitel 2, S. 95, Rn. 91.

666 Art. 86 VO (EU) 2018/1139.

667 Art. 87 VO (EU) 2018/1139.

668 Art. 90 VO (EU) 2018/1139.

669 Art. 88 VO (EU) 2018/1139.

670 *Schwenk/Giemulla*, Hdb. des Luftverkehrsrechts, Kapitel 2, S. 95, Rn. 91.

671 Forderung der ICAO nach einem staatlichen Sicherheitsprogramm, das die ICAO als ein „ein integriertes Set von Regulierungen und Aktivitäten, mit dem die Verbesserung der Sicherheit angestrebt wird" beschreibt, so *Schwenk/Giemulla*, Hdb. des Luftverkehrsrechts, Kapitel 2, S. 95, Rn. 92.

672 https://www.icao.int/sam/ssp/Pages/default.aspx, zuletzt abgerufen am 18.02.2023; https://www.icao.int/nacc/documents/meetings/2014/smsf1/p02.pdf, zuletzt abgerufen am 18.02.2023; *Schwenk/Giemulla*, Hdb. des Luftverkehrsrechts, Kapitel 2, S. 95, Rn. 92.

673 Art. 2 Abs. 1 lit. a) VO (EU) 2018/1139.

674 Art. 2 Abs. 1 lit. g) VO (EU) 2018/1139.

Luftraum-VO und der Zuständigkeiten der Mitgliedstaaten in Bezug auf den ihrer Hoheit unterliegenden Luftraum, wurden in Art. 2 Abs. 1 lit. h) VO 2018/1139 niedergelegt. Weiterhin wurde insbesondere in Art. 93 VO (EU) 2018/1139[675] die „Verwirklichung des einheitlichen europäischen Luftraumes“ in die neue EASA-Grundverordnung aufgenommen. Weitere Aufgaben der EASA werden klar in den Art. 75 ff. VO 2018/1139 definiert, die unter der Überschrift des Abschnitts I „Aufgaben“ niedergelegt sind.

Grundsätzlich sind die EU-Mitgliedstaaten für die Ausführung des Unionsrechts zuständig, allerdings enthält die EASA-Grundverordnung klar definierte Fälle, die exekutive Aufgaben vorsehen, die auf der Unionsebene etabliert sind.[676] In solchen Angelegenheiten ist es der EASA erlaubt, die erforderlichen Schritte bezüglich des Einsatzes von Luftfahrzeugen aus Drittländern, des Flugbetriebs oder der Befähigung des fliegenden Personals zu treffen, wenn dies die beste Option ist, um das Funktionieren des Binnenmarktes zu garantieren und um Einheitlichkeit zu erzeugen.[677]

## C. Nationale Ebene

Auch die Normenebene des nationalen Rechts muss für die rechtliche Einordnung der Schaffung und Umsetzung eines einheitlichen europäischen Luftraumes und der Bedingungen der Flugsicherung näher untersucht werden. Die nationalen Rahmenbedingungen beruhen auf den Arbeitsergebnissen der ICAO, den Annexen 1 bis 18, den Standards und Empfehlungen sowie den zugeordneten Dokumenten.[678]

---

675 Demnach leistet die EASA der Kommission (sofern sie über die entsprechende Fachkenntnis verfügt) auf Ersuchen technische Hilfe bei der Verwirklichung des einheitlichen europäischen Luftraums und übernimmt insbesondere lit. a) die Durchführung technischer Inspektionen, technischer Untersuchungen und Studien, lit. b) die Mitwirkung an der Umsetzung eines Leistungssystems für Flugsicherungsdienste und Netzfunktionen bei unter die vorliegende Verordnung fallenden Angelegenheiten in Zusammenarbeit mit dem Leistungsüberprüfungsgremium gemäß Art. 11 der Rahmen-VO und lit. c) die Mitwirkung an der Umsetzung des ATM-Generalplans, einschließlich der Entwicklung und Umsetzung des SESAR- Programms.

676 *Schwenk/Giemulla*, Hdb. des Luftverkehrsrechts, Kapitel 2, S. 98, Rn. 103.

677 *Schwenk/Giemulla*, Hdb. des Luftverkehrsrechts, Kapitel 2, S. 98, Rn. 103.

678 *Mensen*, Planung, Anlage und Betrieb, S. 183.

## I. Gesetzgebung für nationales Recht

Mit dem Kriegsende im Jahr 1945 ging die Lufthoheit in allen vier Besatzungszonen auf die Besatzungsmächte über und den Deutschen wurde der Betrieb von Luftfahrzeugen jeglicher Art zunächst verboten.[679] Mit der Wiedererlangung der deutschen Souveränität am 5. Mai 1955[680] erlangte die Bundesrepublik Deutschland auch ihre Lufthoheit zurück.[681] Gemäß Art. 73 Abs. 1 Nr. 6 GG hat der Bund die ausschließliche Gesetzgebung über den Luftverkehr. Diese erfasst nicht nur den reinen Flugverkehr, sondern ist so zu verstehen, dass das gesamte Luftfahrtwesen der Kompetenz des Bundes unterliegt.[682] Den Ländern steht hierfür keine Gesetzgebungskompetenz zu, es sei denn, dass sie gemäß Art. 71 GG durch Bundesgesetz hierzu ermächtigt wurden. Das ist jedoch bisher nicht geschehen.

Die Grundnorm des Luftrechts bildet das Luftverkehrsgesetz (LuftVG), worin die wichtigsten luftverkehrsrechtlichen Vorschriften und Ermächtigungen enthalten sind.[683] Über das Luftverkehrsgesetz[684] erhält das Bundesministerium für Digitales und Verkehr[685] weitgehende Befugnisse zur Regelung des Luftverkehrs. Neben dem Luftverkehrsgesetz hat der Bundestag noch weitere Gesetze,

---

679 *Schwenk/Giemulla*, Hdb. des Luftverkehrsrechts, Kapitel 2, S. 100 f., Rn. 107.

680 Art. 1 Vertrag über die Beziehungen zwischen der Bundesrepublik Deutschland und den Drei Mächten (in der gemäß Liste I zu dem am 23.10.1954 in Paris unterzeichneten Protokoll über die Beendigung des Besatzungsregimes in der Bundesrepublik Deutschland geänderten Fassung), BGBl. 1955 II vom 31.03.1955, S. 305 ff. („Deutschlandvertrag“).

681 Der Umstand, dass bis zu diesem Zeitpunkt keine Luftfahrzeuge von deutschen Staatsbürgern besessen oder betrieben werden durften, stellte keinen Hindernisgrund für die Neuregelung der gesetzgeberischen Befugnis dar, denn bereits am 23.05.1949 wurde in Art. 73 Nr. 6 GG festgelegt, dass der Bund die ausschließliche Gesetzgebungsbefugnis für den Luftverkehr besitzt; *Graumann*, ZLW 1990, S. 247 ff. (247); siehe auch *Windthorst*, in: FS für Wilfried Berg, S. 523 ff. (524); *Schwenk/Giemulla*, Hdb. des Luftverkehrsrechts, Kapitel 2, S. 101, Rn. 107.

682 *Schladebach*, Luftrecht, S. 127, Rn. 8.

683 *Schwenk/Giemulla*, Hdb. des Luftverkehrsrechts, Kapitel 1, S. 33, Rn. 76.

684 Vgl. § 32 LuftVG; siehe auch Art. 80 GG.

685 Nach seiner Ernennung am 08.12.2021 ordnete Bundeskanzler Olaf Scholz noch am gleichen Tag per Organisationserlass an, dass das „Bundesministerium für Verkehr und digitale Infrastruktur“, kurz BMVI die Bezeichnung „Bundesministerium für Digitales und Verkehr“, kurz BMDV erhält. Siehe dazu https://www.bundeskanzler.de/bk-de/aktuelles/erste-kabinettsitzung-1989916, zuletzt abgerufen am 12.02.2023. Ehemals, und in einigen Gesetzestexten auch noch so benannt, das Bundesministerium für Verkehr und Infrastruktur (BMVI).

bspw. das LBA-Gesetz[686], das Flugunfall-Untersuchungsgesetz[687] oder das Fluglärmgesetz[688] erlassen.

## II. Nationale Luftverkehrsverwaltung

Die verfassungsrechtliche Grundlage der nationalen Luftverkehrsverwaltung bildet Art. 87d GG.[689] Gemäß Art. 87d Abs. 1 GG wird die Luftverkehrsverwaltung in Bundesverwaltung geführt und Aufgaben der Flugsicherung können, auch im Hinblick auf den einheitlichen europäischen Luftraum, durch ausländische Flugsicherungsorganisationen wahrgenommen werden, die nach Recht der „Europäischen Gemeinschaft“ zugelassen sind. Im Kern werden die Verwaltungsaufgaben durch Bundesbehörden wahrgenommen. Laut Art. 87d Abs. 2 GG können Aufgaben der Luftverkehrsverwaltung durch Bundesgesetz, das der Zustimmung des Bundesrates bedarf, den Ländern als Auftragsverwaltung übertragen werden. Dies ist durch § 31 Abs. 2 LuftVG geschehen, wodurch die Länder die dort aufgeführten Aufgaben übernehmen. Die Organe

---

686 Gesetz über das Luftfahrt-Bundesamt vom 30.11.1954, BGBl. 1954 I vom 03.12.1954, S. 354, zuletzt geändert durch Art. 3 erstes Gesetz zur Änderung des Luftsicherheitsgesetzes vom 23.02.2017, BGBl. 2017 II vom 03.03.2017, S. 298 ff.

687 Gesetz über die Untersuchung von Unfällen und Störungen bei dem Betrieb ziviler Luftfahrzeuge und zur entsprechenden Anpassung anderer luftrechtlicher Vorschriften vom 26.08.1998, BGBl. 1998 I vom 28.08.1998, S. 2470 ff., zuletzt geändert durch Art. 153 Zweites Gesetz zur Anpassung des Datenschutzrechts an die VO (EU) 2016/679 und zur Umsetzung der Richtlinie (EU) 2016/680 (Zweites Datenschutz-Anpassungs- und Umsetzungsgesetz EU – 2. DSAnpUG-EU) vom 20.11.2019, BGBl. 2019 I vom 25.11.2019, S. 1626 ff. Dieses Gesetz dient der Umsetzung der Richtlinie 94/56/EWG des Rates vom 21.11.1994 über Grundsätze für die Untersuchung von Unfällen und Störungen in der Zivilluftfahrt, ABl. EG Nr. L 319, S. 14.

688 Gesetz zum Schutz gegen Fluglärm vom 30.03.1971, BGBl. 1971 I vom 02.04.1971, S. 282 ff., geändert durch Bekanntmachung der Neufassung des Gesetzes zum Schutz gegen Fluglärm vom 31.10.2007, BGBl. 2007 I vom 09.11.2007, S. 2550 ff.

689 Art. 87d GG wurde erst im Jahr 1961 durch das Gesetz über die Einfügung eines Artikels über die Luftverkehrsverwaltung in das Grundgesetz (11. Änderung des Grundgesetzes) vom 06.02.1961, BGBl. 1961 I vom 15.02.1961, S. 65 in das Grundgesetz eingefügt. Die aktuelle Fassung ist von 2009, als mit dem Gesetz zur Änderung des Grundgesetzes (Art. 87d GG) vom 29.07.2009, BGBl. 2009 I vom 31.07.2009, S. 2247 das Grundgesetz geändert wurde. Zur Neufassung von Art. 87d GG, siehe ausf. unter Kapitel 3, C., III., 1., c).

der Luftfahrtverwaltung werden auch als Träger bzw. als die Exekutive der Luftverkehrspolitik bezeichnet.[690]

### 1. *Länder im Auftrag des Bundes*

Im Jahr 1961 wurde mit dem Gesetz über die Zuständigkeiten in der Luftverkehrsverwaltung[691] von der durch Art. 87d GG geschaffenen Möglichkeit Gebrauch gemacht, Aufgaben der Luftverkehrsverwaltung auf die Länder zu übertragen.[692] Gemäß Art. 87d Abs. 2 GG können Aufgaben der Luftverkehrsverwaltung den Ländern als Auftragsverwaltung durch Bundesgesetz mit Zustimmung des Bundesrates übertragen werden. Der Bund hat die Möglichkeit durch entsprechende Regelungen im Luftverkehrsgesetz wahrgenommen. Insbesondere § 31 Abs. 2 LuftVG ist dazu maßgeblich. Darin findet sich eine Aufzählung der verschiedenen Verwaltungsaufgaben, die den Bundesländern durch den Bund zur Ausführung übertragen werden. Gemäß Art. 85 Abs. 1 S. 1 GG sind die Länder in der Organisation der Luftverkehrsverwaltung frei.[693] Unabhängig davon, dass es sich bei der Bundesauftragsverwaltung um eine Art Landesverwaltung handelt, wird die Eigenständigkeit der Länder in diesem Bereich stark eingeschränkt, da dem Bund trotz der Übertragung der Verwaltungsaufgaben auf die Länder verschiedene Einwirkungsmöglichkeiten zustehen. Der Bund macht von seinem ihm gemäß Art. 85 Abs. 3 GG zustehenden Weisungsrecht regelmäßig in Form von Richtlinien (allgemeinen Verwaltungsvorschriften) oder durch Einzelweisungen Gebrauch.[694] Da die allgemeinen Verwaltungsvorschriften gemäß Art. 85 Abs. 2 S. 1 GG die Zustimmung des Bundesrates erfordern, wird in der Praxis daher häufig mit zwischen Bund und Ländern im Bund-Länder-Fachausschuss Luftfahrt abgestimmten „Gemeinsamen Empfehlungen" oder „Gemeinsamen Grundsätzen" (veröffentlicht in den NfL[695])

---

690 *Giemulla*, Luftrecht, Skript WS 2010/2011, S. 46.

691 Gesetz über die Zuständigkeiten in der Luftverkehrsverwaltung vom 08.02.1961, BGBl. 1961 I vom 16.02.1961, S. 69 f.

692 *Schwenk/Giemulla*, Hdb. des Luftverkehrsrechts, Kapitel 2, S. 104, Rn. 117.

693 Die Aufgaben werden teilweise von den für den Verkehr zuständigen Landesministerien als oberste Landesbehörden, teilweise von den nachgeordneten Landesbehörden (Regierungspräsidien, Bezirksregierungen, Landesdirektionen, Landesämtern) wahrgenommen. Siehe auch *Schwenk/Giemulla*, Hdb. des Luftverkehrsrechts, Kapitel 2, S. 106, Rn. 119.

694 Art. 85 Abs. 3 GG; *Schwenk/Giemulla*, Hdb. des Luftverkehrsrechts, Kapitel 2, S. 107, Rn. 120.

695 Nachrichten für Luftfahrer.

gearbeitet.[696] Der Bund kann die Sachentscheidungskompetenz grundsätzlich jederzeit durch eine entsprechende Weisung an das Land an sich ziehen.[697] Dem Land bleibt ausschließlich die Wahrnehmungsbefugnis im Verhältnis zu Dritten inne, also die Verantwortlichkeit und das Handeln nach außen.[698] Das Luftverkehrsgesetz sichert dem Bund außerdem Beteiligungsrechte an einzelnen für den Bund signifikanten Verwaltungsverfahren der Länder.[699]

### 2. *Bundesministerium für Digitales und Verkehr*

Gemäß § 31 Abs. 1 LuftVG werden die Aufgaben des Bundes vom Bundesministerium für Verkehr und digitale Infrastruktur (BMVI)[700] oder einer von ihm bestimmten Stelle wahrgenommen. Dem Ministerium werden neben den Aufsichts- und Weisungsbefugnissen gegenüber den nachgeordneten Bundesober- und Luftfahrtbehörden (dem Bundesaufsichtsamt für Flugsicherung, dem Luftfahrt-Bundesamt, der Bundesstelle für Flugunfalluntersuchung und dem Deutschen Wetterdienst, den Luftverkehrsbehörden der Länder und den mit hoheitlichen Aufgaben der Luftverwaltung beliehenen privaten Stellen[701]) diverse Zuständigkeiten zugeschrieben.[702] Folgende Aufgaben lassen sich dabei

696 *Schwenk/Giemulla*, Hdb. des Luftverkehrsrechts, Kapitel 2, S. 107, Rn. 120.

697 *Mager*, Staatsrecht I, Rn. 458; *Giemulla*, Luftrecht, Skript WS 2010/2011, S. 52.

698 *Mager*, Staatsrecht I, Rn. 458; *Giemulla*, Luftrecht, Skript WS 2010/2011, S. 52.

699 Vgl. § 31 Abs. 2 Nr. 4 LuftVG, wonach bei der Genehmigung von Flugplätzen dem Bund die Prüfung und Entscheidung obliegt, inwieweit durch die Anlegung und der Betrieb eines Flughafens, der dem allgemeinen Verkehr dienen soll, die öffentlichen Interessen des Bundes berührt werden; vgl. auch § 31 Abs. 4 LuftVG, wonach die „Genehmigung von Luftfahrtunternehmen auf Grund einer Prüfung des technischen und betrieblichen Zustandes des Unternehmens durch das Luftfahrt-Bundesamt erteilt wird, wenn die Genehmigungsbehörde dies im besonders gelagerten Einzelfall für erforderlich hält"; *Schwenk/Giemulla*, Hdb. des Luftverkehrsrechts, Kapitel 2, S. 107, Rn. 120.

700 Nach seiner Ernennung am 08.12.2021 ordnete Bundeskanzler Olaf Scholz noch am gleichen Tag per Organisationserlass an, dass das „Bundesministerium für Verkehr und digitale Infrastruktur", kurz BMVI die Bezeichnung „Bundesministerium für Digitales und Verkehr", kurz BMDV erhält. Siehe dazu https://www.bundeskanzler.de/bk-de/aktuelles/erste-kabinettsitzung-1989916, zuletzt abgerufen am 12.02.2023. In den Gesetzestexten wird teilweise noch die alte Bezeichnung BMVI verwendet.

701 Ausgenommen der Luftsportverbände.

702 *Schwenk/Giemulla*, Hdb. des Luftverkehrsrechts, Kapitel 2, S. 108, Rn. 121; siehe auch https://bmdv.bund.de/DE/Ministerium/Aufgaben-Struktur/aufgaben-struktur.html, zuletzt abgerufen am 02.02.2023.

grob zusammenfassen: die Festlegung von Lufträumen, Luftsperrgebieten und Gebieten mit Luftbeschränkungen[703]; die Vorbereitung von Gesetzesentwürfen der Bundesregierung[704]; die Entscheidung, ob und inwieweit öffentliche Interessen des Bundes durch Betrieb und Anlage von Flugplätzen berührt werden[705].[706] Ebenso kontrolliert der Staat die Tarif- und Flugplangestaltung der Luftverkehrsunternehmen, deren überstaatliches Geschäft er durch das Ver- und Aushandeln bi- oder multilateraler Luftverkehrsabkommen und die Repräsentation in internationalen Organisationen[707] generell erst ermöglicht.[708] Das BMDV ist überdies der wichtigste Träger der Luftfahrtforschung und übernimmt Aufgaben des Umweltschutzes, die Gewährleistung der Sicherheit im Luftverkehr sowie die Sicherstellung der Zuverlässigkeit und Leistungsfähigkeit der Luftfahrt.[709] Im Bundesministerium für Digitales und Verkehr gibt es eine Abteilung für Luftfahrt LF (BN), deren Unterabteilung LF 17 für den Bereich der Flugsicherung zuständig ist.[710]

### 3. *Luftfahrt-Bundesamt (LBA)*

Durch das Gesetz über das Luftfahrt-Bundesamt vom 30. November 1954[711] ist das Luftfahrt-Bundesamt (LBA) als Bundesbehörde für Aufgaben der Zivilluftfahrt errichtet worden, das dem Bundesministerium für Digitales und Verkehr

---

703 Siehe dazu § 26 LuftVG, §§ 16 und 17 LuftVO.

704 Vgl. Art. 76 Abs. 1, Art. 73 Nr. 6 GG.

705 Siehe § 31 Abs. 2 Nr. 4 LuftVG.

706 Ausf. zu den Aufgaben, § 31 Abs. 2 LuftVG; siehe auch *Schwenk/Giemulla*, Hdb. des Luftverkehrsrechts, Kapitel 2, S. 108, Rn. 121; *Mensen*, Hdb. der Luftfahrt, S. 465 ff.; *Pompl*, S. 19.

707 Insbesondere der ICAO.

708 *Schwenk/Giemulla*, Hdb. des Luftverkehrsrechts, Kapitel 2, S. 108, Rn. 121; *Giemulla*, Luftrecht, Skript WS 2010/2011, S. 47; grds. https://bmdv.bund.de/DE/Ministerium/Aufgaben-Struktur/aufgaben-struktur.html, zuletzt abgerufen am 02.02.2023.

709 *Giemulla*, Luftrecht, Skript WS 2010/2011, S. 47; ebenso https://bmdv.bund.de/DE/Ministerium/Aufgaben-Struktur/aufgaben-struktur.html, zuletzt abgerufen am 02.02.2023.

710 https://bmdv.bund.de/DE/Ministerium/Aufgaben-Struktur/aufgaben-struktur.html, zuletzt abgerufen am 02.02.2023; *ebenda* ist auch ein Organigramm der Abteilung Luftfahrt abzurufen.

711 Gesetz über das Luftfahrt-Bundesamt vom 30.11.1954, BGBl. 1954 I vom 03.12.1954, S. 354, zuletzt geändert durch Art. 3 Erstes Gesetz zur Änderung des Luftsicherheitsgesetzes vom 23.02.2017, BGBl. 2017 I vom 03.03.2017, S. 298 ff.

untersteht.[712] Das LBA hat seine Zentrale in Braunschweig und Außenstellen in Frankfurt am Main, Düsseldorf, Stuttgart, München, Berlin und Hamburg.[713] Es sorgt als Bundesoberbehörde des Bundesministeriums für Digitales und Verkehr für die Sicherheit eines Fluges, lange bevor dieser überhaupt beginnt.[714] Seine Aufgaben werden in § 2 Gesetz über das Luftfahrt-Bundesamt (LBA-Gesetz) ausführlich festgelegt und beinhalten vor allem die Abwehr von Gefahren für die Sicherheit der Luftfahrt sowie für die öffentliche Sicherheit und Ordnung.[715] Gemäß § 2 Abs. 2 LBA-Gesetz kann der Bundesminister für Digitales und Verkehr dem LBA weitere Aufgaben des Bundes auf dem Gebiet der Luftfahrt zuweisen.

### *4. Bundesstelle für Flugunfalluntersuchung (BFU)*

Als weitere Bundesoberbehörde[716] wurde durch das Flugunfall-Untersuchungs-Gesetz[717] die Bundesstelle für Fluguntersuchung geschaffen.[718] Das Gesetz sieht

---

712 § 1 Abs. 1 Gesetz über das Luftfahrtbundesamt (LBA-Gesetz); https://www.lba.de/DE/LBA/Geschichte/Geschichte_node.html, zuletzt abgerufen am 18.02.2023. In den Gesetzestexten wird teilweise noch die alte Bezeichnung „Bundesministerium für Verkehr und Infrastruktur" verwendet.

713 https://www.lba.de/DE/LBA/Geschichte/Geschichte_node.html, zuletzt abgerufen am 18.02.2023.

714 https://www.lba.de/DE/LBA/Aufgabe/Aufgaben_node.html, zuletzt abgerufen am 18.02.2023; *Mensen*, Hdb. der Luftfahrt, S. 468.

715 § 2 LBA-Gesetz; dazu auch https://www.lba.de/DE/LBA/Aufgabe/Aufgaben_node.html, zuletzt abgerufen am 18.02.2023; siehe zu den Aufgaben auch *Pompl*, S. 19; *Schwenk/Giemulla*, Hdb. des Luftverkehrsrechts, Kapitel 2, S. 110 ff., Rn. 126 f.

716 https://bmdv.bund.de/SharedDocs/DE/Artikel/LF/organisation-der-luftverkehrsverwaltung.html, zuletzt abgerufen am 02.02.2023.

717 Gesetz über die Untersuchung von Unfällen und Störungen bei dem Betrieb ziviler Luftfahrzeuge und zur entsprechenden Anpassung anderer luftrechtlicher Vorschriften vom 26.08.1998, BGBl. 1998 I vom 28.08.1998, S. 2470 ff., zuletzt geändert durch Art. 153 Zweites Gesetz zur Anpassung des Datenschutzrechts an die VO (EU) 2016/679 und zur Umsetzung der Richtlinie (EU) 2016/680 (Zweites Datenschutz-Anpassungs- und Umsetzungsgesetz EU – 2. DSAnpUG-EU) vom 20.11.2019, BGBl. 2019 I vom 25.11.2019, S. 1626 ff. Dieses Gesetz dient der Umsetzung der Richtlinie 94/56/EWG des Rates vom 21.11.1994 über Grundsätze für die Untersuchung von Unfällen und Störungen in der Zivilluftfahrt, ABl. EG Nr. L 319, S. 14.

718 § 4 Gesetz über die Untersuchung von Unfällen und Störungen bei dem Betrieb ziviler Luftfahrzeuge; *Schladebach*, Luftrecht, S. 159 f., Rn. 121; *Schwenk/Giemulla*, Hdb. des Luftverkehrsrechts, Kapitel 2, S. 113, Rn. 133.

eine unabhängige Untersuchung von Flugunfällen und schweren Störungen durch die BFU vor, insbesondere ohne eine Einflussnahme von Dritten.[719] Sie soll diese Aufgaben funktionell und organisatorisch unabhängig von anderen Luftfahrtbehörden wahrnehmen.[720] Die BFU hat ihren Sitz in Braunschweig.[721]

### 5. *Bundesaufsichtsamt für Flugsicherung (BAF)*

Die Trennung der Flugsicherungsdienste von den aufsichtführenden Aufgaben machte die Errichtung einer nationalen Aufsichtsbehörde erforderlich, sodass am 4. August 2009 das Bundesaufsichtsamt für Flugsicherung (BAF)[722] durch Gesetz[723] errichtet wurde.[724] Die Rechtsgrundlage für die Arbeit des BAF bilden unter anderem die Verordnungen zum einheitlichen europäischen Luftraum, die in Art. 4 Abs. 2 Rahmen-VO die funktionale Trennung der nationalen Aufsichtsbehörden und Flugsicherungsorganisationen fordern.[725] Da die Deutsche Flugsicherung GmbH (DFS)[726] als 100 %-ige Eigengesellschaft des Bundes ursprünglich „mit Regulierungsfunktionen beliehen war, konnte sie insbesondere wirksam für die Einhaltung der von ihr selbst erlassenen Standards und Vorschriften sorgen".[727] Entsprechend der europarechtlichen Vorgaben zum einheitlichen europäischen Luftraum war es jedoch nicht mehr möglich, die

719 § 4 Abs. 2 Gesetz über die Untersuchung von Unfällen und Störungen bei dem Betrieb ziviler Luftfahrzeuge.

720 § 4 Abs. 2 Gesetz über die Untersuchung von Unfällen und Störungen bei dem Betrieb ziviler Luftfahrzeuge; *Schladebach*, Luftrecht, S. 160, Rn. 121; sehr ausf. bei *Schwenk/ Giemulla*, Hdb. des Luftverkehrsrechts, Kapitel 2, S. 113, Rn. 132.

721 https://www.bfu-web.de/DE/BFU/Daten/daten_node.html, zuletzt abgerufen am 02.02.2023; *Schladebach*, Luftrecht, S. 160, Rn. 121.

722 Vgl. https://www.baf.bund.de/DE/Home/home_node.html, zuletzt abgerufen am 16.02.2023.

723 Gesetz zur Errichtung eines Bundesaufsichtsamtes für Flugsicherung und zur Änderung und Anpassung weiterer Vorschriften vom 29.07.2009, BGBl. I 2009 vom 03.08.2009, S. 2424 ff., zuletzt geändert durch Art. 584 Zehnte Zuständigkeitsanpassungsverordnung vom 31.08.2015, BGBl. I 2015 vom 07.09.2015, S. 1474 ff.

724 Dazu https://bmdv.bund.de/SharedDocs/DE/Artikel/LF/aufsicht-ueber-flugsicherungsorganisationen.html, zuletzt abgerufen am 16.02.2023.

725 Siehe auch Erwägungsgrund Nummer 2 Flugsicherungsdienste-VO.

726 Ausführlich zur DFS siehe Kapitel 3, C., II., 7., c).

727 Gesetzentwurf der Bundesregierung, Entwurf eines Gesetzes zur Errichtung eines Bundesaufsichtsamtes für Flugsicherung und zur Änderung und Anpassung weiterer Vorschriften vom 07.11.2008, BR-Drs. 831/08, S. 20 f.; *Giemulla*, Luftrecht, Skript WS 2010/2011, S. 49 f.

Regulierungs- und Aufsichtsaufgaben in Kombination mit der operativen Flugsicherungsdienstleistung anzubieten.[728] Somit wurde von der Bundesregierung am 7. November 2008 über den Bundesrat „der Entwurf eines Gesetzes zur Errichtung des Bundesaufsichtsamts für Flugsicherung und zur Änderung und Anpassungen weiterer Vorschriften" vorgestellt.[729] Dessen Art. 1 enthielt das „Gesetz über die Errichtung des Bundesaufsichtsamtes für Flugsicherung (BAFG)", das dem Bundesaufsichtsamt für Flugsicherung (BAF) die in § 31d Abs. 2 LuftVG liegende Aufsichtszuständigkeit über die Flugsicherungsorganisation anvertrauen sollte, die bisher beim BMVI[730] (damals noch BMVBS) lag.[731] Das Gesetz trat nach seiner Verkündung im Bundesgesetzblatt am 4. August 2009[732] in Kraft. Das Bundesaufsichtsamt für Flugsicherung übernahm die Aufsicht über die Flugsicherungsorganisationen vom Bundesministerium für Digitales und Verkehr und hat insbesondere dafür Sorge zu tragen, dass die Flugsicherungsorganisationen die für sie geltenden Bestimmungen und einen hohen Sicherheitsstandard einhalten.[733]

Neben der notwendigen Zertifizierung von Flugsicherungsorganisationen nach abgestimmten und europäisch einheitlichen Anforderungen beinhaltet die Aufsichtsfunktion des BAF außerdem die konstante Aufsicht über alle Systeme, Organisationen, Personen und Verfahren, die für die Erbringung von Flugsicherungsdiensten eingesetzt werden.[734] Das BAF kontrolliert regelmäßig die Betriebsstätten der zu beaufsichtigenden Flugsicherungsorganisationen.[735]

728 *Giemulla*, Luftrecht, Skript WS 2010/2011, S. 50.

729 Deutscher Bundestag, Gesetzentwurf der Bundesregierung, Entwurf eines Gesetzes zur Errichtung eines Bundesaufsichtsamtes für Flugsicherung und zur Änderung und Anpassung weiterer Vorschriften vom 15.01.2009, BT-Drs. 16/11608; BR-Drs. 831/08.

730 Heute Bundesministerium für Digitales und Verkehr, kurz BMDV.

731 BR-Drs. 831/2008, S. 1; BT-Drs. 16/11608, S. 5; *Giemulla*, Luftrecht, Skript WS 2010/2011, S. 50.

732 Gesetz zur Errichtung eines Bundesaufsichtsamtes für Flugsicherung und zur Änderung und Anpassung weiterer Vorschriften vom 29.07.2009, BGBl. 2009 I vom 03.08.2009, S. 2424 ff.

733 https://bmdv.bund.de/SharedDocs/DE/Artikel/LF/aufsicht-ueber-flugsicherungsorganisationen.html, zuletzt abgerufen am 16.02.2023; *Schwenk/Giemulla*, Hdb. des Luftverkehrsrechts, Kapitel 2, S. 116, Rn. 136.

734 https://www.baf.bund.de/DE/BAF/Aufgaben/aufgaben_node.html, zuletzt abgerufen am 16.02.2023; https://bmdv.bund.de/SharedDocs/DE/Artikel/LF/aufsicht-ueber-flugsicherungsorganisationen.html, zuletzt abgerufen am 16.02.2023.

735 https://www.baf.bund.de/DE/BAF/Aufgaben/aufgaben_node.html, zuletzt abgerufen am 16.02.2023.

Zusätzlich pflegt das BAF ein umfangreiches Berichts- und Meldewesen, um jederzeit einen Überblick über besondere Ereignisse und geplante Veränderungen am System der Flugsicherung garantieren zu können.[736] Im Einzelnen hat das BAF insbesondere folgende Aufgaben:

- Zertifizierung von Flugsicherungsorganisationen,
- kontinuierliche Sicherheitsaufsicht,
- Führen der Erlaubnisse und Berechtigungen der Flugsicherung,
- Prüfen von EG-Prüferklärungen für Systeme (Interoperabilität),
- Sicherheitsaufsicht über Flugsicherungsorganisationen (einschließlich Flugwetterdienst DWD),
- Beaufsichtigung der Flugvermessungsdienste,
- Anlagenschutz nach § 18a LuftVG,
- aeronautisches Frequenzmanagement für Boden- und Navigationsfunkstellen- der deutschen Zivilluftfahrt,
- Musterzulassung gemäß FSMusterzulV für Bodenfunkstellen des mobilen Flugfunkdienstes und Flugnavigationsfunkstellen,
- Leistungsplanung,
- Unterstützung des BMDV bei der Festsetzung von Flugsicherungsgebühren,
- Festlegung von Flugverfahren und die
- Verfolgung von Verletzungen der Regeln über das Führen von Luftfahrzeugen und im Falle der Nichteinhaltung von Flugverfahren.[737]

### 6. *Luftfahrtamt der Bundeswehr (LufABw)*

Das Bundesaufsichtsamt für Flugsicherung nimmt die Aufgaben der nationalen Aufsichtsbehörde gemäß Art. 4 Abs. 1 Rahmen-VO wahr. Die Aufsicht über die militärischen Flugsicherungsorganisationen wird in der Bundesrepublik Deutschland seit dem 1. Januar 2015 unter weitgehender Anwendung der SES-Verordnungen durch das Luftfahrtbundesamt der Bundeswehr (LufABw) wahrgenommen.[738] Dieses hat die Funktion der militärischen

---

736 https://www.baf.bund.de/DE/BAF/Aufgaben/aufgaben_node.html, zuletzt abgerufen am 16.02.2023.

737 Siehe dazu die Auflistung der Aufgaben unter https://www.baf.bund.de/DE/BAF/Aufgaben/aufgaben_node.html, zuletzt abgerufen am 16.02.2023; *Schwenk/Giemulla*, Hdb. des Luftverkehrsrechts, Kapitel 2, S. 116 f., Rn. 137.

738 Mitteilung der Regierung der Bundesrepublik Deutschland an die Kommission der Europäischen Union vom 02.03.2015, Information der KOM über die nationale militärische Aufsichtsbehörde, abzurufen unter http://www.baf.bund.de/SharedDocs/

Luftfahrt-Aufsichtsbehörde in der Bundesrepublik Deutschland inne. Die SES-Verordnungen sind zwar grundsätzlich nicht auf den militärischen Luftverkehr anzuwenden, dennoch sollen diese beachtet werden.[739] Somit bildet das Luftfahrtamt der Bundeswehr, das seinen Sitz in Köln hat, das Äquivalent zum Bundesaufsichtsamt für Flugsicherung.[740]

### 7. *Luftverkehrsverwaltung durch private Beauftragte*

Die Luftverkehrsverwaltung wird grundsätzlich von Behörden wahrgenommen. Jedoch kann in bestimmten Fällen die Übertragung von staatlichen Aufgaben, auch Aufgaben hoheitlicher Natur, im Bereich der Luftfahrt auf private Stellen oder Personen erfolgen.[741] § 29 Abs. 2 LuftVG ermächtigt bspw. die Luftfahrtbehörden, ihre Aufgaben auf andere Stellen zu übertragen oder sich anderer geeigneter Personen als Hilfsorgane für bestimmte Fälle bei der Wahrnehmung der Luftaufsicht zu bedienen.

#### a) *Flughafenkoordinator*

Es zeigte sich, dass auf stark frequentierten Flughäfen die Start- und Landezeiten (sog. „Slots") aus Kapazitätsgründen entzerrt, wenn nicht sogar kontingentiert werden mussten, so dass die Institution des Flugplankoordinators[742] geschaffen wurde.[743] Unter den Luftverkehrsgesellschaften hatte bereits eine Abstimmung diesbezüglich stattgefunden, so dass ein freigestellter Mitarbeiter der Deutschen Lufthansa AG mit der Aufgabe der Flugplankoordinierung (heute Flughafenkoordinierung) betraut wurde.[744] Der FHK hat die Aufgabe, die geplanten

---

Downloads/DE/Publikationen_Andere/VBB_MitteilungBReg_02.03.2015.pdf?__blob=publicationFile&v=1; siehe auch http://www.luftfahrtamt.bundeswehr.de/, beide zuletzt abgerufen am 15.02.2023.

739 Mitteilung der Regierung der Bundesrepublik Deutschland an die Kommission der Europäischen Union vom 02.03.2015, Punkt 2.

740 Mitteilung der Regierung der Bundesrepublik Deutschland an die Kommission der Europäischen Union vom 02.03.2015, Punkt 2. und 3.

741 *Schwenk/Giemulla*, Hdb. des Luftverkehrsrechts, Kapitel 2, S. 122, Rn. 158; *Wysk*, in: Grabherr/Reidt/Wysk, Luftverkehrsgesetz, 21. EL, 2019, Einl., S. 52 ff., Rn. 113 ff.

742 Vgl. auch https://www.adv.aero/randomizer/flugplankoordinator, zuletzt abgerufen am 16.02.2023. Seit 2005 „Flughafenkoordinator", kurz: FHK.

743 *Schwenk/Giemulla*, Hdb. des Luftverkehrsrechts, Kapitel 2, S. 123, Rn. 160; sehr ausf. bei *Wysk*, in: Grabherr/Reidt/Wysk, Luftverkehrsgesetz, 21. EL, 2019, Einl., S. 59 ff., Rn. 133 ff.

744 *Schwenk/Giemulla*, Hdb. des Luftverkehrsrechts, Kapitel 2, S. 123, Rn. 160.

Ankunfts- und Abflugzeiten sämtlicher Flüge nach Instrumentenflugregeln (IFR)[745], die an den 15 internationalen Verkehrsflughäfen in der Bundesrepublik Deutschland absolviert werden, zu überwachen, zu organisieren und zu koordinieren.[746] § 27a LuftVG enthält die materielle Regelung für die Flughafenkoordinierung und § 31a LuftVG die Ermächtigung für das „Bundesministerium für Verkehr und digitale Infrastruktur[747], durch Rechtsverordnung ohne Zustimmung des Bundesrates natürliche oder juristische Personen des privaten Rechts mit der Wahrnehmung der Flughafenkoordinierung [...] zu beauftragen". Das BMDV hat mit der Verordnung zur Beauftragung des Flughafenkoordinators[748] von dieser Ermächtigung Gebrauch gemacht.[749] Der Flughafenkoordinator[750] untersteht als Beliehener der Weisungsbefugnis des BMDV, dessen weitere Befugnisse in § 31d LuftVG niedergelegt sind.[751] Der Flughafenkoordinator hat seinen Sitz in Frankfurt am Main.

### *b) Beauftragte für Luftsport*

Als Beauftragte für Luftsport nehmen auch die Verbände des Luftsportbereichs bestimmte hoheitliche Aufgaben der Luftaufsicht wahr.[752] Dies ist gemäß § 29 Abs. 2 LuftVG grundsätzlich möglich und durch die Ermächtigung in

---

745 Englisch, kurz für „Instrument Flight Rules"; vgl. zu den Instrumentenflugregeln auch den vierten Abschnitt, dort §§ 35 bis 41 LuftVO.

746 Vgl. auch https://fluko.org/ueber-uns/funktion/, zuletzt abgerufen am 16.02.2023; siehe auch https://www.dfs.de/homepage/de/unternehmen/standorte/, zuletzt abgerufen am 16.02.2023; *Giemulla*, Luftrecht, Skript WS 2010/2011, S. 50.

747 Nach seiner Ernennung am 08.12.2021 ordnete Bundeskanzler Olaf Scholz per Organisationserlass an, dass das „Bundesministerium für Verkehr und digitale Infrastruktur", kurz BMVI die Bezeichnung „Bundesministerium für Digitales und Verkehr", kurz BMDV erhält. Siehe dazu https://www.bundeskanzler.de/bk-de/aktuelles/erste-kabinettsitzung-1989916, zuletzt abgerufen am 02.02.2023. In den Gesetzestexten wird teilweise noch die alte Bezeichnung BMVI verwendet.

748 VO zur Beauftragung des Flughafenkoordinators (FHKBeauftrV) vom 04.01.2018, BGBl. 2018 I vom 19.01.2018, S. 122.

749 *Schwenk/Giemulla*, Hdb. des Luftverkehrsrechts, Kapitel 2, S. 124, Rn. 162.

750 Seit 01.02.2018 eine juristische Person, davor bis zum 31.01.2018 galt der FHK als natürliche Person; dazu ausf. *Weiner*, S. 55 ff.

751 *Schwenk/Giemulla*, Hdb. des Luftverkehrsrechts, Kapitel 2, S. 124, Rn. 162.

752 *Schladebach*, Luftrecht, S. 162, Rn. 130; *Schwenk/Giemulla*, Hdb. des Luftverkehrsrechts, Kapitel 2, S. 126, Rn. 170.

§ 31c LuftVG für den Bereich des Luftsports besonders ausgeformt.[753] Gemäß § 31c LuftVG wird das Bundesministerium für Verkehr und digitale Infrastruktur[754] ermächtigt, durch Rechtsverordnung ohne Zustimmung des Bundesrates juristische Personen des privaten Rechts mit der Wahrnehmung folgender Aufgaben im Zusammenhang mit der Benutzung des Luftraumes durch Freiballone, Luftsportgeräte und Flugmodelle zu beauftragen: Muster- und Verkehrszulassung, Erteilung der Erlaubnis für Luftfahrtpersonal, Erteilung der Erlaubnis für die Ausbildung, Erteilung der Erlaubnis zum Starten und Landen außerhalb der genehmigten Flugplätze für nicht motorgetriebene Luftsportgeräte, Aufsicht über den Betrieb von Luftsportgeräten auf Flugplätzen und Geländen, wenn beide ausschließlich dem Betrieb von Luftsportgeräten dienen und die Erhebung von Kosten nach der Kostenverordnung der Luftfahrtverwaltung. Die Rechts- und Fachaufsicht über die Luftsportverbände liegt dabei beim Luftfahrt-Bundesamt.[755]

### c) *Deutsche Flugsicherung GmbH (DFS)*

Die Flugsicherung wird in der Bundesrepublik Deutschland seit dem 1. Januar 1993 von der „Deutsche Flugsicherung GmbH" (DFS) wahrgenommen.[756] § 27c Abs. 1 und 2 LuftVG schildern die Aufgaben der Flugsicherung, die im Wesentlichen aus der Überwachung des Flugverkehrs bestehen. Dort heißt es in § 27c Abs. 1 LuftVG, dass die Flugsicherung der sicheren, geordneten und flüssigen Abwicklung des Luftverkehrs diene. Dazu gehören zum Beispiel die Flug- und Luftverkehrskontrolle[757], die durch die Überwachung und Lenkung der Bewegungen im Luftraum und auf den Rollfeldern von Flugplätzen mit

---

753 *Schladebach*, Luftrecht, S. 162, Rn. 130; *Schwenk/Giemulla*, Hdb. des Luftverkehrsrechts, Kapitel 2, S. 126, Rn. 170.

754 Jetzt Bundesministerium für Digitales und Verkehr.

755 *Schwenk/Giemulla*, Hdb. des Luftverkehrsrechts, Kapitel 2, S. 127, Rn. 172.

756 https://www.dfs.de/homepage/de/unternehmen/geschichte-und-vision/, zuletzt abgerufen am 16.02.2023.

757 § 27c Abs. 2 Nr. 1 lit. a) LuftVG; § 4 VO über die Betriebsdienste der Flugsicherung (FSBetrVO) vom 17.12.1992, BGBl. 1992 I vom 23.12.1992, S. 2068 ff., zuletzt geändert durch Art. 571 Zehnte Zuständigkeitsanpassungsverordnung vom 31.08.2015, BGBl. 2015 I vom 07.09.2015, S. 1474 ff.; § 27c Abs. 2 Nummer 1 lit. a) LuftVG; *Schwenk/Giemulla*, Hdb. des Luftverkehrsrechts, Kapitel 5, S. 190, Rn. 50 ff.

Flugplatzkontrolle insbesondere Zusammenstöße zwischen Luftfahrzeugen in der Luft und mit Hindernissen auf den Rollfeldern verhindern soll.[758]

Aktuell werden 5.600 Mitarbeiter (Stand 16. Februar 2023) an den DFS-Standorten in der Bundesrepublik Deutschland und bei EUROCONTROL[759] im niederländischen Maastricht für die DFS beschäftigt.[760] Die DFS bietet ihre Dienste flächendeckend sowohl an 15 Flughäfen in der Bundesrepublik Deutschland als auch von vier Kontrollzentralen[761] aus an.[762] Die DFS hat ihren Sitz in Langen.

### III. Exkurs: Die Entwicklung der Flugsicherungsorganisationen in der Bundesrepublik Deutschland

Gemäß § 27c Abs. 1 LuftVG dient die Flugsicherung der „sicheren, geordneten und flüssigen Abwicklung des Luftverkehrs". Anfangs bezog sich die Aufgabe der Flugsicherung nur auf die Sicherung der Luftfahrt durch Wetter-, Fernmelde- und Peildienste sowie die Errichtung und den Betrieb von Luftfahrtkennzeichen.[763] Mittlerweile ist der Luftverkehr durch die hohe Verkehrsdichte allerdings viel zu komplex, als dass die freie Benutzung des Luftraumes aus § 1 Abs. 1 LuftVG praktisch noch darstellbar wäre.[764]

---

758 Art. 2 Nummer 1 Rahmen-VO; ähnlich § 4 FSDurchführungsVO; *Schwenk/Giemulla*, Hdb. des Luftverkehrsrechts, Kapitel 5, S. 190, Rn. 52.

759 Zu EUROCONTROL siehe ausf. Kapitel 3, B., III.

760 So nachzulesen auf der Homepage der DFS, abzurufen unter (zuletzt abgerufen am 16.02.2023) https://www.dfs.de/homepage/de/unternehmen/unternehmen-dfs/. Die rund 2200 Fluglotsen bilden dabei die größte Berufsgruppe.

761 Die Kontrollzentralen befinden sich in Bremen, Karlsruhe, Langen und München. Seit Ende 2018 kontrollieren DFS-Fluglotsen zusätzlich vom Leipziger „Remote Tower Control Center" aus den Verkehr am internationalen Flughafen Saarbrücken.

762 https://www.dfs.de/homepage/de/unternehmen/standorte/, zuletzt abgerufen am 16.02.2023.

763 Siehe Art. 1 S. 1 Gesetz über die Reichsluftfahrtverwaltung vom 15.12.1933, RGBl. 1933 I vom 19.12.1933, S. 1077, dazu und auch zu den einzelnen Aufgaben der Flugsicherung, siehe ausf. *Schleicher/Reymann*, Recht der Luftfahrt, S. 9 ff.; *Schwenk/Giemulla*, Hdb. des Luftverkehrsrechts, Kapitel 5, S. 190, Rn. 51; siehe auch *Giemulla*, Luftrecht, Skript WS 2010/2011, S. 60.

764 *Schwenk/Giemulla*, Hdb. des Luftverkehrsrechts, Kapitel 5, S. 171 f., Rn. 1; *Giemulla*, Luftrecht, Skript WS 2010/2011, S. 59.

Das nationale Recht der Flugsicherung wurde von 1953 bis 1992 im Gesetz über die BFS[765] geregelt. Durch das Zehnte Gesetz zur Änderung des Luftverkehrsgesetzes[766] vom 23. Juli 1992 wurde das Flugsicherungsrecht reformiert und die Flugsicherung von einer Behörde (Bundesanstalt für Flugsicherung, kurz „BFS") in eine privat-rechtliche Rechtsform (Deutsche Flugsicherung GmbH, kurz „DFS") überführt.[767]

### *1. Der Beginn und die Geschichte der Flugsicherung*

Schon seit 1910 gab es eine Art Flugsicherung, denn bereits in diesem Jahr nahm am damaligen Königlich-Preußischen Aeronautischen Observatorium in Lindenberg der erste „Luftfahrer-Warndienst" in Deutschland seine Arbeit auf.[768] Mit dem Ausbruch des Ersten Weltkrieges 1914 wurde der Betrieb der

765 Gesetz über die Bundesanstalt für Flugsicherung vom 23.03.1953, BGBl. 1953 I vom 27.03.1953, S. 70 ff.

766 Zehntes Gesetz zur Änderung des Luftverkehrsgesetzes vom 23.07.1992, BGBl. 1992 I vom 30.07.1992, S. 1370 ff.

767 Sog. Organisationsprivatisierung, ausf. dazu und zur Entwicklung der Flugsicherung, siehe auch Kapitel 3, C., III.; *Uhl*, in: Hobe/v. Ruckteschell, Kölner Kompendium Luftrecht, Bd. 2, S. 945, Rn. 240; *ebenda* auch Fn. 242; *Hobe/Plingen*, ZLW 2007, S. 349 ff. (351); zur Definition der Privatisierung auch *Hobe/Irmen/Plingen*, Air & Space Law 2007, S. 168 ff. (169); *Schwenk/Giemulla*, Hdb. des Luftverkehrsrechts, Kapitel 2, S. 125, Rn. 167; während der Phase der Umstrukturierung der BFS von einer Bundesbehörde in eine privatrechtlich organisierte GmbH kam es in diesem Zusammenhang erstmalig und für die nächsten 15 Jahre letztmalig zu verfassungsrechtlichen Überwerfungen zwischen dem Bundestag und dem Bundespräsidenten. Der damalige Bundespräsident *Richard von Weizsäcker* verweigerte 1991 die Ausfertigung des 10. Gesetzes zur Änderung des Luftverkehrsgesetzes (Zehntes Gesetz zur Änderung des Luftverkehrsgesetzes vom 23.07.1992, BGBl. 1992 I vom 30.07.1992, S. 1370 ff.) mit der Begründung, dass er die Schaffung der DFS für unvereinbar mit dem damaligen Wortlaut des Grundgesetzes hielte. Erst nach der Änderung des Gesetzeswortlauts und Art. 87d Abs. 1 GG fertigte er das Gesetz aus. Dazu *Kirchhoff/Boewe*, ZLW 2007, S. 17 ff. (17 ff.); zu den verfassungsrechtlichen Problemen der Organisationsprivatisierung, die nach der Weigerung des Bundespräsidenten *von Weizsäcker*, das 10. Gesetz zur Änderung des Luftverkehrsgesetzes zu unterzeichnen, eine Verfassungsänderung erforderlich machten, siehe auch *Trampler*, S. 95 ff.; *Pabst/Schwartmann*, DÖV 1998, S. 315 ff. (315 ff.).

768 Nachzulesen unter Deutscher Wetterdienst vor Ort, Meteorologisches Observatorium Lindenberg – Richard-Aßmann-Observatorium, u. a. S. 14, abzurufen unter (zuletzt am 12.02.2023) http://www.dwd.de/DE/presse/publikationen/mo_lindenberg_pdf.pdf?__blob=publicationFile&v=2; *Ronellenfitsch/Maier*, Rechtsgutachten, S. 13.

Funkanlage und dadurch auch der Flugsicherungsdienst eingestellt.[769] Unmittelbar nach Kriegsende wurde durch die Verordnung vom 26. November 1918[770] ein Reichsluftfahrtamt errichtet, das mit den zentralen Vollzugsaufgaben der Luftfahrtverwaltung betraut wurde.[771] Mit der Schaffung des Reichsverkehrsministeriums im Jahr 1920 gingen dessen Zuständigkeiten in dieses Ressort über.[772] Durch die Verordnung des Reichspräsidenten vom 23. Juli 1927[773] wurden alle „örtlichen Flughafenfunkstellen zur einheitlichen Zusammenfassung des Flugsicherungsdienstes im Reiche einer Reichsbehörde mit der Bezeichnung ‚Zentralstelle für Flugsicherung' (ZfF) unterstellt", die wiederum dem Reichsverkehrsministerium unmittelbar unterstellt war, und der die Flugsicherungsaufgaben des Reiches zugeordnet waren.[774] Die ZfF erhielt 1933 die Bezeichnung „Reichsamt für Flugsicherung".[775] Viele Aufgaben wurden in der Verwaltung der Länder erledigt, weil dem Reich die notwendige Rechtsgrundlage gemäß Art. 14 Weimarer Reichsverfassung (WRV)[776] zur Wahrnehmung der Flugsicherung fehlte.[777] Schließlich wurde dem Reich durch das „Gesetz über die Reichsluftfahrtverwaltung" vom 15. Dezember 1933[778] die Zuständigkeit der Flugsicherung als Hoheitsaufgabe übertragen und künftig durch das „Amt für

769 *Heitger*, S. 19; *Fischer*, S. 23; *Giemulla*, Luftrecht, Skript WS 2010/2011, S. 59.

770 Verordnung, betreffend die vorläufige Regelung der Luftfahrt vom 26.11.1918, RGBl. 1918 I vom 27.11.1918, S. 1337.

771 *Schwenk/Giemulla*, Hdb. des Luftverkehrsrechts, Kapitel 2, S. 100, Rn. 106.

772 *Schwenk/Giemulla*, Hdb. des Luftverkehrsrechts, Kapitel 2, S. 100, Rn. 106.

773 Verordnung über die Errichtung einer Behörde für den Flugsicherungsdienst im Reiche vom 23.07.1927, RGBl. 1927 I vom 30.07.1927, S. 237; siehe dazu auch *Fischer*, S. 24.

774 *Fischer*, S. 23; *Trampler*, S. 28: Die ZfF war die erste Reichsbehörde, durch welche sich das Reich aktiv in die Luftverkehrsleitung einschaltete.

775 Dritte Verordnung über den Reichskommissar für die Luftfahrt vom 28.02.1933, RGBl. 1933 I vom 01.03.1933, S. 87.

776 Art. 14 WRV lautete „Die Reichsgesetze werden durch die Landesbehörden ausgeführt, soweit nicht die Reichsgesetze etwas Anderes bestimmen.", Verfassung des Deutschen Reiches („Weimarer Reichsverfassung") vom 11.08.1919, zuletzt geändert am 17.12.1932 (RGBl. 1932 I vom 20.12.1932, S. 547); *Schleicher/Reymann*, Recht der Luftfahrt, S. 10.

777 *Schleicher/Reymann*, Recht der Luftfahrt, S. 10; *Schwenk/Giemulla*, Hdb. des Luftverkehrsrechts, Kapitel 2, S. 100, Rn. 106; ebenso *Giemulla*, Luftrecht, Skript WS 2010/2011, S. 60.

778 Gesetz über die Reichsluftfahrtverwaltung vom 15.12.1933, RGBl. 1933 I vom 19.12.1933, S. 1077, abgedruckt bei *Schleicher/Reymann*, Recht der Luftfahrt, S. 9 ff.

zivile Luftfahrt"[779] im Reichsministerium der Luftfahrt wahrgenommen.[780] Die Flugsicherung bestand damals zunächst aus Aufgaben des Flugwetterdienstes, dem Fernmelde- und Peildienst sowie der Errichtung und dem Betrieb von Luftfahrtkennzeichen.[781] Die Alliierten schufen nach 1945 für den über der Bundesrepublik Deutschland aufblühenden (ausländischen) Luftverkehr eigene Flugsicherungsdienste.[782]

### *a) Bundesanstalt für Flugsicherung (BFS)*

Nachdem die Bundesrepublik Deutschland ihre mit dem Ende des Zweiten Weltkriegs aberkannte Souveränität in Bezug auf die Lufthoheit im Jahr 1955 wieder zurückerlangte,[783] fiel die Aufgabe der Flugsicherung dem Bund zu.[784] Anfangs führten die Alliierten die Flugsicherung und Luftverkehrsverwaltung im deutschen Luftraum mit eigenen Dienst- und Verwaltungsstellen durch.[785] Oberstes Amt für die Flugsicherung im Bereich der drei westlichen

---

779 Auch „Allgemeines Luftamt", *Schleicher/Reymann*, Recht der Luftfahrt, S. 9.

780 *Schleicher/Reymann*, Recht der Luftfahrt, S. 9 f.; *Trampler*, S. 31; *Schwenk/Giemulla*, Hdb. des Luftverkehrsrechts, Kapitel 2, S. 100, Rn. 106; *Giemulla*, Luftrecht, Skript WS 2010/2011, S. 60.

781 Art. 1 S. 1 Gesetz über die Reichsluftfahrtverwaltung vom 15.12.1933, RGBl. 1933 I vom 19.12.1933, S. 1077, definiert die dem Reichsminister für Luftfahrt unterstellte Flugsicherung als „die Sicherung der Luftfahrt durch Wetter-, Fernmelde- und Peildienst, sowie durch Errichtung und Betrieb von Luftfahrtkennzeichen"; dazu und auch zu den einzelnen Aufgaben siehe ausf. *Schleicher/Reymann*, Recht der Luftfahrt, S. 10 f.; *Trampler*, S. 31; *Giemulla*, Luftrecht, Skript WS 2010/2011, S. 60.

782 *Ronellenfitsch/Maier*, Rechtsgutachten, S. 13; *Schwenk/Giemulla*, Hdb. des Luftverkehrsrechts, Kapitel 2, S. 100 f., Rn. 107.

783 Gesetz betreffend den Vertrag vom 26.05.1952 über die Beziehungen zwischen der Bundesrepublik Deutschland und den Drei Mächten mit Zusatzverträgen vom 28.03.1954, BGBl. 1954 II vom 29.03.1954, S. 57 ff., dort: Zwölfter Teil „Zivile Luftfahrt", Art. 1, S. 227: „Die Bundesrepublik übernimmt die volle Verantwortung für den Bereich der zivilen Luftfahrt im Bundesgebiet vorbehaltlich der Bestimmungen der Art. 2 bis 7 dieses Teiles und jeder anderen gleichzeitig mit diesem Vertrag in Kraft tretenden Vereinbarung zwischen der Bundesrepublik und den Drei Mächten."

784 Soweit nicht Fragen der Luftaufsicht betroffen sind, bei der eine subsidiäre Zuständigkeit der Länder gegeben ist, vgl. *Schleicher/Reymann/Abraham*, Bd. 2, S. 172 f.; *Trampler*, S. 38 f.; *Schwenk/Giemulla*, Hdb. des Luftverkehrsrechts, Kapitel 2, S. 101, Rn. 107; *Giemulla*, Luftrecht, Skript WS 2010/2011, S. 60.

785 *Trampler*, S. 36.

Siegermächte war ab 1949 das „Civil Aviation Board“[786], das die Flugsicherung gemäß den Empfehlungen und Bestimmungen des Abkommens über die Internationale Zivilluftfahrt-Organisation (ICAO) übernahm.[787] Um diese Aufgabe von den Besatzern übernehmen zu können, brauchte es eine rechtliche und verwaltungsmäßige Grundlage,[788] wozu 1953 das Gesetz über die Bundesanstalt für Flugsicherung (BFS)[789] erlassen und die BFS als bundesunmittelbare Anstalt des öffentlichen Rechts ohne Rechtspersönlichkeit[790] geschaffen wurde. Am 7. Juli 1953 wurde der BFS durch den Bundesverkehrsminister die volle Verantwortung für die Durchführung der Flugsicherungsdienste in der Bundesrepublik Deutschland übertragen.[791] Die BFS war künftig für die Wahrnehmung der Flugsicherung im deutschen Luftraum zuständig, und in der Zeit bis 1992 wurde das nationale Recht der Flugsicherung mit dem Gesetz über die Bundesanstalt für Flugsicherung[792] geregelt. Die BFS durfte gemäß § 4 BFS-Gesetz Beamte führen und ernennen sowie Rechtsnormen mit Drittwirkung in Form von Durchführungsverordnungen zur LuftVO erlassen.[793] Sie unterstand dem Bundesverkehrsministerium und hatte ihren Sitz in Frankfurt am Main. Ihre Aufgaben bestanden hauptsächlich in dem wirtschaftlichen Betrieb eines leistungsfähigen Flugsicherungssystems.[794] Die BFS galt als eine gefahrenabwehrende Sonderpolizeibehörde, die hoheitliche Aufgaben in dem sachgegenständlich abgegrenzten Bereich des Luftverkehrs wahrnahm.[795]

Durch das stetige Wachstum im Luftverkehr nahmen jedoch auch die Schwierigkeiten bei der BFS zu, die den gewachsenen Anforderungen des ansteigenden

---

786 Das „Civil Aviation Board“ setzte sich aus den vereinigten Luftfahrtabteilungen der Hochkommissare der mit dem Besatzungsstatut vom 12.05.1949 in der Bundesrepublik Deutschland geschaffenen Alliierten Hochkommission zusammen, so *Giemulla*, Luftrecht, Skript WS 2010/2011, S. 60, Fn. 163; *Fischer*, S. 10.

787 *Trampler*, S. 36.

788 *Trampler*, S. 39.

789 Gesetz über die Bundesanstalt für Flugsicherung vom 23.03.1953, BGBl. 1953 I vom 27.03.1953, S. 70 ff.

790 § 1 Abs. 2 Gesetz über die Bundesanstalt für Flugsicherung; *Trampler*, S. 40.

791 *Trampler*, S. 39.

792 Gesetz über die Bundesanstalt für Flugsicherung vom 23.03.1953, BGBl. 1953 I vom 27.03.1953, S. 70 ff.

793 Vgl. § 10 BFS-Gesetz; ähnlich bei *Schwenk/Giemulla*, Hdb. des Luftverkehrsrechts, Kapitel 1, S. 39 f., Rn. 103 f.

794 *Trampler*, S. 40.

795 *Trampler*, S. 91; *Giemulla*, Luftrecht, Skript WS 2010/2011, S. 61; krit. *Graumann*, ZLW 1990, S. 247 ff. (249 ff.).

Luftverkehrs nicht mehr entsprechen konnte.[796] Zwar gewährleistete sie weiterhin die Sicherheit des Luftverkehrs, für die Abwicklung des Luftverkehrs war jedoch eine Flexibilität erforderlich, die die BFS auf der Grundlage ihrer Bindung an das damalige starre Dienst- und Haushaltsrecht nicht mehr darstellen konnte.[797] Der Gesetzgeber war daher der Meinung, dass die BFS nicht mehr in der Lage war, die für eine reibungslose Abwicklung des wachsenden Flugverkehrs notwendige Flexibilität zu bieten und den Anforderungen in der gewünschten Qualität gerecht zu werden.[798]

### *b) Deutsche Flugsicherung GmbH (DFS)*

Eingehende Analysen der vorhandenen Probleme bezüglich der Flexibilität und der Effizienz der Flugsicherung sowie der denkbaren Lösungswege zeigten auf, dass die Schwierigkeiten der zivilen Flugsicherung effizient und nachhaltig nur lösbar wären, wenn die zivile Flugsicherung in einer anderen Organisationsform durchgeführt werden würde.[799] Die Organisation müsse dabei so strukturiert werden, dass die Flugsicherung sowohl auf die zukünftigen Herausforderungen des Luftverkehrs im personellen Sektor als auch auf dem Gebiet der Investitionen rasch und flexibel reagieren könne.[800] Die Bundesregierung strebte daher zur wirksamen und dauerhaften Lösung der Flugsicherungsprobleme an, die Organisationsform der Bundesanstalt für Flugsicherung in die Rechtsform der „GmbH" umzuwandeln, um so eine „größere Attraktivität und Motivation des Personals und größere Handlungsspielräume bei der Entlohnung und bei den Investitionsentscheidungen" zu ermöglichen.[801]

---

796 Deutscher Bundestag, Entwurf eines Zehnten Gesetzes zur Änderung des Luftverkehrsgesetzes, BT-Drs. 11/6745 vom 21.03.1990, S. 13; Deutscher Bundestag, Entwurf eines Gesetzes zur Änderung des Luftverkehrsgesetzes, BT-Drs. 12/1801 vom 11.12.1991, S. 19; *Windthorst*, in: FS für Wilfried Berg, S. 523 ff. (525 f.); *Giemulla*, Luftrecht, Skript WS 2010/2011, S. 61.

797 BT-Drs. 11/6745, S. 1; BT-Drs. 12/1801, S. 1; so auch *Giemulla*, Luftrecht, Skript WS 2010/2011, S. 61; ebenso *Windthorst*, in: FS für Wilfried Berg, S. 523 ff. (525 f.).

798 BT-Drs. 11/6745, S. 20; BT-Drs. 12/1801, S. 19; *Schoch*, S. 35.

799 BT-Drs. 12/1801, S. 13, nämlich durch eine Umwandlung der Organisationsform der Bundesanstalt für Flugsicherung.

800 BT-Drs. 12/1801, S. 13.

801 BT-Drs. 12/1801, S. 13, S. 19.

### *aa) Die Organisationsprivatisierung*

Grundsätzlich meint eine Privatisierung[802] zunächst einmal die Überführung staatlicher Betätigung in private Hände.[803] Bei einer Organisationsprivatisierung bleibt die Aufgabe als solche eine staatliche, dem Bund zugeordnete.[804] Der Staat (bzw. die Gemeinden und sonstigen Kommunalkörperschaften) errichtet zur Wahrnehmung bestimmter Aufgaben der Leistungsverwaltung Eigengesellschaften[805], insbesondere Kapitalgesellschaften wie im Fall der DFS in der Form einer GmbH, deren Anteile er ganz oder teilweise in der Hand behält.[806]

---

802 Es gibt nicht „die" Privatisierung, sondern unterschiedliche Formen und Typen, die zwar tendenziell in die gleiche Richtung zielen und die Verlagerung von Staatsaufgaben in den privatrechtlichen oder auch den privatwirtschaftlichen Bereich bezwecken, aber dennoch erhebliche rechtliche und sachliche Unterschiede aufweisen, so *Maurer*, Juridica International 2009, S. 4 ff. (4 f.); sehr ausf. zur Privatisierung siehe auch *Maurer/Waldhoff*, AllgVerwR, § 23, S. 652 ff., Rn. 62 ff. In der vorliegenden Arbeit sollen lediglich die Organisations- und die Kapitalprivatisierung näher betrachtet werden.

803 *Weiss*, S. 29; *Schoch*, Jura 2008, S. 672 ff. (676); *Windthorst*, in: FS für Wilfried Berg, S. 523 ff. (526).

804 Bei der Organisationsprivatisierung bleibt die Aufgabe dem Bund, dem staatlichen Sektor, zugeordnet, lediglich die Art und Weise ihrer Erfüllung wird einer juristischen Person des Privatrechts übertragen, die allein vom Staat gehalten wird (sog. Eigengesellschaft). Die Verantwortungsstruktur (Erfüllungsverantwortung des Staates) bleibt grundsätzlich unverändert, nur das organisationsrechtliche „Kleid" ändert sich und der Staat behält so die Kontrolle über die zu treffenden Entscheidungen, so *Bues*, S. 7; *Burgi*, S. 61 und S. 76 ff.; *Tams*, NVwZ 2006, S. 1226 ff. (1227); *Uhl*, in: Hobe/v. Ruckteschell, Kölner Kompendium Luftrecht, Bd. 2, S. 945, Rn. 240; *Di Fabio*, JZ 1999, S. 585 ff. (588); *Maurer*, Juridica International 2009, S. 4 ff. (5); *Windthorst*, in: FS für Wilfried Berg, S. 523 ff. (526).

805 Bestes Beispiel einer derartigen Eigengesellschaft ist die DFS Deutsche Flugsicherung GmbH, die als formell privatisierter Verwaltungstrabant am 11.11.1992 mit den in § 27c LuftVG a. F. beschriebenen Flugsicherungsaufgaben beauftragt wurde. Siehe dazu die VO über die Betriebsdienste der Flugsicherung vom 17.12.1992 (FSBetrVO), BGBl. 1992 I vom 23.12.1992, S. 2068 ff., geändert durch Art. 4 des Gesetzes zur Änderung luftverkehrsrechtlicher Vorschriften vom 24.08.2009 (FSDurchführungsVO, BGBl. 2009 I vom 28.08.2009, S. 2942 ff.), diese zuletzt geändert durch Art. 571 Zehnte Zuständigkeitsanpassungsverordnung vom 31.08.2015, BGBl. 2015 I vom 07.09.2015, S. 1474 ff.; *Schoch*, Jura 2008, S. 672 ff. (676).

806 *Schoch*, S. 28; *Bues*, S. 7; siehe generell dazu auch *Osterloh*, VVDStRL 54, 1995, S. 204 ff. (215 ff.); *Weiss*, S. 30; *Maurer/Waldhoff*, AllgVerwR, § 23, S. 653, Rn. 63, der in diesem Zusammenhang von einem „privatrechtlich organisierten Verwaltungsträger" spricht, siehe *Maurer/Waldhoff*, AllgVerwR, § 21, S. 574, Rn. 15 ff.; *Di Fabio*, JZ 1999, S. 585 ff.

Die Bundesregierung legte dem Bundesrat einen Entwurf für ein Zehntes Gesetz zur Änderung des Luftverkehrsgesetzes vor, dessen vorrangiges Ziel die Reorganisation der Flugsicherung war.[807] Es wurde vorgeschlagen, eine GmbH mit der Wahrnehmung der Flugsicherungsaufgaben zu beauftragen, wodurch die Hoheitsaufgaben der Flugsicherung auf eine privatrechtliche Organisation übertragen werden könnten.[808] Aufgrund der Beschränkung in Art. 87d Abs. 1 GG wäre der Bund Alleingesellschafter der GmbH und hätte dadurch jederzeit die Möglichkeit, im Einzelfall einzugreifen.[809] Die GmbH sollte nur mit sogenannten „Exekutivbefugnissen" beliehen werden, das heißt, die GmbH sollte insoweit nach außen Behördencharakter im Sinne des VwVfG besitzen und das Verwaltungsrecht anwenden.[810] Während der Phase der Umstrukturierung der BFS von einer Bundesbehörde in eine privatrechtlich organisierte GmbH kam es in diesem Zusammenhang erstmalig und für die nächsten 15 Jahre letztmalig zu verfassungsrechtlichen Überwerfungen zwischen dem Bundestag und dem Bundespräsidenten.[811] Der eingebrachte Entwurf der Bundesregierung zur Änderung des LuftVG[812] scheiterte 1991 an dem Veto des damaligen Bundespräsidenten *Richard von Weizsäcker*, der die Ausfertigung des Gesetzes[813] verweigerte, weil er das Gesetz insbesondere angesichts des Vorbehalts der Ausübung hoheitlicher Befugnisse durch Angehörige des öffentlichen Dienstes aus Art. 33 Abs. 4 GG für mit dem damaligen Wortlaut des Grundgesetzes unvereinbar erachtete.[814] Außerdem kritisierte er die Verletzung von Art. 87d Abs. 1 GG

(588) nennt es „unechte Privatisierung", weil die Aufgabe beim Staat verbleibt; ähnlich *Burgi*, S. 161 f.

807 Deutscher Bundestag, Entwurf eines Gesetzes zur Änderung des Luftverkehrsgesetzes, BT-Drs. 12/1801 vom 11.12.1991.

808 BT-Drs. 12/1801, S. 13 und S. 19.

809 BT-Drs. 12/1801, S. 13 und S. 19.

810 BT-Drs. 12/1801, S. 13; *Trampler*, S. 55.

811 *Kirchhoff/Boewe*, ZLW 2007, S. 17 ff. (17 ff.).

812 Gesetzentwurf der Bundesregierung vom 21.03.1990, Entwurf eines Zehnten Gesetzes zur Änderung des Luftverkehrsgesetzes, BT-Drs. 11/6745.

813 Zehntes Gesetz zur Änderung des Luftverkehrsgesetzes vom 23.07.1992, BGBl. 1992 I vom 30.07.1992, S. 1370 f.

814 Unterrichtung durch den Bundespräsidenten vom 05.02.1991, Zehntes Gesetz zur Änderung des Luftverkehrsgesetzes – Drs. 11/6745, 11/6779, 11/7339 –, BT-Drs. 12/67, S. 1 f.; *Giemulla*, DVBl. 2007, S. 719 ff. (720); *Kämmerer*, S. 287; *Wieland*, Rechtsgutachten Rechtsfragen der Flugsicherung 2006, S. 32 f.; *Windthorst*, in: FS für Wilfried Berg, S. 523 ff. (526); *Hermes*, in: Dreier, GG, Bd. III, Art. 87d GG, Rn. 4; *ders.*, in: Dreier, GG, Supplementum, Art. 87d, Rn. 4; *Schwenk/Giemulla*, Hdb. des

a. F., der die Staatsaufgabe „Luftverkehrsverwaltung“ und damit auch die Flugsicherung der staatlichen bundeseigenen Verwaltung im Sinne des Art. 86 GG zuweise und eine Organisationsprivatisierung ausschließe.[815] Der Bundespräsident wies ausdrücklich darauf hin, dass die Tätigkeit der Fluglotsen im Rahmen der Flugsicherung trotz technischer Besonderheiten ihrer Rechtsnatur nach sonderpolizeilicher Art sei („Luftpolizei“) und damit im Kern hoheitliche Ausübung öffentlicher Gewalt.[816] Deshalb seien nach Art. 33 Abs. 4 GG die hoheitsrechtlichen Befugnisse der Flugsicherung grundsätzlich von Beamten auszuüben, was jedoch nach dem neuen Gesetz nicht mehr der Fall sei, da hiernach die Flugsicherung ganz oder überwiegend durch Nichtbeamte wahrgenommen würde.[817] Diese Einwände fanden überwiegende Zustimmung, eine Organisationsprivatisierung wurde jedoch weiterhin als erforderlich eingeschätzt.[818]

Für die Organisationsprivatisierung musste Art. 87d Abs. 1 GG schließlich ein neuer Satz 2[819] hinzugefügt werden, demzufolge die Luftfahrtverwaltung des Bundes öffentlich-rechtlich oder privatrechtlich organisiert sein kann.[820] In seiner Sitzung am 30. April 1992 fasste der Bundestag Beschlüsse zur Änderung des Grundgesetzes und des Luftverkehrsgesetzes, denen der Bundesrat

---

Luftverkehrsrechts, Kapitel 2, S. 124 f., Rn. 165; *Giemulla*, Luftrecht, Skript WS 2010/2011, S. 61 f.; siehe auch *Kirchhoff/Boewe*, ZLW 2007, S. 17 ff. (17 ff.).

815 BT-Drs. 12/67, S. 2.

816 BT-Drs. 12/67, S. 1; *Windthorst*, in: FS für Wilfried Berg, S. 523 ff. (527).

817 BT-Drs. 12/67, S. 1 f.; *Wieland*, Rechtsgutachten Rechtsfragen der Flugsicherung 2006, S. 33.

818 *Windthorst*, in: FS für Wilfried Berg, S. 523 ff. (527); dazu auch *Epping*, JZ 1991, S. 1102 ff. (1105 ff.); *Riedel/Schmidt*, DÖV 1991, S. 371 ff. (375).

819 Die Erweiterung um Satz 2 lautete: „Über die öffentlich-rechtliche oder privatrechtliche Organisationsform wird durch Bundesgesetz entschieden.“; *Schladebach*, Luftrecht 2007, S. 182, Rn. 698; *Schwenk/Giemulla*, Hdb. des Luftverkehrsrechts, Kapitel 2, S. 125, Rn. 165.

820 Zu den Gründen siehe im Einzelnen Deutscher Bundestag, Entwurf eines Gesetzes zur Änderung des Grundgesetzes vom 11.12.1991, BT-Drs. 12/1800; Deutscher Bundestag, Beschlussempfehlung und Bericht des Rechtsausschusses (6. Ausschuss), Entwurf eines Gesetzes zur Änderung des Grundgesetzes vom 16.04.1992, BT-Drs. 12/2450; Deutscher Bundestag, Entwurf eines Gesetzes zur Änderung des Luftverkehrsgesetzes vom 11.12.1991, BT-Drs. 1801/92; *Schwenk/Giemulla*, Hdb. des Luftverkehrsrechts, Kapitel 2, S. 125, Rn. 165; *Giemulla*, Luftrecht, Skript WS 2010/2011, S. 62; *Kämmerer*, S. 288; *Hermes*, in: Dreier, GG, Bd. III, Art. 87d, Rn. 5; *ders.*, in: Dreier, GG, Supplementum, Art. 87d, Rn. 5; *Windthorst*, in: FS für Wilfried Berg, S. 523 ff. (527); *Horn*, in: v. Mangoldt/Klein/Starck, Grundgesetz, Bd. 3, Art. 87d GG, Rn. 2.

zustimmte.[821] Der Rechtsausschuss des Bundestages sah schon damals die neue Organisationsform der Flugsicherung in Form einer GmbH als einen „Baustein für eine künftige einheitliche europäische Flugsicherung" an.[822] Erst nach der Änderung des Gesetzeswortlauts fertigte der Bundespräsident das Zehnte Gesetz zur Änderung des Luftverkehrsgesetzes[823] am 23. Juli 1992 aus[824] und ebnete so den Weg für die Organisationsprivatisierung. Zusätzlich wurde in § 31b Abs. 1 S. 1 LuftVG eine Ermächtigung zur Übertragung der Flugsicherungsaufgaben auf ein privates Unternehmen aufgenommen.[825] Dementsprechend wurde das Flugsicherungsrecht reformiert und die Flugsicherung von einer Behörde (Bundesanstalt für Flugsicherung) in die privat-rechtliche Rechtsform der Deutsche Flugsicherung GmbH[826], kurz DFS überführt. Diese hat ihren Sitz in Langen in der Nähe von Frankfurt am Main.[827]

#### *bb) Die Kapitalprivatisierung*

Durch den regulatorischen Neuordnungsbedarf, den das Verordnungspaket zum einheitlichen europäischen Luftraum[828] im April 2004 auslöste, sah sich

---

821 BR-Drs. 325/92 (Beschluss); BR-Drs. 326/92/Beschluss; *Giemulla*, Luftrecht, Skript WS 2010/2011, S. 62.

822 Deutscher Bundestag, Beschlussempfehlung und Bericht des Ausschusses für Verkehr, Entwurf eines Zehnten Gesetzes zur Änderung des Luftverkehrsgesetzes vom 02.04.1992, BT-Drs. 12/2411, S. 23; so auch *Giemulla*, Luftrecht, Skript WS 2010/ 2011, S. 62.

823 Zehntes Gesetz zur Änderung des Luftverkehrsgesetzes vom 23.07.1992, BGBl. 1992 I vom 30.07.1992, S. 1370 ff.

824 Dazu *Kirchhoff/Boewe*, ZLW 2007, S. 17 ff. (18); zu den verfassungsrechtlichen Problemen der Organisationsprivatisierung, die nach der Weigerung des Bundespräsidenten *von Weizsäcker*, das 10. Gesetz zur Änderung des Luftverkehrsgesetzes zu unterzeichnen eine Verfassungsänderung erforderlich machten, siehe auch *Trampler*, S. 95 ff.; *Pabst/Schwartmann*, DÖV 1998, S. 315 f. (315 ff.).

825 *Schladebach*, Luftrecht 2007, S. 182, Rn. 699; *Schwenk/Giemulla*, Hdb. des Luftverkehrsrechts, Kapitel 2, S. 125, Rn. 166; *Windthorst*, in: FS für Wilfried Berg, S. 523 ff. (528).

826 Eingetragen am 19.10.1992 beim Registergericht Offenbach, HRB 8533; aktuell eingetragen seit dem 17.12.2001 beim Registergericht Offenbach, HRB 34977.

827 *Schladebach*, Luftrecht, S. 161, Rn. 124.

828 VO (EG) Nr. 549/2004 des Europäischen Parlaments und des Rates vom 10.03.2004 zur Festlegung des Rahmens für die Schaffung eines einheitlichen europäischen Luftraumes („Rahmen-Verordnung"), ABl. EG Nr. L 96 vom 31.03.2004, S. 1 ff.; VO (EG) Nr. 550/2004 des Europäischen Parlaments und des Rates vom 10.03.2004 über die Erbringung von Flugsicherungsdiensten im einheitlichen europäischen

die Bundesregierung veranlasst, nicht nur die Flugsicherung mit den geänderten europäischen Rahmenbedingungen zu vereinheitlichen, sondern auch die Grundlage einer Kapitalprivatisierung der Deutsche Flugsicherung GmbH zu schaffen.[829] Bei einer Kapitalprivatisierung können Anteile an einem staatlichen Unternehmen, bspw. der Deutsche Flugsicherung GmbH, an private Investoren (teilweise oder vollständig) abgegeben werden.[830] Im Jahr 2005 legte die Bundesregierung den „Entwurf eines Gesetzes zur Neuregelung der Flugsicherung" (FSG-E)[831] vor. Darin legte sie den sich aus den Verordnungen ergebenden Regelungsauftrag zur Wettbewerbsschaffung hinsichtlich der nicht reinen Flugverkehrsdienste so aus, dass die Mitgliedstaaten und damit die nationalen Gesetzgeber zur Umsetzung des SES-Verordnungspaketes auch für einen wirksamen Wettbewerb zwischen den Flugsicherungsdienstleistern zu sorgen hätten.[832] Im Mittelpunkt des „Entwurfs eines Gesetzes zur Neuregelung der Flugsicherung" stand die Möglichkeit der Beleihung von Flugsicherungsorganisationen mit der Wahrnehmung von Flugsicherungsaufgaben.[833] Diesen Flugsicherungsorganisationen sollte die Berechtigung erteilt werden, innerhalb bestimmter Bereiche des Bundesgebiets Flugverkehrsdienste im eigenen Namen in den Handlungsformen des öffentlichen Rechts zu erbringen.[834] Als beliehene und zertifizierte Flugsicherungsorganisation sollte dabei die DFS über einen

---

Luftraum („Flugsicherungsdienste-Verordnung"), ABl. EG Nr. L 96 vom 31.03.2004, S. 10 ff.; VO (EG) Nr. 551/2004 des Europäischen Parlaments und des Rates vom 10.03.2004 über die Ordnung und Nutzung des Luftraumes im einheitlichen europäischen Luftraum („Luftraum-Verordnung"), ABl. EG Nr. L 96 vom 31.03.2004, S. 20 ff.; VO (EG) Nr. 552/2004 des Europäischen Parlaments und des Rates vom 10.03.2004 über die Interoperabilität des europäischen Flugverkehrsmanagementnetzes („Interoperabilitäts-Verordnung"), ABl. EG Nr. L 96 vom 31.03.2004, S. 26 ff.

829 *Wieland*, Rechtsgutachten Rechtsfragen der Flugsicherung 2006, S. 17; *Schladebach*, Luftrecht, S. 161, Rn. 125 ff.

830 *Schoch*, Jura 2008, S. 672 ff. (676); *Kämmerer*, S. 39; *Bues*, S. 7.

831 BR-Drs. 622/05 vom 12.08.2005; das Bundeskabinett hat den Gesetzentwurf am 10.08.2005 beschlossen, siehe Pressemitteilung Nr. 284/2005 des Bundesministeriums für Verkehr, Bau- und Wohnungswesen vom 10.08.2005.

832 BR-Drs. 622/05 vom 12.08.2005, S. 2; *Giemulla*, Luftrecht, Skript WS 2010/2011, S. 65.

833 BR-Drs. 622/05 vom 12.08.2005, S. 3.

834 BR-Drs. 622/05 vom 12.08.2005, S. 3; siehe auch dazu Erwägungsgrund Nummer 5 Flugsicherungsdienste-VO, wonach die Erbringung von Flugverkehrsdiensten mit der Ausübung von hoheitlichen Befugnissen zusammenhängt; ähnlich auch *Langner/Schwenke*, Cep-Studie 2011, S. 15; ebenso *Giemulla*, Luftrecht, Skript WS 2010/2011, S. 65.

Zeitraum von 16 bzw. 20 Jahren eine Monopolstellung für den Großteil der Flugsicherungsdienste einnehmen.[835] Nach Ansicht der Bundesregierung musste die DFS auf die zu erwartende Konsolidierung der europäischen Flugsicherungsorganisationen vorbereitet und ihre Konkurrenzfähigkeit verbessert werden.[836] Um dies zu ermöglichen, sollte die erstmalige Beteiligung privater Kapitalgeber an der DFS in Form einer Kapitalprivatisierung[837] zugelassen werden.[838] Die Verpflichtung des Bundes zur Haltung von 100 % der GmbH-Anteile sollte aufgehoben werden. Zwar sollte die Flugsicherung auch zukünftig einer beliehenen Flugsicherungsorganisation vorbehalten sein, jedoch musste der Bund hieran zukünftig nur noch 25,1 % der Geschäftsanteile (sog. „Sperrminorität") halten, während bis zu 74,9 % der Geschäftsanteile an der Flugsicherungsorganisation durch Verkauf an private Inverstoren hätten übertragen werden können.[839] Nach Ablauf von 20 Jahren hätte sich der Bund auch von seiner Sperrminorität trennen können.[840]

---

835 BR-Drs. 622/05 vom 12.08.2005, S. 53, dort zu § 16 Abs. 3; *Giemulla*, Luftrecht, Skript WS 2010/2011, S. 65.

836 BR-Drs. 622/05 vom 12.08.2005, S. 3; *Giemulla*, Luftrecht, Skript WS 2010/2011, S. 65; ähnlich bei *Windthorst*, in: FS für Wilfried Berg, S. 523 ff. (531 f.).

837 Im Rechtssinne ist dieser Terminus der „Kapitalprivatisierung" wenig brauchbar, da er sehr konturenarm ist. Der Begriff macht nur deutlich, dass privates Kapital in eine vom Staat gehaltene, beherrschte oder mitgetragene, privatrechtlich verfasste Organisation fließen soll. Der Aufgabenbezug, um den es vorliegend geht, wird durch den Begriff „Kapitalprivatisierung" nicht klar, so *Schoch*, S. 27; *Baumann*, DVBl. 2006, S. 332 ff. (335); ähnlich *Giemulla*, Luftrecht, Skript WS 2010/2011, S. 65, Fn. 202.

838 BR-Drs. 622/05 vom 12.08.2005, S. 3; ebenso Gesetzentwurf der Bundesregierung, Entwurf eines Gesetzes zur Neuregelung der Flugsicherung, BT-Drs. 16/240 vom 14.12.2005, S. 2; *Giemulla*, Luftrecht, Skript WS 2010/2011, S. 65.

839 BR-Drs. 622/05 vom 12.08.2005, S. 28; *Giemulla*, DVBl. 2007, S. 719 ff. (720); *Baumann*, in: FS für Rolf Stober, S. 433 ff. (438); *Langner/Schwenke*, Cep-Studie 2011, S. 15; *Windthorst*, in: FS für Wilfried Berg, S. 523 ff. (534); *Schladebach*, Luftrecht, S. 161, Rn. 127; *Müller*, S. 47; *Giemulla*, Luftrecht, Skript WS 2010/2011, S. 65.

840 Der Bundesrechnungshof sprach sich für eine Privatisierung der DFS-Anteile zu 100 % aus und lehnte eine Sperrminorität von 25,1 % wegen haushaltsrechtlicher Risiken, möglicher Interessenkollisionen und eines verminderten Verkaufserlöses ab, da der Bund dann zugleich Regulierer und von der Regulierung Betroffener sei, dazu Deutscher Bundestag, Beschlussempfehlung und Bericht des Ausschusses für Verkehr, Bau und Stadtentwicklung zu dem Gesetzentwurf der Bundesregierung Drs. 16/240, BT-Drs. 16/1161, S. 12; *Giemulla*, DVBl. 2007, S. 719 ff. (720 f.); *Schladebach*, Luftrecht, S. 161, Rn. 127.

In seiner Sitzung am 7. April 2006 nahm der Bundestag den „Entwurf des Gesetzes zur Neuregelung der Flugsicherung“ an[841] und der Bundesrat traf am 19. Mai 2006[842] die Entscheidung, keinen Einspruch gegen das Gesetz zu erheben. Aus verfassungsrechtlichen Gründen sah sich jedoch der damalige Bundespräsident *Horst Köhler* daran gehindert, das Gesetz auszufertigen.[843] Er begründete seine Entscheidung unter anderem damit, dass die durch das Gesetz vorgesehene Kapitalprivatisierung der Deutsche Flugsicherung GmbH (DFS) mit dem damaligen Wortlaut von Art. 87d Abs. 1 S. 2 GG unvereinbar sei.[844] Der Bundespräsident ging davon aus, dass, selbst wenn angenommen würde, dass eine Kapitalprivatisierung der Flugsicherung durch Art. 87d Abs. 1 GG nicht gänzlich ausgeschlossen wäre[845], die im Gesetz vorgesehenen Regelungen über die Beaufsichtigung einer privaten Flugsicherungsorganisation nicht der Gewährleistungsverantwortung gerecht würden, die der Staat für die hoheitliche Aufgabe der Flugsicherung trägt.[846] Das Gesetz könne seiner Meinung nach selbst die Mindestanforderungen aus Art. 87d Abs. 1 GG nicht erfüllen, was alles zusammen genommen schließlich zu einer „evidenten Verfassungswidrigkeit des Gesetzes“ führe.[847]

Die Bundesregierung versuchte anschließend, das „Gesetz zur Neuregelung der Flugsicherung“ auf ein verfassungsrechtlich einwandfreies Fundament zu stellen und das Grundgesetz in den betroffenen Punkten zu ändern.[848] Dieser Versuch wurde jedoch von dem Beschluss des SPD-Parteitages 2007 in Hamburg blockiert, der die Mitglieder der Bundestagsfraktion aufforderte, „keinesfalls

---

841 Gesetzesbeschluss des Deutschen Bundestages, Gesetz zur Neuregelung der Flugsicherung, BR-Drs. 274/06 vom 28.04.2006, S. 1.

842 Beschluss des Bundesrates, Gesetz zur Neuregelung der Flugsicherung, BR-Drs. 274/06 (Beschluss) vom 19.05.2006.

843 Deutscher Bundestag, Unterrichtung durch den Bundespräsidenten, Gesetz zur Neuregelung der Flugsicherung – Drs. 16/240 und 16/1161 – vom 23.10.2006, BT-Drs. 16/3262, S. 1; *Müller*, S. 47; *Giemulla*, Luftrecht, Skript WS 2010/2011, S. 67.

844 BT-Drs. 16/3262 vom 23.10.2006, S. 1; Art. 87d GG alte Fassung lautete: „Die Luftverkehrsverwaltung wird in bundeseigener Verwaltung geführt. Über die öffentlich-rechtliche oder privat-rechtliche Organisationsform wird durch Bundesgesetz entschieden.“

845 So auch *Schoch*, S. 46.

846 BT-Drs. 16/3262, S. 2; *Giemulla*, DVBl. 2007, S. 719 ff. (721); *Schladebach*, Luftrecht, S. 161, Rn. 128.

847 BT-Drs. 16/3262, S. 2 f.; *Tams*, NVwZ 2006, S. 1226 ff. (1226); *Windthorst*, in: FS für Wilfried Berg, S. 523 ff. (532).

848 *Giemulla*, Luftrecht, Skript WS 2010/2011, S. 68.

einer nochmaligen Gesetzesinitiative zur Privatisierung der für die Luftsicherheit und die Lenkung des Flugverkehrs zuständigen Behörde und insbesondere keiner dazu erforderlichen Änderung des Grundgesetzes zuzustimmen."[849] Vorbilder für eine Verfassungsänderung fanden sich in der Bundesverkehrs- und Bundeskommunikationsverwaltung, insbesondere im Vergleich zur Eisenbahnsowie Post- und Telekommunikationsverwaltung, die kurz zuvor ebenfalls Gegenstand von Privatisierungen waren.[850] Die im Zuge der Bahn- und Postreform neu eingefügten Art. 87e GG und Art. 87f GG weichen jedoch in wesentlicher Hinsicht von der Formulierung des Art. 87d GG a. F. ab, denn gemäß Art. 87e Abs. 3 S. 1 GG werden die „Eisenbahnen des Bundes als Wirtschaftsunternehmen in privat-rechtlicher Form geführt", wohingegen die Dienstleistungen im Post- und Telekommunikationswesen gemäß Art. 87f Abs. 2 S. 1 GG als „als privatwirtschaftliche Tätigkeiten durch die aus dem Sondervermögen Deutsche Bundespost hervorgegangenen Unternehmen und durch andere private Anbieter erbracht" werden.[851] Anders als im Fall der Luftverkehrsverwaltung hat der verfassungsändernde Gesetzgeber daher ausdrücklich die privatwirtschaftliche Betätigung der Unternehmen vorgesehen und in der Verfassung ein „Gebot zur Aufgaben- und Organisationsprivatisierung" verankert.[852] Der Vergleich mit Art. 87e GG und Art. 87f GG zeigt somit, dass das Grundgesetz ausdrückliche Regelungen formuliert, wenn nicht nur eine Organisations-, sondern auch eine Kapitalprivatisierung zugelassen werden soll.[853] Daraus ergibt sich im Umkehrschluss für Art. 87d Abs. 1 GG a. F., dass dieser nur die Organisationsprivatisierung zulassen wollte und alle anderen Formen der Privatisierung eine Änderung

849 Beschlussbuch des Parteitags der SPD in Hamburg, 26.–28.10.2007, Antrag I 32, Unterbezirk Essen, Landesverband Nordrhein-Westfalen, S. 163; *Herweg/Zohlnhöfer*, S. 254 ff. (259); selbst, wenn Parteitagsbeschlüsse die Bundestagsmitglieder rechtlich jedenfalls mittelbar in ihrem Abstimmungsverhalten binden würden (was verfassungsrechtlich nicht unumstritten ist), zielte dieser Beschluss seines Wortlauts nach darauf ab, die Privatisierung einer Behörde zu verhindern. Die DFS ist jedoch keine Behörde, sondern ein Unternehmen, sodass dieser Beschluss im Kern keinerlei Auswirkung auf die Kapitalprivatisierung der DFS hat, so *Giemulla*, Luftrecht, Skript WS 2010/2011, S. 68.

850 *Tams*, NVwZ 2006, S. 1226 ff. (1229); dazu ausf. auch *Kämmerer*, S. 292 ff.; *Wieland*, Rechtsgutachten Rechtsfragen der Flugsicherung 2006, S. 34; *Müller*, S. 133 f.; *Maurer/Waldhoff*, AllgVerwR, § 22, S. 614, Rn. 39.

851 *Tams*, NVwZ 2006, S. 1226 ff. (1229).

852 *Tams*, NVwZ 2006, S. 1226 ff. (1229).

853 *Tams*, NVwZ 2006, S. 1226 ff. (1229).

des Grundgesetzes erforderlich machten.[854] Der Bund befand sich also in der unangenehmen Situation, dass das Luftverkehrsgesetz unverändert fortbestand, obwohl dessen Regelungen teilweise den unmittelbar geltenden Bestimmungen des Verordnungspaketes zum einheitlichen europäischen Luftraum widersprachen.[855] Art. 87d GG musste daher erneut geändert werden.

### *c) Änderung von Art. 87d Abs. 1 GG im Jahr 2009*

Um die deutsche Flugsicherung an die geänderte europäische Rechtslage zum einheitlichen europäischen Luftraum entsprechend anzupassen, war eine Änderung des Grundgesetzes zwingend erforderlich.[856] Dazu brachten die Fraktionen der CDU/CSU und SPD am 17. März 2009 den „Entwurf eines Gesetzes zur Änderung des Grundgesetzes (Art. 87d)“[857] in den Bundestag ein. Die Bundesregierung legte am 22. Mai 2009 einen gleichlautenden Entwurf vor.[858] Die vorgeschlagene Änderung[859] bezog sich lediglich auf den ersten Absatz des

---

854 *Tams*, NVwZ 2006, S. 1226 ff. (1229); es ist umstr., ob die im letzten Entwurf des Flugsicherungsgesetzes vorgesehenen Ingerenzrechte zur Durchsetzung des öffentlichen Interesses gegenüber der privatisierten Deutsche Flugsicherung GmbH nach einer Verfassungsänderung ausreichen würden, dazu *Giemulla*, Luftrecht, Skript WS 2010/2011, S. 69; insb. abl. *Schoch*, S. 60 ff.; zustimmend *Wieland*, Rechtsgutachten Rechtsfragen der Flugsicherung 2006, S. 37; Ingerenzrechte sind Kontroll- und Steuerungsrechte, vgl. dazu *Schoch*, S. 47 ff.

855 So verstieß bspw. die ausschließliche Betrauung der DFS gemäß § 31b Abs. 1 LuftVG a. F. i. V. m. der FS-AuftragsVO mit der Wahrnehmung der in § 27c Abs. 2 LuftVG a. F. genannten Flugsicherungsaufgaben gegen Art. 8 und 9 Flugsicherungsdienste-VO, soweit Unterstützungsdienste betroffen waren, *Windthorst*, in: FS für Wilfried Berg, S. 523 ff. (534); *Scherer*, EuZW 2005, S. 268 ff. (270).

856 *Wieland*, Gutachten im Auftrag der DFS 2007, S. 103 ff.; *Giemulla*, DVBl. 2007, S. 719 ff. (725); *Windthorst*, in: FS für Wilfried Berg, S. 523 ff. (538 f.); *Giemulla*, Luftrecht, Skript WS 2010/2011, S. 69; *Schwenk/Giemulla*, Hdb. des Luftverkehrsrechts, Kapitel 5, S. 187, Rn. 40.

857 Deutscher Bundestag, Gesetzentwurf der Fraktionen der CDU/CSU und SPD, Entwurf eines Gesetzes zur Änderung des Grundgesetzes (Art. 87d) vom 17.03.2009, BT-Drs. 16/12280.

858 Deutscher Bundestag, Gesetzentwurf der Bundesregierung, Entwurf eines Gesetzes zur Änderung des Grundgesetzes (Art. 87d) vom 22.05.2009, BT-Drs. 16/13105.

859 BT-Drs. 16/13105, S. 5, schlug folgende Änderung von Art. 87d Abs. 1 GG vor: „(1) Die Luftverkehrsverwaltung wird in Bundesverwaltung geführt, soweit Recht der Europäischen Gemeinschaft nicht entgegensteht. Aufgaben der Flugsicherung können auch durch ausländische Flugsicherungsorganisationen wahrgenommen werden, die

Artikels 87d GG, der nach Ansicht des Bundespräsidenten einer Kapitalprivatisierung und den europäischen Vorgaben entgegenstand.[860] Grundsätzlich sollte der Gesetzentwurf dabei helfen, die verfassungsrechtlichen Voraussetzungen für die europarechtskonforme Ausgestaltung der nationalen Luftverkehrsverwaltung inklusive der deutschen Beteiligung an der Herstellung des einheitlichen europäischen Luftraumes zu schaffen und die Wahrnehmung von Flugsicherungsaufgaben auch durch ausländische Flugsicherungsorganisationen zuzulassen.[861] Bis zu diesem Zeitpunkt war es aufgrund der grundgesetzlichen Vorschriften rechtlich nicht möglich, dass sich die Bundesrepublik Deutschland an dem Konzept der gemeinsamen funktionalen Luftraumblöcke[862] beteiligt, ohne dass die dort von ausländischen Flugsicherungsorganisationen erbrachten Flugsicherungsdienstleistungen unzulässig gewesen wären.[863] Die Wahrnehmung von Flugsicherungsaufgaben durch ausländische Flugsicherungsorganisationen[864] sollte daher ermöglicht werden.[865]

Die Neufassung des Artikels umfasste nun drei Sätze, unter anderem, um den Organisationsspielraum des Gesetzgebers im Hinblick auf den einheitlichen europäischen Luftraum im Bereich der Luftverkehrsverwaltung zu erweitern.[866] Art. 87d Abs. 1 S. 1 GG regelt, dass die Luftverkehrsverwaltung in Bundesverwaltung geführt wird.[867] Art. 87d Abs. 1 S. 2 GG schafft die Option, dass Aufgaben der Flugsicherung auch durch ausländische, nach dem Recht der europäischen Gemeinschaft zugelassene Flugsicherungsorganisationen wahrgenommen

---

nach Recht der Europäischen Gemeinschaft zugelassen sind. Das Nähere regelt ein Bundesgesetz."

860 BT-Drs. 16/13105, S. 5; *Giemulla*, Luftrecht, Skript WS 2010/2011, S. 69.

861 Soweit sie nach europäischem Recht zertifiziert und zugelassen sind, BT-Drs. 16/13105, S. 1.

862 Ausf. dazu Kapitel 9, B. und C.

863 BT-Drs. 16/13105, S. 6 f.; *Giemulla*, Luftrecht, Skript WS 2010/2011, S. 70; siehe auch *Scherer*, EuZW 2005, S. 268 ff. (269 f.).

864 Soweit diese nach europäischem Recht zertifiziert und zugelassen sind.

865 BT-Drs. 16/13105, S. 7; *Windthorst*, in: FS für Wilfried Berg, S. 523 ff. (540); *Giemulla*, Luftrecht, Skript WS 2010/2011, S. 70.

866 *Horn*, in: v. Mangoldt/Klein/Starck, Grundgesetz, Bd. 3, Art. 87d GG, Rn. 3.

867 Art. 87d Abs. 1 S. 1 GG; *Horn*, in: v. Mangoldt/Klein/Starck, Grundgesetz, Bd. 3, Art. 87d GG, Rn. 3g; *Bues*, S. 194; *Windthorst*, in: Sachs, GG Kommentar, Art. 87d, Rn. 6; *Haratsch*, in: Sodan, Grundgesetz, Art. 87d, Rn. 2; *Remmert*, in: Epping/Hillgruber, Kommentar GG, Art. 87d GG, Rn. 3.

werden können.[868] Die konkrete Ausgestaltung bleibt der bundesgesetzlichen Regelung vorbehalten.[869] Die verfassungsrechtlichen Grundlagen für die Beteiligung an der Errichtung eines einheitlichen europäischen Luftraumes, der die Einrichtung funktionaler Luftraumblöcke sowie die Beauftragung ausländischer Flugsicherungsorganisationen zur Wahrnehmung von Flugsicherungsaufgaben auch in der Bundesrepublik Deutschland ermöglichte, waren somit geschaffen.[870] Damit ging jedoch auch die Abkehr von der bisherigen bundeseigenen Hoheitsverwaltung des Luftverkehrs einher.[871] Die Grundgesetzänderung trat schließlich am 1. August 2009 in Kraft.[872]

---

868 Art. 87d Abs. 1 S. 2 GG; *Hüttel*, S. 210; *Horn*, in: v. Mangoldt/Klein/Starck, Grundgesetz, Bd. 3, Art. 87d GG, Rn. 3; *Remmert*, in: Epping/Hillgruber, Kommentar GG, Art. 87d GG, Rn. 7; *Haratsch*, in: Sodan, Grundgesetz, Art. 87d, Rn. 4; sehr ausf. bei *Bues*, S. 240 ff.

869 Art. 87d Abs. 1 S. 3 GG; *Horn*, in: v. Mangoldt/Klein/Starck, Grundgesetz, Bd. 3, Art. 87d GG, Rn. 3; *Windthorst*, in: Sachs, GG Kommentar, Art. 87d, Rn. 27; *Hömig*, in: Hömig/Wolff, Art. 87d GG, Rn. 5.

870 *Risch*, in: Grabherr/Reidt/Wysk, Luftverkehrsgesetz, 14. EL, 2010, § 27c, S. 4, Rn. 2; *Giemulla*, Luftrecht, Skript WS 2010/2011, S. 70; *Remmert*, in: Epping/Hillgruber, Kommentar GG, Art. 87d GG, Rn. 4 ff.; BT-Drs. 16/12280, S. 1.

871 Deutscher Bundestag, Gesetzentwurf der Bundesregierung, Entwurf eines Gesetzes zur Änderung luftverkehrsrechtlicher Vorschriften vom 22.05.2009, BT-Drs. 16/13107, S. 1; ebenso Deutscher Bundestag, Gesetzentwurf der Fraktionen der CDU/CSU und SPD, Entwurf eines Gesetzes zur Änderung luftverkehrsrechtlicher Vorschriften vom 17.03.2009, BT-Drs. 16/12279, S. 1; so auch *Giemulla*, Luftrecht, Skript WS 2010/2011, S. 70.

872 Gesetz zur Änderung des Grundgesetzes (Art. 87d) vom 29.07.2009, BGBl. 2009 I vom 31.07.2009, S. 2247, Art. 87d Abs. 1 GG wurde wie folgt gefasst: „(1) Die Luftverkehrsverwaltung wird in Bundesverwaltung geführt. Aufgaben der Flugsicherung können auch durch ausländische Flugsicherungsorganisationen wahrgenommen werden, die nach Recht der Europäischen Gemeinschaft zugelassen sind. Das Nähere regelt ein Bundesgesetz." Im Zuge des Verfahrens wurden die Wort „soweit Recht der Europäischen Gemeinschaft nicht entgegensteht" in S. 1 des Gesetzesentwurfs gestrichen, da das Gemeinschaftsrecht ohnehin unstreitig Anwendungsvorrang genieße und dies daher keiner zwingenden Erwähnung im Grundgesetz mehr bedürfe, dazu *Windthorst*, in: FS für Wilfried Berg, S. 523 ff. (542); *Hermes*, in: Dreier, GG, Bd. III, Art. 87d, Rn. 42; im Übrigen wurde der Entwurf unverändert übernommen. Siehe dazu Deutscher Bundestag, Beschlussempfehlung und Bericht des Innenausschusses (4. Ausschuss) vom 27.05.2009, BT-Drs. 16/13217, S. 4; *Remmert*, in: Epping/Hillgruber, Kommentar GG, Art. 87d GG, Rn. 16; *Horn*, in: v. Mangoldt/Klein/Starck, Grundgesetz, Bd. 3, Art. 87d GG, Rn. 3.

Art. 87d Abs. 1 GG hat grundsätzlich eine „janusköpfige Stellung“[873] im Verhältnis zum EU-Recht und zum einfachen Gesetzesrecht inne, da er einerseits als nationales Verfassungsrecht bei einem Konflikt mit den Verordnungen zum einheitlichen europäischen Luftraum der Kollisionsregel des Anwendungsvorrangs des Gemeinschaftsrechts unterliegt.[874] Andererseits schränkt er das Luftverkehrsrecht aufgrund des Geltungsvorrangs der Verfassung gemäß Art. 20 Abs. 3 GG unüberwindbar ein und verpflichtet den Bundesgesetzgeber in Art. 87d Abs. 1 S. 3 GG mit der konkreten Gestaltung dieses Rahmens.[875]

### *aa) Bundesverwaltung, Art. 87d Abs. 1 S. 1 GG*

Die Neugestaltung betrifft zunächst Art. 87d Abs. 1 S. 1 a. F. GG. Dieser sah ursprünglich den Verwaltungstypus der bundeseigenen Verwaltung vor.[876] Nach der neuen Fassung wird die Luftverkehrsverwaltung in Bundesverwaltung geführt.[877] Das Wort „Bundesverwaltung“ taucht in der Überschrift des achten Abschnitts des Grundgesetzes auf und bildet einen Oberbegriff für alle typischen und atypischen, öffentlich-rechtlichen Verwaltungseinheiten, deren Tätigkeit organisationsrechtlich unmittelbar bzw. mittelbar dem Bund und nicht den Ländern zuzurechnen sind.[878] Aufgrund der Änderung ist es zulässig, die Luftverkehrsverwaltung auch in Form mittelbarer Selbstverwaltung durchzuführen, bspw. durch die Einbindung von Privaten (natürliche oder juristische Personen)

873 So *Windthorst*, in: FS für Wilfried Berg, S. 523 ff. (538).

874 Siehe dazu insbesondere EuGH, Rs. 26/62, Slg. 1963, S. 1 ff. (1 ff.) (Van Gend & Loos); EuGH, Rs. 6/64, Slg. 1964, S. 1251 ff.(1269 ff.) (Costa/E. N. E. L.); EuGH Rs. 106/77, Slg. 1978, S. 629 ff. (629 ff.), Tz. 17 ff. (Staatliche Finanzverwaltung/SPA Simmenthal); *Windthorst*, in: FS für Wilfried Berg, S. 523 ff. (538); sehr ausf. *Baumann*, Rechtsprechung des EuGH, S. 21 ff.

875 *Windthorst*, in: FS für Wilfried Berg, S. 523 ff. (538 f.).

876 *Hüttel*, S. 210; *Remmert*, in: BeckOK Grundgesetz (2023), Art. 87d, Rn. 4.

877 Art. 87d I 1 GG; *Hüttel*, S. 210; *Bethkenhagen/von Elm/Nitschke*, ZLW 2011, S. 412 ff. (422); *Thiery*, S. 33; *Hermes*, in: Dreier, GG, Bd. III, Art. 87d, Rn. 30; *Bues*, S. 194; *Maurer/Waldhoff*, AllgVerwR, § 22, S. 599 f., Rn. 7; siehe auch https://bmdv.bund.de/SharedDocs/DE/Artikel/LF/organisation-der-luftverkehrsverwaltung.html, zuletzt abgerufen am 26.03.2023.

878 *Remmert*, in: BeckOK Grundgesetz (2023), Art. 87d, Rn. 6; *ders.*, in: Epping/Hillgruber, Kommentar GG, Art. 87d GG, Rn. 5; *Bues*, S. 194; ähnlich bei *Windthorst*, in: FS für Wilfried Berg, S. 523 ff. (539).

in die Bundesverwaltung.[879] Die Gesetzesmaterialien erläutern dazu: „Durch das verfassungsändernde Gesetz wird die Luftverkehrsverwaltung nunmehr allgemein der Bundesverwaltung zugeordnet. Sie bleibt damit Hoheitsaufgabe. Es wird jedoch ermöglicht, Aufgaben der Luftverkehrsverwaltung nicht nur durch Behörden, sondern auch durch mittelbare Bundesverwaltung einschließlich privater Beliehener zu erfüllen."[880]

Die Neufassung des Art. 87d Abs. 1 S. 1 GG sieht die Verwendung privatrechtlicher Organisationsformen nicht mehr ausdrücklich vor, wodurch Bedenken an der Verfassungsmäßigkeit der von § 31b Abs. 1 LuftVG angeordneten Aufgabenwahrnehmung der Flugsicherung durch die Deutsche Flugsicherung GmbH laut werden könnten.[881] Vor dem Hintergrund, dass durch die Neufassung des Art. 87d Abs. 1 GG die Möglichkeiten der Organisationsformen der Luftverkehrsverwaltung eher vergrößert als reduziert werden und die grundsätzliche Existenz der Deutsche Flugsicherung GmbH nicht in Frage gestellt werden sollte, liegt es nahe, dass der Begriff der Bundesverwaltung sich jedenfalls auch auf privatrechtsförmige Eigengesellschaften des Bundes erstreckt.[882] Gegen eine solche formelle (Organisations-)Privatisierung ergeben sich auch aus Art. 86 GG keinerlei Bedenken.[883] Obwohl Art. 86 GG ausdrücklich nur die bundeseigene Verwaltung und die Verwaltung durch bundesunmittelbare Körperschaften und Anstalten des öffentlichen Rechts als Formen der Bundesverwaltung benennt, ist er dennoch so auszulegen, dass er einer privatrechtsförmigen Organisation der Bundesverwaltung nicht grundsätzlich entgegensteht.[884] Vor dem Hintergrund, dass der achte Abschnitt des Grundgesetzes in seiner Überschrift das Wort „Bundesverwaltung" enthält und dieser offenbar als Oberbegriff für die

---

879 *Bethkenhagen/von Elm/Nitschke*, ZLW 2011, S. 412 ff. (422); *Hermes*, in: Dreier, GG, Bd. III, Art. 87d, Rn. 15; *ders.*, in: Dreier, GG, Supplementum, Art. 87d, Rn. 15; *Windthorst*, in: FS für Wilfried Berg, S. 523 ff. (539).

880 Deutscher Bundestag, Gesetzentwurf der Bundesregierung, Entwurf eines Gesetzes zur Änderung des Grundgesetzes (Art. 87d) vom 22.05.2009, BT-Drs. 16/13105, S. 6.

881 *Remmert*, in: BeckOK Grundgesetz (2023), Art. 87d, Rn. 6; *ders.*, in: Epping/Hillgruber, Kommentar GG, Art. 87d GG, Rn. 6 f.

882 *Remmert*, in: BeckOK Grundgesetz (2023), Art. 87d, Rn. 6; *Hüttel*, S. 211; *Horn*, in: v. Mangoldt/Klein/Starck, Grundgesetz, Bd. 3, Art. 87d GG, Rn. 26; *Haratsch*, in: Sodan, Grundgesetz, Art. 87d, Rn. 3; *Bues*, S. 198.

883 *Horn*, in: v. Mangoldt/Klein/Starck, Grundgesetz, Bd. 3, Art. 87d GG, Rn. 26.

884 *Horn*, in: v. Mangoldt/Klein/Starck, Grundgesetz, Bd. 3, Art. 87d GG, Rn. 26; *Remmert*, in: BeckOK Grundgesetz (2023), Art. 87d, Rn. 6; *ders.*, in: Epping/Hillgruber, Kommentar GG, Art. 87d GG, Rn. 6; *Bues*, S. 196 ff.

in Art. 86 GG genannten Formen der Verwaltung des Bundes verwendet wird, so gestattet Art. 87d Abs. 1 S. 1 GG n. F. wenigstens die Führung der Luftverkehrsverwaltung in bundeseigener Verwaltung und durch bundesunmittelbare Körperschaften oder Anstalten des öffentlichen Rechts.[885] Auch Beliehene[886], die vom Bund mit der Wahrnehmung von Aufgaben der Luftverkehrsverwaltung betraut sind, sind vom der Begriff der Bundesverwaltung umfasst.[887] Aus der parallelen Durchführung des Gesetzgebungsverfahrens für das „Gesetz zur Änderung luftverkehrsrechtlicher Bestimmungen"[888] lässt sich schließen, dass die Existenz der Deutsche Flugsicherung GmbH nicht in Zweifel gezogen werden sollte.[889] Ebenso wie Art. 87d GG trat dieses Gesetz am 4. August 2009 in Kraft. Es betrifft insbesondere § 31b Abs. 1 S. 1 LuftVG, worin bestimmt wird, dass „vorbehaltlich des Luftverkehrsrechts der Europäischen Union und der Regelung von § 31f LuftVG […] mit der Wahrnehmung der in § 27c Abs. 2 S. 1 Nr. 1 genannten Aufgaben nur eine Flugsicherungsorganisation in Form einer Gesellschaft mit beschränkter Haftung beauftragt [wird], deren Anteile ausschließlich vom Bund gehalten werden."[890]

#### *bb) Flugsicherung durch ausländische Flugsicherungsorganisationen, Art. 87d Abs. 1 S. 2 GG*

Art. 87d Abs. 1 S. 2 GG bestimmt verfassungsunmittelbar, dass Aufgaben der Flugsicherung auch durch ausländische Flugsicherungsorganisationen wahrgenommen werden können, die nach dem Recht der Europäischen Gemeinschaft

---

885 *Remmert*, in: BeckOK Grundgesetz (2023), Art. 87d, Rn. 5; *ders.*, in: Epping/Hillgruber, Kommentar GG, Art. 87d GG, Rn. 5; *Horn*, in: v. Mangoldt/Klein/Starck, Grundgesetz, Bd. 3, Art. 87d GG, Rn. 23 ff.; *Hüttel*, S. 211; *Bues*, S. 194.

886 Siehe dazu BT-Drs. 16/13105, S. 6.

887 *Remmert*, in: BeckOK Grundgesetz (2023), Art. 87d, Rn. 6; *ders.*, in: Epping/Hillgruber, Kommentar GG, Art. 87d GG, Rn. 6; *Horn*, in: v. Mangoldt/Klein/Starck, Grundgesetz, Bd. 3, Art. 87d GG, Rn. 29.

888 Deutscher Bundestag, Gesetzentwurf der Fraktionen CDU/CSU und SPD, Entwurf eines Gesetzes zur Änderung luftverkehrsrechtlicher Vorschriften, BT-Drs. 16/12279 vom 17.03.2009; Deutscher Bundestag, Beschlussempfehlung und Bericht des Ausschusses für Verkehr, Bau und Stadtentwicklung (15. Ausschuss) vom 27.05.2009, BT-Drs. 16/13213.

889 *Remmert*, in: BeckOK Grundgesetz (2023), Art. 87d, Rn. 6.1; *ders.*, in: Epping/Hillgruber, Kommentar GG, Art. 87d GG, Rn. 6.1; siehe auch *Bues*, S. 199.

890 § 31b Abs. 1 S. 1 LuftVG; *Remmert*, in: Epping/Hillgruber, Kommentar GG, Art. 87d GG, Rn. 6.1.

zugelassen sind.[891] Diese Bestimmung dient einerseits der verfassungsrechtlichen Absicherung der in grenznahen Gebieten geübten Praxis, die Flugsicherung auch ausländische Flugsicherungsorganisationen durchführen zu lassen[892] und forciert andererseits die Schaffung des Single European Sky.[893] Durch diese Möglichkeit soll demnach ein verfassungsrechtlicher Weg eröffnet werden, um die zukünftige Ordnung der Flugsicherung im deutschen Luftraum „europatauglich" zu gestalten.[894] Nach der Idee des einheitlichen europäischen Luftraumes werden die Luftverkehrsdienste zukünftig von zertifizierten Flugsicherungsorganisationen erbracht, die von den jeweiligen Mitgliedstaaten als Dienstleister benannt wurden.[895] Durch Art. 87d Abs. 1 S. 2 GG soll ein Konflikt mit Art. 8 Abs. 2 Flugsicherungsdienste-VO vermieden werden, der die Wahrnehmung von Flugsicherungsaufgaben durch zertifizierte ausländische Flugsicherungsorganisationen ausdrücklich vorsieht.[896]

Die in Art. 87d Abs. 1 S. 2 GG verwendeten Begrifflichkeiten „Flugsicherung" und „Flugsicherungsorganisationen" sind geprägt vom europäischen Recht der Verordnungen zum einheitlichen europäischen Luftraum.[897] Art. 87d Abs. 1 S. 2 GG bezieht sich nur auf die „Aufgaben der Flugsicherung", nicht jedoch auf alle Gegenstände der Luftverkehrsverwaltung und damit auf die Begriffsdefinition der Flugsicherungsdienste in Art. 2 Nr. 4 Rahmen-VO.[898] Art. 87d Abs. 1 S. 2

---

891 Art. 87d Abs. 1, S. 2 GG; ebenso *Horn*, in: v. Mangoldt/Klein/Starck, Grundgesetz, Bd. 3, Art. 87d GG, Rn. 30; *Hüttel*, S. 210 f.; *Windthorst*, in: FS für Wilfried Berg, S. 523 ff. (540); *Bues*, S. 235; *Remmert*, in: Epping/Hillgruber, Kommentar GG, Art. 87d GG, Rn. 7; siehe auch https://bmdv.bund.de/SharedDocs/DE/Artikel/LF/organisation-der-luftverkehrsverwaltung.html, zuletzt abgerufen am 26.03.2023.

892 Deutlich wurde der Handlungsbedarf insb. aufgrund des Luftverkehrsunfalls von Überlingen, dazu LG Konstanz, Urteil v. 27.07.2006, Az. 4 O 234/05.

893 *Haratsch*, in: Sodan, Grundgesetz, Art. 87d, Rn. 4; *Remmert*, in: BeckOK Grundgesetz (2023), Art. 87d, Rn. 8 f.; *ders.*, in: Epping/Hillgruber, Kommentar GG, Art. 87d GG, Rn. 9 f.; *Windthorst*, in: Sachs, GG Kommentar, Art. 87d, Rn. 20; ähnlich bei *Schwenk/Giemulla*, Hdb. des Luftverkehrsrechts, Kapitel 5, S. 188, Rn. 41.

894 *Hermes*, in: Dreier, GG, Bd. III, Art. 87d, Rn. 4.

895 Siehe dazu Art. 8 Abs. 1 Flugsicherungsdienste-VO; Art. 2 Nr. 11 Rahmen-VO definiert die Flugverkehrsdienste.

896 Art. 8 Abs. 2 Flugsicherungsdienste-VO; BT-Drs. 16/13105, S. 6; *Windthorst*, in: FS für Wilfried Berg, S. 523 ff. (540).

897 *Horn*, in: v. Mangoldt/Klein/Starck, Grundgesetz, Bd. 3, Art. 87d GG, Rn. 31; *Remmert*, in: BeckOK Grundgesetz (2023), Art. 87d, Rn. 8 f.; *ders.*, in: Epping/Hillgruber, Kommentar GG, Art. 87d GG, Rn. 7 f.

898 Auch wenn dies im Gesetzgebungsverfahren nicht explizit dargelegt wird, so *Bues*, S. 240; ähnlich *Horn*, in: v. Mangoldt/Klein/Starck, Grundgesetz, Bd. 3, Art. 87d GG,

GG umfasst dementsprechend die Flugverkehrsdienste, die Kommunikations-, Navigations- und Überwachungsdienste, die Flugwetterdienste sowie die Flugberatungsdienste.[899] Gemäß Art. 2 Nr. 5 Rahmen-VO bezeichnet der Begriff „Flugsicherungsorganisation" eine öffentliche oder private Stelle, die Flugsicherungsdienste für den allgemeinen Luftverkehr erbringt. Die im Unionsrecht vorgenommene Unterscheidung von Flugsicherungsorganisationen wird durch Art. 87d Abs. 1 S. 2 GG reflektiert.[900] Die EU strebt an, ein einheitliches, unionsweites und strukturiertes Flugsicherungssystem durch die einzelnen Mitgliedstaaten zu etablieren, in dem die mitgliedstaatliche Aufsicht der Durchführung und die Durchführung der Flugsicherung an sich voneinander getrennt werden.[901] Art. 87d Abs. 1 S. 2 GG schließt dabei nicht die Beaufsichtigung der jeweiligen Flugsicherungsorganisationen durch nationale Aufsichtsbehörden oder durch die Verkehrsflussregelung ein.[902]

### *cc) Konflikt des Art. 87d S. 1 GG*

Art. 87d Abs. 1 GG wird von einem Grundkonflikt durchzogen, da sich hier diverse ordnungspolitische Entwürfe begegnen.[903] Grundsätzlich weist Art. 87d Abs. 1 S. 1 GG die Luftverkehrsverwaltung der Bundesverwaltung zu. Die Luftverkehrsverwaltung kann und soll nach dem Verständnis des verfassungsändernden Gesetzgebers eine Hoheitsaufgabe sein, die auch zukünftig hoheitlich geführt wird.[904] Gleichzeitig erkennt der Gesetzgeber jedoch an, dass sich im Bereich der Flugsicherung Schwierigkeiten bezüglich divergierenden EU-Rechts ergeben können.[905] Schließlich können Flugsicherungsorganisationen entsprechend den Vorgaben der Verordnungen zum einheitlichen europäischen Luftraum auch private Stellen sein, die Flugsicherungsdienste für den allgemeinen

---

Rn. 31; *Remmert*, in: BeckOK Grundgesetz (2023), Art. 87d, Rn. 7; *ders.*, in: Epping/Hillgruber, Kommentar GG, Art. 87d GG, Rn. 7.

899 Laut der Definition der Flugsicherungsdienste in Art. 2 Nr. 4 Rahmen-VO; *Bues*, S. 240.

900 *Remmert*, in: BeckOK Grundgesetz (2023), Art. 87d, Rn. 8; *ders.*, in: Epping/Hillgruber, Kommentar GG, Art. 87d GG, Rn. 8.

901 *Remmert*, in: BeckOK Grundgesetz (2023), Art. 87d, Rn. 8; *ders.*, in: Epping/Hillgruber, Kommentar GG, Art. 87d GG, Rn. 8.

902 *Bues*, S. 240; *Windthorst*, in: FS für Wilfried Berg, S. 523 ff. (541 f.); *Hüttel*, S. 211.

903 *Windthorst*, in: FS für Wilfried Berg, S. 523 ff. (541 f.); *Hüttel*, S. 211; ähnlich bei *Horn*, in: v. Mangoldt/Klein/Starck, Grundgesetz, Bd. 3, Art. 87d GG, Rn. 7 f.

904 BT-Drs. 16/13105, S. 6; *Windthorst*, in: FS für Wilfried Berg, S. 523 ff. (541).

905 BT-Drs. 16/13105, S. 6 f.; *Windthorst*, in: FS für Wilfried Berg, S. 523 ff. (541).

Flugverkehr erbringen.[906] Ein Teil dieser Dienste muss privatwirtschaftlich zu Marktbedingungen organisiert werden.[907] Um mögliche Widersprüche zu vermeiden, wurde die Öffnungsklausel des Art. 87d Abs. 1 S. 2 GG aufgenommen.[908] Insbesondere wirft die Konstellation nun aber die Frage auf, wie das Erfordernis der Bundesverwaltung aus Art. 87d Abs. 1 S. 1 GG mit der Möglichkeit der Aufgabenübertragung auf ausländische Flugsicherungsorganisationen in Art. 87d Abs. 1 S. 2 GG zueinander im Verhältnis steht.[909] Eigens vor dem Hintergrund der verfassungsrechtlich denkbaren und vom Unionsrecht ausdrücklich vorgesehenen Wahrnehmung von Flugsicherungsaufgaben durch ausländische Flugsicherungsorganisationen kommt der Einordnung der Flugsicherungsaufgaben erhebliche Bedeutung bezüglich der Frage zu, ob und auch wie diese ausländischen Flugsicherungsorganisationen in die deutsche Luftverkehrsverwaltung integriert werden sollen.[910] Insbesondere betrifft dieses Problem die hoheitlichen Flugverkehrs(kontroll-)dienste, die aktuell als Ausübung von Staatsgewalt und nur unter bestimmten Voraussetzungen von Privaten erbracht werden dürfen.[911] Als Ansatz wird dabei grundsätzlich die Idee eines Gleichrangigkeitsverhältnisses oder eines Spezialitätsverhältnisses verfolgt.[912]

---

906 Art. 2 Nummer 5 Rahmen-VO; BT-Drs. 16/13105, S. 7; *Windthorst*, in: FS für Wilfried Berg, S. 523 ff. (541).

907 Erwägungsgrund Nummer 13 Flugsicherungsdienste-VO; BT-Drs. 16/13105, S. 7; *Windthorst*, in: FS für Wilfried Berg, S. 523 ff. (541); *Bues*, S. 96.

908 BT-Drs. 16/13105, S. 6 f.; *Windthorst*, in: FS für Wilfried Berg, S. 523 ff. (541); *Windthorst*, in: Sachs, GG Kommentar, Art. 87d, Rn. 23; *Hömig*, in: Hömig/Wolff, Art. 87d GG, Rn. 4.

909 *Bues*, S. 240 ff.; *Remmert*, in: Epping/Hillgruber, Kommentar GG, Art. 87d GG, Rn. 11 f.; *Horn*, in: v. Mangoldt/Klein/Starck, Grundgesetz, Bd. 3, Art. 87d GG, Rn. 8 f.; *Windthorst*, in: FS für Wilfried Berg, S. 523 ff. (541); *Hermes*, in: Dreier, GG, Bd. III, Art. 87d, Rn. 27; *ders.*, in: Dreier, GG, Supplementum, Art. 87d, Rn. 27.

910 *Hermes*, in: Dreier, GG, Bd. III, Art. 87d GG, Rn. 27; *ders.*, in: Dreier, GG, Supplementum, Art. 87d, Rn. 27; *Bues*, S. 240.

911 *Bues*, S. 240; *ders.* S. 196 ff., 222 ff.

912 *Bues*, S. 240, der darin ein Regel-Ausnahme-Verhältnis sieht; *Remmert*, in: Epping/Hillgruber, Kommentar GG, Art. 87d GG, Rn. 11 ff.; *Windthorst*, in: Sachs, GG Kommentar, Art. 87d, Rn. 23; *Hermes*, in: Dreier, GG, Bd. III, Art. 87d, Rn. 44; *Horn*, in: v. Mangoldt/Klein/Starck, Grundgesetz, Bd. 3, Art. 87d GG, Rn. 8, spricht anstelle des Gleichrangigkeitsverhältnisses von einem Unterfall des Art. 87d Abs. 1 S. 2 GG zu Art. 87d Abs. 1 S. 1 GG und von einer eigenständigen Alternative.

### *(1) Gleichrangigkeitsverhältnis*

Eines der Argumente, die für ein Gleichrangigkeitsverhältnis zwischen Art. 87d Abs. 1 S. 1 GG und Art. 87d Abs. 1 S. 2 GG angeführt werden, ist der Wortlaut des ersten Satzes.[913] Danach wird die Luftverkehrsverwaltung in Bundesverwaltung geführt.[914] Der verfassungsändernde Gesetzgeber geht davon aus, „die Luftverkehrsverwaltung einschließlich der Flugsicherung kann und soll danach grundsätzlich weiterhin in den Handlungsformen der Bundesverwaltung geführt werden."[915] Es findet weder eine Unterscheidung zwischen grenzüberschreitender und rein nationaler Flugsicherung noch eine terminologische Unterscheidung zwischen den Flugsicherungsaufgaben und der Luftverkehrsverwaltung statt.[916] Grundsätzlich ist die Flugsicherung somit in Bundesverwaltung zu führen.[917] Stehen Art. 87d Abs. 1 S. 1 GG und Art. 87d Abs. 1 S. 2 GG gleichrangig nebeneinander, so ist eine Einbeziehung ausländischer Flugsicherungsorganisationen nur zulässig, wenn ihre Tätigkeiten dem Bund organisationsrechtlich mittelbar oder unmittelbar zugerechnet werden können.[918] Dazu muss ein Gesetz im Sinne von Art. 87d Abs. 1 S. 3 GG eine entsprechende Organleihe, Verwaltungshilfe, Beleihung oder ein öffentlich-rechtliches Mandat[919] vorsehen und gewährleisten, dass die ausländische Organisation in der dafür notwendigen Art und Weise in die deutschen Weisungs- und Aufsichtsstrukturen integriert

---

913 *Bues*, S. 241; *Hüttel*, S. 211 f.

914 Art. 87d Abs. 1 S. 1 GG.

915 BT-Drs. 16/13105, S. 6.

916 *Bues*, S. 241.

917 *Bues*, S. 241.

918 *Remmert*, in: BeckOK Grundgesetz (2023), Art. 87d, Rn. 11; *ders.*, in: Epping/Hillgruber, Kommentar GG, Art. 87d GG, Rn. 11; *Bues*, S. 240 f.; *Hüttel*, S. 211; *Windthorst*, in: Sachs, GG Kommentar, Art. 87d, Rn. 23; *Schwenk/Giemulla*, Hdb. des Luftverkehrsrechts, Kapitel 5, S. 188, Rn. 41.

919 Es ist eine Frage der Terminologie, ob von Organleihe, Verwaltungshilfe, Beleihung oder öffentlich-rechtlichem Mandat gesprochen wird. Die Begriffe der Verwaltungshilfe und Beleihung werden grds. verwendet, wenn privatrechtlich organisierte Rechtssubjekte selbständig oder unselbständig Verwaltungsaufgaben eines staatlichen Rechtsträgers ausführen, so *Remmert*, in: BeckOK Grundgesetz (2023), Art. 87d, Rn. 11.1; *ders.*, in: Epping/Hillgruber, Kommentar GG, Art. 87d GG, Rn. 11.1; a. A. *Hermes*, in: Dreier, GG, Bd. III, Art. 87d, Rn. 43, Fn. 146, der diesen Vorschlag als inkonsequent ansieht, da damit die Grenzen zulässiger Formen der Bundesverwaltung überschritten würden; mehr zur Rechtsfigur der Beleihung siehe Kapitel 7, A., III., 3.

wird.[920] Daneben spricht auch die systematische Nähe von Art. 87d Abs. 1 S. 1 und Art. 87d Abs. 2 S. 2 GG als Argument dafür, dass die Einbeziehung ausländischer Organisationen in die Durchführung der Flugsicherungsaufgaben nicht davon entbindet, dass die Luftverkehrsverwaltung Bundesverwaltung und damit dem Bund zurechenbar sein muss.[921]

### *(2) Spezialitätsverhältnis*

In systematischer Hinsicht deutet die Formulierung von Art. 87d Abs. 1 S. 1 GG und Art. 87d Abs. 1 S. 2 GG in einem Regel-Ausnahme-Verhältnis auf ein Spezialitätsverhältnis hin.[922] Während in Art. 87d Abs. 1 S. 1 GG die Bundesverwaltung geregelt wird, legt Art. 87d Abs. 1 S. 2 GG die Ausnahme für die ausländischen Flugsicherungsorganisationen fest.[923] Geht man von einer speziellen Regelung des Art. 87d Abs. 1 S. 2 GG zu Art. 87d Abs. 1 S. 1 GG aus, wäre es nach dem deutschen Verfassungsrecht zulässig, die Flugsicherungsaufgaben auch auf solche ausländische Flugsicherungsorganisationen zu übertragen, die in keiner Weise durch deutsche staatliche Stellen kontrolliert oder gesteuert werden.[924] Die Flugsicherung ist zwar (materiell) ein Teil der Luftverkehrsverwaltung, ausländische Flugsicherungsorganisationen müssen und sollen jedoch (organisatorisch) kein Teil der Bundesverwaltung sein.[925] Die Tätigkeiten ausländischer Flugsicherungsorganisationen werden dieser Ansicht nach (im Wege der materiellen Aufgabenprivatisierung[926]) grundsätzlich aus der Bundesverwaltung ausgeklammert und können somit durch den Bundesgesetzgeber einem völlig anderen Kontroll-, Weisungs- und Aufsichtsregime untergeordnet

---

920 *Remmert*, in: Epping/Hillgruber, Kommentar GG, Art. 87d GG, Rn. 11; ähnlich *Windthorst*, in: Sachs, GG Kommentar, Art. 87d, Rn. 23 f.

921 *Remmert*, in: Epping/Hillgruber, Kommentar GG, Art. 87d GG, Rn. 12.

922 *Bues*, S. 243.

923 *Bues*, S. 243; *Horn*, in: v. Mangoldt/Klein/Starck, Grundgesetz, Bd. 3, Art. 87d GG, Rn. 8; *Windthorst*, in: Sachs, GG Kommentar, Art. 87d, Rn. 23.

924 *Horn*, in: v. Mangoldt/Klein/Starck, Grundgesetz, Bd. 3, Art. 87d GG, Rn. 8 ff.; *Hömig*, in: Hömig/Wolff, Art. 87d, Rn. 4; ähnlich *Hermes*, in: Dreier, GG, Bd. III, Art. 87d, Rn. 42 ff.; *ders.*, in: Dreier, Supplementum, 87d GG, Rn. 42 ff.; *Bues*, S. 242 f.; *Hüttel*, S. 211.

925 *Horn*, in: v. Mangoldt/Klein/Starck, Grundgesetz, Bd. 3, Art. 87d GG, Rn. 8; ähnlich *Hermes*, in: Dreier, GG, Bd. III, Art. 87d, Rn. 44; krit. dazu *Hüttel*, S. 219, der dazu die Frage aufwirft: „Wenn nicht (Bundes-)Verwaltung, was dann?".

926 So *Bues*, S. 241; vgl. auch *Horn*, in: v. Mangoldt/Klein/Starck, GG III (2010), Art. 87d, Rn. 12.

werden.[927] Schließlich kann es auch bei einer großzügigen Interpretation des Begriffs der „Bundesverwaltung" nur schwer gelingen, eine ausländische Flugsicherungsorganisation zu einem Beliehenen deutschen Rechts zu machen oder auf einem anderen Wege in die „Bundesverwaltung" zu integrieren.[928] Die Öffnung für ausländische Flugsicherungsorganisationen beinhaltet dieser Ansicht nach daher gleichzeitig, dass insofern keine Bundesverwaltung mehr stattfinden muss.[929]

Ein weiteres Argument für ein striktes Spezialitätsverhältnis ergibt sich aus den Gesetzesmaterialien, wonach „eine Öffnung der grundsätzlich hoheitlich organisierten Luftverkehrsverwaltung geboten ist"[930] und eine Abweichung vom Grundsatz der (bundes-)hoheitlich organisierten Luftverkehrsverwaltung ausgedrückt wird.[931] Dazu wird jedoch auch angeführt, dass dies für einen Teil der Flugsicherungsdienste bereits durch das Europarecht vorgegeben ist, da die Unterstützungsdienste[932] entsprechend den Verordnungen zum einheitlichen europäischen Luftraum zu Marktbedingungen als privatwirtschaftliche Dienstleistungen erbracht werden sollen.[933] Für die Erbringung der Flugverkehrsdienste

927 *Bues*, S. 241 ff.; *Horn*, in: v. Mangoldt/Klein/Starck, Grundgesetz, Bd. 3, Art. 87d GG, Rn. 10, 32; a. A. *Remmert*, in: Epping/Hillgruber, Kommentar GG, Art. 87d GG, Rn. 11 ff.

928 *Hermes*, in: Dreier, GG, Bd. III, Art. 87d, Rn. 44; *Hobe/Plingen*, ZLW 2007, S. 349 ff. (362).

929 *Horn*, in: v. Mangoldt/Klein/Starck, Grundgesetz, Bd. 3, Art. 87d GG, Rn. 8.

930 BT-Drs. 16/13105, S. 7.

931 *Horn*, in: v. Mangoldt/Klein/Starck, Grundgesetz, Bd. 3, Art. 87d GG, Rn. 9; *Bues*, S. 243, der weiter ausführt, dass sich diese Aussage lediglich auf den nur hinsichtlich der grenzüberschreitenden Flugsicherung umgesetzten Art. 8 Abs. 2 Flugsicherungsdienste-VO bezieht, der Art. 87d Abs. 1 GG als zwingendes Recht vorgeht. Aus den Gesetzesmaterialen sei nicht ersichtlich, dass daraus eine Aussage bezüglich des Verhältnisses von Art. 87d Abs. 1 S. 1 GG zu Art. 87d Abs. 1 S. 2 GG beabsichtigt war; a. A. *Hüttel*, S. 217, der diesen Abschnitt lediglich auf den „serviceorientierten" Ausschnitt des flugsicherungsdienstlichen Aufgabenkanons bezieht, nicht hingegen auf die Flugsicherung durch ausländische Organisationen in der kompletten Bandbreite des Beschäftigungsfeldes. Zur Untermauerung verweist er insb. auf BT-Drs. 16/13105, S. 6 f.

932 Die Kommunikations-, Navigations-, Überwachungsdienste (CNS-Dienste) werden unter dem Oberbegriff der „Unterstützungsdienste" zusammengefasst. Die CNS-Dienste werden nach geltendem EU-Recht nicht mehr als hoheitliche Aufgabe ausgestaltet, BT-Drs. 16/13105, S. 7.

933 Erwägungsgrund Nummer 13 Flugsicherungsdienste-VO; BT-Drs. 16/13105, S. 7; BT-Drs. 16/13107, S. 9; BT-Drs. 16/12279, S. 1; *Horn*, in: v. Mangoldt/Klein/Starck,

findet sich eine solche Vorgabe zur Privatisierung in den SES-Verordnungen nicht, so dass diese zukünftig behördlich oder durch andere öffentlich-rechtlich beauftragte in- oder ausländische Flugsicherungsorganisationsformen erbracht werden können.[934] Insbesondere steht das Unionsrecht einer privatwirtschaftlich organisierten Flugsicherung nicht entgegen, zumal die Verordnungen zum einheitlichen europäischen Luftraum bestimmte Vorkehrungen[935] festhalten.[936]

Dieser Ansicht nach kann nicht angenommen werden, dass der Verfassungsgeber mit der Normierung des Art. 87d Abs. 1 S. 2 GG eine Verpflichtung des Gesetzgebers verbunden hat, die Wahrnehmung von Flugsicherungsaufgaben durch ausländische Flugsicherungsorganisationen organisationsrechtlich als Teil der Bundesverwaltung auszugestalten.[937] Innerhalb des europarechtlichen Regelungsspielraumes verbleibt die Entscheidung über das „Ob" und eventuell auch das „Wie" der Eingliederung in die Bundesverwaltung gemäß Art. 87d Abs. 1 S. 3 GG grundsätzlich Sache des Bundesgesetzgebers.[938]

### *(3) Konklusion*

Gegen ein Gleichrangigkeitsverhältnis spricht, dass eine solche Integration ausländischer Privatrechtssubjekte in die deutsche Bundesverwaltung rechtlich nicht möglich ist, da die Aufsichts- und Kontrollbefugnisse, die unter anderem aus dem Demokratieprinzip erwachsen, territorial begrenzt und gegenüber einer ausländischen Flugsicherungsorganisation nur schwer durchsetzbar sind.[939] Auch aus den Gesetzesmaterialien lässt sich nicht klar entnehmen, dass Art. 87d Abs. 1 S. 2 GG eine materielle Privatisierung bzw. eine komplette Ausgliederung aus der Bundesverwaltung bewirkt[940], wenn es dort heißt: „Da bei

---

Grundgesetz, Bd. 3, Art. 87d GG, Rn. 9; siehe auch *Remmert*, in: Epping/Hillgruber, Kommentar GG, Art. 87d GG, Rn. 15.1 f.; *Ronellenfitsch/Maier*, Rechtsgutachten, S. 15; *Giemulla*, Luftrecht, Skript WS 2010/2011, S. 71.

934 Vgl. § 27c Abs. 2 S. 1 Nr. 1 i. V. m. §§ 31b Abs. 6, 31f Abs. 1 LuftVG; *Horn*, in: v. Mangoldt/Klein/Starck, Grundgesetz, Bd. 3, Art. 87d GG, Rn. 9.

935 Etwa das Zertifizierungserfordernis der Flugsicherungsorganisationen. Der Zertifizierungsprozesses wird gem. Art. 7 Flugsicherungsdienste-VO geregelt.

936 *Horn*, in: v. Mangoldt/Klein/Starck, Grundgesetz, Bd. 3, Art. 87d GG, Rn. 9; siehe auch *Hömig*, in: Hömig/Wolff, Art. 87d GG, Rn. 4.

937 *Horn*, in: v. Mangoldt/Klein/Starck, Grundgesetz, Bd. 3, Art. 87d GG, Rn. 9; *Bues*, S. 243.

938 *Horn*, in: v. Mangoldt/Klein/Starck, Grundgesetz, Bd. 3, Art. 87d GG, Rn. 9.

939 *Bues*, S. 242; *Hermes*, in: Dreier, GG, Bd. III, Art. 87d, Rn. 44; *Hobe/Plingen*, ZLW 2007, S. 349 ff. (362).

940 *Bues*, S. 244.

ausländischen Organisationen die für eine Beleihung notwendige Einbindung in die staatliche Verwaltung nicht in gleicher Weise möglich ist wie bei inländischen Stellen, bedarf ihre Zulassung einer besonderen Ausgestaltung der öffentlich-rechtlichen Aufsichts-, Kontroll- und Steuerungsrechte für die zivile und die zivil-militärische Flugsicherung."[941] Daraus folgt, dass der Gesetzgeber anerkennt, dass die Beleihung ausländischer Privatrechtssubjekte aufgrund der an sie zu stellenden verfassungsrechtlichen Anforderungen nicht darstellbar ist.[942] Art. 87d Abs. 1 S. 2 GG kann somit nicht als gleichrangig zu Art. 87d Abs. 1 S. 1 GG verstanden werden.[943]

Aber auch das Verständnis des Spezialitätsverhältnisses begegnet diversen Einwänden. Sowohl die Entstehungsgeschichte und der Wortlaut („können auch") als auch die Stellung des Art. 87d Abs. 1 S. 2 GG demonstrieren, dass sich Art. 87d Abs. 1 S. 2 GG auf Art. 87d Abs. 1 S. 1 GG bezieht und von der im ersten Satz angeordneten Bundesverwaltung Abweichungen für die Aufgaben der Flugsicherung erlaubt.[944] Art. 87d Abs. 1 S. 2 GG soll bezüglich des geltenden und sich stetig wandelnden Unionsrechts gewährleisten, dass dessen Vorgaben[945] Rechnung getragen wird, ohne den Rahmen der grundgesetzlich zulässigen Gestaltungen zu sprengen.[946] Daher kann Art. 87d Abs. 1 S. 2 GG keine losgelöste und eigenständige Bestimmung zu Art. 87d Abs. 1 S. 1 GG bilden, sondern beide sind vielmehr untrennbar miteinander verbunden.[947]

Dagegen spricht jedoch, dass es selbst bei einer großzügigen Auslegung des Begriffes „Bundesverwaltung" kaum gelingen kann, ausländische Flugsicherungsorganisationen tatsächlich zu Beliehenen deutschen Rechts zu machen oder sie auf eine andere Art und Weise in einen Teil der Bundesverwaltung zu integrieren.[948] Ein Festhalten an uneingeschränkten Steuerungs- und

---

941 BT-Drs. 16/13105, S. 7.

942 *Bues*, S. 244.

943 *Hermes*, in: Dreier, GG, Bd. III, Art. 87d, Rn. 44; *Horn*, in: v. Mangoldt/Klein/Starck, Grundgesetz, Bd. 3, Art. 87d GG, Rn. 8; ähnlich *Bues*, S. 244; a. A. *Remmert*, in: Epping/Hillgruber, Kommentar GG, Art. 87d GG, Rn. 11; ähnlich *Windthorst*, in: Sachs, GG Kommentar, Art. 87d, Rn. 23.

944 *Windthorst*, in: FS für Wilfried Berg, S. 523 ff. (543).

945 Soweit diese von der nach Art. 87d Abs. 1 S. 1 GG weiterhin von der hoheitlich wahrzunehmenden Luftverkehrsverwaltung abweichen.

946 *Windthorst*, in: FS für Wilfried Berg, S. 523 ff. (543).

947 *Windthorst*, in: FS für Wilfried Berg, S. 523 ff. (543).

948 *Hermes*, in: Dreier, GG, Bd. III, Art. 87d, Rn. 44; *Hobe/Plingen*, ZLW 2007, S. 349 ff. (362).

Kontrollbefugnissen deutscher „Bundesverwaltung" ist mit dem europäischen Entwurf kooperativer Aufsicht zweier[949] Mitgliedstaaten über die jeweilige Flugsicherungsorganisation nicht vereinbar.[950] Der verfassungsändernde Gesetzgeber strebt mit der Europäisierung der Flugsicherung gleichermaßen eine Umverteilung zwischen unternehmerisch wahrzunehmenden Obliegenheiten und hoheitlichen Aufgaben an und will ebenso die funktionale Privatisierung der Flugsicherung ermöglichen, deren Kontrolle sich die Mitgliedstaaten teilen.[951] Das „Ob" und das „Wie" der Eingliederung in die Bundesverwaltung obliegt daher innerhalb des verbleibenden unionsrechtlichen Regelungsspielraumes entsprechend Art. 87d Abs. 1 S. 3 GG dem Bundesgesetzgeber.[952]

Die verfassungsrechtlichen Grenzen einer Einschaltung ausländischer Flugsicherungsorganisationen im deutschen Luftraum müssen grundsätzlich aus Art. 87d Abs. 1 S. 2 GG gewonnen werden.[953] Sie lassen sich sowohl aus dem unionsrechtlichen Begriff der Flugsicherungsorganisation[954] mit seiner spezifischen Aufgabenumschreibung als auch aus der erforderlichen Zulassung nach Unionsrecht ableiten.[955] Die Auslegung von Art. 87d Abs. 1 S. 2 GG muss daher mit Bezug auf die Verordnungen zum einheitlichen europäischen Luftraum erfolgen, die die Voraussetzungen näher definieren.[956] Das gilt ebenfalls für die sich anschließenden Fragen, nach welchem rechtlichen Regime und in welchem Verhältnis zu den Hoheitsrechten des Mitgliedstaates, in dem die ausländische Flugsicherungsorganisation ihren Sitz hat, die Kontroll- und Aufsichtsrechte deutscher Stellen gegenüber der ausländischen Flugsicherungsorganisation bestehen müssen.[957] Auch dahingehend hat das Unionsrecht einen Rahmen geschaffen, indem es auf der Grundlage der funktionalen Trennung von Aufsichtsbehörden und Flugsicherungsorganisationen sowohl eine Vereinbarung zwischen den beiden betroffenen Mitgliedstaaten als auch Regelungen vorsieht,

---

949 Oder auch mehrerer Mitgliedstaaten.

950 *Hermes*, in: Dreier, GG, Bd. III, Art. 87d, Rn. 44; a. A. *Remmert*, in: Epping/Hillgruber, Kommentar GG, Art. 87d GG, Rn. 12.

951 *Hermes*, in: Dreier, GG, Bd. III, Art. 87d, Rn. 44.

952 *Horn*, in: v. Mangoldt/Klein/Starck, Grundgesetz, Bd. 3, Art. 87d GG, Rn. 9.

953 *Hermes*, in: Dreier, GG, Bd. III, Art. 87d, Rn. 45.

954 Laut Art. 2 Nummer 5 Rahmen-VO bezeichnet eine „Flugsicherungsorganisation" eine öffentliche oder private Stelle, die Flugsicherungsdienste für den allgemeinen Flugverkehr erbringt.

955 *Hermes*, in: Dreier, GG, Bd. III, Art. 87d, Rn. 45.

956 *Hermes*, in: Dreier, GG, Bd. III, Art. 87d, Rn. 45.

957 *Hermes*, in: Dreier, GG, Bd. III, Art. 87d, Rn. 45.

die in Zusammenarbeit der beiden nationalen Aufsichtsbehörden auszuarbeiten sind.[958] Die Einbindung in nationale Aufsichtsstrukturen bedeutet daher nicht gleichzeitig die Einbindung in staatliche Verwaltungsstrukturen.[959] Die Grundzüge der kooperativen Ausübung der Aufsicht sind in einem Vertrag zwischen den betroffenen Mitgliedstaaten zu regeln, während die Einzelheiten[960] durch Verwaltungsvereinbarungen zwischen den beiden nationalen Aufsichtsbehörden ausgehandelt werden sollten.[961] Es kann somit nicht angenommen werden, dass dem Begriff der „Bundesverwaltung" einerseits bestimmte Aufgaben der Luftverkehrsverwaltung von Verfassungswegen in (bundes-)hoheitlicher Verwaltungsform zugeordnet werden, aber andererseits ein besonderes staatliches Aufsichts-, Kontroll- und Weisungsregime für ausreichend erachtet wird, um auch private Flugsicherungsorganisationen der Bundesverwaltung zuzurechnen.[962]

Die Unterschiede beider Ansichten fallen daher nur ins Gewicht, sofern das Unionsrecht in Zukunft ausschließlich auf eine privatwirtschaftliche Organisationsform der Flugsicherungsdienste setzen wird und/oder die Integration ausländischer Organisationen in nationale Aufsichtsstrukturen abschaffen würde.[963] Folgt man dabei der Idee des Gleichrangigkeitsverhältnisses, würde eine Kollision zwischen Art. 87d Abs. 1 GG und dem Unionsrecht entstehen, die grundsätzlich durch den Anwendungsvorrang des Unionsrecht gelöst werden könnte.[964] Folgt man dem Ansatz des Spezialitätsverhältnisses, entstünde eine solche Kollision von vorneherein nicht.[965] Eine grundsätzliche Relativierung traditioneller Souveränitätskonzepte und Entwicklung eines neuen Souveränitätsverständnisses, insbesondere der Lufthoheit[966], geht damit einher.[967]

958 Art. 2 Flugsicherungsdienste-VO; *Hermes*, in: Dreier, GG, Bd. III, Art. 87d, Rn. 45; *Horn*, in: v. Mangoldt/Klein/Starck, Grundgesetz, Bd. 3, Art. 87d GG, Rn. 10.

959 *Horn*, in: v. Mangoldt/Klein/Starck, Grundgesetz, Bd. 3, Art. 87d GG, Rn. 10.

960 Zu denen insbesondere eine „Vereinbarung über die gegenseitige Anerkennung der Aufsichtstätigkeit" gehört, vgl. Art. 2 Flugsicherungsdienste-VO.

961 *Hermes*, in: Dreier, GG, Bd. III, Art. 87d, Rn. 45.

962 *Horn*, in: v. Mangoldt/Klein/Starck, Grundgesetz, Bd. 3, Art. 87d GG, Rn. 10; a. A. *Remmert*, in: Epping/Hillgruber, Kommentar GG, Art. 87d GG, Rn. 11 ff.; *Windthorst*, in: Sachs, GG Kommentar, Art. 87d, Rn. 23 ff.

963 *Remmert*, in: Epping/Hillgruber, Kommentar GG, Art. 87d GG, Rn. 12.2.

964 *Remmert*, in: Epping/Hillgruber, Kommentar GG, Art. 87d GG, Rn. 12.2.

965 *Remmert*, in: Epping/Hillgruber, Kommentar GG, Art. 87d GG, Rn. 12.2.

966 Siehe dazu ausf. Kapitel 2, B., II., 2.

967 *Hermes*, in: Dreier, GG, Bd. III, Art. 87d, Rn. 45; *Hüttel*, S. 134 ff.; *Bues*, S. 66 ff.

Diese Anpassung des Art. 87d GG an die Vorgaben des EU-Rechts etablierte schließlich unter Berücksichtigung vorrangigen Europarechts eine Bundesverwaltung, die die Option vorsieht, Flugsicherungsaufgaben an jede nach dem Recht der Europäischen Gemeinschaft zugelassene Flugsicherungsorganisation zu übertragen.[968] Auf einfachgesetzlicher Ebene werden so die Grundlagen geschaffen, um zukünftig neben einem bundeseigenen Unternehmen wie bspw. der DFS Deutsche Flugsicherung GmbH oder einer supranationalen Organisation (bspw. EUROCONTROL) auf Basis eines völkerrechtlichen Vertrages gemäß Art. 24 GG auch andere, nach dem Recht der Europäischen Gemeinschaft zertifizierte Flugsicherungsorganisationen in die Luftverkehrsverwaltung des Bundes zu integrieren.[969] Diese verfassungsrechtlichen Vorgaben mussten auf der Ebene des einfachen Gesetzesrechts angepasst werden, weshalb durch die Fraktionen von CDU/CSU und SPD am 17. März 2009[970] und durch die Bundesregierung am 22. Mai 2009[971] der gleichlautende „Entwurf eines Gesetzes zur Änderung luftverkehrsrechtlicher Vorschriften" in den Bundestag eingebracht wurde.[972] Diese Entwürfe zielten auf die Anpassung und Erweiterung des Luftverkehrsgesetzes ab, um die Voraussetzungen für eine europarechtskonforme Ausgestaltung der Flugsicherung zu ermöglichen.[973] Vor allem sollte klargestellt werden, dass die Unterstützungsdienste[974] der Flugsicherung und auch die Flugberatungsdienste[975] nicht mehr als Hoheitsaufgaben des Bundes qualifiziert werden, sondern in Einklang mit Europarecht nun auch von Unternehmen im Rahmen ihrer marktwirtschaftlichen Leistung wahrgenommen werden

968 BT-Drs. 16/13107, S. 1; BT-Drs. 16/12279, S. 1.

969 BT-Drs. 16/13107, S. 1; BT-Drs. 16/12279, S. 1; siehe dazu auch *Remmert*, in: Epping/Hillgruber, Kommentar GG, Art. 87d GG, Rn. 12; *Risch*, in: Grabherr/Reidt/Wysk, Luftverkehrsgesetz, 14. EL, 2010, § 27c, S. 3, Rn. 2; *Giemulla*, Luftrecht, Skript WS 2010/2011, S. 70.

970 BT-Drs. 16/12279.

971 Deutscher Bundestag, Gesetzentwurf der Bundesregierung, Entwurf eines Gesetzes zur Änderung luftverkehrsrechtlicher Vorschriften vom 22.05.2009, BT-Drs. 16/13107.

972 BT-Drs. 16/13107, S. 1; BT-Drs. 16/12279, S. 1 ff.

973 BT-Drs. 16/13107, S. 1; BT-Drs. 16/12279, S. 1.

974 Kommunikations-, Navigations- und Überwachungsdienste (CNS-Dienste).

975 Im Englischen „Aeronautical Information Service", kurz: AIS-Dienste.

können.[976] Die Gesetzesänderungen wurden weitestgehend unverändert[977] beschlossen und traten am 29. August 2009[978] in Kraft.

### 2. *Trennung von Flugsicherung und Aufsicht*

Die Verordnungspakete zum Single European Sky setzen verschiedene Rahmenbedingungen, innerhalb derer die Flugsicherung in Europa stattfinden soll.[979] Ein zentraler Punkt ist unter anderem die Unabhängigkeit der nationalen Aufsichtsbehörden von den Flugsicherungsorganisationen und die Sicherstellung dieser Unabhängigkeit durch Gewährleistung einer ausreichenden Trennung der nationalen Aufsichtsbehörden von den Flugsicherungsorganisationen.[980] Die betrieblichen Aufgaben, die von zertifizierten[981] Flugsicherungsorganisationen[982], die nicht zwangsläufig Behörden sein müssen, erbracht werden, und den über diese wachenden nationalen Stellen, die hingegen Behörden sein müssen, werden danach getrennt.[983]

---

976 BT-Drs. 16/13107, S. 9; BT-Drs. 16/12279, S. 1; siehe auch *Remmert*, in: Epping/Hillgruber, Kommentar GG, Art. 87d GG, Rn. 15.1 f.; *Ronellenfitsch/Maier*, Rechtsgutachten, S. 15; *Giemulla*, Luftrecht, Skript WS 2010/2011, S. 71.

977 Deutscher Bundestag, Beschlussempfehlung und Bericht des Ausschusses für Verkehr, Bau und Stadtentwicklung (15. Ausschuss) vom 27.05.2009, BT-Drs. 16/13213.

978 Gesetz zur Änderung luftverkehrsrechtlicher Vorschriften vom 24.08.2009, BGBl. 2009 I vom 28.08.2009, S. 2942 ff.

979 *Stutz*, in: Hobe/v. Ruckteschell, Kölner Kompendium Luftrecht, Bd. 2, S. 900, Rn. 15.

980 Art. 4 Abs. 2 Rahmen-VO; Stellungnahme der Kommission gem. Art. 251 Abs. 2 Unterabs. 3 lit. c) EG-Vertrag, zu den Abänderungen des Europäischen Parlaments an dem gemeinsamen Standpunkt des Rates betreffend die Vorschläge für eine Verordnung des Europäischen Parlaments und des Rates zur Festlegung des Rahmens für die Schaffung eines einheitlichen europäischen Luftraumes, Verordnung des Europäischen Parlaments und des Rates über die Erbringung von Flugsicherungsdiensten im einheitlichen europäischen Luftraum, Verordnung des Europäischen Parlaments und des Rates über die Ordnung und Nutzung des Luftraumes im einheitlichen europäischen Luftraum, Verordnung des Europäischen Parlaments und des Rates über die Interoperabilität des europäischen Flugverkehrsmanagementnetzes vom 27.08.2003, KOM(2003) 514 endgültig, S. 4; dazu auch *Hobe/Irmen/Plingen*, Air & Space Law 2007, S. 168 ff. (174 f.); *Ronellenfitsch/Maier*, Rechtsgutachten, S. 16; *Horn*, in: v. Mangoldt/Klein/Starck, Grundgesetz, Bd. 3, Art. 87d GG, Rn. 3c; so auch *Bues*, S. 80.

981 Siehe zur Zertifizierung von Flugsicherungsorganisationen ausf. Kapitel 7, A., II., 2., b).

982 Bezüglich der Flugsicherungsorganisationen siehe ausf. Kapitel 7, A., III.

983 *Stutz*, in: Hobe/v. Ruckteschell, Kölner Kompendium Luftrecht, Bd. 2, S. 900, Rn. 15; *Giemulla*, DVBl. 2007, S. 719 ff. (724).

Auf diese europarechtlich vorgegebene Trennung von Aufsicht und Flugsicherung wird im Zusammenhang mit den Verordnungen zum einheitlichen europäischen Luftraum ausführlich eingegangen. An dieser Stelle soll dieses Thema daher nicht näher behandelt werden und sei hier nur kurz der Vollständigkeit halber im Zusammenhang erwähnt.

## D. Zusammenfassung des Kapitels

Die Luftverkehrsgesetzgebung besteht aus einem komplizierten Geflecht internationaler und nationaler Vorschriften. Die Grundlage des internationalen Rechtsrahmens für den zivilen Luftverkehr und die Flugsicherung wurde durch das Abkommen über die Internationale Zivilluftfahrt (Chicagoer Abkommen) von 1944 geschaffen und durch die Rechtssetzung der ICAO weiter ausgeführt. Es gilt als die wichtigste internationale Rechtsquelle für die Regelung des globalen Luftverkehrs. Neben der Koordinierung der Zivilluftfahrt durch die Staaten organisieren sich auch die Luftverkehrsunternehmen international durch die International Air Transport Association (IATA) als Nachfolgerin der bereits 1919 gegründeten Vorgängerorganisation namens „International Air *Traffic* Association“. Die IATA ist eine internationale Körperschaft mit der Aufgabe, die Interessen des gewerblichen Luftverkehrs weltweit zu vertreten.

Abgesehen von dem internationalen Rechtsrahmen spielt auch der europäische Rechtsrahmen eine bedeutende Rolle. Die ersten europäischen Bemühungen um eine multilaterale Koordinierung des Luftverkehrs in Europa reichen bis ins Jahr 1951 zurück, als der Beratenden Versammlung des Europarates unterschiedliche Vorschläge zur Realisierung dieses Zieles vorlagen. Es wurde eine Konferenz zur Koordinierung des Luftverkehrs in Europa abgehalten und eine Empfehlung zur Gründung der European Civil Aviation Conference (ECAC) verabschiedet. Die ECAC verfolgt die gleichen Ziele wie die ICAO, allerdings mit einem europäischen Akzent. Ihrer Satzung nach bemüht sie sich um die Entwicklung eines sicheren, effizienten und nachhaltigen europäischen Lufttransportsystems und die Harmonisierung der entsprechenden Gesetzgebung der Mitgliedstaaten.

Ein weiterer wichtiger Akteur im europäischen Rechtsrahmen ist die Europäische Organisation zur Sicherung der Luftfahrt (EUROCONTROL). Nach anfänglichen Schwierigkeiten und hemmenden Souveränitätsängsten der Staaten hat sich EUROCONTROL heute als zwischenstaatliche Organisation zur zentralen Koordination der Luftverkehrskontrolle in Europa etabliert. Die Organisation kümmert sich sowohl um administrative als auch um operative Aufgabenbereiche. All diese Organisationen und Abkommen wären allerdings wertlos, wenn sie nicht in die Struktur der Europäischen Union eingebettet wären. Die Europäische Union wird gemäß Art. 5 Abs. 2 AEUV innerhalb der Grenzen ihrer Zuständigkeiten tätig, die die EU-Mitgliedstaaten ihr zur Verwirklichung der im EUV und AEUV niedergelegten Ziele übertragen haben. Im Bereich des Luftverkehrs wird die Europäische Union von der Europäischen Agentur für Flugsicherheit (EASA) unterstützt. Die EASA legt ihr Hauptaugenmerk auf die Schaffung und Aufrechterhaltung eines einheitlichen hohen Niveaus des zivilen Flugsicherheits- und des Umweltstandards in Europa.[984] Dazu berät sie unter anderem die Unionsorgane fachlich bei der Erarbeitung neuer Rechtsvorschriften und der Überwachung von Sicherheitsvorschriften, zum Beispiel durch Kontrollen in den Mitgliedstaaten.

Daneben spielt auch der nationale Rechtsrahmen eine Rolle, da die internationalen und europäischen Vorgaben auch auf der nationalen Ebene beachtet und umgesetzt werden müssen. Entsprechend Art. 87d Abs. 1 S. 1 GG wird die Luftverkehrsverwaltung in Bundesverwaltung geführt, allerdings können den Ländern gemäß Art. 87d Abs. 2 GG Aufgaben der Luftverkehrsverwaltung durch Bundesgesetz als Auftragsverwaltung übertragen werden. Die Luftfahrtverwaltung dient hauptsächlich der Etablierung eines Rahmens für die sichere Luftraumnutzung und einem sicheren Ablauf des Luftverkehrs. Die Aufgaben des Bundes werden gemäß § 31 LuftVG vom Bundesministerium für Verkehr und digitale Infrastruktur (BMVI)[985] oder einer von ihm bestimmten Stelle übernommen. Ihm untersteht das Luftfahrtbundesamt (LBA), das sich vor allem um die Gefahrenabwehr für die Luftfahrtsicherheit und die öffentliche Sicherheit und Ordnung kümmert. Das Bundesaufsichtsamt für Flugsicherung (BAF) wurde neu geschaffen, da die Verordnungen zum einheitlichen europäischen Luftraum die funktionale Trennung von nationalen Aufsichtsbehörden und Flugsicherungsorganisationen fordern. Das BAF hat die Aufsicht über die Flugsicherungsorganisationen vom BMDV übernommen und insbesondere dafür Sorge zu tragen, dass die Flugsicherungsorganisationen die für sie geltenden Bestimmungen und einen hohen Sicherheitsstandard einhalten. Die Aufsicht über die militärischen Flugsicherungsorganisationen wird in der Bundesrepublik Deutschland seit dem 1. Januar 2015 hingegen unter weitgehender

984 Art. 1 VO (EU) Nr. 2018/1139.

985 Ehemals, und in einigen Gesetzestexten auch noch so benannt, das „Bundesministerium für Verkehr und Infrastruktur“ (BMVI), nun „Bundesministerium für Digitales und Verkehr“, kurz BMDV.

Anwendung der SES-Verordnungen durch das Luftfahrtbundesamt der Bundeswehr (LufABw) wahrgenommen.

Neben den Ländern, die im Auftrag des Bundes durch die Ausführung unterschiedlicher Verwaltungsaufgaben tätig werden, werden auch private Stellen mit der Luftverkehrsverwaltung beauftragt. Dazu zählen verschiedene Bevollmächtigte, bspw. der Flughafenkoordinator, die Beauftragten für Luftsport und die Deutsche Flugsicherung GmbH (DFS). Die DFS war ursprünglich nach dem Zweiten Weltkrieg und nach der Wiedererlangung der Lufthoheit als Bundesanstalt für Flugsicherung (BFS) gegründet worden und durchlief im Laufe der Jahre mehrere Versuche, um ihre Organisations- und Rechtsform zu ändern. Schließlich wurde im Jahr 1992 die DFS Deutsche Flugsicherung GmbH formal gegründet. Im Jahr 2004 beschloss die Bundesregierung die Kapitalprivatisierung der DFS, wobei nur eine Sperrminorität an Anteilen im Bundeseigentum verbleiben sollte. Dadurch sollte dem Verordnungspaket zum einheitlichen europäischen Luftraum Rechnung getragen werden. Der damalige Bundespräsident *Köhler* verweigerte jedoch die Ausfertigung des entsprechenden Gesetzes, das die Kapitalprivatisierung ermöglichen sollte, weil er dieses für nicht mit dem Grundgesetz vereinbar hielt. Im Jahr 2009 wurde das Grundgesetz schließlich geändert. Dadurch wurde der Weg freigemacht, um die Rahmenbedingungen der Verordnungen zum einheitlichen europäischen Luftraum umzusetzen. Diese umfassen insbesondere die Erbringung von Flugsicherungsaufgaben durch ausländische, nach europäischem Recht zertifizierte Flugsicherungsorganisationen und die Schaffung der funktionalen Luftraumblöcke.

# Kapitel 4: Entwicklung der Luftraumsituation in der Europäischen Union

Ehe auf das Verordnungspaket zum einheitlichen europäischen Luftraum eingegangen wird, soll zunächst die Gesamtsituation des Luftraumes in Europa beleuchtet werden. Die Probleme des europäischen Luftraumes und der Flugsicherung werden anhand verschiedener Daten zum europäischen Flugverkehr sowie eines Vergleichs mit der Organisation des Luftraumes der Vereinigten Staaten von Amerika (USA) veranschaulicht. Das US-amerikanische Flugverkehrsmanagement ist grundsätzlich zweimal so effizient wie das der Europäischen Union und bewältigt zu ähnlichen Kosten mit einem Drittel der Anzahl an Kontrollzentren die doppelte Anzahl an Flügen.[986]

Anschließend wird die chronologische Entwicklung anhand der wichtigsten und entscheidendsten Dokumente des einheitlichen europäischen Luftraumes bis hin zu dem ersten Verordnungspaket aus dem Jahr 2004 dargestellt. Schließlich werden die unterschiedlichen kompetenzrechtlichen Grundlagen der Europäischen Union dargelegt, auf die sich die Errichtung des einheitlichen europäischen Luftraumes stützen kann.

---

986 Stellungnahme des Europäischen Wirtschafts- und Sozialausschusses zu dem Vorschlag für eine Verordnung des Europäischen Parlaments und des Rates zur Änderung der VO (EG) Nr. 216/2008 in Bezug auf Flugplätze, Flugverkehrsmanagement und Flugsicherungsdienste, dem Vorschlag für eine Verordnung des Europäischen Parlaments und des Rates zur Verwirklichung des einheitlichen europäischen Luftraums (Neufassung) und der Mitteilung der Kommission an das Europäische Parlament, den Rat, den Europäischen Wirtschafts- und Sozialausschuss und den Ausschuss der Regionen: Beschleunigte Verwirklichung des einheitlichen europäischen Luftraums, ABl. EU Nr. C 170 vom 05.06.2014, S. 116, 118; ebenso Pressemitteilung der Europäischen Kommission „Einheitlicher europäischer Luftraum: Kommission legt Maßnahmenpaket zur Steigerung der Effizienz vor“ vom 11.06.2013, S. 3. Ferner: Vergleich der US-amerikanischen und europäischen Flugsicherung, https://www.forschungsinformationssystem.de/servlet/is/107509/, zuletzt abgerufen am 17.02.2023.

## A. Hintergrund

Seit 1996 verfolgt die Europäische Kommission das Ziel, das ineffektive mitgliedstaatlich organisierte Luftraummanagement durch ein europäisches System zu ersetzen.[987] Daher wurde ein „Maßnahmenprogramm zur Schaffung eines einheitlichen europäischen Luftraumes“[988] begonnen. Bei der Umsetzung war eine aktive Rolle der Europäischen Gemeinschaft vorgesehen,[989] die infolgedessen im Jahr 2002 dem EUROCONTROL-Übereinkommen beitrat.[990] Im Jahr 2004 wurden schließlich mit dem Verordnungspaket zum einheitlichen europäischen Luftraum[991] (Single European Sky, kurz SES) die

---

987 KOM(96) 57; *Droege*, DÖV 2006, S. 861 ff. (862).

988 Mitteilung der Kommission an den Rat und das Europäische Parlament: Maßnahmenprogramm zur Schaffung eines einheitlichen europäischen Luftraumes und Vorschlag für eine Verordnung des Europäischen Parlaments und des Rates zur Festlegung des Rahmens für die Schaffung eines einheitlichen europäischen Luftraumes, KOM(2001) 123 endgültig vom 10.10.2001.

989 Vorschlag für einen Beschluss des Rates über den Abschluss des Protokolls über den Beitritt der Europäischen Gemeinschaft zur Europäischen Organisation zur Sicherung der Luftfahrt (EUROCONTROL) durch die Europäische Gemeinschaft vom 24.09.2003, KOM(2003) 555 endgültig, S. 3; sollte nachfolgend gem. dem Wortlaut der Rechtsakte der EG (EU) und des nationalen Rechts von EG-Recht gesprochen werden, ist seit dem Inkrafttreten des Vertrages von Lissabon damit in der Sache EU-Recht gemeint, siehe dazu insb. Art. 1, Art. 47 EU.

990 Protokoll über den Beitritt der Europäischen Gemeinschaft zum Internationalen Übereinkommen vom 13.12.1960 über Zusammenarbeit zur Sicherung der Luftfahrt „EUROCONTROL“ entsprechend den verschiedenen vorgenommenen Änderungen in der Neufassung des Protokolls vom 27.06.1997, ABl. EG Nr. L 304 vom 30.09.2004, S. 210 ff.; die Besonderheit der Mitgliedschaft der EG bei EUROCONTROL ist, dass neben der EG auch ihre Mitgliedstaaten Parteien des EUROCONTROL-Übereinkommens sind, ausf. dazu *Hobe/Kunzmann/Reuter/Neumann*, S. 267 f.; außerdem *Hobe*, in: Hatje/Müller-Graff (Hrsg.), Europäisches Organisations- und VerfassungsR, § 42, S. 1793, Rn. 38 ff.; der Beitritt zu EUROCONTROL wird auch von den Verordnungen zum einheitlichen europäischen Luftraum als wichtiger Faktor für die Schaffung eines einheitlichen europäischen Luftraumes gewertet, siehe Erwägungsgrund Nummer 13 Rahmen-VO.

991 VO (EG) Nr. 549/2004 des Europäischen Parlaments und des Rates vom 10.03.2004 zur Festlegung des Rahmens für die Schaffung eines einheitlichen europäischen Luftraumes, ABl. EG Nr. L 96 vom 31.03.2004, S. 1 („Rahmenverordnung“); VO (EG) Nr. 550/2004 des Europäischen Parlaments und des Rates vom 10.03.2004 über die Erbringung von Flugsicherungsdiensten im einheitlichen europäischen Luftraum, ABl. EG Nr. L 96 vom 31.03.2004, S. 10 („Flugsicherungsdienste-Verordnung“);

Rahmenbedingungen zur Verwirklichung der Ziele des einheitlichen und hohen Sicherheitsniveaus im Flugverkehr festgeschrieben.[992]

## I. Verkehrspolitik in der Europäischen Union

Die Verwirklichung der gemeinsamen Verkehrspolitik in der Europäischen Union strebt grundsätzlich ein leistungsstarkes Luftverkehrssystem an, das eine sichere und geregelte Luftverkehrsabwicklung ermöglicht.[993] Dazu gehört die optimale Nutzung des europäischen Luftraumes ebenso wie ein einheitliches hohes Sicherheitsniveau des Flugverkehrs.[994] Die Umsetzung des Single European Sky zählt daher zu den obersten Prioritäten der Verkehrspolitik der Europäischen Kommission,[995] und die Flugsicherung nimmt dabei in der „Wertschöpfungskette der Luftfahrtbranche" eine entscheidende Schlüsselrolle ein.[996] Grundsätzlich soll die Flugsicherung den zügigen, zuverlässigen und kostengünstigen Ablauf des europäischen Flugverkehrs sicherstellen und dadurch den Kraftstoffverbrauch sowie die $CO_2$-Emissionen und die Flugzeiten reduzieren.[997] Bisher wurden die europäischen Flugsicherungsdienste hauptsächlich innerhalb der nationalen Grenzen weiterentwickelt und jeder Staat baute für sich sein eigenes nationales Flugverkehrsmanagement-System auf, wodurch eine kostspielige und ineffiziente strukturelle Zersplitterung des

---

VO (EG) Nr. 551/2004 des Europäischen Parlaments und des Rates vom 10.03.2004 über die Ordnung und Nutzung des Luftraumes im einheitlichen europäischen Luftraum, ABl. EG Nr. L 96 vom 31.03.2004, S. 20 ff. („Luftraum-Verordnung"); VO (EG) Nr. 552/2004 des Europäischen Parlaments und des Rates vom 10.03.2004 über die Interoperabilität des europäischen Flugverkehrsmanagementnetzes, ABl. EG Nr. L 96 vom 31.03.2004, S. 26 ff. („Interoperabilitäts-Verordnung"). Zu dem Verordnungspaket siehe ausf. Kapitel 5, A.

992 *Schwenk/Giemulla*, Hdb. des Luftverkehrsrechts, Kapitel 5, S. 179, Rn. 26 f.; *Giemulla*, Luftrecht, Skript WS 2010/2011, S. 63; *Windthorst*, in: FS für Wilfried Berg, S. 523 ff. (529).

993 Erwägungsgrund Nummer 1 Rahmen-VO; siehe zu den Zielen ebenso *Schwenk/Giemulla*, Hdb. des Luftverkehrsrechts, Kapitel 5, S. 179, Rn. 27.

994 Erwägungsgrund Nummer 3 Rahmen-VO; siehe zu den Zielen auch *Schwenk/Giemulla*, Hdb. des Luftverkehrsrechts, Kapitel 5, S. 179, Rn. 27.

995 Siehe bzgl. der Initiativen Anh. I des Weißbuchs der Europäischen Kommission: Fahrplan zu einem einheitlichen europäischen Verkehrsraum – Hin zu einem wettbewerbsorientierten und ressourcenschonenden Verkehrssystem vom 28.03.2011, KOM(2011) 144 endgültig, S. 21 ff.; COM(2013) 408, S. 3.

996 COM(2013) 408, S. 2.

997 COM(2013) 408, S. 2.

Luftraumes in Europa entstand.[998] Insbesondere im grenzüberschreitenden innereuropäischen Luftverkehr kommt es somit aufgrund der fragmentierten Aufteilung des europäischen Luftraumes zu regelmäßigen Wechseln diverser Flugsicherungsorganisationen und ihrer Flugsicherungssysteme.[999] Nachfolgend soll daher kurz erläutert werden, warum die aktuelle Organisation des europäischen Luftraumes und der Flugsicherung die Gründung einer Initiative zu einem einheitlichen europäischen Luftraum nötig gemacht hat.

## II. Bedeutung und Aussichten der europäischen Luftfahrt

Durch die Luftfahrt werden das Wirtschaftswachstum, der Handel, die Beschäftigung und die Mobilität in der EU enorm vorangetrieben.[1000] Aufgrund der Liberalisierung des Luftverkehrsbinnenmarktes und der weltweit gestiegenen Nachfrage entwickelte sich die europäische Luftfahrtbranche in den letzten Jahren deutlich weiter.[1001] Die Flugreisenden können aus einer Vielfalt an Flugreisen zu wettbewerbsfähigen Preisen wählen und die Anzahl der bedienten Strecken innerhalb und außerhalb der EU, die Häufigkeit der Flüge und die Anzahl der Flugreisenden sind deutlich gestiegen.[1002] Es werden über 3.500 Strecken zwischen EU-Mitgliedstaaten und mehr als 2.500 Strecken zwischen den Mitgliedstaaten und Drittstaaten[1003]

---

998 COM(2013) 408, S. 2; teilweise basiert das heutige Flugverkehrsmanagement noch auf Technologien aus den 1950er-Jahren. Die Ineffizienzen aufgrund der Luftraumfragmentierung über Europa verursachen jährlich zusätzliche Kosten in Höhe von ca. 5 Milliarden Euro, die an Unternehmen und Fluggäste weitergegeben werden, siehe dazu Pressemitteilung der Europäischen Kommission „EU fördert Abbau der Grenzen im europäischen Luftraum mit Milliarden" vom 05.12.2014.

999 *Giemulla*, Luftrecht, Skript WS 2010/2011, S. 62.

1000 Mitteilung der Kommission an das Europäische Parlament, den Rat, den Europäischen Wirtschafts- und Sozialausschuss und den Ausschuss der Regionen vom 07.12.2015, Eine Luftfahrtstrategie für Europa, COM(2015) 598, S. 2. Ferner: Mitteilung der Kommission an das Europäische Parlament, den Europäischen Rat, den Europäischen Wirtschafts- und Sozialausschuss und den Ausschuss der Regionen vom 18.05.2022 REPowerEU-Plan, COM(2022) 230 final, der in erster Linie die Energieeinsparungen betrifft.

1001 COM(2015) 598, S. 2.

1002 COM(2015) 598, S. 2.

1003 Der direkte Flugverkehr zwischen der Russischen Föderation und der EU sowie weiterer europäischer Staaten wurde aufgrund der gegenseitigen Sperrungen der

angeflogen.[1004]

In Europa wurden bereits Ende der 90er-Jahre enorme Ineffizienzen und Verzögerungen bei der Erbringung der Flugverkehrskontrolldienste registriert, was sich auch bis heute nicht signifikant verbessert hat.[1005] Der Fortschritt zur Erreichung der hochgesteckten Ziele des einheitlichen europäischen Luftraumes ist daher noch immer unbefriedigend. Zwar halten alle EU-Mitgliedstaaten an ihrem Engagement für die Schaffung eines einheitlichen europäischen Luftraumes fest, dessen Umsetzung liegt aber noch immer hinter den anfänglichen Hoffnungen und Möglichkeiten zurück.[1006] Dazu muss man sich verdeutlichen, dass Europa insgesamt eine Fläche von etwa 11,5 Millionen km$^2$ umfasst, wovon die Europäische Union eine ungefähre Fläche von 4,4 Millionen km$^2$ einnimmt. Der sich darüber befindende europäische Luftraum ist durch seine 50 Flugsicherungszentren der 29 unterschiedlichen Flugsicherungsorganisationen[1007] immer noch stark zersplittert.[1008] Im Jahr 2018 wurde in Europa vor der Corona-Pandemie ein jährliches Gesamtvolumen über 11 Millionen kontrollierten Flugbewegungen registriert.[1009] Glaubt man den Prognosen, wird es bereits

Lufträume infolge des Überfalls Russlands auf die Ukraine eingestellt. Vgl. dazu auch Auswärtiges Amt, abzurufen unter https://www.auswaertigesamt.de/de/ReiseUndSicherheit/russischefoederationsicherheit/201536#:~:text=Der%20direkte%20Flugverkehr%20zwischen%20der,zu%20meistens%20stark%20%C3%BCberh%C3%B6hten%20Preisen, zuletzt abgerufen am 17.02.2023.

1004 COM(2015) 598, S. 2, Fn. 9.

1005 COM(2013) 408, S. 4.

1006 COM(2013) 408, S. 3.

1007 Die geografische Reichweite des Single European Sky erstreckt sich auch auf Drittstaaten wie das Königreich Norwegen und die Schweizerische Eidgenossenschaft (Schweiz), welche sich in bi- und multilateralen Abkommen zu einer Umsetzung verpflichtet haben, COM(2013) 408, S. 4. Siehe dazu auch Kapitel 6, B.; das Großherzogtum Luxemburg hat keine eigene Flugsicherungsorganisation, diese wird von Belgocontrol übernommen, siehe dazu EUROCONTROL, ATM Cost-Effectiveness (ACE) 2016 Benchmarking Report with 2017–2021 outlook, S. 179, abzurufen unter https://www.eurocontrol.int/ACE/ACE-Reports/ACE2016.pdf, zuletzt abgerufen am 20.01.2023.

1008 COM(2013) 408, S. 4.

1009 Der Verkehr ist damit um 3,8 % im Vergleich zu 2017 angestiegen, EUROCONTROL, Network Operations Report 2018, S. 7, abzurufen unter https://www.eurocontrol.int/publication/annual-network-operations-report-2018, zuletzt abgerufen am 04.02.2023.

im Jahr 2035[1010] 14,4 Millionen Flugbewegungen pro Jahr in Europa geben, was im Vergleich zum Jahr 2012 eine Zunahme um knapp 50 % darstellen würde.[1011] Ein solcher Luftverkehrsanstieg wird die Kapazität des Air Traffic Managements zusätzlich strapazieren und die Diskrepanz zwischen ATM-Kapazität und Flughafendurchsatz[1012] vergrößern, wobei etwa zwei Millionen Flüge aufgrund fehlender Flughafenkapazitäten[1013] nicht durchgeführt werden könnten.[1014] Über 20 Flughäfen werden für sechs oder mehr Stunden täglich vollständig oder nahezu vollständig ausgelastet sein, im Vergleich zu nur drei Flughäfen im Jahr 2012.[1015] Dadurch wird eine weitere flughafenbezogene Verspätung von fünf bis sechs Minuten pro Flug verursacht.[1016] Die wirtschaftlichen Kosten dieser vergeblichen Bemühungen, der Nachfrage Herr zu werden, werden bis im Jahr 2035 mit 434.000 bis 818.000 verlorenen Arbeitsplätzen beziffert und einem jährlichen BIP-Verlust in Höhe von 28 bis 52 Milliarden Euro auf EU-Ebene.[1017]

---

1010 Jährlich nimmt der Flugverkehr etwa um 5 % zu, sodass sich im Jahr 2035 bereits täglich 40.000 Flugzeuge den Luftraum werden teilen müssen, knapp doppelt so viele wie 2013. Dazu Die Welt: „Am Himmel über Europa wird der Luftraum knapp" vom 12.03.2015, abzurufen unter http://www.welt.de/wirtschaft/article138312785/Am-Himmel-ueber-Europa-wird-der-Luftraum-knapp.html, zuletzt abgerufen am 31.01.2023.

1011 COM(2013) 408, S. 3; COM(2015) 598, S. 7, 10.

1012 Siehe dazu Mitteilung der Kommission an das Europäische Parlament, den Rat, den Europäischen Wirtschafts- und Sozialausschuss und den Ausschuss der Regionen, Flughafenpolitik in der Europäischen Union – Kapazität und Qualität zur Förderung des Wachstums, guter Verkehrsverbindungen und einer nachhaltigen Mobilität vom 01.12.2011, KOM(2011) 823 endgültig, dort Abs. 11, S. 5: Eine Anhebung der Kapazitäten in der Luft ist sinnlos, solange die Flughafenkapazität den ATM-Kapazitäten nicht angeglichen ist; COM(2013) 408, S. 3.

1013 So EUROCONTROL als Netzmanager, Challenges of Growth 2013, Task 4: European Air Traffic in 2035, Juni 2013, S. 3, abzurufen unter http://www.eurocontrol.int/sites/default/files/article/content/documents/official-documents/reports/201306-challenges-of-growth-2013-task-4.pdf, zuletzt abgerufen am 16.02.2023; COM(2013) 408, S. 3; COM(2015) 598, S. 6.

1014 COM(2013) 408, S. 3; gemäß dem wahrscheinlichsten Szenario, das EUROCONTROL erarbeitet hat, entspricht das 12 % der gesamten Nachfrage im Jahr 2035, 240 Millionen Fluggastbewegungen oder der Kapazität von neun Start- bzw. Landebahnen. Kapazitätsengpässe werden an 24 Flughäfen in 21 Städten erwartet, COM(2015) 598, S. 7, Fn. 21.

1015 COM(2015) 598, S. 7.

1016 COM(2015) 598, S. 7.

1017 COM(2015) 598, S. 7.

Bereits im Jahr 2011 beliefen sich die direkten und die indirekten Kosten der europäischen Flugsicherung auf insgesamt etwa 14 Milliarden Euro.[1018] Selbst bei den effizientesten Luftverkehrsunternehmen betrugen die direkten Kosten in Form von Nutzergebühren dabei einen Anteil in Höhe von mehr als einem Fünftel der Betriebskosten (ohne Kraftstoff).[1019] Diese direkten Flugsicherungskosten[1020] stellen für die Luftverkehrsunternehmen nach dem Kraftstoffbedarf und den Flughafengebühren generell die drittgrößte Position dar.[1021] Die Produktivität[1022] stieg im vergangenen Jahrzehnt um knapp 18 % an, während allerdings die Beschäftigungskosten für die Fluglotsen insgesamt noch mehr, nämlich um fast 40 % anstiegen.[1023] Die Flugsicherungskosten wuchsen allgemein um 10 % und die Anzahl der Fluglotsen in Europa auf etwa 14 500.[1024] Von dieser Anzahl an Fluglotsen wird nur etwa ein Drittel bei den Flugsicherungsorganisationen beschäftigt, wodurch eine große Zahl an Unterstützungspersonal vermutet werden kann.[1025]

Die geschätzten Kosten der Zersplitterung des europäischen Luftraumes betragen jedes Jahr mindestens fünf Milliarden Euro.[1026] Diese ineffiziente Nutzung des Luftraumes verursacht höhere Preise, Verspätungen für Flugreisende, einen höheren Kraftstoffverbrauch und höhere $CO_2$-Emissionen für die Betreiber.[1027] Im Jahr 2012, für das Zahlen vorliegen, führte die Zersplitterung des

---

1018 COM(2013) 408, S. 4.

1019 COM(2013) 408, S. 4.

1020 Im Jahr 2023 liegt der Gebührensatz im An- und Abflug bei 255,94 Euro. Bei einem A 320 mit einem maximalen Abfluggewicht (Maximum Take-off weight, kurz „MTOW“) von 73,5 Tonnen hat dies zur Folge, dass rund 335,28 Euro fällig werden. Die An- und Abfluggebühr wird aber nur einmal berechnet, beim Start des Flugzeugs. Vgl. Deutsche Flugsicherung, https://www.dfs.de/homepage/de/flugsicherung/rechtlicherrahmen/flugsicherungsgebuehren/#:~:text=Die%20Berechnung%20der%20Geb%C3%BChren,rund%20335%2C28%20Euro%20f%C3%A4llig, zuletzt abgerufen am 17.02.2023.

1021 COM(2013) 408, S. 4.

1022 In Flugsicherungsstunden gemessen.

1023 COM(2013) 408, S. 4.

1024 COM(2013) 408, S. 4.

1025 COM(2013) 408, S. 4.

1026 COM(2015) 598, S. 6; so ähnlich auch Europäisches Parlament, Grenzenloser Himmel: Europas Flugverkehr hebt ab vom 04.04.2014, abzurufen unter http://www.europarl.europa.eu/news/de/news-room/content/20140402STO41750/html/Grenzenloser-Himmel-Europas-Flugverkehr-hebt-ab, zuletzt abgerufen am 03.02.2023.

1027 COM(2015) 598, S. 6.

Luftraumes allein zu 19,4 Millionen Minuten Verspätung, wodurch ein Flug durchschnittlich 49 km länger wird.[1028] Dies liegt an ineffizienten Streckenführungen, durch deren Optimierung wiederum Kosten gesenkt, Treibstoff eingespart und schließlich auch die Ticketpreise reduziert werden könnten.[1029]

Der deutsche Luftraum gilt als einer der verkehrsreichsten Lufträume Europas. Er macht nur 3,4 % des gesamten europäischen Luftraumes aus.[1030] Bedingt durch seine zentrale Lage gibt es hierzulande jedoch überproportional viel Flugverkehr: Jeder dritte der 9,9 Millionen Flüge in den 28[1031] EU-Mitgliedstaaten fliegt durch den deutschen Luftraum.[1032] Hier kontrollierte die DFS Deutsche Flugsicherung im Jahr 2018 3.346.448 IFR-Flüge, wodurch das Rekordjahr 2008 getoppt wurde und das Jahr 2018 einen neuen Rekord aufstellte.[1033]

In der Bundesrepublik Deutschland war im Jahr 2018 der Monat Juli mit rund 322.000 kontrollierten Flügen (Starts, Landungen und Überflüge) der verkehrsreichste Monat, demgegenüber war der verkehrsreichste Tag der 7. September 2018, an dem 11.024 IFR-Flüge im deutschen Luftraum registriert wurden.[1034] Im Vergleich dazu war das Jahr 2020 das Jahr der Minus-Rekorde.[1035] Im Jahr der Corona-Krise registrierte die DFS Deutsche Flugsicherung GmbH insgesamt lediglich 1,46 Millionen Starts, Landungen und Überflüge[1036] und damit 56,2 % weniger Flüge als im Jahr 2019 in Deutschland.[1037]

---

1028 Europäisches Parlament, Grenzenloser Himmel: Europas Flugverkehr hebt ab vom 04.04.2014.

1029 Europäisches Parlament, Grenzenloser Himmel: Europas Flugverkehr hebt ab vom 04.04.2014.

1030 Luftverkehr in Deutschland, DFS Mobilitätsbericht 2018, S. 5, abzurufen unter https://www.dfs.de/homepage/de/medien/publikationen/mobilitaetsbericht-2018-web-k.pdf?cid=7g, zuletzt abgerufen am 17.02.2023.

1031 Nach Austritt des Vereinigten Königreichs von Großbritannien und Nordirland nun nur noch 27 Mitgliedstaaten.

1032 Luftverkehr in Deutschland, DFS Mobilitätsbericht 2018, S. 5.

1033 Luftverkehr in Deutschland, DFS Mobilitätsbericht 2018, S. 5.

1034 Luftverkehr in Deutschland, Mobilitätsbericht 2018, DFS Deutsche Flugsicherung, S. 10.

1035 Luftverkehr in Deutschland, DFS Mobilitätsbericht 2020, S. 3, abzurufen unter https://www.dfs.de/homepage/de/medien/publikationen/mobilitaetsbericht2020.pdf?cid=81, zuletzt abgerufen am 17.02.2023.

1036 Das sind so wenige Flüge wie noch nie seit ihrer Gründung im Jahr 1993, dazu Luftverkehr in Deutschland, DFS Mobilitätsbericht 2020, S. 3.

1037 Luftverkehr in Deutschland, DFS Mobilitätsbericht 2020, S. 5.

## III. Vergleich zu den Vereinigten Staaten von Amerika

Die Ineffizienz der europäischen Flugverkehrsdienste wird deutlich, wenn ein Vergleich mit den Vereinigten Staaten von Amerika (USA)[1038] gezogen wird.[1039] In den USA mit einer ungefähren Fläche von 10,4 Millionen $km^2$ wurde im Jahr 2017, dem Jahr, von dem die letzten Zahlen verfügbar sind, der gesamte Luftraum mit einer ähnlichen Größenordnung wie der Europas von nur einer einzigen Flugsicherungsorganisation kontrolliert.[1040] In Europa[1041] hingegen gab es im Jahr 2017 37 dieser Organisationen, die in den 28[1042] Mitgliedstaaten agierten.[1043] Die US-Flugsicherung kontrollierte mit einer um 32 % geringeren Fluglotsenanzahl (im Jahr 2017 knapp 12.170 US-Lotsen bei einem totalen Personalaufwand von etwa 31.647 Mitarbeitern) knapp 47 % mehr Flugbewegungen, nämlich etwa 15,3 Millionen im Vergleich zu 10,4 Millionen Flügen im europäischen Luftraum.[1044]

---

1038 Gemeint sind hier die 48 zusammenhängenden Staaten auf dem nordamerikanischen Kontinent südlich der kanadischen Grenze sowie der District of Columbia, ohne Alaska, Hawaii und die ozeanischen Bereiche, dazu EUROCONTROL im Auftrag der EU und FAA, Comparison of Air Traffic Management-Related Operational Performance: U.S./Europe 2017, März 2019, S. 6, abzurufen unter https://www.faa.gov/air_traffic/publications/media/us_eu_comparison_2017.pdf, zuletzt abgerufen am 06.03.2023.

1039 COM(2013) 410, S. 3.

1040 EUROCONTROL im Auftrag der EU und FAA, Comparison of Air Traffic Management-Related Operational Performance: U.S./Europe 2017, März 2019, S. 17; COM(2013) 410, S. 3; siehe dazu auch *Button/Neiva*, Journal of Air Transport Management 2013, S. 73 ff. (74), die in ihrem Artikel das Jahr 2010 beleuchten, in dem die Vergleichszahlen ähnlich ausfielen.

1041 Gemeint sind hier die geographischen Gebiete, in denen die Flugsicherungsdienste (ANS) von einem EU-Mitgliedstaat gewährleistet werden, plus die Staaten außerhalb der EU, die EUROCONTROL-Mitgliedstaaten sind, ohne Georgien, die Kanarischen Inseln und ozeanische Bereiche, so EUROCONTROL im Auftrag der EU und FAA, Comparison of Air Traffic Management-Related Operational Performance: U.S./Europe 2017, März 2019, S. 5 f.

1042 Nach Austritt des Vereinigten Königreichs von Großbritannien und Nordirland nun 27 Mitgliedstaaten.

1043 EUROCONTROL im Auftrag der EU und FAA, Comparison of Air Traffic Management-Related Operational Performance: U.S./Europe 2017, März 2019, S. 17; ähnlich COM(2013) 410, S. 3.

1044 EUROCONTROL im Auftrag der EU und FAA, Comparison of Air Traffic Management-Related Operational Performance: U.S./Europe 2017, März 2019, S. 17;

Obwohl sich der Anteil der Flüge mit Verspätungen von mehr als 15 Minuten in Europa von 5,0 % im Jahr 2008 auf 3,2 % im Jahr 2017 reduziert hatte, lag dieser Wert in den USA konstant bei 1 % in 2008 und 2017.[1045] In Europa ist es also noch immer mehr als zweimal so wahrscheinlich wie in den USA, dass die Flüge am Gate oder am Boden aufgehalten und verspätet werden.[1046] Mit dem zunehmenden Verkehr zeigte sich 2021 wieder ein leichter Anstieg der Verspätungen – allerdings auf nach wie vor niedrigem Niveau.[1047] Jeder sechste Flug war bei der Landung mehr als 15 Minuten verspätet (2020: 10,8 %), auch der Anteil geringfügiger Verspätungen legte leicht zu.[1048] Insgesamt gab es in Frankfurt am Main im Jahr 2022 1.216 verspätete Starts und Landungen nach 23 Uhr.[1049] Das sind das 8,7 % mehr als im Vor-Corona-Jahr 2019, obwohl die Zahl der Starts und Landungen im Jahr 2022 um rund 25 % gesunken ist.[1050]

Die Verkehrsflussmanagementverspätung[1051] (ATFM Delay) lag im Jahr 2008 in Europa noch bei 1,4 Minuten pro Flug und sank zum Jahr 2017 auf 0,9 Minuten, in den USA lag dieser Verspätungswert hingegen im Jahr 2008

---

in Europa hingegen wurden im gleichen Zeitraum 2017 rund 17.794 Lotsen und ein totaler Personalaufwand in Höhe von 55.130 Mitarbeitern benötigt.

1045 EUROCONTROL im Auftrag der EU und FAA, Comparison of Air Traffic Management-Related Operational Performance: U.S./Europe 2017, März 2019, S. 17, S. 57.

1046 EUROCONTROL im Auftrag der EU und FAA, Comparison of Air Traffic Management-Related Operational Performance: U.S./Europe 2017, März 2019, S. 17, S. 57.

1047 Luftverkehr in Deutschland, DFS Mobilitätsbericht 2021, S. 25, abzurufen unter https://www.dfs.de/homepage/de/medien/publikationen/luftverkehr-in-deutschland-mobilitaetsbericht-2021.pdf?cid=gvb, zuletzt abgerufen am 17.02.2023.

1048 Luftverkehr in Deutschland, DFS Mobilitätsbericht 2021, S. 25.

1049 Monitoring Flugbewegungen, abzurufen unter https://www.frankfurt-fluglaermschutz.de/wp-content/uploads/2023/02/2022-12.pdf, zuletzt abgerufen am 17.02.2023.

1050 Monitoring Flugbewegungen, https://www.frankfurt-fluglaermschutz.de/wp-content/uploads/2023/02/2022-12.pdf, zuletzt abgerufen am 17.02.2023.

1051 Hin und wieder erfordern starker Verkehr, schlechtes Wetter oder eingeschränkte Flughafenkapazitäten, dass die europäische Flugsicherungsbehörde EUROCONTROL den Verkehrsfluss des Luftraumes steuert. In der Bundesrepublik Deutschland wurden 2021 jedoch 68,9 % aller von der DFS überwachten Flüge pünktlich und ohne Verkehrsflusssteuerung abgewickelt. Dazu Luftverkehr in Deutschland, Mobilitätsbericht 2021, DFS Deutsche Flugsicherung, S. 25.

bei 0,4 bzw. 2017 bei 0,35 Minuten Verspätung pro Flug.[1052] Doch auch wenn sich in Europa schon verschiedene Verbesserungen eingestellt haben, sind die Kosten der US-Flugsicherung im Vergleich zu den europäischen Flugsicherungen der Mitgliedstaaten noch immer knapp 34 % geringer.[1053] Pro Flugstunde fallen in Europa 534 Euro für die Flugsicherung an, in den USA hingegen lediglich 354 Euro.[1054] Als Hauptursachen dieses Produktivitätsgefälles in Europa gelten die Unzulänglichkeiten bei der Einrichtung und Anwendung des Leistungssystems, ineffektive Aufsichtsbehörden und ein zu hoher Verwaltungspersonalanteil in den Flugsicherungsorganisationen.[1055]

Grundsätzlich darf bei diesem Vergleich jedoch nicht vergessen werden, dass die USA nicht die mannigfachen Wünsche unterschiedlicher Mitgliedstaaten miteinander zu vereinen und zu koordinieren haben. Dort wird der Luftraum nicht nach Ländergrenzen und Souveränitäten abgesteckt, sondern nach Bundesstaaten, die alle einem Staat zugehörig sind. Die Mitgliedstaaten der Europäischen Union müssen sich untereinander kurzschließen, einigen und abstimmen und befürchten durch die Schaffung des einheitlichen europäischen Luftraumes regelmäßig den Verlust eines Teils ihrer staatlichen Souveränität und ihrer Hoheitsrechte.

## B. Ursprünge des einheitlichen europäischen Luftraumes

Im folgenden Abschnitt sollen die Ausgangslage und deren chronologische Entwicklung sowie die aktuelle Lage der europäischen Flugsicherung dargestellt werden, die die Schaffung eines einheitlichen europäischen Luftraumes erforderlich machten.

---

1052 EUROCONTROL im Auftrag der EU und FAA, Comparison of Air Traffic Management-Related Operational Performance: U.S./Europe 2017, März 2019, S. 17, S. 57.

1053 IATA, European National Airspace Strategies, Fact Sheet, Dezember 2019.

1054 IATA, European National Airspace Strategies, Fact Sheet, Dezember 2019.

1055 COM(2013) 410, S. 3.

## I. Erste Überlegungen

Durch die Idee zur Errichtung eines einheitlichen europäischen Luftraumes bezieht sich die Europäische Union auf einen grundsätzlich alten Gedanken. Der britische Admiral Lawson schlug in den 1930er-Jahren in seinem „Plan for the Organisation of a European Air Service“[1056] die Schaffung und Überwachung eines gemeinsamen europäischen Luftraumes vor.[1057] Dieser Plan wurde jedoch nicht umgesetzt, da weder die politische Einsicht zur Notwendigkeit noch die Bereitschaft zur Aufgabe von Hoheitsrechten und -befugnissen der Staaten vorhanden waren.[1058] Die Staaten sahen sich und ihr Land vielmehr als einen eigenen nationalen Markt, der von einer fremden Luftraumüberwachung nicht kontrolliert werden sollte.

Die Schwierigkeiten im Bereich des Flugverkehrsmanagements und der Flugsicherung wurden lange Zeit unterschätzt und verkannt,[1059] sodass die Europäische Kommission am 16. Januar 1989 eine Mitteilung veröffentlichte, in der die Kapazitätsprobleme im Luftverkehrssystem umfassend analysiert und erste langfristige Lösungsansätze auf europäischer Ebene[1060] aufgezeigt wurden.[1061] Der Rat verwarf jedoch die Anregungen der Kommission und nahm am 18. Juli 1989 eine „Entschließung über die Kapazitätsprobleme im Luftverkehr“[1062] an, in der er zur Problemlösung auf die multilaterale

1056 *Lawson*, S. 16 ff.

1057 Ausf. dazu bei *Fritzsche*, S. 45 ff.; *Weber*, Die Zivilluftfahrt im europäischen Gemeinschaftsrecht, S. 24; siehe auch *Bues*, S. 43.

1058 Ähnlich *Fritzsche*, S. 46.

1059 Übersicht in KOM(96) 57; Deutscher Bundestag, Beschlussempfehlung und Bericht des Ausschusses für Verkehr zu der Unterrichtung durch die Bundesregierung – Drucksache 13/4636 Nr. 2.3 – Weißbuch: Flugverkehrsmanagement, Für einen grenzenlosen Himmel über Europa, KOM(96) 57, Rats-Dok. Nr. 5803/96 vom 12.09.1996, BT-Drs. 13/5525, S. 7; auch nach den Erfahrungen, die bereits 1960 bei der Gründung von EUROCONTROL gemacht wurden.

1060 Bezüglich der weltweiten Lösungsansätze *Schwenk/Schwenk*, ZLW 1993, S. 121 ff. (136).

1061 Vorschlag für eine Empfehlung des Rates über eine flexible und rationelle Nutzung des Luftraumes, KOM(88) 577 endg., ABl. EG Nr. C 34 vom 10.02.1989, S. 10. Die Kommission zog diese Vorschläge später zurück. Dazu KOM(96) 57, S. 7 f.; *Bues*, S. 44 f.

1062 Entschließung des Rates und der im Rat vereinigten Verkehrsminister betreffend die Kapazitätsprobleme im Luftverkehr vom 18.07.1989, ABl. EG Nr. C 189 vom 26.07.1989, S. 3 f.

Zusammenarbeit innerhalb der ECAC verwies und die Kommission aufforderte, EUROCONTROL bei der Fortführung der entsprechenden Arbeiten zu unterstützen.[1063] Dabei sollte auf die bestehenden „gemeinschaftsrechtlichen Rechtsinstrumente zurückgegriffen werden, um die effiziente Durchführung der Beschlüsse oder der Entschließungen der zuständigen internationalen Organisationen" sicherstellen zu können.[1064]

Zeitgleich zu den Arbeiten der Europäischen Kommission führte die „europäische ATM-Gemeinschaft"[1065] ihrerseits eine Bestandsaufnahme durch[1066] und erarbeitete verschiedene Lösungskonzepte. Zahlreiche Verbesserungsmaßnahmen wurden auf operationellem, institutionellem und technischem Level im Rahmen diverser aufeinanderfolgender ECAC-Strategien für die Streckenbetreuung („en-route") der Flüge (EATCHIP[1067]) und die flughafenbezogenen Flugsicherungsaspekte (APATSI[1068]) erarbeitet und realisiert.[1069] Weitere Kapazitäten wurden durch die Einführung des „8.33 kHz

---

1063 KOM(96) 57, S. 8.

1064 KOM(96) 57, S. 8.

1065 So die Bezeichnung in KOM(96) 57, S. 8 und auch in der Mitteilung der Kommission, KOM(1999) 614, S. 13. Die ATM-Gemeinschaft bestand aus zivilen und militärischen Organisationen aus der Luftfahrtbranche, insb. der Flugsicherung, ebenso wie der ECAC und EUROCONTROL; ähnlich *Bues*, S. 45, Fn. 319.

1066 Siehe dazu auch KOM(96) 57, S. 8 ff.

1067 EATCHIP – European Air Traffic Control Harmonization and Integration Programme. 1990 wurde das Flugsicherungskonzept der ECAC verabschiedet. Sein Ergebnis war das Programm zur Harmonisierung (49 Flugsicherungsstellen benutzten 31 verschiedene Computersysteme mit 22 verschiedenen Bediensystemen und 30 Programmiersprachen, so *Pompl*, S. 23) und Integration der europäischen Flugsicherung, dessen Verwaltung an EUROCONTROL übertragen wurde, siehe KOM(96) 57, S. 8; dazu auch *Schwenk/Schwenk*, ZLW 1993, S. 121 ff. (139); *Schwenk/Giemulla*, Hdb. des Luftverkehrsrechts, Kapitel 5, S. 178, Rn. 25.

1068 APATSI – Airport/Air Traffic System Interface. Im Jahr 1992 wurde das „APATSI-Konzept" entwickelt, das die Schnittstelle zwischen den Flughäfen und der Flugsicherung verbessern soll. Die Überwachung des Programms unterliegt dabei EUROCONTROL und dem ECAC-Sekretariat, seine Durchführung hingegen den Mitgliedstaaten. In diesem Rahmen wurden außerdem Verfahren entwickelt, die einerseits eine Steigerung der Pistenkapazität und andererseits die Entwicklung einer Sammel- und Analysestelle von Daten über die Verspätung von Flugzeugen (CODA – Central Office for Delay Analysis) erlauben, um die Gründe für dieses Problem zu erkennen und entsprechende Maßnahmen zu seiner Lösung aufzuzeigen. Dazu KOM(96) 57, S. 9.

1069 KOM(1999) 614, S. 13.

radiospacing“ gewonnen, mit der sich die für die Luftfahrt verfügbaren Funkfrequenzen vervielfachen ließen.[1070]

Am 18. September 1992 wurde eine Entschließung zur Auslastung des Luftraumes[1071] veröffentlicht. Darin engagierte sich das Europäische Parlament für die Schaffung eines einheitlichen Flugsicherungssystems, das auf den institutionellen Mechanismen der Gemeinschaft fußen sollte.[1072]

Schließlich kam es mit der Richtlinie 93/65/EWG[1073] aufgrund erheblicher Verspätungsprobleme zu einem ersten, zentralen legislativen Schritt in Richtung der Schaffung eines Single European Sky.[1074] Die Richtlinie sah es als erforderlich an, eine funktionelle Integration herbeizuführen, um kurzfristig den Überlastungsproblemen begegnen zu können und den Verkehrsfluss zu verbessern.[1075] Der Harmonisierungs- und Integrationsprozess würde somit erleichtert werden. Die Richtlinie wurde in den folgenden Jahren mehrmals geändert,[1076] in die VO (EG)

---

1070 DVO (EU) Nr. 1079/2012 der Kommission vom 16.11.2012 zur Festlegung der Anforderungen bezüglich des Sprachkanalabstands für den einheitlichen europäischen Luftraum, ABl. EU Nr. L 320 vom 17.11.2012, S. 14 ff.; siehe auch https://www.eurocontrol.int/function/833-khz-implementation-support, zuletzt abgerufen am 12.02.2023; Regeln für den VHF-Flugfunk im 8-33-kHz-Kanalraster, siehe dazu https://www.lba.de/DE/Technik/Musterzulassungen/ELT_VHF/VHF_Flugfunk_833_kHz_Raster.html, zuletzt abgerufen am 12.02.2023.

1071 Entschließung zur Auslastung des Luftraumes und zur Sicherung des Luftverkehrs, ABl. EG Nr. C 284 vom 02.11.1992, S. 170 ff.

1072 KOM(96) 57, S. 8.

1073 Richtlinie 93/65/EWG des Rates vom 19.07.1993 über die Aufstellung und Anwendung kompatibler technischer Spezifikationen für die Beschaffung von Ausrüstungen und Systemen für das Flugverkehrsmanagement, ABl. EG Nr. L 187 vom 29.07.1993, S. 52–56.

1074 *Bues*, S. 45.

1075 Richtlinie 93/65/EWG des Rates vom 19.07.1993 über die Aufstellung und Anwendung kompatibler technischer Spezifikationen für die Beschaffung von Ausrüstungen und Systemen für das Flugverkehrsmanagement, ABl. EG Nr. L 187 vom 29.07.1993, S. 52–56.

1076 Änderung durch die Richtlinie 97/15/EG der Kommission vom 25.03.1997 zur Übernahme von EUROCONTROL-Normen und zur Änderung der Richtlinie 93/65/EWG des Rates über die Aufstellung und Anwendung kompatibler technischer Spezifikationen für die Beschaffung von Ausrüstungen und Systemen für das Flugverkehrsmanagement, ABl. EG Nr. L 95 vom 10.04.1997, S. 16–18.

Nr. 980/2002[1077] überführt und letztlich durch Art. 11 der Interoperabilitäts-VO[1078] aufgehoben.[1079]

In den folgenden Mitteilungen und Entschließungen des Rates, der Kommission und des Europäischen Parlaments[1080] suchten die europäischen Beteiligten nach einer Taktik zur Harmonisierung der Flugsicherung in Europa und prüften im Zuge dessen die dafür notwendigen Mittel und Möglichkeiten, da bereits absehbar war, dass es für die Problemlösung einer innovativen Vorgehensweise bedurfte.[1081]

Im Jahr 1996 wurde schließlich das „Weißbuch: Flugverkehrsmanagement – Für einen grenzenlosen Himmel über Europa"[1082] veröffentlicht. Darin wurde eine Bestandsaufnahme gemacht und die geltenden Standards des Flugverkehrsmanagements auf ihre Praktikabilität hin untersucht.

---

1077 VO (EG) Nr. 980/2002 der Kommission vom 04.06.2002 zur Änderung der VO (EG) Nr. 2082/2000 zur Übernahme von EUROCONTROL-Normen, ABl. EG Nr. L 150 vom 08.06.2002, S. 38–43. Durch die VO (EG) Nr. 2082/2000 wurden bestimmte EUROCONTROL-Normen für die Union verbindlich erklärt (sog. EUROCONTROL-Standards).

1078 VO (EG) Nr. 552/2004 des Europäischen Parlaments und des Rates vom 10.03.2004 über die Interoperabilität des europäischen Flugverkehrsmanagementnetzes („Interoperabilitäts-VO"), ABl. EG Nr. L 96 vom 31.03.2004, S. 26–42.

1079 *Bues*, S. 46.

1080 Entschließung des Europäischen Parlaments zur Auslastung des Luftraumes und zur Sicherung des Luftverkehrs, ABl. EG Nr. C 284 vom 02.11.1992, S. 170 ff.; Entschließung des Europäischen Parlaments zur Flugsicherung (ATC) in Europa, ABl. EG Nr. C 305 vom 31.10.1994, S. 24 f.; Mitteilung der Kommission an den Rat und an das Europäische Parlament zur Überlastung des Luftraumes und zur Krise des Luftverkehrs vom 05.07.1995, KOM(1995) 318 endg.; Entschließung des Europäischen Parlaments zur Mitteilung der Kommission zur Überlastung des Luftraumes und zur Krise des Luftverkehrs, ABl. EG Nr. C 323 vom 04.12.1995, S. 92 ff.; Entschließung des Rates vom 17.11.1995 zu den durch die Überlastung des Luftraumes bedingten Problemen und zur Krise des Flugverkehrs in Europa, ABl. EG Nr. C 317 vom 28.11.1995, S. 1 ff.

1081 *Bues*, S. 46.

1082 KOM(96) 57 vom 06.03.1996.

## II. Situation des Luftraumes in Europa durch nationale Zuständigkeitsbereiche

Der europäische Luftverkehr ist in eine komplexe und verwirrende Luftraumordnung eingezwängt, über die sich Reisende selten eine Vorstellung machen.[1083] Sie führt zu einer Fülle unterschiedlicher Luftraumteile mit mannigfachen Regelungen, die ihrer Natur nach primär der Sicherheit des Luftverkehrs selbst dienen und sekundär der Gefahrenabwehr für die öffentliche Sicherheit durch die Luftfahrt.[1084]

In der Vergangenheit wurden die europäischen Flugsicherungsdienste vornehmlich innerhalb ihrer staatlichen Grenzen optimiert, wobei jeder Staat sein eigenes nationales System für das Flugverkehrsmanagement erschuf, wodurch eine kostenintensive und ineffiziente strukturelle Zersplitterung des Luftraumes in Europa entstand und der Kundenbedarf vernachlässigt wurde.[1085] Das Flugverkehrsmanagement im europäischen Luftraum ist daher noch immer stark zersplittert. Es umfasst auch heute noch mit dem Vereinigten Königreich über 28 nationale Behörden, die insgesamt über hundert Flugsicherungsdienstleister mit ihren jeweils verschiedenen Systemen, Verfahren und Vorschriften in mehr als 650 Luftraum-Sektoren beaufsichtigen.[1086] Der Großteil der europäischen Flugsicherungsdienstleister schult sein Personal noch immer selbst auf die eigenen Systeme und schafft eigene Betriebsverfahren, eigene Betriebssysteme und eigene Programmiersprachen.[1087] Ihre Dienste beschränken sich auf einen kleinen Teil des Luftraumes, wodurch enorme Zusatzkosten entstehen und unterschiedliche Qualitäten bezüglich der Sicherheit, der Kosteneffizienz und der Kapazität erwachsen.[1088] Zusätzlich wird der europäische Luftraum durch die bestehenden militärischen Gebiete und die jeweils nationalen militärischen

1083 *Schwenk/Giemulla*, Hdb. des Luftverkehrsrechts, Kapitel 5, S. 172, Rn. 1.

1084 *Schwenk/Giemulla*, Hdb. des Luftverkehrsrechts, Kapitel 5, S. 172, Rn. 1.

1085 COM(2013) 408, S. 2.

1086 Vorschlag für eine Verordnung des Europäischen Parlaments und des Rates zur Verwirklichung des einheitlichen europäischen Luftraumes vom 11.06.2013, COM(2013) 410 final, S. 3; Pressemitteilung der Europäischen Kommission „EU fördert Abbau der Grenzen im europäischen Luftraum mit Milliarden" vom 05.12.2014; ähnlich *Bues*, S. 31 f.

1087 COM(2013) 410, S. 3; *Hüttel*, S. 26; so auch *Pellegrini/Rodriguez*, Transportation Research 2013, S. 64 ff. (65).

1088 COM(2013) 410, S. 3; *Bues*, S. 32.

Flugsicherungsorganisationen zerrissen, sofern die Steuerung und Überwachung des militärischen Luftverkehrs nicht, wie zum Beispiel in der Bundesrepublik Deutschland, in die zivile Flugsicherung integriert ist.[1089] Die Strukturierung des Luftraumes nach Sicherheitsmindesthöhen, Luftsperrgebieten, Gefahrengebieten und Gebieten mit Flugbeschränkungen steht grundsätzlich nicht im unmittelbaren Zusammenhang mit der Flugsicherung.[1090] Flugsicherungsbezogen ist jedoch die Aufteilung des Luftraumes nach Fluginformationsgebieten[1091] und dem kontrollierten und unkontrollierten Luftraum.[1092]

Die Überwachung des oberen und unteren Luftraumes[1093] wird von etwa 68

---

1089 *Bues*, S. 32; Zivil-militärische Integration, abzurufen unter https://www.dfs.de/homepage/de/flugsicherung/betrieb/, zuletzt abgerufen am 17.02.2023; mit der zivil-militärischen Integration im Jahr 1993 ging auch die Kontrolle des überörtlichen militärischen Flugverkehrs auf die Deutsche Flugsicherung über. Im Jahr 2020 wurden 42.000 militärische Flugbewegungen gezählt, siehe dazu Luftverkehr in Deutschland, DFS Mobilitätsbericht 2020, S. 8; *Risch*, in: Grabherr/Reidt/Wysk, Luftverkehrsgesetz, 14. EL, 2010, § 27c, S. 11, Rn. 21 f.; *Wieland*, Gutachten im Auftrag der DFS 2007, S. 18 f.; *Mensen*, Moderne Flugsicherung, S. 74 und S. 101.

1090 *Schwenk/Giemulla*, Hdb. des Luftverkehrsrechts, Kapitel 5, S. 172, Rn. 2.

1091 Fluginformationsgebiete (Flight Information Region, „FIR“) teilen den Luftraum in definierte Zonen ein, in denen ein Fluginformationszentrum mindestens Fluginformationsdienste als auch Alarmdienst für den Luftverkehr zur Verfügung stellt. FIR stellen eine laterale Luftraumeinteilung dar, deren Ausdehnung sich an geographischen bzw. nationalen Grenzen orientiert. Der Luftraum eines Landes ist meist in ein oder mehrere FIR aufgeteilt. Die Grenzen der FIR können zwischen den Ländern ausgehandelt werden. Die Fluginformationsgebiete können sich in vertikaler Richtung über den gesamten Luftraum ausdehnen oder nur über den unteren Luftraum. Dann werden besondere Upper Flight Information Regions (UIR) für den oberen Luftraum eingerichtet, die häufig das Gebiet mehrerer FIR umfassen. Auch in der Bundesrepublik Deutschland ist der Luftraum gem. § 16 Abs. 1 Nr. 1 LuftVO in Fluginformationsgebiete eingeteilt; der untere Luftraum besteht bspw. aus drei FIR, der gesamte obere Luftraum aus zwei FIR. Innerhalb der FIR stehen allen Luftraumnutzern Flugsicherungsdienste zur Verfügung, ausf. dazu siehe *Klußmann/Malik*, Lexikon Luftfahrt, S. 255; *Uhl*, in: Hobe/v. Ruckteschell, Kölner Kompendium Luftrecht, Bd. 1, S. 329, Rn. 41 ff.; *Bues*, S. 32, Fn. 209; *Mensen*, Moderne Flugsicherung, S. 141; *Schwenk/Giemulla*, Hdb. des Luftverkehrsrechts, Kapitel 5, S. 176, Rn. 15.

1092 *Schwenk/Giemulla*, Hdb. des Luftverkehrsrechts, Kapitel 5, S. 172, Rn. 2.

1093 Der Luftraum wird vertikal in einen unteren und einen oberen Luftraum eingeteilt, dessen Abgrenzung wie folgt vorgenommen wird: Die Untergrenze des unteren Luftraumes bildet die Erdoberfläche, die Obergrenze des unteren Luftraumes bildet

Bezirkskontrollstellen[1094] (ACC[1095] und UAC[1096]) durchgeführt, die jeweils für ein bestimmtes Fluginformationsgebiet oder für bestimmte Kontrollbezirke[1097] zuständig sind.[1098] Intern unterteilen sich die Bezirkskontrollstellen

---

Flugfläche 245 (FL 245, entspricht 24.500 Fuß). Die Untergrenze des oberen Luftraumes beginnt ab FL 245, seine Obergrenze ist nicht limitiert. Innerhalb dieser Einteilung wird der kontrollierte Luftraum definiert. Er erstreckt sich horizontal bzw. lateral über das gesamte Gebiet der Bundesrepublik Deutschland, ausf. dazu *Mensen*, Hdb. der Luftfahrt, S. 512; *Uhl*, in: Hobe/v. Ruckteschell, Kölner Kompendium Luftrecht, Bd. 1, S. 328, Rn. 31 ff.; *Klußmann/Malik*, Lexikon Luftfahrt, S. 475; *Schwenk/Giemulla*, Hdb. des Luftverkehrsrechts, Kapitel 5, S. 177, Rn. 16 ff.; vom Boden bis 1.000, 1.700 bzw. 2.500 Fuß über Grund erstreckt sich außerhalb der Nahverkehrsbereiche der Flughäfen der unkontrollierte Luftraum „G".

1094 Die Hauptaufgabe der Bezirkskontrolle ist die Führung der Flugzeuge im Streckenflug unter Berücksichtigung der horizontalen und vertikalen Mindestabstände, vgl. *Klußmann/Malik*, Lexikon Luftfahrt, S. 86.

1095 Area Control Center, kurz „ACC" ist die internationale Bezeichnung eines Kontrollzentrums. Für den Flugverkehrskontrolldienst verfügt die DFS über diese Kontrollzentren für die Bezirkskontrolle im unteren Luftraum in Bremen, München und Langen, dazu *Uhl*, in: Hobe/v. Ruckteschell, Kölner Kompendium Luftrecht, Bd. 2, S. 963, Rn. 293 f.; *Klußmann/Malik*, Lexikon Luftfahrt, S. 409.

1096 Upper Area Control, kurz „UAC" für die Überwachung des oberen Luftraumes, siehe *Klußmann/Malik*, Lexikon Luftfahrt, S. 765.

1097 In die Fluginformationsgebiete sind die Kontrollbezirke eingebettet. Eine Trennung erfolgt auch bei der Anordnung der Kontrollbezirke (Bezirkskontrolle) zwischen dem unteren (Control Area, „CTA") und dem oberen Luftraum (Upper Control Area, „UTA"), *Mensen*, Moderne Flugsicherung, S. 141; *ders.*, Hdb. der Luftfahrt, S. 516. Kontrollbezirke stellen eine laterale Einteilung des Luftraumes zum Zweck der Flugsicherung dar. Kontrollbezirke und Kontrollzonen ergeben gemeinsam den kontrollierten Luftraum, so *Klußmann/Malik*, Lexikon Luftfahrt, S. 407. Zur Überwachung des ab- und anfliegenden Flugverkehrs werden im Bereich großer Flugplätze zusätzliche Kontrollzonen (engl. Control Zone, abgekürzt „CTR" oder „CTZ") eingerichtet. In Deutschland sind diese Kontrollzonen als Luftraumklasse „D (CTR)" ausgewiesen, *Klußmann/Malik*, Lexikon Luftfahrt, S. 410; *Uhl*, in: Hobe/v. Ruckteschell, Kölner Kompendium Luftrecht, Bd. 1, S. 324, Rn. 22.

1098 Im deutschen Luftraum gibt es zwei Bezirkskontrolldienste für den oberen Luftraum (einer ist die DFS-Kontrollzentrale in Karlsruhe und der andere die EUROCONTROL-Zentrale in Maastricht „UAC Maastricht") und drei Bezirkskontrolldienste für den unteren Luftraum (die DFS-Kontrollzentralen mit Sitz in München, Bremen und Langen), vgl. dazu *Uhl*, in: Hobe/v. Ruckteschell, Kölner Kompendium Luftrecht, Bd. 2, S. 963, Rn. 293 f.; *Klußmann/Malik*, Lexikon Luftfahrt, S. 86; *Bues*, S. 32, dort auch Fn. 211.

in verschiedene Arbeits- bzw. Kontrollsektoren mit jeweils zwei Center-Lotsen[1099].[1100] Zur Steuerung des Luftverkehrs werden zunächst seine Wege kartographiert und in Sektoren aufgeteilt, innerhalb derer diese zwei Lotsen die Kontrolle ausüben.[1101] Im europäischen Luftraum finden sich über 600 dieser Kontrollsektoren (ATC-Sectors), die sich größtenteils, wie auch die Fluginformationsgebiete, an den nationalen Luftraumgrenzen orientieren.[1102] In Europa gibt es weiterhin ungefähr 550 Anflugkontrollstellen[1103], von denen die an- und abfliegenden Flugzeuge überwacht werden, sowie die rund 400 Tower[1104] an den Flughäfen (Flugplatzkontrolle).[1105] Praktisch

1099 Ausf. dazu *Klußmann/Malik*, Lexikon Luftfahrt, S. 128 f.: „Center-Lotse" ist die Bezeichnung für die Fluglotsen, die für die Bezirks- und die Anflugkontrolle der Flugverkehrskontrolle verantwortlich sind. Sie haben keinen Sichtkontakt zum Flugzeug und arbeiten grundsätzlich als Tandembesetzung, die aus einem Radarlotsen (Executive-Lotse) und einem Planungslotsen (Coordinator) zusammengesetzt ist. Die wichtigste Aufgabe des Radarlotsen ist die Einhaltung der vertikalen und horizontalen Mindestabstände zwischen den Luftfahrzeugen. Dazu erteilt er den Piloten Freigaben und Anweisungen, etwa Änderungen der Fluggeschwindigkeit oder Flughöhe. Der Planungslotse hingegen koordiniert die Schnittstellen mit anderen Sektoren. Jeder Wechsel des Sektors erfordert vom Flugzeugführer den Wechsel der Funkfrequenz und die Kontaktaufnahme mit dem nächsten Fluglotsen. Umfassende Vereinbarungen regeln die Übergabe von Flügen zwischen den Bezirkskontrollstellen, siehe dazu Mitteilung der Kommission an den Rat und das Europäische Parlament vom 15.03.2007, Schaffung des einheitlichen europäischen Luftraumes durch funktionelle Luftraumblöcke: Sachstandsbericht zur Halbzeit, KOM(2007) 101 endgültig, S. 4.

1100 *Klußmann/Malik*, Lexikon Luftfahrt, S. 409; *Bues*, S. 32.

1101 So *Brützel* in: Aviation Management, Single European Sky – eine Tragödie in mehreren Akten!?, Teil 1 vom 14.09.2016, abzurufen unter (zuletzt am 17.02.2023) http://www.airliners.de/single-european-sky-analyse/39540.

1102 Vgl. https://www.eurocontrol.int/publication/air-traffic-control-surveillance-coverage-maps, zuletzt abgerufen am 17.02.2023; *Bues*, S. 32 f.; *Nieto/Valdés*, Automation in ATM, S. 289 ff. (290); *Hüttel*, S. 26.

1103 Die Anflugkontrolle bildet die Schnittstelle zwischen der Platzkontrolle und der Bezirkskontrolle. Die Übergabe des Flugzeugs findet bei Erreichen der äußeren Grenze im Nahbereich des Flugplatzes statt, *Klußmann/Malik*, Lexikon Luftfahrt, S. 36 f.; *Bues*, S. 33, Rn. 215. Der „Anflugkontrolldienst" bezeichnet laut Legaldefinition in Art. 2 Nummer 13 Rahmen-VO einen Flugverkehrskontrolldienst für ankommende oder abfliegende kontrollierte Flüge.

1104 Im Deutschen als „Kontrollturm" bezeichnet, so *Klußmann/Malik*, Lexikon Luftfahrt, S. 743.

1105 *Bues*, S. 33; *Klußmann/Malik*, Lexikon Luftfahrt, 4. Auflage, S. 28 f.

bedeutet das für den Piloten eines Luftfahrzeuges, dass er sich jedes Mal, wenn er eine Grenze zwischen zwei Flugsicherungssektoren überfliegen möchte, bei einer Kontrollstelle ab- und bei einer anderen Kontrollstelle wieder anmelden muss.[1106] Von jeder Kontrollstelle erhält der Luftfahrzeugführer im Flugverlauf Kurs- und Flughöhenanweisungen, die jedoch häufig nicht der ökonomischsten und geradlinigsten Streckenführung entsprechen, da die Fluglotsen an national festgelegte Streckenvorgaben gebunden sind.[1107] Diese Streckenvorgaben wiederum orientieren sich am Verlauf der nationalen Grenzen, die der Sicherung von nationalen Interessen[1108] entsprechen und nicht auf die Bedürfnisse der angrenzenden Sektoren abgestimmt sind.[1109] Auch die Vorgaben zur Staffelung[1110] werden von den Ländern unterschiedlich gehandhabt, wodurch ein reibungsloser Verkehrsfluss behindert wird.[1111] Das eigentliche Ziel der Staffelung, den vorhandenen Luftraum möglichst wirtschaftlich zu nutzen und dabei gleichzeitig Sicherheit vor Kollisionen zwischen Flugzeugen zu schaffen[1112], wird dadurch vernachlässigt.

## C. Chronologische Entwicklung

Zunächst soll der Inhalt des Weißbuchs zum Luftverkehrsmanagement vom März 1996 näher beleuchtet werden, das sich mit den Problemen der Flugsicherung, der Verkehrsflusssteuerung und des Luftraummanagements befasste.

### I. Weißbuch Flugverkehrsmanagement – Für einen grenzenlosen Himmel über Europa, 1996

Das Weißbuch betrachtete den Hintergrund der damaligen Lage des europäischen Flugverkehrsmanagements und wies auf die Schwächen des Systems

1106 *Hüttel*, S. 26.

1107 *Hüttel*, S. 26.

1108 Bspw. Luftsperrgebiete für militärische Zwecke, die häufig allerdings ungenutzt bleiben. So *Hüttel*, S. 27, Fn. 16.

1109 *Hüttel*, S. 26 f.

1110 Die Staffelung bezeichnet die Anordnung der Flugzeuge im Luftraum durch den Flugverkehrskontrolldienst zur Einhaltung der vorgeschriebenen Mindestabstände zwischen den Flugzeugen in verschiedenen Richtungen, siehe *Klußmann/Malik*, Lexikon Luftfahrt, S. 690.

1111 *Hüttel*, S. 27.

1112 *Klußmann/Malik*, Lexikon Luftfahrt, S. 690.

hin.[1113] Ferner enthielt es die Definition eines „einheitlichen ATM[1114]-Systems für Europa“ und präsentierte die aus Kommissions-Sicht optimalen günstigsten institutionellen Strukturen.[1115] Das Weißbuch wurde durch einen Anhang, in dem die unterschiedlichen ATM-Aspekte detailliert beleuchtet wurden, sowie vier technische Anlagen erweitert.[1116]

### *1. Wesentliche Mängel*

Zunächst wurde die Flugsicherung als ein Sicherheitsdienst betrachtet, dessen Schwächen bezüglich der Verspätungen und der Kosten gebilligt werden mussten.[1117] Die Wahrnehmung der Flugsicherung als eine die weitere Entwicklung hemmende Komponente begann erst Ende der 80er-Jahre, da man bis zu diesem Zeitpunkt geglaubt hatte, dass der bedeutendste Engpass durch die Flughäfen verursacht würde und das Wachstum der Luftfahrt daher ganz und gar von der Menge der unter Beachtung des Umweltschutzes vertretbaren Pisten abhängen würde.[1118] Im Jahr 1986 wiesen lediglich 12 % der innereuropäischen Flüge eine Verspätung von mehr als 15 Minuten auf, diese sowohl ausgelöst durch Witterungsverhältnisse als auch durch ATC- oder flughafen- oder unternehmensbedingte Umstände.[1119] Im Jahr 1988 lag dieser Wert bereits bei 20 % und im Jahr 1989 stieg der Wert sogar auf 25 %, was grundsätzlich der Überlastung der bestehenden Infrastrukturen geschuldet war.[1120] Diese Situation war nicht nur aufgrund der durch die Verspätungen verursachten Mehrkosten für die Luftfahrtunternehmen inakzeptabel, sondern auch wegen der zahlreichen Mehrstunden, die die Flugreisenden durch Verspätungen verschwendeten, und des daraus resultierenden Imageverlustes des Luftverkehrs zu einem Zeitpunkt verstärkter Konkurrenz durch andere Verkehrsträger.[1121]

Die Europäische Kommission untersuchte alle erdenklichen Maßnahmen zur Schaffung eines effizienten europäischen Flugverkehrsmanagements und versuchte, die organisatorischen Schwächen zu finden, welche die weitere

1113 KOM(96) 57, S. 3.
1114 Englisch „Air Traffic Management“, deutsch: Flugverkehrsmanagement.
1115 KOM(96) 57, S. 3.
1116 KOM(96) 57, S. 3.
1117 KOM(96) 57, S. 6.
1118 KOM(96) 57, S. 6.
1119 KOM(96) 57, S. 7.
1120 KOM(96) 57, S. 7.
1121 KOM(96) 57, S. 7.

Entwicklung drosselten, hemmten oder sogar blockierten.[1122] Daraufhin entwickelte die Kommission ein Konzept für die notwendigen institutionellen Umgestaltungen und prüfte, wie die Gemeinschaft unter Beachtung des Subsidiaritätsprinzips und der Erfahrungen der involvierten internationalen Organisationen bestmöglich zur Realisierung dieser Zielsetzung beitragen konnte.[1123]

Als wesentliche Mängel des Flugverkehrsmanagements wurden in dem veröffentlichten Weißbuch die folgenden ausgemacht: „ein zersplittertes System", „fehlende Entscheidungsmechanismen", „fehlende Entscheidungshilfen", „ineffiziente Nutzung der vorhandenen Ressourcen", „fehlende Mittel zur Verfolgung von Entscheidungen", „fehlende Durchführungs- und Unterstützungsinstrumente" sowie eine „unzureichende Kostendisziplin".[1124] Während die meisten dieser Mängel aufgrund des fragmentierten Systems zustande kamen, bezog sich der letzte Punkt auf die Flugsicherungsdienste und deren ebenfalls zersplitterte unterschiedliche Systeme und Standards.[1125] Die Flugsicherung wurde bisher nicht als kommerzieller Dienst angesehen, sondern vor allem als Sicherheitsleistung betrachtet und vornehmlich von öffentlichen Diensten und Behörden als öffentliche Dienstleistung angeboten.[1126]

### 2. *Lösungsvorschläge*

Bei der „Definition einer Lösung" kam die Kommission zu dem Ergebnis, dass zur Behebung der ermittelten Schwächen eine eingehende Umstrukturierung des bisherigen für das europäische Flugverkehrsmanagement maßgeblichen organisatorischen Rahmens notwendig sei.[1127] Die Schaffung eines einheitlichen ATM-Systems sei erforderlich, da insbesondere eine zentrale Instanz mit einem konkreten Auftrag unentbehrlich sei, die über die entsprechenden Mittel zur Aufgabenerfüllung verfüge.[1128] Die Trennung von Regelungs- und Betriebsfunktionen wurde dazu als notwendig erachtet.[1129]

---

1122 KOM(96) 57, S. 11.
1123 KOM(96) 57, S. 11 f.
1124 KOM(96) 57, S. 12 ff.
1125 *Mölders*, Der Himmel über Europa: Eine Fallstudie zur Genese des „Single European Sky", 2012, S. 12 f., abzurufen unter https://pub.uni-bielefeld.de/publication/2694346, zuletzt abgerufen am 17.02.2023.
1126 KOM(96) 57, S. 18.
1127 KOM(96) 57, S. 18.
1128 KOM(96) 57, S. 18.
1129 KOM(96) 57, S. 19.

Bis zu diesem Zeitpunkt umfasste das Flugverkehrsmanagement zwei Grundfunktionen, die unterschiedliche Fähigkeiten verlangten, nämlich einerseits rechtlich-administrative Kompetenzen, andererseits technische Kenntnisse und Managementqualitäten.[1130] Fraglich war dabei, ob eine einzelne Instanz beide Funktionen gleich gut ausführen könne.[1131] Da beide Funktionen unterschiedlich seien, solle bei einer Neuordnung des ATM eine Trennung der Regelungs- und der Betriebsfunktion erfolgen.[1132] Durch die Trennung der beiden Grundfunktionen könnte eine größere Effizienz bei ihrer Ausübung und eine bessere Transparenz bei der Zuweisung einzelner Zuständigkeiten geschaffen werden.[1133] Die Kommission diskutierte dazu als Abschluss des Weißbuchs „drei unterschiedliche Optionen für das einheitliche ATM-System", die als unterschiedliche Möglichkeiten zur Gestaltung für das Kernelement der Regelungsfunktion gelten.[1134]

#### *a) Option 1: „Monolithische Struktur"*

Als Option 1 wurde eine „monolithische" europäische Struktur diskutiert.[1135] Zur Schaffung eines wirksameren institutionellen Rahmens seien Lösungen mit starkem Zentralisierungscharakter notwendig, bspw. entsprechend der Rolle, die EUROCONTROL anfangs ausfüllen sollte, in der neben den politischen Entscheidungen ebenfalls die Ausübung der europäischen Dienstleistungsfunktionen gebündelt würden.[1136] Vorbild war hierzu die US-amerikanische Struktur, bei der in den Aufgabenbereich der zentralen Instanz (die Federal Aviation Administration, kurz „FAA") nicht nur politische Zukunftsentscheidungen, sondern auch die Bereitstellung der Dienstleistungen fallen.[1137] Dies solle entscheidende Vorteile bezüglich beschleunigter Standardisierungen bei der Erbringung von Luftverkehrsdiensten in Europa bringen.[1138] Allerdings wurde auch diskutiert, dass eine solche „monolithische Struktur" und die Einsetzung eines einzelnen Betreibers die bereits vorhandenen Probleme verschärfen könnten, sodass

---

1130 KOM(96) 57, S. 19.
1131 KOM(96) 57, S. 19.
1132 KOM(96) 57, S. 19.
1133 KOM(96) 57, S. 19.
1134 KOM(96) 57, S. 23 ff.; siehe dazu auch BT-Drs. 13/5525, S. 29.
1135 KOM(96) 57, S. 23; ebenso BT-Drs. 13/5525, S. 29.
1136 KOM(96) 57, S. 23; siehe auch BT-Drs. 13/5525, S. 29.
1137 KOM(96) 57, S. 23; ebenso BT-Drs. 13/5525, S. 29.
1138 KOM(96) 57, S. 23; ebenso BT-Drs. 13/5525, S. 29.

letztlich die Trennung von Betriebs- und Regelungsfunktion als vorzugswürdig betrachtet wurde.[1139]

### *b) Option 2: „Gemeinschaftsinterne Lösung“*

Mit Option 2 bot die Kommission eine „gemeinschaftsinterne Lösung“ an.[1140] Grundsätzlich stimme es mit dem Vertragsziel überein, Lösungen auf Gemeinschafts- bzw. Unionsebene zu bevorzugen, wenn ein gemeinsames Handeln erfolgversprechender sei als einzelne Länder-Maßnahmen.[1141] Als zwingende Voraussetzung zur Vollendung des Luftverkehrsbinnenmarktes und damit einhergehend für die Realisierung der damit in Verbindung stehenden Zielsetzungen des Vertrages gelte die Verbesserung des Flugverkehrsmanagementsystems.[1142] Es sei eine Gemeinschaftsaufgabe, die politischen und rechtlichen Pflichten wahrzunehmen, und somit gelte auch die Entwicklung von Gemeinschaftsmaßnahmen als fester Bestandteil einer gemeinsamen Verkehrspolitik.[1143]

Die Kommission betrachtete die Reformierung des europäischen Luftraumes als ihre Pflicht. Allerdings erkannte sie auch, dass die Maßnahmen im ATM beschränkt seien, vor allem da die Ausarbeitung und Weiterverfolgung von Maßnahmen in einem derart spezialisierten Bereich Sachkenntnisse bedurften, die zu dem damaligen Zeitpunkt ausschließlich bei EUROCONTROL oder auch in den nationalen Flugsicherungsdiensten vorhanden waren.[1144] Um Entscheidungen vorzubereiten und den weiteren Entwicklungsprozess zu überwachen, bedürfe es demzufolge der Schaffung einer neuen Instanz.[1145] Die Schaffung einer solchen sei jedoch schwer zu begründen, da bereits andere Organisationen im ATM-Bereich vorhanden waren.[1146] Als Lösung schlug die Europäische Kommission daher vor, EUROCONTROL in den gemeinschaftlichen Rahmen einzugliedern, was allerdings die Gefahr berge, dass die Organisation als solche aufgehoben würde, um nur noch an ihren Ressourcen und Mitteln für Regelungsaufgaben festzuhalten.[1147] Problematisch erschien zusätzlich, dass ein derartiges Gemeinschaftskonzept den Maßnahmen nicht den notwendigen

---

1139 KOM(96) 57, S. 23; BT-Drs. 13/5525, S. 29.
1140 KOM(96) 57, S. 24; siehe auch BT-Drs. 13/5525, S. 30.
1141 Art. 5 Abs. 3 EUV (ex-Art. 5 EGV); KOM(96) 57, S. 24; ebenso BT-Drs. 13/5525, S. 30.
1142 KOM(96) 57, S. 24; siehe auch BT-Drs. 13/5525, S. 30.
1143 KOM(96) 57, S. 24; BT-Drs. 13/5525, S. 30.
1144 KOM(96) 57, S. 27; ebenso BT-Drs. 13/5525, S. 33.
1145 KOM(96) 57, S. 27; BT-Drs. 13/5525, S. 33.
1146 KOM(96) 57, S. 27; BT-Drs. 13/5525, S. 33.
1147 KOM(96) 57, S. 27; BT-Drs. 13/5525, S. 33.

gesamteuropäischen Umfang verleihe, da die europäische Luftverkehrseffizienz wesentlich auf die Qualität der einzelnen Flugsicherungsdienste in europäischen Drittländern angewiesen sei.[1148] Die Gemeinschaft könne zwar ihre im Vertrag niedergeschriebenen Befugnisse nutzen, um mit diesen Drittländern Abkommen zu schließen; dies begründe aber keine Garantie dafür, dass diese Drittstaaten tatsächlich zum Abschluss eines solchen Abkommens bereit wären, zumal entsprechende Vereinbarungen ihnen nicht zwangsläufig die Rolle zusichern könnten, an die sie von der Arbeit innerhalb der im ATM-Bereich agierenden Organisationen gewohnt seien.[1149] Das sachliche Problem der sich aufgrund des fragmentierten Luftraumes häufenden Verspätungen lässt Option 2 daher nur als Zwischenlösung erscheinen.[1150]

### *c) Option 3: „Europaweite Lösung"*

Mit Option 3 schlug die Kommission eine „europaweite Lösung"[1151] vor. Betrachte man die Grenzen der zweiten Option, dann sei es vorzuziehen, einen „weitergefassten europäischen Rahmen anzustreben als das Gebiet der EU-Mitgliedstaaten".[1152] Dadurch lasse sich die Effizienz des europäischen Air Traffic Managements erhöhen, vorausgesetzt, die Prozesse, die zur Zielerreichung benötigt würden, würden dadurch nicht beeinträchtigt.[1153] Auf Basis dessen könnte flexibler reagiert werden, falls erforderlich auch durch eine überregionale Luftraumverzahnung.[1154] Die Kommission begriff es außerdem als vorteilhaft, dass es für die einzelstaatlichen Regierungen durch die Errichtung eines einheitlichen ATM-Systems einfacher wäre, einer derartigen Organisation insbesondere auch bei der militärischen Luftraumnutzung Kompetenzen einzuräumen.[1155]

Die Kommission wies an dieser Stelle nochmals auf die Trennung von Regelungs- und Betriebsfunktion hin. Es erscheine sinnvoll, dass, wenn

1148 Diese Drittländer würden überflogen und in Spitzenzeiten ihr Luftraum zur Entlastung bemüht, so KOM(96) 57, S. 27 f.; BT-Drs. 13/5525, S. 33 f.

1149 KOM(96) 57, S. 28; BT-Drs. 13/5525, S. 34.

1150 *Mölders*, Der Himmel über Europa, S. 15.

1151 KOM(96) 57, S. 28 ff.; BT-Drs. 13/5525, S. 34.

1152 KOM(96) 57, S. 28; BT-Drs. 13/5525, S. 34.

1153 KOM(96) 57, S. 28; BT-Drs. 13/5525, S. 34.

1154 KOM(96) 57, S. 28; BT-Drs. 13/5525, S. 34.

1155 Wenn ausreichende Sicherungen eingeplant würden und die Länder selbst genügend Kontrolle behielten. Insbesondere vor dem Hintergrund, dass auf diesem Gebiet keine Gemeinschaftskompetenz bestünde, so KOM(96) 57, S. 28; siehe *ebenda*, S. 28, Fn. 22; BT-Drs. 13/5525, S. 34.

EUROCONTROL Teile der europäischen Regelungsfunktion ausfüllen solle, der Organisation vorrangig die Luftraumverwaltung und die technischen Spezifikationen obliegen würden.[1156] Es bedürfe einer Restrukturierung von EUROCONTROL, um der Organisation mehr politische Legitimation zu übertragen, sie mit den passenden Befugnissen und den notwendigen Kontroll-, Unterstützungs- und Entscheidungskompetenzen zu wappnen, damit EUROCONTROL diesen Aufgabenbereichen hinreichend entsprechen könne.[1157]

Die Kommission sprach sich für die Realisierung der dritten Option mitsamt einer Neustrukturierung von EUROCONTROL aus, wobei die Organisation mit ausreichenden Befugnissen, Entscheidungs- und Kontrollmechanismen ausgerüstet sein solle und der die Gemeinschaft[1158] selbst angehören und als Vollmitglied beitreten solle.[1159]

## II. ATM Strategy for the Years 2000+ (1997)

Im Jahr 1997 erarbeitete EUROCONTROL eine Strategie für das Air Traffic Management namens „ATM Strategy for the Years 2000+“[1160] (kurz: ATM 2000+), die darauf abzielte, die von allen ECAC-Verkehrsministern im Februar 1997 festgelegte ATM-Politik auf das kommende Jahrhundert zu übertragen.[1161] Diese Strategie wurde gemeinsam mit den ECAC-Staaten, den Flugsicherungsdienstleistern, den Fluggesellschaften, den Flughafenbetreibern und anderen Benutzern, der EG, der Organisation der gemeinsamen Luftfahrtbehörden in Europa (JAA), der NATO, der US-amerikanischen Federal Aviation Authority und anderen interessierten Organisationen entwickelt.[1162] Durch sie wurde die Grundlage für die Ausarbeitung eines einheitlichen europäischen ATM-Systems von Flugsteig zu Flugsteig (Gate-to-Gate) geschaffen, das imstande sein sollte,

---

1156 KOM(96) 57, S. 28; BT-Drs. 13/5525, S. 34.

1157 KOM(96) 57, S. 28; BT-Drs. 13/5525, S. 34.

1158 Bzw. die Europäische Union.

1159 BT-Drs. 13/5525, S. 36 f.; KOM(96) 57, S. 30 f.

1160 EUROCONTROL, ATM Strategy for the Years 2000+, 2003 Edition, abzurufen unter https://www.eurocontrol.int/sites/default/files/content/documents/official-documents/pc/commission-act/cn-decisions-95-en.pdf, zuletzt abgerufen am 17.02.2023. Offiziell beschlossen wurde die „ATM Strategy for the Years 2000+“ allerdings erst auf dem Treffen der ECAC-Transportminister im Januar 2000.

1161 *V. Dam*, in: Hobe/v. Ruckteschell, Kölner Kompendium Luftrecht, Bd. 1, S. 67, Rn. 164; ähnlich bei *Bues*, S. 46.

1162 *V. Dam*, in: Hobe/v. Ruckteschell, Kölner Kompendium Luftrecht, Bd. 1, S. 67, Rn. 164.

die fortwährend wachsende Nachfrage im europäischen Luftverkehr qualitativ und auch quantitativ in den nächsten Jahren bzw. Jahrzehnten zu bewältigen.[1163] Die Strategie enthielt eine Vielzahl neuer Gesichtspunkte auf europäischer Ebene wie bspw. die Schaffung eines Netzwerkes unter Einbeziehung der Luftraumnutzer und Flughäfen gemeinsam mit der Hauptinstanz im Bereich ATM: der Verkehrsflusssteuerungszentrale[1164] und den einzelnen Flugverkehrssystemen (das ATM-Netz), ebenso wie bessere einheitliche Sicherheitsstandards, Sicherheitsregelungen und Verfahrensweisen sowie kostenwirksame ATM-Dienste, die auf die Nutzerbedürfnisse zugeschnitten und an Leistungsvorgaben geknüpft sind.[1165]

Der Rat forderte die Europäische Kommission im Juni 1999 auf, ihn in einer Mitteilung über die aktuellsten Maßnahmen zur Reduzierung der Verspätungen und Überlastungen im europäischen Flugverkehr zu informieren.[1166] Eine solche Analyse der Situation fand ihren Niederschlag in der „Mitteilung der Kommission an den Rat und das Europäische Parlament: Die Schaffung eines einheitlichen europäischen Luftraumes" vom 1. Dezember 1999.[1167]

## III. Mitteilung der Kommission an den Rat und das Europäische Parlament: Die Schaffung eines einheitlichen europäischen Luftraumes (1999)

Als sich Ende der 90er-Jahre die Flugverspätungen abermals unverhältnismäßig häuften, verfasste die Kommission eine Mitteilung an den Rat und das Europäische Parlament bezüglich der Schaffung eines einheitlichen europäischen

1163 *V. Dam*, in: Hobe/v. Ruckteschell, Kölner Kompendium Luftrecht, Bd. 1, S. 67, Rn. 164.

1164 Central Flow Management Unit, kurz CFMU.

1165 *V. Dam*, in: Hobe/v. Ruckteschell, Kölner Kompendium Luftrecht, Bd. 1, S. 68, Rn. 165.

1166 Entschließung des Rates vom 17.06.1999, der Wortlaut dieser Entschließung wurde am 04.08.1999 im ABl. EG Nr. C 222, S. 1 veröffentlicht; Mitteilung der Kommission an den Rat und das Europäische Parlament: Die Schaffung eines einheitlichen europäischen Luftraumes vom 01.12.1999, KOM(1999) 614 endgültig, S. 3.

1167 Mitteilung der Kommission an den Rat und das Europäische Parlament: Die Schaffung eines einheitlichen europäischen Luftraumes vom 01.12.1999, KOM(1999) 614 endgültig.

Luftraumes[1168]. Darin wurde auf den Reformbedarf des europäischen Flugverkehrs aufmerksam gemacht, der über die bisherigen Bemühungen weit hinausreichte. Zu diesem Zeitpunkt war in Europa bereits jeder dritte Flug unpünktlich unterwegs, mit einer durchschnittlichen Verspätung von etwa 20 Minuten bis zu einer Verspätung von mehreren Stunden in Spitzenzeiten.[1169] Aufgrund realistischer Verkehrsprognosen wurde für die folgenden fünf Jahre eine weitere Verschlechterung der Lage prognostiziert.[1170]

Die Kommission bezeichnete die Reform des Flugverkehrsmanagements daher als ein vorrangiges Anliegen.[1171] Das Luftraummanagement müsse an die wirtschaftliche und politische Integration angepasst werden, wofür die Gemeinschaft verantwortlich zeichne.[1172] In Zeiten einer einheitlichen europäischen Währung[1173] und Zeiten, in denen die Gemeinschaft sich bemühe, die Kooperationen im Rechts- und Polizeiwesen zu verstärken und ehrgeizige Pläne für die Errichtung eines europäischen Verteidigungswesens habe, würde das europäische Luftraummanagement noch immer von altmodischen Prinzipien bestimmt werden.[1174] Es wurde erkannt, dass zur Verbesserung der Sicherheit und Pünktlichkeit des Luftverkehr-Sektors es effektiver sei, die Flugzeuge nach dem Verkehrsaufkommen als nach nationalen Ländergrenzen zu ordnen. Es könne schließlich nicht an einem europäischen Luftraum mit staatlichen Grenzen festgehalten werden, während am Boden der freie Waren-, Dienstleistungs- und Personenverkehr bereits eingeführt worden sei.[1175] Voraussetzung für die Schaffung eines Single European Sky seien gezielte Schritte, um die gleichzeitige Umsetzung gemeinsamer Ziele sicherzustellen.[1176] Die Verantwortung der Gemeinschaft könne nicht darauf reduziert werden, Forschungsvorhaben zur Verbesserung des Flugverkehrsmanagements auszuarbeiten, die schließlich in einem zersplitterten Luftraum realisiert würden.[1177]

---

1168 Mitteilung der Kommission an den Rat und das Europäische Parlament: Die Schaffung eines einheitlichen europäischen Luftraumes vom 01.12.1999, KOM(1999) 614 endgültig.

1169 KOM(1999) 614, S. 2.

1170 KOM(1999) 614, S. 2.

1171 KOM(1999) 614, S. 5.

1172 KOM(1999) 614, S. 5.

1173 Den Euro gibt es in 19 Ländern. Diese 19 Länder heißen auch Euro-Zone.

1174 KOM(1999) 614, S. 5.

1175 KOM(1999) 614, S. 5.

1176 KOM(1999) 614, S. 5.

1177 KOM(1999) 614, S. 5.

Die Schaffung eines einheitlichen europäischen Luftraumes bedürfe nach Meinung der Europäischen Kommission nicht nur kollektive operationelle und technische Lösungen, sondern auch ein Luftraummanagement, das eine Neuordnung der Strukturen und der Nutzung im optimalen Interesse aller seiner Nutzer ermöglichen solle.[1178] Diese Neuordnung solle sich auf diverse Prinzipien stützen, bspw. auf das der Sektorenaufteilung.[1179] Damit sich die Luftraumnutzung in der Zukunft anhand von „Effizienzkriterien" orientieren könne, solle sich diese Aufteilung der jeweiligen Sektoren und die Definition der Flugwege unabhängig von den nationalen Grenzen abspielen.[1180] Auch die Aufteilung zwischen zivilen und militärischen Nutzern müsse überdacht werden.[1181] Bisher waren die europäischen Staaten nur bedingt gewillt, ihre Souveränität im Luftraum aufzugeben und mit den anderen Staaten zu koordinieren. Vor allem in Zeiten des Kalten Krieges beharrten die Staaten darauf, ihre Lufthoheit und ihre militärischen Zonen selbst zu verwalten.[1182] Der staatliche Luftraum kann auch heute noch nicht beliebig verwendet und durchflogen werden, da bestimmte Abschnitte für Militärmaschinen reserviert sind.[1183] Die zivile Luftfahrt muss diese Zonen umfliegen und darf ausschließlich die freigegebenen Luftstraßen nutzen, was zu teuren und umweltschädlichen Umwegen führt. Die Luftstraßen werden von den Mitgliedstaaten selbst festgelegt, grenzüberschreitende Luftstraßen definieren die beteiligten Mitgliedstaaten gemeinsam.[1184]

Die Situation am europäischen Himmel sorgte nicht nur bei den Passagieren für Verärgerung, sondern auch bei den Unternehmen.[1185] Neben beeinträchtigten Urlaubsfreuden und verpassten Geschäftsabschlüssen sowie den grundsätzlichen Umweltbelastungen entstanden durch diesen Zustand zusätzliche Kosten

1178 KOM(1999) 614, S. 5.

1179 KOM(1999) 614, S. 5 f.

1180 KOM(1999) 614, S. 6.

1181 KOM(1999) 614, S. 6.

1182 Obwohl eine vorrangig militärische Luftraumnutzung nach dem lange zurückliegenden Ende des Kalten Krieges nicht mehr erforderlich ist, geben die Staaten ihre Luftraum-Souveränität nicht leichter auf. Daher existieren auch heute noch Militärzonen, die nicht überflogen werden dürfen. Weite Teile des Luftraumes sind für den militärischen Bereich reserviert und damit für Zivilluftfahrzeuge gesperrt. Diese Sperrung gilt größtenteils generell und orientiert sich dabei nicht am Verkehrsaufkommen.

1183 *Langner/Schwenke*, Cep-Studie 2011, S. 6.

1184 *Langner/Schwenke*, Cep-Studie 2011, S. 7.

1185 KOM(1999) 614, S. 2.

für die Allgemeinheit.[1186] Die Verspätungen, die direkt der Überlastung des Luftraumes zugerechnet wurden, verursachten für die Gesamtwirtschaft Kosten von etwa fünf Milliarden Euro.[1187] Diese Verspätungen machten etwa die Hälfte aller Verspätungen aus, sodass der gesamte Schaden auf etwa zehn Milliarden Euro beziffert wurde.[1188]

Für diese Verzögerungen trugen unterschiedliche Faktoren die Verantwortung: Für je ein Viertel der Verspätungen wurden den Flughäfen und den Luftfahrtgesellschaften Verantwortung zugeschrieben, die andere Hälfte der Verspätungen wurde der grundsätzlichen Luftraumüberlastung zugerechnet.[1189] Diese Verspätungen machten die strukturellen Defizite der europäischen Flugsicherung deutlich.[1190] Im Gegensatz zu den Verspätungen der Jahre 1988 und 1989[1191], die noch durch Korrekturen des vorhandenen Systems eliminiert werden konnten, waren Ende der 90er-Jahre dauerhafte Revisionen nötig, um das bis an seine Kapazitätsgrenzen belastete Flugverkehrsmanagementsystem in Europa auf die zukünftige Entwicklung und Zunahme des Luftverkehrs vorzubereiten.[1192] Im Rahmen des Chicagoer Abkommens erarbeiteten die Staaten mithin eine Strategie, um die Flugsicherheit garantieren zu können: das Luftraummanagement.[1193] Jedoch blieb auch durch dieses Instrument die Kapazität des Luftraumes begrenzt, sodass für die Wahrung des bestmöglichen Sicherheitsniveaus gewisse Wartezeiten am Boden oder auch die Umleitung von Flugzeugen unumgänglich wurden, was wiederum Verspätungen begünstigte.[1194]

Die Zersplitterung des europäischen Luftraumes nach Staatsgrenzen wird als das Hauptproblem des überlasteten Luftraummanagements angesehen. Durch die Fragmentierung des Luftraumes kommt es zu einer Disharmonie und Überschneidung von Normen, Regelungen, Sicherheitsverfahren, Standardisierungen sowie Forschungs- und Entwicklungsprojekten in einem Netzwerksystem,

---

1186 KOM(1999) 614, S. 2.

1187 KOM(1999) 614, S. 2, Fn. 1.

1188 KOM(1999) 614, S. 2, Fn. 1.

1189 KOM(1999) 614, S. 2.

1190 Siehe dazu auch *Bues*, S. 34.

1191 Vgl. KOM(88) 577, S. 3 ff.

1192 *Bues*, S. 34 f.; vgl. auch EUROCONTROL, Performance Review Report, 1999, S. 16 ff., abzurufen unter (zuletzt abgerufen am 17.02.2023) http://www.eurocontrol.int/sites/default/files/publication/files/prr-1999.pdf.

1193 KOM(1999) 614, S. 2.

1194 KOM(1999) 614, S. 3.

das in seiner Leistungsfähigkeit an das schwächste Glied gebunden ist.[1195] In ihrer Mitteilung schlug die Europäische Kommission vor, kurzfristige Maßnahmen zu ergreifen.[1196] Diese sollten darin bestehen, dass unter der Zuständigkeit von EUROCONTROL eine Programmplanung mit der Intention errichtet werden solle, einen gemeinsamen Bezugsrahmen für die Dienstebetreiber[1197] und die Luftfahrtgesellschaften zu bilden.[1198] Weiterhin solle EUROCONTROL in der Lage sein, Entlastungsrouten zu entwickeln und die Nutzung dieser Flugrouten im Krisenfall vorschreiben zu können.[1199] EUROCONTROL solle weiterhin verschiedene Notfallpläne konzipieren und realisieren, um etwaige unerwartete Krisensituationen meistern zu können, die auf mit dem System zusammenhängende Vorgänge oder auch auf Geschehnisse außerhalb des Systems zurückzuführen sind.[1200] Das Neue an diesen vorgeschlagenen Maßnahmen war, dass EUROCONTROL als Koordinierungsstelle fungieren sollte.[1201]

Als ihr vorrangiges Anliegen[1202] sah diese Mitteilung der Kommission vom 1. Dezember 1999 somit die Reform des Flugverkehrsmanagements an.[1203] In diversen Anlagen wurden die damalige Situation der Überlastung und der Verspätungen im Luftverkehr sowie diejenige des Flugverkehrs- und Luftraummanagement analysiert und schließlich die Aufgaben der Gemeinschaft aufgezeigt.[1204] Im weitesten Sinne kann die Mitteilung der Kommission vom 1. Dezember 1999 als finaler Impuls zur Schaffung des einheitlichen europäischen Luftraumes und der Ausarbeitung der SES-Verordnungen betrachtet werden.[1205]

Die weiteren Entschließungen und Mitteilungen des Rates, der Europäischen Kommission und des Europäischen Parlaments,[1206] die sowohl von der

---

1195 KOM(96) 57, S. 12 ff.; *Bues*, S. 35.

1196 KOM(1999) 614, S. 4 f.

1197 Insbesondere für die Kontrollstellen, so KOM(1999) 614, S. 4.

1198 KOM(1999) 614, S. 4.

1199 KOM(1999) 614, S. 4.

1200 Bspw. schlechte Witterungsverhältnisse oder Streiks, so KOM(1999) 614, S. 4.

1201 KOM(1999) 614, S. 4.

1202 Neben einigen kurzfristigen Maßnahmen.

1203 *Frerich/Müller*, Europäische Verkehrspolitik, S. 545.

1204 *Frerich/Müller*, Europäische Verkehrspolitik, S. 545; KOM(1999) 614, S. 9 f.

1205 *Frerich/Müller*, Europäische Verkehrspolitik, S. 545 f.; *Bues*, S. 47.

1206 Entschließung des Europäischen Parlaments zur Auslastung des Luftraumes und zur Sicherung des Luftverkehrs, ABl. EG Nr. C 284 vom 02.11.1992, S. 170 ff.; Entschließung des Europäischen Parlaments zur Flugsicherung (ATC) in Europa, ABl. EG Nr. C 305 vom 31.10.1994, S. 24 f.; Mitteilung der Kommission an den Rat und das Europäische Parlament zur Überlastung des Luftraumes und zur Krise des

INSTAR-[1207] als auch von der INSTRAT-Studie[1208] geprägt wurden, machten bereits die Bemühungen der jeweiligen europäischen Beteiligten deutlich, dass sie nach der richtigen Taktik zur Harmonisierung der Flugsicherung in Europa suchten und die dazu erforderlichen Maßnahmen und unverzichtbaren Umgestaltungen prüften, nachdem sich herauskristallisierte, dass die Lösung der Probleme in einem zukunftsweisenden und allumfassenden Konzept liegen würde.[1209]

Im Januar 2000 fand die Ministertagung der Europäischen Zivilluftfahrtkonferenz statt, auf der die von EUROCONTROL formulierte „ATM-Strategy for the Years 2000+"[1210] beschlossen wurde. Danach sollte ein europäisches ATM-Netz aufgebaut werden.[1211] Diese Initiative der Luftfahrtbranche, die im Jahr 2003 weiter ergänzt wurde und verschiedene Programme[1212] enthielt, löste

---

Luftverkehrs vom 05.07.1995, KOM(1995) 318 endg.; Weißbuch der Europäischen Kommission „Flugverkehrsmanagement – Für einen grenzenlosen Himmel über Europa" vom 06.03.1996, KOM(96) 57 endg.; Entschließung des Europäischen Parlaments zur Mitteilung der Kommission zur Überlastung des Luftraumes und zur Krise des Luftverkehrs, ABl. EG Nr. C 323 vom 04.12.1995, S. 92 ff.; Entschließung des Rates vom 17.11.1995 zu den durch die Überlastung des Luftraumes bedingten Problemen und zur Krise des Flugverkehrs in Europa, ABl. EG Nr. C 317 vom 28.11.1995, S. 1 f.; Entschließung des Europäischen Parlaments zum Weißbuch der Kommission „Flugverkehrsmanagement – Für einen grenzenlosen Himmel über Europa" (KOM(96) 0057 – C4-0191/96), ABl. EG Nr. C 33 vom 03.02.1997, S. 124 ff.; Entschließung des Rates vom 19.07.1999 zur Lage in Bezug auf Verspätungen im Flugverkehr in Europa, ABl. EG Nr. C 222 vom 04.08.1999, S. 1; siehe dazu auch *v. Antwerpen*, Air & Space Law 2002, S. 90 ff. (101).

1207 INSTAR – Institutional Arrangement Study (INSTAR-Studie der ECAC); ausf. bei *Schwenk/Schwenk*, International Co-operation, S. 116 ff.

1208 INSTRAT – Institutional Strategy for Air Traffic Management, Arbeitsgruppe der ECAC, die die Arbeit von INSTAR fortführte (Entwicklung einer institutionellen Strategie, INSTRAT-Studie); siehe auch *Schwenk/Schwenk*, International Cooperation, S. 117 f.

1209 *Bues*, S. 46.

1210 https://www.eurocontrol.int/sites/default/files/content/documents/official-documents/pc/commission-act/cn-decisions-95-en.pdf, zuletzt abgerufen am 17.02.2023; zur ATM-Strategy for the Years 2000+ auch unter Kapitel 4, C., II.

1211 https://www.eurocontrol.int/sites/default/files/content/documents/official-documents/pc/commission-act/cn-decisions-95-en.pdf, zuletzt abgerufen am 17.02.2023; *Bues*, S. 46.

1212 Siehe z. B. den europäischen Konvergenz- und Durchführungsplan (ECIP – European Convergence and Implementation Plan) und das EATMP (European Air Traffic Management Programme), das dem EATCHIP nachfolgte, und den reduzierten

jedoch nach Ansicht der Kommission die Verspätungsproblematik auf dem Gebiet des Luftverkehrs nicht zufriedenstellend.[1213]

Unter Vorlage der Mitteilung der Kommission von 1999 und ihren Leitlinien wurde unter der Leitung des für den Verkehrssektor zuständigen Kommissionsmitglieds eine „Hochrangige Gruppe" eingesetzt.[1214] Diese „Hochrangige Gruppe" oder „High Level Group" sollte sich aus den Verantwortlichen für das Flugverkehrsmanagement in den Mitgliedstaaten zusammensetzen.[1215] Ihre Aufgabe sollte darin bestehen, die zivile und auch die militärische Nutzung des Luftraumes zu analysieren, ohne dabei die Interessen der Luftverkehrsnutzer aus den Augen zu verlieren.[1216]

Auf dem Sondergipfel der europäischen Staats- und Regierungschefs Ende März 2000 in Lissabon wurde schließlich ein Programm[1217] verabschiedet, dessen erklärtes Ziel es war, die Europäische Union bis zum Jahr 2010 zum „wettbewerbsfähigsten und dynamischsten wissensbasierten Wirtschaftsraum der Welt zu machen, der ein dauerhaftes Wirtschaftswachstum mit mehr und besseren Arbeitsplätzen und einem größeren sozialen Zusammenhalt ermöglicht und dem Umweltschutz verpflichtet ist".[1218] Der Europäische Rat rief die Europäische Kommission und die Mitgliedstaaten dazu auf, „hinsichtlich der Nutzung

---

Mindestwert für die Höhenstaffelung (RVSM), *Bues*, S. 46 f., Fn. 334; siehe zum RSVM *v. Dam*, in: Hobe/v. Ruckteschell, Kölner Kompendium Luftrecht, Bd. 1, S. 68 f., Rn. 167 ff.; *Fritzsche*, S. 54, Rn. 146.

1213 *Bues*, S. 46 f.

1214 KOM(1999) 614, S. 7.

1215 KOM(1999) 614, S. 7.

1216 KOM(1999) 614, S. 7.

1217 Sog. Lissabon-Strategie. Vom 23. bis 24.03.2000 trat der Europäische Rat auf einer Sondertagung in Lissabon zusammen, um für die Europäische Union neue strategische Ziele festzusetzen. Beschäftigung, Wirtschaftsreform und sozialer Zusammenhalt als Bestandteil einer wissensbasierten Wirtschaft sollten gestärkt werden. Siehe dazu ausf. http://www.europarl.europa.eu/summits/lis1_de.htm; siehe dazu https://www.bundesregierung.de/Content/DE/Lexikon/EUGlossar/L/2005-11-21-lissabon-strategie.html, beide zuletzt abgerufen am 12.02.2023.

1218 Arbeitsdokument der Kommissionsdienststellen vom 02.02.2010, Bewertung der Lissabon-Strategie, SEK(2010) 114 endgültig, S. 2; siehe dazu auch *Schwenk/Giemulla*, Hdb. des Luftverkehrsrechts, Kapitel 5, S. 179, Rn. 26; ähnlich *Bues*, S. 47, dort auch Fn. 338.

und des Managements des Luftraumes so rasch wie möglich ihre Vorschläge zu unterbreiten".[1219]

Im Juli 2000 schloss sich das Europäische Parlament den Ausführungen der Kommission vom 1. Dezember 1999[1220] an.[1221] Demnach begrüßte das Parlament die Mitteilung der Kommission als wichtigen Beitrag zu den Bemühungen, der Überbelastung des Luftraumes entgegenzuwirken.[1222] Auch im Jahr 2000 wies jeder fünfte Flug noch eine durchschnittliche Verspätung von mehr als 15 Minuten auf.[1223] Die Luftverkehrslage war weiterhin schwierig und aufgrund des ansteigenden Verkehrswachstums stieß die Kapazität des Flugsicherungssystems an ihre Grenzen.[1224] Das Flugverkehrsmanagement erfolgte noch immer unter Rahmenbedingungen, die in den 60er-Jahren festgelegt worden waren, und war trotz der Harmonisierungsmaßnahmen im Rahmen von EUROCONTROL als zwischenstaatlicher Organisation durch erhebliche Zersplitterung charakterisiert.[1225]

---

1219 Europäischer Rat, 23. und 24.03.2000, Lissabon, Schlussfolgerungen des Vorsitzes, abzurufen unter http://www.europarl.europa.eu/summits/lis1_de.htm, zuletzt abgerufen am 12.02.2023; Mitteilung der Kommission an den Rat und das Europäische Parlament: Maßnahmenprogramm zur Schaffung eines einheitlichen europäischen Luftraumes und Vorschlag für eine Verordnung des Europäischen Parlaments und des Rates zur Festlegung des Rahmens für die Schaffung eines einheitlichen europäischen Luftraumes, KOM(2001) 123 endgültig vom 10.10.2001, S. 3; *Bues*, S. 47; *Schwenk/Giemulla*, Hdb. des Luftverkehrsrechts, Kapitel 5, S. 179, Rn. 26.

1220 KOM(1999) 614.

1221 Entschließung des Europäischen Parlaments zu der Mitteilung der Kommission an den Rat und das Europäische Parlament: Die Schaffung eines einheitlichen europäischen Luftraumes KOM(1999) 614 – C5-0085/2000 – 2000/2053 [COS]), ABl. EG Nr. C 121 vom 24.04.2001, S. 470 ff.

1222 Entschließung des Europäischen Parlaments, ABl. EG Nr. C 121 vom 24.04.2001, S. 471.

1223 KOM(2001) 123, S. 2.

1224 KOM(2001) 123, S. 2; *ebenda*, Fn. 1: Nicht alle Verspätungen lassen sich auf Defizite bei der Flugsicherung zurückführen, denn auch Luftfahrtunternehmen und Flughäfen verursachten Verspätungen.

1225 KOM(2001) 123, S. 2.

## IV. Der einheitliche europäische Luftraum – Bericht der Hochrangigen Gruppe (November 2000)[1226]

Im November 2000 wurde schließlich der Bericht der sogenannten Hochrangigen Gruppe (High Level Group) vorgelegt. Aufgrund des wegweisenden Charakters dieses Berichts soll dieser detaillierter zu betrachtet werden.[1227]

### 1. *Zielsetzung*

In dieser Gruppe engagierten sich sowohl die in den Mitgliedstaaten für die Flugsicherung verantwortlichen zivilen und militärischen Positionen als auch Repräsentanten Norwegens und der Schweiz.[1228] In sachlicher Hinsicht begriff sich der Bericht der Hochrangigen Gruppe als ein Werkzeug zur Benennung tatsächlicher Probleme und gebührender Lösungstendenzen, unter sozialen Gesichtspunkten wollte der Bericht das Fundament zur Inklusion sämtlicher am europäischen Luftverkehr beteiligten Gruppen zu einer gemeinsamen Problemlösung legen.[1229]

Die Parteien untersuchten in ihrem Bericht, wie die Europäische Union mit ihrem Rechtssystem und Entscheidungsfindungsverfahren, ihren politischen Kontrollmechanismen und Zuständigkeiten der notwendigen Harmonisierung der Regelungen für die Luftraumnutzung gerecht werden könnte.[1230] Der Bericht evaluierte die damalige Situation unter den Gesichtspunkten der Auslastung des Flugverkehrssystems und der Mängel des Systems des Flugverkehrsmanagements und schätzte den daraus resultierenden Reformbedarf ein.[1231] Durch den Bericht wurde deutlich, dass das Hauptproblem in der aktuellen Funktionsweise des Luftverkehrsmanagements (ATM) zu sehen war.[1232]

Der Bericht legte die Notwendigkeit der Schaffung eines einheitlichen europäischen Luftraumes dar und plädierte dafür, dass die EU bis zum Jahr 2005 die dazu erforderlichen Strukturen und Rechtsvorschriften akzeptieren und realisieren sollte.[1233] Vorgeschlagen wurden verschiedene Leitlinien, die es umzusetzen

---

1226 „Der einheitliche europäische Luftraum", Bericht der Hochrangigen Gruppe, Europäische Kommission, Generaldirektion Energie und Verkehr, November 2000.
1227 *Mölders*, Der Himmel über Europa, S. 18.
1228 KOM(2001) 123, S. 3.
1229 So auch *Mölders*, Der Himmel über Europa, S. 28.
1230 Bericht der Hochrangigen Gruppe, S. 7.
1231 Bericht der Hochrangigen Gruppe, S. 7.
1232 Bericht der Hochrangigen Gruppe, S. 6.
1233 Bericht der Hochrangigen Gruppe, S. 16.

galt: eine „wirksame Regulierung“, die „konstruktive Einbindung aller Akteure und Zielgruppen“[1234], die „kohärente Gestaltung des Luftraumes“ und ein „institutioneller Rahmen“.[1235] Im Gegensatz zu dem Weißbuch vom 6. März 1996[1236] basierte der Bericht der Hochrangigen Gruppe auf der Forderung nach der Schaffung eines gemeinschaftlichen Regulierungsrahmens, insbesondere einer Regulierungsinstanz[1237] und der Trennung der regulativen und operativen Flugsicherungsaufgaben.[1238] Die Europäische Union könne die Luftraumnutzung[1239] neu ordnen, ohne dabei mit der im Rahmen von EUROCONTROL geregelten Kooperation und ihrer Weiterentwicklung auf der Grundlage des revidierten Übereinkommens zu konkurrieren.[1240] Da der Single European Sky auch auf Nicht-EU-Staaten ausgedehnt werden solle, würden diese Drittländer eng in den Arbeitsprozess einbezogen, mit EUROCONTROL als dem Forum der paneuropäischen Zusammenarbeit.[1241]

### a) *Wirksame Regulierung*

Im Regulierungsbereich empfahl die Hochrangige Gruppe, sich eines mit ausführlichen Befugnissen ausgerüsteten Regulierers zu bedienen, der über entsprechende Mittel verfüge, autonom von den unterschiedlichen Interessen sei und außerdem Ziele beschließen könne, die das Verkehrswachstum garantierten und die Sicherheit aufrechterhalten, wenn nicht sogar verbessern könnten.[1242] Der Verantwortungsbereich dieses Regulierers müsse vor allem den Luftraum umfassen, der als „gemeinsame Ressource“[1243] zu begreifen sei, dessen Zugang

1234 Alle Interessengruppen, also die Fluggesellschaften, die Dienstebetreiber, die Hersteller von Ausrüstung und das Personal, so Bericht der Hochrangigen Gruppe, S. 17.

1235 Bericht der Hochrangigen Gruppe, S. 16 ff.

1236 KOM(96) 57.

1237 Im Gegensatz zum Weißbuch der Europäischen Kommission vom 06.03.1996 war nicht EUROCONTROL als zentrale Regulierungsbehörde vorgesehen, sondern allein die Europäische Union, welche durch die nationalen Aufsichtsbehörden unterstützt wird. EUROCONTROL sollte eine unterstützende Rolle innehaben. Vgl. *Bues*, S. 48, Fn. 341; Bericht der Hochrangigen Gruppe, S. 16.

1238 *Bues*, S. 48; Bericht der Hochrangigen Gruppe, S. 16 f.

1239 Zumindest für die EU-Mitgliedstaaten.

1240 Bericht der Hochrangigen Gruppe, S. 7.

1241 Bericht der Hochrangigen Gruppe, S. 7.

1242 Bericht der Hochrangigen Gruppe, S. 16 f.; KOM(2001) 123, S. 3.

1243 Im Bericht der Hochrangigen Gruppe findet diese Wortwahl, die bereits auf die Vorstellung eines einheitlichen europäischen Luftraumes hindeutet, mehrmals Eingang, siehe dort S. 18, 19 und 32; nach der Auffassung der Hochrangigen Gruppe sollte

allen Nutzern offenstehen müsse.[1244] Dieser solle zusammenhängend verwaltet werden, mit dem oberen Luftraum beginnend.[1245] Auch die Ausrüstung und die Organisation der Flugsicherungsdienstleister seien von der Regulierung umfasst.[1246]

### *b) Konstruktive Einbindung aller Akteure und Zielgruppen*

Hierbei wurde zunächst vorgeschlagen, die zivilen und militärischen Sektoren einzubeziehen.[1247] Ferner wurde für die Regulierung ein „offenes und transparentes Konsultationsverfahren" empfohlen, in das alle Zielgruppen und Beteiligten eingebunden seien, um dadurch gewährleisten zu können, dass die Vorschriften plausibel seien und ein Gleichgewicht zwischen den unterschiedlichen Gruppen schaffen würde.[1248] Alle Interessengruppen[1249] seien in jegliche Aspekte der Regulierung einzubinden, damit versucht werden könne, eine von sämtlichen Beteiligten unterstützte umfassende Vorstellung oder einen gemeinsamen Plan für die Systementwicklung und die Luftraumstruktur auszuarbeiten.[1250] Für das Personal empfahl der Bericht der Hochrangigen Gruppe zusätzlich die Einrichtung eines europaweiten sozialen Dialogs, damit ein Forum entstehen könne, das der Entwicklungserörterung diene, die die gesamte Industrie berühre und das gegenseitige Verständnis für die Anforderungen und Zwänge, denen die Reform unterläge, optimiere.[1251]

---

der Luftraum in Europa als eine „gemeinsame Ressource" angesehen werden, wobei der Gedanke der funktionalen Luftraumblöcke (FABs) bereits aufkam, ohne diese ausdrücklich zu erwähnen, so *Bues*, S. 48.

1244 Bericht der Hochrangigen Gruppe, S. 16 f.; KOM(2001) 123, S. 3.

1245 Bericht der Hochrangigen Gruppe, S. 16 f.; KOM(2001) 123, S. 3.

1246 Bericht der Hochrangigen Gruppe, S. 16 f.; KOM(2001) 123, S. 3.

1247 Bericht der Hochrangigen Gruppe, S. 17; ebenso *Mölders*, Der Himmel über Europa, S. 20.

1248 Bericht der Hochrangigen Gruppe, S. 17.

1249 Gemeint sind die Fluggesellschaften, die Dienstebetreiber, die Ausrüstungsproduzenten und auch das Personal, so Bericht der Hochrangigen Gruppe, S. 17.

1250 Bericht der Hochrangigen Gruppe, S. 17; dazu auch *Mölders*, Der Himmel über Europa, S. 20.

1251 Bericht der Hochrangigen Gruppe, S. 17; siehe auch *Mölders*, Der Himmel über Europa, S. 20.

### c) Kohärente Gestaltung des Luftraumes

Bei der dritten Leitlinie machte der Bericht der Hochrangigen Gruppe den Vorschlag, den Luftraum als eine gemeinsame Ressource zu nutzen und so zu gestalten und zu regulieren, als gäbe es keinerlei Binnengrenzen (also ein einheitlicher Luftraum über dem Territorium der Europäischen Union).[1252] Mithilfe von EUROCONTROL sollte dieser Luftraum auf paneuropäischer Ebene gestaltet, verwaltet und reguliert werden, beginnend mit dem oberen, aber in enger Abstimmung mit dem unteren Luftraum.[1253] Darüber hinaus dürften in dem Gestaltungs- und Verwaltungsprozess neben den zivilen Interessen die militärischen nicht unbeachtet bleiben.[1254]

### d) Institutioneller Rahmen

Eine wirksame Regulierung wurde als das Kernstück der Reform des Flugverkehrsmanagements erachtet.[1255] Dabei müsse der Regulierer gewisse „Strategien für die Regulierung und wesentliche Anforderungen" (Gestaltungs- und Umsetzungsaufgaben) bestimmen, „gemeinsame technische Regelungen und Spezifikationen" aufstellen (Entwicklungsaufgaben), „Verfahren für die Kontrolle und das Vorgehen bei Verstößen" einführen (Überwachungsaufgaben) und die „Anwendung der Regelungen sicherstellen, wenn mit dieser Anwendung die Annahme taktischer Maßnahmen verbunden" sei (Verwaltungsaufgaben).[1256] Rasche und wirkungsvolle Maßnahmen seien grundsätzlich in den EU-Mitgliedstaaten, der Schweiz und der europäischen Mitte am dringendsten geboten, wobei diese Maßnahmen jedoch generell auch die europäischen Drittstaaten berücksichtigen sollten.[1257] Entscheidender sei jedoch der Beitritt der Europäischen Union zu EUROCONTROL.[1258] Insgesamt solle das paneuropäische Wesen des Flugverkehrsmanagementsystems durch eine optimale Nutzung des revidierten EUROCONTROL-Übereinkommens gewahrt werden.[1259] Der Beitritt der

---

1252 Bericht der Hochrangigen Gruppe, S. 18; nach der Vorstellung der Hochrangigen Gruppe sollte der europäische Luftraum als „gemeinsame Ressource" angesehen werden, hierbei kommt die Idee der funktionalen Luftraumblöcke (FABs) bereits auf, ohne diese ausdrücklich zu erwähnen, so *Bues*, S. 48.

1253 Bericht der Hochrangigen Gruppe, S. 18 f.

1254 Bericht der Hochrangigen Gruppe, S. 18 f.; KOM(2007) 101, S. 7.

1255 Bericht der Hochrangigen Gruppe, S. 19.

1256 Bericht der Hochrangigen Gruppe, S. 19.

1257 KOM(2001) 123, S. 3.

1258 Bericht der Hochrangigen Gruppe, S. 20; KOM(2001) 123, S. 3.

1259 Bericht der Hochrangigen Gruppe, S. 21.

Europäischen Union zum EUROCONTROL-Übereinkommen könne auf europäischer Ebene einen entsprechenden Beitrag zur Sicherstellung einer gewissen Kohärenz und Übereinstimmung leisten.[1260] Die EU-Institutionen sollten als qualifizierte Regulierungsbehörde sowohl für die Europäische Union als auch für diejenigen Staaten anerkannt werden, die ihre jeweiligen Lufträume in den EU-Luftraum eingeflochten hätten.[1261] Ebenso sollte die Kooperation zwischen den militärischen und zivilen Beteiligten bei der Entwicklung und Durchsetzung der Vorschriften gemeinsam mit EUROCONTROL verbessert werden.[1262]

### *2. Folgen des Berichts der Hochrangigen Gruppe*

Nach dem Bericht der Hochrangigen Gruppe wurden zunächst diverse Studien vorgelegt und parallel hierzu ab Ende des Jahres 2001 die ersten Gesetzesvorschläge erarbeitet.[1263] Den mit der Initiative zur Schaffung eines einheitlichen europäischen Luftraumes verbundenen Bemühungen konnte schließlich nur entsprochen werden, wenn die EU-Institutionen in der Beurteilung des gewählten Kurses und der Relevanz dieses Projektes übereinstimmten.[1264] Dieser Bericht der Hochrangigen Gruppe bereitete daher konkret die Gesetzesvorschläge vor, die schließlich im sogenannten „Single-European-Sky-Paket-I" ihren Niederschlag fanden. Im Jahr 2001 legte die Europäische Kommission unter anderem als Reaktion auf den Bericht der Hochrangigen Gruppe das Weißbuch zur europäischen Verkehrspolitik bis 2010 vor.

## V. Weißbuch „Die europäische Verkehrspolitik bis 2010: Weichenstellungen für die Zukunft" (2001)[1265]

Die Europäische Kommission schlug auf der Grundlage des Berichts der Hochrangigen Gruppe in ihrem Weißbuch im Jahr 2001 vor, dass die Europäische Union bis zum Jahr 2004 einen einheitlichen Luftraum schaffen solle, indem verschiedene, dem Bericht der Hochrangigen Gruppe entsprechende Maßnahmen

1260 Bericht der Hochrangigen Gruppe, S. 20 f.
1261 Bericht der Hochrangigen Gruppe, S. 19, 21.
1262 Bericht der Hochrangigen Gruppe, S. 21.
1263 *Mölders*, Der Himmel über Europa, S. 27.
1264 *Mölders*, Der Himmel über Europa, S. 27.
1265 Weißbuch „Die europäische Verkehrspolitik bis 2010: Weichenstellungen für die Zukunft" vom 12.09.2001, KOM(2001) 370 endgültig.

getroffen werden sollten.[1266] Es sollte ein Rechtsrahmen geschaffen werden, durch den gewährleistet würde, dass die Luftfahrzeuge sich auf der Grundlage vereinheitlichter Prozesse auf der Basis der gemeinsamen Regeln für die Luftraumnutzung und nach Maßgabe der erforderlichen Ausrüstungen im europäischen Luftraum bewegten.[1267] Ferner sollte eine mit ausreichenden Mitteln ausgestattete Regulierungsbehörde die Ziele festlegen, mit denen die Zunahme des Luftverkehrs bei gleichzeitiger Garantie der Sicherheit gemeistert werden könnte.[1268] Die Zuständigkeiten der Regulierungsbehörde müssten vor allem auch den Teil des Luftraumes umfassen, der als eine kollektive Ressource gewertet wird, dessen Zugang allen Nutzern offen steht und dessen Verwaltung zusammenhängend, mit dem oberen Luftraum beginnend, erfolgt.[1269] Weiterhin sollte zur effizienteren Nutzung des Luftraumes ein Verfahren definiert werden, das dem Militär die Wahrung der Verteidigungsfähigkeit unter Nutzung der Optionen zur Zusammenarbeit ermögliche.[1270] Es bestünde Bedarf für ein vereintes militärisches und ziviles Management des Flugverkehrs.[1271] Daneben wurde auch das Führen eines sozialen Dialogs mit den Sozialpartnern als erforderlich erachtet, der bei den Fluglotsen beginnen könne.[1272] Ähnlich wie in anderen Bereichen ermögliche dies eine Verständigung über die gemeinsame Luftverkehrspolitik, die enorme soziale Auswirkungen habe.[1273] Eine Zusammenarbeit mit EUROCONTROL, die es zulasse, bei der Gestaltung und Anwendung der gemeinschaftlichen Regelungen von den Kompetenzen und der Expertise EUROCONTROLs Gebrauch zu machen, sei außerdem wünschenswert, sodass sich die Fachkenntnisse EUROCONTROLs und die Regelungsbefugnisse der EU einander ergänzen könnten.[1274] Zur Gewährleistung der effektiven Realisierung der Regelungen bedürfe es weiterhin der Schaffung eines Überwachungs-, Inspektions- und Sanktionssystems.[1275]

---

1266 KOM(2001) 370, S. 41; siehe dazu auch *Schwenk/Giemulla*, Hdb. des Luftverkehrsrechts, Kapitel 5, S. 179, Rn. 26 f.
1267 KOM(2001) 370, S. 41.
1268 KOM(2001) 370, S. 41.
1269 KOM(2001) 370, S. 41; KOM(2001) 123, S. 3.
1270 KOM(2001) 370, S. 41.
1271 KOM(2001) 370, S. 41.
1272 KOM(2001) 370, S. 41.
1273 KOM(2001) 370, S. 41.
1274 KOM(2001) 370, S. 41.
1275 KOM(2001) 370, S. 41.

Im Verlauf des weiteren Gesetzgebungsverfahrens[1276] bildeten sich als Hauptziele eines zukünftigen Gesetzgebungsaktes vor allem das Erfordernis der Errichtung eines funktionalen Luftraumdesigns, einer einheitlichen Luftraumklassifizierung und einheitlicher Sektorisierungsstandards heraus sowie die Notwendigkeit der Schaffung von Kriterien für ein europäisches Routennetzwerk, der Anwendung des Flexible Use of Airspace Concept (FUA)[1277] und der Entbündelung (sog. Unbundling) der verschiedenen Flugsicherungsdienste.[1278] Zur Gewährleistung der allgemeinen Akzeptanz sollten der Dialog mit verschiedenen wirtschaftlichen und sozialen Interessengruppen gesucht und neue Arbeitsverfahren und Technologien eingeführt werden sowie schließlich auch die Entscheidung, ob die Führung der Flugsicherungsdienstleister in Zukunft auf staatlicher oder privater Ebene erfolgen solle, zukünftig den jeweiligen EU-Mitgliedstaaten obliegen.[1279] Bereits vor dem Beginn der Initiative zum einheitlichen europäischen Luftraum wurde die Frage der Zuständigkeiten diskutiert, nämlich welche Kompetenzen in welchen konkreten Sachgebieten auf die europäische Ebene verlagert und welche Kompetenzen auf der nationalstaatlichen Ebene verbleiben würden.[1280]

Am 31. März 2004 wurde das erste Verordnungspaket zur Schaffung eines einheitlichen europäischen Luftraumes verabschiedet.

## VI. Single-European-Sky-Paket-I (2004)

Mit der Verabschiedung des aus den vier Single-European-Sky-I-Verordnungen bestehenden Regelungspaketes[1281] haben das Europäische Parlament und der

---

1276 Siehe dazu generell KOM(2001) 123; KOM(2001) 370.

1277 Ein Konzept zur Förderung der militärischen und zivilen Kooperation mit dem Ziel, den Luftraum für zivile und militärische Nutzer zu gleichen Teilen zugänglich zu machen, je nach Bedarf; siehe https://www.eurocontrol.int/concept/advanced-flexible-use-airspace, abgerufen am 12.02.2023.

1278 *Bues*, S. 48.

1279 *Bues*, S. 48.

1280 *Mölders*, Der Himmel über Europa, S. 28.

1281 VO (EG) Nr. 549/2004 des Europäischen Parlaments und des Rates vom 10.03.2004 zur Festlegung des Rahmens für die Schaffung eines einheitlichen europäischen Luftraumes („Rahmen-Verordnung“), ABl. EG Nr. L 96 vom 31.03.2004, S. 1 ff.; VO (EG) Nr. 550/2004 des Europäischen Parlaments und des Rates vom 10.03.2004 über die Erbringung von Flugsicherungsdiensten im einheitlichen europäischen Luftraum („Flugsicherungsdienste-Verordnung“), ABl. EG Nr. L 96 vom 31.03.2004, S. 10 ff.; VO (EG) Nr. 551/2004 des Europäischen Parlaments und des Rates vom 10.03.2004 über die Ordnung und Nutzung des Luftraumes im einheitlichen europäischen

Rat am 10. März 2004 die Grundlage für die Schaffung eines einheitlichen europäischen Luftraumes gelegt.[1282] Der dahinter stehende Gedanke war, die Luftraumstruktur außerhalb der nationalen Staatsgrenzen so anzuordnen, dass die bestehenden und die zukünftigen Hauptverkehrsströme in Europa sicher und verzögerungsfrei abgewickelt werden können.[1283] Durch die Verordnungen soll eine verbesserte Nutzung des europäischen Luftraumes gewährleistet werden, um dem Bedarf aller Luftraumnutzer gerecht zu werden und das erhöhte Luftraumaufkommen regulieren zu können.

Das Single-European-Sky-I-Verordnungspaket (abgekürzt: SES I) besteht aus drei technisch gehaltenen Verordnungen und einer „Rahmenverordnung". Verordnung (EG) Nr. 549/2004, die „Rahmenverordnung", befasst sich mit generellen Fragen der Organisation und des Verfahrens zur Schaffung eines einheitlichen europäischen Luftraumes. Die zweite Verordnung, Verordnung (EG) Nr. 550/2004, die „Flugsicherungsdienste-Verordnung", regelt die Vereinheitlichung der Regeln zur Erbringung von Flugsicherungsdiensten. Die dritte Verordnung (EG) Nr. 551/2004, die „Luftraum-Verordnung", umfasst laut ihres Art. 1 Abs. 1 vor allem die Ordnung und Nutzung des Luftraumes im einheitlichen europäischen Luftraum. Ihr erklärtes Ziel ist daher die Unterstützung des Konzepts eines schrittweise stärker integriert betriebenen Luftraumes im Rahmen der gemeinsamen Verkehrspolitik und die Festlegung gemeinsamer Gestaltungs-, Planungs- und Verwaltungsverfahren zur Sicherstellung einer effizienten und sicheren Durchführung des Flugverkehrsmanagements.[1284] Die vierte Verordnung (EG) Nr. 552/2004 nennt sich „Interoperabilitäts-Verordnung". Diese Verordnung legt ausweislich Art. 1 Abs. 3 Interoperabilitäts-Verordnung den Fokus auf die Verwirklichung der Interoperabilität zwischen den verschiedenen Systemen, Komponenten und zugehörigen Verfahren des europäischen Flugverkehrsmanagementnetzes.[1285]

---

Luftraum („Luftraum-Verordnung"), ABl. EG Nr. L 96 vom 31.03.2004, S. 20 ff.; VO (EG) Nr. 552/2004 des Europäischen Parlaments und des Rates vom 10.03.2004 über die Interoperabilität des europäischen Flugverkehrsmanagementnetzes („Interoperabilitäts-Verordnung"), ABl. EG Nr. L 96 vom 31.03.2004, S. 26 ff.

1282 *Scherer*, EuZW 2005, S. 268 ff. (268); *Scherer*, in: FS für Manfred Zuleeg, S. 456 ff. (456); *Schwenk/Giemulla*, Hdb. des Luftverkehrsrechts, Kapitel 5, S. 179, Rn. 28.

1283 *Uhl*, in: Hobe/v. Ruckteschell, Kölner Kompendium Luftrecht, Bd. 1, S. 320, Rn. 6.

1284 Art. 1 Abs. 1 Luftraum-VO.

1285 Art. 1 Abs. 3 Interoperabilitäts-VO.

# D. Rechtsgrundlagen

Für den Bereich der Flugsicherung bzw. des Flugverkehrsmanagements kann sich die EU auf diverse Rechtsgrundlagen stützen.[1286] In Betracht kommen zunächst die transportspezifischen Vorschriften. Sowohl Titel VI „Der Verkehr"[1287] als auch Titel XVI „Transeuropäische Netze"[1288] haben eine gewisse Bedeutung für die Organisation des Verkehrs in der Europäischen Union.[1289]

## I. Art. 100 AEUV

In den Art. 90 bis 100 AEUV[1290] werden die Grundentscheidungen über die Existenz und die Ausgestaltung der Verkehrspolitik der Europäischen Union festgehalten.[1291]

### *1. Anwendungsbereich*

Art. 100 AEUV regelt den Anwendungsbereich der im Titel VI des Vertrages enthaltenen verkehrsrechtlichen Bestimmungen.[1292] Die gemeinsame Verkehrspolitik umfasst nach Art. 100 AEUV nicht zwingend alle Verkehrsträger.[1293] Grundsätzlich erfasst die Verkehrspolitik gemäß Art. 100 Abs. 1 AEUV nur die Binnenverkehrsträger und nimmt die Seeschifffahrt und die

---

1286 KOM(96) 57, S. 24 f.; dazu auch *Bues*, S. 26; ähnlich *Horn*, in: v. Mangoldt/Klein/Starck, Grundgesetz, Bd. 3, Art. 87d GG, Rn. 3b, der die Rechtsgrundlage der SES-Verordnungen im Wesentlich in Art. 100 Abs. 2 AEUV und Art. 170 Abs. 2 AEUV sieht.

1287 Art. 90 AEUV–Art. 100 AEUV.

1288 Art. 170 AEUV–Art. 172 AEUV.

1289 *Knauff*, in: Ruffert, Europäisches Sektorales Wirtschaftsrecht (EnzEuR Bd. 5), § 6, Rn. 26.

1290 Vertrag über die Arbeitsweise der Europäischen Union (AEUV), in der konsolidierten Fassung vom 26.10.2012, ABl. EU Nr. C 326 vom 26.10.2012, S. 47 ff., dort Titel VI - Der Verkehr.

1291 *Knauff*, in: Ruffert, Europäisches Sektorales Wirtschaftsrecht (EnzEuR Bd. 5), § 6, Rn. 27.

1292 *Epiney*, in: Vedder/Heintschel v. Heinegg, EUV/AEUV, Art. 100 AEUV, Rn. 1; siehe auch *Bues*, S. 26 f.

1293 *Knauff*, in: Ruffert, Europäisches Sektorales Wirtschaftsrecht (EnzEuR Bd. 5), § 6, Rn. 28, *ebenda* auch, dass Art. 100 AEUV vielmehr zwischen Verkehrsarten unterscheidet, die typischerweise innerhalb der Europäischen Union erfolgen (Binnenverkehr) und solchen, die deren Außengrenzen überschreiten.

Luftfahrt von der Verkehrspolitik aus.[1294] Die Seeschifffahrt und die Luftfahrt werden von Art. 100 Abs. 2 S. 1 AEUV lediglich fakultativ erfasst.[1295] In Art. 100 AEUV sind daher zwei unterschiedliche Normaussagen enthalten: Der erste Absatz definiert den sachlichen Anwendungsbereich der Vertragsvorschriften über die Verkehrspolitik, der zweite Absatz ermächtigt den Rat und das Europäische Parlament zu der Gestaltung einer gemeinsamen See- und Luftverkehrspolitik.[1296]

### *a) Fakultativ erfasste Verkehrsarten*

Der Verkehrstitel Art. 100 Abs. 1 AEUV findet keine Anwendung auf Beförderungen mit anderen Verkehrsträgern als den in Abs. 1 genannten.[1297] Jedoch ermächtigt Art. 100 Abs. 2 AEUV zum Erlass von Sekundärrechtsakten für die Seeschifffahrt und die Luftfahrt.[1298] Entsprechend dieser Aufspaltung der Rechtsgrundlagen europäischer Verkehrspolitik in Art. 100 AEUV beruht die Ausgestaltung der „gemeinsamen Politik" im See- und Luftverkehr allein auf Art. 100 Abs. 2 AEUV in Verbindung mit den allgemeinen Vorschriften der Verträge.[1299] In Bezug auf Gegenstand und Verfahren liegen keinerlei Besonderheiten gegenüber Rechtsakten vor, die sich auf der Grundlage des

1294 *Frenz*, Hdb. Europarecht, S. 882, Rn. 3153; *Martinez*, in: Callies/Ruffert, EUV-AEUV, Kommentar, Art. 100 AEUV, Rn. 1 ff.; *Fehling*, in: v. d. Groeben/Schwarze/Hatje, Kommentar, Bd. 2, Art. 100 AEUV, Rn. 10.

1295 *Knauff*, in: Ruffert, Europäisches Sektorales Wirtschaftsrecht (EnzEuR Bd. 5), § 6, Rn. 28.

1296 *Martinez*, in: Callies/Ruffert, EUV-AEUV, Kommentar, Art. 100 AEUV, Rn. 2; Art. 100 AEUV war bei dem Erlass der Verordnungen zum einheitlichen Luftraum im Jahr 2004 noch nicht in Kraft. Die Verordnungen zum einheitlichen europäischen Luftraum finden ihre kompetenzrechtliche Grundlage stattdessen in der Vorgängernorm Art. 80 EGV, so *Hüttel*, S. 171.

1297 *Knauff*, in: Ruffert, Europäisches Sektorales Wirtschaftsrecht (EnzEuR Bd. 5), § 6, Rn. 33; *Fehling*, in: v. d. Groeben/Schwarze/Hatje, Kommentar, Bd. 2, Art. 100 AEUV, Rn. 1.

1298 *Martinez*, in: Callies/Ruffert, EUV-AEUV, Kommentar, Art. 90 AEUV, Rn. 10; *Knauff*, in: Ruffert, Europäisches Sektorales Wirtschaftsrecht (EnzEuR Bd. 5), § 6, Rn. 33 und 46; *Bues*, S. 26; *Riedel*, Gemeinschaftszulassung, S. 233; *Maxian Rusche/Kullak*, in: Grabitz/Hilf/Nettesheim, Bd. 2, Art. 100 AEUV, Rn. 3.

1299 *Jung*, in: Callies/Ruffert, EUV-AEUV, 4. Auflage, Art. 100 AEUV, Rn. 9; *Frenz*, TransportR 2010, S. 419 ff. (419).

Verkehrstitels auf Verkehrsträger gemäß Art. 100 Abs. 1 AEUV beziehen.[1300] Somit werden die Seeschifffahrt und die Luftfahrt de facto zum Bestandteil der gemeinsamen Verkehrspolitik.[1301]

### b) *Die Luftfahrt als Verkehrsart*

Der Luftfahrt unterfallen alle Arten von Verkehr, die mit Luftfahrzeugen, vor allem Flugzeugen, innerhalb der Erdatmosphäre[1302] absolviert werden.[1303] Grundsätzlich beinhaltet der Begriff „Verkehr“ nicht nur die bloßen Beförderungsleistungen, sondern entsprechend der klassischen Definition der Verkehrswirtschaft auch die „Ortsveränderung von Personen, Gütern und Nachrichten, also der Bewegung zwischen zwei Orten“.[1304] Außerdem umfasst der Begriff „Verkehr“ die Verkehrsnebengewerbe, Wettbewerbsbedingungen, Finanzierung von Verkehrswegen, Harmonisierung technischer Vorschriften und gewisser Sozialvorschriften.[1305] Vor allem zählt auch der Begriff der Verkehrssicherheit[1306]

---

1300 *Knauff*, in: Ruffert, Europäisches Sektorales Wirtschaftsrecht (EnzEuR Bd. 5), § 6, Rn. 33.

1301 *Knauff*, in: Ruffert, Europäisches Sektorales Wirtschaftsrecht (EnzEuR Bd. 5), § 6, Rn. 33; *Maxian Rusche/Kullak*, in: Grabitz/Hilf/Nettesheim, Bd. 2, Art. 100 AEUV, Rn. 5.

1302 Entsprechend der Kármán-Linie als der fiktiven Höhenlinie bei etwa 100 km. Sie wurde von der Fédération Aéronautique Internationale (FAI) zur Klassifizierung von Flugsportleistungen festgelegt. Dazu ausf. Kapitel 2, B., II., 1.,b).

1303 *Knauff*, in: Ruffert, Europäisches Sektorales Wirtschaftsrecht (EnzEuR Bd. 5), § 6, Rn. 35.

1304 *Scheiner*, in: Schwedes/Canzler/Knie, Hdb. Verkehrspolitik, S. 679 ff. (681); *Fehling*, in: v. d. Groeben/Schwarze/Hatje, Kommentar, Bd. 2, Art. 90 AEUV, Rn. 438; *Pirath*, S. 3; *Maxian Rusche/Kotthaus/Kullak/Ruete*, in: Grabitz/Hilf/Nettesheim, Bd. 2, Art. 90 AEUV, Rn. 373 ff.; *Knauff*, in: Ruffert, Europäisches Sektorales Wirtschaftsrecht (EnzEuR Bd. 5), § 6, Rn. 4; *Epiney*, in: Dauses/Ludwigs, Hdb. EU-Wirtschaftsrecht, EL 52, L. Verkehrsrecht, Rn. 37; *Bues*, S. 26; *Martinez*, in: Callies/Ruffert, EUV-AEUV, Kommentar, Art. 90 AEUV, Rn. 8; sehr ausf. bei *Harter*, S. 11 und bzgl. der historischen Entwicklung siehe *Glaser*, in: Schwedes/Canzler/Knie, Hdb. Verkehrspolitik, S. 55 ff. (55 ff.).

1305 *Epiney*, in: Vedder/Heintschel v. Heinegg, EUV/AEUV, Art. 100 AEUV, Rn. 4; *Jung*, in: Callies/Ruffert, EUV-AEUV, 4. Auflage, Art. 91 AEUV, Rn. 32.

1306 Die Gemeinschaft begründete ihre frühe Tätigkeit bzgl. der Thematik der Verkehrssicherheit damit, dass diese zwingend bei der Entwicklung einer gemeinsamen Verkehrspolitik aufzunehmen und zu beachten sei. Der EuGH billigte diese umstrittene Kompetenz zunächst, da die EG sich vorrangig als Wirtschaftsgemeinschaft verstand,

dazu.[1307] Flugplätze und Flughäfen gelten als essentielle Infrastruktur und unterfallen daher auch der Luftfahrtalternative von Art. 100 Abs. 2 AEUV.[1308] Mit Blick auf die Sicherheit des Luftverkehrs gilt dies auch für dessen Lenkung und Überwachung durch die Flugsicherung vom Boden aus.[1309] Damit gilt die Verkehrssicherheit[1310] auch für die Luftfahrt, woraus sich die Zuständigkeit der Europäischen Union für entsprechende Maßnahmen auf den Gebieten des Flugverkehrsmanagements und auch der Flugsicherung ableiten lässt,[1311] die als gemeinsames Mittel der europäischen Luftverkehrspolitik[1312] insbesondere bei der Sicherheit des Luftverkehrs ihren Beitrag leisten.[1313]

Das Verordnungspaket zum einheitlichen europäischen Luftraum stützt sich daher auf Art. 100 Abs. 2 AEUV.[1314] Die Europäische Union besitzt gemäß

---

positivierte das Vorgehen jedoch schließlich durch den Vertrag von Maastricht, so *Wallnöfer*, in: Bauer, Hdb. Verkehrsrecht, S. 41 ff. (55); EuGH, 28.11.1978, Rs. C-97/78, Slg. 1978, 2311, „Schumalla".

1307 *Epiney*, in: Vedder/Heintschel v. Heinegg, EUV/AEUV, Art. 100 AEUV, Rn. 4; *Scherer*, in: FS für Manfred Zuleeg, S. 456 ff. (457); *Riedel*, Gemeinschaftszulassung, S. 234 f.: Dieser Begriff beinhaltet nicht nur Regelungsaspekte, die sich auf das Verhalten des einzelnen Verkehrsteilnehmers beziehen, sondern umfasst nach allgemeiner Auffassung auch Regelungen, die sich auf die technische Verkehrssicherheit, also die Konstruktion und Beschaffenheit der Verkehrswege und der Verkehrsmittel beziehen; so auch *Bues*, S. 27, dort insb. Fn. 173.

1308 *Knauff*, in: Ruffert, Europäisches Sektorales Wirtschaftsrecht (EnzEuR Bd. 5), § 6, Rn. 35; *Fehling*, in: v. d. Groeben/Schwarze/Hatje, Kommentar, Bd. 2, Art. 100 AEUV, Rn. 6; andere wollen Art. 91 Abs. 2 AEUV und Art. 100 Abs. 2 AEUV kumulativ anwenden, weil Landverkehrsträger und Luftverkehr verzahnt würden, so *Maxian Rusche/Kullak*, in: Grabitz/Hilf/Nettesheim, Bd. 2, Art. 100 AEUV, Rn. 47.

1309 *Knauff*, in: Ruffert, Europäisches Sektorales Wirtschaftsrecht (EnzEuR Bd. 5), § 6, Rn. 35.

1310 Obwohl diese lediglich in Art. 91 Abs. 1 lit. c) AEUV erwähnt wird.

1311 *Riedel*, Gemeinschaftszulassung, S. 234 f.

1312 KOM(2008) 389, S. 2; Erwägungsgrund Nummer 1 der VO (EG) Nr. 1070/2009 des Europäischen Parlaments und des Rates vom 21.10.2009 zur Änderung der VOen (EG) Nr. 549/2004, (EG) Nr. 550/2004, (EG) Nr. 551/2004 und (EG) Nr. 552/2004 im Hinblick auf die Verbesserung der Leistung und Nachhaltigkeit des europäischen Luftverkehrssystems, ABl. EG Nr. L 300 vom 14.11.2009, S. 300 ff.; allgemein dazu *Riedel*, Gemeinschaftszulassung, S. 244 f.

1313 *Scherer*, in: FS für Manfred Zuleeg, S. 456 ff. (458); *Bues*, S. 27.

1314 KOM(96) 57, S. 24, wobei hier Art. 84 Abs. 2 EWGV erwähnt wird, die Vorgängernorm von Art. 80 Abs. 2 EGV; *Langner/Schwenke*, Cep-Studie 2011, S. 12, Fn. 41; *Bues*, S. 26; *Frenz*, TransportR 2010, S. 419 ff. (419); *ders.*, Hdb. Europarecht, S. 882, Rn. 3153; Europäisches Parlament, „Luftverkehr: Einheitlicher europäischer

Art. 100 Abs. 2 AEUV konkurrierende Kompetenz zum Erlass von sekundärem europäischem Luftverkehrsrecht.[1315]

## 2. *Das Subsidiaritätsprinzip*

Der Verkehr zählt gemäß Art. 4 Abs. 2 lit. g) AEUV zu den von der EU mit den Mitgliedstaaten geteilten Zuständigkeiten, weshalb der Erlass verkehrsbezogenen Sekundärrechts neben der erforderlichen politischen Übereinstimmung im Europäischen Parlament und im Rat der Beachtung des Subsidiaritätsprinzips gemäß Art. 5 Abs. 3 EUV bedarf.[1316]

Der Grundsatz der Subsidiarität gemäß Art. 5 Abs. 1 S. 2, Abs. 3 EUV gilt nur für die Ausübung der Zuständigkeiten der Union, nicht aber für die Abgrenzung der Zuständigkeiten.[1317] Dieser Grundsatz behandelt dabei die Frage, ob die Union im konkreten Fall auch Gebrauch von der ihr zustehenden Kompetenz machen darf (Ob-Frage), also ob ein Bedarf für ein Handeln der Europäischen Union besteht, diese also tätig werden „soll".[1318] Dies ist nach dem Subsidiaritätsprinzip gemäß Art. 5 Abs. 3 EUV nur dann zu bejahen, wenn das Ziel einer Maßnahme zum einen durch die Mitgliedstaaten nicht ausreichend verwirklicht werden kann (Negativkriterium[1319]) und zum anderen wegen seines Umfangs

---

Luftraum", September 2016; *Horn*, in: v. Mangoldt/Klein/Starck, Grundgesetz, Bd. 3, Art. 87d GG, Rn. 3b; *Hüttel* zufolge finden die SES-Verordnungen ihre kompetenzrechtliche Grundlage in der Vorgängernorm des Art. 100 AEUV, in Art. 80 EG, da Art. 100 Abs. 2 AEUV bei Erlass der ursprünglichen SES-Verordnungen noch nicht in Kraft war, siehe *Hüttel*, S. 171.

1315 *Schladebach*, EuR 2006, S. 773 ff. (776); *Bues*, S. 26; ähnlich bei *Martinez*, in: Callies/Ruffert, EUV-AEUV, Kommentar, Art. 90 AEUV, Rn. 10; *Epiney*, in: Dauses/Ludwigs, Hdb. EU-Wirtschaftsrecht, EL 52, L. Verkehrsrecht, Rn. 54 f.; *Knauff*, in: Ruffert, Europäisches Sektorales Wirtschaftsrecht (EnzEuR Bd. 5), § 6, Rn. 46; grds. dazu siehe *Schladebach*, Luftrecht, S. 74, Rn. 1 ff.; *Maxian Rusche/Kullak*, in: Grabitz/Hilf/Nettesheim, Bd. 2, Art. 100 AEUV, Rn. 3.

1316 *Knauff*, in: Ruffert, Europäisches Sektorales Wirtschaftsrecht (EnzEuR Bd. 5), § 6, Rn. 23.

1317 *Scharf*, Die Kompetenzordnung im Vertrag von Lissabon, S. 10; *Callies*, in: Callies/Ruffert, EUV-AEUV, Kommentar, Art. 5 EUV, Rn. 21; so auch schon *Möschel*, NJW 1993, S. 3025 ff. (3026).

1318 *Scharf*, Die Kompetenzordnung im Vertrag von Lissabon, S. 10; *Callies*, in: Callies/Ruffert, EUV-AEUV, Kommentar, Art. 5 EUV, S. 149, Rn. 24.

1319 *Callies*, in: Callies/Ruffert, EUV-AEUV, Kommentar, Art. 5 EUV, Rn. 6 und Rn. 31 ff.; *Callies*, S. 209.

oder der Wirkung durch die Europäische Union besser realisiert werden könnte (Positivkriterium[1320]).[1321]

Die Europäische Union kann im Einklang mit dem Subsidiaritätsprinzip, das bei Art. 100 Abs. 2 AEUV aufgrund konkurrierender Zuständigkeit[1322] beachtet werden muss, tätig werden.[1323] Der Luftverkehr stoppt verständlicherweise nicht an den Ländergrenzen und beschreibt damit ein Themengebiet, das sinnvollerweise einem einheitlichen europäischen Rechtsrahmen unterliegen sollte.[1324] Zur Lösung der Kapazitäts- und Verspätungsproblematik sind daher keine besseren nationalen oder regionalen Ansätze zur Reform des europäischen Flugsicherungssystems ersichtlich, was durch erfolglose vorhergehende Initiativen erwiesen ist.[1325] Es bedarf eines bindenden, umfassenden und durchsetzbaren Regelungsansatzes auf Unionsebene, da die Koordinierung und Kooperation der EU-Mitgliedstaaten im Hinblick auf das weiter ansteigende Flugverkehrsaufkommen an ihre Grenzen stößt.[1326]

### 3. *Das Verhältnismäßigkeitsprinzip*

Konnte die Zuständigkeit der Europäischen Union zur Ausübung der betreffenden Kompetenz auf der Grundlage der Vorgaben des Subsidiaritätsprinzips bejaht werden, ist schließlich noch die Einhaltung des

---

1320 *Callies*, in: Callies/Ruffert, EUV-AEUV, Kommentar, Art. 5 EUV, Rn. 6 und Rn. 40 ff.; *Callies*, S. 209.

1321 *Scharf*, Die Kompetenzordnung im Vertrag von Lissabon, S. 10 f.; *v. Bogdandy/Bast/Westphal*, in: Zuleeg, Die neue Verfassung der EU, S. 21 ff. (28); *König*, in: Schulze/Zuleeg/Kadelbach, Europarecht, § 2, Rn. 28; *Hüttel*, S. 171.

1322 Siehe dazu ausf. *König*, in: Schulze/Zuleeg/Kadelbach, Europarecht, § 2, Rn. 16 ff.; *Maxian Rusche/Kullak*, in: Grabitz/Hilf/Nettesheim, Bd. 2, Art. 100 AEUV, Rn. 49; *Scherer*, in: FS für Manfred Zuleeg, S. 456 ff. (457).

1323 Erwägungsgrund Nummer 24 Rahmen-VO; *Bues*, S. 27; zur Anwendbarkeit des Subsidiaritätsprinzips auf Art. 100 Abs. 2 AEUV (bzw. ehemals Art. 80 Abs. 2 EGV) siehe *Riedel*, Gemeinschaftszulassung, S. 260 ff.

1324 *Hüttel*, S. 171.

1325 *Scherer*, in: FS für Manfred Zuleeg, S. 456 ff. (459); *Bues*, S. 27 f.

1326 Vgl. auch Erwägungsgrund Nummer 8 Luftraum-VO: „Die Tätigkeit von EUROCONTROL hat gezeigt, dass das Streckennetz und die Luftraumstruktur vernünftigerweise nicht isoliert weiterentwickelt werden können, da jeder einzelne Mitgliedstaat einen integralen Bestandteil des europäischen Flugverkehrsmanagementnetzes (EATMN, kurz für „*E*uropean *A*ir *T*raffic *M*anagement *N*etwork“) bildet, sowohl innerhalb als auch außerhalb der Gemeinschaft“; *Bues*, S. 28; ausf. dazu *Scherer*, in: FS für Manfred Zuleeg, S. 456 ff. (459).

Verhältnismäßigkeitsgrundsatzes zu überprüfen.[1327] Das Verhältnismäßigkeitsprinzip des Art. 5 Abs. 1 S. 2, Abs. 4 EUV bezieht sich wie auch das Subsidiaritätsprinzip allein auf die Ausübung der Zuständigkeiten der Europäischen Union.[1328] Diesbezüglich ist die Vornahme einer Maßnahme im Sinne von Art. 5 Abs. 4 EUV nur dann verhältnismäßig, wenn diese das zur Erreichung der Vertragsziele erforderliche Maß nicht überschreitet.[1329] Konkret zu klären ist, *wie* die Union handeln soll; überprüft wird dementsprechend, ob die Union bei der Auswahl der Art des Rechtsaktes sowie der Ausgestaltung dieses Rechtsaktes den Kriterien der Verhältnismäßigkeit (geeignet, erforderlich, angemessen) gerecht geworden ist (Wie-Frage).[1330] Entsprechend Erwägungsgrund Nummer 24 der Rahmenverordnung gehen die Verordnungen zum einheitlichen europäischen Luftraum nicht über das zur Erreichung dieses Ziels erforderliche Maß hinaus, sondern beachten das Verhältnismäßigkeitsprinzip.

## II. Art. 170 AEUV

In engem sachlichen Zusammenhang mit den Bestimmungen über den Verkehr im Titel VI AEUV stehen die Vorschriften in Titel XVI des AEUV, dessen Überschrift „Transeuropäische Netze" lautet (Art. 170–172 AEUV).[1331] Die Aufgabe der Union umfasst den Auf- und Ausbau der transeuropäischen Netze in den Schlüsselbereichen Verkehr, Telekommunikation und Energie als Teil der Infrastrukturvorsorge.[1332] Die Existenz und Leistungsfähigkeit der transeuropäischen Netze bildet eine Voraussetzung eines funktionierenden Verkehrssystems und der Realisierung der gemeinsamen

---

1327 *Callies*, S. 210.

1328 *Scharf*, Die Kompetenzordnung im Vertrag von Lissabon, S. 11; *König*, in: Schulze/Zuleeg/Kadelbach, Europarecht, § 2, Rn. 35.

1329 *Scharf*, Die Kompetenzordnung im Vertrag von Lissabon, S. 11 f.

1330 *Callies*, S. 210; *ders.*, S. 211, erläutert die einzelnen Prüfschritte des Art. 5 EUV anhand eines Prüfschemas.

1331 Soweit sie sich auf die Verkehrsinfrastrukturen beziehen, *Knauff*, in: Ruffert, Europäisches Sektorales Wirtschaftsrecht (EnzEuR Bd. 5), § 6, Rn. 87.

1332 Art. 170 Abs. 1 AEUV; *Kotzur/Valentiner*, in: Geiger/Khan/Kotzur/Kirchmair, EUV/AEUV, Art. 170, Rn. 2; *Rodi*, in: Vedder/Heintschel v. Heinegg, EUV/AEUV, Art. 170 AEUV, Rn. 2 f.; *Bues*, S. 28; siehe ausf. dazu *Bogs*, Planung transeuropäischer Verkehrsnetze, 2002, dort insb. S. 34 ff., S. 92 ff.

Verkehrspolitik.[1333] Auf der Grundlage der Art. 170 ff. AEUV kann die Europäische Union Maßnahmen treffen, die den Verbund und die Interoperabilität der einzelstaatlichen Netze gewährleisten und den Zugang (im Sinne von faktischer Zugangsmöglichkeit[1334]) zu diesen Netzen ermöglicht.[1335] Die den Art. 170 ff. AEUV unterfallenden transeuropäischen Verkehrsnetze umfassen dabei alle Verkehrsträger, auch die Flug- und Seehäfen.[1336] Die Förderung des Verbunds gemäß Art. 170 Abs. 2 AEUV will erreichen, dass Lücken zwischen bestehenden Netzen durch den Bau von Verbindungen oder den Ausbau weniger leistungsstarker Netze geschlossen werden.[1337] Daher fällt das europäische Flugverkehrsmanagementsystem unter Art. 170 Abs. 2 AEUV.[1338]

### III. Art. 114 AEUV

Titel VII des AEUV ist mit „Gemeinsame Regeln betreffend Wettbewerb, Steuerfragen und Angleichung der Rechtsvorschriften (Art. 101 bis 118 AEUV)“ überschrieben. Art. 114 AEUV wird auch als „Generalrechtsangleichungskompetenz“ bezeichnet, tritt aber gegenüber tatbestandlich spezielleren Vorschriften bei Überschneidungen zurück.[1339] Das Europäische Parlament und der Rat erlassen nach Art. 114 Abs. 1 S. 2 AEUV „gemäß dem ordentlichen Gesetzgebungsverfahren und nach Anhörung des Wirtschafts- und Sozialausschusses die Maßnahmen zur Angleichung der Rechts- und Verwaltungsvorschriften der Mitgliedstaaten, welche die Errichtung und das Funktionieren des Binnenmarktes zum Gegenstand haben“. Dies gilt auch für den Bereich des Luftverkehrs- bzw. Flugverkehrsmanagements[1340], allerdings

---

1333 *Knauff*, in: Ruffert, Europäisches Sektorales Wirtschaftsrecht (EnzEuR Bd. 5), § 6, Rn. 87; das SESAR-Projekt wurde mit Mitteln des Programms für transeuropäische Verkehrsnetze bspw. kofinanziert, siehe Europäischer Rechnungshof, Bericht über die Jahresrechnung 2017 des Gemeinsamen Unternehmens für die Forschung zum Flugverkehrsmanagement für den einheitlichen europäischen Luftraum zusammen mit den Antworten des Gemeinsamen Unternehmens vom 02.10.2018, S. 5.

1334 So *Gundel*, in: Grabitz/Hilf/Nettesheim, Bd. 2, Art. 170 AEUV, Rn. 25.

1335 *Kotzur/Valentiner*, in: Geiger/Khan/Kotzur/Kirchmair, EUV/AEUV, Art. 170, Rn. 2.

1336 *Knauff*, in: Ruffert, Europäisches Sektorales Wirtschaftsrecht (EnzEuR Bd. 5), § 6, Rn. 89.

1337 *Rodi*, in: Vedder/Heintschel v. Heinegg, EUV/AEUV, Art. 170 AEUV, Rn. 7.

1338 *V. Antwerpen*, Air & Space Law 2002, S. 90 ff. (107); *Bues*, S. 28.

1339 *Korte*, in: Callies/Ruffert, EUV-AEUV, Kommentar, Art. 114 AEUV, Rn. 11; *Khan*, in: Geiger/Khan/Kotzur/Kirchmair, EUV/AEUV, Art. 114, Rn. 4.

1340 *V. Antwerpen*, Air & Space Law 2002, S. 90 ff. (107); *Wysk*, in: Grabherr/Reidt/Wysk, Luftverkehrsgesetz, 21. EL, 2019, Einl., S. 73 f., Rn. 171.

stellt Art. 100 Abs. 2 AEUV gegenüber Art. 114 AEUV eine Spezialregelung dar.[1341]

## IV. Art. 182 AEUV

Titel XIX des AEUV trägt die Überschrift „Forschung, technologische Entwicklung und Raumfahrt" (Art. 179 bis 190 AEUV). Diese gemeinsame Forschungs- und Entwicklungspolitik der Union stellt entsprechend Art. 182 Abs. 1 S. 1 AEUV „gemäß dem ordentlichen Gesetzgebungsverfahren und nach Anhörung des Wirtschafts- und Sozialschusses ein mehrjähriges Rahmenprogramm auf, in dem alle Aktionen der Union zusammengefasst werden". In diesem Rahmenprogramm werden gemäß Art. 182 Abs. 1 S. 2 AEUV die „wissenschaftlichen und technologischen Ziele, die mit den Maßnahmen nach Art. 180 AEUV erreicht werden sollen, sowie die jeweiligen Prioritäten festgelegt, die Grundzüge dieser Maßnahmen angegeben und der Gesamthöchstbetrag und die Einzelheiten der finanziellen Beteiligung der Union am Rahmenprogramm sowie die jeweiligen Anteile der vorgesehenen Maßnahmen" bestimmt.[1342] Das „Rahmenprogramm für Forschung und Innovation" Horizont Europa[1343] (2021 bis 2027) fasst die Bereiche Innovation, Forschung und technologische Entwicklung in einem einzigen übergreifenden Programm zusammen.[1344] Gefördert wird bspw. das SESAR-

1341 *Riedel*, Gemeinschaftszulassung, S. 236 f.; *Khan*, in: Geiger/Khan/Kotzur/Kirchmair, EUV/AEUV, Art. 114, Rn. 4; *Bues*, S. 29; *Classen*, in: v. d. Groeben/Schwarze/Hatje, Bd. 2, Kommentar, Art. 114 AEUV, Rn. 90.

1342 Art. 182 Abs. 1 S. 2 AEUV.

1343 VO (EU) 2021/695 des Europäischen Parlaments und des Rates vom 28.04.2021 zur Einrichtung von „Horizont Europa", dem Rahmenprogramm für Forschung und Innovation, sowie über dessen Regeln für die Beteiligung und die Verbreitung der Ergebnisse und zur Aufhebung der VOen (EU) Nr. 1290/2013 und (EU) Nr. 1291/2013, ABl. EU Nr. L 170 vom 12.05.2021, S. 1 ff.; Beschluss (EU) 2021/764 des Rates vom 10.05.2021 zur Einrichtung des spezifischen Programms zur Durchführung von „Horizont Europa", dem Rahmenprogramm für Forschung und Innovation, und zur Aufhebung des Beschlusses 2013/743/EU, ABl. EU Nr. L 167 vom 12.05.2021, S. 1 ff.

1344 Siehe dazu https://www.horizont-europa.de/, zuletzt abgerufen am 15.02.2023; *Eikenberg*, in: Grabitz/Hilf/Nettesheim, Bd. 2, Art. 182 AEUV, Rn. 49, dort wird allerdings noch auf das Vorgänger-Programm Horizont 2020 Bezug genommen.

1345 Vgl. https://www.sesarju.eu/discover-sesar/funding, zuletzt abgerufen am 28.02.2023; VO (EU) 2021/2085 des Rates vom 19.11.2021 zur Gründung der gemeinsamen Unternehmen im Rahmen von „Horizont Europa" und zur Aufhebung der VOen (EG) Nr. 219/2007, (EU) Nr. 557/2014, (EU) Nr. 558/2014, (EU) Nr. 559/2014, (EU)

Projekt[1345].[1346]

## V. Art. 187 AEUV

Die Union hat gemäß Art. 187 AEUV die Kompetenz, „gemeinsame Unternehmen[1347] zu gründen oder andere Strukturen zu schaffen, die für die ordnungsgemäße Durchführung der Programme für Forschung, technologische Entwicklung und Demonstration der Union erforderlich sind". Von der Europäische Union, EUROCONTROL und 15 weiteren Projektpartnern aus dem Bereich der Luftfahrtbranche wurde zum Beispiel das Unternehmen „SESAR JU" im Sinne des Art. 187 AEUV gegründet, das als „öffentlich-private Partnerschaft" (ÖPP) ausgerichtet ist.[1348]

## VI. Art. 216 AEUV

Titel V des AEUV trägt die Überschrift „Internationale Übereinkünfte". Art. 216 AEUV gewährt dabei der Europäischen Union eine Vertragsschlusskompetenz. Gemäß Art. 216 Abs. 1 AEUV kann die EU „mit einem oder mehreren Drittländern oder einer oder mehreren internationalen Organisationen eine Übereinkunft schließen, wenn dies in den Verträgen vorgesehen ist oder wenn der Abschluss einer Übereinkunft im Rahmen der Politik der Union entweder zur Verwirklichung eines der in den Verträgen festgesetzten Ziele erforderlich oder in einem verbindlichen Rechtsakt der Union vorgesehen ist oder aber gemeinsame Vorschriften beeinträchtigen oder deren Anwendungsbereich ändern könnte". Art. 216 Abs 2 AEUV verpflichtet zur Beachtung der mit den

---

Nr. 560/2014, (EU) Nr. 561/2014 und (EU) Nr. 642/2014, ABl. EU Nr. L 427 vom 30.11.2021, S. 17–119.

1346 So auch *Bues*, S. 28.

1347 Bspw. das SESAR JU, siehe dazu VO (EG) Nr. 219/2007 des Rates vom 27.02.2007 zur Gründung eines gemeinsamen Unternehmens zur Entwicklung des europäischen Flugverkehrsmanagementsystems der neuen Generation (SESAR), ABl. EG Nr. L 64 vom 02.03.2007, S. 1–11, zuletzt geändert durch VO (EU) Nr. 721/2014 des Rates vom 16.06.2014 zur Änderung der VO (EG) Nr. 219/2007 zur Gründung eines gemeinsamen Unternehmens zur Entwicklung des europäischen Flugverkehrsmanagementsystems der neuen Generation (SESAR) im Hinblick auf die Verlängerung der Bestandsdauer des gemeinsamen Unternehmens bis 2024, ABl. EU Nr. L 192 vom 01.07.2014, S. 1–8, siehe dazu ausf. Kapitel 5, C., IV.

1348 VO (EU) Nr. 721/2014, ABl. EU Nr. L 192 vom 01.07.2014; dazu auch *Hilf*, in: v. d. Groeben/Schwarze/Hatje, Kommentar, Bd. 4, Art. 187 AEUV, Rn. 8 ff.; *Ruffert*, in: Callies/Ruffert, EUV-AEUV, Kommentar, Art. 187 AEUV, Rn. 7; *Bues*, S. 29.

Drittstaaten und internationalen Organisationen geschlossenen Unionsabkommen[1349] im Rechtsraum der Europäischen Union.[1350] Da die Verordnungen zum einheitlichen europäischen Luftraum bereits auf Drittstaaten ausgeweitet wurden und auch weiter ausgeweitet werden sollen, wird die EU durch diese Vorschrift zum Abschluss solcher Abkommen berechtigt.

## VII. Keine Einschränkung hoheitlicher Befugnisse

Erwägungsgrund Nummer 5 der Luftraum-Verordnung greift auf Art. 1 des Abkommens von Chicago über die internationale Zivilluftfahrt von 1944 zurück, in dem die Vertragsstaaten anerkennen, „dass jeder Staat über seinem Hoheitsgebiet die volle und ausschließliche Hoheit über den Luftraum besitzt". Im Rahmen dieser Hoheit über den Luftraum und vorbehaltlich der geltenden internationalen Übereinkünfte nehmen die EU-Mitgliedstaaten mit der Flugverkehrskontrolle hoheitliche Befugnisse wahr.[1351] Innerhalb der Europäischen Union könnten diese Dienste jedoch von einer eigenen europäischen Flugsicherungsorganisation übernommen werden und so die nationalen Flugsicherungsorganisationen komplett ablösen, sofern ihr die hoheitlichen Befugnisse dazu durch die EU-Mitgliedstaaten übertragen würden.[1352] Die Verordnungen zum einheitlichen Luftraum sehen die Schaffung einer solchen EU-eigenen Flugsicherungsorganisation jedoch nicht vor.[1353]

## VIII. Militärische Manöver

Die Kompetenz der Europäischen Union kann sich für den zivilen Luftverkehr auf diverse Rechtsgrundlagen stützen, während es an einer Kompetenzgrundlage für militärische Aktionen, die im Rahmen der operationellen

---

1349 Diese Kompetenz hat die EU beim Abschluss der ECAA-Abkommen genutzt, siehe zu dem ECAA-Abkommen auch Kapitel 6, B., II.

1350 *Khan/Kirchmair*, in: Geiger/Khan/Kotzur/Kirchmair, EUV/AEUV, Art. 216, Rn. 18; *Mögele*, in: Streinz EUV/AEUV, Art. 216 AEUV, Rn. 49 ff.; dazu auch *Bues*, S. 29.

1351 Erwägungsgrund Nummer 5 der Luftraum-Verordnung; Europäisches Parlament, Sitzungsdokument C5-0139/2003 vom 27.03.2003 „Gemeinsamer Standpunkt", S. 5.

1352 *Stutz*, in: Hobe/v. Ruckteschell, Kölner Kompendium Luftrecht, Bd. 2, S. 909, Rn. 66; so auch *Bues*, S. 30.

1353 *Bues*, S. 30; zu einer abgeleiteten Vollzugskompetenz der Gemeinschaft siehe *Riedel*, Gemeinschaftszulassung, S. 237 ff.

Flugsicherung erfolgen, fehlt.[1354] Der Anwendungsbereich der Single-European-Sky-Verordnungen, mit denen der einheitliche europäische Luftraum geschaffen werden soll, beschränkt sich lediglich auf den allgemeinen zivilen Luftverkehr und schließt Einsätze des Militärs oder deren Ausbildungsmaßnahmen grundsätzlich nicht mit ein.[1355] Der Rechtsrahmen für den einheitlichen europäischen Luftraum soll „kohärent und konsequent" realisiert werden, wobei die Anforderungen der jeweiligen nationalen Verteidigungs- und Sicherheitspolitik und die der entsprechenden internationalen Übereinkünfte zu beachten sind.[1356] Eine sichere und effiziente Luftraumnutzung kann nur durch enge Kooperationen der zivilen und militärischen Luftraumnutzer gelingen, und zwar auf der Grundlage des Konzepts der flexiblen Luftraumnutzung und der Koordinierung zwischen militärischen und zivilen Stellen entsprechend den ICAO-Vorgaben.[1357] Die Ermöglichung der harmonisierten und widerspruchsfreien Realisierung der Idee einer flexiblen militärischen und zivilen Luftraumnutzung wird insbesondere durch die Einbeziehung der militärischen Komponente in die gemeinsame Luftraumverwaltung in Europa angestrebt.[1358] Die Union ist auf eine solche gemeinsame Luftraumverwaltung angewiesen, deren Auswirkung eine stärkere Integration der zivilen und militärischen Flugsicherung bedeutet.[1359]

---

1354 Erklärung der Mitgliedstaaten zu militärischen Aspekten im Zusammenhang mit dem einheitlichen europäischen Luftraum, ABl. EU/EG Nr. L 96 vom 31.03.2004, S. 9; *Bues*, S. 29.

1355 Erklärung der Mitgliedstaaten zu militärischen Aspekten im Zusammenhang mit dem einheitlichen europäischen Luftraum, ABl. EU/EG Nr. L 96 vom 31.03.2004, S. 9.

1356 Erklärung der Mitgliedstaaten zu militärischen Aspekten im Zusammenhang mit dem einheitlichen europäischen Luftraum, ABl. EU/EG Nr. L 96 vom 31.03.2004, S. 9.

1357 Erklärung der Mitgliedstaaten zu militärischen Aspekten im Zusammenhang mit dem einheitlichen europäischen Luftraum, ABl. EU/EG Nr. L 96 vom 31.03.2004, S. 9; ähnlich *Bues*, S. 29 f.

1358 KOM(2001) 123, S. 14; ähnlich in der Erklärung der Mitgliedstaaten zu militärischen Aspekten im Zusammenhang mit dem einheitlichen europäischen Luftraum, ABl. EU/EG Nr. L 96 vom 31.03.2004, S. 9.

1359 KOM(2001) 123, S. 14; ähnlich in der Erklärung der Mitgliedstaaten zu militärischen Aspekten im Zusammenhang mit dem einheitlichen europäischen Luftraum, ABl. EU/EG Nr. L 96 vom 31.03.2004, S. 9.

## E. Zusammenfassung des Kapitels

Die Schaffung eines „Single European Sky" ist eines der anspruchsvollsten Projekte der Verkehrspolitik der Europäischen Kommission.[1360] Dabei spielt insbesondere die Flugsicherung eine wichtige Rolle. Bisher wurden die europäischen Flugsicherungsdienste überwiegend innerhalb der nationalen Grenzen weiterentwickelt und jeder Staat baute für sich sein eigenes Flugverkehrsmanagementsystem auf, wodurch eine kostspielige und ineffiziente strukturelle Zersplitterung des europäischen Luftraumes entstand. Besonders auffällig wird die Ineffizienz des europäischen Luftraumes und Flugverkehrsmanagementsystems, wenn man als Vergleich den amerikanischen Luftraum betrachtet, in dem das US-amerikanische Flugverkehrsmanagement zweimal so effizient wie das der Europäischen Union arbeitet und zu ähnlichen Kosten mit einem Drittel der Zahl der Kontrollzentren die doppelte Anzahl an Flügen bewältigt.

Die Ursprünge eines einheitlichen europäischen Luftraumes liegen in den 1930er-Jahren, scheiterten aber an der Bereitschaft zur Aufgabe von Hoheitsbefugnissen und -rechten der Staaten. Nach den Erfahrungen, die bereits in den 60er-Jahren mit der Gründung von EUROCONTROL und den folgenden Schwierigkeiten gemacht worden waren, veröffentlichte die Europäische Kommission 1989 eine Mitteilung, in der die Kapazitätsprobleme im Luftverkehrssystem umfassend analysiert und erste langfristige Lösungsansätze unterbreitet wurden. Es folgten weitere Überlegungen der Kommission hinsichtlich der Reorganisation und Neuordnung des europäischen Luftraummanagements in den Jahren 1996, 1999 und 2000, aus denen schließlich im Jahr 2004 ein vier Verordnungen umfassendes Regelungspaket hervorging. Dieses Single-European-Sky-I-Paket wurde im März 2004 vom Europäischen Parlament und Rat beschlossen. Stützen kann sich die Europäische Union dabei auf verschiedene Rechtsgrundlagen. Grundsätzlich beruhen die Verordnungen zum einheitlichen europäischen Luftraum auf Art. 100 Abs. 2 AEUV.

---

1360 So ähnlich *Schladebach*, EuR 2006, S. 773 ff. (773); *ders.*, Lufthoheit, S. 377.

# Kapitel 5: Der einheitliche europäische Luftraum

Die Schaffung des einheitlichen europäischen Luftraumes zählt zu den wohl anspruchsvollsten Projekten des sich in den letzten Jahren stetig weiterentwickelnden europäischen Luftverkehrsrechts.[1361] Ziel der Initiative ist die Verbesserung der allgemeinen Leistung des Flugverkehrsmanagements durch die Verlagerung verschiedener zwischenstaatlicher Zuständigkeiten in den Rahmen der EU.[1362] Nachfolgend wird zunächst ein Überblick über die ersten Verordnungen zur Errichtung des einheitlichen europäischen Luftraumes gegeben, ehe die technische Komponente des Projekts SESAR beleuchtet und sodann auf das Single-European-Sky-II-Paket eingegangen wird. Schließlich wird das Thema des neuesten Verordnungsvorschlags der Europäischen Kommission, das Single European Sky 2+ Paket bzw. dessen geänderter Vorschlag zur beschleunigten Verwirklichung des einheitlichen europäischen Luftraumes, vorgestellt.

## A. Das Single-European-Sky-I-Paket (2004)

Aufgrund der Erfahrungen mit der bereits 1960 gegründeten internationalen Organisation EUROCONTROL, die die Luftraumüberwachung für einige Bereiche der Lufträume europäischer Staaten übernommen hat, und den Erwägungen der Europäischen Kommission aus den Jahren 1996[1363], 1999[1364] und 2001[1365] wurden deren andauernde Bemühungen um die Reorganisation des europäischen Luftraummanagements in einem vier Verordnungen[1366] starken

1361 *Schladebach*, EuR 2006, S. 773 ff. (773); *ders.*, Lufthoheit, S. 377.

1362 Sonderbericht des Europäischen Rechnungshofes, Nr. 18/2017, S. 8.

1363 KOM(96) 57.

1364 KOM(1999) 614.

1365 KOM(2001) 123; Vorschlag für eine VO des Europäischen Parlaments und des Rates über die Ordnung und Nutzung des Luftraumes im einheitlichen europäischen Luftraum, ABl. EG Nr. C 103 vom 30.04.2002, S. 35 ff.

1366 VO (EG) Nr. 549/2004 des Europäischen Parlaments und des Rates vom 10.03.2004 zur Festlegung des Rahmens für die Schaffung eines einheitlichen europäischen Luftraumes („Rahmen-Verordnung"), ABl. EG Nr. L 96 vom 31.03.2004, S. 1 ff.; VO (EG) Nr. 550/2004 des Europäischen Parlaments und des Rates vom 10.03.2004 über die Erbringung von Flugsicherungsdiensten im einheitlichen europäischen Luftraum („Flugsicherungsdienste-Verordnung"), ABl. EG Nr. L 96 vom 31.03.2004,

Regelungspaket niedergelegt, das im März 2004 vom Europäischen Parlament und Rat beschlossen wurde.[1367] Die Verordnungen sehen eine neue Struktur sowohl des europäischen Luftraumes als auch der Organisation seiner Überwachung auf einem einheitlichen Mindestniveau vor.[1368] Das Verordnungspaket umfasst dabei einen Vorschlag für eine „Rahmenverordnung" zur Gründung eines einheitlichen europäischen Luftraumes[1369] und einen Vorschlag für drei weitere Verordnungen[1370]: Es sollte eine sichere und effizientere Erbringung der Flugsicherungsdienste gewährleisten, zur Ordnung und Nutzung des Luftraumes im einheitlichen europäischen Luftraum sowie zur Verwirklichung der Interoperabilität des europäischen Flugverkehrsmanagements beigetragen werden.[1371] Das erste Verordnungspaket aus dem Jahr 2004 wird zunächst in seiner ursprünglichen Form kurz wiedergegeben, da es sich um das legislative Grundgerüst des Programmes zum einheitlichen europäischen Luftraum handelt. Gleichzeitig wird auf die Modifizierungen durch die im Oktober 2009 geschaffene Verordnung (EG) Nr. 1070/2009[1372] hingewiesen, die im Laufe der Arbeit noch ausführlich dargestellt wird.

---

S. 10 ff.; VO (EG) Nr. 551/2004 des Europäischen Parlaments und des Rates vom 10.03.2004 über die Ordnung und Nutzung des Luftraumes im einheitlichen europäischen Luftraum („Luftraum-Verordnung"), ABl. EG Nr. L 96 vom 31.03.2004, S. 20 ff.; VO (EG) Nr. 552/2004 des Europäischen Parlaments und des Rates vom 10.03.2004 über die Interoperabilität des europäischen Flugverkehrsmanagementnetzes („Interoperabilitäts-Verordnung"), ABl. EG Nr. L 96 vom 31.03.2004, S. 26 ff.

1367 *Schladebach*, Lufthoheit, S. 377; *Hüttel*, S. 30 f.

1368 *Horn*, in: v. Mangoldt/Klein/Starck, GG III (2010), Art. 87d, Rn. 30; *Schwenk/Giemulla*, Hdb. des Luftverkehrsrechts, Kapitel 5, S. 179, Rn. 26 ff.

1369 KOM(2001) 123.

1370 Mitteilung der Kommission an den Rat und das Europäische Parlament über die Schaffung eines einheitlichen europäischen Luftraumes, Vorschlag für eine Verordnung des Europäischen Parlaments und des Rates über die Erbringung von Flugsicherungsdiensten im einheitlichen europäischen Luftraum, Vorschlag für eine Verordnung des Europäischen Parlaments und des Rates über die über die Ordnung und Nutzung des Luftraumes im einheitlichen europäischen Luftraum, Vorschlag für eine Verordnung des Europäischen Parlaments und des Rates über die Interoperabilität des europäischen Flugverkehrsmanagementnetzes, KOM(2001) 564 endgültig/2 vom 11.12.2001; die vier Verordnungen aus dem Jahr 2004 erfuhren im Oktober 2009 eine Modifizierung durch die VO (EG) Nr. 1070/2009, dazu ausf. unter Kapitel 5, D.

1371 *Langner/Schwenke*, Cep-Studie 2011, S. 12.

1372 VO (EG) Nr. 1070/2009 des Europäischen Parlaments und des Rates vom 21.10.2009 zur Änderung der VOen (EG) Nr. 549/2004, (EG) Nr. 550/2004, (EG) Nr. 551/2004

Das erste Legislativpaket zum einheitlichen Luftraum enthält die vier folgenden Verordnungen:

## I. Verordnung (EG) Nr. 549/2004[1373]

Die Verordnung (EG) Nr. 549/2004 zur Festlegung des Rahmens für die Schaffung eines einheitlichen europäischen Luftraumes (kurz: „Rahmen-VO“) legt das Ziel der Schaffung eines einheitlichen europäischen Luftraumes auf der Grundlage eines harmonisierten Rechtsrahmens bis zum 31. Dezember 2004 fest (Art. 1 Abs. 1 S. 2 Rahmen-VO a. F.)[1374], statuiert inhaltliche Grundsätze für die Gestaltung des einheitlichen Luftraumes und enthält organisations- und verfahrensrechtliche Regelungen für die Schaffung des „harmonisierten Rechtsrahmens“.[1375]

### *1. Aufbau der Rahmenverordnung*

Die Rahmen-VO enthält 14 Artikel mit allgemeinen Grundsätzen[1376], die gewissermaßen als konzeptionelle Klammer vor die anderen drei sogenannten Grundverordnungen und die auf ihrer Grundlage erlassenen weiteren Durchführungsverordnungen gesetzt sind.[1377] Die Rahmen-VO legt die Zielsetzung sowie den Geltungsbereich des Verordnungspaketes fest, definiert umfassende Legaldefinitionen (insbesondere der einzelnen Flugsicherungsdienste) und statuiert

---

und (EG) Nr. 552/2004 im Hinblick auf die Verbesserung der Leistung und Nachhaltigkeit des europäischen Luftverkehrssystems (sog. „Änderungsverordnung“), ABl. EG Nr. L 300 vom 14.11.2009, dazu ausf. Kapitel 5, D.

1373 VO (EG) Nr. 549/2004 des Europäischen Parlaments und des Rates vom 10.03.2004 zur Festlegung des Rahmens für die Schaffung eines einheitlichen europäischen Luftraumes („Rahmenverordnung“), ABl. EG Nr. L 96 vom 31.03.2004, S. 1–9.

1374 In der modifizierten Fassung findet sich diese Aussage ohne Datumsangabe in Art. 1 Abs. 1 S. 3 Rahmen-VO.

1375 *Scherer*, in: FS für Manfred Zuleeg, S. 456 ff. (460); *Scherer*, EuZW 2005, S. 268 ff. (268); *Schladebach*, Lufthoheit, S. 377 f.; *Sendmeyer*, in: Schulze/Zuleeg/Kadelbach, Europarecht, § 34, Rn. 165; *Langner/Schwenke*, Cep-Studie 2011, S. 13; die Rahmen-VO dient vor allem der Begriffsklärung, so *Jung*, in: Callies/Ruffert, EUV-AEUV, 4. Auflage, Art. 100 AEUV, Rn. 31.

1376 Und die Erklärung der Mitgliedstaaten zu militärischen Aspekten im Zusammenhang mit dem einheitlichen europäischen Luftraum, ABl. EG Nr. L 96 vom 31.03.2004, S. 9.

1377 *Stutz*, in: Hobe/v. Ruckteschell, Kölner Kompendium Luftrecht, Bd. 2, S. 898, Rn. 6; *Schwenk/Giemulla*, Hdb. des Luftverkehrsrechts, Kapitel 5, S. 179, Rn. 29.

verfahrensrechtliche und organisationsrechtliche Prinzipien.[1378] Das Ziel des Regelungspaketes ist gemäß Art. 1 Abs. 1 Rahmen-VO a. F., „die derzeitigen Sicherheitsstandards und die Gesamteffizienz des allgemeinen Flugverkehrs[1379] in Europa zu verbessern, die Kapazität so zu optimieren, dass den Anforderungen aller Luftraumnutzer entsprochen wird, und Verspätungen zu minimieren".[1380] Diese notwendigerweise recht abstrakt formulierten Zielsetzungen bedürfen der Konkretisierung[1381]: Die Tatsache, dass die Bewirtschaftung der Lufträume bisher entlang der nationalen Grenzen erfolgte, verursachte erhebliche Schwierigkeiten.[1382] Das Luftraummanagement[1383] konnte nur lückenhaft erfolgen, da es sich als hoheitliche Aufgabe konsequent an den staatlichen Lufträumen, also an den vertikalen Luftsäulen über den Territorien jedes Staates zu orientieren hatte.[1384] Der Luftraum soll daher mithilfe der Verordnungen zum einheitlichen europäischen Luftraum neu geordnet werden, ohne dass die Mitgliedstaaten dabei die hoheitliche Gewalt über ihren Luftraum verlieren und die Anforderungen der Mitgliedstaaten bezüglich der öffentlichen Ordnung, der öffentlichen Sicherheit und Verteidigungsfragen beschnitten werden.[1385]

Art. 2 Rahmen-VO formuliert umfassend geltende Begriffsbestimmungen, die nicht nur für die Rahmen-VO, sondern für das komplette Verordnungspaket gelten. Auf der Grundlage von Art. 3 Rahmen-VO[1386] in Verbindung mit der jeweiligen Ermächtigungsgrundlage in den Verordnungen zum einheitlichen europäischen Luftraum erlässt die Europäische Kommission (insoweit in der Rolle eines europäischen Regulierers[1387]) im Wege des

---

1378 *Stutz*, in: Hobe/v. Ruckteschell, Kölner Kompendium Luftrecht, Bd. 2, S. 898, Rn. 6; *Scherer*, EuZW 2005, S. 268 ff. (268); *Bues*, S. 17; *Hüttel*, S. 31 f.; *Schwenk/Giemulla*, Hdb. des Luftverkehrsrechts, Kapitel 5, S. 179, Rn. 29.

1379 In der späteren Fassung wird der Begriff „Flugverkehr" durch den Begriff „Luftverkehr" ersetzt. Auch der restliche Art. 1 Abs. 1 Rahmen-VO wird weiter und ausführlicher gefasst als in der alten Fassung.

1380 Art. 1 Abs. 1 Rahmen-VO a. F.

1381 Zu den Zielen allg. *Scherer*, in: FS für Manfred Zuleeg, S. 456 ff. (456 ff.); *ders.*, EuZW 2005, S. 268 ff. (268); *Fritzsche*, S. 166 f.

1382 *Schladebach*, Lufthoheit, S. 378.

1383 Vornehmlich die Luftraumüberwachung durch die Fluglotsen.

1384 *Schladebach*, Lufthoheit, S. 378.

1385 Art. 1 Abs. 2 Rahmen-VO (unverändert).

1386 Ergänzt durch Art. 8 Rahmen-VO, soweit die Zuständigkeit von EUROCONTROL betroffen ist.

1387 Art. 3 Abs. 1 und Art. 8 Abs. 1 Rahmen-VO; *Scherer*, in: FS für Manfred Zuleeg, S. 456 ff. (461, 471); *Scherer*, EuZW 2005, S. 268 ff. (268).

Komitologieverfahrens[1388] Durchführungsvorschriften, mit denen die Anforderungen aus den Grundverordnungen näher konkretisiert werden.[1389] Dabei wird sie gemäß Art. 5 Abs. 1 Rahmen-VO von einem „Ausschuss für den einheitlichen europäischen Luftraum" (The Single Sky Committee, SSC) unterstützt und gemäß Art. 6 Rahmen-VO durch einen „Industry Consultation Body"[1390] beraten. Diese werden nachfolgend kurz dargestellt.

### a) *Ausschuss für den einheitlichen Luftraum (The Single Sky Committee, SSC)*

Der Ausschuss für den einheitlichen Luftraum wurde gegründet, um die Europäische Kommission bei der Realisierung des einheitlichen europäischen Luftraumes zu unterstützen.[1391] Die Europäische Kommission zieht diesen Ausschuss zu allen Entwürfen bezüglich der politischen und regulatorischen Angelegenheiten hinzu.[1392] Die Hauptaufgabe des Ausschusses besteht darin, die Kommission insbesondere beim Erlass von Durchführungsvorschriften im Wege des Komitologieverfahrens[1393] zu unterstützen.

Dem Ausschuss gehören unter dem Vorsitz eines Vertreters der Kommission jeweils zwei Vertreter jedes Mitgliedstaates an.[1394] Um die zivil-militärische Kooperation bei der Luftraumsicherung organisationsrechtlich abzusichern, ist es vorgesehen, dass jeweils einer der beiden Sitze der Mitgliedstaaten von einem militärischen Vertreter der Luftraumnutzer besetzt wird.[1395] Mit dieser auf Unionsebene wohl einmaligen institutionellen Einbettung militärischer

---

1388 Zum Komitologie-Verfahren siehe ausf. Kapitel 5, B., I.

1389 Art. 3 Rahmen-VO; *Stutz*, in: Hobe/v. Ruckteschell, Kölner Kompendium Luftrecht, Bd. 2, S. 898, Rn. 8; *Fritzsche*, S. 166; *Hüttel*, S. 32.

1390 Durch die Modifikation lautet die Überschrift von Art. 6 Rahmen-VO nicht mehr „Industry Consultation Body", sondern in der neuen Fassung „Branchenkonsultationsgremium". Gemeint ist dennoch der „Industry Consultation Body", der so auch in dem modifizierten Art. 6 Rahmen-VO benannt wird.

1391 Art. 5 Abs. 1 S. 1 Rahmen-VO; siehe auch Pressemitteilung der Europäischen Kommission vom 03.02.2004 „Einigung über einen einheitlichen europäischen Luftraum"; *Bues*, S. 20; *Müller*, S. 40.

1392 Ausf. bei http://www.skybrary.aero/index.php/Single_Sky_Committee, zuletzt abgerufen am 28.02.2023; *Müller*, S. 40.

1393 Art. 5 Abs. 2 Rahmen-VO.

1394 Art. 5 Abs. 1 S. 1 Rahmen-VO.

1395 Art. 5 Abs. 1 Rahmen-VO; siehe auch Erklärung der Mitgliedstaaten, ABl. EG Nr. L 96 vom 31.03.2004, S. 9; *Scherer*, in: FS für Manfred Zuleeg, S. 456 ff. (461).

Belange soll der Umstand Berücksichtigung finden, dass die Verwirklichung der Idee der flexiblen Luftraumnutzung einer Verzahnung mit den nationalen militärischen Interessen bedarf.[1396] Die Diskussionen des Ausschusses werden vertraulich behandelt, das Europäische Parlament wird über die Arbeit durch „SSC meeting reports" unterrichtet, in denen die Tagesordnungspunkte und die Abstimmungsresultate aufgelistet werden.[1397]

### *b) Industry Consultation Body (ICB)*

Neben dem Ausschuss für einen einheitlichen Luftraum wurde von der Europäischen Kommission der Industry Consultation Body (ICB) als Beratungsgremium einberufen.[1398] Das Gremium besteht gemäß Art. 6 Rahmen-VO aus den Flugsicherungsorganisationen, den Verbänden der Luftraumnutzer, den Flughäfen, der Herstellerindustrie und Vertretungsorganen des Fachpersonals.[1399] Es hat die ausschließliche Aufgabe, die Europäische Kommission bezüglich der technischen Aspekte[1400] der Schaffung eines Single European Sky zu beraten.[1401] Dadurch sollen die Interessen der Luftraumnutzer gewahrt werden.

## *2. EUROCONTROL und nationale Aufsichtsbehörden*

Weiterhin kann die Europäische Kommission bei der Ausarbeitung der Durchführungsvorschriften auf den Erfahrungsschatz von EUROCONTROL zurückgreifen. Durch ein Geflecht verfahrens- und organisationsrechtlicher Regelungen wird EUROCONTROL in die Regulierungsaufgaben der Kommission eingegliedert:[1402] Zur Formulierung von Durchführungsvorschriften, die in den Zuständigkeitsbereich von EUROCONTROL fallen, erteilt die Europäische

---

1396 Erklärung der Mitgliedstaaten, ABl. EG Nr. L 96 vom 31.03.2004, S. 9; *Scherer*, in: FS für Manfred Zuleeg, S. 456 ff. (461).

1397 *Mölders*, Der Himmel über Europa, S. 29.

1398 So benannt in Art. 6 Rahmen-VO a. F., in der modifizierten Fassung der VO (EG) Nr. 1070/2009 lautet die Überschrift des Art. 6 Rahmen-VO „Branchenkonsultationsgremium", wobei auch hier der Begriff des „Industry Consultation Bodys" erwähnt wird; siehe dazu auch https://www.skybrary.aero/articles/industry-consultation-body, zuletzt abgerufen am 11.02.2023.

1399 Der neue Art. 6 Rahmen-VO fügt zusätzlich die Flughafenbetreiber in Art. 6 Rahmen-VO ein.

1400 Wird so nur in Art. 6 Rahmen-VO a. F. explizit erwähnt.

1401 Art. 6 S. 2 Rahmen-VO.

1402 Erwägungsgründe Nummer 4, 14, 15 Rahmen-VO; *Scherer*, in: FS für Manfred Zuleeg, S. 456 ff. (461); *Bues*, S. 76.

Kommission EUROCONTROL Aufträge zur Vorbereitung von Regelungen, die in europarechtlich verbindliche Durchführungsvorschriften überführt werden.[1403] Auch wenn die von EUROCONTROL vorbereiteten und von der Kommission überführten Durchführungsvorschriften für die der Europäischen Union nicht angehörenden EUROCONTROL-Mitgliedstaaten keinerlei Rechtsverbindlichkeit entfalten, kommt den Regulierungsmaßnahmen der Kommission aufgrund des Zusammenwirkens mit EUROCONTROL gesamteuropäische Wirkung zu: „In this manner a pan-European approach in the safety domain is ensured and the absence of any divergence between EU and non-EU members is guaranteed."[1404]

Um die Verwirklichung der Maßnahmen zur Umsetzung des SES-I-Paketes auf nationaler Ebene sicherzustellen, schreibt die Rahmen-VO gemäß Art. 4 Abs. 1 vor, dass eine oder mehrere Stellen als nationale Aufsichtsbehörde zu benennen oder zu errichten sind, die für die Regulierung der Flugsicherungsorganisationen zuständig sind.[1405] Die nationalen Aufsichtsbehörden müssen gemäß Art. 4 Abs. 2 Rahmen-VO von den Flugsicherungsorganisationen unabhängig sein; diese Unabhängigkeit ist – zumindest auf der funktionalen Ebene – durch eine ausreichende Trennung der nationalen Aufsichtsbehörden und der Flugsicherungsorganisationen zu gewährleisten.[1406] Durch dieses Trennungsgebot soll ein funktionsfähiger und freier EU-weiter Wettbewerb der Flugsicherungsorganisationen ermöglicht werden.[1407] Eine bestimmte privatrechtliche oder öffentlich-rechtliche Organisationsform der Flugsicherung wird von der

1403 *Scherer*, in: FS für Manfred Zuleeg, S. 456 ff. (461); *Scherer*, EuZW 2005, S. 268 ff. (268); Art. 8 Rahmen-VO.

1404 *Scherer*, in: FS für Manfred Zuleeg, S. 456 ff. (461).

1405 Art. 4 Abs. 1 Rahmen-VO a. F.; die neue Fassung formuliert Art. 4 Abs. 1 Rahmen-VO sinngemäß, aber ausführlicher. In der Bundesrepublik Deutschland wurde ein neues Bundesaufsichtsamt für Flugsicherung (BAF) geschaffen. Die Durchführung der Flugsicherung sollte im Wege der Beleihung durch die vom BAF überwachten Flugsicherungsorganisationen stattfinden. Der Bundespräsident verweigerte jedoch seine Zustimmung zum Gesetz zur Privatisierung der Deutschen Flugsicherung aufgrund verfassungsrechtlicher Bedenken. Eine privatisierte Flugsicherung sei mit dem Erfordernis einer bundeseigenen Verwaltung unvereinbar, siehe BT-Drs. 16/3262; dazu auch *Kirchhoff/Boewe*, ZLW 2007, S. 17 ff. (23 f.); *Hüttel*, S. 32; siehe dazu auch Kapitel 3, C., III., 1., b), bb); zu den Vorgaben der nationalen Aufsichtsbehörden auch *Bues*, S. 118 ff.

1406 Art. 4 Abs. 2 S. 2 Rahmen-VO.

1407 Siehe dazu ausf. unter Kapitel 7, A.; *Langner/Schwenke*, Cep-Studie 2011, S. 14.

Rahmen-VO nicht verlangt;[1408] diese nimmt je nach Mitgliedstaat sehr unterschiedliche Rechtsformen an.[1409] Wesentliches Anliegen der Rahmen-VO ist die Umsetzung der Maßnahmen des ersten Verordnungspaketes zum einheitlichen europäischen Luftraum auf der nationalen Ebene.[1410]

## II. Verordnung (EG) Nr. 550/2004[1411]

Die 19 Artikel[1412] der Verordnung (EG) Nr. 550/2004 über die Erbringung von Flugsicherungsdiensten im einheitlichen europäischen Luftraum (kurz: „Flugsicherungsdienste-VO") betreffen gemäß Art. 1 Abs. 1 S. 1 im Geltungsbereich der Rahmen-VO die Erbringung von Flugsicherungsdiensten im einheitlichen europäischen Luftraum.

### *1. Ziele der Flugsicherungsdienste-VO*

Die Verordnung schafft einen einheitlichen europäischen Rahmen für die Erbringung von Flugsicherungsdienstleistungen und enthält neben einer Beschreibung der Aufgaben, Pflichten und Befugnisse der Aufsichtsbehörden, Festlegungen einer Zertifizierungspflicht für Flugsicherungsorganisationen, Mindestanforderungen an die Transparenz der Rechnungslegung und Datenschutz auch Grundsätze für die Erhebung von Flugsicherungsgebühren.[1413] Laut der Formulierung in Art. 1 Abs. 1 S. 2 Flugsicherungsdienste-VO ist ihr Ziel „die Festlegung gemeinsamer Anforderungen für eine sichere und effiziente Erbringung von Flugsicherungsdiensten in der Union". Flugsicherungsdienste[1414] sind in diesem

---

1408 *Langner/Schwenke*, Cep-Studie 2011, S. 14.

1409 Erwägungsgrund Nummer 10 Rahmen-VO.

1410 *Mölders*, Der Himmel über Europa, S. 30.

1411 VO (EG) Nr. 550/2004 des Europäischen Parlaments und des Rates vom 10.03.2004 über die Erbringung von Flugsicherungsdiensten im einheitlichen europäischen Luftraum, ABl. EG Nr. L 96 vom 31.03.2004, S. 10 („Flugsicherungsdienste-Verordnung").

1412 Und zwei Anhänge.

1413 *Stutz*, in: Hobe/v. Ruckteschell, Kölner Kompendium Luftrecht, Bd. 2, S. 898, Rn. 7; *Bues*, S. 18; *Hüttel*, S. 36 f.; *Schwenk/Giemulla*, Hdb. des Luftverkehrsrechts, Kapitel 5, S. 180, Rn. 29.

1414 Diese bezeichnen gem. Art. 2 Nummer 4 Rahmen-VO als Oberbegriff Flugverkehrsdienste, Kommunikations-, Navigations- und Überwachungsdienste, Flugwetterdienste und Flugberatungsdienste; vgl. *v. Antwerpen*, Air & Space Law 2002, S. 90 ff. (119 ff.).

Zusammenhang Flugverkehrsdienste[1415], das heißt Fluginformationsdienste, Flugalarmdienste, Flugverkehrsberatungsdienste und Flugverkehrskontrolldienste[1416], Flugwetterdienste sowie Flugberatungsdienste[1417] und „zugehörige Dienste" wie Kommunikations-, Navigations- und Überwachungsdienste.[1418] Diese Regelungen legen nahe, dass der Verordnungsgeber einen Wettbewerb zwischen den verschiedenen europäischen Flugsicherungsorganisationen zulassen will.[1419] Allerdings soll trotz der Bestrebungen der Kommission, im Luftverkehr den Wettbewerb zu fördern, durch die Schaffung der Flugsicherungsdienste-VO ausdrücklich kein Wettbewerb der Anbieter von Flug*verkehrs*diensten geschaffen werden.[1420] Erwägungsgrund Nummer 5 Flugsicherungsdienste-VO weist explizit darauf hin, dass „die Erbringung von Flugverkehrsdiensten gemäß dieser Verordnung mit der Ausübung von hoheitlichen Befugnissen zusammenhängt, die keinen wirtschaftlichen Charakter aufweisen, der die Anwendung der Wettbewerbsregeln des Vertrages rechtfertigen würde." Der Verordnungsgeber unterscheidet zwischen unterschiedlichen Tätigkeitsfeldern der Flugsicherung und unterstellt diese unterschiedlichen Rahmenbedingungen.[1421] Wettbewerb zwischen den nationalen Flugsicherungsbetreibern ist grundsätzlich möglich und auch erwünscht, er soll nach der Intention des Verordnungsgebers jedoch

---

1415 Gemäß Art. 2 Nummer 11 Rahmen-VO bezeichnen diese „wechselweise Fluginformationsdienste, Flugalarmdienste, Flugverkehrsberatungsdienste und Flugverkehrskontrolldienste (Bezirks-, Anflug- und Flugplatzkontrolldienste)."

1416 Gemäß Art. 2 Nummer 1 Rahmen-VO bezeichnet dies einen Dienst, „dessen Aufgabe es ist, lit. a) Zusammenstöße zu verhindern zwischen Luftfahrzeugen untereinander und auf dem Rollfeld zwischen Luftfahrzeugen und Hindernissen und lit. b) einen raschen und geordneten Ablauf des Flugverkehrs zu gewährleisten."

1417 Gemäß Art. 2 Nummer 3 Rahmen-VO bezeichnet dieser einen „innerhalb des festgelegten Versorgungsgebietes eingerichteten Dienst, der für die Bereitstellung von Luftfahrtinformationen und -daten zuständig ist, die für die sichere, geordnete und reibungslose Abwicklung von Flügen notwendig sind."

1418 Allesamt in Art. 2 Rahmen-VO legaldefiniert.

1419 *Hüttel*, S. 37; durch die Harmonisierung der Zulassungsbestimmungen von Fluglotsen sind diese insbesondere aufgrund der gegenseitigen Anerkennung der Zertifikate berechtigt, in anderen Mitgliedstaaten tätig zu werden. Dies stellt ein Instrument zur Förderung der Arbeitnehmerfreizügigkeit dar, so *Schwenk/Giemulla*, Hdb. des Luftverkehrsrechts, Kapitel 5, S. 180, Rn. 29.

1420 Erwägungsgrund Nummer 5, Art. 8 Flugsicherungsdienste-VO.

1421 *Hüttel*, S. 38.

auf das nicht-hoheitliche Aufgabenspektrum der Flugsicherung beschränkt sein.[1422]

Die Flugsicherungsdienste-VO weist außerdem den nationalen Aufsichtsbehörden[1423] unter anderem in Art. 2 Abs. 1 Flugsicherungsdienste-VO die Aufgabe zu, den sicheren und effizienten Betrieb von Flugsicherungsorganisationen angemessen zu beaufsichtigen. Dabei können diese sich der Dienste anerkannter Organisationen[1424] bedienen. Die Flugsicherungsdienste-VO schafft somit den rechtlichen Rahmen für die Festlegung unionsweit harmonisierter Anforderungen für die sichere und effiziente Erbringung von Flugsicherungsdiensten in der Union.[1425] Diese gemeinsamen Anforderungen[1426] sollen im Regelungsverfahren festgelegt werden, bei dem der Rat die Letztentscheidungsbefugnis hat.[1427]

#### *a) Zertifizierung von Flugsicherungsorganisationen*

Im zweiten Kapitel der Verordnung unter dem Titel „Regeln für die Erbringung von Diensten“ steht Art. 7 Flugsicherungsdienste-VO unter der

---

1422 *Hüttel*, S. 38.

1423 Siehe Art. 4 Rahmen-VO und ausf. unter Kapitel 7, A., II.

1424 Art. 3 Flugsicherungsdienste-VO a. F.; bezüglich der Anforderungen an die anerkannten Organisationen Anh. I Flugsicherungsdienste-VO a. F., nun Anforderungen an „qualifizierte Stellen“. VO (EG) Nr. 1070/2009 änderte den Begriff „anerkannte Organisationen“ in den Begriff „qualifizierte Stellen“.

1425 Art. 1 Abs. 1 Flugsicherungsdienste-VO; *Scherer*, in: FS für Manfred Zuleeg, S. 456 ff. (465); *Scherer*, EuZW 2005, S. 268 ff. (269); *Bues*, S. 17 f.

1426 Siehe Art. 6 Flugsicherungsdienste-VO. Die gemeinsamen Anforderungen umfassen folgende Punkte: „technische und betriebliche Fähigkeiten und Einigung; Systeme und Verfahren für das Sicherheits- und Qualitätsmanagement; Meldesysteme; Qualität der Dienste; Finanzkraft; Haftung und Versicherungsschutz; Eigentums- und Organisationsstruktur, einschließlich der Vermeidung von Interessenkonflikten; Personal, einschließlich einer angemessenen Personalplanung; Sicherheit.“

1427 Art. 6 Flugsicherungsdienste-VO in Verbindung mit Art. 5 Abs. 3 Rahmen-VO, Art. 5 des Beschlusses des Rates vom 28.06.1999 zur Festlegung der Modalitäten für die Ausübung der der Kommission übertragenen Durchführungsbefugnisse (1999/468/EG), ABl. EG Nr. L 184 vom 17.07.1999, S. 23 ff. (sog. Komitologiebeschluss), geändert durch den Beschluss des Rates vom 17.07.2006 zur Änderung des Beschlusses 1999/468/EG zur Festlegung der Modalitäten für die Ausübung der der Kommission übertragenen Durchführungsbefugnisse (2006/512/EG), ABl. EG Nr. L 200 vom 22.07.2006, S. 11 ff.; *Scherer*, in: FS für Manfred Zuleeg, S. 456 ff. (465); *Scherer*, EuZW 2005, S. 268 ff. (269); zum Komitologieverfahren siehe ausf. unter Kapitel 5, B., I.

Überschrift „Zertifizierung von Flugsicherungsorganisationen". Art. 7 Abs. 1 Flugsicherungsdienste-VO regelt, dass die Erbringung von Flugsicherungsdiensten in der EU einer Zertifizierung durch die Mitgliedstaaten unterliegt.[1428] Will ein Flugsicherungsbetreiber im Geltungsbereich der Verordnungen zum einheitlichen europäischen Luftraum tätig werden, muss er sich bei der zuständigen nationalen Aufsichtsbehörde entsprechend Art. 7 Flugsicherungsdienste-VO ein Zeugnis ausstellen lassen, in dem bescheinigt wird, dass er die in Art. 6 Flugsicherungsdienste-VO geforderten Anforderungen erfüllt.[1429] Ziel ist die Qualitätssicherung der Flugsicherungsdienste und die Ermöglichung eines funktionsfähigen Wettbewerbs zwischen den dafür verantwortlichen Organisationen durch ein einheitliches Zertifizierungssystem. Denn gemäß Art. 7 Abs. 3 S. 2 Flugsicherungsdienste-VO können Zeugnisse[1430] einzeln für jede Art von Flugsicherungsdiensten gemäß der Definition in Art. 2 Rahmen-VO oder für ein „Bündel solcher Dienste" erteilt werden. Die Aufgabe der nationalen Aufsichtsbehörden liegt vor allem in der Zertifizierung und Beaufsichtigung der Flugsicherungsorganisationen, wobei ein von einer mitgliedstaatlichen Aufsichtsbehörde erteiltes Zeugnis in jedem EU-Mitgliedstaat anzuerkennen ist.[1431] Die Zeugnisse werden regelmäßig überprüft,[1432] wobei durch die Flugsicherungsdienste-VO keine bestimmten Intervalle zur Überprüfung vorgegeben werden.[1433]

In den Zeugnissen sind gemäß Art. 7 Abs. 4 S. 1 Flugsicherungsdienste-VO die generellen Rechte und Pflichten der Flugsicherungsorganisationen anzugeben. Etwaige Bedingungen[1434] die Zeugnisse betreffend werden in Anh. II

---

1428 Art. 7 Abs. 1 Flugsicherungsdienste-VO; *Scherer*, in: FS für Manfred Zuleeg, S. 456 ff. (465); *Scherer*, EuZW 2005, S. 268 ff. (269); zu den Voraussetzungen der Zertifizierung, siehe ausf. unter Kapitel 7, A., II., 2., b).

1429 Art. 7 Abs. 3 S. 1 Flugsicherungsdienste-VO; siehe auch *Scherer*, in: FS für Manfred Zuleeg, S. 456 ff. (465); *Scherer*, EuZW 2005, S. 268 ff. (269); *Hüttel*, S. 37.

1430 Art. 2 Nummer 15 Rahmen-VO a. F. definiert ein Zeugnis als eine „von einem Mitgliedstaat in beliebiger Form gemäß einzelstaatlichen Rechtsvorschriften ausgestellte Urkunde, mit der bescheinigt wird, dass eine Flugsicherungsorganisation die Anforderungen für die Erbringung eines bestimmten Dienstes erfüllt." Die spätere Fassung ersetzt den Begriff „Mitgliedstaat" durch den Begriff der „nationalen Aufsichtsbehörde".

1431 Art. 2 Abs. 5 und Art. 7 Abs. 8 Flugsicherungsdienste-VO; *Fritzsche*, S. 169; *Bues*, S. 118, 127.

1432 Art. 7 Abs. 3 S. 3 Flugsicherungsdienste-VO.

1433 *Scherer*, in: FS für Manfred Zuleeg, S. 456 ff. (465); *Scherer*, EuZW 2005, S. 268 ff. (269).

1434 *Scherer* empfindet das Wort „Bedingungen" in Anh. II Flugsicherungsdienste-VO als missverständlich und verwendet daher den Begriff „Nebenbestimmungen", siehe

der Flugsicherungsdienste-VO abschließend aufgezählt[1435] und müssen gemäß Art. 7 Abs. 4 S. 3 Flugsicherungsdienste-VO sachlich gerechtfertigt, diskriminierungsfrei, verhältnismäßig und transparent sein. Entsprechend dem Grundsatz der gegenseitigen Anerkennung eröffnet ein Zeugnis dem zertifizierten Flugsicherungsunternehmen den Marktzugang in der gesamten Europäischen Union.[1436]

### b) *Erbringung von Flugverkehrsdiensten innerhalb bestimmter Luftraumblöcke*

Im Rahmen der Neuordnung des Luftraumes und auf der Basis von Verkehrsflussgesichtspunkten entstehen im oberen Luftraum Luftraumblöcke, die die Staatsgrenzen zwischen zwei Mitgliedstaaten passieren (sog. funktionale Luftraumblöcke, kurz FAB).[1437] Da hierbei die Grenze zweier Mitgliedstaaten berührt wird, muss abgestimmt werden, welche Flugsicherungsorganisation die entsprechende Dienstleistung erbringen soll.[1438] Die betroffenen Mitgliedstaaten stimmen sich daher ab, wer diese Dienste erbringt, und benennen die mitgliedstaatliche Behörde, die für die Aufsicht zuständig sein soll.[1439] Neben der grenzüberschreitenden Erbringung von Flugsicherungsdiensten innerhalb der FABs beinhaltet die Flugsicherungsdienste-VO darüber hinaus noch die Erbringung bestimmter Flugsicherungsdienste im Auftrag einer Flugsicherungsorganisation.[1440] Flugsicherungsorganisationen können gemäß Art. 10 Abs. 1 Flugsicherungsdienste-VO die Dienste anderer in der Gemeinschaft

---

*Scherer*, in: FS für Manfred Zuleeg, S. 456 ff. (465, Fn. 64); *Scherer*, EuZW 2005, S. 268 ff. (269).

1435 Anh. II der Flugsicherungsdienste-VO gestattet bspw. u. a. die Auferlegung von Bedingungen die betriebliche Ausrüstung betreffend, die im Rahmen der jeweiligen Dienste genutzt wird, oder die Abtrennung oder Beschränkung flugsicherungsfremder Dienste.

1436 Art. 7 Abs. 6 Flugsicherungsdienste-VO; *Scherer*, in: FS für Manfred Zuleeg, S. 456 ff. (465); *Scherer*, EuZW 2005, S. 268 ff. (269); *Hüttel*, S. 37 f.

1437 Art. 8 Abs. 4 Flugsicherungsdienste-VO a. F. bzw. Art. 8 Abs. 5 n. F., Art. 5 Luftraum-VO a. F.; Art. 5 Luftraum-VO wurde durch VO (EG) Nr. 1070/2009 gestrichen und modifiziert als Art. 9a in die Flugsicherungsdienste-VO eingefügt; *Fritzsche*, S. 169 f.; zu den funktionalen Luftraumblöcken ausf. Kapitel 9, B. und C.

1438 *Fritzsche*, S. 170.

1439 Art. 8 Abs. 4 Flugsicherungsdienste-VO a. F. bzw. Art. 8 Abs. 5 Flugsicherungsdienste-VO n. F.; *Fritzsche*, S. 170; *Hüttel*, S. 38 f.

1440 Art. 10 Flugsicherungsdienste-VO; *Fritzsche*, S. 170; *Hüttel*, S. 39.

zertifizierter Dienstleister in Anspruch nehmen. Gemäß Art. 10 Abs. 2 Flugsicherungsdienste-VO formalisieren die Flugsicherungsorganisationen ihre Arbeitsbeziehungen durch eine schriftliche Vereinbarung oder eine gleichwertige rechtliche Abmachung, in der die besonderen Aufgaben und Funktionen festgelegt sind, die die einzelnen Dienstleister übernehmen und die einen Austausch von Betriebsdaten zwischen sämtlichen Dienstleistern im Hinblick auf den allgemeinen Flugverkehr ermöglichen. Solch eine ausgedehnte Berechtigung wird insbesondere für den sicherheitsempfindlichen Bereich der Flugverkehrsdienste dadurch eingeschränkt, dass gemäß Art. 10 Abs. 3 S. 1 Flugsicherungsdienste-VO die Zustimmung der betreffenden Mitgliedstaaten erforderlich ist.[1441] Die zeitliche Ausdehnung der Benennung bleibt unbestimmt und eine Maximalvorgabe fehlt.[1442]

Dabei ist zu beachten, dass die gemeinschaftsrechtlichen Vergabevorschriften nicht anwendbar sind, was durch Erwägungsgrund Nummer 5 Flugsicherungsdienste-VO bekräftigt wird.[1443] Danach hängt die Erbringung von Flugverkehrsdiensten mit der Ausübung von „hoheitlichen Befugnissen zusammen, die keinen wirtschaftlichen Charakter aufweisen, der die Anwendung der Wettbewerbsregeln rechtfertigen würde".[1444] Folglich soll es lediglich im Kernbereich der Flugsicherung, also im Bereich der Flugverkehrsdienste, keinen Wettbewerb geben.[1445] Gegebenenfalls werden die Wetterdienste hinzugenommen, wonach die Mitgliedstaaten gemäß Art. 9 Abs. 1 Flugsicherungsdienste-VO einen Dienstleister für Wetterdienste benennen *können*, der auf der Grundlage eines Alleinrechts die Gesamtheit oder einen Teil der Wetterdaten für den Luftraum des betreffenden Mitgliedstaates (oder einen Teil davon) zur Verfügung stellt.[1446]

Alle anderen Flugsicherungsdienste werden auf wettbewerblicher Ebene erbracht, für sie bedarf es nur eines erteilten Zeugnisses, jedoch keiner ausdrücklichen Benennung.[1447]

---

1441 Art. 10 Abs. 3 S. 1 Flugsicherungsdienste-VO; *Hüttel*, S. 39.

1442 *Scherer*, in: FS für Manfred Zuleeg, S. 456 ff. (466); *Scherer*, EuZW 2005, S. 268 ff. (269).

1443 *Scherer*, in: FS für Manfred Zuleeg, S. 456 ff. (466); *Scherer*, EuZW 2005, S. 268 ff. (269).

1444 Erwägungsgrund Nummer 5 Flugsicherungsdienste-VO.

1445 *Hüttel*, S. 38; *Fritzsche*, S. 170.

1446 *Scherer*, in: FS für Manfred Zuleeg, S. 456 ff. (466); *Scherer*, EuZW 2005, S. 268 ff. (269); *Fritzsche*, S. 170; *Bues*, S. 103 f.

1447 *Scherer*, in: FS für Manfred Zuleeg, S. 456 ff. (466); *Scherer*, EuZW 2005, S. 268 ff. (269); die mitgliedstaatlichen Aufsichtsbehörden können auf der Grundlage der Flugsicherungsdienste-VO also auch Flugsicherungsorganisationen aus anderen EU-Mitgliedstaaten für die Diensteerbringung benennen. Bisher hatten die

Die Flugsicherungsdienste-Verordnung will grundsätzlich erreichen, dass die Zusammenarbeit der Flugsicherungsdienstleister untereinander sowie von Nutzern und Flughäfen verbessert und formalisiert wird.[1448]

Art. 11 Flugsicherungsdienste-VO regelt die Beziehungen zu militärischen Stellen. In diesem ist niedergelegt, dass die Mitgliedstaaten im Rahmen der gemeinsamen Verkehrspolitik die notwendigen Maßnahmen ergreifen, um sicherzustellen, dass zwischen den zuständigen zivilen und militärischen Stellen schriftliche Vereinbarungen oder gleichwertige rechtliche Abmachungen für die Verwaltung bestimmter Luftraumblöcke geschlossen[1449] werden.[1450]

## 2. *Rechnungslegung und Gebühren*

Art. 12 Flugsicherungsdienste-VO ist mit dem Titel „Transparenz der Rechnungslegung" überschrieben. Um die Transparenz der Rechnungslegung aller Flugsicherungsorganisationen zu gewährleisten, verpflichtet dieser Artikel der Verordnung die Flugsicherer unabhängig von ihrer Rechtsform oder Eigentumsverhältnisse zur Publikation ihrer Rechnungslegung und deren Prüfung durch eine unabhängige Stelle.[1451] Gemäß Art. 12 Abs. 1 S. 2 Flugsicherungsdienste-VO muss die Rechnungslegung den von der Union angenommenen internationalen Rechnungslegungsstandards entsprechen. Wenn aufgrund des Rechtsstatus des Dienstleisters eine uneingeschränkte Einhaltung der internationalen Rechnungslegungsstandards nicht möglich sein sollte, hat der Dienstleister gemäß Art. 12 Abs. 1 S. 3 Flugsicherungsdienste-VO eine weitestmögliche Einhaltung anzustreben. Soweit die Flugsicherungsorganisationen Dienstebündel[1452] erbringen, sind sie verpflichtet, die jeweiligen Kosten und Einnahmen aus den einzelnen Flugsicherungsdiensten separat auszuweisen.[1453] In Kapitel III

---

Mitgliedstaaten nur eine Flugsicherungsorganisation, aber wenn sich nun mehrere, auch ausländische Flugsicherungsorganisationen, um die Diensteerbringung bemühen, wird es zwangsläufig einen Wettbewerb geben, *Schubert*, Air & Space Law 2003, S. 32 ff. (36); *Fritzsche*, S. 170.

1448 *Scherer*, in: FS für Manfred Zuleeg, S. 456 ff. (466 f.); *Schwenk/Giemulla*, Hdb. des Luftverkehrsrechts, Kapitel 5, S. 180, Rn. 29.

1449 Die geänderte Version fügt an dieser Stelle den Zusatz „oder erneuert" ein.

1450 Art. 11 Flugsicherungsdienste-VO.

1451 Art. 12 Flugsicherungsdienste-VO; *Scherer*, in: FS für Manfred Zuleeg, S. 456 ff. (467).

1452 Die Legaldefinition des Begriffs „Dienstebündel" findet sich in Art. 2 Nummer 14 Rahmen-VO: „Dienstebündel bezeichnet zwei oder mehr Flugsicherungsdienste."

1453 Art. 12 Abs. 3 Flugsicherungsdienste-VO a. F.; *Scherer*, in: FS für Manfred Zuleeg, S. 456 ff. (467).

der Flugsicherungsdienste-VO werden die Gebührenregelungen näher beschrieben. Gemäß Art. 14 S. 1 Flugsicherungsdienste-VO[1454] wird eine Gebührenregelung für Flugsicherungsdienste nach den Anforderungen der Art. 15 und 16 Flugsicherungsdienste-VO ausgearbeitet, die zu größerer Transparenz hinsichtlich der Festlegung, Auferlegung und Durchsetzung von Gebühren für Luftraumnutzer beiträgt. Diese Gebührenregelung muss mit Art. 15 des Abkommens von Chicago über die internationale Zivilluftfahrt von 1944 und mit dem Gebührensystem von EUROCONTROL für Streckennavigationsgebühren in Einklang stehen.[1455] Art. 15 Flugsicherungsdienste-VO legt die Grundsätze der Gebührenregelung fest. Sie beinhaltet die Erfassung der Kosten von Flugsicherungsdiensten, die Flugsicherungsorganisationen bei ihrer Tätigkeit für Luftraumnutzer entstehen und ordnet diese Kosten den Nutzerkategorien zu.[1456]

## III. Verordnung (EG) Nr. 551/2004[1457]

Das eigentliche „Kernstück“[1458] des ersten Verordnungspaketes zum Single European Sky bilden die elf Artikel der Verordnung (EG) Nr. 551/2004 über die Ordnung und Nutzung des Luftraumes im einheitlichen europäischen Luftraum (kurz: „Luftraum-VO“). Die Verordnung befasst sich mit den wesentlichen Problemen im europäischen Luftraummanagement, die als mitursächlich für die erhebliche Zunahme an Verspätungen gelten.[1459]

Gemäß Art. 1 Abs. 1 VO Luftraum-VO zielt diese auf die Unterstützung des Konzepts eines schrittweise stärker integriert betriebenen Luftraumes im Rahmen einer gemeinsamen Verkehrspolitik und die Festlegung gemeinsamer Gestaltungs-, Planungs-, und Verwaltungsverfahren zur Sicherstellung einer

1454 Satz 1 des Art. 14 Flugsicherungsdienste-VO a. F. wurde durch VO (EG) Nr. 1070/2009 erweitert. Es wurde der Passus „sowie zur Kosteneffizienz bei der Erbringung von Flugsicherungsdiensten und zur Effizienz der Flüge unter Aufrechterhaltung eines optimalen Sicherheitsniveaus“ hinzugefügt.

1455 Art. 14 S. 2 Flugsicherungsdienste-VO.

1456 Art. 15 S. 1 Flugsicherungsdienste-VO.

1457 VO (EG) Nr. 551/2004 des Europäischen Parlaments und des Rates vom 10.03.2004 über die Ordnung und Nutzung des Luftraumes im einheitlichen europäischen Luftraum („Luftraum-Verordnung“), ABl. EG Nr. L 96 vom 31.03.2004, S. 20; wie bereits erwähnt, wurden die vier Verordnungen zum einheitlichen europäischen Luftraum durch die VO (EG) Nr. 1070/2009 modifiziert. Auch die Luftraum-VO erfuhr hierdurch gewichtige Änderungen.

1458 So *Fritzsche*, S. 170, und auch *Hüttel*, S. 33.

1459 *Schwenk/Giemulla*, Hdb. des Luftverkehrsrechts, Kapitel 5, S. 180, Rn. 29.

effizienten und sicheren Durchführung des Flugverkehrsmanagements ab. Diese Vorhaben sollen ausweislich der Erwägungsgründe 9 bis 15 der Luftraum-VO durch eine Harmonisierung im Bereich der Luftraumklassifizierung[1460], durch Vereinheitlichung der Trennfläche zwischen dem unteren und dem oberen Luftraum[1461] und die Bildung eines einzigen europäischen Fluginformationsgebietes im oberen Luftraum[1462] erfolgen.[1463] Ursprünglich bezog sich die Initiative für einen einheitlichen europäischen Luftraum ausdrücklich auf eine Umstrukturierung des oberen Luftraumes.[1464]

Die Luftraum-VO umfasst drei Regelungsbereiche[1465]: Sie formuliert die Neustrukturierung der „Luftraumarchitektur"[1466], definiert den Grundsatz der „flexiblen Luftraumnutzung im einheitlichen europäischen Luftraum"[1467] durch militärische und zivile Luftraumnutzer und benennt die Rahmenbedingungen einer harmonisierten Verkehrsflussregelung[1468].

### 1. *Die Luftraumarchitektur*

Nachdem in Kapitel I die Allgemeinen Bestimmungen aufgeführt sind, überschreibt Kapitel II der Luftraum-VO dazu den folgenden Abschnitt mit dem

---

1460 Erwägungsgrund Nummer 11 Luftraum-VO; Art. 4 Luftraum-VO.

1461 Erwägungsgrund Nummer 9 Luftraum-VO; Art. 2 Luftraum-VO a. F.

1462 Erwägungsgrund Nummer 10 Luftraum-VO; Art. 3 Luftraum-VO.

1463 *Uhl*, in: Hobe/v. Ruckteschell, Kölner Kompendium Luftrecht, Bd. 1, S. 320, Rn. 6.

1464 Der untere Luftraum war hiervon also zunächst nicht betroffen, wobei Erwägungsgrund Nummer 19 Luftraum-VO aufzeigte, dass „es wünschenswert sei, Überlegungen über die Ausweitung der für den oberen Luftraum geltenden Konzepte nach einem Zeitplan und entsprechenden Studien auf den unteren Luftraum anzustellen", *Schladebach*, Lufthoheit, S. 381.

1465 *Schwenk/Giemulla*, Hdb. des Luftverkehrsrechts, Kapitel 5, S. 180, Rn. 29; *Fritzsche*, S. 170 f.

1466 Titel Kapitel II Luftraum-VO.

1467 Titel Kapitel III Luftraum-VO.

1468 Art. 9 Luftraum-VO a. F., dieser Artikel wurde durch die VO (EG) Nr. 1070/2009 gestrichen. Der Begriff der „Verkehrsflussregelung" taucht jedoch im neu gefassten Art. 6 Luftraum-VO wieder auf und wird in Art. 2 Nummer 9 Rahmen-VO definiert: Danach bezeichnet dies eine Funktion, die mit dem Ziel eingerichtet wird, zu einem sicheren, geordneten und reibungslosen Verkehrsfluss beizutragen, indem sichergestellt wird, dass die Kapazität der Flugverkehrskontrolle so weit wie möglich ausgeschöpft wird und dass das Verkehrsaufkommen mit den Kapazitäten vereinbar ist, die die entsprechenden Flugsicherungsorganisationen angegeben haben.

Begriff „Luftraumarchitektur". Dieser Teil beginnt mit Art. 2 Luftraum-VO[1469]. Wegen des prinzipiellen Erfordernisses einer vertikalen Trennung des Luftraumes in einen unteren und einen oberen Luftraum schreibt die Luftraum-VO in Art. 2 a. F. fest, dass die Trennfläche durch die Flugfläche 285[1470] gekennzeichnet wird, was etwa einer Höhe von 8.700 m entspricht.[1471] Mit der Luftraum-VO wird daneben gemäß Art. 3 Luftraum-VO die Errichtung eines einzigen europäischen Fluginformationsgebietes (European Upper Flight Information Region, kurz EUIR) für den oberen Luftraum auf dem Gebiet der Europäischen Union[1472] und dessen Anerkennung durch die ICAO angestrebt. Das Fluginformationsgebiet umfasst den Luftraum der Mitgliedstaaten sowie der Drittstaaten, die sich dem Single European Sky anschließen.[1473] Innerhalb des Fluginformationsgebietes können die zertifizierten Dienstleister Fluginformationsdienste anbieten, wodurch die Nutzer Informationen für den gesamten Luftraum konzentriert und effizient aus einer Hand und ohne die Notwendigkeit der Inanspruchnahme unterschiedlicher Anbieter erhalten.[1474] Mit dem Ziel, die größtmögliche Kapazität und Effizienz des Flugverkehrsmanagementnetzes innerhalb des einheitlichen europäischen Luftraumes zu erreichen und ein hohes Sicherheitsniveau aufrecht zu erhalten, sieht Art. 5 Abs. 1 a. F. Luftraum-VO[1475] die

---

1469 Art. 2 Luftraum-VO zur Trennfläche zwischen dem oberen und unteren Luftraum wurde durch die Änderungs-VO gestrichen. Kapitel II Luftraum-VO n. F. beginnt nun mit Art. 3.

1470 Im Rahmen der Änderungen durch VO (EG) Nr. 1070/2009 wurde Art. 2 Luftraum-VO gestrichen. Flugfläche 285 heißt oberhalb von 28.500 Fuß, was etwa 8.700 m entspricht. Die FL wird relativ zur Bezugsfläche bestimmt. Die Bezugsfläche befindet sich in der Höhe, in der ein Luftdruck von 1.013,25 hPa herrscht. Die weiteren Flugflächen werden jeweils in Hektofuß gemessen, sodass FL 285 eine Höhe von 28.500 Fuß über der Bezugsfläche bedeutet, *Fritzsche*, S. 171, Fn. 703; Art. 2 Nummer 24 Rahmen-VO definiert die Flugfläche als eine „Fläche konstanten Luftdrucks, die auf den Druckwert 1.013,2 hPa bezogen und durch bestimmte Druckabstände von anderen derartigen Flächen getrennt ist."

1471 *Schladebach*, Lufthoheit, S. 381; *Fritzsche*, S. 171; *Schwenk/Giemulla*, Hdb. des Luftverkehrsrechts, Kapitel 5, S. 177, Rn. 16; *Hüttel*, S. 33, Fn. 46; *Scherer*, in: FS für Manfred Zuleeg, S. 456 ff. (463).

1472 Art. 3 Abs. 2 Luftraum-VO sieht die ausdrückliche Erweiterung auf Nicht-EU-Länder vor.

1473 *Fritzsche*, S. 171.

1474 *Fritzsche*, S. 171.

1475 Mittlerweile wurde Art. 5 Luftraum-VO durch VO (EG) Nr. 1070/2009 gestrichen und durch Art. 9a Flugsicherungsdienste-VO ersetzt.

Umstrukturierung des oberen Luftraumes in „Funktionale Luftraumblöcke“[1476] vor.[1477] Diese orientieren sich nicht mehr wie bisher an den Ländergrenzen, sondern sollen die „optimale Nutzung des Luftraumes unter Berücksichtigung des Verkehrsflusses“ gewährleisten.[1478] Die Umsetzung solcher Luftraumblöcke bedeutet eine Abweichung von der vorhandenen Luftraumstruktur mit ihren an den Ländergrenzen orientierten Flugsicherungssektoren und, durch die Einteilung des Luftraumes in Blöcke, eine Anpassung dessen an die konkreten Verkehrsströme.[1479] Die Mitgliedstaaten bestimmen die Luftraumblöcke jeweils für ihr eigenes Gebiet anhand der Kriterien des Art. 5 Abs. 2 Luftraum-VO a. F.[1480] in Verbindung mit den allgemeinen Festlegungen des Art. 8 Rahmen-VO.[1481] Die Luftraumblöcke dienen dabei als Einheiten, in denen unter Aufsicht einer mitgliedstaatlichen Behörde Flugsicherungsdienste erbracht werden.[1482] Die

---

1476 Art. 2 Nummer 6 Rahmen-VO definiert den Begriff „Luftraumblock“ als einen Luftraum mit festgelegten Abmessungen in Raum und Zeit, in dem Flugsicherungsdienste erbracht werden. Den Begriff des „funktionalen Luftraumblocks“ definiert Art. 2 Nummer 25 Rahmen-VO n. F. als einen nach betrieblichen Anforderungen und ungeachtet des Verlaufs von Staatsgrenzen festgelegten Luftraumblock, in dem die Erbringung von Flugsicherungsdiensten und die damit zusammenhängenden Funktionen leistungsbezogen und optimiert sind, um in jedem funktionalen Luftraumblock eine verstärkte Zusammenarbeit zwischen Flugsicherungsorganisationen und ggf. einem integrierten Anbieter einzuführen. Diese weite Definition wurde erst durch das modifizierte SES-II-Paket eingeführt. Die ursprüngliche Definition der funktionalen Luftraumblöcke in Art. 2 Nummer 25 Rahmen-VO a. F. lautete: „Funktionaler Luftraumblock bezeichnet einen nach betrieblichen Anforderungen festgelegten Luftraumblock, bei dem der Notwendigkeit eines stärker integrierten Luftraummanagements über bestehende Grenzen hinweg Rechnung getragen wird.“ Diese Definition wurde als unzureichend erachtet und daher in der VO (EG) Nr. 1070/2009 geändert, vgl. *Schubert*, Air & Space Law 2010, S. 113 ff. (129); siehe auch *Bues*, S. 131; dazu näher unter Kapitel 9, B. und C.

1477 Vorschlag für eine Verordnung des Europäischen Parlaments und des Rates zur Änderung der Verordnungen (EG) Nr. 549/2004, (EG) Nr. 550/2004, (EG) Nr. 551/2004 und (EG) Nr. 552/2004 im Hinblick auf die Verbesserung der Leistung und Nachhaltigkeit des europäischen Luftverkehrssystems, KOM(2008) 388 endgültig vom 25.06.2008, S. 13; *Schladebach*, Lufthoheit, S. 381; *Scherer*, in: FS für Manfred Zuleeg, S. 456 ff. (463).

1478 Art. 5 Abs. 2 lit. b) Luftraum-VO a. F., nun Art. 9a Abs. 2 lit. b) Flugsicherungsdienste-VO.

1479 *Hüttel*, S. 34; *Fritzsche*, S. 171.

1480 So ähnlich nun Art. 9a Abs. 2 Flugsicherungsdienste-VO.

1481 *Fritzsche*, S. 171; *Hüttel*, S. 35.

1482 *Fritzsche*, S. 171.

jeweils betroffenen Mitgliedstaaten sind gemäß Art. 5 Abs. 4 Luftraum-VO a. F. allein (nach Anhörung der betroffenen Parteien, einschließlich der Europäischen Kommission und der anderen Mitgliedstaaten) für die Errichtung der funktionalen Luftraumblöcke zuständig. Art. 5 Abs. 4 Luftraum-VO a. F.[1483] gewährt den Mitgliedstaaten daher das Recht, die Grenzen der funktionalen Luftraumblöcke im gegenseitigen Einvernehmen und durch völkerrechtlichen Vertrag selbst festzulegen (sog. „Bottom-up-Ansatz"[1484]).[1485] Funktionale Luftraumblöcke, die Gebiete zweier oder mehrerer Mitgliedstaaten berühren, werden somit nur im Konsens der betroffenen Mitgliedstaaten festgelegt.[1486] Organisatorisch kann der Luftraum über einem Mitgliedstaat allerdings auch einem anderen Mitgliedstaat oder einem Flugsicherungsbetreiber in einem anderen Mitgliedstaat zugeordnet werden, da Art. 5 Abs. 5 und 6[1487] Luftraum-VO zu entnehmen ist, dass ein funktionaler Luftraumblock in räumlicher Hinsicht das Hoheitsgebiet mehrerer Mitgliedstaaten umfassen kann.[1488] Eine Neuordnung der Luftraumarchitektur ändert jedoch nichts an der Zuordnung des Luftraumes zum Staatsgebiet des sich darunter befindlichen Mitgliedstaates.[1489]

### 2. *Die flexible Luftraumnutzung*

Der zweite Regelungsbereich der Luftraum-VO findet sich in Kapitel III. Dort nimmt die Luftraum-VO unter Art. 7 den Punkt „flexible Luftraumnutzung" im einheitlichen europäischen Luftraum auf. Dieses Konzept ist laut

1483 So ähnlich nun der hinzugefügte Art. 9a Abs. 3 Flugsicherungsdienste-VO.

1484 Den sog. Bottom-up-Ansatz haben das Europäische Parlament und der Rat als einen Mittelweg gewählt. Das Parlament plädierte für einen „Top-down-Ansatz", während der Rat die Meinung vertrat, dass die erforderliche Umstrukturierung zur Schaffung der funktionalen Luftraumblöcke den EU-Mitgliedstaaten überlassen werden sollte, siehe dazu Mitteilung der Kommission an den Rat und das Europäische Parlament vom 15.03.2007, Schaffung des einheitlichen europäischen Luftraumes durch funktionelle Luftraumblöcke: Sachstandsbericht zur Halbzeit, KOM(2007) 101 endgültig, S. 7; *Bethkenhagen/von Elm/Nitschke*, ZLW 2011, S. 412 ff. (415).

1485 *Hüttel*, S. 35; *Scherer*, in: FS für Manfred Zuleeg, S. 456 ff. (463).

1486 Art. 5 Abs. 5 und 6 Luftraum-VO a. F., nun Art. 9a Abs. 3 Flugsicherungsdienste-VO; dazu auch *Fritzsche*, S. 171 f.

1487 Art. 5 Absätze 5 und 6 Luftraum-VO a. F. entsprechen den Absätzen 4 und 5 des neu eingefügten Art. 9a Flugsicherungsdienste-VO.

1488 *Hüttel*, S. 34 f.

1489 Art. 1 Abs. 2 und 3 Rahmen-VO; *Fritzsche*, S. 172; siehe bezüglich der territorialen Staatensouveränität vertiefend auch Kapitel 2, B., V., 2.

Erwägungsgrund Nummer 14 Luftraum-VO erforderlich, um die Nutzung von Luftraumsektoren für den militärischen Einsatz- und Ausbildungsbetrieb, insbesondere während der Spitzenzeiten des allgemeinen Flugverkehrs und in den Lufträumen mit hoher Nutzungsdichte zu optimieren. In Fällen, in denen die Anwendung mit erheblichen betrieblichen Schwierigkeiten einhergeht, können die Mitgliedstaaten die Anwendung der flexiblen Luftraumnutzung vorübergehend aussetzen.[1490] Findet bspw. am Wochenende keine militärische Übung statt, kann der Luftraumabschnitt für die zivile Nutzung freigegeben werden, wodurch die Luftraumkapazitäten erhöht, Umwege vermieden und Kosten gespart werden können.[1491] Die gemeinsamen Regeln für die flexible Luftraumnutzung legt die Durchführungsverordnung (EG) Nr. 2150/2005[1492] der Kommission fest.

### 3. *Die Verkehrsflussregelung*

Für die Verkehrsflussregelung legt die Luftraum-VO inhaltliche Grundsätze in Art. 9 Abs. 1 Luftraum-VO a. F.[1493] unter der Überschrift „Verkehrsflussregelung" fest. Die Europäische Kommission wird ermächtigt, in Zusammenarbeit mit EUROCONTROL Durchführungsvorschriften festzulegen, wodurch die verfügbaren Kapazitäten bei der Luftraumnutzung optimiert und die Verfahren der Verkehrsflussregelung verbessert werden können.[1494] Betriebliche Entscheidungen von Flugsicherungsorganisationen, Flughafenbetreibern und Luftraumnutzern werden durch die Durchführungsvorschriften für das Verkehrsflussmanagement gefördert.[1495]

Die Verordnung legt zwar nicht en détail fest, wie die bislang auf europäischer Ebene durchgeführte Verkehrsflussregelung durch die EUROCONTROL-Einheit der Zentralen Verkehrsflusssteuerung (Central Flow Management Unit,

---

1490 Art. 8 Abs. 1 Luftraum-VO.

1491 *Hüttel*, S. 36.

1492 VO (EG) Nr. 2150/2005 der Kommission vom 23.12.2005 über gemeinsame Regeln für die flexible Luftraumnutzung, ABl. EG Nr. L 342 vom 24.12.2005, S. 20 ff.

1493 Art. 9 Luftraum-VO wurde durch VO (EG) Nr. 1070/2009 gestrichen. Die Vorschrift wurde jedoch ähnlich in den Absätzen 7 und 8 des neugefassten Art. 6 Luftraum-VO eingearbeitet.

1494 Art. 9 Abs. 1 S. 1 Luftraum-VO a. F. i. V. m. Art. 8 Rahmen-VO, geändert durch VO (EG) Nr. 1070/2009, ähnlich nun Art. 6 Abs. 7 Luftraum-VO n. F.

1495 Art. 9 Abs. 2 Luftraum-VO a. F., geändert durch VO (EG) Nr. 1070/2009 und nun in Art. 6 Abs. 8 Luftraum-VO n. F. niedergelegt.

kurz CFMU)[1496] in das System des europäischen Luftraummanagements integriert wird, die Kommission hat allerdings klargestellt, dass die CFMU auch weiterhin im einheitlichen europäischen Luftraum die Verkehrsflussregelung durchführen und demgemäß stärken soll.[1497] Die Tätigkeit der CFMU besteht in der Koordinierung und Vorabgewährung von Flugzeiten und Flugstrecken.[1498] Direkte Informationen werden an die Flugsicherungsdienste übermittelt, die dann entsprechend kurzfristig bei der Aufteilung des Flugverkehrs auf den Luftraum reagieren können.[1499] Durch die Luftraum-VO soll die Basis für Regelungen erzeugt werden, die durch die Förderung von betrieblichen Entscheidungen eine Erleichterung der Arbeit der Luftraumnutzer, der Flugsicherungsorganisationen und der Flughafenbetreiber schaffen.[1500]

## IV. Verordnung (EG) Nr. 552/2004[1501]

Die Errichtung der funktionalen Luftraumblöcke und die Option zur grenzüberschreitenden Erbringung von Flugsicherungsdiensten bedürfen einer zweckmäßigen Umsetzbarkeit.[1502] Die Nutzung des Luftraumes in Europa leidet unter der technischen und organisatorischen Zersplitterung der Ausrüstungsmärkte

---

1496 http://www.eurocontrol.int/network-operations, zuletzt abgerufen am 11.03.2023, neuerdings „Network Manager Operations Centre", kurz NMOC; die Tätigkeit der CFMU besteht in der Koordinierung und Vorabgewährung von Flugzeiten und Flugstrecken. Faktisch eine Art antizipierte Flugsicherung, stellt sie rechtlich eine bloße Information dar und erst durch die konkrete Flugverkehrskontrollfreigabe der zuständigen Flugverkehrskontrollstelle wird die Information, falls sie zu diesem Zeitpunkt noch aufrechterhalten werden kann, rechtsverbindlich, siehe dazu *Schwenk/Giemulla*, Hdb. des Luftverkehrsrechts, Kapitel 5, S. 201, Rn. 99.

1497 Siehe Erwägungsgrund Nummer 18 Luftraum-VO; siehe auch KOM(2001) 123, S. 18 (Anh. 2); die Kommission bezeichnet die CFMU als interessantes Mittel (…), das ausgebaut werden könnte, indem Mandat und Aufgaben dieser Stelle in die gemeinschaftliche Regulierung einbezogen werden, KOM(2001) 123, S. 13 (Anh. 1, 2.2); *Scherer*, in: FS für Manfred Zuleeg, S. 456 ff. (464).

1498 *Schwenk/Giemulla*, Hdb. des Luftverkehrsrechts, Kapitel 5, S. 201, Rn. 99.

1499 *Fritzsche*, S. 173.

1500 Art. 9 Abs. 2 Luftraum-VO a. F., durch die Modifizierung der Verordnung jetzt in Art. 6 Abs. 8 Luftraum-VO n. F.; *Fritzsche*, S. 173.

1501 VO (EG) Nr. 552/2004 des Europäischen Parlaments und des Rates vom 10.03.2004 über die Interoperabilität des europäischen Flugverkehrsmanagementnetzes, („Interoperabilitäts-Verordnung"), ABl. EG Nr. L 96 vom 31.03.2004, S. 26 ff.

1502 *Fritzsche*, S. 173.

und behindert die industrielle Kooperation auf gemeinschaftlicher Ebene.[1503] Dadurch werden sowohl die Entwicklung und Anwendung neuer Technologien gehemmt als auch die Einführung von neuen Betriebskonzepten, die zur Kapazitätserhöhung notwendig sind, verlangsamt.[1504] In der Vergangenheit stellten die EU-Mitgliedstaaten jeweils eigene Anforderungen an die Luftraummanagementsysteme auf, wobei die hierfür verwendeten Systeme und Komponenten häufig nicht miteinander kompatibel waren.[1505] Die Interoperabilitäts-Verordnung enthält daher Vorgaben für eine erhöhte Standardisierung der verschiedenen Systeme[1506], Komponenten[1507] und zugehörigen Verfahren[1508] des europäischen Luftverkehrsmanagementnetzes.[1509] Die zwölf Artikel[1510] der Verordnung (EG) Nr. 552/2004 über die Interoperabilität[1511] des europäischen Flugverkehrsmanagementnetzes (kurz: „Interoperabilitäts-VO“[1512]) schließen dadurch das

---

1503 Erwägungsgrund Nummer 6 Interoperabilitäts-VO.

1504 Erwägungsgrund Nummer 6 Interoperabilitäts-VO.

1505 *Fritzsche*, S. 173; *Bues*, S. 18; *Scherer*, in: FS für Manfred Zuleeg, S. 456 ff. (468).

1506 Art. 2 Nummer 39 Rahmen-VO: „System“ bezeichnet die Zusammenfassung bord- und bodengestützter Komponenten sowie weltraumgestützte Ausrüstungen; es bietet Unterstützung für Flugsicherungsdienste in allen Flugphasen.

1507 Art. 2 Nummer 19 Rahmen-VO: Der Begriff „Komponenten“ bezeichnet sowohl materielle Objekte wie Geräte als auch immaterielle Objekte wie Software, von denen die Interoperabilität des europäischen Flugverkehrsmanagementnetzes abhängt.

1508 Art. 2 Nummer 32 Rahmen-VO: Der Begriff „Verfahren“ bezeichnet im Rahmen der Interoperabilitäts-VO eine Standardmethode für den technischen oder betrieblichen Einsatz von Systemen im Zusammenhang mit vereinbarten und validierten Betriebskonzepten, die eine einheitliche Anwendung im gesamten europäischen Flugverkehrsmanagementnetz erfordern.

1509 Erwägungsgrund Nummer 9 Interoperabilitäts-VO; Art. 1 Abs. 3 Interoperabilitäts-VO; Art. 2 Interoperabilitäts-VO.

1510 Und ihre 5 Anhänge.

1511 Art. 2 Nummer 28 Rahmen-VO: „Interoperabilität“ bezeichnet eine Gesamtheit von funktionalen, technischen und betrieblichen Eigenschaften, die für Systeme und Komponenten des europäischen Flugverkehrsmanagementnetzes und für die Verfahren für dessen Betrieb vorgeschrieben sind, um dessen sicheren, nahtlosen und effizienten Betrieb zu ermöglichen. Interoperabilität wird dadurch erzielt, dass bei Systemen und Komponenten für die Einhaltung der grundlegenden Anforderungen gesorgt wird.

1512 Die Interoperabilitäts-VO wurde mittlerweile aufgehoben durch Art. 139 VO (EU) 2018/1139 des Europäischen Parlaments und des Rates vom 04.07.2018 zur Festlegung gemeinsamer Vorschriften für die Zivilluftfahrt und zur Errichtung einer Agentur der Europäischen Union für Flugsicherheit sowie zur Änderung der VOen (EG) Nr. 2111/2005, (EG) Nr. 1008/2008, (EU) Nr. 996/2010, (EU) Nr. 376/2014 und

erste Verordnungspaket der Verordnungen zum einheitlichen europäischen Luftraum ab.

Den Komponenten ist gemäß Art. 5 Abs. 1 Interoperabilitäts-VO eine EG-Konformitätserklärung oder EG-Gebrauchstauglichkeitserklärung beizufügen. Deren Bestandteile werden in Anh. III zur Interoperabilitäts-VO aufgeführt. Die Mitgliedstaaten benennen unabhängige Stellen für die Bewertung der Einhaltung der Vorschriften, die auf Grundlage der entsprechenden Durchführungsbestimmungen entscheiden.[1513]

Die Inbetriebnahme neuer Systeme setzt eine „EG-Prüferklärung" des Flugsicherungsdienstleisters gemäß Art. 6 Interoperabilitäts-VO voraus, mit der die Einhaltung der grundlegenden Anforderungen und der Durchführungsvorschriften für ihre Interoperabilität bestätigt wird.[1514] Die grundlegenden Anforderungen für die Indienststellung von Systemen und Komponenten des europäischen Flugverkehrsmanagementnetzes gelten gemäß Art. 10 Abs. 1 Interoperabilitäts-VO ab dem 20. Oktober 2005. Diese grundlegenden Anforderungen fasst Anh. II der Interoperabilitäts-VO zusammen, zu deren Umsetzung weitere Durchführungsvorschriften erlassen werden können.[1515] Die Durchführungsvorschriften für die Interoperabilität werden gemäß Art. 3 Abs. 1 Interoperabilitäts-VO ausgearbeitet, wenn dies zur kohärenten Verwirklichung der Verordnungsziele erforderlich ist. Zu deren Ausarbeitung kann die Europäische Kommission EUROCONTROL gemäß Art. 8 Rahmen-VO die Aufträge erteilen.[1516]

## V. Kein Geltungsbereich der Verordnungen

Die Verordnungen zum einheitlichen europäischen Luftraum finden nicht auf alle Maßnahmen Anwendung, die den Luftverkehr betreffen.

---

der Richtlinien 2014/30/EU und 2014/53/EU des Europäischen Parlaments und des Rates, und zur Aufhebung der VOen (EG) Nr. 552/2004 und (EG) Nr. 216/2008 des Europäischen Parlaments und des Rates und der VO (EWG) Nr. 3922/91 des Rates, ABl. EU Nr. L 212 vom 22.08.2018, S. 1–122.

1513 Art. 8 Interoperabilitäts-VO; *Fritzsche*, S. 174.

1514 *Scherer*, in: FS für Manfred Zuleeg, S. 456 ff. (468); *Scherer*, EuZW 2005, S. 268 ff. (270).

1515 *Fritzsche*, S. 173.

1516 Art. 3 Abs. 5 Interoperabilitäts-VO.

### *1. Art. 13 Rahmen-Verordnung*

Gemäß Art. 13 S. 1 Rahmen-VO steht diese Verordnung der Anwendung von Maßnahmen eines Mitgliedstaates nicht entgegen, wenn diese zur Wahrung von vitalen sicherheits- oder verteidigungspolitischen Interessen geboten sind. Art. 13 S. 2 Rahmen-VO zählt beispielhaft und deklaratorisch verschiedene Umstände auf, die das Ergreifen besonderer Maßnahmen zwingend erforderlich machen und den Geltungsbereich der Verordnungen zum einheitlichen europäischen Luftraum einschränken.[1517] Dazu zählen insbesondere Maßnahmen zur Überwachung des eigenen Luftraumes, einschließlich der „Fähigkeit, alle diesen Luftraum nutzenden Luftfahrzeuge zu erfassen, zu identifizieren und zu bewerten, um die Sicherheit von Flügen zu gewährleisten sowie Maßnahmen zur Erfüllung sicherheits- und verteidigungsbezogener Erfordernisse zu ergreifen".[1518] Andere zwingend erforderliche Maßnahmen, die der Anwendungsbereich der Verordnungen zum einheitlichen europäischen Luftraum nicht erfasst, können bei „schwerwiegenden innerstaatlichen Störungen der öffentlichen Sicherheit und Ordnung, im Kriegsfall oder bei Kriegsgefahr, bei der Erfüllung der internationalen Verpflichtungen eines Mitgliedstaates bezüglich dessen Aufrechterhaltung des Friedens und der internationalen Sicherheit und zur Durchführung militärischer Einsätze und Übungen, einschließlich der erforderlichen Übungsmöglichkeiten", vorliegen.[1519]

### *2. Militärische Manöver*

Die EU-Mitgliedstaaten haben eine allgemeine „Erklärung zu den militärischen Aspekten im Zusammenhang mit dem einheitlichen europäischen Luftraum" abgegeben.[1520] Darin halten sie fest, dass die Verordnungen, mit denen der Single European Sky errichtet werden soll, nur für den allgemeinen zivilen Flugverkehr gelten und militärische Einsätze und Ausbildungsmaßnahmen nicht

1517 Art. 13 S. 2 Rahmen-VO; *Bues*, S. 59.

1518 Art. 13 S. 2 Rahmen-VO; *Bues*, S. 59.

1519 Art. 13 S. 2 Rahmen-VO; *Bues*, S. 59.

1520 VO (EG) Nr. 549/2004 des Europäischen Parlaments und des Rates vom 10.03.2004 zur Festlegung des Rahmens für die Schaffung eines einheitlichen europäischen Luftraumes („Rahmenverordnung") – Erklärung der Mitgliedstaaten zu militärischen Aspekten im Zusammenhang mit dem einheitlichen europäischen Luftraum, ABl. EG Nr. L 96 vom 31.03.2004, S. 9.

einschließen soll.[1521] Die Zusammenarbeit zwischen zivilen und militärischen Stellen solle verstärkt und ausgebaut werden, falls dies von allen betroffenen Mitgliedstaaten für erforderlich gehalten würde.[1522] Niedergelegt wurde dies auch in den einzelnen Verordnungen zum einheitlichen europäischen Luftraum. Gemäß Art. 1 Abs. 2 der Rahmen-VO und den in Art. 3 genannten Maßnahmen lässt die Anwendung der Rahmen-VO die hoheitliche Gewalt der EU-Mitgliedstaaten über ihren Luftraum und deren Anforderungen bezüglich der öffentlichen Sicherheit und Ordnung und Verteidigungsfragen nach Maßgabe des Art. 13 Rahmen-VO unberührt.[1523] Die Rahmen-VO an sich und die in Art. 3 der Verordnung genannten Maßnahmen erstrecken sich ferner nicht auf militärische Einsätze oder militärische Übungen.[1524] Art. 13 Rahmen-VO beschreibt dazu in Satz 1, dass diese Verordnung der Anwendung von Maßnahmen eines Mitgliedstaates nicht entgegenstehe, soweit diese zur Wahrung vitaler sicherheits- oder verteidigungspolitischer Interessen notwendig seien.[1525] In Art. 13 S. 2 Rahmen-VO wird dazu weiter ausgeführt, dass dies insbesondere Maßnahmen seien, die der Durchführung militärischer Einsätze und Übungen einschließlich der notwendigen Übungsmöglichkeiten dienen.[1526] Die Europäische

---

1521 VO (EG) Nr. 549/2004, („Rahmenverordnung") – Erklärung der Mitgliedstaaten zu militärischen Aspekten im Zusammenhang mit dem einheitlichen europäischen Luftraum, S. 9.

1522 Erwägungsgrund Nummer 6 Rahmen-VO; Rahmen für die Schaffung eines einheitlichen europäischen Luftraums, abzurufen unter http://europa.eu/legislation_summaries/environment/tackling_climate_change/l24020_de.htm, zuletzt abgerufen am 20.02.2023.

1523 Art. 1 Abs. 2 S. 1 i. V. m. Art. 13 Rahmen-VO; siehe auch *Wieland*, Gutachten im Auftrag der DFS 2007, S. 96; *Bues*, S. 58 f.

1524 Art. 1 Abs. 2 S. 2 Rahmen-VO.

1525 Art. 13 S. 1 Rahmen-VO; siehe dazu auch Kapitel 5, A., V., 1.

1526 Art. 13 S. 2 a. E. Rahmen-VO; Art. 1 Abs. 2 und 13 Rahmen-VO sollen garantieren, dass die EU-Mitgliedstaaten notwendige Maßnahmen ergreifen können, um zu gewährleisten, dass den Streitkräften genug Luftraum für Ausbildungs- und Übungsmaßnahmen zur Verfügung steht, siehe Erwägungsgrund Nummer 22 Rahmen-VO: „Diese Verordnung lässt die Befugnis der Mitgliedstaaten unberührt, Vorkehrungen in Bezug auf die Organisation ihrer Streitkräfte zu treffen. Aufgrund dieser Befugnis können die Mitgliedstaaten Maßnahmen ergreifen, um sicherzustellen, dass ihren Streitkräften ausreichend Luftraum für angemessene Ausbildungs- und Übungsmaßnahmen zur Verfügung steht. Es sollte daher eine Schutzklausel vorgesehen werden, damit diese Befugnis wahrgenommen werden kann."; siehe auch *Bues*, S. 59, Fn. 410.

Union berücksichtigt dabei in Erwägungsgrund Nummer 5 Rahmen-VO, dass Beschlüsse bezüglich Inhalt, Durchführung und Umfang militärischer Einsätze und Übungen nicht in ihren Zuständigkeitsbereich fallen.[1527]

## B. Ergänzende Rechtsakte

Der „Single-European-Sky"-Rechtsbestand wurde in den vergangenen Jahren durch weitere zusätzliche Rechtsetzungsakte ergänzt und konsolidiert.[1528] Neben den Verordnungen wurden ausfüllende Durchführungsverordnungen erlassen, die die Umsetzung der jeweiligen Verordnungen erleichtern sollen. Eine Durchführungsvorschrift ist eine Regelung, die die Vollziehung eines Gesetzes oder einer Verordnung gewährleistet und damit die gleichmäßige Anwendung der Rechtsvorschriften garantiert. Diese ergehen zunächst im Rahmen des Komitologieverfahrens.

### I. Das Komitologie-Verfahren

Sekundärrecht, das vor dem Vertrag von Lissabon angenommen wurde, verweist häufig noch auf die Komitologie-Verfahren des Ratsbeschlusses 1999/468/EG.[1529] Auch Art. 5 Rahmen-VO verweist in seiner aktuellen Fassung für den rechtlichen Rahmen zur Verabschiedung von Durchführungsvorschriften (noch) immer auf den „Komitologiebeschluss 1999/468/EG"[1530] des Rates.[1531] Vor der Reform des Primärrechts durch den Vertrag von Lissabon übte die Europäische Kommission die ihr in Basisrechtsakten übertragenen

1527 Erwägungsgrund Nummer 5 Rahmen-VO; *Bues*, S. 59.

1528 *Wieland*, Gutachten im Auftrag der DFS 2007, S. 25.

1529 *Schmidt*, in: v. d. Groeben/Schwarze/Hatje, Kommentar, Bd. 4, Art. 290 AEUV, Rn. 43.

1530 Beschluss des Rates vom 28.06.1999 zur Festlegung der Modalitäten für die Ausübung der der Kommission übertragenen Durchführungsbefugnisse (1999/468/EG), ABl. EG Nr. L 184 vom 17.07.1999, S. 23 ff. (sog. Komitologiebeschluss), geändert durch den Beschluss des Rates vom 17.07.2006 zur Änderung des Beschlusses 1999/468/EG zur Festlegung der Modalitäten für die Ausübung der der Kommission übertragenen Durchführungsbefugnisse (2006/512/EG), ABl. EG Nr. L 200 vom 22.07.2006, S. 11 ff.; ausf. dazu *Tichy*, ZfRV 2000, S. 134 ff. (134 ff.); ausf. auch *Mensching*, EuZW 2000, S. 268 ff. (268 ff.); *Lenaerts/Verhoeven*, Common Market Law Review 2000, S. 645 ff. (666 ff.).

1531 Art. 5 Rahmen-VO; dazu überblicksartig und sehr ausf. *Huster*, Europapolitik aus dem Ausschuss, S. 55 ff.; *Bues*, S. 19.

Rechtsetzungsbefugnisse in den sogenannten Komitologie-Verfahren aus.[1532] Der Komitologiebeschluss regelte das System der Verwaltungs- und Expertenausschüsse innerhalb der Europäischen Union.[1533] Dabei wurde der Europäischen Kommission eine Rechtssetzungsbefugnis übertragen und sie wurde in der Ausübung dieser Kompetenzen von den EU-Mitgliedstaaten über Fachausschüsse fachlich kontrolliert und unterstützt.[1534] In Art. 2 des Komitologiebeschlusses 1999/468/EG[1535] wurden drei verschiedene Ausschussverfahren angeboten: das Beratungsverfahren[1536], das Verwaltungsverfahren[1537] und das Regelungsverfahren[1538]. Mit der Reform des Komitologiesystems im Jahr 2006 durch den Beschluss 2006/512/EG[1539] wurde ein neues viertes Ausschussverfahren, das „Regelungsverfahren mit Kontrolle“[1540] eingeführt, Art. 5a Beschluss

---

1532 *V. Achenbach*, in: Bergmann, Handlexikon der EU, Komitologie, S. 657; ein historischer Abriss der Komitologie findet sich bei *Scharf*, Das Komitologieverfahren, S. 7 ff.

1533 Von französisch „comité“, also Ausschuss; generell zum Begriff der Komitologie siehe ausf. bei *Ilgner*, S. 109 ff.; *Hustedt/Wonka/Blauberger/Töller/Reiter*, S. 105 ff.; *Bues*, S. 19; *Scharf*, Das Komitologieverfahren, S. 6 ff.; zur Komitologie allgemein, siehe auch *v. Achenbach*, in: Bergmann, Handlexikon der EU, Komitologie, S. 657 ff.

1534 *Solle*, Stoffrecht 2011, S. 256 ff. (256).

1535 I. d. F. des Komitologiebeschlusses 2006/512/EG.

1536 Art. 3 Komitologiebeschluss 1999/486/EG i. d. F. des Komitologiebeschlusses 2006/512/EG; *Ruffert*, in: Callies/Ruffert, EUV-AEUV, Kommentar, Art. 291 AEUV, Rn. 14; *Scharf*, Das Komitologieverfahren, S. 12; *Huster*, Europapolitik aus dem Ausschuss, S. 42 f.; *Daiber*, EuR 2012, S. 240 ff. (244 f.).

1537 Art. 4 Komitologiebeschluss 1999/486/EG i. d. F. des Komitologiebeschlusses 2006/512/EG; *Scharf*, Das Komitologieverfahren, S. 12; *Huster*, Europapolitik aus dem Ausschuss, S. 43 f.

1538 Art. 5 Komitologiebeschluss 1999/486/EG i. d. F. des Komitologiebeschlusses 2006/512/EG; *Ilgner*, S. 128; *Scharf*, Das Komitologieverfahren, S. 13; *Huster*, Europapolitik aus dem Ausschuss, S. 44 f.

1539 Beschluss des Rates vom 17.06.2006 zur Änderung des Beschlusses 1999/468/EG zur Festlegung der Modalitäten für die Ausübung der der Kommission übertragenen Durchführungsbefugnisse, 2006/512/EG, ABl. EU Nr. L 200 vom 22.07.2006, S. 11–13.

1540 Art. 5a Komitologiebeschluss 2006/512/EG; ausf. dazu *Ilgner*, S. 134: Dieses Verfahren sollte immer dann zur Anwendung kommen, wenn der Basisrechtsakt im Mitentscheidungsverfahren erlassen wurde und die von der Kommission zu erlassende Maßnahme von allgemeiner Tragweite war; *Scharf*, Das Komitologieverfahren, S. 13 f.

2006/512/EG.[1541] Die Verordnungen zum einheitlichen europäischen Luftraum verweisen in Art. 5 Abs. 2 Rahmen-VO auf das Beratungsverfahren[1542], in Art. 5 Abs. 3 Rahmen-VO auf das Regelungsverfahren[1543] und in Art. 5 Absätze 4 und 5 Rahmen-VO auf das Regelungsverfahren mit Kontrolle[1544].

Der Komitologiebeschluss 1999/468/EG[1545] wurde auf der Grundlage der Art. 290 und 291 AEUV durch die Komitologieverordnung (EU) Nr. 182/2011[1546] aufgehoben und in ein neues Verfahren überführt, das grundsätzlich seit dem 1. März 2011 Anwendung findet.[1547] Die bisherigen Verfahrensarten wurden dabei entscheidend abgeändert. Das Beratungsverfahren gemäß Art. 4 VO (EU) Nr. 182/2011 entspricht dem bisherigen Beratungsverfahren gemäß

---

1541 *Ilgner*, S. 156; *Scharf*, Das Komitologieverfahren, S. 11; *ebenda* auch ausf. zu den einzelnen Verfahren, S. 12 ff.

1542 Das Beratungsverfahren findet bspw. Erwähnung in Art. 8 Abs. 1, Art. 11 Abs. 3 lit. c) Rahmen-VO, Art. 9a Abs. 8; Art. 16 Abs. 2 Flugsicherungsdienste-VO und Art. 6 Abs. 7 Luftraum-VO.

1543 Das Regelungsverfahren findet bspw. Erwähnung in Art. 11 Abs. 2, Art. 11 Abs. 3 lit. a) und lit. c), Art. 11 Abs. 6 Rahmen-VO; Art. 4, Art. 9a Abs. 9, Art. 9b Abs. 1, Art. 15 Abs. 4, Art. 15a Absätze 2 und 3 Flugsicherungsdienste-VO; Art. 3a Abs. 3, Art. 4 Abs. 1, Art. 6 Absätze 4 und 7 Luftraum-VO.

1544 Das Regelungsverfahren mit Kontrolle findet bspw. Erwähnung in Art. 11 Abs. 4 Rahmen-VO; Art. 17 Flugsicherungsdienste-VO und Art. 6 Abs. 3 Luftraum-VO.

1545 I. d. F. des Komitologiebeschlusses 2006/512/EG.

1546 VO (EU) Nr. 182/2011 des Europäischen Parlaments und des Rates vom 16.02.2011 zur Festlegung der allgemeinen Regeln und Grundsätze, nach denen die Mitgliedstaaten die Wahrnehmung der Durchführungsbefugnisse durch die Kommission kontrollieren, ABl. EU Nr. L 55 vom 28.02.2011, S. 13 ff.

1547 Art. 12 Komitologie-VO (EU) Nr. 182/2011; die Übergangsbestimmungen regelt Art. 13 Komitologie-VO (EU) Nr. 182/2011; an die Stelle der Komitologiebeschlüsse treten nun „delegierte Rechtsakte" (Art. 290 AEUV) und „Durchführungsrechtsakte" (Art. 291 AEUV). Damit wird erstmals im Vertrag eine Unterscheidung zwischen der Ausübung legislativer Gewalt durch die Kommission (delegierte Rechtsakte) sowie der Übertragung von reinen Durchführungsbefugnissen zum europaweit einheitlichen Vollzug des Unionsrechts (Durchführungsrechtsakte) vorgenommen, dazu *Solle*, Stoffrecht 2011, S. 256 ff. (256); *Siegel*, S. 71, Rn. 204; *Hetmeier*, in: Lenz/Borchardt, EU-Verträge, Kommentar, Art. 291 AEUV, S. 2838 f., Rn. 9 f.; *Scharf*, Das Komitologieverfahren, S. 15 ff.; Maßnahmen von allgemeiner Tragweite, die bislang im Regelungsverfahren verabschiedet wurden, werden jetzt als Durchführungsrechtsakte entsprechend Art. 291 AEUV behandelt, so *Langner/Schwenke*, Cep-Studie 2011, S. 14; *Bues*, S. 20.

Art. 3 Komitologiebeschluss (EG) 1999/468/EG,[1548] es wird aber nunmehr zum Regelverfahren proklamiert.[1549] Das Prüfverfahren[1550] tritt an die Stelle des bisherigen Verwaltungs- und Regelungsverfahrens[1551] und wird insbesondere bei Durchführungsmaßnahmen von allgemeiner Tragweite, Programmen mit wesentlichen Auswirkungen sowie bei der Agrar-, Fischerei- und Handelspolitik, steuerlichen Angelegenheiten und bei Fragen der Umwelt, der Sicherheit oder des Gesundheitsschutzes oder der Sicherheit von Menschen, Tieren und Pflanzen angewandt.[1552] Das Regelungsverfahren mit Kontrolle behält entsprechend Art. 12 Abs. 2 Komitologieverordnung (EU) Nr. 182/2011 bei bestehenden Basisrechtsakten, in denen darauf verwiesen wird, weiterhin seine Wirkung. Dies gilt auch für die Verordnungen zum einheitlichen europäischen Luftraum.

Mit der Annahme der neuen Komitologieverordnung (EU) Nr. 182/2011 sagte die Kommission zu, Gesetzesinitiativen zur Änderung bestehenden Rechts dazu zu nutzen, die in dem Basisrechtsakt enthaltenen Befugnisübertragungen an den Vertrag von Lissabon anzupassen.[1553] Ziel der Kommission war es, bis Ende 2014 sämtliche Bestimmungen, die sich auf das Regelungsverfahren mit

---

1548 Art. 13 Abs. 1 lit. a) Komitologie-VO Nr. (EU) 182/2011; ausf. zum Beratungsverfahren siehe *Solle*, Stoffrecht 2011, S. 256 ff. (260); *Hetmeier*, in: Lenz/Borchardt, EU-Verträge, Kommentar, Art. 291 AEUV, S. 2839, Rn. 11; *Scharf*, Das Komitologieverfahren, S. 12.

1549 Siehe Art. 2 Abs. 3 Komitologie-VO (EU) Nr. 182/2011; *Ilgner*, S. 234; *Siegel*, S. 72, Rn. 208; *Bues*, S. 20.

1550 Dieses „Prüfverfahren“ gilt zukünftig für Durchführungsrechtsakte. Mithin erlässt die Europäische Kommission einen Durchführungsrechtsakt, wenn der entsprechende Ausschuss – hier wäre das der „Ausschuss für den einheitlichen Luftraum“ – im Prüfverfahren mit der Mehrheit seiner Mitglieder eine positive Stellungnahme abgibt. Sollte der Ausschuss sich in seiner Stellungnahme gegen den Kommissionsentwurf aussprechen, kann die Kommission ihn nicht verabschieden. Dann muss die Kommission ihren Entwurf einer Beschwerdekammer oder dem Ausschuss erneut vorlegen. Sollte der entsprechende Ausschuss innerhalb einer bestimmten Frist keine Stellung nehmen, kann die Kommission den Durchführungsrechtsakt grundsätzlich erlassen, so *Langner/Schwenke*, Cep-Studie 2011, S. 14.

1551 Art. 13 Abs. 1 lit. b) und lit. c) Komitologie-VO Nr. (EU) 182/2011; ein Schaubild des Ablaufs und eine Beschreibung des Prüfverfahrens finden sich bei *Solle*, Stoffrecht 2011, S. 256 ff. (261 ff.); *Siegel*, S. 73, Rn. 209.

1552 Art. 2 Abs. 2 Komitologie-VO Nr. (EU) 182/2011; *Solle*, Stoffrecht 2011, S. 256 ff. (261); *Scharf*, Das Komitologieverfahren, S. 25 f.

1553 *Schmidt*, in: v. d. Groeben/Schwarze/Hatje, Kommentar, Bd. 4, Art. 290 AEUV, Rn. 44.

Kontrolle beziehen, aus allen Rechtsinstrumenten zu entfernen.[1554] Im Juni 2013 legte die Kommission einen Verordnungsvorschlag[1555] vor, der das Regelungsverfahren mit Kontrolle mittels einer horizontalen Regelung in delegierte Rechtsakte überführt und die Basisrechtsakte nicht ändert.[1556]

## II. Überblick der wichtigsten Durchführungsvorschriften

Auf Grundlage der Single-European-Sky-Verordnungen wurden von der Europäischen Kommission zu jeder der vier Verordnungen weitere ergänzende Durchführungsvorschriften erlassen, die einzelne Bestimmungen des Legislativpaketes begleiten und abrunden sollen.[1557] Die zahlreichen Durchführungsbestimmungen und Unionsspezifikationen (Technische Standards) wurden von der Europäischen Union seit 2005 verabschiedet, um die Interoperabilität von Technologien und Systemen zu gewährleisten.[1558] Diese sollen nachstehend stichpunktartig aufgeführt werden.[1559]

---

1554 Das Regelungsverfahren mit Kontrolle kann zwar nicht mehr für neue Rechtsvorschriften angewendet werden, ist allerdings in über 300 bestehenden Rechtsakten enthalten und gilt vorübergehend weiterhin, bis diese Rechtsakte förmlich abgeändert sind. So Europäische Kommission, Das Ausschussverfahren in Kürze, abzurufen unter http://ec.europa.eu/transparency/regcomitology/index.cfm?do=implementing.home&CLX=de#7, zuletzt abgerufen am 13.02.2023; *Schmidt*, in: v. d. Groeben/Schwarze/Hatje, Kommentar, Bd. 4, Art. 290 AEUV, Rn. 44.

1555 Vorschlag für eine Verordnung des Europäischen Parlaments und des Rates zur Anpassung von Rechtsakten, in denen auf das Regelungsverfahren mit Kontrolle Bezug genommen wird, an Artikel 290 des Vertrags über die Arbeitsweise der Europäischen Union vom 27.06.2013, COM(2013) 451 final; Vorschlag für eine Verordnung des Europäischen Parlaments und des Rates zur Anpassung von Rechtsakten im Bereich Justiz, in denen auf das Regelungsverfahren mit Kontrolle Bezug genommen wird, an Artikel 290 des Vertrags über die Arbeitsweise der Europäischen Union vom 27.06.2013, COM(2013) 452 final.

1556 *Schmidt*, in: v. d. Groeben/Schwarze/Hatje, Kommentar, Bd. 4, Art. 290 AEUV, Rn. 44.

1557 *Schwenk/Giemulla*, Hdb. des Luftverkehrsrechts, Kapitel 5, S. 181, Rn. 30.

1558 So der Vorschlag für eine Verordnung des Rates zur Änderung der Verordnung (EG) Nr. 219/2007 des Rates vom 27.02.2007 zur Gründung eines gemeinsamen Unternehmens zur Entwicklung des europäischen Flugverkehrsmanagementsystems der neuen Generation (SESAR) im Hinblick auf die Verlängerung der Bestandsdauer des gemeinsamen Unternehmens bis 2024, COM(2013) 503 final vom 10.07.2013, S. 2.

1559 Den besten Überblick über die zahlreichen Verordnungen kann man sich auf der Seite der Europäischen Kommission unter https://transport.ec.europa.eu/transport-modes/air/single-european-sky/implementing-rules_en verschaffen, abgerufen

### 1. *Bezüglich Verordnung (EG) Nr. 549/2004*

Die Rahmen-VO wurde durch weitere Verordnungen ergänzt, die zusätzliche gemeinsame Anforderungen bezüglich der Erbringung von Flugsicherungsdiensten festlegen und ein Leistungssystem für Flugsicherungsdienste und Netzfunktionen schaffen.

- VO (EU) Nr. 691/2010 der Kommission vom 29. Juli 2010 zur Festlegung eines Leistungssystems für Flugsicherungsdienste und Netzfunktionen und zur Änderung der VO (EG) Nr. 2096/2005 zur Festlegung gemeinsamer Anforderungen bezüglich der Erbringung von Flugsicherungsdiensten.[1560]
- VO (EU) Nr. 677/2011 der Kommission vom 7. Juli 2011 zur Festlegung von Durchführungsbestimmungen für die Funktionen des Flugverkehrsmanagementnetzes und zur Änderung der VO (EU) Nr. 691/2010.[1561]
- DVO (EU) Nr. 390/2013 der Kommission vom 3. Mai 2013 zur Festlegung eines Leistungssystems für Flugsicherungsdienste und Netzfunktionen.[1562]
- DVO (EU) 2019/317 der Kommission vom 11. Februar 2019 zur Festlegung eines Leistungssystems und einer Gebührenregelung für den einheitlichen

---

am 20.02.2023; ebenso auf der Seite des Bundesaufsichtsamts für Flugsicherung unter https://www.baf.bund.de/DE/BAF/RechtlicheGrundlagen/Europ%C3%A4isches%20Recht/europ%C3%A4isches_recht_node.html, zuletzt angerufen am 20.02.2023.

1560 ABl. EU Nr. L 201 vom 03.08.2010, S. 1–22; diese VO ist mittlerweile nicht mehr in Kraft, VO 691/2010 wurde aufgehoben durch DVO (EU) Nr. 390/2013 der Kommission vom 03.05.2013 zur Festlegung eines Leistungssystems für Flugsicherungsdienste und Netzfunktionen, ABl. EU Nr. 128 vom 09.05.2013, S. 1–30.

1561 VO (EU) Nr. 677/2011 der Kommission vom 07.07.2011 zur Festlegung von Durchführungsbestimmungen für die Funktionen des Flugverkehrsmanagementnetzes und zur Änderung der VO (EU) Nr. 691/2010, ABl. EU Nr. L 185 vom 15.07.2011, S. 1–29, aufgehoben mit Ablauf des 31.12.2019 durch Art. 26 DVO (EU) 2019/123 der Kommission vom 24.01.2019 zur Festlegung detaillierter Durchführungsbestimmungen für die Netzfunktionen des Flugverkehrsmanagements und zur Aufhebung der VO (EU) Nr. 677/2011 der Kommission, ABl. EU Nr. L 28 vom 31.01.2019, S. 1–45.

1562 ABl. EU Nr. L 128 vom 09.05.2013, S. 1–30, aufgehoben mit Ablauf des 01.01.2020 durch Art. 40 DVO (EU) 2019/317 der Kommission vom 11.02.2019 zur Festlegung eines Leistungssystems und einer Gebührenregelung für den einheitlichen europäischen Luftraum und zur Aufhebung der DVOen (EU) Nr. 390/2013 und (EU) Nr. 391/2013, ABl. L 56 vom 25.02.2019, S. 1–67.

europäischen Luftraum und zur Aufhebung der DVOen (EU) Nr. 390/2013 und (EU) Nr. 391/2013.[1563]

- Durchführungsbeschluss (EU) 2019/903 der Kommission vom 29. Mai 2019 zur Festlegung unionsweit geltender Leistungsziele für das Luftverkehrsmanagementnetz für den dritten Bezugszeitraum (vom 1. Januar 2020 bis zum 31. Dezember 2024).[1564]
- Durchführungsbeschluss (EU) 2021/891 der Kommission vom 2. Juni 2021 zur Festlegung unionsweit geltender Leistungsziele für das Luftverkehrsmanagementnetz für den dritten Bezugszeitraum (2020–2024) und zur Aufhebung des Durchführungsbeschlusses (EU) 2019/903.[1565]

### 2. *Bezüglich Verordnung (EG) Nr. 550/2004*

Bei den Ergänzungen zur Flugsicherungsdienste-VO handelt es sich um die Festlegung gemeinsamer Anforderungen bezüglich der Erbringung von Flugsicherungsdiensten und um Ergänzungen zu den bestehenden Gebührenregelungen.

- VO (EG) Nr. 2096/2005 der Kommission vom 20. Dezember 2005 zur Festlegung gemeinsamer Anforderungen bezüglich der Erbringung von Flugsicherungsdiensten.[1566]
- VO (EG) Nr. 1794/2006 der Kommission vom 6. Dezember 2006 zur Einführung einer gemeinsamen Gebührenregelung für Flugsicherungsdienste.[1567]
- VO (EG) Nr. 1315/2007 der Kommission vom 8. November 2007 über die Sicherheitsaufsicht im Bereich des Flugverkehrsmanagements und zur Änderung der VO (EG) Nr. 2096/2005 der Kommission.[1568]

---

1563 ABl. EU Nr. L 56 vom 25.02.2019, S. 1–67.

1564 ABl. EU Nr. L 144 vom 03.06.2019, S. 49–55. Dieser Beschluss wurde aufgehoben.

1565 ABl. EU Nr. L 195 vom 03.06.2021, S. 3–8.

1566 ABl. EG Nr. L 335 vom 21.12.2005, S. 13–30. Die VO (EG) Nr. 2096/2005 wurde durch VO (EG) Nr. 1315/2007, VO (EG) Nr. 482/2008, VO (EG) Nr. 668/2008, VO (EU) Nr. 691/2010 und schließlich durch Art. 12 DVO (EU) Nr. 1035/2011 der Kommission geändert. Die VO ist mittlerweile nicht mehr in Kraft.

1567 ABl. EU Nr. L 341 vom 07.12.2006, S. 3–16, mittlerweile aufgehoben durch DVO (EU) Nr. 391/2013 der Kommission vom 03.05.2013 zur Festlegung einer gemeinsamen Gebührenregelung für Flugsicherungsdienste, ABl. EU Nr. L 128 vom 09.05.2013, S. 31 ff.

1568 ABl. EG Nr. L 291 vom 09.11.2007, S. 16–22. Die VO (EG) Nr. 1315/2007 wurde zuletzt durch VO 1034/2011 geändert und ist mittlerweile nicht mehr in Kraft.

- VO (EG) Nr. 482/2008 der Kommission vom 30. Mai 2008 über die Einrichtung eines Systems zur Gewährleistung der Software-Sicherheit durch Flugsicherungsorganisationen und zur Änderung von Anh. II der VO (EG) Nr. 2096/2005.[1569]
- VO (EG) Nr. 668/2008 der Kommission vom 15. Juli 2008 zur Änderung der Anhänge II bis V der VO (EG) Nr. 2096/2005 der Kommission zur Festlegung gemeinsamer Anforderungen bezüglich der Erbringung von Flugsicherungsdiensten, betreffend Arbeitsmethoden und Betriebsverfahren.[1570]
- VO (EU) Nr. 691/2010 der Kommission vom 29. Juli 2010 zur Festlegung eines Leistungssystems für Flugsicherungsdienste und Netzfunktionen und zur Änderung der VO (EG) Nr. 2096/2005 zur Festlegung gemeinsamer Anforderungen bezüglich der Erbringung von Flugsicherungsdiensten.[1571]
- VO (EU) Nr. 1191/2010 der Kommission vom 16. Dezember 2010 zur Änderung der VO (EG) Nr. 1794/2006 der Kommission zur Einführung einer gemeinsamen Gebührenregelung für Flugsicherungsdienste.[1572]
- VO (EU) Nr. 176/2011 der Kommission vom 24. Februar 2011 über die vor Einrichtung und Änderung eines funktionalen Luftraumblocks bereitzustellenden Informationen.[1573]
- DVO (EU) Nr. 1034/2011 der Kommission vom 17. Oktober 2011 über die Sicherheitsaufsicht im Bereich des Flugverkehrsmanagements und der Flugsicherungsdienste und zur Änderung der VO (EU) Nr. 691/2010.[1574]

---

1569 ABl. EG Nr. L 141 vom 31.05.2008, S. 5–10. Die VO (EG) Nr. 482/2008 der Kommission wurde durch die DVO (EU) 2017/373 der Kommission vom 01.03.2017 zur Festlegung gemeinsamer Anforderungen an Flugverkehrsmanagementanbieter und Anbieter von Flugsicherungsdiensten sowie sonstiger Funktionen des Flugverkehrsmanagementnetzes und die Aufsicht hierüber sowie zur Aufhebung der VO (EG) Nr. 482/2008, der DVOen (EU) Nr. 1034/2011, (EU) Nr. 1035/2011 und (EU) 2016/1377 und zur Änderung der VO (EU) Nr. 677/2011, ABl. EU Nr. L 62 vom 08.03.2017, S. 1–126 aufgehoben.

1570 ABl. EG Nr. L 188 vom 16.07.2008, S. 5–6. Die VO ist mittlerweile mit mehr in Kraft.

1571 ABl. EU Nr. L 201 vom 03.08.2010, S. 1–22. VO 691/2010 wurde aufgehoben durch DVO (EU) Nr. 390/2013 der Kommission vom 03.05.2013 zur Festlegung eines Leistungssystems für Flugsicherungsdienste und Netzfunktionen, ABl. EU Nr. 128 vom 09.05.2013, S. 1–30.

1572 ABl. EU Nr. L 333 vom 17.12.2010, S. 6–20.

1573 ABl. EU Nr. L 51 vom 25.02.2011, S. 2–7.

1574 DVO (EU) Nr. 1034/2011 der Kommission vom 17.10.2011 über die Sicherheitsaufsicht im Bereich des Flugverkehrsmanagements und der Flugsicherungsdienste und zur Änderung der VO (EU) Nr. 691/2010, ABl. EU Nr. L 271 vom 18.10.2011, S. 15–22, diese wurde mit Ablauf des 01.01.2020 durch Art. 9 Abs. 1 VO (EU) 2017/

- DVO (EU) Nr. 1035/2011 der Kommission vom 17. Oktober 2011 zur Festlegung gemeinsamer Anforderungen an die Erbringung von Flugsicherungsdiensten und zur Änderung der VOen (EG) Nr. 482/2008 und (EU) Nr. 691/2010.[1575]
- DVO (EU) Nr. 391/2013 der Kommission vom 3. Mai 2013 zur Festlegung einer gemeinsamen Gebührenregelung für Flugsicherungsdienste.[1576]
- DVO (EU) Nr. 409/2013 der Kommission vom 3. Mai 2013 zur Festlegung gemeinsamer Vorhaben, zum Aufbau von Entscheidungsstrukturen und zur Schaffung von Anreizen für die Unterstützung der Durchführung des europäischen Masterplans für das Flugverkehrsmanagement.[1577]

---

373 vom 01.03.2017 zur Festlegung gemeinsamer Anforderungen an Flugverkehrsmanagementanbieter und Anbieter von Flugsicherungsdiensten sowie sonstiger Funktionen des Flugverkehrsmanagementnetzes und die Aufsicht hierüber sowie zur Aufhebung der VO (EG) Nr. 482/2008, der DVO (EU) Nr. 1034/2011, (EU) Nr. 1035/2011 und (EU) 2016/1377 und zur Änderung der VO (EU) Nr. 677/2011, ABl. EU Nr. L 62 vom 08.03.2017, S. 1–126 aufgehoben.

1575 DVO (EU) Nr. 1035/2011 der Kommission vom 17.10.2011 zur Festlegung gemeinsamer Anforderungen an die Erbringung von Flugsicherungsdiensten und zur Änderung der VOen (EG) Nr. 482/2008 und (EU) Nr. 691/2010, ABl. EU Nr. L 271 vom 18.10.2011, S. 23–41. Diese VO wurde mit Ablauf des 01.01.2020 durch Art. 9 DVO (EU) 2017/373 der Kommission vom 01.03.2017 zur Festlegung gemeinsamer Anforderungen an Flugverkehrsmanagementanbieter und Anbieter von Flugsicherungsdiensten sowie sonstiger Funktionen des Flugverkehrsmanagementnetzes und die Aufsicht hierüber sowie zur Aufhebung der VO (EG) Nr. 482/2008, der DVOen (EU) Nr. 1034/2011, (EU) Nr. 1035/2011 und (EU) 2016/1377 und zur Änderung der VO (EU) Nr. 677/2011, ABl. EU Nr. L 62 vom 08.03.2017, S. 1–126 aufgehoben.

1576 ABl. EU Nr. L 128 vom 09.05.2013, S. 31–58. Die VO wurde durch DVO (EU) 2019/317 der Kommission vom 11.02.2019 zur Festlegung eines Leistungssystems und einer Gebührenregelung für den einheitlichen europäischen Luftraum und zur Aufhebung der DVOen (EU) Nr. 390/2013 und (EU) Nr. 391/2013 aufgehoben, ABl. EU Nr. L 56 vom 25.02.2019, S. 1–67.

1577 ABl. EU Nr. L 123 vom 04.05.2013, S. 1–7, zuletzt geändert durch DVO (EU) 2021/116 der Kommission vom 01.02.2021 über die Festlegung des ersten gemeinsamen Vorhabens zur Unterstützung der Durchführung des europäischen Masterplans für das Flugverkehrsmanagement gemäß der VO (EG) Nr. 550/2004 des Europäischen Parlaments und des Rates, zur Änderung der DVO (EU) Nr. 409/2013 der Kommission und zur Aufhebung der DVO (EU) Nr. 716/2014 der Kommission, ABl. EU Nr. L 36 vom 02.02.2021, S. 10–38.

- DVO (EU) Nr. 448/2014 der Kommission vom 2. Mai 2014 zur Änderung der DVO (EU) Nr. 1035/2011 durch die Aktualisierung der Bezugnahmen auf die Anhänge des Chicagoer Abkommens.[1578]
- DVO (EU) Nr. 716/2014 der Kommission vom 27. Juni 2014 über die Einrichtung des gemeinsamen Pilotvorhabens für die Unterstützung der Durchführung des europäischen Masterplans für das Flugverkehrsmanagement.[1579]
- DVO (EU) 2016/1377 der Kommission vom 4. August 2016 zur Festlegung gemeinsamer Anforderungen an Diensteanbieter und die Aufsicht im Bereich des Flugverkehrsmanagements und der Flugsicherungsdienste sowie sonstiger Funktionen des Flugverkehrsmanagementnetzes und zur Aufhebung der VO (EG) Nr. 482/2008, der DVOen (EU) Nr. 1034/2011 und (EU) Nr. 1035/2011 sowie zur Änderung der VO (EU) Nr. 677/2011.[1580]
- DVO (EU) 2017/373 der Kommission vom 1. März 2017 zur Festlegung gemeinsamer Anforderungen an Flugverkehrsmanagementanbieter und Anbieter von Flugsicherungsdiensten sowie sonstiger Funktionen des Flugverkehrsmanagementnetzes und die Aufsicht hierüber sowie zur Aufhebung

---

1578 ABl. EU Nr. L 132 vom 03.05.2014, S. 53–56. Diese VO wurde aufgehoben durch DVO (EU) 2017/373 der Kommission vom 01.03.2017 zur Festlegung gemeinsamer Anforderungen an Flugverkehrsmanagementanbieter und Anbieter von Flugsicherungsdiensten sowie sonstiger Funktionen des Flugverkehrsmanagementnetzes und die Aufsicht hierüber sowie zur Aufhebung der VO (EG) Nr. 482/2008, der DVOen (EU) Nr. 1034/2011, (EU) Nr. 1035/2011 und (EU) 2016/1377 und zur Änderung der VO (EU) Nr. 677/2011, ABl. EU Nr. L 62 vom 08.03.2017, S. 1–126.

1579 ABl. EU Nr. L 190 vom 28.06.2014, S. 19–44. Diese VO wurde mit Ablauf des 21.02.2021 durch Art. 5 VO (EU) 2021/116 der Kommission vom 01.02.2021 über die Festlegung des ersten gemeinsamen Vorhabens zur Unterstützung der Durchführung des europäischen Masterplans für das Flugverkehrsmanagement gemäß der VO (EG) Nr. 550/2004 des Europäischen Parlaments und des Rates, zur Änderung der DVO (EU) Nr. 409/2013 der Kommission und zur Aufhebung der DVO (EU) Nr. 716/2014 der Kommission, ABl. EU Nr. L 36 vom 02.02.2021, S. 10–38 aufgehoben.

1580 ABl. EU Nr. L 226 vom 19.08.2016, S. 1–139, mittlerweile mit Ablauf des 27.03.2017 durch Art. 9 Abs. 2 DVO (EU) 2017/373 der Kommission vom 01.03.2017 zur Festlegung gemeinsamer Anforderungen an Flugverkehrsmanagementanbieter und Anbieter von Flugsicherungsdiensten sowie sonstiger Funktionen des Flugverkehrsmanagementnetzes und die Aufsicht hierüber sowie zur Aufhebung der VO (EG) Nr. 482/2008, der DVOen (EU) Nr. 1034/2011, (EU) Nr. 1035/2011 und (EU) 2016/1377 und zur Änderung der VO (EU) Nr. 677/2011 aufgehoben, ABl. EU Nr. L 62 vom 08.03.2017, S. 1 ff.

der VO (EG) Nr. 482/2008, der DVOen (EU) Nr. 1034/2011, (EU) Nr. 1035/2011 und (EU) 2016/1377 und zur Änderung der VO (EU) Nr. 677/2011.[1581]

- DVO (EU) 2019/317 der Kommission vom 11. Februar 2019 zur Festlegung eines Leistungssystems und einer Gebührenregelung für den einheitlichen europäischen Luftraum und zur Aufhebung der DVOen (EU) Nr. 390/2013 und (EU) Nr. 391/2013.[1582]
- DVO (EU) 2021/116 der Kommission vom 1. Februar 2021 über die Festlegung des ersten gemeinsamen Vorhabens zur Unterstützung der Durchführung des europäischen Masterplans für das Flugverkehrsmanagement gemäß der VO (EG) Nr. 550/2004 des Europäischen Parlaments und des Rates, zur Änderung der DVO (EU) Nr. 409/2013 der Kommission und zur Aufhebung der DVO (EU) Nr. 716/2014 der Kommission.[1583]
- DVO (EU) 2021/665 der Kommission vom 22. April 2021 zur Änderung der DVO (EU) 2017/373 der Kommission hinsichtlich der Anforderungen an Anbieter, die Flugverkehrsmanagementdienste/Flugsicherungsdienste und sonstige Netzfunktionen des Flugverkehrsmanagements in dem im kontrollierten Luftraum ausgewiesenen U-Space-Luftraum erbringen.[1584]
- DVO (EU) 2021/1338 der Kommission vom 11. August 2021 zur Änderung der DVO (EU) 2017/373 in Bezug auf Meldepflichten und Meldekanäle zwischen Organisationen und Anforderungen an Wetterdienste.[1585]

1581 ABl. EU Nr. L 62 vom 08.03.2017, S. 1–126, zuletzt geändert durch DVO (EU) 2023/203 der Kommission vom 27.10.2022 zur Festlegung von Vorschriften für die Anwendung der VO (EU) 2018/1139 des Europäischen Parlaments und des Rates hinsichtlich der Anforderungen an das Management von Informationssicherheitsrisiken mit potenziellen Auswirkungen auf die Flugsicherheit für Organisationen, die unter die VOen (EU) Nr. 1321/2014, (EU) Nr. 965/2012, (EU) Nr. 1178/2011, (EU) 2015/340 der Kommission, die DVOen (EU) 2017/373 und (EU) 2021/664 der Kommission fallen, sowie für zuständige Behörden, die unter die VOen (EU) Nr. 748/2012, (EU) Nr. 1321/2014, (EU) Nr. 965/2012, (EU) Nr. 1178/2011, (EU) 2015/340 und (EU) Nr. 139/2014 der Kommission und die DVOen (EU) 2017/373 und (EU) 2021/664 der Kommission fallen, sowie zur Änderung der VOen (EU) Nr. 1178/2011, (EU) Nr. 748/2012, (EU) Nr. 965/2012, (EU) Nr. 139/2014, (EU) Nr. 1321/2014, (EU) 2015/340 der Kommission und der DVOen (EU) 2017/373 und (EU) 2021/664 der Kommission, ABl. EU Nr. L 31 vom 02.02.2023, S. 1–40.

1582 ABl. EU Nr. L 56 vom 25.02.2019, S. 1–67.

1583 ABl. EU Nr. L 36 vom 02.02.2021, S. 10–38.

1584 ABl. EU Nr. L 139 vom 23.04.2021, S. 184–186.

1585 ABl. EU Nr. L 289 vom 12.08.2021, S. 12–52.

- DVO (EU) 2022/938 der Kommission vom 26. Juli 2022 zur Änderung der DVO (EU) 2017/373 hinsichtlich der Anforderungen an den Luftfahrtdatenkatalog und das Luftfahrthandbuch.[1586]
- DVO (EU) 2023/203 der Kommission vom 27. Oktober 2022 zur Festlegung von Vorschriften für die Anwendung der VO (EU) 2018/1139 des Europäischen Parlaments und des Rates hinsichtlich der Anforderungen an das Management von Informationssicherheitsrisiken mit potenziellen Auswirkungen auf die Flugsicherheit für Organisationen, die unter die VOen (EU) Nr. 1321/2014, (EU) Nr. 965/2012, (EU) Nr. 1178/2011, (EU) 2015/340 der Kommission, die DVOen (EU) 2017/373 und (EU) 2021/664 der Kommission fallen, sowie für zuständige Behörden, die unter die VOen (EU) Nr. 748/2012, (EU) Nr. 1321/2014, (EU) Nr. 965/2012, (EU) Nr. 1178/2011, (EU) 2015/340 und (EU) Nr. 139/2014 der Kommission und die DVOen (EU) 2017/373 und (EU) 2021/664 der Kommission fallen, sowie zur Änderung der VOen (EU) Nr. 1178/2011, (EU) Nr. 748/2012, (EU) Nr. 965/2012, (EU) Nr. 139/2014, (EU) Nr. 1321/2014, (EU) 2015/340 der Kommission und der DVOen (EU) 2017/373 und (EU) 2021/664 der Kommission.[1587]

### 3. *Bezüglich Verordnung (EG) Nr. 551/2004*

Die Luftraum-VO wurde unter anderem um Regelungen zur flexiblen Luftraumnutzung und Bestimmungen zur Verkehrsflussreglung sowie gemeinsamer Luftverkehrsregeln ergänzt.

- VO (EG) Nr. 2150/2005 der Kommission vom 23. Dezember 2005 über gemeinsame Regeln für die flexible Luftraumnutzung.[1588]
- VO (EG) Nr. 730/2006 der Kommission vom 11. Mai 2006 über die Luftraumklassifizierung und den Zugang von Flügen nach Sichtflugregeln zum Luftraum oberhalb der Flugfläche 195.[1589]

---

1586 ABl. EU Nr. L 209 vom 10.08.2022, S. 1–61.

1587 ABl. EU L 31 vom 02.02.2023, S. 1–40.

1588 ABl. EG Nr. L 342 vom 24.12.2005, S. 20–25.

1589 ABl. EU Nr. L 128 vom 16.05.2006, S. 3–4, mittlerweile mit Ablauf des 17.08.2016 durch Art. 2 Abs. 2 DVO (EU) 2016/1185 der Kommission vom 20.07.2016 zur Änderung der DVO (EU) Nr. 923/2012 hinsichtlich der Aktualisierung und Vervollständigung der gemeinsamen Luftverkehrsregeln und Betriebsvorschriften für Dienste und Verfahren der Flugsicherung (SERA Teil C) und zur Aufhebung der VO (EG) Nr. 730/2006 aufgehoben.

- VO (EU) Nr. 255/2010 der Kommission vom 25. März 2010 zur Festlegung gemeinsamer Regeln für die Verkehrsflussregelung im Flugverkehr.[1590]
- VO (EU) Nr. 677/2011 der Kommission vom 7. Juli 2011 zur Festlegung von Durchführungsbestimmungen für die Funktionen des Flugverkehrsmanagementnetzes und zur Änderung der VO (EU) Nr. 691/2010.[1591]
- DVO (EU) Nr. 1034/2011 der Kommission vom 17. Oktober 2011 über die Sicherheitsaufsicht im Bereich des Flugverkehrsmanagements und der Flugsicherungsdienste und zur Änderung der VO (EU) Nr. 691/2010.[1592]
- VO (EU) Nr. 923/2012 der Kommission vom 26. September 2012 zur Festlegung gemeinsamer Luftverkehrsregeln und Betriebsvorschriften für Dienste und Verfahren der Flugsicherung und zur Änderung der DVO (EU) Nr. 1035/2011 sowie der VOen (EG) Nr. 1265/2007, (EG) Nr. 1794/2006, (EG) Nr. 730/2006, (EG) Nr. 1033/2006 und (EU) Nr. 255/2010.[1593]

---

1590 ABl. EU Nr. L 80 vom 26.03.2010, S. 10–16. Zuletzt geändert durch DVO (EU) 2017/2159 der Kommission vom 20.11.2017 zur Änderung der VO (EU) Nr. 255/2010 hinsichtlich der Bezugnahme auf bestimmte ICAO-Bestimmungen, ABl. EU Nr. L 304 vom 21.11.2017, S. 45 f.

1591 VO (EU) Nr. 677/2011 der Kommission vom 07.07.2011 zur Festlegung von Durchführungsbestimmungen für die Funktionen des Flugverkehrsmanagementnetzes und zur Änderung der VO (EU) Nr. 691/2010, ABl. EU Nr. L 185 vom 15.07.2011, S. 1–29, aufgehoben durch DVO (EU) 2019/123 der Kommission vom 24.01.2019 zur Festlegung detaillierter Durchführungsbestimmungen für die Netzfunktionen des Flugverkehrsmanagements und zur Aufhebung der VO (EU) Nr. 677/2011 der Kommission, ABl. EU Nr. L 28 vom 31.01.2019, S. 1–45.

1592 ABl. EU Nr. L 271 vom 18.10.2011, S. 15–22, diese wurde mit Ablauf des 01.01.2020 durch Art. 9 Abs. 1 VO (EU) 2017/373 vom 01.03.2017 zur Festlegung gemeinsamer Anforderungen an Flugverkehrsmanagementanbieter und Anbieter von Flugsicherungsdiensten sowie sonstiger Funktionen des Flugverkehrsmanagementnetzes und die Aufsicht hierüber sowie zur Aufhebung der VO (EG) Nr. 482/2008, der DVO (EU) Nr. 1034/2011, (EU) Nr. 1035/2011 und (EU) 2016/1377 und zur Änderung der VO (EU) Nr. 677/2011, ABl. EU Nr. L 62 vom 08.03.2017, S. 1–126 aufgehoben.

1593 ABl. EU Nr. L 281 vom 13.10.2012, S. 1–66, zuletzt geändert durch VO (EU) 2016/1185 der Kommission vom 20.07.2016 zur Änderung der DVO (EU) Nr. 923/2012 hinsichtlich der Aktualisierung und Vervollständigung der gemeinsamen Luftverkehrsregeln und Betriebsvorschriften für Dienste und Verfahren der Flugsicherung (SERA Teil C) und zur Aufhebung der VO (EG) Nr. 730/2006, ABl. EU Nr. L 196 vom 27.07.2016. S. 3 ff.

- DVO (EU) Nr. 970/2014 der Kommission vom 12. September 2014 zur Änderung der VO (EU) Nr. 677/2011 zur Festlegung von Durchführungsbestimmungen für die Funktionen des Flugverkehrsmanagementnetzes.[1594]
- DVO (EU) 2016/1377 der Kommission vom 4. August 2016 zur Festlegung gemeinsamer Anforderungen an Diensteanbieter und die Aufsicht im Bereich des Flugverkehrsmanagements und der Flugsicherungsdienste sowie sonstiger Funktionen des Flugverkehrsmanagementnetzes und zur Aufhebung der VO (EG) Nr. 482/2008, der DVOen (EU) Nr. 1034/2011 und (EU) Nr. 1035/2011 sowie zur Änderung der VO (EU) Nr. 677/2011.[1595]
- DVO (EU) 2016/1185 der Kommission vom 20. Juli 2016 zur Änderung der DVO (EU) Nr. 923/2012 hinsichtlich der Aktualisierung und Vervollständigung der gemeinsamen Luftverkehrsregeln und Betriebsvorschriften für Dienste und Verfahren der Flugsicherung (SERA Teil C) und zur Aufhebung der VO (EG) Nr. 730/2006.[1596]
- DVO (EU) 2017/373 der Kommission vom 1. März 2017 zur Festlegung gemeinsamer Anforderungen an Flugverkehrsmanagementanbieter und Anbieter von Flugsicherungsdiensten sowie sonstiger Funktionen des Flugverkehrsmanagementnetzes und die Aufsicht hierüber sowie zur Aufhebung der VO (EG) Nr. 482/2008, der DVOen (EU) Nr. 1034/2011, (EU) Nr. 1035/2011 und (EU) 2016/1377 und zur Änderung der VO (EU) Nr. 677/2011.[1597]
- VO (EU) 2018/1139 des Europäischen Parlaments und des Rates vom 4. Juli 2018 zur Festlegung gemeinsamer Vorschriften für die Zivilluftfahrt und zur Errichtung einer Agentur der Europäischen Union für Flugsicherheit sowie zur Änderung der VOen (EG) Nr. 2111/2005, (EG) Nr. 1008/2008, (EU) Nr. 996/2010, (EU) Nr. 376/2014 und der Richtlinien 2014/30/EU und 2014/53/EU des Europäischen Parlaments und des Rates, und zur Aufhebung der

---

1594 ABl. EU Nr. L 272 vom 13.09.2014, S. 11–14. Diese VO ist seit 31.12.2019 nicht mehr in Kraft.

1595 ABl. EU Nr. L 226 vom 19.08.2016, S. 1–139, mittlerweile mit Ablauf des 27.03.2017 durch Art. 9 Abs. 2 DVO (EU) 2017/373 der Kommission vom 01.03.2017 zur Festlegung gemeinsamer Anforderungen an Flugverkehrsmanagementanbieter und Anbieter von Flugsicherungsdiensten sowie sonstiger Funktionen des Flugverkehrsmanagementnetzes und die Aufsicht hierüber sowie zur Aufhebung der VO (EG) Nr. 482/2008, der DVOen (EU) Nr. 1034/2011, (EU) Nr. 1035/2011 und (EU) 2016/1377 und zur Änderung der VO (EU) Nr. 677/2011 aufgehoben, ABl. EU Nr. L 62 vom 08.03.2017, S. 1 ff.

1596 ABl. EU Nr. L 196 vom 21.07.2016, S. 3–43.

1597 ABl. EU Nr. L 62 vom 08.03.2017, S. 1–126.

VOen (EG) Nr. 552/2004 und (EG) Nr. 216/2008 des Europäischen Parlaments und des Rates und der VO (EWG) Nr. 3922/91 des Rates.[1598]

- DVO (EU) 2019/123 der Kommission vom 24. Januar 2019 zur Festlegung detaillierter Durchführungsbestimmungen für die Netzfunktionen des Flugverkehrsmanagements und zur Aufhebung der VO (EU) Nr. 677/2011 der Kommission.[1599]
- DVO (EU) 2021/665 der Kommission vom 22. April 2021 zur Änderung der DVO (EU) 2017/373 der Kommission hinsichtlich der Anforderungen an Anbieter, die Flugverkehrsmanagementdienste/Flugsicherungsdienste und sonstige Netzfunktionen des Flugverkehrsmanagements in dem im kontrollierten Luftraum ausgewiesenen U-Space-Luftraum erbringen.[1600]

### 4. *Bezüglich Verordnung (EG) Nr. 552/2004*

Die Interoperabilitäts-VO wurde um Verordnungen bezüglich der Kompatibilität der Systeme ergänzt, um eine bessere Koordinierung der Flüge gewährleisten zu können. Hier wurden vorrangig technische Details besser umschrieben, ausgewertet und festgelegt.

- VO (EG) Nr. 1032/2006 der Kommission vom 6. Juli 2006 zur Festlegung der Anforderungen an automatische Systeme zum Austausch von Flugdaten für die Benachrichtigung, Koordinierung und Übergabe von Flügen zwischen Flugverkehrskontrollstellen.[1601]
- VO (EG) Nr. 1033/2006 der Kommission vom 4. Juli 2006 zur Festlegung der Anforderungen zu den Verfahren für Flugpläne bei der Flugvorbereitung im Rahmen des einheitlichen europäischen Luftraumes.[1602]
- VO (EG) Nr. 633/2007 der Kommission vom 7. Juni 2007 zur Festlegung der Anforderungen an die Anwendung eines Flugnachrichten-Übertra-

---

1598 ABl. EU Nr. L 212 vom 22.08.2018, S. 1–122.

1599 ABl. EU Nr. L 28 vom 31.01.2019, S. 1–45.

1600 ABl. EU Nr. L 139 vom 23.04.2021, S. 184–186.

1601 ABl. EG Nr. L 186 vom 07.07.2006, S. 27–45. Die VO (EG) 1032/2006 wurde durch die VO (EG) Nr. 30/2009 der Kommission vom 16.01.2009 geändert, ABl. EG Nr. L 13 vom 17.01.2009, S. 20–22.

1602 ABl. EG Nr. L 186 vom 07.07.2006, S. 46–50, zuletzt geändert durch Art. 1 DVO (EU) 2018/139 der Kommission vom 29.01.2018 zur Änderung der VO (EG) Nr. 1033/2006 hinsichtlich der Bezugnahme auf die ICAO-Bestimmungen, ABl. EU Nr. L 25 vom 30.01.2018, S. 4 f.

gungsprotokolls für die Benachrichtigung, Koordinierung und Übergabe von Flügen zwischen Flugverkehrskontrollstellen.[1603]

- VO (EG) Nr. 1265/2007 der Kommission vom 26. Oktober 2007 zur Festlegung der Anforderungen an den Luft-Boden-Sprachkanalabstand im einheitlichen europäischen Luftraum.[1604]
- VO (EG) Nr. 29/2009 der Kommission vom 16. Januar 2009 zur Festlegung der Anforderungen an Datalink-Dienste im einheitlichen europäischen Luftraum.[1605]
- VO (EG) Nr. 30/2009 der Kommission vom 16. Januar 2009 zur Änderung der VO (EG) Nr. 1032/2006 hinsichtlich der Anforderungen an automatische Systeme zum Austausch von Flugdaten bezüglich der Unterstützung von Datalink-Diensten.[1606]
- VO (EG) Nr. 262/2009 der Kommission vom 30. März 2009 zur Festlegung der Anforderungen für die koordinierte Zuweisung und Nutzung von Modus-S-Abfragecodes im einheitlichen europäischen Luftraum.[1607]

1603 ABl. EG Nr. L 146 vom 08.06.2007, S. 7–13, zuletzt geändert durch VO (EU) Nr. 283/2011 der Kommission vom 22.03.2011 zur Änderung der VO (EG) Nr. 633/2007 hinsichtlich der in Art. 7 genannten Übergangsbestimmungen, ABl. EU Nr. L 77 vom 23.03.2011, S. 23–24.

1604 ABl. EG Nr. L 283 vom 27.10.2007, S. 25–36, mittlerweile mit Ablauf des 07.12.2012 durch Art. 15 DVO (EU) Nr. 1079/2012 der Kommission vom 16.11.2012 zur Festlegung der Anforderungen bezüglich des Sprachkanalabstands für den einheitlichen europäischen Luftraum, ABl. EU Nr. L 320 vom 17.11.2012, S. 14–24, aufgehoben.

1605 VO (EG) Nr. 29/2009 der Kommission vom 16.01.2009 zur Festlegung der Anforderungen an Datalink-Dienste im einheitlichen europäischen Luftraum, ABl. EG Nr. L 13, S. 3–19 vom 17.01.2009. Diese wurde zuletzt geändert durch DVO (EU) 2020/208 der Kommission vom 14.02.2020 zur Änderung der VO (EG) Nr. 29/2009 zur Festlegung der Anforderungen an Datalink-Dienste im einheitlichen europäischen Luftraum, ABl. EU Nr. L 43 vom 17.02.2020, S. 72–73.

1606 ABl. EG Nr. L 13 vom 17.01.2009, S. 20–22. Beachte auch Berichtigung dieser VO, ABl. EG Nr. L 153 vom 17.06.2009, S. 29.

1607 ABl. EG Nr. L 84 vom 31.03.2009, S. 20–32, zuletzt geändert durch DVO (EU) 2016/2345 der Kommission vom 14.12.2016 zur Änderung der VO (EG) Nr. 262/2009 und der DVO (EU) Nr. 1079/2012 in Bezug auf ICAO-Bestimmungen, ABl. EU Nr. L 348 vom 21.12.2016, S. 11 f.

- VO (EU) Nr. 73/2010 der Kommission vom 26. Januar 2010 zur Festlegung der qualitativen Anforderungen an Luftfahrtdaten und Luftfahrtinformationen für den einheitlichen europäischen Luftraum.[1608]
- VO (EU) Nr. 929/2010 der Kommission vom 18. Oktober 2010 zur Änderung der VO (EG) Nr. 1033/2006 hinsichtlich der in Art. 3 Abs. 1 genannten ICAO-Bestimmungen.[1609]
- DVO (EU) Nr. 1206/2011 der Kommission vom 22. November 2011 zur Festlegung der Anforderungen an die Luftfahrzeugidentifizierung für die Überwachung im einheitlichen europäischen Luftraum.[1610]
- DVO (EU) Nr. 1207/2011 der Kommission vom 22. November 2011 zur Festlegung der Anforderungen an die Leistung und die Interoperabilität der Überwachung im einheitlichen europäischen Luftraum.[1611]

---

1608 ABl. EU Nr. L 23 vom 27.01.2010, S. 6–27. Aufgehoben durch DVO (EU) 2020/469 der Kommission vom 14.02.2020 zur Änderung der VO (EU) Nr. 923/2012, der VO (EU) Nr. 139/2014 und der VO (EU) 2017/373 in Bezug auf Anforderungen an Flugverkehrsmanagementanbieter und Anbieter von Flugsicherungsdiensten, die Auslegung von Luftraumstrukturen und die Datenqualität, die Pistensicherheit sowie zur Aufhebung der VO (EU) Nr. 73/2010, ABl. EU Nr. 104 vom 03.04.2020, S. 1–243.

1609 ABl. EU Nr. L 273 vom 19.10.2010, S. 4, mittlerweile aufgehoben durch DVO (EU) Nr. 428/2013 der Kommission vom 08.05.2013 zur Änderung der VO (EG) Nr. 1033/2006 hinsichtlich der in Art. 3 Abs. 1 genannten ICAO-Bestimmungen und zur Aufhebung der VO (EU) Nr. 929/2010, ABl. EU Nr. L 127 vom 09.05.2013, S. 23.

1610 ABl. EU Nr. L 305 vom 23.11.2011, S. 23–34, zuletzt geändert durch DVO (EU) 2020/587 der Kommission vom 29.04.2020 zur Änderung der DVO (EU) Nr. 1206/2011 zur Festlegung der Anforderungen an die Luftfahrzeugidentifizierung für die Überwachung im einheitlichen europäischen Luftraum und der DVO (EU) Nr. 1207/2011 zur Festlegung der Anforderungen an die Leistung und die Interoperabilität der Überwachung im einheitlichen europäischen Luftraum, ABl. EU Nr. L 138 vom 30.04.2020, S. 1–7.

1611 ABl. EU Nr. L 305 vom 23.11.2011, S. 35–52, zuletzt geändert durch DVO (EU) 2022/2 der Kommission vom 04.01.2022 zur Berichtigung der französischen Sprachfassung der DVO (EU) Nr. 1207/2011 zur Festlegung der Anforderungen an die Leistung und die Interoperabilität der Überwachung im einheitlichen europäischen Luftraum, ABl. EU Nr. L 1 vom 05.01.2022, S. 1–2.

- DVO (EU) Nr. 1079/2012 der Kommission vom 16. November 2012 zur Festlegung der Anforderungen bezüglich des Sprachkanalabstands für den einheitlichen europäischen Luftraum.[1612]
- DVO (EU) Nr. 428/2013 der Kommission vom 8. Mai 2013 zur Änderung der VO (EG) Nr. 1033/2006 hinsichtlich der in Art. 3 Abs. 1 genannten ICAO-Bestimmungen und zur Aufhebung der VO (EU) Nr. 929/2010.[1613]
- DVO (EU) Nr. 657/2013 der Kommission vom 10. Juli 2013 zur Änderung der DVO (EU) Nr. 1079/2012 zur Festlegung der Anforderungen bezüglich des Sprachkanalabstands für den einheitlichen europäischen Luftraum.[1614]
- DVO (EU) Nr. 441/2014 der Kommission vom 30. April 2014 zur Änderung der VO (EG) Nr. 29/2009 zur Festlegung der Anforderungen an Datalink-Dienste im einheitlichen europäischen Luftraum.[1615]
- DVO (EU) Nr. 1028/2014 der Kommission vom 26. September 2014 zur Änderung der DVO (EU) Nr. 1207/2011 zur Festlegung der Anforderungen an die Leistung und die Interoperabilität der Überwachung im einheitlichen europäischen Luftraum.[1616]
- DVO (EU) Nr. 1029/2014 der Kommission vom 26. September 2014 zur Änderung der VO (EU) Nr. 73/2010 der Kommission zur Festlegung der qualitativen Anforderungen an Luftfahrtdaten und Luftfahrtinformationen für den einheitlichen europäischen Luftraum.[1617]
- DVO (EU) 2015/310 der Kommission vom 26. Februar 2015 zur Änderung der VO (EG) Nr. 29/2009 zur Festlegung der Anforderungen an Datalink-Dienste im einheitlichen europäischen Luftraum und zur Aufhebung der DVO (EU) Nr. 441/2014.[1618]

---

1612 ABl. EU Nr. L 320 vom 17.11.2012, S. 14–24, diese wurde zuletzt geändert durch VO (EU) 2017/2160 der Kommission vom 20.11.2017 zur Änderung der DVO (EU) Nr. 1079/2012 hinsichtlich bestimmter Verweise auf ICAO-Bestimmungen, ABl. EU Nr. L 304 vom 21.11.2017, S. 47.

1613 ABl. EU Nr. L 127 vom 09.05.2013, S. 23.

1614 ABl. EU Nr. L 190 vom 11.07.2013, S. 37.

1615 ABl. EU Nr. L 130 vom 01.05.2014, S. 37 f., diese wurde mittlerweile durch DVO (EU) Nr. 2015/310, ABl. EU Nr. L 56 vom 27.02.2015, S. 30–32 aufgehoben.

1616 ABl. EU Nr. L 284 vom 30.09.2014, S. 7–8.

1617 ABl. EU Nr. L 284 vom 30.09.2014, S. 9–13. Die VO wurde mittlerweile durch DVO (EU) 2020/469 der Kommission vom 14.02.2020, ABl. EU Nr. L 104 vom 03.04.2020, S. 1–243 aufgehoben.

1618 ABl. EU Nr. L 56 vom 27.02.2015, S. 30–32.

- DVO (EU) 2016/2120 der Kommission vom 2. Dezember 2016 zur Änderung der VO (EG) Nr. 1033/2006 hinsichtlich der in Art. 3 Abs. 1 genannten Bestimmungen.[1619]
- DVO (EU) Nr. 2016/2345 der Kommission vom 14. Dezember 2016 zur Änderung der VO (EG) Nr. 262/2009 und der DVO (EU) Nr. 1079/2012 in Bezug auf ICAO-Bestimmungen.[1620]
- DVO (EU) 2017/386 der Kommission vom 6. März 2017 zur Änderung der DVO (EU) Nr. 1207/2011 der Kommission zur Festlegung der Anforderungen an die Leistung und die Interoperabilität der Überwachung im einheitlichen europäischen Luftraum.[1621]
- VO (EU) 2018/1139 des Europäischen Parlaments und des Rates vom 4. Juli 2018 zur Festlegung gemeinsamer Vorschriften für die Zivilluftfahrt und zur Errichtung einer Agentur der Europäischen Union für Flugsicherheit sowie zur Änderung der VOen (EG) Nr. 2111/2005, (EG) Nr. 1008/2008, (EU) Nr. 996/2010, (EU) Nr. 376/2014 und der Richtlinien 2014/30/EU und 2014/53/EU des Europäischen Parlaments und des Rates, und zur Aufhebung der VOen (EG) Nr. 552/2004 und (EG) Nr. 216/2008 des Europäischen Parlaments und des Rates und der VO (EWG) Nr. 3922/91 des Rates.[1622]
- DVO (EU) 2020/469 der Kommission vom 14. Februar 2020 zur Änderung der VO (EU) Nr. 923/2012, der VO (EU) Nr. 139/2014 und der VO (EU) 2017/373 in Bezug auf Anforderungen an Flugverkehrsmanagementanbieter und Anbieter von Flugsicherungsdiensten, die Auslegung von Luftraumstrukturen und die Datenqualität, die Pistensicherheit sowie zur Aufhebung der VO (EU) Nr. 73/2010.[1623]
- DVO (EU) 2020/587 der Kommission vom 29. April 2020 zur Änderung der DVO (EU) Nr. 1206/2011 zur Festlegung der Anforderungen an die Luftfahrzeugidentifizierung für die Überwachung im einheitlichen europäischen Luftraum und der DVO (EU) Nr. 1207/2011 zur Festlegung der Anforderungen an die Leistung und die Interoperabilität der Überwachung im einheitlichen europäischen Luftraum.[1624]

1619 ABl. EU Nr. L 329 vom 03.12.2016, S. 70–72.
1620 ABl. EU Nr. L 348 vom 21.12.2016. S. 11–12.
1621 ABl. EU Nr. L 59 vom 07.03.2017, S. 34–36.
1622 ABl. EU Nr. L 212 vom 22.08.2018, S. 1–122.
1623 ABl. EU Nr. L 104 vom 03.04.2020, S. 1–243.
1624 ABl. EU Nr. L 138 vom 30.04.2020, S. 1–7.

- DVO (EU) 2021/1338 der Kommission vom 11. August 2021 zur Änderung der DVO (EU) 2017/373 in Bezug auf Meldepflichten und Meldekanäle zwischen Organisationen und Anforderungen an Wetterdienste.[1625]
- DVO (EU) 2022/2 der Kommission vom 4. Januar 2022 zur Berichtigung der französischen Sprachfassung der DVO (EU) Nr. 1207/2011 zur Festlegung der Anforderungen an die Leistung und die Interoperabilität der Überwachung im einheitlichen europäischen Luftraum.[1626]

### 5. *COVID-19 Sonder-Verordnungen*

Mit den nachfolgenden Verordnungen der Kommission wird die VO (EG) Nr. 1008/2008[1627] vorübergehend geändert, um die Fluggesellschaften und die Flughäfen bei der Bewältigung des durch die COVID-19-Pandemie verursachten starken Rückgangs des Flugverkehrs zu unterstützen.

- VO (EU) 2020/696 des Europäischen Parlaments und des Rates vom 25. Mai 2020 zur Änderung der VO (EG) Nr. 1008/2008 über gemeinsame Vorschriften für die Durchführung von Luftverkehrsdiensten in der Gemeinschaft angesichts der COVID-19-Pandemie.[1628]
- Delegierte VO (EU) 2020/2114 der Kommission vom 16. Dezember 2020 zur Änderung der VO (EG) Nr. 1008/2008 des Europäischen Parlaments und des Rates im Hinblick auf die vorübergehende Verlängerung außergewöhnlicher Maßnahmen zur Bewältigung der Folgen der COVID-19-Pandemie in Bezug auf die Auswahl von Bodenabfertigungsdienstleistern.[1629]
- Delegierte VO (EU) 2020/2115 der Kommission vom 16. Dezember 2020 zur Änderung der VO (EG) Nr. 1008/2008 des Europäischen Parlaments und des Rates im Hinblick auf die vorübergehende Verlängerung außergewöhnlicher Maßnahmen zur Bewältigung der Folgen der COVID-19-Pandemie in Bezug auf Betriebsgenehmigungen.[1630]

---

1625 ABl. EU Nr. L 289 vom 12.08.2021, S. 12–52.
1626 ABl. EU Nr. L 1 vom 05.01.2022, S. 1–2.
1627 VO (EG) Nr. 1008/2008 des Europäischen Parlaments und des Rates vom 24.09.2008 über gemeinsame Vorschriften für die Durchführung von Luftverkehrsdiensten in der Gemeinschaft, ABl. EG Nr. L 293 vom 31.10.2008, S. 3 ff.
1628 ABl. EU Nr. L 165 vom 27.05.2020, S. 1–6.
1629 ABl. EU Nr. L 426 vom 17.12.2020, S. 1–3.
1630 ABl. EU Nr. L 426 vom 17.12.2020, S. 4–6.

Seit der Verabschiedung der Verordnungen zum einheitlichen europäischen Luftraum arbeitet die Kommission an deren Verbesserung und an der Umsetzung der erforderlichen Verordnungen.

## C. Single European Sky ATM Research

Zur Realisierung der angestrebten Performance-Ziele des Single European Sky war die mit der Schaffung des einheitlichen europäischen Luftraumes durchgeführte institutionelle Reform des Flugverkehrsmanagements allerdings nicht ausreichend.[1631] Zusätzlich bedurfte es einer technischen Reform des Flugverkehrsmanagements.[1632] Dem Single-European-Sky-Projekt ist daher ein Forschungs- und Entwicklungsprogramm unterlegt, das den Namen „*S*ingle *E*uropean *S*ky *A*TM *R*esearch – Flugsicherungsforschung für den einheitlichen europäischen Luftraum“[1633], kurz „SESAR“ trägt.[1634] Das Programm SESAR erweitert das EATCHIP-Programm der 90er-Jahre von EUROCONTROL, das den technologischen Fortschritten auf den Gebieten Flugführung (Automatisierung) und Flugsicherung (Kommunikation, Navigation und Überwachung) entspricht, und entwickelt es weiter.[1635] SESAR dient der Entwicklung der neuen Generation des europäischen Flugverkehrsmanagementsystems, mit dem in den kommenden 30 Jahren die Sicherheit und Effizienz des europäischen

1631 *Schwenk/Giemulla*, Hdb. des Luftverkehrsrechts, Kapitel 5, S. 181, Rn. 31.

1632 *Schwenk/Giemulla*, Hdb. des Luftverkehrsrechts, Kapitel 5, S. 181, Rn. 31; siehe auch *Müller*, S. 30 f.

1633 Mitteilung der Kommission an den Rat, das Europäische Parlament, den Europäischen Wirtschafts- und Sozialausschuss und den Ausschuss der Regionen, Einheitlicher europäischer Luftraum II: Kurs auf einen nachhaltigeren und leistungsfähigeren Luftverkehr, KOM(2008) 389 endgültig vom 25.06.2008, S. 2.

1634 *Mensen*, Hdb. der Luftfahrt, S. 343.

1635 *Mensen*, Hdb. der Luftfahrt, S. 343; SESAR strebt an, die Flugsicherung in der EU bis zum Jahr 2030 mit einer hochleistungsfähigeren Infrastruktur auszustatten, die eine sichere und umweltverträgliche Luftverkehrsentwicklung ermöglichen kann, siehe dazu Erwägungsgrund Nummer 1 VO (EU) Nr. 721/2014; dabei sollen die technologischen Fortschritte von Programmen wie etwa GALILEO (Name des europäischen Satellitennavigationssystems) vollständig ausgenutzt werden. Bis Ende 2023 sollen 30 Satelliten auf drei Bahnebenen in einer Höhe von ca. 23.222 km die Erde umkreisen, abzurufen unter (zuletzt am 12.02.2023) https://www.gsc-europa.eu/galileo/programme. Im Dezember 2021 wurden der 25. und 26. Satellit ins All geschossen.

Luftverkehrs garantiert werden kann und soll.[1636] Insbesondere die operativen und technischen Voraussetzungen für die zukünftigen Luftfahrt-Bedürfnisse an Kapazität, Sicherheit, Umweltverträglichkeit und Effizienz auf europäischer Ebene sollen so geschaffen werden.[1637]

Das SESAR-Projekt wurde im Jahr 2004 ins Leben gerufen und ist in drei Arbeitsphasen unterteilt.[1638] Durch die VO (EG) Nr. 219/2007[1639] wurde für die Leitung der Entwicklungsphase ein gemeinsames Unternehmen im Sinne von Art. 187 AEUV gegründet.[1640] EUROCONTROL und die Europäische Union sind Gründungsmitglieder dieser öffentlich-privaten Partnerschaft.[1641] Der aus der Definitionsphase resultierende ATM-Masterplan wurde mittlerweile mehrfach aktualisiert und den Gegebenheiten angepasst, während dem ersten SESAR-Projekt-I zunächst das Projekt SESAR-II nachfolgte, gibt es

---

1636 Mitteilung der Kommission an das Europäische Parlament und den Rat, Generalplan für das Flugverkehrsmanagement (ATM-Generalplan) vom 14.11.2008, KOM(2008) 750 endgültig, S. 2.

1637 *Koos*, promet 2014, S. 135 ff. (136).

1638 *Koos*, promet 2014, S. 135 ff. (136); *Schwenk/Giemulla*, Hdb. des Luftverkehrsrechts, Kapitel 5, S. 181, Rn. 31; *Bues*, S. 167; Europäischer Rechnungshof, Bericht über die Jahresrechnung des Gemeinsamen Unternehmens für die Forschung zum Flugverkehrsmanagement für den einheitlichen europäischen Luftraum zusammen mit den Antworten des Gemeinsamen Unternehmens vom 02.10.2018, S. 5, abzurufen unter https://www.eca.europa.eu/Lists/ECADocuments/SESAR_2017/SESAR_2017_DE.pdf, zuletzt abgerufen am 21.01.2023; Erwägungsgrund Nummer 2 VO (EU) Nr. 721/2014; *Mensen*, Hdb. der Luftfahrt, S. 344.

1639 VO (EG) Nr. 219/2007 des Rates vom 27.02.2007 zur Gründung eines gemeinsamen Unternehmens zur Entwicklung des europäischen Flugverkehrsmanagementsystems der neuen Generation (SESAR), ABl. EG Nr. L 64 vom 02.03.2007, S. 1–11, zuletzt geändert durch VO (EU) Nr. 721/2014 des Rates vom 16.06.2014 zur Änderung der VO (EG) Nr. 219/2007 zur Gründung eines gemeinsamen Unternehmens zur Entwicklung des europäischen Flugverkehrsmanagementsystems der neuen Generation (SESAR) im Hinblick auf die Verlängerung der Bestandsdauer des gemeinsamen Unternehmens bis 2024, ABl. EU Nr. L 192 vom 01.07.2014, S. 1–8. Mittlerweile ist VO (EG) Nr. 219/2007 nicht mehr in Kraft.

1640 *Schwenk/Giemulla*, Hdb. des Luftverkehrsrechts, Kapitel 5, S. 181, Rn. 32.

1641 *Schwenk/Giemulla*, Hdb. des Luftverkehrsrechts, Kapitel 5, S. 181, Rn. 32; Presseveröffentlichung vom 08.12.2008: SESAR baut auf einzigartige öffentlich-private Partnerschaft zur Modernisierung des europäischen Luftraumes, abzurufen unter https://www.sesarju.eu/index.php/news-press/press-releases/sesar-baut-auf-einzigartige-%C3%B6ffentlich-private-partnerschaft-zur-modernisi, S. 1 f., zuletzt abgerufen am 21.01.2023.

inzwischen SESAR 3[1642]. Das Programm SESAR-II lief unter der Bezeichnung „SESAR 2020" im Rahmen von „Horizont 2020[1643]" Ende 2015 an.[1644] SESAR I und SESAR 2020 überschneiden sich, so dass SESAR 2020 auf den Errungenschaften und Vorarbeiten von SESAR I aufbauen kann.[1645] Auch SESAR 3 kann sich auf die Erkenntnisse von SESAR I und SESAR 2020 stützen. Es wird im Rahmen vom Forschungs- und Entwicklungsprogramm „Horizont Europa"[1646] unterstützt.[1647] Die Laufzeit von SESAR 3 ist zunächst bis 2031 angedacht.[1648]

---

1642 SESAR 3 Joint Undertaking, Multiannual Work Programme 2022–2031, abzurufen unter https://www.sesarju.eu/node/4106, zuletzt abgerufen am 21.01.2023; Gemeinsames Unternehmen SESAR 3, https://european-union.europa.eu/institutions-law-budget/institutions-and-bodies/institutions-and-bodies-profiles/sesar-3_de, zuletzt abgerufen am 21.01.2023.

1643 Das Rahmenprogramm für Forschung und Innovation namens „Horizont 2020" wurde durch VO (EU) Nr. 1291/2013 des Europäischen Parlaments und des Rates vom 11.12.2013 über das Rahmenprogramm für Forschung und Innovation Horizont 2020 (2014–2020) und zur Aufhebung des Beschlusses Nr. 1982/2006/EG (ABl. EU Nr. L 347 vom 20.12.2013, S. 104 ff.), zuletzt geändert durch VO (EU) 2015/1017 des Europäischen Parlaments und des Rates vom 25.06.2015 über den Europäischen Fonds für strategische Investitionen, die europäische Plattform für Investitionsberatung und das europäische Investitionsvorhabenportal sowie zur Änderung der VOen (EU) Nr. 1291/2013 und (EU) Nr. 1316/2013 – der Europäische Fonds für strategische Investitionen (ABl. EU Nr. L 169 vom 01.07.2015, S. 1 ff.) erlassen. Es handelt sich dabei um das Programm für Forschung und Innovation für den Zeitraum 2014 bis 2020. Es bündelt die gesamte existierende Forschungs- und Innovationsförderung der EU.

1644 Europäischer Rechnungshof, Bericht über den Jahresabschluss 2014 des gemeinsamen Unternehmens SESAR vom 06.10.2015, S. 3, abzurufen unter http://www.eca.europa.eu/Lists/ECADocuments/SESAR_2014/SESAR_2014_DE.pdf, zuletzt abgerufen am 28.02.2023.

1645 Vgl. dazu auch Institut für Flugführung, https://www.dlr.de/fl/desktopdefault.aspx/tabid-13648/, zuletzt abgerufen am 28.03.2023.

1646 VO (EU) 2021/695 des Europäischen Parlaments und des Rates vom 28.04.2021 zur Einrichtung von „Horizont Europa", dem Rahmenprogramm für Forschung und Innovation, sowie über dessen Regeln für die Beteiligung und die Verbreitung der Ergebnisse und zur Aufhebung der VOen (EU) Nr. 1290/2013 und (EU) Nr. 1291/2013, ABl. EU Nr. L 170 vom 12.05.2021, S. 1–68.

1647 https://www.sesarju.eu/discover-sesar/funding, zuletzt abgerufen am 28.02.3023.

1648 SESAR 3 Joint Undertaking, Multiannual Work Programme 2022–2031.

## I. Hintergrund des SESAR-Projekts

Während die Verordnungen zum Single-European-Sky-I den normativen Rahmen des einheitlichen europäischen Luftraumes vorgeben, soll das SESAR-Projekt für Forschung und Entwicklung auf dem Gebiet des Flugverkehrsmanagements im einheitlichen europäischen Luftraum die Modernisierung und Aktualisierung des europäischen Flugverkehrsmanagements garantieren.[1649] Es dient der erforderlichen ATM-Modernisierung durch die Umsetzung eines neuen Konzepts für den ATM-Betrieb und die ATM-Systeme, die für die Erreichung der Leistungsziele des einheitlichen europäischen Luftraumes unerlässlich ist.[1650] Dabei wird ein ergebnisorientierter, ganzheitlicher Ansatz verfolgt, in dem alle Luftraumnutzer und Luftfahrtmitwirkende vereint werden.[1651] Es gründet sich auf die Erkenntnis, dass die europäischen Flugsicherungssysteme zukünftig nicht mehr in der Lage sein werden, den Anstieg des Verkehrsaufkommens, das sich bis zum Jahr 2030 verdoppeln soll, zu bewältigen.[1652] Bereits im Jahr 2007 wurden knapp zehn Millionen Flüge verzeichnet, während laut einer EUROCONTROL-Untersuchung das wahrscheinlichste Szenario bis zum Jahr 2030 von einem 2,7-prozentigen Wachstum pro Jahr ausgeht, was etwa 20,4 Millionen Flügen bis 2030 entspricht.[1653] SESAR basiert auf dem Grundsatz, dass Fluglotsen und Luftraumnutzer durch kooperative Verfahren und Informationsaustausch den optimalen, vorhersehbaren und zeitgerechten Flugweg von Luftfahrzeugen bestimmen.[1654]

---

1649 Erwägungsgrund Nummer 1 VO (EU) Nr. 721/2014.

1650 MEMO/13/666 der Europäischen Kommission „Europäische Kommission investiert 600 Millionen Euro in neue Forschungen zur Verringerung der Überlastung des europäischen Luftraumes" vom 10.07.2013, S. 2, abzurufen unter https://ec.europa.eu/commission/presscorner/detail/de/MEMO_13_666, zuletzt abgerufen am 28.02.2023; ähnlich Erwägungsgrund Nummer 2 VO (EU) Nr. 721/2014.

1651 *Koos*, promet 2014, S. 135 ff. (136); *ebenda*: Experten von Flughäfen, Flugsicherungen, Luftfahrtindustrie, Wissenschaft, Luftfahrtgesellschaften Aufsichts- und Verwaltungsbehörden arbeiten gemeinsam, um das Programm erfolgreich umzusetzen.

1652 Presseveröffentlichung vom 08.12.2008: SESAR baut auf einzigartige öffentlich-private Partnerschaft zur Modernisierung des europäischen Luftraumes, S. 1.

1653 Presseveröffentlichung vom 08.12.2008: SESAR baut auf einzigartige öffentlich-private Partnerschaft zur Modernisierung des europäischen Luftraumes, S. 1; EUROCONTROL, Challenges of Growth 2008 summary Report, abzurufen unter http://www.eurocontrol.int/sites/default/files/article/content/documents/official-documents/facts-and-figures/statfor/challenges-of-growth-2008.pdf, S. 22, 31 zuletzt abgerufen am 24.01.2023.

1654 MEMO/13/666 der Europäischen Kommission vom 10.07.2013, S. 3.

## II. Ziele des SESAR-Projekts

Die Initiative zur Schaffung eines einheitlichen europäischen Luftraumes dient der Modernisierung und Harmonisierung des kompletten Luftverkehrsmanagements und der Defragmentierung des Luftraumes in Europa.[1655] Durch die Harmonisierung der Abläufe und Entscheidungsprozesse sowie die Abgleichung der zur Verfügung stehenden Informationen der verschiedenen Akteure soll die Angleichung des europäischen Luftverkehrsmanagements erreicht werden.[1656] Das SESAR-Programm verfolgt dazu auch das Konzept der „Business-Trajectory[1657]“, das auf die Bestimmung der optimalen Flugroute für jeden einzelnen Flug abzielt, um eine flächendeckende Effizienzsteigerung des Netzwerkes zu erreichen.[1658]

Die Beteiligten des SESAR-Projekts streben durch diese Umstrukturierung der europäischen ATM-Landschaft grundsätzlich vier ambitionierte und konkrete Ziele an. Durch SESAR soll erstens eine Verdreifachung der Kapazität der derzeitigen Systeme erreicht und zweitens die Erhöhung der Sicherheit um den Faktor zehn erwirkt werden.[1659] Außerdem sollen drittens allein die

1655 Sonderbericht des Europäischen Rechnungshofes Nr. 18/2017, S. 38; *Koos*, promet 2014, S. 135 ff. (139).

1656 *Koos*, promet 2014, S. 135 ff. (139).

1657 Das System berechnet dabei die optimale Flugstrecke als Funktion der geforderten Ankunftszeit am Flughafen. Die Flugstrecken sind als Kontinuum konzipiert und decken alle Flugphasen von der Flugplanung bis zur Flugzeugentladung am Zielort ab. Das Management von Flug- und Bodenbetrieb wird somit eingebunden, damit Wartezeiten vermieden werden können. Siehe dazu KOM(2008) 389, S. 10.

1658 *Koos*, promet 2014, S. 135 ff. (139); Presseveröffentlichung vom 08.12.2008: SESAR baut auf einzigartige öffentlich-private Partnerschaft zur Modernisierung des europäischen Luftraumes, S. 3.

1659 KOM(2008) 483, S. 26; KOM(2008) 750, S. 5; KOM(2011) 923, S. 1; siehe dazu auch insb. European ATM Masterplan, Edition 2015, S. 22. Der SESAR-Masterplan wurde am 30.03.2009 als ATM-Generalplan vom Rat gebilligt, Beschluss des Rates 2009/320/EG vom 30.03.2009 zur Billigung des europäischen Generalplans für das Flugverkehrsmanagement des Projekts Single European Sky ATM Research (SESAR), ABl. EG Nr. L 95 vom 09.04.2009, S. 41; Erwägungsgrund Nummer 3 VO (EU) Nr. 721/2014; der ATM-Generalplan wird im Verlauf von SESAR nach Bedarf aktualisiert und die ersten vorteilhaften Ergebnisse aus SESAR in die neuste Auflage übernommen. Die aktuellste Fassung stammt aus dem Jahr 2020. Der ATM-Generalplan ist abzurufen unter https://www.atmmasterplan.eu/, zuletzt abgerufen am 28.02.2023; *Koos*, promet 2014, S. 135 ff. (139); zum European ATM-Master-Plan siehe auch Kapitel 5, C., III.; MEMO/13/666 der Europäischen Kommission vom 10.07.2013, S. 2.

ATM-Verbesserungen bis zum Jahr 2035 für Treibstoffeinsparungen in Höhe von 10 % pro Flug sorgen, wodurch eine Reduzierung der $CO_2$-Emmissionen um 10 % erreicht werden soll.[1660] Als viertes Ziel wird eine Kostensenkung für das Flugverkehrsmanagement um 50 % angestrebt.[1661] Auf einen Flug umgerechnet wären so bis zum Jahr 2035 Einsparungen in Höhe von durchschnittlich 250 bis 500 kg Kerosin und 0,8 bis 1,6 t $CO_2$ pro Flug zu erreichen.[1662] Diese ambitionierten Ziele wurden allerdings im Verhältnis zu dem starken damaligen Verkehrszuwachs festgelegt und beruhten auch schon zu diesem Zeitpunkt nicht auf einer fundierten Analyse.[1663] Die Nachfrage ließ später nach[1664], weshalb nicht nur die Ziele bezüglich der Kapazität an Bedeutung verloren, sondern auch in Bezug auf die Kosteneffizienz unerreichbar wurden.[1665]

Zur Konzeptverwirklichung umfasst das SESAR-Programm grundsätzlich drei miteinander verbundene, kontinuierliche und sich weiterentwickelnde Kooperationsprozesse: beginnend mit der Definition des Inhalts und der Prioritäten, übergehend in die Entwicklung und Validierung neuer technologischer Systeme, Betriebsverfahren und Komponenten zum SESAR-Projekt sowie schließlich die Errichtungspläne für die neue Generation von ATM-Systemen, die zur Erreichung der Leistungsziele des Single European Sky beitragen.[1666] Das

---

1660 Dazu http://ec.europa.eu/environment/ecoap/about-eco-innovation/policies-matters/eu/496_en, zuletzt abgerufen am 28.02.2023; European ATM-Masterplan, Edition 2020, S. 37; KOM(2008) 750, S. 5; *Koos*, promet 2014, S. 135 ff. (139); so auch Sonderbericht des Europäischen Rechnungshofes, Nr. 18/2017, S. 20; MEMO/13/666 der Europäischen Kommission vom 10.07.2013, S. 2.

1661 European ATM-Master-Plan, Edition 2020, S. 37; *Koos*, promet 2014, S. 135 ff. (139); ebenso Sonderbericht des Europäischen Rechnungshofes, Nr. 18/2017, S. 20; MEMO/13/666 der Europäischen Kommission vom 10.07.2013, S. 2.

1662 European ATM-Masterplan, Edition 2020, S. 37; ähnlich bei *Koos*, promet 2014, S. 135 ff. (140).

1663 Sonderbericht des Europäischen Rechnungshofes, Nr. 18/2017, S. 21.

1664 Im Zeitraum zwischen 2000 und 2016 belief sich der durchschnittliche Verkehrszuwachs auf lediglich 1 % und lag somit deutlich unter den in den vorbereitenden Unterlagen für den einheitlichen europäischen Luftraum prognostizierten 5 % bis 7 %. Zusätzlich begannen die Fluggesellschaften damit, Luftfahrzeuge mit höherem Sitzladefaktor einzusetzen und/oder betrieben ihre Flugzeuge mit höherer Auslastung. Im Ergebnis schlug sich daher der erwartete Anstieg von Flugreisen, gemessen in Passagieren, nicht in einem verhältnismäßigen Zuwachs des Flugverkehrs nieder, so Sonderbericht des Europäischen Rechnungshofes, Nr. 18/2017, S. 21, Fn. 13.

1665 Sonderbericht des Europäischen Rechnungshofes, Nr. 18/2017, S. 21.

1666 Erwägungsgrund Nummer 2 VO (EU) Nr. 721/2014; Sonderbericht des Europäischen Rechnungshofes Nr. 18/2017, S. 38; MEMO/13/666 der Europäischen Kommission

SESAR-Projekt gilt daher generell als der „Technologie-Pfeiler" des einheitlichen europäischen Luftraumes.[1667]

## III. Entwicklungsstufen des SESAR-Projekts

Zur Umsetzung des einheitlichen europäischen Luftraumes wurde die technologische Säule SESAR als Projekt in drei Arbeitsphasen eingeteilt: auf die Definitionsphase zur Konkretisierung des Inhalts und der Prioritäten folgte die Entwicklungsphase zur Erarbeitung neuer technologischer Systeme, Komponenten und Betriebsverfahren zum SESAR-Konzept und schließlich die Errichtungsphase, die die großtechnische Produktion und Umsetzung für die neue Generation von ATM-Systemen, die bei der Realisierung der Leistungsziele des Single European Sky behilflich sind, beinhalten soll.[1668]

### *1. Überblick*

Die Definitionsphase währte von 2004 bis 2008 bei geschätzten Kosten in Höhe von etwa 60 Millionen Euro.[1669] Ihr erklärtes Ziel lag in der Festlegung der unterschiedlichen angepeilten Technologieabschnitte, der Prioritäten für die Modernisierungsprogramme und der Pläne zur betrieblichen Umsetzung.[1670] Sie mündete in der Ausarbeitung des europäischen Generalplans für das Flugverkehrsmanagement, dem „ATM-Generalplan"[1671], der das grundsätzliche

vom 10.07.2013, S. 2; so auch *Schwenk/Giemulla*, Hdb. des Luftverkehrsrechts, Kapitel 5, S. 181, Rn. 31; *Koos*, promet 2014, S. 135 ff. (136).

1667 KOM(2008) 389, S. 10: Den dritten Pfeiler zur Schaffung eines einheitlichen europäischen Luftraumes bildet die Öffnung für neue Technologien. Daneben stehen der erste Pfeiler „Leistungsregulierungen", der zweite Pfeiler „Ein einheitlicher Sicherheitsrahmen" sowie der vierte Pfeiler „Verwaltung der Kapazität am Boden"; Erwägungsgrund Nummer 1 VO (EU) Nr. 721/2014.

1668 Erwägungsgrund Nummer 2 VO (EU) Nr. 721/2014; *Schwenk/Giemulla*, Hdb. des Luftverkehrsrechts, Kapitel 5, S. 181, Rn. 31; Sonderbericht des Europäischen Rechnungshofes Nr. 18/2017, S. 38; *Müller*, S. 30 f.

1669 KOM(2008) 389, S. 3; Erwägungsgrund Nummer 3 VO (EU) Nr. 721/2014; 50 Millionen Euro wurden dabei von der EU getragen und die restlichen 10 Millionen Euro von der Industrie, siehe Datenblatt SESAR unter https://www.sesarju.eu/sites/default/files/Factsheet_SESAR_A4.pdf, zuletzt abgerufen am 20.02.2023.

1670 Erwägungsgrund Nummer 8 VO (EG) Nr. 219/2007.

1671 Der SESAR-Masterplan wurde am 30.03.2009 als ATM-Generalplan vom Rat gebilligt, Beschluss des Rates 2009/320/EG vom 30.03.2009 zur Billigung des europäischen Generalplans für das Flugverkehrsmanagement des Projekts Single European Sky ATM Research (SESAR), ABl. EG Nr. L 95 vom 09.04.2009, S. 41; Erwägungsgrund

Arbeitsprogramm zur Realisierung der Zielkonzepte einschließlich der verschiedenen Errichtungsstrategien festlegt.[1672]

Auf die Definitionsphase folgt die Entwicklungsphase (Abschnitt 1: 2008–2016, Finanzierung aus dem Programmplanungszeitraum 2008–2013; Abschnitt 2: Verlängerung bis 2024 und bezogen auf das Programm SESAR 2020 mit einer maximalen Laufzeit von 2016–2024), in deren Rahmen neue Ausrüstungen, Standards oder Systeme ausgearbeitet werden sollen, mit denen die Entwicklung zu einem lückenlosen interoperablen europäischen Flugverkehrsmanagement-System gewährleistet wird.[1673] Hierzu sollen auch die rechtlichen Grundlagen für die Umsetzung der Maßnahmen vorbereitet werden.[1674] Die Entwicklungsphase wird von dem „Gemeinsamen Unternehmen" SESAR (SESAR JU, kurz SJU[1675]) geleitet und verwaltet.[1676] An die Entwicklungsphase schließt sich die Errichtungsphase an (2014–2024), die die großmaßstäbliche Etablierung und Inbetriebnahme der neuen ATM-Infrastruktur unterstützen soll.[1677] Die Infrastruktur soll dabei aus komplett harmonisierten

---

Nummer 3 VO (EU) Nr. 721/2014; der ATM-Generalplan wird im Verlauf von SESAR nach Bedarf aktualisiert und die ersten vorteilhaften Ergebnisse aus SESAR in die neuste Auflage übernommen. Die aktuellste Fassung stammt aus dem Jahr 2020. Der ATM-Generalplan ist abzurufen unter https://www.atmmasterplan.eu/, zuletzt abgerufen am 20.02.2023; zum Generalplan siehe ausf. Kapitel 5, C., III.

1672 Erwägungsgrund Nummer 9 VO (EG) Nr. 219/2007; Erwägungsgrund Nummer 3 VO (EU) Nr. 721/2014.

1673 Europäischer Rechnungshof, Bericht über den Jahresabschluss 2014 des gemeinsamen Unternehmens SESAR vom 06.10.2015, S. 3; Erwägungsgrund Nummer 10 VO (EG) Nr. 219/2007; Datenblatt SESAR, abzurufen unter http://www.sesarju.eu/sites/default/files/documents/events/showcase2016/Factsheet_SESAR_A4.pdf, zuletzt abgerufen am 20.02.2023.

1674 *Schwenk/Giemulla*, Hdb. des Luftverkehrsrechts, Kapitel 5, S. 182, Rn. 31.

1675 Abkürzung für Joint Undertaking; siehe zu SESAR JU (SJU) ausf. Kapitel 5, C., IV.

1676 Siehe Art. 1 VO (EG) Nr. 219/2007; Erwägungsgrund Nummer 4 VO (EU) Nr. 721/2014; *Schwenk/Giemulla*, Hdb. des Luftverkehrsrechts, Kapitel 5, S. 182, Rn. 32.

1677 Europäischer Rechnungshof, Bericht über die Jahresrechnung 2017 des Gemeinsamen Unternehmens für die Forschung zum Flugverkehrsmanagement für den einheitlichen europäischen Luftraum zusammen mit den Antworten des Gemeinsamen Unternehmens vom 02.10.2018, S. 5, abzurufen unter https://www.eca.europa.eu/lists/ecadocuments/sesar_2017/sesar_2017_de.pdf, zuletzt abgerufen am 28.02.2023; Erwägungsgrund Nummer 11 VO (EG) Nr. 219/2007; mittlerweile wird davon ausgegangen, dass die Entwicklungsphase bis ins Jahr 2035 andauern wird. Dazu Datenblatt SESAR, abzurufen unter http://www.sesarju.eu/sites/default/files/documents/

und interoperablen Elementen bestehen, die einen hochleistungsfähigen europäischen Luftverkehr gewährleisten.[1678]

## 2. *Definitionsphase (2004–2008)*

Die „Definitionsphase“ des SESAR-Projekts dauerte von 2004 bis 2008 und wurde unter der Verantwortung von EUROCONTROL von einem nach öffentlicher Ausschreibung ausgewählten Unternehmenskonsortium durchgeführt und mit Mitteln des Programms für die transeuropäischen Netze aus dem EU-Haushalt co-finanziert.[1679] Sie wurde realisiert durch das vertraglich vereinbarte SESAR-Konsortium[1680], das die Kräfte und den Sachverstand aller einschlägigen ATM-Akteure[1681] zusammenführte und bündelte.[1682] Ein Kernstück der während der SESAR-Definitionsphase zu erbringenden Leistungen lag in der Ausarbeitung des SESAR-Masterplans, in dem die Bereiche der Leistungsverbesserung, die Elemente des ATM-Zielkonzepts und die Kosten-Nutzen-Analyse kombiniert wurden und der den Fahrplan für die Einführung der operationellen

---

events/showcase2016/Factsheet_SESAR_A4.pdf und https://www.sesarju.eu/sites/default/files/Factsheet_SESAR_A4.pdf (beide zuletzt abgerufen am 28.02.2023).

1678 Erwägungsgrund Nummer 11 VO (EG) Nr. 219/2007.

1679 Erwägungsgrund Nummer 9 VO (EG) Nr. 219/2007; Erwägungsgrund Nummer 3 VO (EU) Nr. 721/2014; siehe auch Europäischer Rechnungshof, Bericht über den Jahresabschluss 2014 des gemeinsamen Unternehmens SESAR vom 06.10.2015, S. 3; Bericht über die Jahresrechnung 2015 des gemeinsamen Unternehmens für die Forschung zum Flugverkehrsmanagement für den einheitlichen europäischen Luftraum, zusammen mit der Antwort des gemeinsamen Unternehmens, ABl. (EU) Nr. C 473 vom 16.12.2016, S. 66 ff., S. 67; ebenso Europäischer Rechnungshof, Bericht über die Jahresrechnung 2017 des Gemeinsamen Unternehmens für die Forschung zum Flugverkehrsmanagement für den einheitlichen europäischen Luftraum zusammen mit den Antworten des Gemeinsamen Unternehmens vom 02.10.2018, S. 5.

1680 Das SESAR-Konsortium stellte eine einzigartige Initiative mit einer Bündelung des besten europäischen Fachwissens auf dem Gebiet des Flugverkehrsmanagements dar, KOM(2008) 750, S. 2 f.

1681 Insg. 30 Unternehmen. In die Arbeiten des Konsortiums waren auch die jeweiligen Personalvertreter und die Verteidigungsbehörden eingebunden. Im Hinblick auf die Interoperabilität mit den anderen Teilen der Welt waren auch außereuropäische Unternehmen (Honeywell, Boeing, Rockwell) an der Definitionsphase beteiligt, siehe Mitteilung der Kommission, Stand des Vorhabens zur Errichtung des europäischen Flugverkehrsmanagementsystems der neuen Generation (SESAR) vom 15.03.2007 KOM(2007) 103 endgültig, S. 4.

1682 KOM(2008) 750, S. 2 f.; KOM(2007) 103, S. 4 f.; siehe auch *Bues*, S. 168.

Verbesserung in einem kohärenten SESAR-Arbeitsprogramm festlegt.[1683] Das SESAR-Konsortium fasste die Ergebnisse der Definitionsphase strukturiert in sechs Meilensteindokumenten (D1 bis D6)[1684] zusammen, die als Grundlage für die Implementierung eines bedarfsgerechten ATM-Systems dienen.[1685] Der ATM-Generalplan (D5) bildet die Grundlage der ersten Fassung des am 30. März 2009 vom Rat gebilligten europäischen Generalplans zur Modernisierung des europäischen Flugverkehrsmanagements.[1686] Er gründet die Basis für eine koordinierte und effiziente Umsetzung der in SESAR neu entwickelten Technologien und Arbeitsabläufe und ist das Hauptwerkzeug zur Realisierung des SESAR Target Concepts[1687] (D3).[1688]

### *a) Der ATM-Generalplan*

Der ATM-Generalplan (D5) als das Resultat der Definitionsphase bildet die Grundlage der ersten Fassung des europäischen Generalplans für das

---

1683 KOM(2008) 750, S. 3.

1684 In der SESAR-Definitionsphase waren folgende sechs Hauptleistungen zu erbringen: (Deliverables 1 bis 6, kurz D1 bis D6). D1 – The Air Transport Framework – The Current Situation (Ref. V3.0, 31.01.2006); D2 – The Performance Target (Ref. DLM-0607-001-02-00a, 22.12.2006); D3 – The ATM Target Concept (Ref. DLM-0612-001-02-00a, 27.09.2007); D4 – The Deployment Sequence (Ref. DLM-0706-001-02-00, 01.02.2008); D5 – SESAR Masterplan (Ref. DLM-0710-001-02-00, 21.04.2008); D6 – Work Programme for 2008–2013 (Ref. DLM-0710-002-02-00, 21.04.2008), alle Dokumente abzurufen (zuletzt am 20.01.2023) unter https://www.atmmasterplan.eu/; siehe dazu auch KOM(2008) 750, S. 3, Fn. 5; ebenso *Bues*, S. 168.

1685 *Mensen*, Hdb. der Luftfahrt, S. 344; ähnlich *Bues*, S. 168.

1686 „ATM-Generalplan", Erwägungsgrund Nummer 3 VO (EU) Nr. 721/2014. Ausgehend von der Bewertung des SESAR-Masterplans in KOM(2008) 750 schlug die Kommission vor, dass der SESAR-Masterplan als ATM-Generalplan vom Rat gebilligt werden solle. Die Billigung des SESAR-Masterplans als ersten ATM-Generalplan bedeutete für die EU-Mitgliedstaaten keine weiteren Verpflichtungen neben denen, die in der Entschließung des Rates zur Einleitung der Entwicklungsphase des SESAR-Programms bereits enthalten waren, KOM(2008) 750, S. 8.

1687 Das ATM Target Concept legt die Forschungs- und Entwicklungsgebiete des neuen ATM-Systems fest, indem es das zukünftige Betriebskonzept, dessen Architektur und die unterstützenden Technologien beschreibt, so *Bues*, S. 169 f.

1688 *Koos*, promet 2014, S. 135 ff. (136); Bericht der Kommission an das Europäische Parlament und den Rat über den Fortschritt bei der Verwirklichung des einheitlichen europäischen Luftraumes im Zeitraum 2012–2014, COM(2015) 663 final, S. 6; European ATM-Masterplan, Edition 2020, S. 17 ff. Vgl. ferner https://www.sesarju.eu/masterplan, zuletzt abgerufen am 28.02.2023.

Flugverkehrsmanagement und ist faktisch der europäische Plan[1689] zur Modernisierung des Flugverkehrsmanagements.[1690] Er regelt auf höchster Ebene die Entwicklung und Einführung des neuen ATM-Systems, das auf dem neuen ATM-Konzept aufbaut und zur Realisierung der Ziele des einheitlichen europäischen Luftraumes erheblich beiträgt.[1691] Der Generalplan beschreibt nicht nur eine hochrangige Sicht auf das, was getan werden muss, um ein leistungsstarkes ATM-System zu liefern, sondern erklärt auch, warum und wann.[1692] Er dient somit der Steuerung des Arbeitsprogramms während der Entwicklungsphase und ist auf ähnliche Weise auch in der Errichtungsphase ein wichtiges Gestaltungsinstrument.[1693] Das Gemeinsame Unternehmen SESAR ist für die Durchführung des ATM-Generalplans zuständig.[1694] Durch die VO (EG) Nr. 219/2007[1695] zur Gründung eines gemeinsamen Unternehmens zur Entwicklung

---

1689 Eine aktuelle Version des European ATM-Masterplan, Edition 2020 ist unter https://www.atmmasterplan.eu/ abzurufen (zuletzt abgerufen am 28.02.2023); ebenso KOM(2008) 750, S. 10 ff.

1690 Erwägungsgrund Nummer 1 VO (EU) Nr. 721/2014; KOM(2008) 750, S. 2; KOM(2011) 923, S. 4; VO (EG) Nr. 1361/2008 des Rates vom 16.12.2008 zur Änderung der VO (EG) Nr. 219/2007 zur Gründung eines gemeinsamen Unternehmens zur Entwicklung des europäischen Flugverkehrsmanagementsystems der neuen Generation (SESAR), ABl. EU Nr. L 352 vom 31.12.2008, S. 12–17; so auch KOM(2008) 483 endgültig, S. 25; *Schwenk/Giemulla*, Hdb. des Luftverkehrsrechts, Kapitel 5, S. 181, Rn. 31.

1691 KOM(2008) 750, S. 3; European ATM-Masterplan, Edition 2020, S. 7 ff., abzurufen (zuletzt abgerufen am 28.02.2023) unter https://www.atmmasterplan.eu/; ebenso *Thomas*, Europäisches Parlament, Luftverkehr: Einheitlicher Europäischer Luftraum, 11/2015.

1692 European ATM Masterplan, Edition 2020, S. 7 ff.

1693 Bericht der Kommission an das Europäische Parlament und den Rat über die Zwischenbewertung des gemeinsamen Unternehmens SESAR und seiner Fortschritte bei der Durchführung des europäischen Masterplans für das Flugverkehrsmanagement vom 24.01.2011, KOM(2011) 14 endgültig, S. 11.

1694 KOM(2008) 750, S. 9; *Schwenk/Giemulla*, Hdb. des Luftverkehrsrechts, Kapitel 5, S. 182, Rn. 33.

1695 VO (EG) Nr. 219/2007 des Rates vom 27.02.2007 zur Gründung eines gemeinsamen Unternehmens zur Entwicklung des europäischen Flugverkehrsmanagementsystems der neuen Generation (SESAR), ABl. EG Nr. L 64 vom 02.03.2007, S. 1–11, zuletzt geändert durch VO (EU) Nr. 721/2014 des Rates vom 16.06.2014 zur Änderung der VO (EG) Nr. 219/2007 zur Gründung eines gemeinsamen Unternehmens zur Entwicklung des europäischen Flugverkehrsmanagementsystems der neuen Generation (SESAR) im Hinblick auf die Verlängerung der Bestandsdauer des gemeinsamen Unternehmens bis 2024, ABl. EU Nr. L 192 vom 01.07.2014, S. 1–8.

des europäischen Flugverkehrsmanagementsystems der neueren Generation hat sich die Europäische Kommission, vertreten durch den Europäischen Rat und EUROCONTROL, dieses technologiebezogenen[1696] Bestandteils des einheitlichen europäischen Luftraumes angenommen und ein gemeinsames Unternehmen im Sinne des Art. 187 AEUV gegründet, um die Abläufe des Entwicklungsprozesses des SESAR-Projekts zu verwalten.[1697]

### *b) Modifikationen des ATM-Generalplans (2012 und 2015)*

Da der ATM-Generalplan ein evolutives Dokument[1698] darstellt, musste ein Verfahren für den Beschluss zukünftiger Änderungen vereinbart werden.[1699] Steht eine erhebliche Änderung[1700] des ATM-Generalplans zur Prüfung durch den Verwaltungsrat an, so wird sie allen Mitgliedern einschließlich der Europäischen Kommission zugeleitet.[1701] Die Kommission informiert den Ausschuss für den einheitlichen Luftraum über die vom „SESAR Joint Undertaking“[1702] eingebrachte Änderung, um im Ausschuss den Standpunkt der Union zu dem Vorschlag festzulegen.[1703] Im Rahmen dieser Konsultation üben die EU-Mitgliedstaaten weiterhin ihre Kontrolle über den ATM-Generalplan und dessen Durchführung aus.[1704] Bei einer Abstimmung über

1696 Erwägungsgrund Nummer 2 der VO (EG) Nr. 219/2007; ebenso Erwägungsgrund Nummer 1 VO (EU) Nr. 721/2014.

1697 *Schwenk/Giemulla*, Hdb. des Luftverkehrsrechts, Kapitel 5, S. 182, Rn. 32; siehe auch *Bues*, S. 214; Erwägungsgrund Nummer 4 VO (EU) Nr. 721/2014.

1698 So *Bues*, S. 171.

1699 KOM(2008) 750, S. 8.

1700 Siehe KOM(2008) 750, S. 8, Fn. 20: Änderungen sind dann erheblich, wenn sie Auswirkungen auf Investitionen (Kosten), Leistungen (Nutzen) oder Fristen haben. Geringfügige Änderungen behandelt SJU intern.

1701 KOM(2008) 750, S. 9; *Bues*, S. 171.

1702 Kurz SJU, eine Kooperationsgemeinschaft der Europäischen Kommission und EUROCONTROL mit Beteiligung von 15 Unternehmen der Luftfahrtbranche, siehe *Koos*, promet 2014, S. 135 ff. (136); ebenso Datenblatt SESAR, https://www.sesarju.eu/sites/default/files/Factsheet_SESAR_A4.pdf, zuletzt abgerufen am 28.02.2023.

1703 Art. 5 Abs. 4 VO (EU) Nr. 721/2014 und Beschluss Nr. 1999/468/EG des Rates vom 28.06.1999 zur Festlegung der Modalitäten für die Ausübung der der Kommission übertragenen Durchführungsbefugnisse, ABl. EU Nr. L 184 vom 17.07.1999, S. 23–26; siehe KOM(2008) 750, S. 9.

1704 KOM(2008) 750, S. 9.

eine Änderung des Plans im Verwaltungsrat vertritt die Europäische Kommission den Standpunkt der Union.[1705]

Der europäische ATM-Generalplan wurde erstmals 2012 aktualisiert.[1706] In dieser „Edition 2“ wurden die „wesentlichen betrieblichen Änderungen“ vorgegeben, die in drei Hauptstufen umzusetzen sind und zur vollen Verwirklichung des SESAR-Konzepts bis 2030 führen sollen.[1707] Die drei Stufen setzen unterschiedliche Schwerpunkte: Stufe 1 betrifft den zeitlich bezogenen Betrieb und legt den Schwerpunkt auf die Freisetzung verborgener Potenziale, insbesondere durch die Verbesserung des Informationsaustauschs zwischen den Akteuren zur Optimierung der Netzeffekte.[1708] Die zweite Stufe, der flugwegbezogene Betrieb, konzentriert sich auf die Entwicklung des systemweiten Informationsmanagements (SWIM) und erste Flugweg-Managementkonzepte zur Effizienzsteigerung.[1709] Stufe 3, die „leistungsbezogenen Verbesserungen“, soll durch die Einführung eines eingegliederten Flugwegmanagements mit neuen Staffelungsmodi zur Umsetzung des nachhaltigen Zieles des Single European Sky beitragen.[1710] Das Arbeitsprogramm von SJU enthält alle Elemente der ersten Stufe und in Anbetracht der Ausgereiftheit von Technologie und Betrieb auch schon etwa 80 % der Elemente der zweiten Stufe des ATM-Generalplans.[1711]

Dessen ungeachtet unterliegt der europäische ATM-Generalplan ständigem Wandel, Korrekturen, Änderungen und Weiterentwicklungen, um die ATM-Verfahren und -Technologien zeitnah und effizient errichten zu können. Eine weitere Fassung des ATM-Generalplans stammt vom Dezember 2015.[1712]

---

1705 KOM(2008) 750, S. 9, siehe auch dazu Art. 5 Abs. 2 VO (EU) Nr. 721/2014.

1706 COM(2015) 663, S. 6.

1707 Vorschlag für eine Verordnung des Rates zur Änderung der Verordnung (EG) Nr. 219/2007 des Rates vom 27.02.2007 zur Gründung eines gemeinsamen Unternehmens zur Entwicklung des europäischen Flugverkehrsmanagementsystems der neuen Generation (SESAR) im Hinblick auf die Verlängerung der Bestandsdauer des gemeinsamen Unternehmens bis 2024 vom 10.07.2013, COM(2013) 503, S. 3.

1708 COM(2013) 503, S. 3; Erwägungsgrund Nummer 3 VO (EU) Nr. 721/2014; *Koos*, promet 2014, S. 135 ff. (137).

1709 COM(2013) 503, S. 3; Erwägungsgrund Nummer 3 VO (EU) Nr. 721/2014; *Koos*, promet 2014, S. 135 ff. (137).

1710 COM(2013) 503, S. 3; Erwägungsgrund Nummer 3 VO (EU) Nr. 721/2014; *Koos*, promet 2014, S. 135 ff. (137).

1711 Erwägungsgrund Nummer 5 VO (EU) Nr. 721/2014; COM(2013) 503, S. 3.

1712 Abzurufen unter https://www.atmmasterplan.eu/downloads, zuletzt abgerufen am 18.02.2023.

Diese Aktualisierung bildet die Grundlage für die zeitnahe, koordinierte und effiziente Errichtung neuer ATM-Technologien und operativer ATM-Verfahren.[1713] Die Entwicklungs- und Errichtungstätigkeiten sollen stärker verbunden werden.[1714] Zudem umfasst der Plan die SESAR-Vorstellungen bis zum Jahr 2035 eine leistungsstarke Luftfahrt in Europa zu verwirklichen sowie das SESAR-Arbeitsprogramm 2020 fortzuschreiben.[1715] SESAR verfolgt einen von der Flugwegführung abhängigen Betrieb, was bedeutet, dass die Flugsicherungsdienste den Flugzeugen gestatten können, ihre bevorzugte Strecke zu fliegen, ohne durch Luftraumkonfigurationen eingeschränkt zu werden.[1716] Die aktuellste Fassung stammt aus dem Jahr 2020.[1717]

### 3. *Entwicklungsphase (2008–2016, verlängert bis 2024)*

An die Definitionsphase schließt sich bereits seit 2008 die Entwicklungsphase an.[1718] Diese Phase wird in zwei Perioden untergliedert. Die erste Periode (SESAR 1) lief von 2008 bis 2016[1719] und Periode 2 (SESAR 2020) von 2016–2024[1720]. Die Entwicklungsphase wird vom gemeinsamen Unternehmen SESAR[1721] verwaltet und soll zur Einrichtung neuer technologischer Systeme, Komponenten und operativer Verfahren führen, wie es im europäischen ATM-Generalplan vorgegeben ist.[1722]

---

1713 Bericht der Kommission an das Europäische Parlament und den Rat über die Fortschritte bei der Verwirklichung des einheitlichen europäischen Luftraumes im Zeitraum 2012–2014 vom 16.12.2015, COM(2015) 663 final, S. 6; siehe auch *Koos*, promet 2014, S. 135 ff. (136).

1714 COM(2015) 663, S. 7.

1715 COM(2015) 663, S. 7.

1716 COM(2015) 663, S. 7.

1717 Die aktuellste Version des European ATM-Masterplan ist jeweils unter https://www.atmmasterplan.eu/ abzurufen (zuletzt abgerufen am 28.02.2023).

1718 *Bues*, S. 173.

1719 Finanziert aus dem Programmplanungszeitraum 2008–2013, Europäischer Rechnungshof, Bericht über den Jahresabschluss 2014 des gemeinsamen Unternehmens SESAR vom 06.10.2015, S. 3.

1720 Finanziert aus dem Programmplanungszeitraum 2014–2020, siehe Europäischer Rechnungshof, Bericht über den Jahresabschluss 2013 des gemeinsamen Unternehmens SESAR vom 21.10.2014, S. 3.

1721 Siehe dazu ausf. Kapitel 5, C., IV.

1722 Europäischer Rechnungshof, Bericht über die Jahresrechnung 2017 des Gemeinsamen Unternehmens für die Forschung zum Flugverkehrsmanagement für den

Die Entwicklung und Validierung von Prototypen steht dabei im Mittelpunkt.[1723]

Auf der Grundlage des ATM-Generalplans wird der SESAR-Entwicklungsprozess in drei Stufen unterteilt, nämlich den zeitbezogenen Betrieb (Stufe 1, „time based operations"), den flugwegbezogenen Betrieb (Stufe 2, „trajectory based operations") und den leistungsbezogenen Betrieb (Stufe 3, „performance based operations").[1724] Zuerst steht die zeitliche Komponente im Vordergrund, genauer gesagt das Ziel, eine höhere Effizienz durch kürzere Flugrouten zu erzielen.[1725] Die zweite Ebene sieht die Flugplanung auf Basis von 4D-Trajektorien[1726] vor.[1727] Im abschließenden dritten Schritt werden die Systeme, Produkte und Strukturen unter dem Gesichtspunkt der Optimierung der Leistung des Gesamtsystems und unter der Berücksichtigung aller individuellen Wünsche und zur Verfügung stehenden Informationen entwickelt.[1728] Die der Entwicklungsphase zugeordneten Arbeitspakete umfassen außerdem die Bereiche Validation Infrastructure Adaptation, Integration, En-route-Operations, TMA Operations, Airport Operations, Network Operations, Information Management, Aircraft, En Route & Approach ATC Systems, Airport Systems, Network Information Management System, SWIM Technical Architecture, Non Avionic CNS Systems, R&D Transversal Areas, Target Concept and Architecture Maintenance und Generalplan Maintenance.[1729]

---

einheitlichen europäischen Luftraum zusammen mit den Antworten des Gemeinsamen Unternehmens vom 02.10.2018, S. 6; Europäischer Rechnungshof, Bericht über den Jahresabschluss 2014 des gemeinsamen Unternehmens SESAR vom 06.10.2015, S. 3; Bericht über die Jahresrechnung 2015 des gemeinsamen Unternehmens für die Forschung zum Flugverkehrsmanagement für den einheitlichen europäischen Luftraum vom 16.12.2016, S. 67.

1723 Deutscher Wetterdienst DWD, SESAR – Entwicklung und Umsetzung, S. 2, März 2018, abzurufen unter https://www.dwd.de/DE/fachnutzer/luftfahrt/teaser/aktuelles/23_sesar_download.pdf?__blob=publicationFile&v=3 (zuletzt 10.02.2023).

1724 Erwägungsgrund Nummer 3 VO (EU) Nr. 721/2014; *Koos*, promet 2014, S. 135 ff. (137); Presseveröffentlichung vom 08.12.2008: SESAR baut auf einzigartige öffentlich-private Partnerschaft zur Modernisierung des europäischen Luftraumes, S. 4.

1725 *Koos*, promet 2014, S. 135 ff. (137).

1726 Kapitel 10, A. geht näher darauf ein.

1727 *Koos*, promet 2014, S. 135 ff. (137).

1728 *Koos*, promet 2014, S. 135 ff. (137).

1729 *Mensen*, Hdb. der Luftfahrt, S. 345; bildlich dargestellt bei *Koos*, promet 2014, S. 135 ff. (137), Abb. 3-1.

### 4. *Errichtungsphase (2014–2035)*

Parallel schließt sich an die Entwicklungsphase seit 2015 die Errichtungsphase (geplant 2015–2035) an.[1730] Diese dient der großmaßstäblichen Einrichtung und Inbetriebnahme der neuen harmonisierten ATM-Infrastruktur und steht unter der Leitung von Industrie und einschlägigen Akteuren.[1731] Für diese Phase werden Kosten im Bereich von 18 bis 28 Milliarden Euro erwartet.[1732]

Der Masterplan wird in enger Zusammenarbeit mit allen ATM-Akteuren regelmäßig aktualisiert, um auf die sich entwickelnde Luftfahrtlandschaft zu reagieren.[1733] Die Ausgabe 2020 des europäischen ATM-Masterplans wurde im Dezember 2019 publiziert.[1734] Sie ersetzt alle anderen Versionen des Masterplans. In diese jüngste Ausgabe sind mehrere unterstützende und ergänzende Studien und Analysen eingeflossen:

Ein Vorschlag zur künftigen Architektur des europäischen Luftraums wurde vom Gemeinsamen Unternehmen SESAR mit Unterstützung des Netzmanagers erarbeitet und der Europäischen Kommission im Februar 2019 vorgelegt.[1735] Der als „Studie zur Luftraumarchitektur" bekannte Vorschlag zielt darauf ab, die Herausforderung der Luftraumkapazität kurz- bis langfristig zu meistern, indem die Luftraumkonfiguration und -gestaltung mit Technologien verknüpft werden, die die Erbringung von Diensten von der lokalen Infrastruktur entkoppeln und den Grad der Zusammenarbeit und Automatisierungsunterstützung allmählich

1730 Datenblatt SESAR, abzurufen unter https://www.sesarju.eu/sites/default/files/Factsheet_SESAR_A4.pdf, zuletzt abgerufen am 20.02.2023.

1731 Europäischer Rechnungshof, Bericht über die Jahresrechnung 2017 des Gemeinsamen Unternehmens für die Forschung zum Flugverkehrsmanagement für den einheitlichen europäischen Luftraum zusammen mit den Antworten des Gemeinsamen Unternehmens vom 02.10.2018, S. 5; Europäischer Rechnungshof, Bericht über die Jahresrechnung 2015 des gemeinsamen Unternehmens für die Forschung zum Flugverkehrsmanagement für den einheitlichen europäischen Luftraum zusammen mit der Antwort des gemeinsamen Unternehmens, ABl. (EU) Nr. C 473 vom 16.12.2016, S. 66–75; Bericht über die Jahresrechnung 2015 des gemeinsamen Unternehmens für die Forschung zum Flugverkehrsmanagement für den einheitlichen europäischen Luftraum, S. 67.

1732 https://www.sesarju.eu/sites/default/files/Factsheet_SESAR_A4.pdf, zuletzt abgerufen am 20.02.2023.

1733 https://www.sesarju.eu/masterplan2020, zuletzt abgerufen am 20.02.2023.

1734 Abzurufen unter https://www.atmmasterplan.eu/.

1735 „A proposal for the future architecture of the European airspace", abzurufen unter https://www.sesarju.eu/node/3253, zuletzt abgerufen am 20.02.2023.

erhöhen.[1736] So soll sichergestellt werden, dass der Luftraum entsprechend den betrieblichen Erfordernissen optimiert wird, unabhängig von Fluginformationsgebieten (FIRs) oder nationalen Grenzen.[1737] In dieser Ausgabe des Masterplans werden die Wechselbeziehungen zwischen den unterstützenden technologischen Fahrplänen ordnungsgemäß ermittelt und bewertet, um den kritischen Pfad in Bezug auf Abhängigkeiten und Zeitpläne für die Defragmentierung des europäischen Luftraumes durch Virtualisierung und den freien Datenfluss zwischen vertrauenswürdigen Nutzern im gesamten Netz aufzuzeigen.[1738] Die Fragen der Souveränität, der Verantwortung und der Haftung sind wichtige Aspekte, die von der Europäischen Kommission in einer speziellen Studie behandelt werden.[1739]

Der Fahrplan für die sichere Integration von Drohnen[1740] in alle Luftraumklassen wurde vom SESAR-Verwaltungsrat im März 2018 angenommen.[1741] Darin wird dargelegt, welche Forschung und Entwicklung im Zusammenhang mit Drohnen vorrangig durchgeführt werden sollten, um die Expansion des Drohnenmarkts zu unterstützen und eine reibungslose, sichere und faire Integration dieser neuen Luftfahrzeugsysteme in den europäischen Luftraum zu erreichen.[1742] Dazu gehört der U-Space[1743], ein Rahmen, der die Entwicklung und Umsetzung eines Drohnenmanagementsystems beschleunigen soll, insbesondere, aber nicht nur, für den sehr niedrigen Luftraum, sowie Bestimmungen zur Integration großer ferngesteuerter Luftfahrzeugsysteme in den bemannten Verkehr.[1744]

---

1736 So https://www.sesarju.eu/masterplan2020, zuletzt abgerufen am 28.02.2023.

1737 So https://www.sesarju.eu/masterplan2020, zuletzt abgerufen am 28.02.2023.

1738 https://www.sesarju.eu/masterplan2020, zuletzt abgerufen am 28.02.2023.

1739 https://www.sesarju.eu/masterplan2020, zuletzt abgerufen am 28.02.2023.

1740 Mehr zu Drohnen siehe Kapitel 10, B.

1741 European ATM Master Plan: Roadmap for the safe integration of drones into all classes of airspace, abzurufen unter https://www.sesarju.eu/node/2993, zuletzt abgerufen am 28.03.2023; https://www.sesarju.eu/masterplan2020, zuletzt abgerufen am 28.02.2023.

1742 European ATM Master Plan: Roadmap for the safe integration of drones into all classes of airspace, abzurufen unter https://www.sesarju.eu/node/2993, zuletzt abgerufen am 28.03.2023.

1743 Sehr ausf. zum Konzept U-Space und dessen Umsetzung *Worpenberg/Valentiner/Johannsen/Goldberg*, NVwZ – Extra 2022, S. 1 ff. (1 ff.).

1744 European ATM Master Plan: Roadmap for the safe integration of drones into all classes of airspace, abzurufen unter https://www.sesarju.eu/node/2993, zuletzt

## IV. Das gemeinsame Unternehmen SESAR

Aufgrund der in den Prozess einzubeziehenden Beteiligtendichte, des zwingenden technischen Sachverstands und der notwendigen finanziellen Mittel war für die effiziente Durchführung der Maßnahmen die Gründung einer juristischen Person erforderlich, die es vermag, die Verwaltung der Mittel des SESAR-Projekts während der Entwicklungsphase[1745] sicherzustellen.[1746] Daraufhin wurde durch die VO (EG) Nr. 219/2007 das gemeinsame Unternehmen SESAR (kurz „SJU“[1747]) gegründet, um die Tätigkeiten des Entwicklungsprozesses des SESAR-Projekts zu verwalten.[1748] Zunächst für den Zeitraum 2007–2013 geplant, änderte der Rat im Juni 2014 die ursprüngliche Verordnung und dehnte die Bestandsdauer des SJU bis zum 31. Dezember 2024 aus.[1749] Inzwischen wurde für den Zeitraum bis zum 31. Dezember

---

abgerufen am 28.03.2023; https://www.sesarju.eu/masterplan2020, zuletzt abgerufen am 28.02.2023.

1745 Periode 1: 2008–2016, Finanzierung aus dem Programmplanungszeitraum 2008–2013; Periode 2: Verlängerung bis 2024 und bezogen auf das Programm SESAR 2020 mit einer maximalen Laufzeit von 2016–2024, siehe dazu Europäischer Rechnungshof, Bericht über den Jahresabschluss 2014 des gemeinsamen Unternehmens SESAR vom 06.10.2015, S. 3.

1746 Erwägungsgrund Nummer 12 VO (EG) Nr. 219/2007; Erwägungsgrund Nummer 4 VO (EU) Nr. 721/2014; Presseveröffentlichung SJU vom 08.12.2008, „SESAR baut auf einzigartige öffentlich-private Partnerschaft zur Modernisierung des europäischen Luftraumes“, abzurufen unter (zuletzt am 20.02.2023) http://www.sesarju.eu/sites/default/files/documents/press-releases/SESAR_Launch_PR_DE_08122008.pdf; Europäischer Rechnungshof, Bericht über den Jahresabschluss 2014 des gemeinsamen Unternehmens SESAR vom 06.10.2015, S. 3.

1747 Kurz für „SESAR Joint Undertaking“, abgekürzt SJU oder SESAR JU.

1748 VO (EG) Nr. 219/2007 des Rates vom 27.02.2007 zur Gründung eines gemeinsamen Unternehmens zur Entwicklung des europäischen Flugverkehrsmanagementsystems der neuen Generation (SESAR), ABl. EG Nr. L 64 vom 02.03.2007, S. 1–11. Die VO wurde inzwischen durch VO (EU) 2021/2085 des Rates vom 19.11.2021 zur Gründung der gemeinsamen Unternehmen im Rahmen von „Horizont Europa“ und zur Aufhebung der VOen (EG) Nr. 219/2007, (EU) Nr. 557/2014, (EU) Nr. 558/2014, (EU) Nr. 559/2014, (EU) Nr. 560/2014, (EU) Nr. 561/2014 und (EU) Nr. 642/2014, ABl. EU Nr. L 427 vom 30.11.2021, S. 17–119 aufgehoben; *Schwenk/Giemulla*, Hdb. des Luftverkehrsrechts, Kapitel 5, S. 182, Rn. 32.

1749 VO (EU) Nr. 721/2014 des Rates vom 16.06.2014 zur Änderung der VO (EG) Nr. 219/2007 zur Gründung eines gemeinsamen Unternehmens zur Entwicklung des europäischen Flugverkehrsmanagementsystems der neuen Generation (SESAR) im Hinblick auf die Verlängerung der Bestandsdauer des gemeinsamen Unternehmens

2031 das gemeinsame Unternehmen SESAR 3 JU[1750] gegründet[1751], das auf den Arbeiten und Errungenschaften der vorherigen SESAR-Forschungs- und Innovationsprogramme aufbaut.[1752]

## *1. Rechtsgrundlage für ein Tätigwerden der Europäischen Union*

Das Recht, in diesem Bereich tätig zu werden, wird der Europäischen Union durch Art. 187 AEUV verliehen. Gemäß Art. 187 AEUV ist es der Union ausdrücklich erlaubt, gemeinsame Unternehmen zu gründen oder andere Strukturen zu schaffen, die für die ordnungsgemäße Durchführung der Programme für Forschung, technologische Entwicklung und Demonstration der Union erforderlich sind. Um die technische Reform durchführen zu können, gründeten die EU, EUROCONTROL und 15 öffentliche und private Unternehmen aus dem Bereich der Luftfahrtbranche[1753] das Unternehmen SESAR (SJU)[1754], das als „öffentlich-private Partnerschaft" (ÖPP) ausgerichtet ist.[1755]

---

bis 2024, ABl. EU Nr. L 192 vom 01.07.2014, S. 1–8; Europäischer Rechnungshof, Bericht über den Jahresabschluss 2014 des gemeinsamen Unternehmens SESAR vom 06.10.2015, S. 3; Europäischer Rechnungshof, Bericht über die Jahresrechnung 2017 des Gemeinsamen Unternehmens für die Forschung zum Flugverkehrsmanagement für den einheitlichen europäischen Luftraum zusammen mit den Antworten des Gemeinsamen Unternehmens vom 02.10.2018, S. 4.

1750 Mehr dazu siehe Kapitel 5, C., V.

1751 Art. 3, Abs. 1, lit. h) VO (EU) 2021/2085 des Rates vom 19.11.2021 zur Gründung der gemeinsamen Unternehmen im Rahmen von „Horizont Europa" und zur Aufhebung der VOen (EG) Nr. 219/2007, (EU) Nr. 557/2014, (EU) Nr. 558/2014, (EU) Nr. 559/2014, (EU) Nr. 560/2014, (EU) Nr. 561/2014 und (EU) Nr. 642/2014, ABl. EU Nr. L 427 vom 30.11.2021, S. 17–119.

1752 Delivering the Digital European Sky, abzurufen unter https://www.sesarju.eu/sites/default/files/documents/reports/SESAR%203%20launch%20brochure.pdf, zuletzt abgerufen am 28.02.2023.

1753 Bspw. Airbus und die DFS Deutsche Flugsicherung GmbH; Europäischer Rechnungshof, Bericht über den Jahresabschluss 2013 des gemeinsamen Unternehmens SESAR vom 21.10.2014, S. 4; Presseveröffentlichung vom 08.12.2008: SESAR baut auf einzigartige öffentlich-private Partnerschaft zur Modernisierung des europäischen Luftraumes, S. 2.

1754 Gemeinsames Unternehmen SESAR 3, https://european-union.europa.eu/institutions-law-budget/institutions-and-bodies/institutions-and-bodies-profiles/sesar-3_de, zuletzt abgerufen am 28.02.2023.

1755 Erwägungsgrund Nummer 12 ff. VO (EG) Nr. 219/2007; siehe auch Art. 2 Abs. 1 VO (EG) Nr. 219/2007. Nach Aufhebung der VO (EG) Nr. 219/2007, siehe Erwägungsgrund Nummer 8 ff. VO (EU) 2021/2085; Art. 1 VO (EU) 2021/2085; *Schwenk/*

Diese Partnerschaft wurde durch die VO (EG) Nr. 219/2007[1756] festgelegt.

Das gemeinsame Unternehmen SESAR hat seinen Sitz in Brüssel[1757] und ist eine Einrichtung der Europäischen Union mit eigener Rechtspersönlichkeit.[1758]

## 2. *Tätigkeiten des gemeinsamen Unternehmens SESAR*

Das gemeinsame Unternehmen SESAR unterstützt grundsätzlich die Modernisierung des europäischen ATM-Systems durch die Verwaltung und Umsetzung des ATM-Generalplans.[1759] Gemäß Art. 1 Abs. 5 VO (EG) Nr. 219/2007 strebt SJU in den kommenden Jahren die Gewährleistung der Modernisierung des Flugverkehrsmanagementsystems in Europa an, indem alle einschlägigen Forschungs- und Entwicklungsarbeiten in der EU gebündelt und koordiniert

---

*Giemulla*, Hdb. des Luftverkehrsrechts, Kapitel 5, S. 182, Rn. 32; MEMO/13/666 der Europäischen Kommission vom 10.07.2013, S. 2; Erwägungsgrund Nummer 7 VO (EU) Nr. 721/2014; Presseveröffentlichung vom 08.12.2008: SESAR baut auf einzigartige öffentlich-private Partnerschaft zur Modernisierung des europäischen Luftraumes, S. 2.

1756 VO (EG) Nr. 219/2007 des Rates vom 27.02.2007 zur Gründung eines gemeinsamen Unternehmens zur Entwicklung des europäischen Flugverkehrsmanagementsystems der neuen Generation (SESAR), ABl. EG Nr. L 64 vom 02.03.2007, S. 1–11. Die VO wurde inzwischen durch VO (EU) 2021/2085 des Rates vom 19.11.2021 zur Gründung der gemeinsamen Unternehmen im Rahmen von „Horizont Europa" und zur Aufhebung der VOen (EG) Nr. 219/2007, (EU) Nr. 557/2014, (EU) Nr. 558/2014, (EU) Nr. 559/2014, (EU) Nr. 560/2014, (EU) Nr. 561/2014 und (EU) Nr. 642/2014, ABl. EU Nr. L 427 vom 30.11.2021, S. 17–119 aufgehoben.

1757 Erwägungsgrund Nummer 20 VO (EG) Nr. 219/2007; siehe auch Art. 1 Abs. 7 VO (EG) Nr. 219/2007; Europäischer Rechnungshof, Bericht über die Jahresrechnung 2017 des Gemeinsamen Unternehmens für die Forschung zum Flugverkehrsmanagement für den einheitlichen europäischen Luftraum zusammen mit den Antworten des Gemeinsamen Unternehmens vom 02.10.2018, S. 4; so nun auch Art. 3 Abs. 5 (EU) 2021/2085.

1758 Art. 2 Abs. 1 S. 1 VO (EG) Nr. 219/2007; *Schwenk/Giemulla*, Hdb. des Luftverkehrsrechts, Kapitel 5, S. 183, Rn. 34; *Bues*, S. 171; so nun auch Art. 3 Abs. 4 VO (EU) 2021/2085.

1759 Erwägungsgrund Nummer 4 VO (EU) Nr. 721/2014; Art. 1 Abs. 5 S. 1 VO (EG) Nr. 219/2007; Presseveröffentlichung vom 08.12.2008: SESAR baut auf einzigartige öffentlich-private Partnerschaft zur Modernisierung des europäischen Luftraumes, S. 2; http://www.sesarju.eu/discover-sesar/history, zuletzt abgerufen am 28.02.2023; *Schwenk/Giemulla*, Hdb. des Luftverkehrsrechts, Kapitel 5, S. 182, Rn. 33; *Bues*, S. 172.

werden.[1760] Dabei unterstützt SJU die Modernisierung des ATM-Systems durch Verbesserungen in den Bereichen Kapazität, Kosten, Umweltverträglichkeit und Sicherheit.[1761] Gemäß Art. 1 Abs. 5 VO (EG) Nr. 219/2007 gehört auch die „Sicherstellung der Einbeziehung verschiedener Akteure auf dem Gebiet des europäischen Flugverkehrsmanagements“ zu den Tätigkeitsbereichen von SJU, nämlich der Flugsicherungsorganisationen, Luftraumnutzer, Berufsverbände, Flughäfen und Hersteller sowie der jeweiligen Wissenschaftseinrichtungen oder jeweiligen Wissenschaftskreise.[1762] Daneben ist SJU gemäß Art. 1 Abs. 5 VO (EG) Nr. 219/2007 für die Ausführung folgender Aufgaben verantwortlich:

- Koordinierung und Organisation der Tätigkeiten in der Entwicklungsphase des SESAR-Projekts in Abstimmung mit dem ATM-Generalplan, wie sie sich aus der Definitionsphase des von EUROCONTROL verwalteten Projekts ergeben,
- Beschaffung der notwendigen Mittel für die Tätigkeiten in der SESAR-Entwicklungsphase in Einklang mit dem ATM-Generalplan,
- Organisation und Bewertung der technischen Forschungs- und Entwicklungsarbeiten und Studien, die unter der Führung von SJU durchgeführt werden,
- Beaufsichtigung von Tätigkeiten zur Entwicklung gemeinsamer Produkte, welche im ATM-Generalplan exakt angegeben werden und eventuell die Durchführung spezifischer Ausschreibungen.[1763]

---

1760 Art. 1 Abs. 5 S. 1 VO (EG) Nr. 219/2007; Presseveröffentlichung vom 08.12.2008: SESAR baut auf einzigartige öffentlich-private Partnerschaft zur Modernisierung des europäischen Luftraumes, S. 2; *Schwenk/Giemulla*, Hdb. des Luftverkehrsrechts, Kapitel 5, S. 182, Rn. 33; KOM(2011) 14, S. 2; *Mensen*, Hdb. der Luftfahrt, S. 344; *Bues*, S. 172.

1761 Homepage der Europäischen Union, gemeinsames Unternehmen SESAR, abzurufen unter https://europa.eu/european-union/about-eu/agencies/sesar_de#%C3%BCb erblick; http://www.sesarju.eu/discover-sesar, beide zuletzt abgerufen am 28.02.2023; so auch COM(2015) 663, S. 14.

1762 Art. 1 Abs. 5 S. 2 VO (EG) Nr. 219/2007; Erwägungsgrund Nummer 11 VO (EU) Nr. 721/2014; *Schwenk/Giemulla*, Hdb. des Luftverkehrsrechts, Kapitel 5, S. 182, Rn. 33.

1763 Art. 1 Abs. 5 VO (EG) Nr. 219/2007; Anhang zu Bericht über die Jahresrechnung 2015 des gemeinsamen Unternehmens für die Forschung zum Flugverkehrsmanagement für den einheitlichen europäischen Luftraum vom 16.12.2016, S. 72; *Bues*, S. 172; *Schwenk/Giemulla*, Hdb. des Luftverkehrsrechts, Kapitel 5, S. 182, Rn. 33; dieser Gedankenstrich erhielt im Rahmen der VO (EU) Nr. 721/2014 eine neue Fassung.

Der Rat verpflichtete SJU innerhalb des Rahmenprogramms für Forschung und Innovation „Horizont 2020“ mit der Fortsetzung der Forschung zum Flugverkehrsmanagement, vor allem zum koordinierten Ansatz im Zusammenhang mit dem Single European Sky, um die vorgegebenen Leistungsziele zu realisieren.[1764]

### 3. *Aufbau des gemeinsamen Unternehmens SESAR*

Das gemeinsame Unternehmen SESAR wurde als öffentlich-private Partnerschaft konzipiert, dessen Gründungsmitglieder die Europäische Union, vertreten durch die Europäische Kommission, und EUROCONTROL sind.[1765] Die EU und EUROCONTROL werden von 15[1766] öffentlichen und privaten Unternehmen der Luftfahrtindustrie als Mitglieder unterstützt, die alle ATM-Interessenträger vertreten.[1767]

---

1764 Europäischer Rechnungshof, Bericht über den Jahresabschluss 2014 des gemeinsamen Unternehmens SESAR vom 06.10.2015, S. 4.

1765 Europäischer Rechnungshof, Bericht über die Jahresrechnung 2017 des Gemeinsamen Unternehmens für die Forschung zum Flugverkehrsmanagement für den einheitlichen europäischen Luftraum zusammen mit den Antworten des Gemeinsamen Unternehmens vom 02.10.2018, S. 4; Bericht der Kommission an das Europäische Parlament und den Rat über die Anwendung der Rechtsvorschriften zum einheitlichen europäischen Luftraum: Zeit zu handeln vom 14.11.2011, KOM(2011) 731 endgültig, S. 8; *Schwenk/Giemulla*, Hdb. des Luftverkehrsrechts, Kapitel 5, S. 182, Rn. 32; *Bues*, S. 171 f.

1766 Mittlerweile sind es 19 Unternehmen, siehe Datenblatt SESAR, abzurufen (zuletzt abgerufen am 28.02.2023) unter http://www.sesarju.eu/sites/default/files/documents/events/showcase2016/Factsheet_SESAR_A4.pdf und https://www.sesarju.eu/sites/default/files/Factsheet_SESAR_A4.pdf.

1767 Europäischer Rechnungshof, Bericht über den Jahresabschluss 2014 des gemeinsamen Unternehmens SESAR vom 06.10.2015, S. 4; *Koos*, promet 2014, S. 135 ff. (136); dabei handelt es sich sowohl um zivile als auch um militärische Flugsicherungsorganisationen, den Flugzeugbauer Airbus, Bord- und Bodenausrüstungshersteller wie Thales, Indra, Alenia Aermacchi, Frequentis, Selex SI und Honeywell ebenso wie Flughäfen. Weiterhin sind am gemeinsamen Unternehmen Luftraumnutzer, Berufsverbände, wissenschaftliche Einrichtungen und eine Reihe assoziierter Partner beteiligt, die mit ihren Tätigkeiten zur Ausführung des Programmes beitragen, siehe MEMO/13/666 der Europäischen Kommission vom 10.07.2013, S. 3. Eine genaue Auflistung aller Konsortium Mitglieder und assoziierten Partner findet sich im SESAR Masterplan D5, April 2008, S. 5.

Der Verwaltungsrat und das Büro des Exekutivdirektors stellen die wichtigsten Leitungsgremien.[1768] Mit der laufenden Geschäftsführung des gemeinsamen Unternehmens ist der Exekutivdirektor betraut.[1769]

### 4. *Budget des gemeinsamen Unternehmens SESAR*

Das gemeinsame Unternehmen SESAR finanziert sich aus Beiträgen seiner Mitglieder, inklusive der Privatunternehmen.[1770] Der EU-Beitrag beläuft sich im Rahmen des mehrjährigen Finanzrahmens von 2014 bis 2020, der aus den Haushaltsmitteln finanziert wird, die für das Rahmenprogramm Horizont 2020 bestimmt sind, auf 585 Millionen Euro.[1771]

Die erste Phase des SESAR-Programms (SESAR I) lief von 2008 bis 2016 während der Entwicklungsphase unter der Verantwortung des SJU und mit einem Budget von 2,1 Milliarden Euro.[1772] Die noch voraussichtlich bis 2024 andauernde Phase des SESAR-2020-Programmes wurde durch SESAR I vorbereitet und baut darauf auf. Die Kosten hierfür werden auf 1,6 Milliarden Euro geschätzt.[1773]

---

1768 Sehr ausf. nachzulesen unter Art. 14 Abs. 1 und unter Abschnitt I, „Verwaltungsrat" Art. 15 ff. in der aktuellen Version VO (EU) 2021/2085 des Rates vom 19.11.2021 zur Gründung der gemeinsamen Unternehmen im Rahmen von „Horizont Europa" und zur Aufhebung der VOen (EG) Nr. 219/2007, (EU) Nr. 557/2014, (EU) Nr. 558/2014, (EU) Nr. 559/2014, (EU) Nr. 560/2014, (EU) Nr. 561/2014 und (EU) Nr. 642/2014, ABl. EU Nr. L 427 vom 30.11.2021.

1769 Art. 19 VO (EU) 2021/2085.

1770 *Bues*, S. 173.

1771 Art. 1 Nr. 3 lit. a) VO (EU) Nr. 721/2014; COM(2015) 663, S. 7; Sonderbericht des Europäischen Rechnungshofes, Nr. 18/2017, S. 17; Sonderbericht des Europäischen Rechnungshofes Nr. 11/2019, Die EU-Rechtsvorschriften für die Modernisierung des Flugverkehrsmanagements schaffen Mehrwert – aber die Fördermittel waren größtenteils nicht nötig, S. 10: Tabelle 1 – Finanzielle Unterstützung des SESAR-Projekts durch die EU. Abzurufen unter https://op.europa.eu/webpub/eca/special-reports/sesar-11-2019/de/index.html, zuletzt abgerufen am 20.03.2023.

1772 http://www.sesarju.eu/sesar1; Datenblatt SESAR JU, abzurufen unter https://www.sesarju.eu/sites/default/files/Factsheet_SESAR_A4.pdf, beide zuletzt abgerufen am 28.02.2023.

1773 Datenblatt SESAR JU, abzurufen unter http://www.sesarju.eu/sites/default/files/documents/events/showcase2016/Factsheet_SESAR_A4.pdf, zuletzt abgerufen am 28.02.2023.

### 5. *Visionen und bisherige Errungenschaften des gemeinsamen Unternehmens SESAR*

Durch das SESAR-Projekt wird die Vision eines zukünftigen Flugverkehrsmanagements verfolgt, das durch eine erhöhte Automatisierung und die Integration aller Luftfahrtgeräte inklusive Drohnen gekennzeichnet ist.[1774] Bezüglich der Bereitstellung von Dienstleistungen erhoffen sich die Beteiligten eine erhöhte Virtualisierung, unabhängig vom Standort der physischen Infrastruktur.[1775] Ebenso soll das zukünftige Flugverkehrsmanagement einen flugwegbezogenen Betrieb leisten, so dass die Fluggesellschaften ihre bevorzugten Strecken fliegen können.[1776] Vor allem sollen zukünftig die interoperablen Systeme die Konnektivität der Systeme über die Landesgrenzen hinweg ermöglichen und das Flugverkehrsmanagement durch einen verbesserten Informationsaustausch charakterisiert werden, wodurch ein Intranet an Diensten und Services allen Luftfahrt-Interessengruppen zugänglich gemacht wird.[1777]

Zu den bisher wichtigsten Errungenschaften des gemeinsamen Unternehmens SESAR zählt unter anderem die 4D-Flugführung.[1778] Diese ist ein Hauptpfeiler des SESAR-Konzepts. Im Grunde wird dabei die Zeit, in diesem Fall als die vierte Dimension begriffen, in die Flugführung miteinbezogen.[1779] So kann verglichen mit derzeitigen Systemen ein sehr präziser und vorhersagbarer Flugweg des Luftfahrzeuges bestimmt werden, der dann an die Kontrollzentren übermittelt wird, um dadurch einen optimalen und sicheren Flugbetrieb zu garantieren.[1780] Erste Flüge konnten bereits erfolgreich mit einer solchen

---

1774 Datenblatt SESAR JU, abzurufen unter https://www.sesarju.eu/sites/default/files/Factsheet_SESAR_A4.pdf, zuletzt abgerufen am 28.02.2023.

1775 Datenblatt SESAR JU, abzurufen unter https://www.sesarju.eu/sites/default/files/Factsheet_SESAR_A4.pdf, zuletzt abgerufen am 28.02.2023.

1776 Datenblatt SESAR JU, abzurufen unter https://www.sesarju.eu/sites/default/files/Factsheet_SESAR_A4.pdf, zuletzt abgerufen am 28.02.2023.

1777 Datenblatt SESAR JU, abzurufen unter https://www.sesarju.eu/sites/default/files/Factsheet_SESAR_A4.pdf, zuletzt abgerufen am 28.02.2023.

1778 Datenblatt SESAR JU, abzurufen unter https://www.sesarju.eu/sites/default/files/Factsheet_SESAR_A4.pdf und https://www.sesarju.eu/i4D, beide zuletzt am 20.12.2018; siehe auch ausf. dazu Kapitel 10, A.

1779 MEMO/13/666 der Europäischen Kommission vom 10.07.2013, S. 3.

1780 MEMO/13/666 der Europäischen Kommission vom 10.07.2013, S. 3.

4D-Flugführung in einer operationellen Umgebung mit Unterstützung von Satellitentechnologie durchgeführt werden.[1781]

Durch das „System Wide Information Management" (SWIM) wird das Informationsmanagement im europäischen ATM-System grundlegend verändert.[1782] SWIM könnte das Intranet des zukünftigen ATM-Systems werden: Durch einen Prototyp wurde bereits demonstriert, dass Wetterdienste, Flughäfen, Luftfahrtunternehmen und Flugsicherungsdienste innerhalb weniger Augenblicke Informationen austauschen könnten.[1783]

Weiterhin wurden bereits erste „Remote Tower Control Center" eingerichtet. In Deutschland beginnt diese Fernüberwachung von Regionalflughäfen per Kamera mit dem Flughafen Saarbrücken. Hier kontrolliert die DFS Deutsche Flugsicherung GmbH seit Dezember 2018 den Verkehr nicht mehr aus dem Tower vor Ort, sondern aus dem 400 km entfernten Remote Tower Control Center in Leipzig, im April 2022 ging das System am Flughafen Erfurt in Betrieb.[1784]

## V. SESAR II und SESAR 3

SESAR 2020 (SESAR II) bildet den Nachfolger zu SESAR I. SESAR 2020 ist auch weiterhin die technologische Säule der EU-Politik für den einheitlichen europäischen Luftraum und ein wichtiger Wegbereiter zur Umsetzung der Strategie der Europäischen Kommission für nachhaltige und intelligente Mobilität.[1785] SESAR definiert, entwickelt und setzt Technologien ein, um das Flugverkehrsmanagement in Europa zu verändern.[1786] Die Leitung obliegt auch hierbei, wie schon bei SESAR I, dem gemeinsamen Unternehmen SESAR. Die angedachte

---

1781 Die ersten 4D-Flüge fanden 2012 und 2014 statt; siehe auch MEMO/13/666 der Europäischen Kommission vom 10.07.2013, S. 3.

1782 MEMO/13/666 der Europäischen Kommission vom 10.07.2013, S. 4.

1783 MEMO/13/666 der Europäischen Kommission vom 10.07.2013, S. 4.

1784 DFS Infografik Remote Tower Control, abzurufen unter https://www.dfs.de/homepage/de/medien/publikationen/infografik-remote-control-erfurt-de-a2-hoch-print.pdf?cid=giw, zuletzt abgerufen am 28.02.2023.

1785 https://www.sesarju.eu/discover-sesar, zuletzt abgerufen am 28.02.2023.

1786 https://www.sesarju.eu/discover-sesar, zuletzt abgerufen am 28.02.2023; Europäischer Rechnungshof, Bericht über die Jahresrechnung 2017 des Gemeinsamen Unternehmens für die Forschung zum Flugverkehrsmanagement für den einheitlichen europäischen Luftraum zusammen mit den Antworten des Gemeinsamen Unternehmens vom 02.10.2018, S. 6.

Laufzeit für SESAR 2020 ist bis 2024.[1787] Das neueste gemeinsame Unternehmen SESAR 3 soll aufbauend auf den Errungenschaften der Vorgänger ein ehrgeiziges Programm vorantreiben, um die europäische Luftfahrtinfrastruktur für das digitale Zeitalter fit zu machen und gleichzeitig schnelle Erfolge zu erzielen, die zur Verwirklichung der Netto-Null-Ziele des Sektors beitragen.[1788] Diese neue Partnerschaft ist größer und breiter angelegt, und spiegelt die wachsende Luftfahrt-/Luftverkehrsmanagementbranche und der Vielfalt der darin tätigen Akteure[1789] wider.[1790] Es sammelt eine kritische Masse an Ressourcen und Fachwissen aus der Luftverkehrs-Wertschöpfungskette zur Entwicklung modernster technologischer Lösungen für das Flugverkehrsmanagement im Hinblick auf klassische Luftfahrzeuge, Drohnen, Lufttaxis und sowie in größeren Höhen verkehrende Luftfahrzeuge.[1791] Die EU, EUROCONTROL und mehr als 50 Organisationen, die diese gesamte Wertschöpfungskette der Luftfahrt, einschließlich Drohnen, abdecken, investieren im Rahmen dieser europäischen Partnerschaft bis 2030 mehr als 1,6 Milliarden Euro[1792], um durch Forschung und Innovation[1793] die Schaffung eines integrativen, widerstandsfähigen und nachhaltigen digitalen europäischen Luftraums voranzutreiben.[1794] Das Gemeinsame Unternehmen SESAR 3 will als Katalysator wirken und den Übergang zu einem grünen, klimaneutralen und digitalen Europa beschleunigen und die Wettbewerbsfähigkeit der europäischen Industrie stärken.[1795]

---

1787 Datenblatt SESAR JU, https://www.sesarju.eu/sites/default/files/Factsheet_SESAR_A4.pdf, zuletzt abgerufen am 28.02.2023.

1788 SESAR Joint Undertaking, https://www.sesarju.eu/news/new-sesar-3-joint-undertaking-promises-be-bigger-bolder-better, zuletzt abgerufen am 28.02.2023.

1789 Zu den Mitglieder siehe auch Art. 144 VO (EU) 2021/2085.

1790 Gemeinsames Unternehmen SESAR 3, https://european-union.europa.eu/institutions-law-budget/institutions-and-bodies/institutions-and-bodies-profiles/sesar-3_de, zuletzt abgerufen am 28.02.2023.

1791 So: Gemeinsames Unternehmen SESAR 3, https://european-union.europa.eu/institutions-law-budget/institutions-and-bodies/institutions-and-bodies-profiles/sesar-3_de, zuletzt abgerufen am 28.02.2023.

1792 Art. 145, Art. 146 VO (EU) 2021/2085.

1793 Basierend auf dem Programm „Horizont Europa“, siehe dazu vertiefend VO (EU) 2021/2085.

1794 SESAR Joint Undertaking, https://www.sesarju.eu/news/new-sesar-3-joint-undertaking-promises-be-bigger-bolder-better, zuletzt abgerufen am 28.02.2023.

1795 SESAR 3 Joint Undertaking, Multiannual Work Programme 2022–2031, abzurufen unter https://www.sesarju.eu/node/4106, zuletzt abgerufen am 21.01.2023.

## D. Das Single-European-Sky-II-Paket (2009)

Zur Schaffung eines harmonisierten Rechtsrahmens für einen einheitlichen europäischen Luftraum bildete das erste Verordnungspaket nur den Anfang.[1796] Mit der Annahme der Rechtsvorschriften zum Single European Sky im Jahre 2004 wurde das Flugverkehrsmanagement in die gemeinsame Verkehrspolitik einbezogen, ein wirklich „einheitlicher" Luftraum wurde dadurch jedoch nicht geschaffen.[1797] Bedingt durch die nach Inkrafttreten des ersten Verordnungspaketes zum einheitlichen europäischen Luftraum geäußerte Kritik der Luftraumnutzer über unzureichende Regelungen sowohl bei der Nutzung bestehender Luftraumkapazitäten als auch im Bereich der Pünktlichkeit und Kostenwirksamkeit sah sich der europäische Gesetzgeber bald zu einer Revision dieses ersten Verordnungspaketes veranlasst.[1798] Die vier Verordnungen aus dem Jahr 2004 wurden im Hinblick auf die Verbesserung der Leistung und der Nachhaltigkeit des europäischen Luftverkehrssystems geändert.[1799] Das Ergebnis bildet das sogenannte SES-II-Paket, das am 4. Dezember 2009 mit der VO (EG) Nr. 1070/2009[1800] in Kraft trat. Während die Grundkonzeption des einheitlichen europäischen Luftraumes unverändert blieb, wurden viele Aspekte der Verordnungen von 2004 umorganisiert, modifiziert und konkretisiert.[1801] Mit diesem Paket wurden bspw. ein Leistungssystem eingeführt und die Anforderungen für die funktionalen Luftraumblöcke festgelegt, weiterhin wurden zur Unterstützung der Entwicklung und Verwaltung des SES-Leistungssystems ein Netzmanager und ein Leistungsüberprüfungsgremium eingerichtet.[1802]

---

1796 *Bethkenhagen/von Elm/Nitschke*, ZLW 2011, S. 412 ff. (415).

1797 KOM(2008) 389, S. 2.

1798 KOM(2007) 101; Erwägungsgrund Nummer 3, 4 und 5 VO (EG) Nr. 1070/2009; *Bethkenhagen/von Elm/Nitschke*, ZLW 2011, S. 412 ff. (415 f.).

1799 Siehe VO (EG) Nr. 1070/2009; *Schladebach*, Lufthoheit, S. 382.

1800 VO (EG) Nr. 1070/2009 des Europäischen Parlaments und des Rates vom 21.10.2009 zur Änderung der VOen (EG) Nr. 549/2004, (EG) Nr. 550/2004, (EG) Nr. 551/2004 und (EG) Nr. 552/2004 im Hinblick auf die Verbesserung der Leistung und Nachhaltigkeit des europäischen Luftverkehrssystems, (sog. „Änderungsverordnung") ABl. EG Nr. L 300 vom 14.11.2009, S. 34 ff.

1801 *Schladebach*, Lufthoheit, S. 382.

1802 Sonderbericht des Europäischen Rechnungshofes, Nr. 18/2017, S. 17.

## I. Einheitlicher europäischer Luftraum I: Bisherige Ergebnisse

Im folgenden Abschnitt werden der chronologische Weg bis hin zum SES-II-Paket nachgezeichnet und ein Überblick über den Status quo sowie die durch das Single-European-Sky-Paket-II vorgenommenen Änderungen gegeben.

### 1. *Performance Review Report (2006)*

Am 21. Dezember 2006 veröffentlichte EUROCONTROL den Performance Review Report namens „Evaluation of the Impact of the Single European Sky Initiative on ATM Performance"[1803], der die bisherigen Auswirkungen der Verordnungen zum einheitlichen europäischen Luftraum auf die Effektivität und Sicherheit im ATM-Bereich überprüfte.[1804] Die bis dahin erzielten Resultate und positiven Effekte beurteilt der Bericht als minimal und zeigt vielmehr anhaltende Mängel auf.[1805]

---

1803 EUROCONTROL, Evaluation of the Impact of the Single European Sky Initiative on ATM Performance, 2006, abzurufen unter: https://transport.ec.europa.eu/system/files/2016-09/2006_12_prc_evaluation_of_ses_en.pdf, zuletzt abgerufen am 08.01.2023.

1804 *Bues*, S. 49.

1805 EUROCONTROL, Evaluation of the Impact of the Single European Sky Initiative on ATM Performance, 2006, Punkt 3.3.5, S. 39 ff.; *Bues*, S. 49; siehe auch *ebenda*, S. 49, Fn. 347: „Als Schwächen der SES-Verordnungen beschreibt der Bericht (neben rechtlichen und institutionellen Problemen in den einzelnen EU-Mitgliedstaaten) das Fehlen einer gemeinsamen Version, das Fehlen von (verbindlichen) Qualitätszielen und Leistungsindikatoren, das Risiko von sich widersprechenden und unkoordinierten Initiativen, fehlende Leistungsanreize bei monopolistischer Erbringung von Flugverkehrsdiensten, Probleme bei der gegenseitigen Anerkennung von zertifizierten Flugsicherungsorganisationen, fehlende objektive Kriterien für die Zertifizierung, das Risiko eines regulatorischen Flickenteppichs und die unterschiedliche Ausstattung und Qualität der einzelnen nationalen Aufsichtsbehörden. Der Bericht bietet 31 Verbesserungsvorschläge an, um diese Probleme zu lösen." Bezüglich der Verbesserungsvorschläge siehe EUROCONTROL, Evaluation of the Impact of the Single European Sky Initiative on ATM Performance, 2006, Punkt 4, S. 43 ff.

### 2. *Schaffung des einheitlichen europäischen Luftraumes durch funktionelle Luftraumblöcke: Sachstandsbericht zur Halbzeit, KOM(2007) 101*

Die Mitteilung der Europäischen Kommission vom 15. März 2007[1806] nimmt eine Analyse der bisherigen Fortschritte und Probleme bei der Errichtung der funktionalen Luftraumblöcke vor.[1807] Die Zersplitterung des Luftraumes in Europa in die zahlreichen nationalen Flugsicherungssysteme behindere noch immer die zuverlässige und kosteneffiziente Erbringung von Flugsicherungsdienstleistungen.[1808] Jeder der Dienstleister handle in seinem institutionellen und rechtlichen Bereich entsprechend seinen eigenen Betriebsverfahren und Vorschriften für den nationalen Luftraum, wodurch unterschiedliche Leistungen bezüglich der Kapazität, der Kosteneffizienz und schließlich auch der Sicherheit erbracht würden.[1809] Aus globaler Sicht seien selbst die großen EU-Mitgliedstaaten „Zwerge", was die Größe und den Umfang des von ihnen kontrollierten Luftraumes betreffe, und es gebe in der EU zahlreiche unterschiedliche technische Systeme mit hohen Instandhaltungskosten.[1810] Die Flugsicherung erfolge in etwa 50 Flugverkehrskontrollstellen und durch Hunderte Anflugkontrollstellen und Kontrolltürme, während der Luftraum in über 650 Sektoren unterteilt sei.[1811] Jeder Sektorwechsel bedürfe des Wechsels der Funkfrequenz durch den Flugzeugführer, um mit dem nächsten Fluglotsen in Kontakt zu treten.[1812] Die Europäische Kommission zog daher das Fazit, dass die größeren Teile des europäischen Luftraumes als eine betriebliche Einheit geführt werden müssten und die funktionalen Luftraumblöcke der geeignete Ansatz seien, um den europäischen „Flickenteppich fragmentierter Systeme" in regionale Blöcke zu überführen.[1813] Nach dem Wortlaut

---

1806 Mitteilung der Kommission an den Rat und das Europäische Parlament vom 15.03.2007, Schaffung des einheitlichen europäischen Luftraumes durch funktionelle Luftraumblöcke: Sachstandsbericht zur Halbzeit, KOM(2007) 101 endgültig.

1807 So auch *Bues*, S. 49.

1808 KOM(2007) 101, S. 4.

1809 KOM(2007) 101, S. 4.

1810 KOM(2007) 101, S. 4.

1811 Nur Dienstleister der Gemeinschaft, siehe Performance Review Report, Brüssel 2006; KOM(2007) 101, S. 5.

1812 KOM(2007) 101, S. 5.

1813 KOM(2007) 101, S. 16.

von Art. 5 Luftraum-Verordnung a. F.[1814] lag es im Verantwortungsbereich der EU-Mitgliedstaaten, die funktionalen Luftraumblöcke einzurichten.[1815] Dabei war zu garantieren, dass die funktionalen Luftraumblöcke einerseits „durch eine Sicherheitsanalyse untermauert" waren, andererseits eine „optimale Nutzung des Luftraumes unter Berücksichtigung des Verkehrsflusses" ermöglicht wurde.[1816] Weiterhin wurde garantiert, dass sie „anhand von Kosten-Nutzen-Analysen durch ihren Zusatznutzen gerechtfertigt waren, einschließlich der optimalen Nutzung technischer und personeller Mittel", ebenso eine „reibungslose und flexible Übergabe der Zuständigkeit für die Flugverkehrskontrollstelle zwischen den Flugverkehrsdienststellen" gewährleisteten sowie die „Kompatibilität zwischen den Strukturen des oberen und unteren Luftraumes" sicherstellten.[1817] Daher lag die Verantwortung bei den EU-Mitgliedstaaten, die Zersplitterung zu beseitigen, wozu ihre konstante politische Unterstützung und die Verwendung der ihnen zur Verfügung stehenden ökonomischen Hilfsmittel gefordert war (Bottom-up-Ansatz).[1818] Die Steigerung des Betriebsumfangs war demnach die einzige Methode zur Leistungserhöhung.[1819] Die Europäische Kommission zeigte auf, dass zwar fast alle EU-Mitgliedstaaten Initiativen zur Errichtung der funktionalen Luftraumblöcke eingeleitet hatten, sich jedoch große Diskrepanzen bei der Intensität des Engagements der jeweiligen Mitgliedstaaten und ihrer Flugsicherungsdienstleister herauskristallisierten.[1820] In verschiedenen vorbereitenden Machbarkeitsstudien wurde der Nutzen für alle Anwender betont,

---

1814 Art. 5 Luftraum-VO wurde von der Änderungs-VO (EG) Nr. 1070/2009 gestrichen. Die funktionalen Luftraumblöcke werden nun in Art. 9a Flugsicherungsdienste-VO geregelt.

1815 Art. 5 Luftraum-VO a. F.; so auch KOM(2007) 101, S. 6.

1816 KOM(2007) 101, S. 7.

1817 KOM(2007) 101, S. 7; siehe auch Vorschlag für eine Verordnung des Europäischen Parlaments und des Rates zur Änderung der Verordnungen (EG) Nr. 549/2004, (EG) Nr. 550/2004, (EG) Nr. 551/2004 und (EG) Nr. 552/2004 im Hinblick auf die Verbesserung der Leistung und Nachhaltigkeit des europäischen Luftverkehrssystems, KOM(2008) 388 endgültig vom 25.06.2008, S. 13 f.; Deutscher Bundestag, Beschlussempfehlung und Bericht des Ausschusses für Verkehr, Bau und Stadtentwicklung zu der Unterrichtung durch die Bundesregierung – Drucksache 16/10286 Nr. A.60 –, BT-Drs. 16/11447 vom 17.12.2008, S. 20 f.; eine Unterscheidung zwischen dem oberen und unteren Luftraum machen die Verordnungen zum einheitlichen europäischen Luftraum inzwischen nicht mehr.

1818 KOM(2007) 101, S. 7 und S. 15 f.

1819 KOM(2007) 101, S. 16.

1820 KOM(2007) 101, S. 16.

die in einer besseren Dienstleistungsqualität Ausdruck finden sollten, während nach den ersten Schätzungen die tatsächliche Kostenreduktion eher unerheblich erschien.[1821] Vor dem Hintergrund, dass sowohl der internationale Vergleich als auch diverse unabhängige Studien verschiedene Möglichkeiten zur Herbeiführung erheblicher Kosteneffizienzgewinne demonstriert haben, müssten die EU-Mitgliedstaaten deutlich mehr Engagement zeigen.[1822]

### *3. Bericht der High Level Group (2007)*

Es wurde eine zweite Hochrangige Gruppe eingesetzt, deren Aufgabe es war, das erste Verordnungspaket zum einheitlichen europäischen Luftraum zu evaluieren. Die Hochrangige Gruppe bestand aus Vertretern der Mehrzahl der Beteiligten und legte im Juli 2007 einen Bericht[1823] mit Empfehlungen vor, wie die Leistung, die Führung und die Aufsicht des europäischen Luftverkehrssystems optimiert werden könnten.[1824] Sie empfahl, der Umwelt dasselbe Gewicht wie der Sicherheit, der Kapazität und der Effizienz des europäischen Luftverkehrssystems zuzuschreiben, und maß der Zusammenarbeit zwischen den Regulierungsstellen und der Branche große Bedeutung bei, um zu gewährleisten, dass das ATM so weit wie möglich zur Nachhaltigkeit beiträgt.[1825] Der Bericht der zweiten High Level Group verfolgte grundsätzlich das Ziel, die Implementationsschwächen des ersten Verordnungspaketes zum einheitlichen europäischen Luftraum zu identifizieren und hinreichend konkrete Empfehlungen zur Überwindung dieser Mängel vorzulegen.[1826] Neben der Einbindung des Luftverkehrs in das Emissionshandel-System[1827] und die Clean-Sky-Initiative[1828] wurden

---

1821 KOM(2007) 101, S. 16.

1822 KOM(2007) 101, S. 16.

1823 Report of the High Level Group for the future European Aviation Regulatory Framework, Juli 2007, abzurufen unter https://transport.ec.europa.eu/system/files/2016-09/hlg_2007_07_03_report.pdf, zuletzt abgerufen am 01.03.2023.

1824 Erwägungsgrund Nummer 3 der VO (EG) Nr. 1070/2009; *Risch*, in: Grabherr/Reidt/Wysk, Luftverkehrsgesetz, 14. EL, 2010, § 27c, S. 8, Rn. 13.

1825 Erwägungsgrund Nummer 3 VO (EG) Nr. 1070/2009.

1826 *Mölders*, Der Himmel über Europa, S. 47.

1827 Report of the High Level Group for the future European Aviation Regulatory Framework, 2007, S. 35 f.

1828 Das Clean-Sky-Projekt hilft dabei, die $CO_2$-Emissionen, andere Gase und den Lärm von Flugzeugen zu verringern, indem neue umweltfreundlichere Motoren, verbesserte aerodynamischere Flügel, leichtere Strukturen und vieles mehr entwickelt werden. Dem Programm steht dazu ein Budget in Höhe von vier Milliarden Euro zur Verfügung, mittlerweile wurde im Sommer 2015 die Initiative Clean-Sky-2

vor allem die bereits umgesetzten SES-I-Verordnungen untersucht.[1829] In einer „Roadmap und einem Action Plan“[1830] fasste die Hochrangige Gruppe ihre Vorschläge konkret zusammen.[1831]

Gemäß Art. 12 Abs. 2 Rahmen-VO ist die Europäische Kommission dazu angehalten, die Anwendung der Rechtsvorschriften zum Single European Sky regelmäßig zu überprüfen und dem Europäischen Parlament und dem Rat über die Entwicklung Bericht zu erstatten.[1832] Diese Berichte müssen sowohl eine entsprechende Ergebnisbewertung als auch Informationen über die Entwicklungen in dem Sektor enthalten, wobei auch auf die ursprünglichen Ziele und den zukünftigen Bedarf einzugehen ist.[1833]

### 4. *Erster Bericht über die Anwendung der Rechtsvorschriften zum einheitlichen europäischen Luftraum, KOM(2007) 845*[1834]

Der Bericht vom 20. Dezember 2007 war der erste, der zum Durchführungsstand präsentiert wurde und in dem die Europäische Kommission ihre Standpunkte bezüglich des Erfordernisses zukünftiger Entwicklungen eines Single European Sky erläuterte.[1835] Darin wurde festgestellt, dass zwar eine Reihe von Erfolgen vorzuweisen war, aber auch Nachholbedarf herrschte.[1836] In den drei Jahren seit dem Inkrafttreten der Vorschriften zum einheitlichen europäischen Luftraum konnten einige Arbeiten abgeschlossen werden, einige Arbeiten dauerten hingegen noch an und auf wiederum anderen Gebieten konnten kaum Fortschritte beobachtet werden.[1837] Zusätzlich machten sich bei der Anwendung

---

eingeführt. Mehr dazu unter https://www.clean-aviation.eu/, zuletzt abgerufen am 28.02.2023; Report of the High Level Group for the future European Aviation Regulatory Framework, 2007, S. 35; so ähnlich *Bues*, S. 50, Fn. 352.

1829 *Bues*, S. 50.

1830 Report of the High Level Group for the future European Aviation Regulatory Framework, 2007, S. 40 ff.

1831 *Bues*, S. 50.

1832 Art. 12 Abs. 2 Rahmen-VO; Mitteilung der Kommission, Erster Bericht über die Anwendung der Rechtsvorschriften zum einheitlichen Luftraum: Ergebnisse und künftiges Vorgehen, KOM(2007) 845 endgültig, vom 20.12.2007, S. 2; *Bues*, S. 50.

1833 Art. 12 Abs. 4 Rahmen-VO; KOM(2007) 845, S. 2.

1834 Mitteilung der Kommission, Erster Bericht über die Anwendung der Rechtsvorschriften zum einheitlichen Luftraum: Ergebnisse und künftiges Vorgehen, KOM(2007) 845 endgültig, vom 20.12.2007.

1835 KOM(2007) 845, S. 2.

1836 *Schwenk/Giemulla*, Hdb. des Luftverkehrsrechts, Kapitel 5, S. 183, Rn. 35.

1837 KOM(2007) 845, S. 5.

der Vorschriften aufgrund der sich verändernden Rahmenbedingungen diverse Schwachstellen bemerkbar.[1838]

Der Bericht führte als bisher Erreichtes unter anderem den rechtlichen und institutionellen Rahmen für den einheitlichen europäischen Luftraum an.[1839] Das Handeln der Europäischen Union konnte institutionell gefestigt werden, wodurch ein Gerüst für die Partnerschaft mit den beteiligten Gruppen[1840] entstand.[1841] Weiterhin wertete der Bericht die Trennung von Dienstleistung und Regulierung als Erfolg.[1842] Eine wesentliche Voraussetzung für die Sicherheit konnte durch die Trennung der Flugsicherungsdiensteerbringung und der Regulierung erreicht werden und dazu hatten fast alle[1843] EU-Mitgliedstaaten eine nationale Aufsichtsbehörde eingerichtet.[1844] Ebenso konnten diesem Report zufolge Fortschritte in Sicherheitsfragen[1845] erzielt, eine Harmonisierung

1838 KOM(2007) 845, S. 5.

1839 KOM(2007) 845, S. 5.

1840 Der Ausschuss für den einheitlichen Luftraum gibt die strategischen Standpunkte der Mitgliedstaaten weiter und hilft der Kommission beim Erlass der Durchführungsvorschriften im Ausschussverfahren; das Branchenkonsultationsgremium gibt allen Wirtschaftsbeteiligten die Möglichkeit, sich zur Durchführung der Vorschriften zu äußern; die Nutzung von Synergien mit EUROCONTROL im Hinblick auf die technische Unterstützung und Entwicklung von Durchführungsvorschriften für die Gemeinschaft. Auch die Verteidigungsministerien werden in den Entscheidungsprozess der Union eingebunden. Siehe dazu KOM(2007) 845, S. 5; Art. 17 VO (EU) Nr. 677/2011.

1841 KOM(2007) 845, S. 5.

1842 KOM(2007) 845, S. 5.

1843 In einem Mitgliedstaat stand zum Zeitpunkt der Mitteilung die Errichtung der nationalen Aufsichtsbehörde kurz vor dem Abschluss; siehe KOM(2007) 845, S. 5, Fn. 8.

1844 KOM(2007) 845, S. 5.

1845 Auch das Thema Sicherheit wurde berücksichtigt, wie der Erlass der VO (EG) Nr. 1315/2007 der Kommission vom 08.11.2007 über die Sicherheitsaufsicht im Bereich des Flugverkehrsmanagements und zur Änderung der VO (EG) Nr. 2096/2005 der Kommission zeigt, ABl. EG Nr. L 291 vom 09.11.2007, S. 16, zuletzt geändert durch Art. 18 DVO (EU) Nr. 1034/2011; KOM(2007) 845, S. 6. Mittlerweile aufgehoben durch DVO (EU) 2017/373 der Kommission vom 01.03.2017 zur Festlegung gemeinsamer Anforderungen an Flugverkehrsmanagementanbieter und Anbieter von Flugsicherungsdiensten sowie sonstiger Funktionen des Flugverkehrsmanagementnetzes und die Aufsicht hierüber sowie zur Aufhebung der VO (EG) Nr. 482/2008, der DVOen (EU) Nr. 1034/2011, (EU) Nr. 1035/2011 und (EU) 2016/1377 und zur Änderung der VO (EU) Nr. 677/2011, ABl. EU Nr. L 62 vom 08.03.2017, S. 1–126.

der Zulassung von Fluglotsen[1846] erreicht, die Gebührentransparenz[1847] überarbeitet, „Advances in the efficient use of airspace"[1848] gefördert, Innovationen[1849] beschleunigt und der Übergang zu interoperablen Ausrüstungen[1850] geebnet

1846 Die Annahme der Richtlinie 2006/23/EG des Europäischen Parlaments und des Rates vom 05.04.2006 über eine gemeinschaftliche Fluglotsenlizenz (ABl. EU Nr. L 114 vom 27.04.2006, S. 22–27, mittlerweile aufgehoben durch VO (EG) Nr. 1108/2009 des Europäischen Parlaments und des Rates vom 21.10.2009 zur Änderung der VO (EG) Nr. 216/2008 in Bezug auf Flugplätze, Flugverkehrsmanagement und Flugsicherungsdienste sowie zur Aufhebung der Richtlinie 2006/23/EG, ABl. EU Nr. L 309 vom 24.11.2009, S. 51–70), die gemeinsame Anforderungen und Ausbildungsbestimmungen enthält, sollte einen einheitlichen Qualifikationsstand fördern und zu einer zweckmäßigeren Mobilität der Arbeitnehmer führen; KOM(2007) 845, S. 6.

1847 Durch die Einführung der VO (EG) Nr. 1794/2006, mittlerweile geändert durch DVO (EU) Nr. 391/2013, berichtigt in ABl. EU Nr. L 90 vom 02.04.2015, S. 23, wird eine vollständige Transparenz dieser Gebühren gewährleistet. In dieser Verordnung wird festgelegt, dass die von den Flugsicherungsorganisationen verwendeten Kostengrundlagen offenzulegen und die Luftraumnutzer einzubeziehen sind. Diese VO wurde durch DVO (EU) 2019/317 der Kommission vom 11.02.2019 zur Festlegung eines Leistungssystems und einer Gebührenregelung für den einheitlichen europäischen Luftraum und zur Aufhebung der DVOen (EU) Nr. 390/2013 und (EU) Nr. 391/2013, ABl. EU Nr. L 56 vom 25.02.2019, S. 1–67 aufgehoben; KOM(2007) 845, S. 6.

1848 Die Kommission erließ Verordnungen zur Förderung einer effizienteren Nutzung des Luftraumes: VO (EG) Nr. 2150/2005 der Kommission vom 23.12.2005 über gemeinsame Regeln für die flexible Luftraumnutzung (ABl. EG Nr. L 342 vom 24.12.2005, S. 20–25) und VO (EG) Nr. 730/2006 der Kommission vom 11.05.2006 über die Luftraumklassifizierung und den Zugang von Flügen nach Sichtflugregeln zum Luftraum oberhalb der Flugfläche 195 (ABl. EG Nr. L 128 vom 16.05.2006, S. 3–4), diese mittlerweile aufgehoben durch DVO (EU) 2016/1185 der Kommission vom 20.07.2016 zur Änderung der DVO (EU) Nr. 923/2012 hinsichtlich der Aktualisierung und Vervollständigung der gemeinsamen Luftverkehrsregeln und Betriebsvorschriften für Dienste und Verfahren der Flugsicherung (SERA Teil C) und zur Aufhebung der VO (EG) Nr. 730/2006, ABl. EU Nr. L 196 vom 21.07.2016, S. 3–43; KOM(2007) 845, S. 6.

1849 Insb. ist hier die SESAR-Definitionsphase gemeint, die eingeleitet wurde, ebenso wie die Entwicklungsphase für SJU, die so weit fortgeschritten ist, dass der ATM-Generalplan umgesetzt werden kann. Bzgl. SESAR ausf. Kapitel 5, C.

1850 KOM(2007) 845, S. 6: „Hinsichtlich des Beschlusses von Durchführungsbestimmungen und die Entwicklung gemeinschaftlicher Spezifikationen für technische Systeme und ihre betriebliche Nutzung wurde ein wirksames Interoperabilitätsinstrument geschaffen, das für die effiziente Anwendung der mit SESAR erzielten Ergebnisse unentbehrlich sein wird."

werden.[1851] Als Faktoren, die sich noch in der Ausarbeitungsphase befinden, klassifizierte die Europäische Kommission die Leistungsüberprüfung bei den Flugsicherungsorganisationen[1852], die gegenseitige Begutachtung der Aufsichtsbehörden[1853], die Gebührentransparenz[1854], die Luftraumauslegung[1855] und die funktionalen Luftraumblöcke[1856].[1857] Als Fazit kommt der Bericht zu dem Schluss, dass der einheitliche europäische Luftraum bisher in einigen Schlüsselbereichen nicht zu den erwarteten Ergebnissen führen konnte.[1858] Das Konzept der funktionalen Luftraumblöcke erreichte nicht den erwarteten Nutzen bezüglich der Flugeffizienz, der Defragmentierung und der Kostensenkung.[1859]

---

1851 KOM(2007) 845, S. 6.

1852 Die Rahmen-VO legt fest, dass die Leistung der Flugsicherungsorganisationen zu kontrollieren ist. Im Jahr 2008 wurde mit der Datensammlung und Erstellung von Leistungsvergleichen begonnen, um eine solide Basis für die Weiterentwicklung der Initiative zum Single European Sky zu schaffen, siehe KOM(2007) 845, S. 7.

1853 Die nationalen Aufsichtsbehörden sollen sich gegenseitig überprüfen, damit ein einheitlicher Sicherheitsstandard und eine einheitliche Anwendung der gemeinsamen Anforderungen garantiert werden, KOM(2007) 845, S. 7.

1854 Ziel ist die Schaffung einer größeren Transparenz bzgl. der Festlegung, Auferlegung und Durchsetzung von Gebühren für Flugsicherungsdienste. Diese Transparenz deckt sich mit dem Engagement der Europäischen Kommission zur Etablierung einer fairen Grundlage für die Gebührenerhebung, was auch die Intention des Richtlinienvorschlags zu Flughafenentgelten ist (dazu Vorschlag für eine Richtlinie des Europäischen Parlaments und des Rates zu Flughafenentgelten vom 24.01.2007, KOM(2006) 820 endgültig); KOM(2007) 845, S. 7.

1855 Durch zahlreiche den Luftraum betreffende Verordnungsentwürfe wurde mit der Mandatserteilung an EUROCONTROL zu diversen Themen begonnen, nämlich der „Luftraumklassifizierung im unteren Luftraum", der „Schaffung eines Europäischen Fluginformationsgebietes für den oberen Luftraum (EUIR)" und den „gemeinsame(n) Grundsätze(n) für die Strecken- und Sektorenauslegung", KOM(2007) 845, S. 7.

1856 Zu diesem Schlüsselelement des Single European Sky gibt es unterschiedliche Initiativen, die nur stockend vorangehen, jeweils unterschiedliche Ambitionen aufweisen und unterschiedlich weit entwickelt sind. Nur eine der Initiativen ist so weit vorangeschritten gewesen, dass mit der Durchführung begonnen werden konnte, hierzu siehe KOM(2007) 101; KOM(2007) 845, S. 7; zu den funktionalen Luftraumblöcken (FABs) allg. siehe ausf. Kapitel 9, B. und C.

1857 KOM(2007) 845, S. 7.

1858 KOM(2007) 845, S. 8; *Langner/Schwenke*, Cep-Studie 2011, S. 20.

1859 KOM(2007) 845, S. 8; *Schwenk/Giemulla*, Hdb. des Luftverkehrsrechts, Kapitel 5, S. 183, Rn. 35.

Bei der Einrichtung der funktionalen Luftraumblöcke spielte schon zum damaligen Zeitpunkt die nationale Souveränität[1860] eine große Rolle, insbesondere bezüglich der Zuständigkeit und der Verantwortung der Mitgliedstaaten für den Luftraum und das Militär.[1861] Denn statt die Ausübung hoheitlicher Befugnisse innovationsfreudig zu organisieren, resümierte die Europäische Kommission, würden diese von denjenigen, die die grenzübergreifende Kooperation und Integration verhindern wollten, als Hemmschuh verwendet.[1862] Ebenso nutzten die Mitgliedstaaten die zur Verfügung gestellten Instrumente[1863] nicht entsprechend zur Optimierung der Kosten- oder Betriebseffizienz der Dienstleistungen.[1864] Daneben habe sich die generelle Effizienz der Gestaltung und Nutzung der Streckenstruktur in Europa nur in geringem Maße verbessert, sodass weder in Bezug auf die Flugeffizienz noch im Hinblick auf die Umweltauswirkungen Fortschritte festzustellen waren.[1865]

Dieser Bericht der Europäischen Kommission schloss mit dem Fazit, dass die Europäische Kommission auf der Grundlage ihrer Untersuchung bezüglich der Durchführung der Rechtsvorschriften zum Single European Sky, im Einvernehmen mit den Ergebnissen der Europäischen Kommission für Leistungsüberprüfung[1866] sowie der Hochrangigen Gruppe konkrete Anregungen für ein weiteres, zweites Maßnahmenpaket zum einheitlichen europäischen Luftraum und auch für eine Ausweitung des Zuständigkeitsbereichs der EASA und des SESAR-ATM-Generalplans ausarbeiten und unterbreiten würde.[1867] Um die Herausforderungen bei der Performance und Ökologie zu bewältigen, sollten die Rechtsvorschriften zum einheitlichen europäischen Luftraum verschärft

1860 Siehe bzgl. der Souveränität ausf. Kapitel 2, B., V.

1861 KOM(2007) 845, S. 8.

1862 KOM(2007) 845, S. 8.

1863 Die aktuellen Rechtsvorschriften enthalten wirksame Instrumente zur Verbesserung der Leistungsfähigkeit, u. a. die Benennung von Dienstleistern, die Entbündelung der Dienste, wirtschaftliche Anreize, die Festsetzung von Nutzungsgebühren, Änderungen der Streckenstruktur, die Einrichtung funktionaler Luftraumblöcke und die Rationalisierung der Infrastruktur, siehe dazu PRC (2006), „Evaluation of the Impact of the SES Initiative on ATM Performance", S. iii; KOM(2007) 845, S. 8.

1864 KOM(2007) 845, S. 8.

1865 KOM(2007) 845, S. 8; *Schwenk/Giemulla*, Hdb. des Luftverkehrsrechts, Kapitel 5, S. 183, Rn. 35.

1866 Performance Review Commission.

1867 KOM (2007) 845, S. 12.

werden, wozu die Kommission schließlich das zweite Paket zum einheitlichen europäischen Luftraum, das „SES-II-Paket[1868]“, ankündigte.[1869]

## II. Einheitlicher europäischer Luftraum II (2009)

Nachdem mit dem ersten Verordnungspaket zum Single European Sky die Basis für die Schaffung des einheitlichen europäischen Luftraumes gelegt worden war, erfolgte eine Evaluierung dieser Regelungen, um den einheitlichen europäischen Luftraum zu vollenden.[1870] Die Umsetzung dieser Ziele und die Anpassung der Rechtsvorschriften an den technischen Fortschritt[1871] mündeten schließlich im Jahre 2009 in das sogenannte SES-II-Paket, mit dem die vier SES-I-Basisverordnungen modifiziert und ergänzt wurden.[1872] Auf Grundlage des Vorschlags zur Modifizierung und Ergänzung des ursprünglichen Verordnungspaketes[1873] zum einheitlichen europäischen Luftraum wurde am 21. Oktober 2009 die „Verordnung (EG) Nr. 1070/2009 des Europäischen Parlaments und des Rates zur Änderung der Verordnungen (EG) Nr. 549/2004, (EG) Nr. 550/2004, (EG) Nr. 551/2004 und (EG) Nr. 552/2004 im Hinblick auf die Verbesserung der Leistung und Nachhaltigkeit des europäischen Luftverkehrssystems“[1874] erlassen, die am 4. Dezember 2009 in Kraft trat. Neben dem Vorschlag für diese

---

1868 Mitteilung der Kommission an den Rat, das Europäische Parlament, den Europäischen Wirtschafts- und Sozialausschuss und den Ausschuss der Regionen, Einheitlicher europäischer Luftraum II: Kurs auf einen nachhaltigeren und leistungsfähigeren Luftverkehr vom 25.06.2008, KOM(2008) 389 endgültig.

1869 *Schwenk/Giemulla*, Hdb. des Luftverkehrsrechts, Kapitel 5, S. 183, Rn. 36.

1870 *Risch*, in: Grabherr/Reidt/Wysk, Luftverkehrsgesetz, 14. EL, 2010, § 27c, S. 8, Rn. 13; *Schwenk/Giemulla*, Hdb. des Luftverkehrsrechts, Kapitel 5, S. 183, Rn. 35.

1871 So Erwägungsgrund Nummer 11 des Vorschlags für eine Verordnung des Europäischen Parlaments und des Rates zur Änderung der Verordnungen (EG) Nr. 549/ 2004, (EG) Nr. 550/2004, (EG) Nr. 551/2004 und (EG) Nr. 552/2004 im Hinblick auf die Verbesserung der Leistung und Nachhaltigkeit des europäischen Luftverkehrssystems, KOM(2008) 388 endgültig vom 25.06.2008, S. 4.

1872 *Risch*, in: Grabherr/Reidt/Wysk, Luftverkehrsgesetz, 14. EL, 2010, § 27c, S. 8, Rn. 13; *Schwenk/Giemulla*, Hdb. des Luftverkehrsrechts, Kapitel 5, S. 183, Rn. 36.

1873 KOM(2008) 388 endgültig.

1874 VO (EG) Nr. 1070/2009 des Europäischen Parlaments und des Rates vom 21.10.2009 zur Änderung der VOen (EG) Nr. 549/2004, (EG) Nr. 550/2004, (EG) Nr. 551/2004 und (EG) Nr. 552/2004 im Hinblick auf die Verbesserung der Leistung und Nachhaltigkeit des europäischen Luftverkehrssystems, ABl. EG Nr. L 300 vom 14.11.2009, S. 34 ff.

„Änderungsverordnung" enthielt das Paket unter anderem noch eine Mitteilung[1875] mit der Ankündigung von Maßnahmen in verschiedenen Bereichen.

Mit diesem zweiten Verordnungspaket zum einheitlichen europäischen Luftraum soll die Einführung des Single European Sky, die insbesondere nach Ansicht der Europäischen Kommission schon zu viel Zeit in Anspruch genommen hatte, beschleunigt und gleichzeitig ein gemeinschaftsweites Leistungssystem für die Flugsicherung in funktionalen Luftraumblöcken eingeführt werden.[1876]

### 1. *Einheitlicher europäischer Luftraum II: Kurs auf einen nachhaltigeren und leistungsfähigeren Luftverkehr, KOM(2008) 389*

Auf seiner Tagung vom 7. April 2008 ersuchte der Rat die Europäische Kommission, den Empfehlungen der Hochrangigen Gruppe zu folgen und ein Gesamtsystemkonzept zu entwickeln, das mit der Vorgehensweise „von Flugsteig zu Flugsteig" harmoniere, um die Sicherheit, die Kosteneffizienz und das Flugverkehrsmanagement effizienter zu gestalten.[1877]

Nach Rekapitulation des bisher Erreichten[1878] und unter Würdigung der Mitteilung vom 20. Dezember 2007[1879] beschrieb die Europäische Kommission in der Mitteilung vom 25. Juni 2008[1880] ihr Konzept eines modifizierten Gesetzespaketes für die beschleunigte und verbesserte Realisation des Single European Sky und zeigte gleichzeitig die Schwierigkeiten bei der bisherigen Verwirklichung auf.[1881]

---

1875 Mitteilung der Kommission an den Rat, das Europäische Parlament, den Europäischen Wirtschafts- und Sozialausschuss und den Ausschuss der Regionen, Einheitlicher europäischer Luftraum II: Kurs auf einen nachhaltigeren und leistungsfähigeren Luftverkehr vom 25.06.2008, KOM(2008) 389 endgültig.

1876 *Baumann*, in: Ehlers/Fehling/Pünder, BesVerwR 1, Bd. 1: Öffentliches Wirtschaftsrecht, § 27, Rn. 48.

1877 Erwägungsgrund Nummer 4 VO (EG) Nr. 1070/2009.

1878 KOM(2008) 389, S. 2 ff.; KOM(2007) 845, S. 5 f.

1879 KOM(2007) 845.

1880 KOM(2008) 389.

1881 Vgl. KOM(2008) 388; siehe auch die zustimmende Stellungnahme des Europäischen Wirtschafts- und Sozialausschusses zu dem „Vorschlag für eine Verordnung des Europäischen Parlaments und des Rates zur Änderung der Verordnungen (EG) Nr. 549/2004, (EG) Nr. 550/2004, (EG) Nr. 551/2004 und (EG) Nr. 552/2004 im Hinblick auf die Verbesserung der Leistung und Nachhaltigkeit des europäischen Luftverkehrssystems", ABl. EG Nr. C 182 vom 04.08.2009, S. 50–55; Stellungnahme des Ausschusses der Regionen „Einheitlicher europäischer Luftraum II", ABl. EG Nr. C 120 vom 28.05.2009, S. 52–55; *Bues*, S. 50 f.

Positiv fiel auf, dass der einheitliche europäische Luftraum zu mehr Sicherheit geführt hatte.[1882] Die EU-Mitgliedstaaten hatten begonnen, die Aufsicht über Flugsicherungsdienstleistungen von deren Erbringung zu trennen, das sicherheitsbezogene Know-how in den EUROCONTROL-Sicherheitsanforderungen (Safety Regulatory Requirements, kurz „ESARR") wurde ins Gemeinschaftsrecht integriert und das gemeinsame Unternehmen SESAR nahm seine Arbeit auf.[1883] Des Weiteren wurden für Fluglotsen Kompetenzstandards beschlossen, um die Sicherheit der Dienste zu garantieren und eine flexiblere, auch grenzübergreifende Verwaltung der Personalressourcen zuzulassen.[1884] Der einheitliche europäische Luftraum führte jedoch nicht in allen wichtigen Bereichen zu den erwarteten Ergebnissen.[1885] Das Konzept der funktionalen Luftraumblöcke führte nicht zu dem erhofften Nutzen bezüglich der Defragmentierung, der Flugeffizienz und der Kostensenkung.[1886]

Die Zusammenführung in funktionale Luftraumblöcke begegnete ungeachtet der Staatsgrenzen besonders auf politischer und wirtschaftlicher Ebene zahlreichen Hindernissen.[1887] Die Mehrheit der EU-Mitgliedstaaten sah (und sieht) im Konzept der funktionalen Luftraumblöcke und der daran gekoppelten Kontrolle des eigenen Luftraumes durch fremde Flugsicherungsbetreiber einen Souveränitätsverlust und zeigte daher mangelndes Interesse an einer beschleunigten Durchsetzung der Vorgaben aus Art. 5 Luftraum-VO[1888] und den Artikeln 8 ff. Flugsicherungsdienste-VO.[1889] Auch zur Optimierung der Kosteneffizienz ergriffen die EU-Mitgliedstaaten bis dahin keinerlei Maßnahmen.[1890] Es waren weder bei der Gesamteffizienz der Nutzung der europäischen Streckenstruktur

---

1882 KOM(2008) 389, S. 2; *Schwenk/Giemulla*, Hdb. des Luftverkehrsrechts, Kapitel 5, S. 183, Rn. 35.

1883 KOM(2008) 389, S. 2 f.; *Schwenk/Giemulla*, Hdb. des Luftverkehrsrechts, Kapitel 5, S. 183, Rn. 35.

1884 KOM(2008) 389, S. 2 f.

1885 KOM(2008) 389, S. 3; KOM(2007) 845, S. 15; *Schwenk/Giemulla*, Hdb. des Luftverkehrsrechts, Kapitel 5, S. 183, Rn. 35.

1886 *Schwenk/Giemulla*, Hdb. des Luftverkehrsrechts, Kapitel 5, S. 183, Rn. 35.

1887 KOM(2008) 389, S. 3.

1888 Jetzt Art. 9a Flugsicherungsdienste-VO.

1889 Vgl. KOM(2007) 845, S. 8; KOM(2008) 389, S. 3; *Hüttel*, S. 42; generell so auch *Krämer*, Kapazitätsengpässe, S. 166.

1890 KOM(2008) 389, S. 3; *Bues*, S. 37.

noch bezüglich der Flugeffizienz und der Umweltauswirkungen Fortschritte zu verzeichnen.[1891]

### a) Begegnung der Herausforderungen

Um diese Herausforderungen anzunehmen, sollten die Rechtsvorschriften des einheitlichen europäischen Luftraumes angepasst werden, so dass das zweite Verordnungspaket zum einheitlichen europäischen Luftraum die vier Basisverordnungen des SES-I-Paketes modifiziert.[1892] Die Europäische Kommission entwickelte dazu ein ganzheitliches, auf vier Pfeilern[1893] beruhendes Konzept, das den Ansatz der SES-I-Verordnungen von 2004 aufgreift und weiterentwickelt, um den festgestellten Fehlentwicklungen entgegenzuwirken.[1894] Die Vorschläge stärken aufbauend auf dem ersten Single-European-Sky-Paket die bereits bestehenden Instrumente und schaffen einen gemeinsamen Regulierungsrahmen.[1895] Die Zuständigkeiten der Europäischen Agentur für Flugsicherheit (European Aviation Safety Agency, kurz: EASA[1896]) werden auch auf die Bereiche Flughafensicherheit und Sicherheit des Luftverkehrsmanagementnetzes erweitert und Umweltschutzziele in die Vorschriften über das europäische Luftverkehrssystem eingegliedert.[1897]

---

1891 KOM(2008) 389, S. 3; so auch *Schwenk/Giemulla*, Hdb. des Luftverkehrsrechts, Kapitel 5, S. 183, Rn. 35.

1892 *Schwenk/Giemulla*, Hdb. des Luftverkehrsrechts, Kapitel 5, S. 183, Rn. 36; *Baumann*, in: Ehlers/Fehling/Pünder, BesVerwR 1, Bd. 1: Öffentliches Wirtschaftsrecht, § 27, Rn. 48; diesem Zweck dient vor allem VO (EG) Nr. 1070/2009.

1893 Teilweise wird von fünf Pfeilern gesprochen, insb. dem (zusätzlichen) Faktor „Mensch", siehe Vorschlag für eine Verordnung des Europäischen Parlaments und des Rates zur Verwirklichung des einheitlichen europäischen Luftraumes, COM(2013) 410, S. 2: „Die geltenden Vorschriften betreffen die fünf Pfeiler Leistung, Sicherheit, Technologie sowie den Faktor Mensch und Flughäfen, die in einer Wechselbeziehung zueinander stehen."; so auch die Stellungnahme des Europäischen Wirtschafts- und Sozialausschusses, ABl. EG Nr. C 182 vom 04.08.2009, S. 50, 53; Mitteilung der Kommission an das Europäische Parlament, den Rat, den Europäischen Wirtschafts- und Sozialausschuss und den Ausschuss der Regionen: Beschleunigte Verwirklichung des einheitlichen europäischen Luftraumes vom 11.06.2013, KOM(2013) 408 final, S. 2 f.

1894 KOM(2008) 389, S. 8 ff.; *Bues*, S. 51.

1895 KOM(2008) 389, S. 8; *Schwenk/Giemulla*, Hdb. des Luftverkehrsrechts, Kapitel 5, S. 183, Rn. 36.

1896 https://www.easa.europa.eu/en/light, zuletzt abgerufen am 20.02.2023; siehe ausf. zur EASA in Kapitel 3, B., IV., 2.

1897 *Baumann*, in: Ehlers/Fehling/Pünder, BesVerwR 1, Bd. 1: Öffentliches Wirtschaftsrecht, S. § 27, Rn. 48.

### *b) 1. Pfeiler: Leistungsregulierung*

Die erste Maßnahme führt durch die Festlegung von Zielen ein System der Leistungsregulierung ein.[1898] Ein unabhängiges Leistungsüberprüfungsgremium überwacht und beurteilt die Systemleistung, erarbeitet Kennzahlen für die jeweiligen Leistungsbereiche und schlägt unionsweite Ziele bezüglich Kostenreduzierung, Verspätungen und Streckenverkürzungen vor.[1899] Diese Leistungsziele werden von der Kommission genehmigt und an die nationalen Aufsichtsbehörden weitergegeben, die Daten erheben, um sich auf verbindliche nationale oder regionale Ziele zu einigen.[1900] Die zweite Maßnahme beschleunigt die Initiativen zur Integration der Diensteerbringung innerhalb funktionaler Luftraumblöcke als Mittel zur Erreichung der Leistungsziele.[1901] Ergänzend zu den ersten beiden Maßnahmen soll drittens die Netzmanagementfunktion gestärkt werden, die die Nutzer und Dienstleister dabei unterstützt, bestmögliche Lösungen für den gesamten Flug (von Flugsteig zu Flugsteig) aus der Perspektive des europäischen Netzes zu finden.[1902] Ferner sollten die funktionalen Luftraumblöcke bis spätestens Ende 2012[1903] eingerichtet werden, um diese zu leistungsstarken Mitteln der Verzahnung zu machen.[1904]

### *c) 2. Pfeiler: Einheitlicher Sicherheitsrahmen*

Der nachhaltigere und effizientere Luftverkehr soll auch durch die Schaffung eines einheitlichen Sicherheitsrahmens ermöglicht werden. Dieser zweite Pfeiler soll durch den einheitlichen Rahmen für die Sicherheit eine harmonisierte Entwicklung der Sicherheitsvorschriften und ihre wirksame Umsetzung erreichen.[1905] Die Kompetenzen der EASA sollen auf die für die Sicherheit

---

1898 KOM(2008) 389, S. 8.

1899 KOM(2008) 389, S. 8; http://europa.eu/legislation_summaries/transport/air_transport/tr0003_de.htm, zuletzt abgerufen am 23.02.2023; siehe auch KOM(2008) 388, S. 27 f.

1900 KOM(2008) 389, S. 8; http://europa.eu/legislation_summaries/transport/air_transport/tr0003_de.htm, zuletzt abgerufen am 23.02.2023.

1901 KOM(2008) 389, S. 8; so auch BT-Drs. 16/11447, S. 119.

1902 KOM(2008) 389, S. 9.

1903 Die Verwirklichungsfrist endete am 04.12.2012. Zu diesem Zeitpunkt war keiner der neun funktionalen Luftraumblöcke errichtet. Siehe zu den funktionalen Luftraumblöcken ausf. Kapitel 9, B. und C.

1904 *Bues*, S. 51; KOM(2008) 389, S. 9.

1905 *Schwenk/Giemulla*, Hdb. des Luftverkehrsrechts, Kapitel 5, S. 183, Rn. 36; KOM(2008) 389, S. 9.

maßgebenden Bereiche, nämlich Flughäfen und Flugverkehrsmanagement/ Flugsicherungsdienste, ausgeweitet werden.[1906] Das sicherheitsbezogene Element des Single European Sky spiegelt sich daher im zweiten Pfeiler wider.[1907]

### *d) 3. Pfeiler: Öffnung für neue Technologien*

Da das vorhandene Flugsicherungssystem bis an seine Grenzen belastet ist, mit veralteten Technologien arbeitet und unter Zersplitterung leidet, kommt als dritter Pfeiler die technologische Komponente hinzu.[1908] Das europäische System muss vorrangig ausgebaut werden, um mit den kommenden Herausforderungen mithalten zu können und neue Technologien und die Umsetzung neuer Anwendungskonzepte ermöglichen zu können.[1909] Das SESAR-Projekt[1910] gilt als die technologische Komponente des einheitlichen europäischen Luftraumes.[1911] Es soll dazu beitragen, die Sicherheitsniveaus um den Faktor zehn anzuheben und eine Verdreifachung des Verkehrs zur Hälfte der heutigen[1912] Kosten pro Flug zu bewältigen.[1913]

### *e) 4. Pfeiler: Verwaltung der Kapazität am Boden*

Der vierte Pfeiler beruht auf dem „Aktionsplan für Flughafenkapazität, Effizienz und Sicherheit in Europa"[1914], den das Europäische Parlament und der Rat anerkannt haben.[1915] Dieser Pfeiler zielt auf die Verbesserung der Kapazitäten von Flughäfen ab.[1916] Um der ansteigenden Luftverkehrsnachfrage Herr werden

---

1906 KOM(2008) 389, S. 9 f.; *Bues*, S. 51.

1907 KOM(2008) 389, S. 10.

1908 KOM(2008) 389, S. 10; siehe auch *Schwenk/Giemulla*, Hdb. des Luftverkehrsrechts, Kapitel 5, S. 183, Rn. 36; *Bues*, S. 51.

1909 KOM(2008) 389, S. 10; vgl. dazu auch *Schwenk/Giemulla*, Hdb. des Luftverkehrsrechts, Kapitel 5, S. 183, Rn. 36; siehe auch *Bues*, S. 51.

1910 Siehe dazu ausf. Kapitel 5, C.

1911 *Bues*, S. 51.

1912 Im Jahre 2008.

1913 KOM(2008) 389, S. 10; KOM(2008) 483, S. 26; KOM(2008) 750, S. 5; KOM(2011) 923, S. 1; dazu auch insb. European ATM Masterplan, Edition 2015, S. 22 f.; siehe auch *Schwenk/Giemulla*, Hdb. des Luftverkehrsrechts, Kapitel 5, S. 183, Rn. 36.

1914 Mitteilung der Kommission an den Rat, das Europäische Parlament, den Europäischen Wirtschafts- und Sozialausschuss und den Ausschuss der Regionen, Ein Aktionsplan für Kapazität, Effizienz und Sicherheit von Flughäfen in Europa vom 24.01.2007, KOM(2006) 819 endgültig.

1915 KOM(2008) 389, S. 11; *Bues*, S. 51.

1916 *Schwenk/Giemulla*, Hdb. des Luftverkehrsrechts, Kapitel 5, S. 183, Rn. 36; *Bues*, S. 52.

zu können, ist es erforderlich, dass die Flughafenkapazitäten auf die ATM-Kapazitäten abgestimmt bleiben, um die Gesamteffizienz des Netzes aufrecht erhalten zu können.[1917] Der Aktionsplan regt dazu diverse Schritte an, mit denen der Output vergrößert, die Flughafenkapazitäten und -infrastruktur verbessert und gleichzeitig die Sicherheits- und Umweltstandards optimiert werden.[1918]

## *2. Änderungsverordnung (EG) Nr. 1070/2009*

Die Verordnung (EG) Nr. 1070/2009 ist Teil des Ergänzungsprogramms des einheitlichen europäischen Luftraumes II. Um die Errichtung des Single European Sky abzuschließen, ist es notwendig, weitere ergänzende Rechtsvorschriften auf Unionsebene anzunehmen, die insbesondere der Leistungsverbesserung des Luftverkehrssystems in Europa dienen, primär in den Schlüsselbereichen Kapazität, Kosteneffizienz und Umwelt, und dabei die vorrangigen Sicherheitsziele nicht außer Acht lassen.[1919] Ebenso ist es unerlässlich, die Rechtsvorschriften für den Single European Sky an den technischen Fortschritt anzugleichen.[1920] Neben technischen und organisatorischen Modifikationen der ursprünglichen Verordnungen zum einheitlichen europäischen Luftraum soll die Verordnung dabei helfen, die zügige Umsetzung der Restrukturierung des europäischen Luftraummanagements herbeizuführen.[1921] Die wichtigsten Neuerungen der Änderungsverordnung (EG) Nr. 1070/2009 zielen darauf ab, europäische Flugsicherungssysteme mit konkreteren Vorgaben als im ersten Verordnungspaket zum einheitlichen europäischen Luftraum an den Erfordernissen von Sicherheit, Kosteneffizienz, Kapazität und Umweltschutz auszurichten und damit insbesondere die Leistungsfähigkeit der Flugsicherung insgesamt zu verbessern.[1922] Dies soll durch die Einführung eines Leistungssystems für Flugsicherungsdienste und

---

1917 KOM(2008) 389, S. 11; so auch *Bues*, S. 52.

1918 KOM(2008) 389, S. 11.

1919 Erwägungsgrund Nummer 5 VO Nr. 1070/2009; siehe auch https://transport.ec.europa.eu/transport-modes/air/single-european-sky/single-european-sky-ii_en, zuletzt abgerufen am 01.03.2023.

1920 Erwägungsgrund Nummer 5 VO Nr. 1070/2009; ebenso https://transport.ec.europa.eu/transport-modes/air/single-european-sky/single-european-sky-ii_en, zuletzt abgerufen am 01.03.2023.

1921 *Hüttel*, S. 43.

1922 Erwägungsgründe Nummer 5 und Nummer 12 VO (EG) Nr. 1070/2009, siehe im Unterschied dazu die Regelung im ersten SES-Verordnungspaket in Art. 11 Abs. 2 lit. d) Rahmen-VO; *Bethkenhagen/von Elm/Nitschke*, ZLW 2011, S. 412 ff. (416); *Sendmeyer*, in: Schulze/Zuleeg/Kadelbach, Europarecht, § 34, Rn. 165.

eine neue Gebührenregelung für die Flugsicherung erreicht werden, die das Vollkostendeckungsprinzip aufgibt und erstmals eine Anreizregulierung enthält.[1923] Darüber hinaus legen die Neuregelungen erstmals verbindliche Fristen für die Errichtung der funktionalen Luftraumblöcke durch die Mitgliedstaaten fest, fördern die Verbesserung des freien Marktzugangs für Flugsicherungsdienstleister und enthalten Maßnahmen, um die Netzmanagementfunktionen zu stärken.[1924] Zusätzlich fügt die Änderungsverordnung den Punkt der „ökologischen Nachhaltigkeit" den Zielvorgaben des Single European Sky hinzu.[1925] Einige der wichtigsten Änderungen werden nachfolgend skizziert.

#### *a) Änderungen der Verordnung (EG) Nr. 549/2004 („Rahmen-Verordnung")*

Das in Art. 1 der Rahmen-VO niedergelegte Ziel der Verbesserung der Sicherheit und Gesamteffizienz des Flugverkehrsmanagements bleibt auch in der Neufassung der Verordnung bis auf kleinere Ergänzungen unverändert erhalten.[1926]

---

1923 Siehe Erwägungsgrund Nummer 12 VO (EG) Nr. 1070/2009; es wurden bereits DVOen dazu erlassen: VO (EU) Nr. 691/2010 der Kommission vom 29.07.2010 zur Festlegung eines Leistungssystems für Flugsicherungsdienste und Netzfunktionen und zur Änderung der VO (EG) Nr. 2096/2005 zur Festlegung gemeinsamer Anforderungen bezüglich der Erbringung von Flugsicherungsdiensten, ABl. EU Nr. L 201 vom 03.08.2010, S. 1–22, diese VO wurde aufgehoben durch DVO (EU) Nr. 390/2013 der Kommission vom 03.05.2013 zur Festlegung eines Leistungssystems für Flugsicherungsdienste und Netzfunktionen, ABl. EU Nr. 128 vom 09.05.2013, S. 1–30; außerdem erging VO (EU) Nr. 1191/2010 der Kommission vom 16.12.2010 zur Änderung der VO (EG) Nr. 1794/2006 der Kommission zur Einführung einer gemeinsamen Gebührenregelung für Flugsicherungsdienste, ABl. EU Nr. L 333 vom 17.12.2010, S. 6–20, diese VO wurde mittlerweile durch DVO (EU) Nr. 391/2013 der Kommission vom 03.05.2013 zur Festlegung einer gemeinsamen Gebührenregelung für Flugsicherungsdienste, ABl. EU Nr. L 128 vom 09.05.2013, S. 31–58 aufgehoben; DVO (EU) 2019/317 der Kommission vom 11.02.2019 zur Festlegung eines Leistungssystems und einer Gebührenregelung für den einheitlichen europäischen Luftraum und zur Aufhebung der DVOen (EU) Nr. 390/2013 und (EU) Nr. 391/2013, ABl. EU Nr. L 56 vom 25.02.2019, S. 1–67; *Bethkenhagen/von Elm/Nitschke*, ZLW 2011, S. 412 ff. (416); vgl. auch *Schwenk/Giemulla*, Hdb. des Luftverkehrsrechts, Kapitel 5, S. 183 f., Rn. 37.

1924 *Langner/Schwenke*, Cep-Studie 2011, S. 21.

1925 Dies meint insb. eine Verringerung des Kohlendioxid-Ausstoßes im Luftverkehr, siehe Erwägungsgrund Nummer 24 VO (EG) Nr. 1070/2009; ebenso Anh. II, Teil A Nr. 5 der Interoperabilitäts-VO; *Langner/Schwenke*, Cep-Studie 2011, S. 21.

1926 *Hüttel*, S. 43.

Gemäß Art. 1 Abs. 2 der VO (EG) Nr. 1070/2009 lässt diese die hoheitliche Gewalt der EU-Mitgliedstaaten über ihren Luftraum und die Anforderung der EU-Mitgliedstaaten bezüglich der öffentlichen Ordnung, der öffentlichen Sicherheit und in Verteidigungsfragen nach Maßgabe des Art. 13 auch weiterhin unberührt.

In Art. 2 werden verschiedene Begriffsdefinitionen geändert oder hinzugefügt. Neu ist bspw. Art. 2 Nummer 13a, die den „ATM-Masterplan" definiert.[1927] Auch Art. 2 Nummer 23a, die Beschreibung des „Fluginformationsdienstes"[1928] und Nummer 23b, die Definition des „Flugalarmdienstes"[1929], wurden eingefügt.[1930]

Wichtig im Zusammenhang mit der Errichtung der funktionalen Luftraumblöcke ist die Erweiterung ihrer Definition. Art. 2 Nummer 25 ändert die Begriffsdefinition bezüglich der funktionalen Luftraumblöcke etwas ab und erweitert diese.[1931] Die ursprüngliche Definition der funktionalen Luftraumblöcke in Art. 2 Nummer 25 Rahmen-VO lautete: „Funktionaler Luftraumblock bezeichnet einen nach betrieblichen Anforderungen festgelegten Luftraumblock, bei dem der Notwendigkeit eines stärker integrierten Luftraummanagements über bestehende Grenzen hinweg Rechnung getragen wird." Diese Definition wurde als unzureichend erachtet und wird daher durch die SES-II-Verordnungen abgeändert.[1932] Den Begriff des „funktionalen Luftraumblocks" definiert Art. 2 Nummer 25 VO (EG) Nr. 1070/2009 nun als „einen nach betrieblichen Anforderungen und ungeachtet des Verlaufs von Staatsgrenzen festgelegten

---

1927 Art. 1 Nummer 2 lit. c) VO (EG) Nr. 1070/2009: „ATM-Masterplan" bezeichnet den durch den Beschluss 2009/320/EG des Rates gemäß Art. 1 Abs. 2 der VO (EG) 219/2007 des Rates vom 27.02.2007 zur Gründung eines gemeinsamen Unternehmens zur Entwicklung des europäischen Flugverkehrsmanagementsystems der neuen Generation (SESAR) gebilligten Plan.

1928 Art. 2 lit. g) VO (EG) Nr. 1070/2009: Fluginformationsdienst bezeichnet die „Bereitstellung eines Dienstes zur Erteilung von Hinweisen und Informationen, die für die sichere und effiziente Durchführung von Flügen zweckdienlich sind".

1929 Art. 2 lit. g) VO (EG) Nr. 1070/2009: Flugalarmdienst bezeichnet die „Bereitstellung eines Dienstes zur Unterrichtung der entsprechenden Organisationen über Luftfahrzeuge, die Hilfe von Such- und Rettungsdiensten benötigen, sowie ggfs. zur Unterstützung derartiger Organisationen".

1930 Art. 1 Nummer 2 lit. g) VO (EG) Nr. 1070/2009.

1931 Art. 1 Nummer 2 lit. h) VO (EG) Nr. 1070/2009.

1932 *Schubert*, Air & Space Law 2010, S. 113 ff. (129); ähnlich bei *Hüttel*, S. 43; ausf. zu den funktionalen Luftraumblöcken siehe Kapitel 9, B. und C.

Luftraumblock, in dem die Erbringung von Flugsicherungsdiensten und die damit zusammenhängenden Funktionen leistungsbezogen und optimiert sind, um in jedem funktionalen Luftraumblock eine verstärkte Zusammenarbeit zwischen Flugsicherungsorganisationen und gegebenenfalls einem integrierten Anbieter einzuführen".[1933] Das Auseinanderfallen von Flugsicherungssektoren und Staatsgrenzen kommt deutlich zum Ausdruck, wenn es in der Definition nun „[...] ungeachtet des Verlaufs von Staatsgrenzen festgelegten Luftraumblock[...]" heißt, in dem die Erbringung von Flugsicherungsdiensten und die damit zusammenhängenden Nebenfunktionen optimiert und/oder integriert sind.[1934]

In Erwägungsgrund Nummer 16 der Änderungsverordnung wird die Unabhängigkeit von den Staatsgrenzen nochmals betont,[1935] indem niedergelegt ist, dass „bezüglich der Erbringung grenzübergreifender Dienste die Mitgliedstaaten sicherstellen sollten, dass die Benennung eines Dienstleisters für Flugverkehrsdienste nicht durch ein einzelstaatliches Rechtssystem mit der Begründung untersagt werden kann, dass dieser in einem anderen Mitgliedstaat niedergelassen ist oder sich im Eigentum von Staatsangehörigen jenes Mitgliedstaates befindet".[1936]

Zur Verbesserung der Leistung der Flugsicherungsdienste und Netzfunktionen im einheitlichen europäischen Luftraum wird gemäß Art. 1 Nummer 5 der Änderungsverordnung (bzw. Art. 11 Abs. 1 S. 1 der geänderten Fassung der Rahmen-VO) ein Leistungssystem für Flugsicherungsdienste und Netzfunktionen eingerichtet. Dieses umfasst einerseits unionsweite Leistungsziele in den zentralen Leistungsbereichen von Sicherheit, Umwelt, Kapazität und Kosteneffizienz[1937], andererseits nationale Pläne oder Pläne für funktionale Luftraumblöcke, einschließlich Leistungszielen, die Kohärenz mit den EU-weiten Leistungszielen

1933 Art. 1 Nummer 2 lit. h) VO (EG) Nr. 1070/2009.

1934 Ähnlich KOM(2008) 388, Art. 1 Abs. 2 lit. f); *Hüttel*, S. 43.

1935 Diese stärkere Betonung der Staatsgrenzen muss im Zusammenhang mit der ausdrücklichen Absage an die nationalen Souveränitätsvorbehalte gesehen werden, die der Verordnungsgeber in Anbetracht der nur langsam voranschreitenden Realisierung der verbindlichen Vorgaben in die Erwägungsgründe der Änderungsverordnung (EG) Nr. 1070/2009 aufgenommen hat, so *Hüttel*, S. 43 f.

1936 Erwägungsgrund Nummer 16 VO (EG) Nr. 1070/2009; so auch Erwägungsgrund Nummer 12 KOM(2008) 388, S. 4; *Hüttel*, S. 43 f.

1937 Art. 1 Nummer 5 der VO (EG) Nr. 1070/2009 bzw. Art. 11 Abs. 1 lit. a) der geänderten Fassung der VO (EG) Nr. 549/2004.

gewährleisten[1938]. Außerdem umfasst es eine periodische Überprüfung, Überwachung und einen Vergleich der Leistung von Flugsicherungsdiensten und Netzfunktionen.[1939] Gemäß dem in Art. 5 Abs. 3 Rahmen-VO genannten Regelungs- bzw. Prüfverfahren[1940] kann die Europäische Kommission EUROCONTROL oder eine andere unparteiische und kompetente Stelle benennen, die als „Leistungsüberprüfungsgremium (Performance Review Body)"[1941] fungiert.[1942] Diesem „Leistungsüberprüfungsgremium" wird gemäß Art. 11 Abs. 2 S. 2 Rahmen-VO n. F. die Aufgabe zuteil, die Kommission in Absprache mit den nationalen Aufsichtsbehörden und auch die nationalen Aufsichtsbehörden auf Ersuchen bei der Anwendung des Leistungssystems und der Ausarbeitung der Leistungsziele behilflich zu sein.[1943]

Die verbindlichen, EU-weit gültigen Leistungsziele für das Luftverkehrsmanagementnetz werden von der Kommission entsprechend dem Regelungs- bzw. Prüfverfahren angenommen.[1944] Die Mitgliedstaaten haben zu gewährleisten, dass die Zielvorgaben in ihrem Zuständigkeitsbereich erreicht werden.[1945] Zu

---

1938 Art. 1 Nummer 5 der VO (EG) Nr. 1070/2009 bzw. Art. 11 Abs. 3 lit. b) der geänderten Fassung der VO (EG) Nr. 549/2004.

1939 Art. 1 Nummer 5 der VO (EG) Nr. 1070/2009 bzw. Art. 11 Abs. 3 lit. c) der geänderten Fassung der VO (EG) Nr. 549/2004.

1940 Das Regelungsverfahren wurde im Zuge des Lissabonner Vertrags von dem sog. Prüfverfahren ersetzt, siehe dazu auch Kapitel 5, B., I.

1941 https://wikis.ec.europa.eu/display/eusinglesky/PRB+Role, zuletzt abgerufen am 27.03.2023; VO (EU) Nr. 691/2010 der Kommission vom 29.07.2010 zur Festlegung eines Leistungssystems für Flugsicherungsdienste und Netzfunktionen und zur Änderung der VO (EG) Nr. 2096/2005 zur Festlegung gemeinsamer Anforderungen bezüglich der Erbringung von Flugsicherungsdiensten, ABl. EU Nr. L 201 vom 03.08.2010, S. 1–22 wurde mittlerweile aufgehoben und durch DVO (EU) 2019/317 der Kommission vom 11.02.2019 zur Festlegung eines Leistungssystems und einer Gebührenregelung für den einheitlichen europäischen Luftraum und zur Aufhebung der DVOen (EU) Nr. 390/2013 und (EU) Nr. 391/2013, ABl. EU Nr. L 56 vom 25.02.2019, S. 1–67 ersetzt, bezüglich des Leistungsüberprüfungsgremiums siehe dort Art. 3.

1942 Art. 1 Nummer 5 der VO (EG) Nr. 1070/2009 bzw. Art. 11 Abs. 2 S. 1 der geänderten Fassung der VO (EG) Nr. 549/2004.

1943 Art. 1 Nummer 5 VO (EG) Nr. 1070/2009 bzw. Art. 11 Abs. 2 S. 2 der geänderten Fassung der VO (EG) Nr. 549/2004.

1944 Art. 1 Nummer 5 VO (EG) Nr. 1070/2009 bzw. Art. 11 Abs. 3 lit. a) der geänderten Fassung der VO (EG) Nr. 549/2004.

1945 Siehe dazu https://www.baf.bund.de/DE/Themen/Wirtschaftsaufsicht/Europ_Leistungsplanung/Europ_Leistungsplanung_node.html, zuletzt abgerufen am 27.03.2023; *Langner/Schwenke*, Cep-Studie 2011, S. 22.

diesem Zweck arbeiten die nationalen Aufsichtsbehörden die nationalen Leistungspläne[1946] oder auch die Pläne für die funktionalen Luftraumblöcke mitsamt der verbindlichen nationalen bzw. regionalen Leistungsziele aus, die mit den EU-weiten Leistungszielen übereinzustimmen haben.[1947] Ob die Leistungsziele erreicht wurden, wird regelmäßig von der Europäischen Kommission beurteilt und das Ergebnis anschließend dem Ausschuss für den einheitlichen europäischen Luftraum übermittelt.[1948]

### *b) Änderungen der Verordnung (EG) Nr. 550/2004 („Flugsicherungsdienste-Verordnung“)*

Die Flugsicherungsdienste-VO erfährt durch die Änderungsverordnung (EG) Nr. 1070/2009 einige Modifikationen, Konkretisierungen und Streichungen. Die ursprüngliche Fassung des Art. 8 Flugsicherungsdienste-VO wird durch die Änderungsverordnung (EG) Nr. 1070/2009 umgestaltet. Art. 8 Abs. 2 Flugsicherungsdienste-VO stellt nun klar, dass grenzübergreifende Flugsicherungsdienste von den innerstaatlichen Rechtssystemen nicht mit der Begründung verhindert werden dürfen, dass sich ein Dienstleister für Flugverkehrsdienste nicht unmittelbar oder mehrheitlich im Eigentum dieses betroffenen Mitgliedstaates oder seiner Staatsangehörigen befindet.[1949] Zukünftig dürfen die Mitgliedstaaten die Erbringung von Flugsicherungsdiensten in ihrem

---

1946 Die Leistungspläne für den dritten Bezugszeitraum (2020–2024) unterlagen aufgrund der erheblichen Auswirkungen der Coronapandemie auf den Luftverkehr besonderen Gegebenheiten. Die zunächst im Jahr 2019 gemäß DVO (EU) 2019/317 eingereichten Leistungspläne mussten überarbeitet werden, um diese Auswirkungen bei der Festlegung entsprechender Leistungsziele zu berücksichtigen. Den Rahmen hierfür gibt die DVO (EU) 2020/1627 der Kommission vom 03.11.2020 über Sondermaßnahmen für den dritten Bezugszeitraum (2020–2024) des Leistungssystems und der Gebührenregelung für den einheitlichen europäischen Luftraum aufgrund der COVID-19-Pandemie vor, ABl. EU Nr. L 366 vom 04.11.2020, S. 7–11, so https://www.baf.bund.de/DE/Themen/Wirtschaftsaufsicht/Europ_Leistungsplanung/Europ_Leistungsplanung_node.html, zuletzt abgerufen am 27.03.2023.

1947 Art. 1 Nummer 5 VO (EG) Nr. 1070/2009 bzw. Art. 11 Abs. 3 lit. b) der geänderten Fassung der VO (EG) Nr. 549/2004; https://www.baf.bund.de/DE/Themen/Wirtschaftsaufsicht/Europ_Leistungsplanung/Europ_Leistungsplanung_node.html, zuletzt abgerufen am 27.03.2023; *Langner/Schwenke*, Cep-Studie 2011, S. 22.

1948 Art. 1 Nummer 5 VO (EG) Nr. 1070/2009 bzw. Art. 11 Abs. 3 lit. e) der geänderten Fassung der VO (EG) Nr. 549/2004.

1949 Art. 2 Nummer 4 VO (EG) Nr. 1070/2009 bzw. Art. 8 Abs. 2 lit. a) der geänderten Fassung der VO (EG) Nr. 550/2004; BT-Drs. 16/11447, S. 20; *Hüttel*, S. 44.

Zuständigkeitsbereich auch nicht davon abhängig machen, dass ein Diensteanbieter seine Hauptbetriebsstätte oder eingetragene Niederlassung im eigenen Hoheitsgebiet hat[1950] oder davon, dass nur Einrichtungen im betroffenen Mitgliedstaat genutzt werden dürfen[1951]. Dadurch wird nochmals Erwägungsgrund Nummer 16 VO (EG) Nr. 1070/2009 aufgegriffen, der die Unabhängigkeit der Staatsgrenzen betont und nach dem die „Benennung eines Dienstleisters für Flugverkehrsdienste nicht durch ein einzelstaatliches Rechtssystem mit der Begründung untersagt werden kann, dass dieser in einem anderen EU-Mitgliedstaat niedergelassen ist oder sich im Eigentum von Staatsangehörigen jenes Mitgliedstaats" befindet. Bezüglich der Erbringung grenzüberschreitender Dienste muss also von den Mitgliedstaaten gewährleistet werden, dass ihre nationalen Rechtsysteme der diskriminierungsfreien Benennung eines Dienstleisters für Flugverkehrsdienste nicht widersprechen.[1952]

Die nächste wichtige Modifizierung der Flugsicherungsdienste-VO erfolgte durch die neue Einfügung des Art. 9a.[1953] Hier wird nun das Konzept der funktionalen Luftraumblöcke geregelt. Art. 5 Luftraum-VO mit der Überschrift „Umstrukturierung des oberen Luftraumes" wurde dafür gestrichen, sodass sich die Vorgaben bezüglich der funktionalen Luftraumblöcke dort nicht mehr finden. Stattdessen trägt der neue Art. 9a Flugsicherungsdienste-VO nun die Überschrift „Funktionale Luftraumblöcke". Dieser Artikel weicht nicht nur aufgrund seines Standortes innerhalb der Verordnungen zum einheitlichen Luftraum ab, sondern unterscheidet sich auch inhaltlich von dem bisherigen Art. 5 Luftraum-VO, was bereits durch die unterschiedlichen Überschriften deutlich wird.[1954] Die Einschränkung, wonach die funktionalen Luftraumblöcke sich lediglich auf den oberen Luftraum oberhalb von Flugfläche 285 erstrecken sollen, ist konsequenterweise weggefallen.[1955] Durch die Streichung dieser geografischen

---

1950 Art. 2 Nummer 4 VO (EG) Nr. 1070/2009 bzw. Art. 8 Abs. 2 lit. b) der geänderten Fassung der VO (EG) Nr. 550/2004; BT-Drs. 16/11447, S. 20.

1951 Art. 2 Nummer 4 VO (EG) Nr. 1070/2009 bzw. Art. 8 Abs. 2 lit. c) der geänderten Fassung der VO (EG) Nr. 550/2004; BT-Drs. 16/11447, S. 20; *Hüttel*, S. 44.

1952 *Langner/Schwenke*, Cep-Studie 2011, S. 28; ähnlich *Mölders*, Der Himmel über Europa, S. 53.

1953 Art. 2 Nummer 5 VO (EG) Nr. 1070/2009 bzw. Art. 9a der geänderten Fassung der VO (EG) Nr. 550/2004.

1954 *Hüttel*, S. 44.

1955 Siehe dazu auch Art. 2 und Art. 5 Abs. 1 VO (EG) Nr. 551/2004 (a. F.) bzw. Art. 9a Abs. 1 der geänderten Fassung der VO (EG) Nr. 550/2004; dazu auch *Schladebach*, Lufthoheit, S. 382; *Hüttel*, S. 45.

Bezugnahme wird der früheren Überlegung der Europäischen Kommission Genüge getan, nach der eine Ausweitung der Luftraumblöcke auf den unteren Luftraum bereits angedacht und befürwortet worden war.[1956]

Der neue Art. 9a Abs. 1 Flugsicherungsdienste-VO zeigt an, dass die Europäische Union auf eine zügige Umsetzung der funktionalen Luftraumblöcke drängt, da die EU-Mitgliedstaaten hierin eine Frist bis zum 4. Dezember 2012[1957] erhielten, um die erforderlichen Maßnahmen zu ergreifen.[1958] Bis dahin sollten die funktionalen Luftraumblöcke umgesetzt sein, damit die erforderliche Kapazität und Effizienz des Flugverkehrsmanagementnetzes innerhalb des Single European Sky erreicht wird und ein hohes Sicherheitsniveau aufrechterhalten bleibt sowie ein Beitrag zur Gesamtleistung des Luftverkehrssystems und zur Reduzierung der Emissionen erbracht wird.[1959] Der „Bottom-up"-Ansatz gestattet es den EU-Mitgliedstaaten auch weiterhin, bei der Formung der funktionalen Luftraumblöcke und der Benennung der zuständigen Flugsicherungsbetreiber durch völkervertragliche Einigungen aktiv teilzunehmen.[1960]

Der Sinn des ehemaligen Art. 5 Abs. 4 Luftraum-VO findet sich in dem neu eingefügten Art. 9a Abs. 3 S. 1 Flugsicherungsdienste-VO wieder: Demnach erfolgt die Festlegung eines funktionalen Luftraumblocks ausschließlich im gegenseitigen Einvernehmen aller Mitgliedstaaten und möglicherweise der Drittstaaten, die für ein Stück des Luftraumes innerhalb des funktionalen Luftraumblocks zuständig sind. Dieses geforderte „gegenseitige Einvernehmen" wird hinsichtlich seiner rechtlichen Qualität zunächst nicht weiter erläutert und auch innerhalb der Erwägungsgründe nicht näher ausgeführt.[1961] Eine systematische

---

1956 *Schladebach*, Lufthoheit, S. 382.

1957 Diese bislang nicht vorgesehene Fristsetzung dürfte zumindest auch als Ausdruck der Unzufriedenheit der Europäischen Union über das insg. recht schleppende Verfahren der Anwendung des ersten Verordnungspaketes zum einheitlichen europäischen Luftraum von 2004 zu deuten sein, so *Schladebach*, Lufthoheit, S. 382; mit Ablauf der vorgegebenen Frist zur Errichtung der funktionalen Luftraumblöcke stellte sich heraus, dass kein einziger der neun geplanten Blöcke funktionsfähig eingerichtet und in Betrieb genommen worden war. Mittlerweile ist die Einrichtung der funktionalen Luftraumblöcke abgeschlossen. Mehr zu den FABs siehe unter Kapitel 9, B. und C.

1958 Art. 2 Nummer 5 VO (EG) Nr. 1070/2009 bzw. Art. 9a Abs. 1 S. 1 der geänderten Fassung der VO (EG) Nr. 550/2004; *Hüttel*, S. 45, 47; ebenso *Schladebach*, Lufthoheit, S. 382.

1959 So Art. 2 Nummer 5 VO (EG) Nr. 1070/2009 bzw. Art. 9a Abs. 1 S. 1 der geänderten Fassung der VO (EG) Nr. 550/2004.

1960 *Hüttel*, S. 45.

1961 *Schladebach*, Lufthoheit, S. 382 f.

Zusammenschau mit Art. 9a Abs. 4 n. F. Flugsicherungsdienste-VO signalisiert jedoch, dass im Falle grenzüberschreitender funktionaler Luftraumblöcke eine „Vereinbarung zur Festlegung des funktionalen Luftraumblocks“ existieren muss.[1962] Diese Vereinbarung zwischen den Mitgliedstaaten muss die erforderlichen Bestimmungen darüber enthalten, wie der Luftraumblock geändert werden und wie ein Mitgliedstaat aus ihm ausscheiden kann.[1963] Somit reicht, wie das „gegenseitige Einvernehmen“ zunächst suggeriert, für die Festlegung kein bloßer tatsächlicher Konsens aus, sondern aufgrund der betroffenen Hoheitsbefugnisse der beteiligten Staaten ist ein bi- oder multilateraler völkerrechtlicher Vertrag zu schließen.[1964]

Sollten Unstimmigkeiten zwischen zwei oder mehr Mitgliedstaaten bezüglich eines grenzübergreifenden funktionalen Luftraumblocks auftreten, die den Luftraum unter ihrer Zuständigkeit anbelangen, haben die betreffenden Mitgliedstaaten die Möglichkeit, diese Angelegenheit gemeinsam dem „Ausschuss für den einheitlichen Luftraum“ zur Stellungnahme vorzulegen.[1965] Dieser erarbeitet gemeinsam mit der Europäischen Kommission eine Anleitung für die Errichtung und Änderung der funktionalen Luftraumblöcke.[1966] Zudem kann von der Kommission gemäß Abs. 1 des ebenfalls neu eingefügten Art. 9b Flugsicherungsdienste-VO eine natürliche Person als „Koordinator für das System der funktionalen Luftraumblöcke“ benannt werden, um die Errichtung der Blöcke zu erleichtern und zu beschleunigen.[1967]

### *c) Änderungen der Verordnung (EG) Nr. 551/2004 („Luftraum-Verordnung“)*

Auch die Luftraum-VO erfuhr durch die VO (EG) Nr. 1070/2009 einige Veränderungen, Streichungen und Konkretisierungen. In rechtsförmlicher Hinsicht wird Art. 5 Luftraum-VO bezüglich der Umstrukturierung des oberen Luftraumes als Reaktion auf den als neuen Art. 9a in die Flugsicherungsdienste-VO

1962 Art. 2 Nummer 5 VO (EG) Nr. 1070/2009 bzw. Art. 9a Abs. 4 der geänderten Fassung der VO (EG) Nr. 550/2004; *Schladebach*, Lufthoheit, S. 383.

1963 Art. 2 Nummer 5 VO (EG) Nr. 1070/2009 bzw. Art. 9a Abs. 4 der geänderten Fassung der VO (EG) Nr. 550/2004; *Hüttel*, S. 45.

1964 *Schladebach*, Lufthoheit, S. 383.

1965 Art. 2 Nummer 5 VO (EG) Nr. 1070/2009 bzw. Art. 9a Abs. 5 S. 1 der geänderten Fassung der VO (EG) Nr. 550/2004.

1966 *Langner/Schwenke*, Cep-Studie 2011, S. 25.

1967 Art. 2 Nummer 5 VO (EG) Nr. 1070/2009 bzw. Art. 9b der geänderten Fassung der VO (EG) Nr. 550/2004.

aufgenommenen Artikel gestrichen.[1968] Der neu geschaffene Art. 9a Flugsicherungsdienste-VO regelt nun stattdessen die Errichtung der funktionalen Luftraumblöcke.[1969] Da ursprünglich die Luftraum-VO die für die Luftraumstruktur maßgebende Verordnung war, während die Flugsicherungsdienste-VO die Erbringung der Flugsicherungsdienste regelte, verwundert diese Änderung.[1970] Diese neue Verortung der Bestimmungen über die funktionalen Luftraumblöcke wurde von verschiedenen wichtigen inhaltlichen Modifizierungen begleitet.[1971] Die ursprüngliche Regelung, dass nur eine Umstrukturierung des oberen Luftraumes erfolgen soll, enthält die neue Norm nicht mehr.[1972] Die Entfernung dieser geografischen Bezugnahme knüpft an die früheren Überlegungen an, wonach eine Ausdehnung der Luftraumblöcke auf den unteren Luftraum bereits von der Europäischen Union in Betracht gezogen und befürwortet worden war.[1973] Konsequenterweise wurde daher Art. 2 Luftraum-VO, der die Trennfläche zwischen dem oberen und dem unteren Luftraum festlegte, durch die VO (EG) Nr. 1070/2009 gestrichen.[1974] Art. 3 Luftraum-VO namens „Europäisches Fluginformationsgebiet für den oberen Luftraum (EUIR)" wurde vom Ausdruck her etwas abgeändert und Art. 3a Luftraum-VO wurde neu hinzugefügt. Dieser Artikel bezieht sich auf „Elektronische Luftfahrtinformationen", die auf harmonisierte Weise offeriert werden und den Anforderungen aller einschlägigen Nutzer bezüglich der Datenqualität und der Aktualität entsprechen sollen.[1975]

Die Europäische Kommission hat zu gewährleisten, dass die optimalen Streckenführungen für die Luftraumnutzer zur Verfügung stehen und dass die Effizienz des gesamten Netzes nicht durch lokale Auslegungen des Luftstraßennetzes beeinträchtigt wird.[1976] Bisher war Art. 6 Luftraum-VO mit „Optimierte Strecken- und Sektorgestaltung im oberen Luftraum" überschrieben. Diese

---

1968 Art. 3 Nummer 5 VO (EG) Nr. 1070/2009; *Schladebach*, Lufthoheit, S. 382; *Hüttel*, S. 45; *Bues*, S. 134, Fn. 924.

1969 Art. 2 Nummer 5 VO (EG) Nr. 1070/2009; *Bues*, S. 134.

1970 *Schladebach*, Lufthoheit, S. 382.

1971 *Schladebach*, Lufthoheit, S. 382.

1972 *Schladebach*, Lufthoheit, S. 382; *Hüttel*, S. 45.

1973 *Schladebach*, Lufthoheit, S. 382.

1974 Art. 3 Nummer 1 VO (EG) Nr. 1070/2009; so auch *Hüttel*, S. 45; ebenso *Schladebach*, Lufthoheit, S. 382.

1975 Art. 3 Nummer 3 VO (EG) Nr. 1070/2009 bzw. Art. 3a Abs. 1 der geänderten Fassung der VO Nr. 551/2004; *Bues*, S. 153.

1976 *Langner/Schwenke*, Cep-Studie 2011, S. 28.

ursprüngliche Fassung modifiziert die Änderungsverordnung (EG) Nr. 1070/2009. Art. 6 der Luftraum-VO trägt nun die Überschrift „Netzmanagement und -gestaltung".[1977] Auch hier wurde bei der Neufassung auf die Begrenzung auf ausschließlich den oberen Luftraum verzichtet.[1978] Laut dem neugefassten Art. 6 Abs. 1 S. 1 Luftraum-VO sollen die Funktionen des Flugverkehrsmanagementnetzes vielmehr eine optimale Luftraumnutzung erlauben, daneben garantieren, dass die Luftraumnutzer Flugverkehr auf den bevorzugten Flugwegen durchführen können und dabei einen größtmöglichen Zugang zum Luftraum und zu Flugsicherungsdiensten gestatten.[1979] Die Europäische Kommission gewährleistet gemäß Art. 6 Abs. 2 Luftraum-VO n. F. zur Erreichung der in Abs. 1 genannten Ziele und unabhängig von den Zuständigkeiten der Mitgliedstaaten bezüglich nationaler Strecken und Luftraumstrukturen, dass verschiedene Funktionen des Flugverkehrsmanagements auf europäischer Ebene wahrgenommen werden:[1980] Dazu zählen zum einen die Gestaltung des europäischen Streckennetzes und zum anderen die Koordinierung knapper Ressourcen innerhalb der für die Luftfahrt vorgesehenen Frequenzbereiche, die im allgemeinen Flugverkehr verwendet werden (insbesondere Funkfrequenzen und die Koordinierung von Radar-Transponder-Codes).[1981] Die Europäische Kommission kann EUROCONTROL oder eine andere kompetente unparteiische Stelle mit der Wahrnehmung dieser Aufgaben betrauen,[1982] die sie im Ausschussverfahren noch um weitere Funktionen ergänzen[1983] kann. Außerdem wird die Durchführung des Verkehrsflussmanagements gemäß Art. 6 Abs. 6 Luftraum-VO n. F. auf europäischer Ebene gestärkt. Detaillierte Anforderungen hierzu wurden in der Durchführungsverordnung (EU) Nr. 255/2010[1984] festgehalten.

---

1977 Art. 3 Nummer 6 VO (EG) Nr. 1070/2009 bzw. Art. 6 der geänderten Fassung der VO (EG) Nr. 551/2004.

1978 *Hüttel*, S. 45.

1979 Art. 3 Nummer 6 VO (EG) Nr. 1070/2009 bzw. Art. 6 Abs. 1 S. 1 der geänderten Fassung der VO (EG) Nr. 551/2004.

1980 Art. 3 Nummer 6 VO (EG) Nr. 1070/2009 bzw. Art. 6 Abs. 2 der geänderten Fassung der VO (EG) Nr. 551/2004.

1981 Art. 3 Nummer 6 VO (EG) Nr. 1070/2009 bzw. Art. 6 Abs. 2 lit. a) und lit. b) der geänderten Fassung der VO (EG) Nr. 551/2004.

1982 Art. 3 Nummer 6 VO (EG) Nr. 1070/2009 bzw. Art. 6 Abs. 2 a. E. der geänderten Fassung der VO (EG) Nr. 551/2004.

1983 Vgl. Art. 3 Nummer 6 VO (EG) Nr. 1070/2009 bzw. Art. 6 Abs. 3 der geänderten Fassung der VO (EG) Nr. 551/2004.

1984 VO (EU) Nr. 255/2010 der Kommission vom 25.03.2010 zur Festlegung gemeinsamer Regeln für die Verkehrsflussregelung im Flugverkehr, ABl. EU Nr. L 80 vom

### d) *Änderungen der Verordnung (EG) Nr. 552/2004 („Interoperabilitäts-Verordnung“)*

In die Interoperabilitäts-Verordnung wird Art. 6a „Alternative Überprüfung der Einhaltung von Vorschriften“[1985] eingefügt. Die weiteren Modifizierungen diese Verordnung betreffend beziehen sich lediglich auf deren Anhänge.

### e) *Zusammenfassung*

Grundsätzlich wird die Notwendigkeit grenzüberschreitender Flugsicherungsdienste durch die Modifikationen der SES II-Änderungsverordnung stärker hervorgehoben als die ursprünglichen SES-I-Verordnungen dies taten.[1986] Während die nationalen Souveränitätsvorbehalte durch die Änderungen in den Verordnungen relativiert werden, wird der Anwendungsbereich für eine grenzüberschreitende Flugsicherung erweitert und eine schnellere, effizientere Verwirklichung des Legislativvorhabens erwartet.[1987]

## 3. *Weitere Verordnungen*

Die Umsetzung dieser Maßnahmen erfolgte und erfolgt noch immer sukzessive durch das Paket zum einheitlichen Luftraum II, das unter anderem aus folgenden Vorschriften[1988] besteht bzw. bestand:

- VO (EG) Nr. 1070/2009[1989] des Europäischen Parlaments und des Rates vom 21. Oktober 2009 zur Änderung der VOen (EG) Nr. 549/2004, (EG) Nr. 550/2004, (EG) Nr. 551/2004 und (EG) Nr. 552/2004 im Hinblick auf die Verbesserung der Leistung und Nachhaltigkeit des europäischen Luftverkehrssystems,

---

26.03.2010, S. 10–16, zuletzt geändert durch DVO (EU) 2017/2159 der Kommission vom 20.11.2017 zur Änderung der VO (EU) Nr. 255/2010 hinsichtlich der Bezugnahme auf bestimmte ICAO-Bestimmungen, ABl. EU Nr. L 304 vom 21.11.2017, S. 45 f.

1985 Art. 4 Nummer 1 der VO (EG) Nr. 1070/2009 bzw. Art. 6a der geänderten Fassung der VO (EG) Nr. 552/2004.

1986 *Hüttel*, S. 46.

1987 *Hüttel*, S. 46.

1988 Den besten Überblick über die zahlreichen Verordnungen kann man sich auf der Seite der Europäischen Kommission unter https://transport.ec.europa.eu/transport-modes/air/single-european-sky_en (abgerufen am 10.02.2023) verschaffen.

1989 ABl. EU Nr. L 300 vom 14. 11.2009, S. 34 ff.

- VO (EU) Nr. 1108/2009[1990] des Europäischen Parlaments und des Rates vom 21. Oktober 2009 zur Änderung der VO (EG) Nr. 216/2008 in Bezug auf die Flugplätze, Flugverkehrsmanagement und Flugsicherungsdienste sowie zur Aufhebung der Richtlinie 2006/23/EG,
- VO (EU) Nr. 255/2010[1991] der Kommission vom 25. März 2010 zur Festlegung gemeinsamer Regeln für die Verkehrsflussregelung im Flugverkehr,
- VO (EU) Nr. 691/2010[1992] der Kommission vom 29. Juli 2010 zur Festlegung eines Leistungssystems für Flugsicherungsdienste und Netzfunktionen und zur Änderung der VO (EG) Nr. 2096/2005 zur Festlegung gemeinsamer Anforderungen bezüglich der Erbringung von Flugsicherungsdiensten,
- VO (EU) Nr. 1191/2010[1993] der Kommission vom 16. Dezember 2010 zur Änderung der VO (EG) Nr. 1794/2006 der Kommission zur Einführung einer gemeinsamen Gebührenregelung für Flugsicherungsdienste,
- VO (EU) Nr. 176/2011[1994] der Kommission vom 24. Februar 2011 über die vor Einrichtung und Änderung eines funktionalen Luftraumblocks bereitzustellenden Informationen,

1990 ABl. EU Nr. L 309 vom 24.11.2009, S. 51 ff. Mittlerweile nicht mehr in Kraft, aufgehoben durch VO (EU) 2018/1139 des Europäischen Parlaments und des Rates vom 04.07.2018 zur Festlegung gemeinsamer Vorschriften für die Zivilluftfahrt und zur Errichtung einer Agentur der Europäischen Union für Flugsicherheit sowie zur Änderung der VOen (EG) Nr. 2111/2005, (EG) Nr. 1008/2008, (EU) Nr. 996/2010, (EU) Nr. 376/2014 und der Richtlinien 2014/30/EU und 2014/53/EU des Europäischen Parlaments und des Rates, und zur Aufhebung der VOen (EG) Nr. 552/2004 und (EG) Nr. 216/2008 des Europäischen Parlaments und des Rates und der VO (EWG) Nr. 3922/91 des Rates, ABl. EU Nr. L 212 vom 22.08.2018, S. 1–122.

1991 ABl. EU Nr. L 80 vom 26.03.2010, S. 10 ff.; zuletzt geändert durch DVO (EU) 2017/2159 der Kommission vom 20.11.2017 zur Änderung der VO (EU) Nr. 255/2010 hinsichtlich der Bezugnahme auf bestimmte ICAO-Bestimmungen, ABl. EU Nr. L 304 vom 21.11.2017, S. 45 ff.

1992 ABl. EU Nr. L 201 vom 03.08.2010, S. 1–22; diese VO ist mittlerweile nicht mehr in Kraft, VO 691/2010 wurde aufgehoben durch DVO (EU) Nr. 390/2013 der Kommission vom 03.05.2013 zur Festlegung eines Leistungssystems für Flugsicherungsdienste und Netzfunktionen, ABl. EU Nr. L 128 vom 09.05.2013, S. 1–30.

1993 ABl. EU Nr. L 333 vom 17.12.2010, S. 6 ff., mittlerweile aufgehoben durch DVO (EU) Nr. 391/2013 der Kommission vom 03.05.2013 zur Festlegung einer gemeinsamen Gebührenregelung für Flugsicherungsdienste, ABl. EU Nr. L 128 vom 09.05.2013, S. 31 ff.

1994 ABl. EU Nr. L 51 vom 25.02.2011, S. 2 ff.

- VO (EU) Nr. 677/2011[1995] der Kommission vom 7. Juli 2011 zur Festlegung von Durchführungsbestimmungen für die Funktionen des Flugverkehrsmanagementnetzes und zur Änderung der VO (EU) Nr. 691/2010,
- VO (EU) Nr. 805/2011[1996] der Kommission vom 10. August 2011 zur Festlegung detaillierter Vorschriften für Fluglotsenlizenzen und bestimmte Zeugnisse gemäß der VO (EG) Nr. 216/2008 des Europäischen Parlaments und des Rates,
- DVO (EU) Nr. 1034/2011[1997] der Kommission vom 17. Oktober 2011 über die Sicherheitsaufsicht im Bereich des Flugverkehrsmanagements und der Flugsicherungsdienste und zur Änderung der VO (EU) Nr. 691/2010,
- DVO (EU) Nr. 1035/2011[1998] der Kommission vom 17. Oktober 2011 zur Festlegung gemeinsamer Anforderungen an die Erbringung von Flugsicherungsdiensten und zur Änderung der VOen (EG) Nr. 482/2008 und (EU) Nr. 691/2010,

---

1995 ABl. EU Nr. L 185 vom 15.07.2011, S. 1 ff., aufgehoben durch DVO (EU) 2019/123 der Kommission vom 24.01.2019 zur Festlegung detaillierter Durchführungsbestimmungen für die Netzfunktionen des Flugverkehrsmanagements und zur Aufhebung der VO (EU) Nr. 677/2011 der Kommission, ABl. EU Nr. L 28 vom 31.01.2019, S. 1–45.

1996 ABl. EU Nr. L 206 vom 11.08.2011, S. 21 ff., aufgehoben durch VO (EU) 2015/340 der Kommission vom 20.02.2015 zur Festlegung technischer Vorschriften und von Verwaltungsverfahren in Bezug auf Lizenzen und Bescheinigungen von Fluglotsen gemäß der VO (EG) Nr. 216/2008 des Europäischen Parlaments und des Rates, zur Änderung der DVO (EU) Nr. 923/2012 der Kommission und zur Aufhebung der VO (EU) Nr. 805/2011 der Kommission, ABl. EU Nr. L 63 vom 06.03.2015, S. 1 ff.

1997 ABl. EU Nr. L 271 vom 18.10.2011, S. 15 ff., aufgehoben durch DVO (EU) 2017/373 der Kommission vom 01.03.2017 zur Festlegung gemeinsamer Anforderungen an Flugverkehrsmanagementanbieter und Anbieter von Flugsicherungsdiensten sowie sonstiger Funktionen des Flugverkehrsmanagementnetzes und die Aufsicht hierüber sowie zur Aufhebung der VO (EG) Nr. 482/2008, der DVOen (EU) Nr. 1034/2011, (EU) Nr. 1035/2011 und (EU) 2016/1377 und zur Änderung der VO (EU) Nr. 677/2011, ABl. EU Nr. L 62 vom 08.03.2017, S. 1–126.

1998 ABl. EU Nr. L 271 vom 18.10.2011, S. 23 ff., aufgehoben durch DVO (EU) 2017/373 der Kommission vom 01.03.2017 zur Festlegung gemeinsamer Anforderungen an Flugverkehrsmanagementanbieter und Anbieter von Flugsicherungsdiensten sowie sonstiger Funktionen des Flugverkehrsmanagementnetzes und die Aufsicht hierüber sowie zur Aufhebung der VO (EG) Nr. 482/2008, der DVOen (EU) Nr. 1034/2011, (EU) Nr. 1035/2011 und (EU) 2016/1377 und zur Änderung der VO (EU) Nr. 677/2011, ABl. EU Nr. L 62 vom 08.03.2017, S. 1 ff.

- DVO (EU) Nr. 1206/2011[1999] der Kommission vom 22. November 2011 zur Festlegung der Anforderungen an die Luftfahrzeugidentifizierung für die Überwachung im einheitlichen europäischen Luftraum,
- DVO (EU) Nr. 1207/2011[2000] der Kommission vom 22. November 2011 zur Festlegung der Anforderungen an die Leistung und die Interoperabilität der Überwachung im einheitlichen europäischen Luftraum,
- VO (EU) Nr. 923/2012[2001] der Kommission vom 26. September 2012 zur Festlegung gemeinsamer Luftverkehrsregeln und Betriebsvorschriften für Dienste und Verfahren der Flugsicherung und zur Änderung der DVO (EU) Nr. 1035/2011 sowie der VOen (EG) Nr. 1265/2007, (EG) Nr. 1794/2006, (EG) Nr. 730/2006, (EG) Nr. 1033/2006 und (EU) Nr. 255/2010,
- DVO (EU) Nr. 1079/2012[2002] der Kommission vom 16. November 2012 zur Festlegung der Anforderungen bezüglich des Sprachkanalabstands für den einheitlichen europäischen Luftraum,
- DVO (EU) Nr. 390/2013[2003] der Kommission vom 3. Mai 2013 zur Festlegung eines Leistungssystems für Flugsicherungsdienste und Netzfunktionen,
- DVO (EU) Nr. 391/2013[2004] der Kommission vom 3. Mai 2013 zur Festlegung einer gemeinsamen Gebührenregelung für Flugsicherungsdienste,

---

1999 ABl. EU Nr. L 305 vom 23.11.2011, S. 23 ff.

2000 ABl. EU Nr. L 305 vom 23.11.2011, S. 35 ff., zuletzt geändert durch DVO 2017/386 vom 06.03.2017 zur Änderung der DVO (EU) Nr. 1207/2011 der Kommission zur Festlegung der Anforderungen an die Leistung und die Interoperabilität der Überwachung im einheitlichen europäischen Luftraum, ABl. EU Nr. L 59 vom 07.03.2017, S. 34 ff.

2001 ABl. EU Nr. L 281 vom 13.10.2012, S. 1–66, zuletzt geändert durch DVO (EU) 2021/666 der Kommission vom 22.04.2021 zur Änderung der VO (EU) Nr. 923/2012 hinsichtlich der Anforderungen an den Flugbetrieb der bemannten Luftfahrt im U-Space-Luftraum, ABl. EU Nr. L 139 vom 23.04.2021. S. 187 f.

2002 ABl. EU Nr. L 320 vom 17.11.2012, S. 14–24, diese wurde zuletzt geändert durch VO (EU) 2017/2160 der Kommission vom 20.11.2017 zur Änderung der DVO (EU) Nr. 1079/2012 hinsichtlich bestimmter Verweise auf ICAO-Bestimmungen, ABl. EU Nr. L 304 vom 21.11.2017, S. 47.

2003 ABl. EU Nr. L 128 vom 09.05.2013, S. 1–30, aufgehoben mit Ablauf des 01.01.2020 durch Art. 40 DVO (EU) 2019/317 der Kommission vom 11.02.2019 zur Festlegung eines Leistungssystems und einer Gebührenregelung für den einheitlichen europäischen Luftraum und zur Aufhebung der DVOen (EU) Nr. 390/2013 und (EU) Nr. 391/2013, ABl. EU Nr. L 56 vom 25.02.2019, S. 1–67.

2004 ABl. EU Nr. L 128 vom 09.05.2013, S. 31–58. Diese VO ist nicht mehr in Kraft und wurde durch DVO (EU) 2019/317 der Kommission vom 11.02.2019 zur Festlegung eines Leistungssystems und einer Gebührenregelung für den einheitlichen

- DVO (EU) Nr. 409/2013[2005] der Kommission vom 3. Mai 2013 zur Festlegung gemeinsamer Vorhaben, zum Aufbau von Entscheidungsstrukturen und zur Schaffung von Anreizen für die Unterstützung der Durchführung des europäischen Generalplans für das Flugverkehrsmanagement,
- DVO (EU) Nr. 716/2014[2006] der Kommission vom 27. Juni 2014 über die Einrichtung des gemeinsamen Pilotvorhabens für die Unterstützung der Durchführung des europäischen Masterplans für das Flugverkehrsmanagement,
- VO (EU) Nr. 721/2014[2007] des Rates vom 16. Juni 2014 zur Änderung der VO (EG) Nr. 219/2007 zur Gründung eines gemeinsamen Unternehmens zur Entwicklung des europäischen Flugverkehrsmanagementsystems der neuen Generation (SESAR) im Hinblick auf die Verlängerung der Bestandsdauer des gemeinsamen Unternehmens bis 2024,
- VO (EU) Nr. 2015/340[2008] der Kommission vom 20. Februar 2015 zur Festlegung technischer Vorschriften und von Verwaltungsverfahren in Bezug auf Lizenzen und Bescheinigungen von Fluglotsen gemäß der VO (EG) Nr. 216/2008 des Europäischen Parlaments und des Rates, zur Änderung der DVO

---

europäischen Luftraum und zur Aufhebung der DVOen (EU) Nr. 390/2013 und (EU) Nr. 391/2013 aufgehoben, ABl. EU Nr. L 56 vom 25.02.2019, S. 1–67.

2005 ABl. EU Nr. L 123 vom 04.05.2013, S. 1–7, zuletzt geändert durch DVO (EU) 2021/116 der Kommission vom 01.02.2021 über die Festlegung des ersten gemeinsamen Vorhabens zur Unterstützung der Durchführung des europäischen Masterplans für das Flugverkehrsmanagement gemäß der VO (EG) Nr. 550/2004 des Europäischen Parlaments und des Rates, zur Änderung der DVO (EU) Nr. 409/2013 der Kommission und zur Aufhebung der DVO (EU) Nr. 716/2014 der Kommission, ABl. EU Nr. L 36 vom 02.02.2021, S. 10–38; COM(2015) 663, S. 9.

2006 ABl. EU Nr. L 190 vom 28.06.2014, S. 19–44. Diese VO wurde mit Ablauf des 21.02.2021 durch Art. 5 VO (EU) 2021/116 der Kommission vom 01.02.2021 über die Festlegung des ersten gemeinsamen Vorhabens zur Unterstützung der Durchführung des europäischen Masterplans für das Flugverkehrsmanagement gemäß der VO (EG) Nr. 550/2004 des Europäischen Parlaments und des Rates, zur Änderung der DVO (EU) Nr. 409/2013 der Kommission und zur Aufhebung der DVO (EU) Nr. 716/2014 der Kommission, ABl. EU Nr. L 36 vom 02.02.2021, S. 10–38 aufgehoben.

2007 ABl. EU Nr. L 192 vom 01.07.2014, S. 1–8, aufgehoben durch VO (EU) 2021/2085 des Rates vom 19.11.2021 zur Gründung der gemeinsamen Unternehmen im Rahmen von „Horizont Europa“ und zur Aufhebung der VO (EG) Nr. 219/2007, (EU) Nr. 557/2014, (EU) Nr. 558/2014, (EU) Nr. 559/2014, (EU) Nr. 560/2014, (EU) Nr. 561/2014 und (EU) Nr. 642/2014, ABl. EU Nr. L 427 vom 30.11.2021, S. 17–119.

2008 ABl. EU Nr. L 63 vom 06.03.2015, S. 1 ff.

(EU) Nr. 923/2012 der Kommission und zur Aufhebung der VO (EU) Nr. 805/2011 der Kommission,

- DVO (EU) 2017/373[2009] der Kommission vom 1. Mai 2017 zur Festlegung gemeinsamer Anforderungen an Flugverkehrsmanagementanbieter und Anbieter von Flugsicherungsdiensten sowie sonstiger Funktionen des Flugverkehrsmanagementnetzes und die Aufsicht hierüber sowie zur Aufhebung der VO (EG) Nr. 482/2008, der DVOen (EU) Nr. 1034/2011, (EU) Nr. 1035/2011 und (EU) 2016/1377 und zur Änderung der VO (EU) Nr. 677/2011.[2010]
- DVO (EU) 2021/666[2011] der Kommission vom 22. April 2021 zur Änderung der VO (EU) Nr. 923/2012 hinsichtlich der Anforderungen an den Flugbetrieb der bemannten Luftfahrt im U-Space-Luftraum,
- DVO (EU) 2021/1338[2012] der Kommission vom 11. August 2021 zur Änderung der DVO (EU) 2017/373 in Bezug auf Meldepflichten und Meldekanäle zwischen Organisationen und Anforderungen an Wetterdienste,
- VO (EU) 2021/2085[2013] des Rates vom 19. November 2021 zur Gründung der gemeinsamen Unternehmen im Rahmen von „Horizont Europa" und zur Aufhebung der VOen (EG) Nr. 219/2007, (EU) Nr. 557/2014, (EU) Nr. 558/2014, (EU) Nr. 559/2014, (EU) Nr. 560/2014, (EU) Nr. 561/2014 und (EU) Nr. 642/2014.

Bisher wurden noch nicht alle angekündigten Maßnahmen zur Erreichung des einheitlichen europäischen Luftraumes umgesetzt und das Europäische Parlament ist mit den Verzögerungen bei der Umsetzung der Maßnahmen durch die EU-Mitgliedstaaten unzufrieden.[2014] Unter anderem fehle in verschiedenen EU-Mitgliedstaaten der Wille zur Umsetzung der Verordnungen zum einheitlichen europäischen Luftraum.[2015] Daneben erleichterten die Entscheidungsprozesse für den Single European Sky die Blockade von Fortschritten durch nationale Interessen.[2016] Die Europäische Kommission schlug daher auf Grundlage ihrer

---

2009 ABl. EU Nr. L 62 vom 08.03.2017, S. 1–126.

2010 Siehe *Schwenk/Giemulla*, Hdb. des Luftverkehrsrechts, Kapitel 5, S. 183 ff., Rn. 37.

2011 ABl. EU Nr. L 139 vom 23.04.2021. S. 187–188.

2012 ABl. EU Nr. L 289 vom 12.08.2021, S. 12–52.

2013 ABl. EU Nr. L 427 vom 30.11.2021, S. 17–119.

2014 Pressemitteilung des Ausschusses für Verkehr und Fremdenverkehr des EU-Parlaments „Time to deliver the Single European Sky, says transport committee" vom 11.07.2012; *Schwenk/Giemulla*, Hdb. des Luftverkehrsrechts, Kapitel 5, S. 186, Rn. 38.

2015 *Schwenk/Giemulla*, Hdb. des Luftverkehrsrechts, Kapitel 5, S. 186, Rn. 38.

2016 *Schwenk/Giemulla*, Hdb. des Luftverkehrsrechts, Kapitel 5, S. 186, Rn. 38.

Mitteilung[2017] und der dazugehörigen Folgenabschätzung[2018] ein weiteres Legislativpaket[2019] vor.[2020] Dadurch sollte die Reform des Flugverkehrsmanagements weiter gesichert und soweit wie möglich beschleunigt werden.[2021] Insbesondere sollten durch diesen Vorschlag zum „SES 2+" die bestehenden Verordnungen zum einheitlichen europäischen Luftraum überarbeitet und weitestgehend zusammengefasst werden.

## E. Single European Sky 2+ (2013)

Die Europäische Kommission beschloss im Januar 2013, den Europäischen Wirtschafts- und Sozialausschuss gemäß Art. 304 AEUV um eine Stellungnahme zu dem Vorhaben des Single European Sky 2+ anzurufen.[2022]

### I. Stellungnahme des Europäischen Wirtschafts- und Sozialausschusses (2013)

Am 17. April 2013 legte der Europäische Wirtschafts- und Sozialausschuss (EWSA) die Sondierungsstellungnahme „Einheitlicher europäischer Luftraum II+"[2023] vor. Darin begrüßte der EWSA das Vorhaben der Europäischen

---

2017 Mitteilung der Kommission an das Europäische Parlament, den Rat, den Europäischen Wirtschafts- und Sozialausschuss und den Ausschuss der Regionen: Beschleunigte Verwirklichung des einheitlichen europäischen Luftraumes vom 11.06.2013, COM(2013) 408 final.

2018 Europäische Kommission „Commisson Staff working document, Draft impact assessment, Accompanying the document Legislative proposals to update the regulations on Single European Sky – SES 2+", SWD(2013) 206 final vom 11.06.2013.

2019 Dieses Legislativpaket trägt den Namen „SES 2+", COM(2013) 409 final und COM(2013) 410 final.

2020 *Schwenk/Giemulla*, Hdb. des Luftverkehrsrechts, Kapitel 5, S. 186, Rn. 38; *Horn*, in: v. Mangoldt/Klein/Starck, Grundgesetz, Bd. 3, Art. 87d GG, Rn. 3a.

2021 *Schwenk/Giemulla*, Hdb. des Luftverkehrsrechts, Kapitel 5, S. 186, Rn. 38; *Horn*, in: v. Mangoldt/Klein/Starck, Grundgesetz, Bd. 3, Art. 87d GG, Rn. 3a; *Baumann*, in: Ehlers/Fehling/Pünder, BesVerwR 1, Bd. 1: Öffentliches Wirtschaftsrecht, § 27, Rn. 49.

2022 Stellungnahme des Europäischen Wirtschafts- und Sozialausschusses zum Thema „Einheitlicher europäischer Luftraum II+" (Sondierungsstellungnahme), ABl. EU Nr. C 198 vom 10.07.2013, S. 9–13.

2023 Stellungnahme des Europäischen Wirtschafts- und Sozialausschusses zum Thema „Einheitlicher europäischer Luftraum II+" (Sondierungsstellungnahme), ABl. EU Nr. C 198 vom 10.07.2013, S. 9–13.

Kommission, dem Single European Sky durch eine neue Initiative „Einheitlicher europäischer Luftraum II+“ (SES 2+) neue Impulse zu verleihen.[2024] Der Ausschuss betont allerdings, dass angesichts der bisher relativ mageren Resultate bei der Umsetzung des Single European Sky nach dem Inkrafttreten der beiden Maßnahmenpakete „SES I“ im April 2004 und „SES II“ im Dezember 2009 eine Überarbeitung des geltenden SES-Rechtsrahmens nicht allein auf institutionelle Entwicklungen, sondern auch auf die Stärkung anderer Komponenten ausgerichtet werden sollte.[2025] Zusammenfassend nennt der EWSA verschiedene Elemente, die gestärkt werden sollten: Top-down-Elemente ergänzend zum „Bottom-up“-Ansatz; eine klare Darstellung der Strategien der Mitgliedstaaten, vor allem der Strategien, die der Verwirklichung des SES entgegenstehen könnten; eine Stärkung der rechtzeitigen Realisierung grundlegender Elemente des Single European Sky durch Sanktionen bei Nichteinhaltung sowie die verpflichtende Entflechtung von ATM-Nebendiensten durch die Öffnung für stärkeren Wettbewerb und freies Spiel der Marktkräfte.[2026] Weiterhin sollten Ziele festgelegt werden, die sowohl die Dienste-Qualität als auch die Effizienzverbesserung steigern; die Luftraumnutzer müssten stärker eingebunden werden; schließlich müsste eine größere Auswahl an Sozialpartnern als Teil des sozialen Dialogs im Hinblick auf das Maßnahmenpaket „SES 2+“ berücksichtigt werden.[2027]

## II. Mitteilung der Kommission „Beschleunigte Verwirklichung des einheitlichen europäischen Luftraumes“, COM(2013) 408 final[2028]

Gestützt auf die Stellungnahme des Europäischen Wirtschafts- und Sozialausschusses entwickelte die Europäische Kommission in der Mitteilung „Beschleunigte Verwirklichung des einheitlichen europäischen Luftraumes“ einen zielgerichteten weiteren Legislativvorschlag mit dem Titel „SES 2+“. Dieses Legislativpaket sollte es erleichtern, die zügige Verwirklichung des einheitlichen europäischen Luftraumes voranzutreiben und beschleunigt umzusetzen.

2024 Stellungnahme EWSA „Einheitlicher europäischer Luftraum II+“, S. 11.
2025 Stellungnahme EWSA „Einheitlicher europäischer Luftraum II+“, S. 11.
2026 Stellungnahme EWSA „Einheitlicher Europäischer Luftraum II+“, S. 11.
2027 Stellungnahme EWSA „Einheitlicher Europäischer Luftraum II+“, S. 11.
2028 Mitteilung der Kommission an das Europäische Parlament, den Rat, den Europäischen Wirtschafts- und Sozialausschuss und den Ausschuss der Regionen: Beschleunigte Verwirklichung des einheitlichen europäischen Luftraumes vom 11.06.2013, COM(2013) 408 final.

Es beinhaltete die Neufassung der Single-European-Sky-Verordnungen und die Überarbeitung der Verordnung zur Errichtung der Europäischen Agentur für Flugsicherheit (EASA[2029]).[2030] In diesem Paket regte die Europäische Kommission außerdem an, das Vorhaben der funktionalen Luftraumblöcke zu optimieren, um mithilfe dessen ein mehr leistungsbezogenes und flexibleres Instrument für Flugsicherungsorganisationen auf der Basis von Branchenpartnerschaften zu schaffen.[2031] Die Zielvorgaben des Leistungssystems des Single European Sky sollten dadurch verwirklicht werden können.[2032]

Einen weiteren Schwerpunkt legte die Kommission auf die Aufgabe des zentralen Netzmanagers[2033] bezüglich des gesamten Luftraummanagements.[2034] Seine Rolle bedürfe einer Stärkung auf der Basis einer strafferen Führung, die der Branche[2035] eine bedeutendere Rolle einräume.[2036] Der Wirkungskreis des Netzmanagers könne dadurch auf weitere, mit dem Netzbetrieb auf zentraler

2029 In der Roadmap der Europäischen Kommission für die „Umsetzung der gemeinsamen Erklärung des Europäischen Parlaments, des Rates der Europäischen Union und der Europäischen Kommission zu den dezentralen Agenturen“ vom Juli 2012 wird die Standardisierung der Bezeichnungen aller EU-Einrichtungen gefordert, um ein identisches Format zu erzeugen. Vorliegend wird allerdings weiterhin der Name EASA (Europäische Agentur für Flugsicherheit) verwendet, COM(2013) 408, S. 3, Fn. 11.

2030 COM(2013) 408, S. 3.

2031 COM(2013) 408, S. 9.

2032 COM(2013) 408, S. 9.

2033 Die Netzmanagementfunktion wurde entsprechend VO (EU) Nr. 677/2011, zuletzt geändert durch die DVO (EU) Nr. 970/2014, geschaffen und schließlich durch den Beschluss der Kommission vom Juli 2011 EUROCONTROL zum Netzmanager ernannt; COM(2013) 408, S. 10, Fn. 17; Durchführungsbeschluss (EU) 2019/709 der Kommission vom 06.05.2019 über die Benennung des Netzmanagers für die Netzfunktionen des Flugverkehrsmanagements (ATM) im einheitlichen europäischen Luftraum, ABl. EU Nr. L 120 vom 08.05.2019, S. 27 ff. benennt in Art. 1 Abs. 1 EUROCONTROL auch weiterhin als Netzmanager. Nach Art. 7 der DVO (EU) 2019/317 der Kommission vom 11.02.2019 zur Festlegung eines Leistungssystems und einer Gebührenregelung für den einheitlichen europäischen Luftraum und zur Aufhebung der DVOen (EU) Nr. 390/2013 und (EU) Nr. 391/2013, ABl. EU Nr. L 56 vom 25.02.2019, S. 1–67 erstreckt sich die genannte Benennung auf den dritten und vierten Bezugszeitraum.

2034 COM(2013) 408, S. 9.

2035 In diesem Falle besteht die Branche aus den Flugsicherungsorganisationen, den Luftraumnutzern und den Flughäfen.

2036 COM(2013) 408, S. 10.

Ebene verbundene Funktionen (inklusive der Aspekte der Luftraumgestaltung) und Dienste erweitert werden.[2037]

Abschließend stellte die Europäische Kommission in dieser Mitteilung fest, dass die Realisierung des Single European Sky in Anbetracht des noch ungenutzten Potenzials für beachtliche Einsparungen im Luftfahrtsektor und in der europäischen Wirtschaft eine der wesentlichen Prioritäten der europäischen Luftverkehrspolitik bleibe.[2038] Auf Basis der in dieser Mitteilung vorgenommenen Analyse und der dazugehörigen Folgenabschätzung schlug die Europäische Kommission daher ein weiteres Legislativpaket mit dem Arbeitstitel „SES 2+" vor, um eine Stärkung und möglicherweise sogar eine Beschleunigung des Reformprozesses des europäischen Flugverkehrsmanagements zu erreichen.[2039] Erreicht werden solle dieser Prozess insbesondere durch die Reduktion der Ineffizienzen bei der Erbringung von Flugsicherungsdiensten und durch die Fortsetzung der Anstrengungen zur Vereinheitlichung des ATM-Systems in Europa.[2040] Die Legislativvorschläge seien eine Evolution und keine Revolution.[2041] Diese Vorschläge bauten zwar auf den vorhergegangenen Reformen auf, würden diese aber nicht ersetzen.[2042] Grundsätzlich dürften sie allerdings einen enormen Beitrag dazu leisten, das ATM-System in Europa zukünftig zu einem effizienteren, integriert betriebenen Luftraum auszubauen und zu verbessern.[2043]

## III. Vorschlag für eine Verordnung zur Verwirklichung des einheitlichen europäischen Luftraumes, COM(2013) 410 final

Am 11. Juni 2013 wurde von der Europäischen Kommission ein Vorschlag für eine Verordnung des Europäischen Parlaments und des Rates zur Verwirklichung des einheitlichen europäischen Luftraumes vorgelegt.[2044] Die Umsetzung der zwei umfassenden Legislativpakete SES I und SES II seit 2004 bzw. 2009

2037 COM(2013) 408, S. 10.
2038 COM(2013) 408, S. 12.
2039 COM(2013) 408, S. 12.
2040 COM(2013) 408, S. 12 f.
2041 COM(2013) 408, S. 13.
2042 COM(2013) 408, S. 13.
2043 COM(2013) 408, S. 13.
2044 Vorschlag für eine Verordnung des Europäischen Parlaments und des Rates zur Verwirklichung des einheitlichen europäischen Luftraumes (Neufassung) vom 11.06.2013, COM(2013) 410 final.

hatte sich beachtlich verzögert, insbesondere auf dem Gebiet der Erreichung der Leistungsziele und der Realisierung der grundlegenden Elemente[2045].[2046] Daher war das Ziel dieses Vorschlags zur Schaffung einer neuen Verordnung die Verwirklichung des einheitlichen europäischen Luftraumes zu beschleunigen, um so die Gesamteffizienz des europäischen Flugverkehrs zu steigern. Die Gesamteffizienz solle vor allem durch die Optimierung der nutzbaren Kapazität des Luftraumes[2047] und die Schaffung eines gut funktionierenden Binnenmarktes für die Flugsicherungsdienste[2048] erhöht werden. Der Vorschlag der Europäischen Kommission sah dabei vor, die ursprünglichen vier Verordnungen zum einheitlichen europäischen Luftraum, also die Rahmenverordnung (EG) Nr. 549/2004, die Flugsicherungsdienste-Verordnung (EG) Nr. 550/2004, die Luftraum-Verordnung (EG) Nr. 551/2004 und die Interoperabilitäts-Verordnung (EG) Nr. 552/2004, in einen einzigen Rechtsakt zusammenzuführen. Dadurch könnten die bestehenden Rechtsvorschriften vereinfacht und vorhandene Überschneidungen im geltenden Rechtsrahmen beseitigt werden.[2049] Durch eine Angleichung der SES-Verordnungen und auch der EASA-Grundverordnung[2050] erfolge eine rein technische Anpassung, die in den

2045 U. a. die Errichtung der funktionalen Luftraumblöcke und der nationalen Aufsichtsbehörden.

2046 COM(2013) 410, S. 2.

2047 Erwägungsgrund Nummer 5 des Vorschlags für eine Verordnung des Europäischen Parlaments und des Rates zur Verwirklichung des einheitlichen europäischen Luftraumes, COM(2013) 410, S. 10.

2048 Erwägungsgrund Nummer 9 des Vorschlags für eine Verordnung des Europäischen Parlaments und des Rates zur Verwirklichung des einheitlichen europäischen Luftraumes, COM(2013) 410, S. 12.

2049 COM(2013) 410, S. 3.

2050 VO (EG) Nr. 216/2008 des Europäischen Parlaments und des Rates vom 20.02.2008 zur Festlegung gemeinsamer Vorschriften für die Zivilluftfahrt und zur Errichtung einer Europäischen Agentur für Flugsicherheit, zur Aufhebung der Richtlinie 91/670/EWG des Rates, der VO (EG) Nr. 1592/2002 und der Richtlinie 2004/36/EG, ABl. EG Nr. L 79 vom 19.03.2008, S. 1–49, diese wurde mittlerweile durch VO (EU) 2018/1139 des Europäischen Parlaments und des Rates vom 04.07.2018 zur Festlegung gemeinsamer Vorschriften für die Zivilluftfahrt und zur Errichtung einer Agentur der Europäischen Union für Flugsicherheit sowie zur Änderung der VOen (EG) Nr. 2111/2005, (EG) Nr. 1008/2008, (EU) Nr. 996/2010, (EU) Nr. 376/2014 und der Richtlinien 2014/30/EU und 2014/53/EU des Europäischen Parlaments und des Rates, und zur Aufhebung der VOen (EG) Nr. 552/2004 und (EG) Nr. 216/2008 des Europäischen Parlaments und des Rates und der VO (EWG) Nr. 3922/91 des Rates, ABl. EU Nr. 212 vom 22.08.2018, S. 1–122 ersetzt.

Rechtsvorschriften bereits vorgesehen[2051] sei.[2052] Eine solche Anpassung habe aufgrund des Umfangs der Überschneidungen zwischen den einzelnen Verordnungen zum einheitlichen europäischen Luftraum eine Neufassung der übrigen Teile der SES-Verordnungen zu einer einzigen Verordnung zur Folge.[2053] Neben dieser Zusammenfassung wollte die Europäische Kommission mithilfe dieses Vorhabens außerdem die Unabhängigkeit der nationalen Aufsichtsbehörden weiter stärken und die Aufgaben des Netzmanagers ausweiten.[2054] Die Flugverkehrsdienste sollten von den Unterstützungsdienstleistern getrennt werden, um bei den Unterstützungsdienstleistungen einen Wettbewerb zu ermöglichen.[2055]

### *1. Generelle Problembereiche*

Der erste Problembereich, auf den im Rahmen des SES 2+-Vorhabens eingegangen wurde, war jener der „unzureichenden Effizienz der Flugsicherung".[2056] Bezüglich der Kosten, der Anzahl der Flüge und der Kapazitäten wurden die Flugsicherungsdienste immer noch als vergleichsweise ineffizient eingestuft.[2057] Dies wurde besonders durch den direkten Vergleich mit den Vereinigten Staaten von Amerika deutlich, die über einen Luftraum ähnlicher Größenordnung wachen: Dort wurde im Jahr 2017 der komplette Luftraum von einer einzigen Flugsicherungsorganisation überwacht, während in Europa 37 Flugsicherungsorganisationen den Luftraum kontrollierten.[2058] Im Vergleich wurden von der

---

2051 Bei der Annahme des SES-II-Paketes 2009 entschied sich der Gesetzgeber für eine zweistufige Umsetzung und forderte die Europäische Kommission auf, die Verordnungen über den einheitlichen europäischen Luftraum und die EASA-Verordnung miteinander in Einklang zu bringen, sobald bezüglich der EASA die ersten Durchführungsmaßnahmen beschlossen worden sind und die Auditergebnisse zu den Flugsicherungsorganisationen vorliegen, so COM(2013) 410, S. 2; siehe auch Art. 65a der VO (EG) Nr. 216/2008 i. d. F. der VO (EG) Nr. 1108/2009.

2052 COM(2013) 410, S. 3.

2053 COM(2013) 410, S. 3.

2054 COM(2013) 410, S. 4; *Schwenk/Giemulla*, Hdb. des Luftverkehrsrechts, Kapitel 5, S. 186, Rn. 39.

2055 *Schwenk/Giemulla*, Hdb. des Luftverkehrsrechts, Kapitel 5, S. 187, Rn. 39.

2056 COM(2013) 410, S. 3.

2057 COM(2013) 410, S. 3.

2058 EUROCONTROL im Auftrag der EU und FAA, Comparison of Air Traffic Management-Related Operational Performance: U.S./Europe 2017, März 2019, S. 17; ähnlich COM(2013) 410, S. 3.

US-Flugsicherung mehr Flüge mit weniger Personal kontrolliert.[2059] Als wesentliche Ursache dieses europäischen Produktivitätsgefälles wurden „Mängel bei der Einrichtung und Anwendung des Leistungssystems", „ineffektive Aufsichtsbehörden" sowie ein „außerordentlich hoher Verwaltungspersonalanteil der Flugsicherungsorganisationen" angeführt.[2060]

Als zweites Kernproblem begriff die Europäische Kommission in ihrem Vorschlag zur Verwirklichung des einheitlichen europäischen Luftraumes das noch immer fragmentierte Flugverkehrsmanagement (ATM).[2061] Das europäische ATM-System umfasste zum Zeitpunkt der Mitteilung 27 nationale Behörden, die zusammen über 100 Flugsicherungsdienstleister mit jeweils verschiedenen Vorschriften und nicht immer kompatiblen Verfahren und Systemen beaufsichtigten.[2062] Erhebliche Zusatzkosten entstünden durch die Menge der europäischen Flugsicherungsdienstleister, die jeweils ihre eigenen Systeme verwendeten, ihre eigenen Betriebsverfahren entwickelten, ihr Personal vorrangig selbst schulten und deren Dienste sich lediglich auf einen geringen Anteil des Luftraumes bezögen.[2063] Um diese Zersplitterung zu überwinden, enthielt das Projekt des Single European Sky Vorschläge wie zum Beispiel den Vorschlag grenzübergreifende funktionale Luftraumblöcke (FAB) zu schaffen und einen zentralen Netzmanager einzustellen, der auf Netzebene für bestimmte Dienste verantwortlich ist.[2064] Allerdings sei die Leistungsorientiertheit der funktionalen Luftraumblöcke bislang noch nicht zufriedenstellend und die Stellung des Netzmanagers noch vergleichsweise schwach.[2065]

---

2059 COM(2013) 410, S. 3; die US-Flugsicherung kontrollierte im Jahr 2017 mit einer um 32 % geringeren Fluglotsenanzahl (im Jahr 2017 knapp 12.170 US-Lotsen bei einem totalen Personalaufwand von etwa 31.647 Mitarbeitern) knapp 47 % mehr Flugbewegungen, nämlich etwa 15,3 Millionen im Vergleich zu 10,4 Millionen Flügen im europäischen Luftraum, so EUROCONTROL im Auftrag der EU und FAA, Comparison of Air Traffic Management-Related Operational Performance: U.S./ Europe 2017, März 2019, S. 17; in Europa hingegen wurden im gleichen Zeitraum 2017 rund 17.794 Lotsen und ein totaler Personalaufwand in Höhe von 55.130 Mitarbeitern benötigt.

2060 COM(2013) 410, S. 3.

2061 COM(2013) 410, S. 3.

2062 COM(2013) 410, S. 3.

2063 COM(2013) 410, S. 3.

2064 COM(2013) 410, S. 3.

2065 COM(2013) 410, S. 3.

## *2. Rechtliche Aspekte des Vorschlags*

Die Neufassung der Verordnung sieht vor, dass die vier SES-Verordnungen in einer einzigen Verordnung zusammengefasst werden, wodurch diverse Textänderungen vonnöten sind.[2066] Auf den Akteuren basierend wird die neue Verordnung in fünf Kapitel unterteilt: Kapitel I „Allgemeine Bestimmungen", Kapitel II „Nationale Behörden", Kapitel III „Dienstleistungen", Kapitel IV „Luftraum" und Kapitel V „Schlussbestimmungen".[2067]

Verschiedene Inhalte, die mit der VO (EG) Nr. 216/2008[2068] zusammenfallen, werden aus den SES-Verordnungen herausgenommen und bestimmte Bestandteile dieser Passagen in der VO (EG) Nr. 216/2008 übernommen.[2069] Die VO (EG) Nr. 552/2004 (Interoperabilitäts-Verordnung) entfällt vollständig, wodurch auch die meisten ihrer Bestimmungen gestrichen werden.[2070] Die Ausnahmen bilden lediglich einige Elemente des Anh. I über die „benannten Stellen", die mit dem Anhang über „qualifizierte Stellen" fusionieren, und verschiedene allgemein darstellende Passagen in Anh. II, die mit Anh. Vb der VO (EG) Nr. 216/2008 kombiniert werden sollen.[2071] In die Verordnung wurden letztlich auch die neuen Regelungen über Durchführungsrechtsakte und delegierte Rechtsakte eingegliedert, die aus dem Vertrag von Lissabon resultieren.[2072]

Insbesondere werden allerhand Begriffsdefinitionen abgeändert und angepasst. Diverse Artikel werden gestrichen oder bei anderen Artikeln eingefügt, damit Überschneidungen beseitigt werden. Die wichtigsten intendierten Änderungen werden nachfolgend dargestellt.

### *a) Unabhängige nationale Aufsichtsbehörde (Art. 2 Nummer 36, Art. 3, 4 und 5)*

Großer Handlungsbedarf wird bei der Stärkung der nationalen Aufsichtsbehörden gesehen, sowohl bezüglich deren Unabhängigkeit als auch ihrer Ressourcen und Fachkompetenz.[2073] In Art. 2 Nummer 36 wird dazu zunächst die Definition

2066 COM(2013) 410, S. 4.
2067 COM(2013) 410, S. 4 f.
2068 „EASA-Grundverordnung", diese wurde mittlerweile durch VO (EU) 2018/1139 ersetzt.
2069 COM(2013) 410, S. 5.
2070 COM(2013) 410, S. 5.
2071 COM(2013) 410, S. 5.
2072 COM(2013) 410, S. 5.
2073 COM(2013) 410, S. 5.

des Begriffs der „nationalen Aufsichtsbehörde“[2074] hinzugefügt. In Art. 3 Abs. 2 werden die nationalen Aufsichtsbehörden nun als „rechtlich getrennt und unabhängig beschrieben, insbesondere im Hinblick auf Organisation, Hierarchie und Beschlussfassung, von allen Flugsicherungsorganisationen oder allen privaten oder öffentlichen Stellen, die ein Interesse an den Tätigkeiten dieser Flugsicherungsorganisation haben“.[2075] Da dies von den EU-Mitgliedstaaten einen gewissen Verwaltungsaufwand erfordert, sieht Abs. 4 einen Übergangszeitraum bis spätestens 1. Januar 2020 vor.[2076] Das Personal der nationalen Aufsichtsbehörden darf gemäß Art. 3 Abs. 6 keine Anweisungen von Regierungen entgegennehmen (Art. 3 Abs. 6 lit. c) und nach der Tätigkeit mindestens für ein Jahr keine Stelle bei einer Flugsicherungsorganisation übernehmen, sofern es direkt mit der Beaufsichtigung von Flugsicherungsorganisationen betraut war (Art. 3 Abs. 6 lit. e).

Die Aufgaben der nationalen Aufsichtsbehörden beschreibt Art. 4. Demnach sind die Aufsichtsbehörden insbesondere für die Beaufsichtigung des sicheren und effizienten Betriebs der Flugsicherungsorganisationen (Art. 4 Abs. 1 lit. a), die Zertifizierung von Flugsicherungsorganisationen (Art. 4 Abs. 1 lit. b), die Lizenzerteilung für Fluglotsen (Art. 4 Abs. 1 lit. c) und die Überwachung der Gebührenregelung gemäß Art. 12 und Art. 13 (Art. 4 Abs. 1 lit. e) zuständig. Auch die Zusammenarbeit und der Informationsaustausch mit den Aufsichtsbehörden anderer Mitgliedstaaten werden geregelt (Art. 5). Zur Steigerung der Fachkompetenz sieht Art. 5 die Schaffung eines Netzes der nationalen Behörden vor, einschließlich der Bildung eines Pools von Sachverständigen, sodass die Staaten die Möglichkeit haben, auch auf die Experten anderer Mitgliedstaaten zurückgreifen zu können.[2077]

---

2074 Eine nationale Aufsichtsbehörde bezeichnet „die nationale Stelle bzw. nationale Stellen, die von einem Mitgliedstaat mit Überwachungsaufgaben gemäß dieser Verordnung betraut wurde(n), und die zuständigen nationalen Behörden, die mit den in Art. 8b der Verordnung (EG) Nr. 216/2008 vorgesehenen Aufgaben betraut wurden“, so Art. 2 Ziff. 36 Vorschlag für eine Verordnung zur Verwirklichung des einheitlichen europäischen Luftraumes, COM(2013) 410.

2075 Art. 3 Abs. 2 Vorschlag für eine Verordnung zur Verwirklichung des einheitlichen europäischen Luftraumes, COM(2013) 410.

2076 Art. 3 Abs. 4 Vorschlag für eine Verordnung zur Verwirklichung des einheitlichen europäischen Luftraumes, COM(2013) 410.

2077 Art. 5 Abs. 1 Vorschlag für eine Verordnung zur Verwirklichung des einheitlichen europäischen Luftraumes, COM(2013) 410; *ebenda*, S. 5.

### *b) Leistungssystem und Gebührenregelung (Art. 11, 12, 13 und 14)*

Art. 11 über das Leistungssystem soll geändert werden, um die Zielbestimmung rationeller zu organisieren und eine stärkere lokale Ausrichtung möglich zu machen, um dadurch die Leistungsziele bedarfsgerechter steuern zu können.[2078] Das „Leistungssystem" soll gemäß Art. 11 Abs. 1 die Leistung der Flugsicherungsdienste verbessern. Es muss unionsweite Leistungsziele für die zentralen Leistungsbereiche der Sicherheit, der Umwelt, der Kapazität und der Kosteneffizienz umfassen (Art. 11 Abs. 1 lit. a). Außerdem schließt das Leistungssystem von den Aufsichtsbehörden auszuarbeitende nationale Pläne bzw. Pläne für funktionale Luftraumblöcke ein (Art. 11 Abs. 3), um die Übereinstimmung mit den unionsweiten Zielen zu gewährleisten (Art. 11 Abs. 4). Falls die Leistungspläne nicht mit den unionsweiten Leistungszielen übereinstimmen, kann die Europäische Kommission Korrekturmaßnahmen verlangen (Art. 11 Abs. 4 und 5) und Sanktionen verhängen (Art. 11 Abs. 5). Weiterhin soll das Leistungssystem die Überwachung, Überprüfung und den Vergleich der Leistungen der Flugsicherungsdienste umfassen.[2079]

Zur Unterstützung des Leistungssystems werden in dem Vorschlag die Art. 12 und Art. 13 über die Gebührenerhebung etwas umgestaltet und aktualisiert, um in der Bestimmung über die Finanzierung der Agenturaufgaben den erweiterten EASA-Zuständigkeiten gemäß der VO (EG) Nr. 1108/2009[2080] gerecht zu werden und die Ausführung dieser Aufgaben möglich zu machen.[2081]

### *c) Funktionale Luftraumblöcke (Art. 16)*

Grundsätzlich wurde der Artikel bezüglich der funktionalen Luftraumblöcke bereits durch die VO (EG) Nr. 1070/2009 modifiziert, um den Leistungsaspekt der FABs stärker in den Fokus zu setzen, was auch in diesem Vorschlag für eine Verordnung zur Verwirklichung des einheitlichen europäischen Luftraumes beibehalten wird.[2082] Funktionale Luftraumblöcke sind optimierte Lufträume,

2078 COM(2013) 410, S. 5.

2079 Art. 11 Abs. 7 Vorschlag für eine Verordnung zur Verwirklichung des einheitlichen europäischen Luftraumes, COM(2013) 410.

2080 VO (EG) Nr. 1108/2009 des Europäischen Parlaments und des Rates vom 21.10.2009 zur Änderung der VO (EG) Nr. 216/2008 in Bezug auf Flugplätze, Flugverkehrsmanagement und Flugsicherungsdienste sowie zur Aufhebung der Richtlinie 2006/23/EG, ABl. EG Nr. L 309 vom 24.11.2009, S. 51–70.

2081 COM(2013) 410, S. 5.

2082 COM(2013) 410, S. 6.

in denen die Luftverkehrsstraßen und die Bereitstellung der Flugsicherungsdienste nicht nach Staatsgrenzen, sondern nach optimierten Verkehrsflüssen festgelegt werden.[2083] Die EU-Mitgliedstaaten sollen gemäß Art. 16 Abs. 1 alle erforderlichen Maßnahmen ergreifen, um die funktionellen Luftraumblöcke zu schaffen, in denen Flugverkehrsdienste integriert bereitgestellt werden. Die Luftraumblöcke sollten als Initiativen unter Verantwortlichkeit der Industrie angesehen werden, die eine Verbesserung der Dienstleistungsqualität erreichen will, und nicht als „statische Luftraumblöcke".[2084] Die Flugsicherungsorganisationen sollen bei der Errichtung der funktionalen Luftraumblöcke im Rahmen kooperativer Branchenpartnerschaften zusammenarbeiten (Art. 16 Abs. 2), um einen größeren Synergieeffekt zu schaffen und so die gemäß Art. 11 festgelegten Leistungsziele einzuhalten und möglichst zu übertreffen (Art. 16 Abs. 4 lit. b). „Industriepartnerschaften" bilden demgemäß den Schwerpunkt von Art. 16, wobei der Fortschritt mithilfe der erreichten Leistungsverbesserungen gemessen wird.[2085]

#### *d) Unterstützungsleistungen (Art. 2 Nummer 37, Art. 10)*

Das größte Verbesserungspotenzial besteht Analysen zufolge bei den Unterstützungsleistungen der zentralen Flugverkehrsdienste.[2086] In Art. 2 Nummer 37 wurde die Definition der „Unterstützungsleistungen"[2087] neu eingefügt. Diese Leistungen könnten auch zu Marktbedingungen angeboten werden, weshalb

2083 Die Definition eines „funktionalen Luftraumblocks" findet sich nun nicht mehr in Art. 2 Ziff. 25, sondern in Art. 2 Ziff. 24 Vorschlag für eine Verordnung zur Verwirklichung des einheitlichen europäischen Luftraumes. Dort heißt es: „Funktionaler Luftraumblock" bezeichnet einen nach betrieblichen Anforderungen und ungeachtet des Verlaufs von Staatsgrenzen festgelegten Luftraumblock, in dem die Erbringung von Flugsicherungsdiensten und die damit zusammenhängenden Funktionen leistungsbezogen und optimiert sind, um in jedem funktionalen Luftraumblock eine verstärkte Zusammenarbeit zwischen Flugsicherungsorganisationen und gegebenenfalls einem integrierten Anbieter einzuführen; COM(2013) 410.

2084 COM(2013) 410, S. 6.

2085 COM(2013) 410, S. 6.

2086 COM(2013) 410, S. 6.

2087 „Unterstützungsleistungen" bezeichnet Flugsicherungsdienste, die keine Flugverkehrsdienste sind, sowie andere Dienste und Tätigkeiten, die in Zusammenhang mit Flugsicherungsdiensten stehen und deren Erbringung unterstützen, so definiert in Art. 2 Nummer 37 Vorschlag für eine Verordnung Verwirklichung des einheitlichen europäischen Luftraumes, COM(2013) 410.

Art. 9 Flugsicherungsdienste-VO wegfallen und durch einen Artikel ersetzt werden soll, der sich bei der Erbringung der Unterstützungsleistungen an den gängigen Regeln für die Vergabe öffentlicher Aufträge orientiert.[2088] Gemäß Art. 10 Abs. 1 sollen dem Vorschlag zufolge die Mitgliedstaaten durch alle notwendigen Maßnahmen gewährleisten, dass Anbieter von Unterstützungsleistungen in Übereinstimmung mit Art. 10 innerhalb der Union unter gerechten, diskriminierungsfreien und transparenten Bedingungen für die Erbringung solcher Leistungen miteinander in einen Wettbewerb treten können. Allerdings sollen die Mitgliedstaaten gemäß Art. 10 Abs. 2 durch alle notwendigen Maßnahmen gewährleisten, dass die Erbringung von Flugverkehrsdiensten und die Erbringung von Unterstützungsleistungen voneinander getrennt werden. Diese Trennung beinhaltet demnach die Anforderung, dass Unterstützungsleistungen und Flugverkehrsdienste von verschiedenen Unternehmen erbracht werden müssen.[2089] Bei der Anbieterauswahl der Unterstützungsleistungen sind gemäß Art. 10 Abs. 3 von der für die Beschaffung zuständigen Stelle insbesondere die Kosteneffizienz, die Gesamtqualität des Dienstes und die Sicherheit der Dienste zu beachten. Der Übergangszeitraum ist bis zum 1. Januar 2020 vorgesehen (Art. 10 Abs. 1 Satz 2).

#### e) *Europaweites Flugverkehrsmanagement durch einen Netzmanager (Art. 2 Nummern 7, 9, 10 und 11 und Art. 17)*

Gemäß Art. 17 Abs. 1 des Vorschlags wird durch die Dienste des Flugverkehrsmanagementnetzes neben einer „optimalen Luftraumnutzung“ gewährleistet, dass „die Luftraumnutzer den Flugverkehr auf den bevorzugten Flugwegen durchführen können und ermöglichen dabei einen größtmöglichen Zugang zum Luftraum und zu den Flugsicherungsdiensten“. Dabei werden durch den Vorschlag zunächst die unterschiedlichen Definitionen angepasst.

Das „Flugverkehrsmanagement (ATM)“ bezeichnet gemäß Art. 2 Nummer 10 des Vorschlags die Zusammenfassung der bord- und bodenseitigen *Dienstleistungen* (Flugverkehrsdienste, Luftraummanagement und Verkehrsflussregelung), die für die sichere und effiziente Bewegung von Luftfahrzeugen in allen Betriebsphasen erforderlich sind. Diese neue Definition ersetzt den ursprünglichen Begriff der „Funktionen“ durch den Begriff der „Dienstleistungen“. Zu diesen Dienstleistungen zählen die Flugverkehrsdienste (Art. 2 Nummer 11),

2088 COM(2013) 410, S. 6.

2089 Art. 10 Abs. 2 Vorschlag für eine Verordnung Verwirklichung des einheitlichen europäischen Luftraumes, COM(2013) 410.

das Luftraummanagement (Art. 2 Nummer 7) und die Verkehrsflusssteuerung (Art. 2 Nummer 9). Einzig der Begriff der „Flugverkehrsdienste" ist unverändert zur ursprünglichen Rahmenverordnung geblieben. Bei den anderen beiden Definitionen wurde der Begriff der „Funktion" ebenfalls durch den der „Dienstleistung" ersetzt. So bezeichnet das „Luftraummanagement" gemäß Art. 2 Nummer 7 nun eine Planungs*dienstleistung*, die vorrangig dem Zweck dient, die Nutzung des vorhandenen Luftraumes durch dynamische Zeitzuteilung (Timesharing) und, zu bestimmten Zeiten, durch Trennung des Luftraumes für verschiedene Kategorien von Luftraumnutzern (z. B. Linien- oder Charterflugzeuge) auf der Grundlage kurzfristiger Erfordernisse zu maximieren.

Auch die „Verkehrsflussregelung" in Art. 2 Nummer 9 des Vorschlags für eine Verordnung zur Verwirklichung des einheitlichen europäischen Luftraumes wird nun nicht mehr als Funktion, sondern als eine „Dienstleistung" qualifiziert.[2090] Dieser Dienst überprüft die Kongruenz der vorhandenen Kapazitäten des Flugverkehrsdienstes mit dem faktischen Flugverkehrsaufkommen.[2091] Dadurch sollen ein reibungsloser Verkehrsfluss und die bestmögliche Auslastung des Flugverkehrsdienstes erreicht werden.[2092]

Der bisher uneinheitliche Art. 17 über das „Netzmanagement und die Netzmanagementgestaltung" wurde in zweifacher Hinsicht aktualisiert und umgestaltet.[2093] Zum einen wurde der Artikel geändert, so dass nun alle vom Netzmanager[2094] wahrgenommenen Dienste[2095] in Art. 17 Abs. 2 aufgeführt

---

2090 Art. 2 Nummer 9 Vorschlag für eine Verordnung Verwirklichung des einheitlichen europäischen Luftraumes, COM(2013) 410 lautet: „Verkehrsflussregelung" bezeichnet eine *Dienstleistung*, die mit dem Ziel eingerichtet wird, zu einem sicheren, geordneten und reibungslosen Verkehrsfluss beizutragen, indem sichergestellt wird, dass die Kapazität der Flugverkehrskontrolle so weit wie möglich ausgeschöpft wird und dass das Verkehrsaufkommen mit den Kapazitäten vereinbar ist, die die entsprechenden Flugsicherungsorganisationen angegeben haben.

2091 *Langner/Schwenke*, Cep-Studie 2011, S. 5.

2092 *Langner/Schwenke*, Cep-Studie 2011, S. 5.

2093 COM(2013) 410, S. 6.

2094 Aktuell EUROCONTROL, siehe zu EUROCONTROL allg. Kapitel 3, B., III.

2095 Folgende Dienste liegen im Verantwortungsbereich des Netzmanagers: Gestaltung des europäischen Streckennetzes (Art. 17 Abs. 2 lit. a), Koordinierung knapper Ressourcen innerhalb der für die Luftfahrt vorgesehenen Frequenzbereiche, die im allgemeinen Flugverkehr verwendet werden, insb. Funkfrequenzen und Koordinierung von Radar-Transponder-Codes (Art. 17 Abs. 2 lit. b), zentrale Funktion für die Verkehrsflussregelung (Art. 17 Abs. 2 lit. c), Bereitstellung eines Portals für Flugberatungsinformationen gemäß Art. 23 (Art. 17 Abs. 2 lit. d), Optimierung der Luftraumgestaltung in Zusammenarbeit mit den Flugsicherungsorganisationen

werden,[2096] zum anderen wurde er terminologisch an die VO (EG) Nr. 1108/2009[2097] angepasst, indem der Begriff „Funktionen“ durch den Begriff „Dienste“ ersetzt wurde und dem Netzmanager genauso begegnet werden soll wie jedem anderen Dienstleister, was die Zertifizierung, die Sicherheitsanforderungen und die Beaufsichtigung angeht.[2098] Zusätzlich soll in Art. 17 eine Bestimmung hinzugefügt werden, wonach es ermöglicht wird, den Netzmanager bis zum 1. Januar 2020 zu einer Branchenpartnerschaft weiterzuentwickeln.[2099]

#### *f) Beteiligung der Luftraumnutzer (Art. 19)*

Die Folgenabschätzung schätzt die gewachsene Kundenorientierung bei den Flugsicherungsorganisationen als ausbaufähig ein.[2100] Daher soll ein neuer Art. 19 mit der Überschrift „Beziehungen zu den beteiligten Stellen“ eingefügt werden, um zu gewährleisten, dass die Luftraumnutzer zurate gezogen und befragt werden sowie ein Mitspracherecht bei der Genehmigung von strategischen Investitionsplänen bekommen.[2101]

---

und den in Art. 16 genannten funktionalen Luftraumblöcken (Art. 17 Abs. 2 lit. e) und zentrale Funktion für die Koordinierung in Luftfahrtkrisensituationen (Art. 17 Abs. 2 lit. f).

2096 Elemente, die Bezug zu technischen Durchführungsbestimmungen der Verkehrsflusssteuerung haben (also nicht unmittelbar zum Netzmanager), wurden im Anh. Vb der VO (EG) Nr. 216/2008 aufgenommen, der bereits Bestimmungen hierzu enthielt, siehe COM(2013) 410, S. 6.

2097 VO (EG) Nr. 1108/2009 des Europäischen Parlaments und des Rates vom 21.10.2009 zur Änderung der VO (EG) Nr. 216/2008 in Bezug auf Flugplätze, Flugverkehrsmanagement und Flugsicherungsdienste sowie zur Aufhebung der Richtlinie 2006/23/EG, ABl. EG Nr. L 309 vom 24.11.2009, S. 51–70.

2098 COM(2013) 410, S. 6.

2099 Art. 17 Abs. 2 a. E. Vorschlag für eine Verordnung Verwirklichung des einheitlichen europäischen Luftraumes, COM(2013) 410; *ebenda*, S. 6.

2100 COM(2013) 410, S. 6.

2101 Art. 19 Vorschlag für eine Verordnung Verwirklichung des einheitlichen europäischen Luftraumes, COM(2013) 410; *ebenda*, S. 6.

## IV. Verwirklichung des Einheitlichen Europäischen Luftraums ***I: Legislative Entschließung des Europäischen Parlaments vom 12. März 2014 zu dem Vorschlag für eine Verordnung des Europäischen Parlaments und des Rates zur Verwirklichung des einheitlichen europäischen Luftraums (Neufassung) (COM(2013)0410 - C7-0171/2013 - 2013/0186(COD))[2102]

Das Europäische Parlament verabschiedete am 12. März 2014 seinen Standpunkt in erster Lesung. Es wurden verschiedene Änderungsanträge geltend gemacht. Der Rat stimmte dem Standpunkt des Europäischen Parlaments im Dezember 2014 zu, als nächstes werden die Vorschläge in Trilog-Gesprächen zwischen der Europäischen Kommission, dem Europäischen Parlament und dem Rat erörtert.[2103] Nachfolgend werden einige wichtige Änderungsanträge des Europäischen Parlaments stichpunktartig im Vergleich zu den Vorschlägen der Europäischen Kommission thematisiert.[2104]

### *1. Bezüglich der unabhängigen nationalen Aufsichtsbehörden (Art. 2 Nummer 36, Art. 3, 4 und 5)*

Art. 3 des Vorschlags der Neufassung der Verordnung zur Verwirklichung des einheitlichen europäischen Luftraumes wurde von der Europäischen Kommission mit der Überschrift „Nationale Aufsichtsbehörden" überschrieben. Das Europäische Parlament möchte in seinem Standpunkt diesbezüglich zunächst den Ausdruck „Nationale Aufsichtsbehörden" in „Nationale *Luftfahrtbehörden*" abändern.[2105] Dazu machte es auch bezüglich der Begriffsdefinition in Art. 2 Nummer 36 den Vorschlag, diesen anders zu fassen. Anstelle „Nationale Aufsichtsbehörde" sollte es *„Nationale Luftfahrtbehörde"* heißen, die eine nationale

2102 Kurz P7_TA(2014)0220, darin enthalten ist P7_TC1-COD(2013)0186 Standpunkt des Europäischen Parlaments festgelegt in erster Lesung am 12.03.2014 im Hinblick auf den Erlass der Verordnung (EU) Nr. .../2014 des Europäischen Parlaments und des Rates zur Verwirklichung des einheitlichen europäischen Luftraums (Neufassung), der die Änderungsvorschläge beschreibt, ABl. EU Nr. C 378 vom 09.11.2017, S. 546–583.

2103 COM(2015) 663, S. 11.

2104 Die kursiven Hervorhebungen entsprechen dem Standpunkt des Europäischen Parlaments.

2105 Abänderung 46, Überschrift Art. 3 des Standpunkts des Europäischen Parlaments zur Verwirklichung des einheitlichen europäischen Luftraumes.

Stelle bezeichnet, die von einem Mitgliedstaat *„mit den in“* dieser Verordnung *„und in der Verordnung (EG) Nr. 216/2008 vorgesehenen Aufgaben* betraut *und von der EAA*[2106] *akkreditiert wurde“.*[2107] Der Vorschlag der Europäischen Kommission sieht eine solche Akkreditierung nicht vor.

In Art. 3 Abs. 2 schlägt die Europäische Kommission vor, dass „die nationalen Aufsichtsbehörden rechtlich getrennt und unabhängig insbesondere im Hinblick auf Organisation, Hierarchie und Beschlussfassung von allen Flugsicherungsorganisationen oder allen privaten oder öffentlichen Stellen, die ein Interesse an den Tätigkeiten dieser Flugsicherungsorganisationen haben“, sind. Das Europäischen Parlament hingegen fasst den Artikel genauer, indem es anstelle „von allen Flugsicherungsorganisationen oder allen privaten oder öffentlichen Stellen“ an dieser Stelle *„auch in Bezug auf jährliche separate Mittelzuweisungen,* von allen *Unternehmen, Organisationen, staatlichen oder privaten Stellen oder Mitarbeitern, die in den Geltungsbereich einer Tätigkeit im Sinne von Artikel 1 der Verordnung (EG) Nr. 216/2008 fallen oder“* die ein Interesse an den Tätigkeiten dieser *Stellen* haben, einschieben möchte.[2108] In Art. 3 Abs. 4 will das Europäische Parlament festlegen, dass niedergelegten Vorschriften *„spätestens aber zum 1. Januar 2017 eingehalten werden“.*[2109] Von der Europäischen Kommission war eine Umsetzung spätestens bis zum 1. Januar 2020 vorgesehen worden. Das Europäische Parlament nimmt in seinem Standpunkt für das Personal der nationalen „Luftfahrtbehörden“ noch zahlreiche Änderungen auf und fügt weitere Passagen zu Art. 3 Abs. 6 hinzu.[2110] Den von der Europäischen Kommission neu hinzugefügten Art. 3 Abs. 9 weitet das Europäische Parlament zusätzlich durch Art. 3 Abs. 9 lit. a) und lit. b) aus.[2111]

---

2106 Der Vorschlag für eine Verordnung des Europäischen Parlaments und des Rates zur Verwirklichung des einheitlichen europäischen Luftraumes, COM(2013) 410 sieht vor, dass die EASA in „Agentur der Europäischen Union für Luftfahrt“ (EAA) umbenannt wird.

2107 Abänderung 40, Art. 2 Nummer 36 des Standpunkts des Europäischen Parlaments zur Verwirklichung des einheitlichen europäischen Luftraumes.

2108 Abänderung 48, Art. 3 Abs. 2 des Standpunkts des Europäischen Parlaments zur Verwirklichung des einheitlichen europäischen Luftraumes.

2109 Abänderung 50, Art. 3 Abs. 4 des Standpunkts des Europäischen Parlaments zur Verwirklichung des einheitlichen europäischen Luftraumes.

2110 Abänderungen 52 bis 60, Art. 3 Abs. 6 des Standpunkts des Europäischen Parlaments zur Verwirklichung des einheitlichen europäischen Luftraumes.

2111 Abänderungen 63 bis 65, Art. 3 Abs. 9 des Standpunkts des Europäischen Parlaments zur Verwirklichung des einheitlichen europäischen Luftraumes.

## 2. *Bezüglich des Leistungssystems und der Gebührenregelung (Art. 11, 12, 13 und 14)*

In Art. 11 Abs. 1 lit. a) fügt das Europäischen Parlament in seinem Standpunkt hinzu, dass das Leistungssystem Leistungsziele umfassen muss, die *„im Einklang mit den übergeordneten Zielen des ATM-Masterplans, die für den gesamten Referenzzeitraum festgelegt wurden“*, stehen.[2112] Die Europäische Kommission will in Art. 11 Abs. 2 des Vorschlags der Neufassung der Verordnung zur Verwirklichung des einheitlichen europäischen Luftraumes „eine unabhängige unparteiische und kompetente Stelle etablieren, die als „Leistungsüberprüfungsgremium“ tätig wird“. Der nachfolgende Satz, den der Verordnungsvorschlag der Europäischen Kommission vorsieht, behandelt die Aufgaben des Leistungsüberprüfungsgremiums. Dem Europäischen Parlament ist diese Aufgabeneingrenzung nicht ausführlich genug, weshalb es in seinem Standpunkt den Satz deutlich erweitert: Das Leistungsüberprüfungsgremium *„fungiert ab 1. Juli 2015 als Wirtschaftsregulator unter Aufsicht der Kommission und“* hat die Aufgabe, die Kommission in Absprache mit den nationalen *„Luftfahrtbehörden zu unterstützen“* sowie die *„Luftfahrtbehörden“* bei der Anwendung des in Abs. 1 genannten Leistungssystems zu unterstützen *„und die Anwendung zu überwachen. Das Leistungsüberprüfungsgremium sollte funktional und rechtlich von jeglichen Anbietern von Diensten auf nationaler und europäischer Ebene getrennt sein“*.[2113] Bei den folgend aufgelisteten Stellen zur technischen Unterstützung für das Leistungsüberprüfungsgremium fügt das Europäische Parlament den *„Netzmanager“* zur Liste hinzu.[2114] Zusätzlich zu der in Art. 11 Abs. 7 lit. g) von der Kommission geforderten Verhängung von „Sanktionen bei Nichteinhaltung der unionsweiten und damit verbundenen lokalen Leistungsziele“ fügt das Europäische Parlament hier das Werkzeug der [Sanktionen] *„und Ausgleichsmechanismen“* ein.[2115] Weiterhin fügt das Europäische Parlament in seinem Standpunkt zusätzlich einen Art. 11 Abs. 8a ein, der beschreibt, dass *„die Kommission eine Untersuchung dazu durchführt, welche Auswirkungen die Tätigkeiten von*

2112 Abänderung 91, Art. 11 Abs. 1 lit. a) des Standpunkts des Europäischen Parlaments zur Verwirklichung des einheitlichen europäischen Luftraumes.

2113 Abänderung 93, Art. 11 Abs. 2 des Standpunkts des Europäischen Parlaments zur Verwirklichung des einheitlichen europäischen Luftraumes.

2114 Abänderung 93, Art. 11 Abs. 2 des Standpunkts des Europäischen Parlaments zur Verwirklichung des einheitlichen europäischen Luftraumes.

2115 Abänderung 105, Art. 11 Abs. 7 lit. g) des Standpunkts des Europäischen Parlaments zur Verwirklichung des einheitlichen europäischen Luftraumes.

*Nicht-Flugsicherungsorganisationen innerhalb des ATM-Systems, z. B. von Flughafenbetreibern, Flughafenkoordinatoren und Luftverkehrsbetreibern, auf das effiziente Funktionieren des europäischen ATM-Netzwerkes haben könnten*".[2116] Anschließend werden die Punkte beschrieben, die die Untersuchung grundsätzlich berücksichtigt sowie deren zeitlicher Ablauf festgehalten.[2117] Zu Art. 12 und Art. 14 des Verordnungsvorschlags der Europäischen Kommission hat das Europäische Parlament keinerlei Abänderungen vorzutragen. Bei Art. 13 bezüglich der Grundsätze der Gebührenregelung nimmt das Europäische Parlament lediglich kosmetische Korrekturen vor, indem es bspw. den Begriff der Aufsichtsbehörden durch den Begriff der „*Luftfahrtbehörden*" austauscht.[2118]

### 3. Bezüglich des ATM-Masterplans (Art. 14a, 14b und 14c)

Das Europäische Parlament hat drei neue Artikel in seinen Standpunkt aufgenommen, die die Umsetzung und Überwachung des ATM-Masterplans fördern und unterstützen sollen. Den Anfang macht Art. 14a, der mit der Überschrift „*Umsetzung des ATM-Masterplans*" überschrieben ist. Danach wird „*die Umsetzung des ATM-Masterplans von der Kommission überwacht. Der Netzmanager, das Leistungsüberprüfungsgremium und das Management für die Umsetzung tragen gemäß den Bestimmungen dieser Verordnung zur Umsetzung des ATM-Masterplans bei*".[2119] Der nächste hinzugefügte Art. 14b soll laut dem Standpunkt des Europäischen Parlaments regeln, dass „*die Kommission Maßnahmen zur Festlegung der Bestimmungen zur Umsetzung des ATM-Masterplans ergreift, einschließlich der Festlegung und Auswahl der Verantwortlichen auf der Managementebene (Management für die Umsetzung). Diese Durchführungsrechtsakte werden nach dem Prüfverfahren gemäß Art. 27 Abs. 3 erlassen.*"[2120] Schließlich werden in Art. 14c noch die Umsetzungsfristen niedergeschrieben: „*Das*

2116 Abänderung 107, Art. 11 Abs. 8a des Standpunkts des Europäischen Parlaments zur Verwirklichung des einheitlichen europäischen Luftraumes.

2117 Abänderung 105, Art. 11 Abs. 8a lit. a)–d) des Standpunkts des Europäischen Parlaments zur Verwirklichung des einheitlichen europäischen Luftraumes.

2118 Abänderungen 108 bis 111, Art. 13 des Standpunkts des Europäischen Parlaments zur Verwirklichung des einheitlichen europäischen Luftraumes.

2119 Abänderung 112, Art. 14a des Standpunkts des Europäischen Parlaments zur Verwirklichung des einheitlichen europäischen Luftraumes.

2120 Abänderung 113, Art. 14b des Standpunkts des Europäischen Parlaments zur Verwirklichung des einheitlichen europäischen Luftraumes; zum Prüfverfahren siehe auch Kapitel 5, B., I.

*Management für die Umsetzung schlägt der Kommission verbindliche Fristen für die Einführung und geeignete Korrekturmaßnahmen für den Fall einer verspäteten Umsetzung vor.*"[2121]

### 4. *Bezüglich der funktionalen Luftraumblöcke (Art. 16)*

In Art. 16 Abs. 1 des Vorschlags der Neufassung der Verordnung zur Verwirklichung des einheitlichen europäischen Luftraumes schlägt die Europäische Kommission vor, dass alle Mitgliedstaaten alle erforderlichen Maßnahmen ergreifen, um FABs zu schaffen, in denen die Flugverkehrsdienste integriert bereitgestellt sind. Der Standpunkt des Europäischen Parlaments möchte diesen Wortlaut in die Schaffung „*betriebsfähige*" funktionale Luftraumblöcke basierend auf einer integrierten Bereitstellung von „*Flugsicherungsdiensten*" abändern.[2122] Dazu fügt der Standpunkt des Europäischen Parlaments Art. 2 Nummer 38b neu hinzu, der den „*integriert betriebenen Luftraum*" definiert: Danach bezeichnet der „*integriert betriebene Luftraum den kontrollierten Luftraum mit festgelegten Abmessungen, der den europäischen Luftraum umfasst sowie, vorbehaltlich entsprechender Vereinbarungen, den Luftraum von Drittländern, in dem eine dynamische Zuordnungsstruktur und Zeitzuteilung, leistungsgesteigerte Fluglotsendienste, vollständig interoperable Flugsicherungsdienste und kombinierte Lösungen eingesetzt werden, um eine optimale, vorhersehbare und sichere Nutzung des Luftraumes im Hinblick auf die Verwirklichung des einheitlichen europäischen Luftraumes zu ermöglichen*".[2123] Art. 16 Abs. 2 soll laut der Abänderung 119 des Standpunktes des Europäischen Parlaments komplett entfallen, da der Wettbewerb für Unterstützungsleistungen nicht auf die Ebene eines funktionalen Luftraumblocks beschränkt werden solle. In Art. 16 Abs. 3 des Vorschlags der Neufassung der Verordnung zur Verwirklichung des einheitlichen europäischen Luftraumes fügt der Standpunkt des Europäischen Parlaments den Begriff der „*nationale[n] Luftfahrtbehörden*" zu den Begriffen Mitgliedstaaten und Flugsicherungsorganisationen hinzu, die so weit wie möglich zur Gewährleistung der Einhaltung dieses Artikels zusammenarbeiten sollen.[2124] Die Forderung der Europäischen

---

2121 Abänderung 114, Art. 14c des Standpunkts des Europäischen Parlaments zur Verwirklichung des einheitlichen europäischen Luftraumes.

2122 Abänderung 118, Art. 16 Abs. 1 des Standpunkts des Europäischen Parlaments zur Verwirklichung des einheitlichen europäischen Luftraumes.

2123 Abänderung 43, Art. 2 Nummer 38b des Standpunkts des Europäischen Parlaments zur Verwirklichung des einheitlichen europäischen Luftraumes.

2124 Abänderung 120, Art. 16 Abs. 3 des Standpunkts des Europäischen Parlaments zur Verwirklichung des einheitlichen europäischen Luftraumes.

Kommission in Art. 16 Abs. 4 lit. b), die „festgelegten Leistungsziele einzuhalten und möglichst zu übertreffen", sieht das Europäische Parlaments für einen Legislativtext als ungeeignet an. Schließlich könne das Übertreffen von Zielen in einem Gebiet zu Problemen bei der Erfüllung in anderen Bereichen führen, weshalb das Europäische Parlament die Formulierung „und möglichst zu übertreffen" in seinem Standpunkt streicht.[2125] Weiterhin erweitert das Europäische Parlament in seinem Standpunkt bezüglich der funktionalen Luftraumblöcke Art. 16 Abs. 4 lit. i) um die Unterpunkte lit. ia) und ib). Für funktionale Luftraumblöcke gilt danach insbesondere: *„sie konsolidieren die Anschaffung der ATM-Infrastruktur und verbessern die Interoperabilität der bestehenden Ausrüstung"*[2126] und *„sie fördern die Kohärenz mit den unionsweiten Leistungszielen"*.[2127] Insbesondere wurden hier also die Aufnahme der Bedingungen der ATM-Infrastruktur und die Umsetzung der unionsweiten Leistungsziele formuliert. Besonders erwähnenswert ist in diesem Zusammenhang auch die Schaffung eines Art. 16a unter der Überschrift *„Branchenpartnerschaften"*.[2128] Zur Begründung wird angeführt, dass die Branchenpartnerschaften von den funktionalen Luftraumblöcken getrennt werden sollten, da diese eine staatliche Initiative seien.[2129] Die Branchenpartnerschaften müssten sich nicht zwangsläufig mit FABs in Bezug auf die

---

2125 Abänderung 121, Art. 16 Abs. 4 lit. b) des Standpunkts des Europäischen Parlaments zur Verwirklichung des einheitlichen europäischen Luftraumes.

2126 Abänderung 123, Art. 16 Abs. 4 lit. ia) des Standpunkts des Europäischen Parlaments zur Verwirklichung des einheitlichen europäischen Luftraumes. Als Begründung wird hierzu angeführt, das der Erwerb teurer, inkompatibler Systeme durch die jeweiligen ANSPs (ANSP, kurz für „Air Navigation Service Provider") zu zusätzlichen Hürden für die Realisierung der Ziele des einheitlichen europäischen Luftraumes führe, so Begründung zu Änderungsantrag 123 des Berichts über den Vorschlag der Neufassung der Verordnung zur Verwirklichung des einheitlichen europäischen Luftraumes, abzurufen unter (zuletzt am 12.03.2023) http://www.europarl.europa.eu/sides/getDoc.do?pubRef=-//EP//NONSGML+REPORT+A7-2014-0095+0+DOC+PDF+V0//DE.

2127 Abänderung 124, Art. 16 Abs. 4 lit. ib) des Standpunkts des Europäischen Parlaments zur Verwirklichung des einheitlichen europäischen Luftraumes.

2128 Abänderung 128, Art. 16a des Standpunkts des Europäischen Parlaments zur Verwirklichung des einheitlichen europäischen Luftraumes.

2129 Änderungsantrag 128, Art. 16a (neu) des Berichts über den Vorschlag der Neufassung der Verordnung zur Verwirklichung des einheitlichen europäischen Luftraumes, S. 68.

betroffenen Mitgliedstaaten überschneiden und sollten daher als eigenständige Form der Zusammenarbeit behandelt werden.[2130]

### 5. *Bezüglich der Unterstützungsleistungen (Art. 2 Nummer 37, Art. 8, Art. 10)*

Die Begriffsdefinition der „Unterstützungsleistungen" weitet der Standpunkt des Europäischen Parlaments in seinem Bericht aus und benennt diese genau. Danach bezeichnen Unterstützungsleistungen „*Dienste in den Bereichen Kommunikation, Flugsicherung und Überwachung sowie Wettervorhersagen und Flugberatungsinformationen* sowie andere Dienste und Tätigkeiten, die in Zusammenhang mit Flugsicherungsdiensten stehen und deren Erbringung unterstützen".[2131]

Für die Erbringung von Unterstützungsleistungen müssen gemäß Art. 10 Abs. 1 des Vorschlags der Kommission die Mitgliedstaaten spätestens bis zum „*1. Januar 2020*" gewährleisten, dass „*Anbieter*" von Unterstützungsleistungen [...] unter gerechten, diskriminierungsfreien und transparenten Bedingungen [...] miteinander in Wettbewerb treten können.[2132] Der Standpunkt des Europäischen Parlaments streicht diese Frist. Weiterhin fügt das Parlament in seinem Standpunkt hinzu, dass „*Anbietern*" von Unterstützungsleistungen [...] „*keine gesetzlichen Hürden entstehen, die deren Möglichkeiten einschränken,*" unter gerechten, diskriminierungsfreien und transparenten Bedingungen miteinander in Wettbewerb treten zu können.[2133]

Auch Art. 10 Abs. 2 wird von dem Ausschuss des Europäischen Parlaments erweitert. Die Europäische Kommission sah darin vor, dass das Erbringen der Unterstützungsleistungen und das Erbringen der Flugverkehrsdienste voneinander zu trennen sei. Das Europäische Parlament will Art. 10 Abs. 2 hingegen dahingehend formulieren, dass „*Flugsicherungsorganisationen bei der Erstellung ihrer Geschäftspläne Angebote verschiedener Anbieter von Unterstützungsdiensten*

2130 Änderungsantrag 128, Art. 16a (neu) des Berichts über den Vorschlag der Neufassung der Verordnung zur Verwirklichung des einheitlichen europäischen Luftraumes, S. 68.

2131 Abänderung 41, Art. 2 Nummer 37 des Standpunkts des Europäischen Parlaments zur Verwirklichung des einheitlichen europäischen Luftraumes.

2132 Art. 10 Abs. 1 Vorschlag für eine Verordnung Verwirklichung des einheitlichen europäischen Luftraumes, COM(2013) 410.

2133 Abänderung 90 am Anfang, Art. 10 Abs. 1 des Standpunkts des Europäischen Parlaments zur Verwirklichung des einheitlichen europäischen Luftraumes.

*einholen [müssen], um den in finanzieller und qualitativer Hinsicht besten Anbieter auszuwählen. Das Leistungsüberprüfungsgremium gemäß Art. 11 Abs. 2 kontrolliert bei der Bewertung der Leistungspläne, inwieweit* diese *mit den Bestimmungen dieses Absatzes übereinstimmen*".[2134] Insofern klammert das Europäische Parlament aus diesem Absatz die Gewährleistung, dass „die Erbringung von Flugverkehrsdiensten und die Erbringung von Unterstützungsleistungen voneinander getrennt werden und diese Trennung die Anforderung beinhaltet, dass Flugverkehrsdienste und Unterstützungsleistungen von unterschiedlichen Unternehmen zu erbringen sind", aus.[2135]

Art. 10 Abs. 3 weitet das Europäische Parlament aus und fügt hinzu, dass bei der Auswahl „*eines externen Anbieters* von Unterstützungsleistungen *die Vorschriften der Richtlinie 2004/18/EG*[2136] *einzuhalten*" sind. „*Insbesondere sind Kosten- und Energieeffizienz*", Gesamtqualität des Dienstes, „*Interoperabilität*" und die Sicherheit der Dienste „*sowie die Transparenz des Auswahlverfahrens für die* für die Beschaffung *zuständige* Stelle *verbindlichen Auswahlkriterien*" zu berücksichtigen.[2137] Bei Art. 10 Abs. 4 und Abs. 5 decken sich die Ansichten der Europäischen Kommission und des Europäischen Parlaments. Jedoch will das Europäische Parlament Art. 10 noch um die Absätze 5a und 5b erweitern. Danach legt „*die Kommission ausführliche Regelungen für die Modalitäten bei der Auswahl von Diensten fest*".[2138] Art. 10 Abs. 5b zufolge, soll die Kommission „*eine umfassende Studie über die operativen, wirtschaftlichen, sicherheitsrelevanten und sozialen Folgen im Zusammenhang mit der Einführung des Marktprinzips bei der Erbringung von Unterstützungsdiensten anlegen*" und diese dem Europäischen Parlament und dem Rat vorlegen.[2139] Darin sollen auch die Auswirkungen der SESAR-Technologien und die Umsetzung des ATM-Masterplans berücksichtigt

---

2134 Abänderung 90, Art. 10 Abs. 2 des Standpunkts des Europäischen Parlaments zur Verwirklichung des einheitlichen europäischen Luftraumes.

2135 Änderungsantrag 90, Art. 10 des Berichts über den Vorschlag der Neufassung der Verordnung zur Verwirklichung des einheitlichen europäischen Luftraumes, S. 47 ff.

2136 Richtlinie 2004/18/EG des Europäischen Parlaments und des Rates vom 31.03.2004 über die Koordinierung der Verfahren zur Vergabe öffentlicher Bauaufträge, Lieferaufträge und Dienstleistungsaufträge, ABl. EG Nr. L 134 vom 30.04.2004, S. 114–240.

2137 Abänderung 90, Art. 10 Abs. 3 des Standpunkts des Europäischen Parlaments zur Verwirklichung des einheitlichen europäischen Luftraumes.

2138 Abänderung 90 am Ende, Art. 10 Abs. 5a des Standpunkts des Europäischen Parlaments zur Verwirklichung des einheitlichen europäischen Luftraumes.

2139 Abänderung 90 am Ende, Art. 10 Abs. 5b des Standpunkts des Europäischen Parlaments zur Verwirklichung des einheitlichen europäischen Luftraumes.

werden.[2140] Schließlich dürfen nach dem Vorschlag der Kommission in Art. 8 Abs. 4 zertifizierte Flugsicherungsorganisationen ihre Dienste unionsweit anbieten. Das Europäische Parlament will die Möglichkeit auch auf *„benachbarte Drittstaaten"* ausweiten.[2141]

### 6. *Bezüglich des europaweiten Flugverkehrsmanagements durch einen Netzmanager (Art. 2 Nummern 7, 9, 10, 11 und Art. 17)*

Art. 17 trägt die Überschrift „Netzmanagement und -gestaltung". Da der Netzmanager, so wie er von SES definiert wurde, nicht unbedingt in der Lage sei, alle Tätigkeiten selbst auszuüben,[2142] will das Europäische Parlament laut seiner Standpunktveröffentlichung in Art. 17 Abs. 2 die von der Kommission vorgeschlagene Formulierung erweitern. Es ändert die Einleitung von Art. 17 Abs. 2 ab, indem es hinzufügt, dass die folgenden *„Funktionen und"* Dienste *„von einem Netzmanager koordiniert"* werden.[2143] Da einige der Tätigkeiten keine Dienste im Sinne der Verordnungen zum einheitlichen europäischen Luftraum sind, fügt das Europäische Parlament in Art. 17 Abs. 2 noch den Begriff der *„Funktionen und"* [Dienste] ein.[2144] Gemäß Art. 17 Abs. 2 am Ende des Vorschlags der Neufassung der Verordnung zur Verwirklichung des einheitlichen europäischen Luftraumes soll die Kommission bis zum 1. Januar 2020 einen Netzmanager als eigenständigen Diensteerbringer ernennen, *„wenn möglich"* in Form einer Branchenpartnerschaft. Der Änderungsantrag des Ausschusses des Europäischen Parlaments lässt hierzu weniger Zeit, denn er schlägt vor, dass die Kommission den Netzmanager bis zum 1. Januar 2016 als eigenständigen Diensteerbringer in Form einer Branchenpartnerschaft benennen wird.[2145] Den Zusatz *„wenn möglich"* lässt das Europäische Parlament entfallen.

---

2140 Abänderung 90 am Ende, Art. 10 Abs. 5b des Standpunkts des Europäischen Parlaments zur Verwirklichung des einheitlichen europäischen Luftraumes.

2141 Abänderung 88, Art. 8 Abs. 4 des Standpunkts des Europäischen Parlaments zur Verwirklichung des einheitlichen europäischen Luftraumes.

2142 Änderungsantrag 130, Art. 17 Abs. 2 des Berichts über den Vorschlag der Neufassung der Verordnung zur Verwirklichung des einheitlichen europäischen Luftraumes, S. 69.

2143 Abänderung 130, Art. 17 Abs. 2 des Standpunkts des Europäischen Parlaments zur Verwirklichung des einheitlichen europäischen Luftraumes.

2144 Abänderung 132, Art. 17 Abs. 2 des Standpunkts des Europäischen Parlaments zur Verwirklichung des einheitlichen europäischen Luftraumes.

2145 Abänderung 133, Art. 17 Abs. 2 des Standpunkts des Europäischen Parlaments zur Verwirklichung des einheitlichen europäischen Luftraumes.

### *7. Bezüglich der Mitwirkung der Luftraumnutzer (Art. 19)*

Zusätzlich zu der Einbeziehung der Luftraumnutzer bei der Genehmigung strategischer Investitionen möchte das Europäischen Parlament in seinem Standpunkt das Konsultationsverfahren zur Anhörung der relevanten Gruppen von Luftraumnutzern und Flugplatzbetreibern auch *„zu strategischen Investitionsplänen, die eine Synchronisierung zwischen der Einführung von Luft- und Bodenausrüstung erfordern"*, ausweiten.[2146] Die Luftraumnutzer sollen nicht erst, wie von der Kommission vorgeschlagen, bei der Genehmigung von Investitionsplänen ein Mitspracherecht erhalten, sondern bereits bei der *„Erstellung"* von *„strategischen"* Investitionsplänen, *„um deren Konsistenz mit dem ATM-Generalplan und den gemeinsamen Projekten gemäß Art. 15 sicherzustellen"*.[2147] Zusätzlich stellt das Europäische Parlament den Änderungsantrag, *„Art. 19 Abs. 1a"* in die Neufassung der Verordnung zur Verwirklichung des einheitlichen europäischen Luftraumes einzufügen. Danach soll die Europäische Kommission *„unbeschadet der Bedeutung des Ausschusses für den einheitlichen Luftraum eine beratende Sachverständigengruppe zum ‚Faktor Mensch' zusammenstellen, zu der europäische ATM-Sozialpartner und weitere Sachverständige aus den Vertretungsorganen des Fachpersonals hinzugezogen werden. Diese Gruppe berät die Kommission zum Zusammenspiel zwischen den Operationen und dem ‚Faktor Mensch' im ATM-Sektor"*.[2148] Denn angesichts der Schwierigkeiten bei der Beurteilung des „Faktors Mensch" sieht das Europäische Parlament die Notwenigkeit für eine Sachverständigengruppe, die die Europäische Kommission in diesem Bereich beraten kann.[2149] Eine solche Gruppe könne unter dem Dach eines bestehenden Gremiums, eventuell des Branchenkonsultationsgremiums, gebildet werden.[2150]

---

2146 Abänderung 135, Art. 19 des Standpunkts des Europäischen Parlaments zur Verwirklichung des einheitlichen europäischen Luftraumes.

2147 Abänderung 135, Art. 19 des Standpunkts des Europäischen Parlaments zur Verwirklichung des einheitlichen europäischen Luftraumes.

2148 Abänderung 136, Art. 19, Abs. 1a) des Standpunkts des Europäischen Parlaments zur Verwirklichung des einheitlichen europäischen Luftraumes.

2149 Änderungsantrag 136, Art. 19, Abs. 1a) des Berichts über den Vorschlag der Neufassung der Verordnung zur Verwirklichung des einheitlichen europäischen Luftraumes, S. 73.

2150 Änderungsantrag 136, Art. 19, Abs. 1a) des Berichts über den Vorschlag der Neufassung der Verordnung zur Verwirklichung des einheitlichen europäischen Luftraumes, S. 73.

## F. Entwicklung und Umsetzung

Nachdem das Europäische Parlament seinen Standpunkt bereits im März 2014 in erster Lesung verabschiedet hatte, stimmte der Rat diesem in seiner allgemeinen Ausrichtung im Dezember 2014 zu.[2151] Da das Vorhaben der Verordnung dem ordentlichen Gesetzgebungsverfahren gemäß Art. 294 AEUV unterliegt, müssen sich Rat und Europäisches Parlament auf eine gemeinsame Position verständigen, um die Verordnung zur Verwirklichung des einheitlichen europäischen Luftraumes auf den weiteren Weg zu bringen. Der Vorschlag wird in Trilog-Gesprächen[2152] erörtert.[2153] Die Reform des vereinheitlichten Rechtsrahmens durch das SES 2+-Paket lag anschließend jedoch jahrelang auf Eis.[2154] Zu den Verzögerungen um das SES 2+-Paket kam es insbesondere aufgrund des politischen Streits zwischen dem Vereinigten Königreich und dem Königreich Spanien über den Status des Flughafens von Gibraltar.[2155] Noch immer hängt der Vorschlag im Trilog[2156] fest.[2157]

2151 COM(2015) 663, S. 11.

2152 Informelle Sitzungen zwischen der Europäischen Kommission, dem Rat und dem Europäischen Parlament.

2153 COM(2015) 663, S. 11; siehe dazu die Webseite der Europäischen Kommission, Single European Sky II, Single European Sky 2+, abzurufen unter (zuletzt am 01.03.2023) https://transport.ec.europa.eu/transport-modes/air/single-european-sky/single-european-sky-ii_en.

2154 Pressemitteilung der Europäischen Kommission „Verspätungen im Flugverkehr: EU-Kommissarin Bulc fordert von den Mitgliedstaaten Entscheidung für einheitlichen Luftraum“ vom 13.07.2018.

2155 *Schwenk/Giemulla*, Hdb. des Luftverkehrsrechts, Kapitel 5, S. 187, Rn. 39; siehe *ebenda* auch S. 174, Rn. 7 bezüglich der Gibraltar Problematik; COM(2015) 663, S. 11; so auch Briefing EU Legislation in Progress vom Juli 2021 „Single European Sky 2+ package, Amended Commission proposal, abzurufen unter https://www.europarl.europa.eu/thinktank/en/document/EPRS_BRI(2020)659421, zuletzt abgerufen am 01.03.2023; Europäische Kommission, Fragen und Antworten – Einheitlicher europäischer Luftraum: für ein effizientes und nachhaltiges Flugverkehrsmanagement vom 22.09.2020, Frage 3, abzurufen unter https://ec.europa.eu/commission/presscorner/detail/de/qanda_20_1716, zuletzt abgerufen am 01.03.2023.

2156 Die Trilog-Verhandlungen betreffen insbesondere die Änderungsvorschläge der Europäischen Kommission COM(2020) 577 final und COM(2020) 579 final. Siehe dazu ausf. unter Kapitel 5, F., III.

2157 Single European Sky: Fortschritt hängt im Trilog fest vom 03.08.2022, abzurufen unter https://background.tagesspiegel.de/mobilitaet/single-european-sky-fortschritt-haengt-im-trilog-fest, zuletzt abgerufen am 15.03.2023.

## I. Sonderbericht des Europäischen Rechnungshofes Nr. 18/2017 „Einheitlicher europäischer Luftraum: eine veränderte Kultur, aber kein einheitlicher Luftraum“ (2017)

Ende 2017 veröffentlichte der Europäische Rechnungshof einen Bericht zur Entwicklung und dem Fortschritt der Initiative zum einheitlichen europäischen Luftraum. Im Rahmen dessen beurteilte der Europäische Rechnungshof, ob durch die Initiative zum einheitlichen europäischen Luftraum inzwischen ein effizienteres europäisches Luftverkehrsmanagement erreicht wurde.[2158]

### *1. Allgemein*

Der Hof analysierte, ob der Single European Sky tatsächlich begründet ist und inwiefern er bislang mitsamt seinen diversen Elementen[2159] einen Beitrag zur Schaffung eines leistungsfähigeren europäischen Luftverkehrsmanagements geleistet hat.[2160] Die Prüfer kamen zu dem Schluss, dass die Initiative zum einheitlichen europäischen Luftraum insbesondere deshalb angebracht war, weil das europäische Luftverkehrsmanagement durch die Aufrechterhaltung nationaler Monopole und die generelle Zersplitterung behindert würde.[2161] Zwar würden diese Mängel bewusst in Angriff genommen, allerdings führten Veränderungen in den Verkehrsmustern dazu, dass die vorrangigen Ziele, die im Jahre 2005 im Zusammenhang mit dem Projekt definiert worden waren, teilweise unerreichbar bzw. irrelevant geworden seien.[2162]

---

2158 Sonderbericht des Europäischen Rechnungshofes, Einheitlicher Europäischer Luftraum: eine veränderte Kultur, aber kein einheitlicher Luftraum, Nr. 18/2017, S. 9, abzurufen unter https://www.eca.europa.eu/Lists/ECADocuments/SR17_18/SR_SES_DE.pdf, zuletzt abgerufen am 20.02.2023.

2159 Dazu zählen die funktionalen Luftraumblöcke, das Gebührensystem, das Leistungssystem und die Definitions- und Entwicklungsphase des SESAR-Projektes, Sonderbericht des Europäischen Rechnungshofes, Nr. 18/2017, S. 9.

2160 Sonderbericht des Europäischen Rechnungshofes, Nr. 18/2017, S. 9.

2161 Sonderbericht des Europäischen Rechnungshofes, Nr. 18/2017, S. 9.

2162 Sonderbericht des Europäischen Rechnungshofes, Nr. 18/2017, S. 9; das mäßige Wachstum änderte die wesentlichen Erwartungen der Luftraumnutzer an den einheitlichen europäischen Luftraum: Der Fokus lag nach dem Jahr 2008 nicht mehr auf der Kapazitätserhöhung des ATM-Systems, sondern vielmehr auf der Reduzierung der damit einhergehenden Kosten, vgl. Sonderbericht des Europäischen Rechnungshofes, Nr. 18/2017, S. 21.

Weiterhin stellten die Prüfer fest, dass die quantitativen Ergebnisse des Leistungssystems mäßig ausfallen, da die Zersplitterung nicht deutlich reduziert wurde und auch das Verkehrsaufkommen rückläufig sei.[2163] Zwar förderten die funktionalen Luftraumblöcke den Austausch und die Kooperation zwischen den diversen Beteiligten der Nachbarstaaten, zu der tatsächlichen Auflösung der Fragmentierung hätten sie bisher allerdings wenig beigetragen.[2164] Dies spiegele sich in unterschiedlichen Bereichen wider, bspw. bei der Dienstleistungserbringung, beim Luftraummanagement und auch hinsichtlich der Beschaffung technischer Ausrüstung.[2165] Interessant ist in diesem Zusammenhang, dass die Prüfer bemerkten, dass die nationalen Aufsichtsbehörden nicht immer von den Flugsicherungsorganisationen unabhängig sind und dadurch die ihnen zugewiesenen Aufgaben und ihre Aufsichtsfunktionen nur unter Schwierigkeiten erfüllen können, wobei sie zusätzlich mit einem gewissen Ressourcenmangel zu kämpfen haben.[2166] Im Hinblick auf das SESAR-Projekt machten die Prüfer verschiedene Feststellungen: Als sie die Definitions- und Entwicklungsphase des SESAR-Projekts näher beleuchteten, fiel auf, dass diese Phasen sich insbesondere um Zusagen der maßgeblich Beteiligten zu einem gemeinsamen technologischen Konzept bemühten.[2167] Die Entwicklungsphase veränderte das grundsätzlich unkoordinierte Umfeld für „Forschung und Entwicklung" in ein koordiniertes.[2168] Das SJU konnte diverse betriebliche und technologische Neuerungen und Verbesserungen vorweisen, die in Form verschiedener „SESAR-Lösungen" initiiert wurden.[2169] Allerdings hat sich die Aufgabe der Europäischen Union seit der Schaffung des gemeinsamen Unternehmens SESAR stark gewandelt.[2170] Inzwischen wurden sowohl der Projektumfang, das Finanzvolumen und als auch der Zeitrahmen verändert und damit verlängert bzw. vergrößert.[2171]

2163 Sonderbericht des Europäischen Rechnungshofes, Nr. 18/2017, S. 10.
2164 Sonderbericht des Europäischen Rechnungshofes, Nr. 18/2017, S. 10.
2165 Sonderbericht des Europäischen Rechnungshofes, Nr. 18/2017, S. 10.
2166 Sonderbericht des Europäischen Rechnungshofes, Nr. 18/2017, S. 10.
2167 Sonderbericht des Europäischen Rechnungshofes, Nr. 18/2017, S. 10.
2168 Sonderbericht des Europäischen Rechnungshofes, Nr. 18/2017, S. 10.
2169 Sonderbericht des Europäischen Rechnungshofes, Nr. 18/2017, S. 10.
2170 Sonderbericht des Europäischen Rechnungshofes, Nr. 18/2017, S. 10 f.
2171 Sonderbericht des Europäischen Rechnungshofes, Nr. 18/2017, S. 11; *ebenda*, S. 18 Tabelle 1 zur finanziellen Unterstützung des SESAR-Projekts durch die Europäische Union.

### 2. *Empfehlungen des Europäischen Rechnungshofes*

Der Europäische Rechnungshof unterbreitete daher diverse Anregungen, wie die Europäische Kommission der Initiative zur Schaffung des einheitlichen europäischen Luftraumes begegnen und was unternommen werden sollte, um diese weiter voranzutreiben.

Nach der Auffassung des Europäischen Rechnungshofes würde es sich vorteilhaft auswirken, wenn die Europäische Kommission

- „die übergeordneten SES-Ziele prüfen;
- sonstige politische Optionen zur Beseitigung der Fragmentierung analysieren;
- die vollständige Unabhängigkeit und die volle Kapazität der nationalen Aufsichtsbehörden sicherstellen und die Kontrolllücke bei der Gebührenregelung schließen;
- das Leistungssystem straffen;
- bestimmte zentrale Leistungsindikatoren überprüfen;
- die Unterstützungsstruktur der EU für Forschung und Entwicklung vor dem Hintergrund ihrer Ziele untersuchen;
- die Rechenschaftspflicht des gemeinsamen Unternehmens SESAR stärken und
- der EU-Unterstützung für FuE-Lösungen zur Beseitigung der Fragmentierung und zur Förderung eines wettbewerbsfähigen Umfelds Priorität einräumen" würde.[2172]

#### a) *Prüfung der übergeordneten Ziele*

Der Rechnungshof regt an, dass die Europäische Kommission für den einheitlichen europäischen Luftraum eine Definition entwickeln sollte, welche die entscheidenden Gesichtspunkte der Infrastruktur, Luftraumarchitektur und Dienstleistungserbringung widerspiegelt.[2173] Darauf aufbauend sollten die übergeordneten Ziele des einheitlichen europäischen Luftraumes kontrolliert werden, damit gewährleistet ist, dass diese zur Leistungsförderung ambitioniert genug sind und die zu deren Erreichung festgelegten Fristen auch praktikabel sind.[2174] Außerdem sollten die übergeordneten untersuchten Ziele mit den EU-weiten Vorgaben des Leistungssystems verknüpft werden, um die Fortschritte bei der Realisierung dieser Ziele messbar zu machen.[2175] Daneben

---

2172 Sonderbericht des Europäischen Rechnungshofes, Nr. 18/2017, S. 11.
2173 Sonderbericht des Europäischen Rechnungshofes, Nr. 18/2017, S. 49.
2174 Sonderbericht des Europäischen Rechnungshofes, Nr. 18/2017, S. 49.
2175 Sonderbericht des Europäischen Rechnungshofes, Nr. 18/2017, S. 49.

sollten die Ziele auch die Basis für die weitere Gestaltung des Masterplans bilden.[2176]

### *b) Analyse der sonstigen politischen Optionen zur Beseitigung der Fragmentierung*

Nach Ansicht des Europäischen Rechnungshofes sollte die Europäische Kommission außerdem untersuchen, ob es sinnvoll erscheint, an den verordnungsrechtlichen Anforderungen festzuhalten und ob dies für die funktionalen Luftraumblöcke einen Zusatznutzen eröffnet, da sich diese bei der Auflösung der Defragmentierung bisher als wirkungslos erwiesen haben.[2177] Weiterhin erachtet der Rechnungshof eine Prüfung der strategiepolitischen Optionen als aussichtsreich, die durchaus eine Defragmentierung anstoßen und Größenvorteile erzeugen könnten.[2178] Überwacht werden sollte die Umsetzung mithilfe relevanter Zielvorgaben und Leistungsindikatoren.[2179] Grundsätzlich wäre es nach der Meinung des Europäischen Rechnungshofes ratsam, etwa die aktive Förderung der grenzüberschreitenden oder integrierten Dienstleistungserbringung voranzutreiben, wobei auch eine eventuelle Neustrukturierung der Flugsicherungsdienste berücksichtigt werden sollte.[2180]

### *c) Sicherstellung der vollständigen Unabhängigkeit und der Kapazität der nationalen Aufsichtsbehörden*

Nach Auffassung des Europäischen Rechnungshofes sollten die nationalen Aufsichtsbehörden komplett souverän und eigenständig sein und über die Kapazität zur Ausführung ihrer Aufgaben verfügen.[2181] Die jeweiligen Mitgliedstaaten sollten daher gewährleisten, dass die nationalen Aufsichtsbehörden sowohl finanziell, funktional als auch hierarchisch von den Flugsicherungsorganisationen unabhängig und mit den für die Kontrolle der Gebührenregelung und des Leistungssystems notwendigen Mitteln ausgestattet sind.[2182] Eine rasche Annahme der Vorschläge des SES 2+-Legislativpaketes ist laut dem Europäischem Rechnungshof dabei nur von Vorteil.[2183]

---

2176 Sonderbericht des Europäischen Rechnungshofes, Nr. 18/2017, S. 49.
2177 Sonderbericht des Europäischen Rechnungshofes, Nr. 18/2017, S. 50.
2178 Sonderbericht des Europäischen Rechnungshofes, Nr. 18/2017, S. 50.
2179 Sonderbericht des Europäischen Rechnungshofes, Nr. 18/2017, S. 50.
2180 Sonderbericht des Europäischen Rechnungshofes, Nr. 18/2017, S. 50.
2181 Sonderbericht des Europäischen Rechnungshofes, Nr. 18/2017, S. 51.
2182 Sonderbericht des Europäischen Rechnungshofes, Nr. 18/2017, S. 51.
2183 Sonderbericht des Europäischen Rechnungshofes, Nr. 18/2017, S. 51.

### d) *Sicherstellung der Kontrolle der Gebührenregelung*

Der Europäische Rechnungshof regt weiterhin an, dass sowohl die nationalen Aufsichtsbehörden als auch die Europäische Kommission die in den Vorschriften niedergelegten Inspektionen intervallmäßig vornehmen und in diesem Zusammenhang vor allem die Zulässigkeit der kalkulierten Kosten und deren Aufsplittung zwischen Strecken- und An-/Abfluggebührenzonen kontrollieren sollten.[2184] Außerdem sollte die Europäische Kommission die Maßgabe zur Kostenaufteilung festlegen, damit eine europaweite Harmonisierung der Rechnungslegung gewährleistet werden kann.[2185]

### e) *Straffung des Leistungssystems*

Der Prozess zur Genehmigung der Leistungspläne sollte nach Ansicht des Europäischen Rechnungshofes konzentrierter gestaltet werden.[2186] Im Falle von Dienstleistungsvereinbarungen zwischen Luftraumnutzern und Dienstleistern bzw. bei unter Marktbedingungen erbrachten Dienstleistungen sollte die Europäische Kommission aktiv Systemausnahmen unterstützen.[2187] Falls diese Voraussetzungen nicht vorliegen, wäre es sinnvoll, wenn die Europäische Kommission mit gewissen Durchsetzungsbefugnissen ausgestattet wäre, um direkte bindende Ziele basierend auf der Einschätzung des Leistungsüberprüfungsgremiums anzuordnen.[2188]

### f) *Prüfung bestimmter zentraler Leistungsindikatoren*

Der Europäische Rechnungshof empfiehlt der Europäischen Kommission für den nächsten Bezugszeitraum, dass sie einerseits bezüglich der Kapazität gewährleisten sollte, dass mit den zentralen Leistungsindikatoren die kompletten Gate-to-Gate-Verspätungen aufgezeichnet werden, gleichzeitig sollte jedoch die Rechenschaftspflicht der europäischen Flugsicherungsorganisationen erhalten bleiben.[2189] Durch die Leistungsindikatoren sollte sowohl die erforderliche Kapazität ermittelt werden können, um dem Bedarfszenit Herr zu werden, als auch, ob die entsprechenden Ressourcen sowohl in verkehrsschwachen als auch in verkehrsstarken Zeiten sinnvoll verwendet werden.[2190] Andererseits regt der

---

2184 Sonderbericht des Europäischen Rechnungshofes, Nr. 18/2017, S. 51.
2185 Sonderbericht des Europäischen Rechnungshofes, Nr. 18/2017, S. 51.
2186 Sonderbericht des Europäischen Rechnungshofes, Nr. 18/2017, S. 52.
2187 Sonderbericht des Europäischen Rechnungshofes, Nr. 18/2017, S. 52.
2188 Sonderbericht des Europäischen Rechnungshofes, Nr. 18/2017, S. 52.
2189 Sonderbericht des Europäischen Rechnungshofes, Nr. 18/2017, S. 53.
2190 Sonderbericht des Europäischen Rechnungshofes, Nr. 18/2017, S. 53.

Europäische Rechnungshof bezüglich der Umwelt an, dass die wesentlichen Leistungsindikatoren entsprechend anzupassen seien, so dass die Reaktionsfähigkeit des ATM-Systems auf die erbetenen Flugstrecken der Luftraumnutzer[2191] ermittelt werden kann.[2192]

### *g) Überprüfung der Unterstützungsstruktur der Europäischen Union für Forschung und Entwicklung im Bereich des Flugverkehrsmanagements im Hinblick auf die Ziele*

Falls die Europäische Kommission in Erwägung zieht, die Bemühungen auf dem Gebiet von Forschung und Entwicklung im Rahmen des ATM auch länger als 2024 zu finanzieren, rät der Europäische Rechnungshof dazu, eine angemessene Begründung für diese Unterstützung abzugeben, vor allem, warum die Unterstützung auch zukünftig bewilligt werden sollte, welche Ziele in welchem Zeitraum umzusetzen sind und in welcher Höhe sie gewährt werden muss, um ein ideales Kosten-Nutzen-Verhältnis zu erreichen.[2193] Weiterhin bedarf es laut Europäischem Rechnungshof der Analyse, ob das gemeinsame Unternehmen SESAR qualifiziert ist, um perspektivisch diese Bemühungen im Bereich Forschung und Entwicklung zu bewirken, und falls nicht, zumindest die notwendigen Harmonisierungen einzuleiten.[2194]

### *h) Stärkung der Rechenschaftspflicht des gemeinsamen Unternehmens SESAR*

Grundsätzlich empfiehlt der Europäische Rechnungshof, dass die Europäische Kommission die Rechenschaftspflicht des gemeinsamen Unternehmens SESAR festigen sollte, indem die Kommission für die Realisierung des Masterplans zeitlich vorgegebene Etappenziele und die dafür festgelegten Haushaltsmittel definiert.[2195] Die Europäische Kommission sollte von SJU zusätzlich einen regelmäßigen Report über den erzielten Fortschritt bei der Verwirklichung des Masterplans einfordern.[2196]

---

2191 Sowohl in den vertikalen als auch in den horizontalen Dimensionen, siehe Sonderbericht des Europäischen Rechnungshofes, Nr. 18/2017, S. 53.

2192 Sonderbericht des Europäischen Rechnungshofes, Nr. 18/2017, S. 53.

2193 Sonderbericht des Europäischen Rechnungshofes, Nr. 18/2017, S. 55.

2194 Sonderbericht des Europäischen Rechnungshofes, Nr. 18/2017, S. 55.

2195 Sonderbericht des Europäischen Rechnungshofes, Nr. 18/2017, S. 55.

2196 Sonderbericht des Europäischen Rechnungshofes, Nr. 18/2017, S. 55.

#### *i) Priorisierung der EU-Unterstützung für FuE-Lösungen zur Förderung der Defragmentierung und eines wettbewerbsfähigen Umfelds*

Die Europäische Kommission sollte nach Ansicht des Europäischen Rechnungshofes gewährleisten, dass ausschließlich solche Projekte, die einen dokumentierten Vorteil für das Netz haben, eine Förderung aus EU-Mitteln erhalten.[2197] Außerdem sollte die Europäische Kommission garantieren, dass im Rahmen des gemeinsamen Unternehmens SESAR der Fokus der EU-Unterstützung auf die ATM-Lösungen im Bereich Forschung und Entwicklung zur Unterstützung der Defragmentierung, die gemeinsame Infrastruktur, Interoperabilität und auch die Stärkung der Voraussetzungen für einen wettbewerblichen Rahmen gerichtet ist.[2198]

Die Europäische Kommission reagierte auf den Sonderbericht des Europäischen Rechnungshofs und nahm zu den verschiedenen Empfehlungen des Hofes direkt Stellung.[2199]

### *3. Antworten der Kommission auf den Sonderbericht des Europäischen Rechnungshofs „Einheitlicher europäischer Luftraum: Eine veränderte Kultur, aber kein einheitlicher Luftraum"*

Die Europäische Kommission beantwortete den Sonderbericht des Europäischen Rechnungshofes und legte ihren Standpunkt zu den vom Europäischen Rechnungshof gemachten Analysen und Empfehlungen ausführlich dar.

#### *a) Empfehlung: Prüfung der übergeordneten Ziele*

Die Europäische Kommission stimmt der vom Europäischen Rechnungshof gemachten Empfehlung zur Prüfung der übergeordneten Ziele zu. Allerdings betont sie auch, dass ambitionierte Ziele des einheitlichen europäischen Luftraumes, die auf lange Sicht erfüllt werden sollen, mit dem Risiko verbunden sind, zukünftig an Bedeutung zu verlieren, obwohl sie auf einer gründlichen

---

2197 Sonderbericht des Europäischen Rechnungshofes, Nr. 18/2017, S. 56; *ebenda*, bspw. könnte dies durch die Einführung eines Systems, das den Nutzen der Projekte für das Netz durch Bedarfsanalysen oder Kosten-Nutzen-Analysen entsprechend für die Projekte beurteilt, bewirkt werden.

2198 Sonderbericht des Europäischen Rechnungshofes, Nr. 18/2017, S. 56.

2199 Ebenfalls abzurufen unter Sonderbericht des Europäischen Rechnungshofes, Einheitlicher Europäischer Luftraum: eine veränderte Kultur, aber kein einheitlicher Luftraum, Nr. 18/2017, Antworten der Kommission, https://www.eca.europa.eu/Lists/ECADocuments/SR17_18/SR_SES_DE.pdf, zuletzt abgerufen am 20.02.2023.

Analyse basieren.[2200] Realisiert werden könnten diese Ziele nur dann, wenn die europäische ATM-Gemeinschaft eigenverantwortlich handeln würde.[2201] Nach Einschätzung der Europäischen Kommission ging bisher aus der Initiative zum einheitlichen europäischen Luftraum (unter anderem) kein gemeinsamer Luftraum hervor, da es an einer gemeinsamen Vision hinsichtlich des nach dem Modernisierungsprozess angestrebten ATM-Systems fehlt, die sowohl den technologischen Blickwinkel als auch die operationelle und organisatorische Realisierung und Struktur mit einschließt.[2202]

Weiterhin empfindet die Europäische Kommission es als lohnenswert, sich mit der Definition dieser Vision auseinanderzusetzen, die schließlich den Weg der Realisierung ebnen könne.[2203]

### b) *Empfehlung: Analyse sonstiger politischer Optionen zur Beseitigung der Fragmentierung*

Die Europäische Kommission schließt sich der Empfehlung zur Analyse sonstiger politischer Optionen zur Beseitigung der Fragmentierung des Europäischen Rechnungshofes an und bemüht sich um deren Umsetzung. Grundsätzlich bemühte sich die Kommission schon mehrfach, die stärker integrierte grenzüberschreitende Erbringung der Flugsicherungsdienste zu fördern.[2204] Neben der erfolglosen Initiative der funktionalen Luftraumblöcke schlug die Europäische Kommission im Jahr 2013 die Überarbeitung des Rechtsrahmens zum einheitlichen europäischen Luftraum vor (SES 2+[2205]), wobei auch die Entflechtung der „Infrastrukturdienstleistungen" berücksichtigt werden sollte.[2206] Durch diesen Vorschlag sollte die Leistungserbringung oder ihre Durchführung als

2200 Antworten der Kommission auf den Sonderbericht des Europäischen Rechnungshofs, S. 5.
2201 Antworten der Kommission auf den Sonderbericht des Europäischen Rechnungshofs, S. 5.
2202 Antworten der Kommission auf den Sonderbericht des Europäischen Rechnungshofs, S. 5.
2203 Antworten der Kommission auf den Sonderbericht des Europäischen Rechnungshofs, S. 6.
2204 Antworten der Kommission auf den Sonderbericht des Europäischen Rechnungshofs, S. 6.
2205 COM(2013) 408 final; dazu ausf. Kapitel 5, E.
2206 Antworten der Kommission auf den Sonderbericht des Europäischen Rechnungshofs, S. 6.

Unterstützungsdienstleistungen stärker am Wettbewerb gemessen werden.[2207] Dieser Vorschlag zur Verabschiedung des SES 2+ wird jedoch bisher auf institutionellem Level in den Debatten blockiert.[2208]

Bereits im Jahr 2013 regte die Europäische Kommission die Schaffung einer Regelung an, wonach die Anlastung von Umstrukturierungskosten unter Vorbehalt einer Wirtschaftlichkeitsanalyse[2209] zulässig ist.[2210] Jedoch nutzen die Mitgliedstaaten diese Bestimmung bisher nicht.[2211] Die grenzüberschreitende oder integrierte Leistungserbringung wird durch die Aktualisierung der ATM-Infrastruktur auf der Basis von Branchenpartnerschaften und umfangreichen Digitalisierungen begünstigt.[2212] Die Europäische Kommission untersucht diese Option im Rahmen der Rationalisierung der ATM-Infrastruktur im Zusammenhang mit dem SESAR-Projekt, der Kontrolle der Leistungssysteme und der notwendigen neuen Luftraumarchitektur.[2213]

#### c) *Empfehlung: Sicherstellung der vollständigen Unabhängigkeit und vollen Kapazität der nationalen Aufsichtsbehörden*

Auch die Empfehlung zur Sicherstellung der vollständigen Unabhängigkeit und vollen Kapazität der nationalen Aufsichtsbehörden befürwortet die Europäische Kommission. Bereits in der Mitteilung zum SES 2+[2214] wies die Europäische Kommission auf das Problem der kompletten Unabhängigkeit und der vollen Kapazität hin, die die nationalen Aufsichtsbehörden zu ihrer

2207 Antworten der Kommission auf den Sonderbericht des Europäischen Rechnungshofs, S. 6.

2208 Antworten der Kommission auf den Sonderbericht des Europäischen Rechnungshofs, S. 6.

2209 Nach der ein sukzessive erwirtschafteter Nettonutzen für die Luftraumnutzer belegt wird, so Antworten der Kommission auf den Sonderbericht des Europäischen Rechnungshofs, S. 6.

2210 Antworten der Kommission auf den Sonderbericht des Europäischen Rechnungshofs, S. 6.

2211 Antworten der Kommission auf den Sonderbericht des Europäischen Rechnungshofs, S. 6.

2212 Antworten der Kommission auf den Sonderbericht des Europäischen Rechnungshofs, S. 6.

2213 Antworten der Kommission auf den Sonderbericht des Europäischen Rechnungshofs, S. 6.

2214 COM(2013) 408 final; dazu ausf. Kapitel 5, E.

Funktionsausübung bedürfen.[2215] Zur Gewährleistung des unabhängigen und leistungsstarken Betriebes der nationalen Aufsichtsbehörden muss die Trennung der nationalen Aufsichtsbehörden und der Flugsicherungsorganisationen garantiert sein.[2216] Dabei betont die Europäische Kommission, dass eine Verabschiedung des Verordnungspaketes zum SES 2+ auch von dem Handeln der Mitgesetzgeber abhänge und der aktuelle Stillstand bezüglich SES 2+ überwunden werden müsse.[2217]

#### *d) Empfehlung: Sicherstellung der durchgehenden Kontrolle der Gebührenregelung*

Die Europäische Kommission erklärt sich mit der Empfehlung des Europäischen Rechnungshofes zur Sicherstellung der durchgehenden Kontrolle der Gebührenregelung einverstanden und hat eine genaue Vorstellung der Realisierung: Die Kontrolle der Erstattungsfähigkeit der Kosten fällt in den Aufgabenbereich der nationalen Aufsichtsbehörden, da diese für die Formulierung und Kontrolle der Leistungspläne und -ziele und auch die Leistungsaufsicht verantwortlich sind.[2218] Insbesondere wenn ein Mitgliedstaat um die Revision seiner Leistungspläne gebeten hat, kann die Europäische Kommission tätig werden.[2219] Gleichzeitig dazu will die Europäische Kommission noch vor dem Jahr 2019[2220] die Anforderungen für die Erstattungsfähigkeit kontrollieren.[2221]

2215 Antworten der Kommission auf den Sonderbericht des Europäischen Rechnungshofs, S. 6.
2216 Antworten der Kommission auf den Sonderbericht des Europäischen Rechnungshofs, S. 6.
2217 Antworten der Kommission auf den Sonderbericht des Europäischen Rechnungshofs, S. 6.
2218 Antworten der Kommission auf den Sonderbericht des Europäischen Rechnungshofs, S. 7.
2219 Antworten der Kommission auf den Sonderbericht des Europäischen Rechnungshofs, S. 7.
2220 Vor Bezugszeitraum 3 und im Zuge der aktuellen Revision der Verordnungen über Leistungssysteme und übereinstimmende Gebührenregelungen, so Antworten der Kommission auf den Sonderbericht des Europäischen Rechnungshofs, S. 7.
2221 Antworten der Kommission auf den Sonderbericht des Europäischen Rechnungshofs, S. 7.

### *e) Empfehlung: Straffung des Leistungssystems*

Ihren Zuständigkeitsbereich betreffend billigt die Europäische Kommission auch die Empfehlung zur Straffung des Leistungssystems des Europäischen Rechnungshofes. Dabei betont die Kommission, dass ohnehin grundsätzlich Ausnahmen vom System erlaubt sind, wenn Dienstleistungen für An- und Abflüge, CNS-Dienste, Flugberatungs- oder Wetterdienste zu Marktbedingungen organisiert werden.[2222] Jedoch trafen die Mitgliedstaaten bislang nur bei einigen wenigen An- und Abflugdienstleistungen die Entscheidung für deren Durchführung zu Marktbedingungen.[2223] Weitere verbindliche Ziele festzuhalten hängt für die Europäische Kommission von der Überarbeitung der Verordnungen zum einheitlichen europäischen Luftraum und der Verabschiedung des Rechtsrahmens zu SES 2+ ab.[2224] Die Europäische Kommission sieht sich dahingehend von der Mitwirkung des Rates und des Europäischen Parlaments abhängig und auf diese angewiesen.[2225]

### *f) Empfehlung: Prüfung bestimmter wesentlicher Leistungsindikatoren*

Auch der Empfehlung zur Prüfung bestimmter wesentlicher Leistungsindikatoren stimmt die Europäische Kommission zu und zeigt gleichzeitig ihre Umsetzungsbemühungen auf. Die spezifischen Indikatoren des Leistungssystems werden geprüft und die Europäische Kommission wird den in diesem Zusammenhang gemachten Bemerkungen des Europäischen Rechnungshofes bei der Überprüfung Rechnung tragen.[2226] Für die Einführung weiterer Indikatoren sind allerdings relevantere und genauere Daten erforderlich.[2227]

---

2222 Antworten der Kommission auf den Sonderbericht des Europäischen Rechnungshofs, S. 7.

2223 Antworten der Kommission auf den Sonderbericht des Europäischen Rechnungshofs, S. 7.

2224 Antworten der Kommission auf den Sonderbericht des Europäischen Rechnungshofs, S. 7.

2225 Antworten der Kommission auf den Sonderbericht des Europäischen Rechnungshofs, S. 7.

2226 Antworten der Kommission auf den Sonderbericht des Europäischen Rechnungshofs, S. 7.

2227 Antworten der Kommission auf den Sonderbericht des Europäischen Rechnungshofs, S. 7.

### g) *Empfehlung: Prüfung der Unterstützungsstruktur der EU im Bereich FuE des Flugverkehrsmanagements im Hinblick auf ihre Ziele*

Die Anregung zur Prüfung der Unterstützungsstruktur der EU im Bereich FuE des Flugverkehrsmanagements im Hinblick auf ihre Ziele des Europäischen Rechnungshofes findet die Zustimmung der Europäischen Kommission. Sie gibt dazu an, dass es stabilere Strukturen zur Wahrung der Beständigkeit des SESAR-Innovationszyklus' bedürfe und diese mit entsprechenden finanziellen und gesetzlichen Werkzeugen auszurüsten seien, die auch die Kooperation mit Branchenpartnerschaften fördern.[2228] Die Vorteile des SESAR-Projekts lägen unter anderem in der Idee, die Interessenträger ausnahmslos in die Prozesse einzubinden.[2229] In dieser Hinsicht demonstriere SESAR einen bedeutenden Impuls der Europäischen Union, bei dem vor allem im Zusammenhang mit dem gemeinsamen Unternehmen SESAR und dem SESAR-Errichtungsrahmen die wachsende Kooperation der Interessenträger erwartet wird.[2230]

Laut Europäischer Kommission kann aufgrund der bisher erzielten Ergebnisse[2231] ein ATM-Innovationszyklus initiiert werden.[2232] Dieser soll alle drei Entwicklungsstufen des Projekts SESAR samt Partnern zusammenführen und die weiteren angedachten Leistungsziele des Single European Sky fördern.[2233] Durch diesen Innovationszyklus[2234] wird eine passendere Gewichtung von Lösungen zugelassen, die die Konkurrenzfähigkeit der europäischen Branche, die Defragmentierung und auch die höhere ATM-Leistungsfähigkeit unterstützt.[2235]

---

2228 Antworten der Kommission auf den Sonderbericht des Europäischen Rechnungshofs, S. 7.

2229 Antworten der Kommission auf den Sonderbericht des Europäischen Rechnungshofs, S. 7.

2230 Antworten der Kommission auf den Sonderbericht des Europäischen Rechnungshofs, S. 7.

2231 Der insbesondere von SJU bisher erbrachten Arbeit, so Antworten der Kommission auf den Sonderbericht des Europäischen Rechnungshofs, S. 7.

2232 Antworten der Kommission auf den Sonderbericht des Europäischen Rechnungshofs, S. 7 f.

2233 Antworten der Kommission auf den Sonderbericht des Europäischen Rechnungshofs, S. 8.

2234 Und die darauf basierenden Umsetzungsmechanismen und -stellen.

2235 Antworten der Kommission auf den Sonderbericht des Europäischen Rechnungshofs, S. 8.

### *h) Empfehlung: Verstärkung der Rechenschaftspflicht des SESAR JU*

Die Kommission nimmt den Vorschlag des Europäischen Rechnungshofes an und schließt sich der Empfehlung zur Verstärkung der Rechenschaftspflicht des SESAR JU an. Sie wird auch zukünftig die Stärkung der Rechenschaftspflicht des SJU anstreben, die insgesamt von der Beteiligung der Mitglieder[2236] abhängig ist.[2237]

Grundsätzlich festigten die im Zusammenhang mit der SESAR-Entwicklungsphase und den SESAR-Errichtungsphasen gewonnenen Erkenntnisse die in der letzten Fassung des ATM-Masterplans[2238] definierte SESAR-Vision (SESAR 2020[2239]).[2240] Diese von allen SJU-Mitgliedern unterstützte Initiative erlaubt sowohl eine bessere Prioritäten- und Investitions-Abstimmung als auch den individuelleren Einsatz der EU-Mittel.[2241] Hierbei komme es laut Europäischer Kommission zukünftig insbesondere auf die Erarbeitung und Umsetzung verbindlicher Jahres- bzw. Mehrjahresarbeitsprogramme an, die sowohl die Ziele als auch die Zwischenziele der Arbeit des SJU definieren.[2242]

### *i) Empfehlung: Priorisierung der EU-Unterstützung für FuE-Lösungen zur Förderung der Defragmentierung und eines wettbewerbsfähigen Umfelds*

Die Empfehlung zur Priorisierung der EU-Unterstützung für FuE-Lösungen zur Förderung der Defragmentierung und eines wettbewerbsfähigen Umfelds des Europäischen Rechnungshofes befürwortet die Europäische Kommission. Das Engagement primär auf FuE-Lösungen des ATM zur Unterstützung der Interoperabilität, der Defragmentierung, einer kollektiven Infrastruktur und auch

---

2236 Insbesondere für die gemeinsame Idee und von dem wirkungsvollen Rahmen für deren Realisierung, so Antworten der Kommission auf den Sonderbericht des Europäischen Rechnungshofs, S. 8.

2237 Antworten der Kommission auf den Sonderbericht des Europäischen Rechnungshofs, S. 8.

2238 Abzurufen unter https://www.atmmasterplan.eu/, die aktuelle Fassung stammt aus dem Jahr 2020.

2239 Inzwischen SESAR 3, siehe dazu Kapitel 5, C., V.

2240 Antworten der Kommission auf den Sonderbericht des Europäischen Rechnungshofs, S. 8.

2241 Antworten der Kommission auf den Sonderbericht des Europäischen Rechnungshofs, S. 8.

2242 Antworten der Kommission auf den Sonderbericht des Europäischen Rechnungshofs, S. 8.

zur Stärkung und Verbesserung der Voraussetzungen eines konkurrenzfähigen Umfeldes zu fokussieren, begrüßt die Europäische Kommission.[2243] Das Vergabeverfahren zur Verteilung der EU-Mittel berücksichtigt schon in den Vergabekriterien die Bedeutung der jeweiligen Projekte im Zusammenhang mit dem SESAR-Innovationszyklus und dem Effekt der EU-Mittel und bewertet diese entsprechend.[2244] Bei Aufforderung zur Abgabe von Vorschlägen garantiert die Europäische Kommission eine sorgfältige Evaluierung dieser Kriterien.[2245]

Im SESAR-Innovationszyklus ist die an dem Netzwerk orientierte Herangehensweise bereits fest integriert.[2246] Insbesondere werden die im ATM-Masterplan anerkannten ATM-Funktionen[2247] im Rahmen verbundener Projekte in den Errichtungsrahmen integriert[2248] und während der Abstimmung und Koordinierung des SESAR-Errichtungsmanagements implementiert.[2249] Auf den gemeinsamen Projekten, denen im Rahmen des CEF-Mehrjahresprogrammes[2250] und

2243 Antworten der Kommission auf den Sonderbericht des Europäischen Rechnungshofs, S. 8.

2244 Antworten der Kommission auf den Sonderbericht des Europäischen Rechnungshofs, S. 8.

2245 Antworten der Kommission auf den Sonderbericht des Europäischen Rechnungshofs, S. 8.

2246 Antworten der Kommission auf den Sonderbericht des Europäischen Rechnungshofs, S. 8.

2247 Die mit einem Netzleistung-Beitrag gekoppelt sind und einer zeitgleichen Einführung bedürfen, so Antworten der Kommission auf den Sonderbericht des Europäischen Rechnungshofs, S. 8.

2248 DVO (EU) Nr. 409/2013 der Kommission vom 03.05.2013 zur Festlegung gemeinsamer Vorhaben, zum Aufbau von Entscheidungsstrukturen und zur Schaffung von Anreizen für die Unterstützung der Durchführung des europäischen Masterplans für das Flugverkehrsmanagement, ABl. EU Nr. L vom 04.05.2013, S. 1–7, aktuelle konsolidierte Fassung vom 22.02.2021.

2249 Antworten der Kommission auf den Sonderbericht des Europäischen Rechnungshofs, S. 8.

2250 Connecting Europe Facility (kurz: CEF), Aufruf sich am Programm zu beteiligen, abzurufen unter https://cinea.ec.europa.eu/programmes/connecting-europe-faci lity_en, zuletzt abgerufen am 20.02.2023; Commission implementing decision of 16.10.2018 establishing the list of proposals selected for receiving EU financial assistance under the Connecting Europe Facility (CEF) – Transport sector following the SESAR call for proposals launched on 06.10.2017 based on the Multi-Annual Work Programme pursuant to Commission Implementing Decision vom 16.10.2018, C(2014)1921.

den jeweiligen Aufforderungen zur Konzepteinreichung Priorität eingeräumt wird, liegt dabei der Fokus der EU-Förderung für die Errichtung von SESAR.[2251]

Grundsätzlich will die Europäische Kommission die Schaffung effektiver Verbindungen mit weiteren Mechanismen des Single European Sky sowie die Errichtung fester Strukturen im Zusammenhang mit dem SESAR-Innovationszyklus erreichen.[2252] Diese sollen sowohl mit zweckdienlichen gesetzlichen als auch finanziellen Instrumenten ausgerüstet werden, wovon primär die Netzleistung profitieren soll.[2253]

## II. Weiterer Verlauf

Obwohl die rasche Annahme der Vorschläge des SES 2+-Legislativpaketes als vorteilhaft betrachtet wurde, wurde die Verabschiedung dessen lange Zeit blockiert und das SES 2+-Paket lag jahrelang auf Eis.[2254] Zu den Verzögerungen kam es insbesondere aufgrund des politischen Streits zwischen dem Vereinigten Königreich und dem Königreich Spanien über den Status des Flughafens von Gibraltar.[2255] Diese Schwierigkeit besteht nach dem Brexit[2256] nicht mehr, so dass

2251 Antworten der Kommission auf den Sonderbericht des Europäischen Rechnungshofs, S. 8.

2252 Antworten der Kommission auf den Sonderbericht des Europäischen Rechnungshofs, S. 8.

2253 Antworten der Kommission auf den Sonderbericht des Europäischen Rechnungshofs, S. 9.

2254 Sonderbericht des Europäischen Rechnungshofes, Nr. 18/2017, S. 51; Pressemitteilung der Europäischen Kommission „Verspätungen im Flugverkehr: EU-Kommissarin Bulc fordert von den Mitgliedstaaten Entscheidung für einheitlichen Luftraum" vom 13.07.2018.

2255 *Schwenk/Giemulla*, Hdb. des Luftverkehrsrechts, Kapitel 5, S. 187, Rn. 39; siehe *ebenda* auch S. 174, Rn. 7 bezüglich der Gibraltar Problematik; COM(2015) 663, S. 11; so auch Briefing EU Legislation in Progress vom Juli 2021 „Single European Sky 2+ package, Amended Commission proposal, abzurufen unter https://www.europarl.europa.eu/thinktank/en/document/EPRS_BRI(2020)659421, zuletzt abgerufen am 25.02.2023; Europäische Kommission, Fragen und Antworten – Einheitlicher europäischer Luftraum: für ein effizientes und nachhaltiges Flugverkehrsmanagement vom 22.09.2020, Frage 3, abzurufen unter https://ec.europa.eu/commission/presscorner/detail/de/qanda_20_1716, zuletzt abgerufen am 20.02.2023.

2256 Siehe dazu ausf. Kapitel 10, C.

die Umsetzung und Verabschiedung des SES 2+-Legislativpaketes[2257] wieder aktiver vorangetrieben wird.

### *1. Report of the Wise Persons Group on the future of the Single European Sky (2019)*

Im Jahr 2019 wurde eine „Gruppe der Weisen" eingerichtet, die aus 15 Fachleuten aus dem Gebiet Flugsicherung und einheitlicher europäischer Luftraum bestand.[2258] Diese Expertengruppe sollte die aktuelle Lage und die Zukunft des einheitlichen europäischen Luftraumes beurteilen.[2259] Die „Gruppe der Weisen" legte dazu einen Bericht[2260] vor, der zehn Empfehlungen enthielt, wie die Flugsicherung zukünftig effizienter und nachhaltiger gestaltet werden könnte.[2261] Die Expertengruppe empfahl insbesondere die Verwirklichung eines netzzentrierten Ansatzes[2262] und die Realisierung eines digitalen europäischen Luftraumes[2263]. Daneben sprach sie sich für eine wachsende Rolle der Personen, die die Flugverkehrsdienste erbringen aus.[2264] Und schließlich sollte

---

2257 Die Trilog-Verhandlungen betreffen dabei insbesondere die Änderungsvorschläge der Europäischen Kommission COM(2020) 577 final und COM(2020) 579 final. Siehe dazu ausf. unter Kapitel 5, F., III.

2258 Pressemitteilung der Europäischen Kommission „Einheitlicher europäischer Luftraum: für ein nachhaltigeres und resistenteres Flugverkehrsmanagement" vom 22.09.2020; COM(2020) 579, S. 5; Briefing EU Legislation in Progress vom Juli 2021, S. 4.

2259 Pressemitteilung der Europäischen Kommission „Einheitlicher europäischer Luftraum: für ein nachhaltigeres und resistenteres Flugverkehrsmanagement" vom 22.09.2020; COM(2020) 579, S. 5; Briefing EU Legislation in Progress vom Juli 2021, S. 4.

2260 Report of the wise persons group on the future of the Single European Sky, April 2019, abzurufen unter https://www.sesarju.eu/node/3330. Zuletzt abgerufen am 01.03.2023.

2261 Pressemitteilung der Europäischen Kommission „Einheitlicher europäischer Luftraum: für ein nachhaltigeres und resistenteres Flugverkehrsmanagement" vom 22.09.2020; COM(2020) 579, S. 5.

2262 Report of the wise persons group on the future of the Single European Sky 2019, S. 13 ff.

2263 Report of the wise persons group on the future of the Single European Sky 2019, S. 16 ff.

2264 Report of the wise persons group on the future of the Single European Sky 2019, S. 21 ff.

der Rechtsrahmen entsprechend den Empfehlungen der Gruppe der Weisen vereinfacht werden.[2265]

### 2. *Sonderbericht des Europäischen Rechnungshofes Nr. 11/2019 „Die EU-Rechtsvorschriften für die Modernisierung des Flugverkehrsmanagements schaffen Mehrwert – aber die Fördermittel waren größtenteils nicht nötig“*

Der Europäische Rechnungshof veröffentlichte im Jahr 2019 einen Sonderbericht[2266] bezüglich des einheitlichen europäischen Luftraumes und der Regulierung der europäischen ATM-Modernisierung.[2267] Zusammenfassend stellt der Europäische Rechnungshof in diesem Bericht fest, dass das europäische Luftraummanagement noch immer zersplittert ist.[2268] Die Navigationsgebühren sind weiterhin hoch und durch das ineffiziente Flugverkehrsmanagement werden noch immer viele Verspätungen verursacht.[2269] Grundsätzlich empfiehlt der Europäische Rechnungshof in diesem Bericht zum einen die Verbesserung des Fokus gemeinsamer Vorhaben, zum anderen die Verbesserung der Wirksamkeit der gemeinsamen Vorhaben und außerdem die Überprüfung der finanziellen Unterstützung der ATM-Modernisierung durch die EU.[2270] Über dies spricht er sich darin für die Überprüfung und Formalisierung der Vorbereitung und Einreichung von Förderanträgen aus und auch für die Sicherstellung einer angemessenen Überwachung der mit der ATM-Modernisierung erzielten

---

2265 Report of the wise persons group on the future of the Single European Sky 2019, S. 23 ff.

2266 Sonderbericht des Europäischen Rechnungshofes, Die EU-Rechtsvorschriften für die Modernisierung des Flugverkehrsmanagements schaffen Mehrwert – aber die Fördermittel waren größtenteils nicht nötig, Nr. 11/2019. Abzurufen unter https://op.europa.eu/webpub/eca/special-reports/sesar-11-2019/de/index.html, zuletzt abgerufen am 20.03.2023.

2267 So auch Briefing EU Legislation in Progress vom Juli 2021, S. 5; Geänderter Vorschlag für eine Verordnung des Europäischen Parlaments und des Rates zur Verwirklichung des einheitlichen europäischen Luftraumes vom 22.09.2020, COM(2020) 579 final, S. 5.

2268 Sonderbericht des Europäischen Rechnungshofes Nr. 11/2019, S. 11; Briefing EU Legislation in Progress vom Juli 2021, S. 5.

2269 Sonderbericht des Europäischen Rechnungshofes Nr. 11/2019, S. 8 ff., 23 ff.; Briefing EU Legislation in Progress vom Juli 2021, S. 5.

2270 Sonderbericht des Europäischen Rechnungshofes Nr. 11/2019, S. 41 ff.

Leistungssteigerungen.[2271] Insgesamt hält der Europäische Rechnungshof die SES-Reform mithin nach wie vor für erforderlich.[2272]

Die Europäische Kommission antwortete auf den Sonderbericht des Europäischen Rechnungshofes und stimmt den darin gemachten Empfehlungen insgesamt zu.[2273]

### III. Änderungsvorschläge der Europäischen Kommission zu SES 2+ (2020)

Am 22. September 2020 schlug die Kommission eine Aktualisierung des Rechtsrahmens zum einheitlichen europäischen Luftraum vor. Die Aktualisierung besteht aus einem geänderten Vorschlag zur Umsetzung des einheitlichen europäischen Luftraums[2274] und einem Vorschlag für eine Verordnung zur Änderung der EASA-Grundverordnung[2275], der von einem Arbeitsdokument der Kommissionsdienststellen mit dem Titel „A fresh look at the Single European Sky“[2276] begleitet wird. Die Europäische Kommission sah dabei keine

2271 Sonderbericht des Europäischen Rechnungshofes Nr. 11/2019, S. 41 ff.

2272 Sonderbericht des Europäischen Rechnungshofes Nr. 11/2019, S. 9 ff.; Briefing EU Legislation in Progress vom Juli 2021, S. 5.

2273 Antworten der Kommission auf den Sonderbericht des Europäischen Rechnungshofes „Die Verordnung der EU für die Modernisierung des Flugverkehrsmanagements hat Mehrwert geschaffen – aber die Finanzierung war größtenteils ungerechtfertigt“ vom 20.06.2019, COM(2019) 306.

2274 Geänderter Vorschlag für eine Verordnung des Europäischen Parlaments und des Rates zur Verwirklichung des einheitlichen europäischen Luftraumes vom 22.09.2020, COM(2020) 579 final.

2275 Vorschlag für eine Verordnung des Europäischen Parlaments und des Rates zur Änderung der Verordnung (EU) 2018/1139 des Europäischen Parlaments und des Rates in Bezug auf die Fähigkeit der Agentur der Europäischen Union für Flugsicherheit, als Leistungsüberprüfungsgremium für den einheitlichen europäischen Luftraum zu handeln vom 22.09.2020, COM(2020) 577 final.

2276 Commission Staff Working Document “A fresh look at the Single European Sky”, Accompanying the documents Amended proposal for a Regulation of the European Parliament and of the Council on the implementation of the Single European Sky (recast) and Proposal for a Regulation of the European Parliament and of the Council amending Regulation (EU) 2018/1139 as regards the capacity of the European Union Aviation Safety Agency to act as Performance Review Body of the Single European Sky vom 22.09.2020, SWD(2020) 187 final.

Notwendigkeit, eine neue Folgenabschätzung[2277] für den geänderten Vorschlag durchzuführen.[2278] Ihrer Ansicht nach hatten sich weder die Hauptziele noch die bevorzugten Optionen grundlegend geändert und die potenziellen wirtschaftlichen, sozialen und auch die ökologischen Auswirkungen der Neufassung unterschieden sich nur unwesentlich von denen des ursprünglichen Vorschlags für den SES 2+.[2279]

Die Änderungsvorschläge der Europäischen Kommission im Jahr 2020 haben unter anderem das Ziel, nachhaltigere und optimierte Streckenführungen zu ermöglichen und auch die Verwaltung des Luftraumes zeitgemäßer zu gestalten.[2280] Grundsätzlich kamen die Änderungsvorschläge der Kommission zu einem Zeitpunkt, als aufgrund der COVID-19-Pandemie der Luftverkehr deutlich zurückgegangen war.[2281] Dieser drastische Rückgang des Luftverkehrs war sowohl auf eine reduzierte Beförderungsnachfrage zurückzuführen als auch darauf, dass Drittländer und Mitgliedstaaten zur Eindämmung der Pandemie Grenzschließungen oder Flugverbote aussprachen.[2282] Auch infolgedessen soll

---

2277 Siehe dazu die Folgenabschätzung „Commission Staff Working Document, Draft Impact Assessesment, Accompanying the document Legislative proposals to update the regulations on Single European Sky – SES 2+ vom 11.06.2013, SWD(2013) 206 final.

2278 COM(2020) 579, S. 4; Briefing EU Legislation in Progress vom Juli 2021, S. 5.

2279 COM(2020) 579, S. 4; Briefing EU Legislation in Progress vom Juli 2021, S. 5.

2280 Pressemitteilung der Europäischen Kommission „Einheitlicher europäischer Luftraum: für ein nachhaltigeres und resistenteres Flugverkehrsmanagement“ vom 22.09.2020; COM(2020) 579, S. 1 f.

2281 Pressemitteilung der Europäischen Kommission „Einheitlicher europäischer Luftraum: für ein nachhaltigeres und resistenteres Flugverkehrsmanagement“ vom 22.09.2020; COM(2020) 579, S. 2; Schätzungen zufolge wird das Luftverkehrsaufkommen frühestens 2024 das Niveau von 2019 erreicht haben, so Stellungnahme des Europäischen Wirtschafts- und Sozialausschusses zu folgenden Vorlagen: „Geänderter Vorschlag für eine Verordnung des Europäischen Parlaments und des Rates zur Verwirklichung des einheitlichen europäischen Luftraums (Neufassung)“ (COM(2020) 579) und „Vorschlag für eine Verordnung des Europäischen Parlaments und des Rates zur Änderung der Verordnung (EU) 2018/1139 des Europäischen Parlaments und des Rates in Bezug auf die Fähigkeit der Agentur der Europäischen Union für Flugsicherheit, als Leistungsüberprüfungsgremium für den einheitlichen europäischen Luftraum zu handeln“ (COM(2020) 577) vom 16.02.2021, ABl. EU Nr. C 56, S. 53 ff., 2021/C 56/07.

2282 Erwägungsgrund Nummer 1 VO (EU) 2020/696 des Europäischen Parlaments und des Rates vom 25.05.2020 zur Änderung der VO (EG) Nr. 1008/2008 über gemeinsame Vorschriften für die Durchführung von Luftverkehrsdiensten in der Gemeinschaft angesichts der COVID-19-Pandemie, ABl. EU Nr. L 165 vom 27.05.2020, S. 1 ff.; *ebenda*, Erwägungsgrund Nummer 2: „Nach den von EUROCONTROL, dem

ein resistenteres Flugverkehrsmanagement geschaffen werden, bei dem sich die Verkehrskapazitäten leichter an die Nachfrage anpassen lassen.[2283] Sollten die Flugsicherungskapazitäten nicht angepasst werden, ist weiterhin mit zusätzlichen Kosten, $CO_2$-Emissionen und Verspätungen zu rechnen.[2284] Allein die Verspätungen führten im Jahr 2019 zu Kosten in Höhe von etwa sechs Milliarden Euro und 11,6 Millionen Tonnen zusätzlicher $CO_2$-Emissionen.[2285] Wenn in überlastete Lufträume geflogen wird, anstatt die direkte Flugstrecke zu fliegen, verursacht dies überflüssige $CO_2$-Emissionen.[2286] Auch die gängige Praxis von Fluggesellschaften, längere Strecken zu fliegen, um Gebührenzonen mit höheren Tarifen zu umgehen, produziert unnötige Emissionen.[2287] Grundsätzlich können die luftverkehrsbedingten Emissionen durch diverse Modernisierungen, die die Änderungsvorschläge aufgreifen, um bis zu 10 % reduziert werden.[2288]

---

Netzmanager für die Funktionen des Luftverkehrsnetzes des einheitlichen europäischen Luftraums, veröffentlichten Zahlen ist der Luftverkehr in der europäischen Region Ende März 2020 im Vergleich zum März 2019 um rund 90 % zurückgegangen. Die Luftfahrtunternehmen melden infolge der COVID-19-Pandemie enorme Einbrüche bei den Vorausbuchungen und annullieren Flüge für die Flugplanperioden Winter 2019–2020 und Sommer 2020.“; siehe EUROCONTROL, Aviation recovery – Importance of a coordinated approach vom 27.04.2020; für aktuelle Zahlen siehe EUROCONTROL Comprehensive Assessment, Covid 19 Impact on European Aviation vom 25.11.2021.

2283 Pressemitteilung der Europäischen Kommission „Einheitlicher europäischer Luftraum: für ein nachhaltigeres und resistenteres Flugverkehrsmanagement“ vom 22.09.2020; COM(2020) 579, S. 2.

2284 Pressemitteilung der Europäischen Kommission „Einheitlicher europäischer Luftraum: für ein nachhaltigeres und resistenteres Flugverkehrsmanagement“ vom 22.09.2020; COM(2020) 579, S. 2 ff.

2285 Pressemitteilung der Europäischen Kommission „Einheitlicher europäischer Luftraum: für ein nachhaltigeres und resistenteres Flugverkehrsmanagement“ vom 22.09.2020; COM(2020) 579, S. 2 ff.

2286 Pressemitteilung der Europäischen Kommission „Einheitlicher europäischer Luftraum: für ein nachhaltigeres und resistenteres Flugverkehrsmanagement“ vom 22.09.2020; COM(2020) 579, S. 2 ff.

2287 Pressemitteilung der Europäischen Kommission „Einheitlicher europäischer Luftraum: für ein nachhaltigeres und resistenteres Flugverkehrsmanagement“ vom 22.09.2020; COM(2020) 579, S. 2 ff.

2288 Pressemitteilung der Europäischen Kommission „Einheitlicher europäischer Luftraum: für ein nachhaltigeres und resistenteres Flugverkehrsmanagement“ vom 22.09.2020; COM(2020) 579, S. 2 ff.

### 1. *Vorschlag für eine Verordnung des Europäischen Parlaments und des Rates zur Änderung der Verordnung (EU) 2018/1139 des Europäischen Parlaments und des Rates in Bezug auf die Fähigkeit der Agentur der Europäischen Union für Flugsicherheit, als Leistungsüberprüfungsgremium für den einheitlichen europäischen Luftraum zu handeln, COM(2020) 577 final*

Mit diesem Vorschlag regt die Europäische Kommission insbesondere an, die Funktion eines ständigen Leistungsüberprüfungsgremiums (Performance Review Body, kurz: PRB) einzurichten, die von der EASA ausgefüllt wird.[2289] Der PRB soll mit der Bewertung und Genehmigung der Leistungspläne und Leistungsziele für Flugsicherungsdienste auf der Strecke betraut werden.[2290] Die dazu erforderlichen Maßnahmen bedürfen diverser Änderungen der VO (EU) 2018/1139, um zu garantieren, dass die PRB-Funktionen mit der notwendigen Unabhängigkeit erfüllt werden können und die erforderlichen Ressourcen und Fachkenntnisse verfügbar sind.[2291] Mit diesen Änderungsvorschlägen befasst sich dieser Vorschlag zur Änderung der VO (EU) 2018/1139 unter anderem.[2292]

### 2. *Geänderter Vorschlag für eine Verordnung des Europäischen Parlaments und des Rates zur Verwirklichung des einheitlichen europäischen Luftraumes, COM(2020) 579 final*[2293]

Durch diesen geänderten Vorschlag für eine Verordnung des Europäischen Parlaments und des Rates zur Verwirklichung des einheitlichen europäischen Luftraumes[2294] soll nicht nur andauernden und für die Umwelt schädlichen Ineffizienzen beim ATM Abhilfe geschaffen werden, sondern vielmehr sollen auch andere Facetten bezüglich des ATMs gestärkt werden.[2295] Die Kommission schlägt darin unter anderem erneut vor, die bestehenden Verordnungen zum

---

2289 COM(2020) 577, S. 1.

2290 Briefing EU Legislation in Progress vom Juli 2021, S. 6.

2291 COM(2020) 577, S. 1.

2292 COM(2020) 577, S. 1.

2293 Geänderter Vorschlag für eine Verordnung des Europäischen Parlaments und des Rates zur Verwirklichung des einheitlichen europäischen Luftraumes vom 22.09.2020, COM(2020) 579 final.

2294 Geänderter Vorschlag für eine Verordnung des Europäischen Parlaments und des Rates zur Verwirklichung des einheitlichen europäischen Luftraumes vom 22.09.2020, COM(2020) 579 final.

2295 COM(2020) 579, S. 1.

einheitlichen europäischen Luftraum in einer einzigen Verordnung zusammenzufassen und etwaige Überschneidungen mit der EASA-Grundverordnung zu beseitigen.[2296] Im Vergleich zum ursprünglichen Vorschlag aus dem Jahr 2013 sind die Ziele der Initiative weitestgehend dieselben geblieben.[2297] Der geänderte Vorschlag für die Verordnung will die Verwaltung des europäischen Luftraumes weiterhin modernisieren und die Flugrouten nachhaltiger und effizienter gestalten.[2298] Einige Prioritäten wurden durch den geänderten Vorschlag der Verordnung überarbeitet, um den jüngsten Entwicklungen und dem politischem Kontext zu entsprechen, zum Beispiel der Annahme des Übereinkommens von Paris[2299], der Mitteilung zum europäischen Grünen Deal[2300] oder dem verstärkten Einsatz unbemannter[2301] Luftfahrzeuge.[2302] Insbesondere zielt der geänderte Vorschlag dabei auf die flexiblere Bereitstellung von Datendiensten und Anreizregelungen ab, mit denen die Luftfahrt optimiert und ihr ökologischer Fußabdruck[2303] verringert werden kann.[2304]

2296 COM(2020) 579, S. 3; Briefing EU Legislation in Progress vom Juli 2021, S. 5.

2297 COM(2020) 579, S. 3; Briefing EU Legislation in Progress vom Juli 2021, S. 5.

2298 COM(2020) 579, S. 3; Briefing EU Legislation in Progress vom Juli 2021, S. 5.

2299 Übereinkommen von Paris, BGBl. 2016 II vom 30.09.2016, S. 1082 ff. in dem unter anderem festgelegt wird, dass die Luftfahrt ihren Beitrag zur Verringerung der $CO_2$-Emissionen leisten muss, so COM(2020) 579, S. 2.

2300 Mitteilung der Kommission „Der europäische Grüne Deal" vom 11.12.2019, COM(2019) 640 final. Darin heißt es, dass der SES als eine der wichtigsten Maßnahmen begriffen wird, die „zu einer erheblichen Senkung der Emissionen aus dem Luftverkehr beitragen" werden, siehe COM(2019) 640, S. 12. Ziel der Mitteilung zum europäischen Grünen Deal ist es, bis zum Jahr 2050 sowohl $CO_2$-Neutralität als auch eine Reduktion der Verkehrsemissionen um 90 % zu erreichen, so COM(2020) 579, S. 2.

2301 Siehe insbesondere Art. 9 geänderter Vorschlag für eine Verordnung des Europäischen Parlaments und des Rates zur Verwirklichung des einheitlichen europäischen Luftraumes.

2302 COM(2020) 579, S. 2 f.; Briefing EU Legislation in Progress vom Juli 2021, S. 5.

2303 Commission Staff Working Document "A fresh look at the Single European Sky", S. 2, 11; Stellungnahme des Europäischen Wirtschafts- und Sozialausschusses vom 16.02.2021, 2021/C 56/07; Briefing EU Legislation in Progress vom Juli 2021, S. 5.

2304 COM(2020) 579, S. 1.

### *a) Nationale Aufsichtsbehörden*

Die Kommission hat in ihrem geänderten Vorschlag die Forderung nach der Stärkung der nationalen Aufsichtsbehörden[2305] bezüglich deren Unabhängigkeit, Fachwissen und deren Ressourcen beibehalten.[2306] Art. 3 des geänderten Vorschlags enthält dazu Vorgaben zum Maß der Unabhängigkeit der Behörden von den ihrer Aufsicht unterstehenden Diensteanbietern sowie von sonstigen öffentlichen oder privaten Stellen.[2307] Der geänderte Vorschlag empfiehlt eine deutliche Trennung zwischen den Aufgaben der nationalen Aufsichtsbehörden[2308] und den Aufgaben der nationalen zuständigen Behörden auf dem Gebiet der Flugsicherheit, die durch die VO (EU) 2018/1139 festgelegt werden.[2309] Die nationalen Aufsichtsbehörden sollten für die Erteilung der Wirtschaftlichkeitszeugnisse bezüglich der finanziellen Solidität[2310] zuständig sein, die für die Erbringung von Flugsicherungsdiensten, die Überwachung der Auftragsvergabe für Flugsicherungsdienste und die Anwendung des Leistungssystems und der Gebührenregelung notwendig sind.[2311] Die nationalen zuständigen Behörden auf dem Gebiet der Flugsicherheit wären weiterhin für Aufgaben wie die Sicherheitszertifizierung und die Aufsicht zuständig und auch für andere, in der VO (EU) 2018/1139 genannten Aufgaben verantwortlich.[2312]

---

2305 Siehe Kapitel II „Nationale Aufsichtsbehörden“ des geänderten Vorschlags zur Verwirklichung des einheitlichen europäischen Luftraumes.

2306 Siehe dazu Art. 3, 4 und 5 geänderter Vorschlag zur Verwirklichung des einheitlichen europäischen Luftraumes in Verbindung mit dem neuen Art. 114i VO (EU) 2018/1139, enthalten in COM(2020) 577; COM(2020) 579, S. 6; Briefing EU Legislation in Progress vom Juli 2021, S. 5.

2307 Art. 3 geänderter Vorschlag zur Verwirklichung des einheitlichen europäischen Luftraumes; COM(2020) 579, S. 6; Briefing EU Legislation in Progress vom Juli 2021, S. 5 f.

2308 Zuständig für die Angelegenheiten im Zusammenhang mit dem einheitlichen europäischen Luftraum.

2309 Art. 3 geänderter Vorschlag zur Verwirklichung des einheitlichen europäischen Luftraumes; COM(2020) 579, S. 6 f.; Briefing EU Legislation in Progress vom Juli 2021, S. 6.

2310 Art. 6 geänderter Vorschlag zur Verwirklichung des einheitlichen europäischen Luftraumes.

2311 Kapitel II „Nationale Aufsichtsbehörden“ des geänderten Vorschlags zur Verwirklichung des einheitlichen europäischen Luftraumes; COM(2020) 579, S. 7; Briefing EU Legislation in Progress vom Juli 2021, S. 6.

2312 COM(2020) 579, S. 7; Briefing EU Legislation in Progress vom Juli 2021, S. 6.

### b) *CNS-Dienste, AIS-Dienste, ADS-Dienste, MET-Dienste und Flugverkehrsdienste für den An- und Abflug*

Abweichend vom ersten Vorschlag für eine Verordnung zur Verwirklichung des einheitlichen europäischen Luftraumes aus dem Jahr 2013 schlägt die Kommission nun vor, dass die Erbringung von Streckenflugdiensten und die Erbringung von CNS-, Flugberatungs-, Flugverkehrsdaten-, MET- und Flugverkehrsdiensten für An- und Abflug organisatorisch voneinander getrennt werden sollten.[2313] Dabei soll es den Anbietern von Flugverkehrsdiensten obliegen, ob sie diese anderen Dienste zu Marktbedingungen beschaffen wollen.[2314] Diese beschafften Dienstleistungen sollen in diesem Fall keiner wirtschaftlichen Regulierung unterliegen.[2315] Im Hinblick auf Flugsicherungsdienste für An- und Abflug soll die Wahlmöglichkeit beim Flughafenbetreiber liegen, sofern eine Entscheidung des Mitgliedstaates voranging, diese Auftragsvergabe im Falle von Anflugkontrolldiensten zuzulassen.[2316]

Die Anbieter können somit entscheiden, alle Dienste weiterhin in integrierter Form zu erbringen, sie können jedoch andere Anbieter nicht daran hindern, konkurrierende Dienste anzubieten.[2317] Die Kommission behält die Verpflichtung zu getrennten Konten über diese Flugsicherungsdienste bei.[2318]

---

2313 Art. 8 geänderter Vorschlag zur Verwirklichung des einheitlichen europäischen Luftraumes; COM(2020) 579, S. 7; Briefing EU Legislation in Progress vom Juli 2021, S. 5.

2314 Art. 8 geänderter Vorschlag zur Verwirklichung des einheitlichen europäischen Luftraumes; COM(2020) 579, S. 7; Europäische Kommission, Fragen und Antworten – Einheitlicher europäischer Luftraum: für ein effizientes und nachhaltiges Flugverkehrsmanagement vom 22.09.2020, Frage 6.

2315 COM(2020) 579, S. 7; Europäische Kommission, Fragen und Antworten – Einheitlicher europäischer Luftraum: für ein effizientes und nachhaltiges Flugverkehrsmanagement vom 22.09.2020, Frage 6.

2316 Art. 8 geänderter Vorschlag zur Verwirklichung des einheitlichen europäischen Luftraumes COM(2020) 579, S. 7; Europäische Kommission, Fragen und Antworten – Einheitlicher europäischer Luftraum: für ein effizientes und nachhaltiges Flugverkehrsmanagement vom 22.09.2020, Frage 6.

2317 Art. 8 geänderter Vorschlag zur Verwirklichung des einheitlichen europäischen Luftraumes; COM(2020) 579, S. 7; Briefing EU Legislation in Progress vom Juli 2021, S. 5.

2318 Art. 25 geänderter Vorschlag zur Verwirklichung des einheitlichen europäischen Luftraumes; COM(2020) 579, S. 7; Briefing EU Legislation in Progress vom Juli 2021, S. 5.

### c) *Gemeinsame Informationsdienste*

Die Kommission berücksichtigt das steigende Aufkommen unbemannter Luftfahrzeuge, indem sie vorschlägt, dass gemeinsame Informationsdienste genutzt werden, um die Sicherheit des unbemannten Luftverkehrs zu garantieren.[2319] Der geänderte Vorschlag enthält daneben Regelungen für die Preisgestaltung solcher Dienste.[2320]

### d) *Leistungssystem, Gebührenregelung und Leistungsüberprüfungsgremium*

Die Kommission schlägt außerdem einen neuen Ansatz für das Leistungssystem, die Gebührenregelung und das Leistungsüberprüfungsgremium vor.[2321] Unter anderem wird angeregt, die Verantwortung für die Erstellung von Leistungsplänen auf die benannten Anbieter von Flugverkehrsdiensten zu verlagern und von der zuständigen Behörde genehmigen zu lassen.[2322] Die nationalen Aufsichtsbehörden sollen die Leistungspläne für Flugsicherungsdienste im An- und Abflugbereich bewerten und genehmigen.[2323]

Darüber hinaus regt die Kommission in ihrem geänderten Vorschlag an, dass die Flugsicherungsgebühren entsprechend dem ökologischen Fußabdruck des Luftraumnutzers angepasst werden sollen.[2324] Die Kommission sieht dabei auch die Möglichkeit, einen gemeinsamen Gebührensatz für Flugsicherungsdienste auf der Strecke über den SES-Luftraum einzuführen.[2325] Aktuell sind diese Tarife, die festlegen, welche Gebühren ein Unternehmen pro geflogenem Kilometer in einem bestimmten Gebiet zu zahlen hat, von Land zu Land unterschiedlich.[2326]

---

2319 Art. 9 geänderter Vorschlag zur Verwirklichung des einheitlichen europäischen Luftraumes; COM(2020) 579, S. 8; Briefing EU Legislation in Progress vom Juli 2021, S. 6.

2320 Art. 9 geänderter Vorschlag zur Verwirklichung des einheitlichen europäischen Luftraumes; COM(2020) 579, S. 8; Briefing EU Legislation in Progress vom Juli 2021, S. 6.

2321 Art. 10 bis 25 geänderter Vorschlag zur Verwirklichung des einheitlichen europäischen Luftraumes; COM(2020) 579, S. 8; Briefing EU Legislation in Progress vom Juli 2021, S. 6.

2322 Art. 14 geänderter Vorschlag zur Verwirklichung des einheitlichen europäischen Luftraumes; COM(2020) 579, S. 8; Briefing EU Legislation in Progress vom Juli 2021, S. 6.

2323 Art. 14 geänderter Vorschlag zur Verwirklichung des einheitlichen europäischen Luftraumes; COM(2020) 579, S. 8; Briefing EU Legislation in Progress vom Juli 2021, S. 6.

2324 COM(2020) 579, S. 14; Briefing EU Legislation in Progress vom Juli 2021, S. 5.

2325 COM(2020) 579, S. 8, 14; Briefing EU Legislation in Progress vom Juli 2021, S. 5.

2326 Briefing EU Legislation in Progress vom Juli 2021, S. 5.

Ziel ist es, Anreize für die Luftraumnutzer zu schaffen, insbesondere bei Überlastungen die kürzeste Strecke zu fliegen und dabei einen gemeinsamen Gebührensatz im Single European Sky zu entrichten.[2327]

#### *e) SESAR*

Die einschlägigen Stellen sollen dem geänderten Vorschlag zufolge darauf hinwirken, zwischen den verschiedenen Phasen des SESAR-Projekts eine wirksame Koordinierung zu garantieren.[2328]

#### *f) Funktionale Luftraumblöcke*

In dem geänderten Vorschlag sind keinerlei Bestimmungen mehr über die obligatorische Nutzung von funktionalen Luftraumblöcken enthalten, die jedoch beibehalten werden oder die eingerichtet werden können, wenn die Mitgliedstaaten dies möchten.[2329]

#### *g) Zugang zu Betriebsdaten für den allgemeinen Luftverkehr*

Weiterhin schlägt die Kommission vor, die Vorschriften über die Verfügbarkeit von und den Zugang zu Flugverkehrsdaten zu ändern, um die Bereitstellung von Flugverkehrsdatendiensten auf einem grenzüberschreitenden und EU-weiten Markt zu erleichtern.[2330] Neue Marktteilnehmer auf dem Datenmarkt sollten außerdem bereits vor der Zertifizierung Zugang zu den relevanten Betriebsdaten haben.[2331]

### IV. Aktueller Stand und nächste Schritte

Der Rat legte am 3. Juni 2021 seinen Standpunkt zur Reform des einheitlichen europäischen Luftraums fest.[2332] Jedoch, auch wenn die gleichen Ziele wie in dem

---

2327 COM(2020) 579, S. 8, 14; Briefing EU Legislation in Progress vom Juli 2021, S. 5.

2328 Art. 34 geänderter Vorschlag zur Verwirklichung des einheitlichen europäischen Luftraumes; COM(2020) 579, S. 9.

2329 COM(2020) 579, S. 9; Briefing EU Legislation in Progress vom Juli 2021, S. 6.

2330 Art. 31 geänderter Vorschlag zur Verwirklichung des einheitlichen europäischen Luftraumes; COM(2020) 579, S. 9; Briefing EU Legislation in Progress vom Juli 2021, S. 5.

2331 Art. 31 geänderter Vorschlag zur Verwirklichung des einheitlichen europäischen Luftraumes; COM(2020) 579, S. 9; Briefing EU Legislation in Progress vom Juli 2021, S. 5.

2332 Pressemitteilung des Rates der EU „Einheitlicher europäischer Luftraum: Rat legt Standpunkt zur Reform des Flugverkehrsmanagements fest" vom 03.06.2021,

ursprünglichen Verordnungsvorschlag aus 2013 verfolgt werden, unterscheidet sich der Standpunkt des Rates doch vom Vorschlag der Kommission bezüglich der Frage, wie diese Ziele am besten zu erreichen sind.[2333] Auch das Parlament hat seinen Standpunkt festgelegt, so dass die Trilog-Verhandlungen[2334] im Juli 2021 beginnen konnten.[2335] Da die Positionen des Rates und des Parlaments zu Fragen wie der nationalen Zuständigkeit und der Rolle des Netzmanagers (EUROCONTROL) sehr unterschiedlich sind, konnte bisher kein Kompromiss erzielt werden.[2336] Im Juli 2022 zogen die Mitgliedstaaten Bilanz über die wichtigsten Punkte, über die keine Einigung erzielt werden konnte (z. B. Unabhängigkeit der nationalen Aufsichtsbehörden und Zertifizierung von Flugsicherungsorganisationen).[2337] Die technischen Verhandlungen gehen weiter.[2338] Im „Arbeitsprogramm der Kommission für das Jahr 2023“[2339] erklärt die Kommission, dass dieser Vorschlag vorrangig zu behandeln ist.[2340]

## G. Zusammenfassung des Kapitels

Nachdem das Single-European-Sky-I-Paket im März 2004 beschlossen worden war, gab es vier neue Verordnungen für den einheitlichen europäischen

abzurufen unter https://www.consilium.europa.eu/de/press/press-releases/2021/06/03/single-european-sky-council-agrees-its-position-on-air-traffic-management-reform/, zuletzt abgerufen am 25.03.2022.

2333 Pressemitteilung des Rates der EU „Einheitlicher europäischer Luftraum: Rat legt Standpunkt zur Reform des Flugverkehrsmanagements fest“ vom 03.06.2021.

2334 Die Trilog-Verhandlungen betreffen insbesondere die Änderungsvorschläge der Europäischen Kommission COM(2020) 577 final und COM(2020) 579 final. Siehe dazu ausf. unter Kapitel 5, F., III.

2335 Europäisches Parlament, Legislative Train 02.2023 „Implementation of the Single European Sky (SES) – Recast Q3 2020, abzurufen unter https://www.europarl.europa.eu/legislative-train/spotlight-JD21/file-implementation-of-the-single-european-sky-(ses)-recast, zuletzt abgerufen am 20.03.2023.

2336 Europäisches Parlament, Legislative Train 02.2023 „Implementation of the Single European Sky (SES) – Recast Q3 2020.

2337 Europäisches Parlament, Legislative Train 02.2023 „Implementation of the Single European Sky (SES) – Recast Q3 2020.

2338 Europäisches Parlament, Legislative Train 02.2023 „Implementation of the Single European Sky (SES) – Recast Q3 2020.

2339 Abzurufen unter https://commission.europa.eu/publications/2023-commission-work-programme-key-documents_en, zuletzt abgerufen am 20.03.2023.

2340 Europäisches Parlament, Legislative Train 02.2023 „Implementation of the Single European Sky (SES) – Recast Q3 2020.

Luftraum, die umzusetzen waren. Die Rahmen-VO (EG) Nr. 549/2004 legt dazu inhaltliche Maßstäbe zur Gestaltung des einheitlichen europäischen Luftraumes fest und beinhaltet verfahrens- und organisationsrechtliche Statuten zur Realisierung eines „harmonisierten Rechtsrahmens". Sie bildet das übergeordnete verfahrensbezogene Element des Verordnungspaketes und bestimmt den Aufbau der anderen drei Verordnungen zum einheitlichen europäischen Luftraum.

Die Flugsicherungsdienste-VO (EG) Nr. 550/2004 schafft einen einheitlichen europäischen Rahmen für die Erbringung von Flugsicherungsdienstleistungen und enthält unter anderem eine Beschreibung der Aufgaben, Pflichten und Befugnisse der Aufsichtsbehörden, Festlegungen einer Zertifizierungspflicht für Flugsicherungsorganisationen, Mindestanforderungen an die Transparenz der Rechnungslegung und Datenschutz sowie Grundsätze für die Erhebung von Flugsicherungsgebühren. Ihr Ziel ist insbesondere die Festlegung kollektiver Anforderungen für effiziente und zuverlässige Flugsicherungsdiensteerbringungen in der EU. Dabei liegt nahe, dass der Verordnungsgeber einen Wettbewerb zwischen den verschiedenen europäischen Flugsicherungsorganisationen zulassen will, wobei allerdings zu beachten ist, dass der Wettbewerb zwischen den nationalen Flugsicherungsbetreibern zwar grundsätzlich möglich und auch erwünscht ist, jedoch nach der Intention des Verordnungsgebers auf das nichthoheitliche Aufgabenspektrum der Flugsicherung beschränkt sein soll. In der Flugsicherungsdienste-VO sind unter anderem die Aufgaben der nationalen Aufsichtsbehörden geregelt sowie die Möglichkeiten der Zertifizierung von Flugsicherungsorganisationen und eventuelle Unterbeauftragungen. Außerdem greift die Flugsicherungsdienste-VO das Thema der funktionalen Luftraumblöcke auf und wie diese zu organisieren sind.

Die Luftraum-VO (EG) Nr. 551/2004 umfasst drei Regelungsbereiche: Sie formuliert die Neustrukturierung der „Luftraumarchitektur", sie definiert den Grundsatz der „flexiblen Luftraumnutzung im einheitlichen europäischen Luftraum" durch militärische und zivile Luftraumnutzer und benennt die Rahmenbedingungen einer harmonisierten Verkehrsflussregelung. Hier sind mittlerweile allerdings durch das zweite Verordnungspaket zum einheitlichen europäischen Luftraum erhebliche Veränderungen vorgenommen worden.

Die Interoperabilitäts-VO (EG) Nr. 552/2004[2341] legt die praktische Umsetzbarkeit der Schaffung der funktionalen Luftraumblöcke und die Möglichkeiten

---

2341 Die Interoperabilitäts-VO wurde mittlerweile durch Art. 139 II VO (EU) 2018/1139 des Europäischen Parlaments und des Rates vom 04.07.2018 zur Festlegung gemeinsamer Vorschriften für die Zivilluftfahrt und zur Errichtung einer Agentur der Europäischen Union für Flugsicherheit sowie zur Änderung der VOen (EG)

der grenzüberschreitenden Erbringung von Flugsicherungsdiensten fest. Sie enthält Vorgaben für eine erhöhte Standardisierung der verschiedenen Systeme, Komponenten und zugehörigen Verfahren. Diese vier Ausgangsverordnungen wurden in den folgenden Jahren durch weitere zusätzliche Rechtsakte ergänzt. Es wurden zahlreiche ausfüllende Durchführungsverordnungen erlassen, um die Umsetzung der jeweiligen Verordnung zu erleichtern.

Die SES-Verordnungen finden nicht auf alle Maßnahmen, die den Luftverkehr betreffen, Anwendung. Die EU-Mitgliedstaaten haben eine allgemeine „Erklärung zu militärischen Aspekten im Zusammenhang mit dem einheitlichen europäischen Luftraum" unterzeichnet, worin hervorgehoben wird, dass die Verordnungen zum einheitlichen europäischen Luftraum nur Gültigkeit für den allgemeinen zivilen Flugverkehr und nicht für militärische Einsätze und Ausbildungsmaßnahmen besitzen sollen. Dennoch wird die Zusammenarbeit zwischen militärischen und zivilen Stellen verstärkt. Sollte die Anwendung von (Schutz-)Maßnahmen eines Mitgliedstaates erforderlich sein, die „zur Wahrung von vitalen sicherheits- oder verteidigungspolitischen Interessen notwendig sind"[2342], stehen die Verordnungen diesen nicht entgegen.

Dem SES-Projekt ist ein Forschungs- und Entwicklungsprogramm namens SESAR (Single European Sky ATM Research – Flugsicherungsforschung für den einheitlichen europäischen Luftraum, kurz: „SESAR-Projekt") angeschlossen. Darin vereinen sich über 110 Partner mit mehr als 2.000 Experten, um in ca. 300 Projekten die zur Verwirklichung des einheitlichen europäischen Luftraumes notwendigen Konzepte und technischen Systeme zu entwickeln. Das Projekt ist in drei Phasen unterteilt, die miteinander verbundene, kontinuierliche und sich weiterentwickelnde Kooperationsprozesse darstellen. Die erste Phase war die Definitionsphase. Diese diente unter anderem der Erarbeitung eines ATM-Generalplans und wurde bereits 2008 beendet. Dieser ATM-Generalplan bildet die Basis für eine zum richtigen Zeitpunkt koordinierte und effiziente Umsetzung der in SESAR neu entwickelten Technologien und Arbeitsabläufe. Bei Bedarf wird der ATM-Generalplan aktualisiert, um die neusten Ergebnisse aus SESAR zu übernehmen. Die jüngste Fassung stammt

Nr. 2111/2005, (EG) Nr. 1008/2008, (EU) Nr. 996/2010, (EU) Nr. 376/2014 und der Richtlinien 2014/30/EU und 2014/53/EU des Europäischen Parlaments und des Rates, und zur Aufhebung der VOen (EG) Nr. 552/2004 und (EG) Nr. 216/2008 des Europäischen Parlaments und des Rates und der VO (EWG) Nr. 3922/91 des Rates aufgehoben, ABl. EU Nr. L 212 vom 22.08.2018, S. 1–122.

2342 Art. 13 S. 1 Rahmen-VO.

aus dem Jahr 2020. Daneben wurde ein gemeinsames Unternehmen gegründet und finanziert (SESAR Joint Undertaking), dessen Hauptaufgabe die Durchführung des ATM-Generalplans ist. Dieses gemeinsame Unternehmen stellt eine Kooperationsgemeinschaft der Europäischen Kommission und EUROCONTROL unter Beteiligung von mittlerweile 19 Unternehmen aus der Luftverkehrsbranche dar, die alle relevanten Entwicklungs- und Forschungsarbeiten dieses Programmes koordiniert und die Finanzierung kontrolliert. An die Definitionsphase schloss sich die Entwicklungsphase an. Die Entwicklungsphase wird vom gemeinsamen Unternehmen SESAR verwaltet und soll zur Einrichtung neuer technologischer Systeme, Komponenten und operativer Verfahren führen, wie im europäischen ATM-Generalplan vorgegeben. Parallel dazu schließt sich bereits die Errichtungsphase an.

Zur Schaffung eines harmonisierten Rechtsrahmens für einen einheitlichen europäischen Luftraum bildete das erste Verordnungspaket nur den Anfang. Bedingt durch die nach Inkrafttreten des ersten Verordnungspaketes zum einheitlichen europäischen Luftraum geäußerte Kritik der Luftraumnutzer über unzureichende Regelungen sowohl bei der Nutzung bestehender Luftraumkapazitäten als auch im Bereich der Pünktlichkeit und Kostenwirksamkeit sah sich der europäische Gesetzgeber bald zu einer Revision dieses ersten Verordnungspaketes veranlasst. Nachdem in den folgenden Jahren diverse Sachstandsberichte und Mitteilungen über die Umsetzung des Single European Sky erbeten worden waren, wurden die vier Verordnungen aus dem Jahr 2004 im Hinblick auf die Verbesserung der Leistung und der Nachhaltigkeit des europäischen Luftverkehrssystems modifiziert und ergänzt. Das Ergebnis bildet das sogenannte „SES-II-Paket“, das im Dezember 2009 mit der Verordnung (EG) Nr. 1070/2009 in Kraft trat. In der der VO (EG) Nr. 1070/2009 vorausgehenden Mitteilung beschrieb die Europäische Kommission ihre Pläne für die beschleunigte und verbesserte Umsetzung des einheitlichen europäischen Luftraumes durch ein zusammengefasstes Gesetzespaket und wies auf die Probleme und Fehler bei der bisherigen Umsetzung hin. Um den diagnostizierten Fehlentwicklungen entgegenzuwirken, entwickelte die Europäische Kommission ein ganzheitliches Konzept, das auf vier Pfeilern beruht, um den Ansatz der SES-I-Verordnungen von 2004 aufzugreifen und weiterentwickeln zu können. Bei diesen Pfeilern handelt es sich um die Leistungsregulierung, die Schaffung eines einheitlichen Sicherheitsrahmens, neue Technologien und die Verwaltung der Bodenkapazitäten. Während die Grundkonzeption des einheitlichen europäischen Luftraumes unverändert bleibt, wurden verschiedene Aspekte der Verordnungen von 2004 konkretisiert, ergänzt und teilweise an anderer Stelle eingefügt oder aber auch gestrichen. Neben technischen und organisatorischen Modifikationen der ursprünglichen Verordnungen zum einheitlichen Luftraum soll die Verordnung dabei helfen, die zügige Umsetzung der Restrukturierung des europäischen Luftraummanagements herbeizuführen. Die auffälligsten Änderungen erfuhren dabei die Flugsicherungsdienste-VO und die Luftraum-VO. Hier wurde in rechtsförmlicher Hinsicht Art. 5 Luftraum-VO gestrichen und als neuer Art. 9a in die Flugsicherungsdienste-VO eingefügt. Diese neue Verortung der Bestimmungen über die funktionalen Luftraumblöcke enthielt außerdem verschiedene weitere Änderungen. Die Vorschrift enthält nicht mehr die ursprüngliche Regelung über den oberen Luftraum und dessen Umstrukturierung, weshalb Art. 2 Luftraum-VO, der die Trennung des oberen und unteren Luftraumes auf die Flugfläche 285 regelte, gestrichen wurde.

Nachdem trotz der in Art. 9a Abs. 1 Flugsicherungsdienste-VO (neue Fassung) gesetzten Frist zur Errichtung der funktionalen Luftraumblöcke kein einziger der neun angedachten Blöcke eingerichtet und in Betrieb genommen worden war, bat die Europäische Kommission im Januar 2013 den Europäischen Wirtschafts- und Sozialausschuss gemäß Art. 304 AEUV um eine Stellungnahme zu diesem Vorhaben. Auf dessen Stellungnahme gestützt entwickelte die Kommission in einer Mitteilung einen zielgerichteten weiteren Legislativvorschlag mit dem Arbeitstitel „SES 2+". Dieses Legislativpaket soll es erleichtern, die frühzeitige Verwirklichung des einheitlichen europäischen Luftraumes voranzutreiben und beschleunigt umzusetzen. Es umfasst neben der Neufassung der vier Verordnungen zur Schaffung eines einheitlichen europäischen Luftraumes auch die Änderung der Verordnung zur Errichtung der Europäischen Agentur für Flugsicherheit (EASA). Unter anderem äußert die Europäische Kommission in diesem Legislativpaket die Empfehlung, das Konzept der funktionalen Luftraumblöcke auszubauen, um es zu einem mehr leistungsbezogenen und flexibleren Hilfsmittel der Flugsicherungsorganisationen auf der Basis von Branchenpartnerschaften zu erweitern.

Schließlich legte die Europäische Kommission im Juni 2013 einen Vorschlag für eine neue Verordnung zur Verwirklichung des einheitlichen europäischen Luftraumes vor. Ziel dieses Vorschlags ist es, die Verwirklichung des einheitlichen europäischen Luftraumes zu beschleunigen, um so die Gesamteffizienz des europäischen Flugverkehrs zu steigern. Diese soll vor allem dadurch gesteigert werden, dass die nutzbare Kapazität des Luftraumes optimiert und ein gut funktionierender Binnenmarkt für die Flugsicherungsdienste geschaffen wird. Der Vorschlag sieht vor, dass die ursprünglichen vier Verordnungen des SES-I-Verordnungspaketes in einem einzigen Rechtsakt zusammengeführt werden, um Überschneidungen zwischen den Verordnungen zu beseitigen. Vor allem werden einige Begriffsdefinitionen abgeändert und angepasst. Verschiedene

Artikel sollen gestrichen oder bei anderen Artikeln eingefügt werden. Die Interoperabilitäts-Verordnung (EG) Nr. 552/2004 entfällt, mit Ausnahme weniger Details, komplett.[2343] Außerdem soll die Unabhängigkeit der nationalen Aufsichtsbehörden gestärkt und die Aufgaben des Netzmanagers ausgeweitet werden.

Da das Vorhaben der Verordnung dem ordentlichen Gesetzgebungsverfahren gemäß Art. 294 AEUV unterliegt, müssen sich Rat und Europäisches Parlament auf eine gemeinsame Position verständigen, um die Verordnung zur Verwirklichung des einheitlichen europäischen Luftraumes auf den weiteren Weg zu bringen. Aufgrund von Meinungsverschiedenheiten zwischen dem Vereinigten Königreich und dem Königreich Spanien über die Frage, ob der Text auch für den Flughafen Gibraltar gelten sollte, konnte sich der Rat nicht auf einen vollständigen Standpunkt einigen. Nachdem der Brexit diese Blockade beseitigt hatte, änderte die Kommission im Jahr 2020 ihren ursprünglichen Vorschlag. In dem geänderten Vorschlag fehlen unter anderem jegliche Regelungen zur verpflichtenden Nutzung der funktionalen Luftraumblöcke, Art. 9a Flugsicherungsdienste-VO soll aufgehoben werden. Die FABs können jedoch auf Wunsch der Mitgliedstaaten eingerichtet oder beibehalten werden.[2344]

Sowohl der Rat als auch das Parlament haben ihre Standpunkte zu dem geänderten Vorschlag angenommen, so dass die Trilog-Verhandlungen aufgenommen werden konnten.

---

2343 Die Interoperabilitäts-VO wurde mittlerweile durch Art. 139 II VO (EU) 2018/1139 des Europäischen Parlaments und des Rates vom 04.07.2018 aufgehoben.

2344 COM(2020) 579, S. 9.

# Kapitel 6: Die Luftraumsouveränität in der EU und das Verhältnis zu Drittstaaten

Die Souveränität über den Luftraum obliegt grundsätzlich den Staaten. Dennoch setzt das Konzept des einheitlichen europäischen Luftraumes genau bei der Einschränkung der nationalen Luftraumsouveränität der EU-Mitgliedstaaten an. Das folgende Kapitel beschäftigt sich daher mit der nationalen Luftraumsouveränität der Mitgliedstaaten, die auf den ersten Blick anscheinend relativiert worden ist. Dabei wird die nationale Souveränität der Staaten innerhalb der Europäischen Union und den supranationalen Strukturen beleuchtet. Anschließend wird die Ausdehnung des Anwendungsbereiches der Single-European-Sky-Verordnungen auf Drittstaaten betrachtet.

## A. Die nationale Luftraumsouveränität in der Europäischen Union

Art. 1 Abs. 2 Rahmen-VO statuiert, dass die Anwendung der Verordnung die hoheitliche Gewalt der Mitgliedstaaten über ihren Luftraum unberührt lässt. Interessant ist nun, inwiefern die EU trotz der bei den Mitgliedstaaten verbleibenden Hoheitsgewalt und Souveränität über ihren Luftraum die Befugnis innehat, über den Luftraum der EU-Mitgliedstaaten zu verfügen und entsprechende Verordnungen zu erlassen bzw. durchzusetzen.

### I. Die nationale Luftraumsouveränität

Durch die zunehmende Europäisierung ist die in Art. 1 Chicagoer Abkommen niedergelegte klassische Luftraumhoheit nicht mehr wirklichkeitsgetreu, sondern unterliegt ebenso wie zahlreiche andere Bereiche dem europäischen Integrationsprozess.[2345] Dieser Verlauf des europäischen Integrationsprozesses wurde bislang durch die EU-Mitgliedstaaten bestimmt, indem diese mit den Europäischen Gemeinschaften bzw. der Europäischen Union supranationale und internationale Organisationen geschaffen und ihnen zur Erfüllung gemeinsamer Aufgaben eigenständig wahrzunehmende Hoheitsrechte zuerkannt haben.[2346] Die Staaten haben dabei durch völkerrechtliche Verträge Teile ihrer

---

2345 *Bues*, S. 67.

2346 *Hillgruber*, JZ 2002, S. 1072 ff. (1077); *Hobe*, Völkerrecht, S. 119.

umfassenden staatlichen Hoheitsmacht ausgegliedert und auf der europäischen Ebene auf die „zwischenstaatlichen Einrichtungen“ verschoben.[2347] Die stückweise Übertragung der Luftraumhoheit auf die EU ist dabei als Bestandteil eines dynamischen Prozesses zu werten, in dem die staatliche Souveränität durch die wachsende Interdependenz einer globalisierten Wirtschaftsordnung und ihrer Verrechtlichung kontinuierlich begrenzt wird.[2348]

Vor allem die Einheitliche Europäische Akte[2349] trieb den Integrationsprozess voran und sah, nachdem zu Beginn der Europäischen Gemeinschaft eine gemeinsame Luftverkehrspolitik aufgrund nationaler Interessen vernachlässigt worden war, die Realisation des Binnenmarktes auch im Luftverkehr vor.[2350] Schließlich verbietet sich insbesondere für den Luftverkehr ein Denken in starren und nationalen Souveränitätskategorien und -grenzen, da der Luftverkehr nur auf einer internationalen Ebene in globalen Strukturen und überstaatlichen Dimensionen denk- und durchführbar ist.[2351] Dieser Ableitungszusammenhang zwischen den eingeschränkten europäischen Hoheitsbefugnissen und der generell uneingeschränkten staatlichen Hoheitsgewalt entscheidet die Frage der Souveränität zugunsten der Mitgliedstaaten.[2352]

---

2347 *Hillgruber*, JZ 2002, S. 1072 ff. (1077); ähnlich auch *König*, S. 60 f.

2348 *Bues*, S. 67; *Shrewsbury*, Journal of Air Law & Commerce 2003, S. 115 ff. (157 f.), merkt an, dass die staatliche Luftraumsouveränität sich verändert. Zwar haben die unterschiedlichen Staaten ihre Souveränität formell noch inne, sie können diese aber nicht wie früher rein national ausüben. Es könne nicht die Rede davon sein, dass sich nur die Ausübung der absoluten Luftraumhoheit geändert habe, sondern der Inhalt der nationalen Lufthoheit als solcher habe sich verändert. Denn grundsätzlich sei fraglich, ob die Staaten einmal übertragene Souveränitäten zurückerlangen könnten, auch wenn ihnen dieses Recht theoretisch zustünde.

2349 Gesetz zur Einheitlichen Europäischen Akte vom 28.02.1986 vom 19.12.1986, BGBl. 1986 II vom 24.12.1986, S. 1102 ff.

2350 Vgl. dort Art. 16 Einheitliche Europäische Akte; *Schwenk/Giemulla*, Hdb. des Luftverkehrsrechts, Kapitel 14, S. 594, Rn. 122; so auch *Bues*, S. 67.

2351 *Bues*, S. 67.

2352 Siehe *BVerfGE* 89, 155 (183): „Die Einräumung von Hoheitsbefugnissen an eine zwischenstaatliche Gemeinschaft sei angesichts der Integrationsoffenheit des Grundgesetzes unproblematisch, auch wenn die Wahrnehmung der Hoheitsbefugnisse nicht mehr stets vom Willen des Mitgliedstaates abhänge.“; auch wenn der Europäischen Union bisweilen Staatenähnlichkeit attestiert wird, ist sie kein Staat. Dazu fehlen ihr nach der klassischen Staatslehre die drei wesentlichen Elemente Staatsgebiet, Staatsgewalt und Staatsvolk, siehe *Schmidt*, Konkretisierung, S. 22, dort auch Fn. 132; zur Offenheit des Grundgesetzes für die supra- und die internationale Zusammenarbeit,

Unter der Zielsetzung der Errichtung eines gemeinsamen Luftverkehrsmarktes wurden mit drei Liberalisierungsverordnungspaketen, den sogenannten „Open-Sky-Verordnungen", die Grundlagen für die Ablösung bi- und multilateraler Luftverkehrsabkommen im innergemeinschaftlichen Luftverkehr durch einheitliche Regelungen geschaffen, wonach den Luftfahrtunternehmen der Union für das gesamte Gemeinschaftsgebiet ungehinderter Zugang zu allen Strecken mit allen Verkehrsrechten bei freier Wahl der Kapazitäten und grundsätzlich auch der Tarifgestaltung zugebilligt wurde.[2353] Dieser mehrstufige Prozess begann mit dem ersten Liberalisierungspaket Ende 1987.

### *1. Liberalisierung des europäischen Luftverkehrs*

Der Rat erließ am 14. Dezember 1987 in einem ersten Maßnahmenpaket mehrere Rechtsvorschriften, die zunächst auf drei Jahre befristete Regelungen zur Luftverkehrsliberalisierung zwischen den Mitgliedstaaten enthielten und für eine allmähliche Anwendung des Wettbewerbsrechts sorgten (1. Liberalisierungspaket).[2354]

In den folgenden Jahren beschloss der Rat weitere Schritte zur Liberalisierung des europäischen Luftverkehrs und verabschiedete am 24. Juli 1990 weitere Verordnungen zur Erleichterung der Luftfahrt, die unter anderem die Tarifautonomie für die Luftfahrtunternehmen vorsahen (2. Liberalisierungspaket).[2355] Schließlich legte die Kommission am 17. Juli 1991 das dritte Maßnahmenpaket[2356] vor, mit dem die endgültige Liberalisierung des EG-Luftverkehrs erzielt und die gemeinsame EG-Luftverkehrspolitik zur Realisation des Binnenmarktes abgeschlossen werden sollte.[2357] Der Rat realisierte die Liberalisierung des

---

siehe vertiefend *Hobe*, Verfassungsstaat, S. 137 ff. und S. 380 ff.; *Hillgruber*, JZ 2002, S. 1072 ff. (1077); *Schliesky*, S. 135.

2353 *Baumann*, in: Ehlers/Fehling/Pünder, BesVerwR 1, Bd. 1: Öffentliches Wirtschaftsrecht, § 27, Rn. 46; *Hobe*, HFR 2008, S. 143 ff. (146).

2354 *Schwenk/Giemulla*, Hdb. des Luftverkehrsrechts, Kapitel 14, S. 594 f., Rn. 122; bezüglich des Liberalisierungsprozesses siehe auch *Deprosse/Händel*, in: Wald/Fay/Gleich, S. 211 ff. (213), und *Conrady/Fichert/Sterzenbach*, S. 48 ff.; *Kinne*, Luftverkehrsabkommen, S. 7; *Hermes*, in: Dreier, GG, Bd. III, Art. 87d, Rn. 8; *ders.*, in: Dreier, GG, Supplementum, Art. 87d, Rn. 8.

2355 *Schwenk/Giemulla*, Hdb. des Luftverkehrsrechts, Kapitel 14, S. 595 f., Rn. 123; ausf. auch bei *Mensen*, Hdb. der Luftfahrt, S. 401 ff.; *Hobe*, HFR 2008, S. 143 ff. (146).

2356 KOM(91) 275 endg.; Rats-Dok. Nr. 8207/91.

2357 Enthalten waren drei Verordnungsvorschläge für die Einführung einer einheitlichen Betriebsgenehmigung von Luftfahrtunternehmen, für den Marktzugang und die Tarifgestaltung sowie zwei weitere zur Anpassung der Wettbewerbsverordnungen.

EU-Luftverkehrs am 23. Juli 1992 durch Zustimmung zu den Verordnungsvorschlägen der Kommission, die am 1. Januar 1993[2358] in Kraft traten (3. Liberalisierungspaket).[2359] Die von der Europäischen Kommission angestrebte gemeinsame Luftverkehrspolitik, die auf die Schaffung einer Marktstruktur zur Förderung des Wettbewerbs und der Flexibilität auf dem Luftverkehrsmarkt abzielte, änderte nicht nur den innergemeinschaftlichen Rechtsrahmen für den Luftverkehr, sondern beeinflusste auch den Fluglinienverkehr zu Drittstaaten durch die Europäische Union stark.[2360] Im Jahr 1998 reagierte die Europäische Kommission auf die anhaltende Distanz der Mitgliedstaaten gegenüber einem einheitlichen Luftverkehrsabkommen zwischen der EU und den USA mit der Einleitung von Vertragsverletzungsverfahren gegen sieben Mitgliedstaaten, die mit den USA eigene „Open Skies"-Abkommen abgeschlossen hatten, sowie gegen das Vereinigte Königreich von Großbritannien und Nordirland aufgrund der aufgenommenen Eigentümer- und Kontrollklausel in das bestehende Abkommen.[2361] Den wesentlichen Meilenstein zur Europäisierung der nationalen Lufraumhoheit bilden daher die Entscheidungen des EuGH[2362]

---

Siehe *Schwenk/Giemulla*, Hdb. des Luftverkehrsrechts, Kapitel 14, S. 597, Rn. 127; siehe auch dazu *Mensen*, Hdb. der Luftfahrt, S. 404 ff.

2358 Seit dem 01.01.1993 wurde der grenzüberschreitende Luftverkehr innerhalb der Europäischen Union zwar weitestgehend dereguliert, der Kabotagevorbehalt blieb jedoch noch einige Jahre bestehen. Der Inlandsverkehr durch Anbieter anderer EU-Mitgliedstaaten ist erst seit dem 01.04.1997 uneingeschränkt zulässig, dazu *Conrady/Fichert/Sterzenbach*, S. 49 f.

2359 Vgl. bezüglich der drei Maßnahmenpakete *Erdmenger*, in: v. d. Groeben/Schwarze, Kommentar, Art. 80 EGV, Rn. 61 ff.; *Rossbach*, in: Hobe/v. Ruckteschell, Kölner Kompendium Luftrecht, Bd. 1, S. 291, Rn. 123; *Hobe*, HFR 2008, S. 143 ff. (146); *Kinne*, Luftverkehrsabkommen, S. 7 ff.; die drei Verordnungen des 3. Liberalisierungspaketes wurden 2008 überarbeitet und geändert und in der VO (EG) Nr. 1008/2008 des Europäischen Parlaments und des Rates vom 24.09.2008 über gemeinsame Vorschriften für die Durchführung von Luftverkehrsdiensten in der Gemeinschaft zusammengefasst (ABl. EU Nr. L 293 vom 31.10.2008, S. 3–18); vertiefend zur Liberalisierung des Marktes für Luftfahrtunternehmen siehe *Sendmeyer*, in: Schulze/Zuleeg/Kadelbach, Europarecht, § 34, Rn. 156 ff.; *Schwenk/Giemulla*, Hdb. des Luftverkehrsrechts, Kapitel 14, S. 597, Rn. 127.

2360 *Schwenk/Giemulla*, Hdb. des Luftverkehrsrechts, Kapitel 14, S. 599, Rn. 130.

2361 *Fritzsche*, S. 205.

2362 EuGH, Rs. C-467/98 *(Kommission/Dänemark)*, Slg. 2002, I-9528; Rs. C-468/98 (*Kommission/Schweden*), Slg. 2002, I-9583; Rs. C-469/98 (*Kommission/Finnland*), Slg. 2002, I-9635; Rs. C-471/98 (*Kommission/Belgien*), Slg. 2002, I-9690; Rs. C-472/98 (*Kommission/Luxemburg*), Slg. 2002, I-9750; Rs. C-475/98 (*Kommission/Österreich*),

bezüglich der Kompetenz der Europäischen Union zum Abschluss von Luftverkehrsabkommen mit Drittstaaten.[2363] Der Europäischen Union wurde mithilfe detaillierter Argumentation und Aktualisierung der AETR-Rechtsprechung[2364] schließlich die ausschließliche Kompetenz für die Vereinbarung eines EU-Luftverkehrsabkommens mit einem Drittstaat in dem Maß zugesprochen, wie die EU-Organe im EU-internen Bereich Recht gesetzt und damit eine Vereinheitlichung herbeigeführt haben.[2365]

## 2. *Ermächtigung der Europäischen Union*

Die Europäische Union kann die Wahrnehmung von Hoheitsgewalt auf limitierte, nach Handlungsmitteln und Regelungsintensität abgestufte Ermächtigungen souverän bleibender Staaten gründen.[2366] Sie ist stets auf die Übertragung von Hoheitsrechten durch die Mitgliedstaaten angewiesen.[2367] Die Europäische

---

Slg. 2002, I-9797; Rs. C-476/98 (*Kommission/Deutschland*), Slg. 2002, I-9865; Rs. C-466/98 (*Kommission/Vereinigtes Königreich*), Slg. 2002, I-9496.

2363 *Bues*, S. 68; *Schladebach*, EuR 2006, S. 773 ff. (778); sehr ausf. bei *Fritzsche*, S. 206 ff.; *Schwenk/Giemulla*, Hdb. des Luftverkehrsrechts, Kapitel 14, S. 601, Rn. 137; siehe zur generellen Problematik ausf. bei *Bentzien*, ZLW 1998, S. 439 ff. (439 ff.); *Eisermann*, EuZW 1995, S. 331 ff. (331 ff.); *Stein*, ZLW 2001, S. 135 ff. (145 ff.).

2364 EuGH, Urteil vom 31.03.1971, Rs. C-22/70, Slg. 1971, S. 264 ff. (264 ff.) („AETR"), Leitsatz 1: „Die Gemeinschaft besitzt die Fähigkeit, mit dritten Staaten vertragliche Bindungen einzugehen, im gesamten Bereich der vom Vertrag aufgestellten Ziele. Diese Zuständigkeit ergibt sich nicht nur aus einer ausdrücklichen Verleihung durch den Vertrag, sondern sie kann auch aus anderen Vertragsbestimmungen und aus in ihrem Rahmen ergangenen Rechtsakten der Gemeinschaftsorgane fließen. Insb. sind in den Bereichen, in denen die Gemeinschaft zur Verwirklichung einer vom Vertrag vorgesehenen gemeinsamen Politik Vorschriften erlassen hat, die in irgendeiner Form gemeinsame Rechtsnormen vorsehen, die Mitgliedstaaten weder einzeln noch selbst gemeinsam handelnd berechtigt, mit dritten Staaten Verpflichtungen einzugehen, die diese Normen beeinträchtigen. Daher kann beim Vollzug der Vorschriften des Vertrages die für innergemeinschaftliche Maßnahmen geltende Regelung nicht von der für die Außenbeziehungen geltenden getrennt werden."

2365 *Bues*, S. 68; *Schladebach*, EuR 2006, S. 773 ff. (778); *Fritzsche*, S. 208 f.; *Eisermann*, EuZW 1995, S. 331 ff. (333 f.); *Geiger*, ZaoeRV 1977, S. 640 ff. (642 f.).

2366 *Hillgruber*, JZ 2002, S. 1072 ff. (1077); *Bentzien*, ZLW 2013, S. 671 ff. (673); *Schmidt*, Konkretisierung, S. 22.

2367 *Schmidt*, Konkretisierung, S. 22; *Möschel*, NJW 1993, S. 3025 ff. (3025); *Zuleeg*, in: v. d. Groeben/Schwarze, Kommentar, Art. 5 EGV, Rn. 2; vgl. auch hierzu *Classen/Nettesheim*, in: Oppermann/Classen/Nettesheim, Europarecht, § 4, Rn. 21: Die EU ist kein Staat und will auf absehbare Zeit auch keiner sein.

Union verfügt (vor allem als Rechtsnachfolgerin der Europäischen Gemeinschaft[2368]) über weitreichende Kompetenzen[2369] und nimmt auf dem Feld der Gemeinsamen Außen- und Sicherheitspolitik eine wichtige Rolle wahr.[2370] Die Kompetenz-Kompetenz[2371] verbleibt jedoch völkerrechtlich bei den EU-Mitgliedstaaten und wächst der Europäischen Union angesichts des Prinzips der begrenzten Einzelermächtigung nicht zu.[2372] Die EU-Mitgliedstaaten sind die „Herren der Verträge" geblieben, wobei sie diese Herrschaft allerdings zur gesamten Hand ausüben.[2373] Im Gegenzug zu dieser Freiwilligkeit der Zugehörigkeit und des Verbleibens der Mitgliedstaaten kann die Europäische Union ihre Gewalt nicht auf ein eigenes Legitimationsfundament gründen, sondern bezieht ihre demokratische Legitimation von ihren Mitgliedstaaten.[2374] Die virtuelle Allzuständigkeit, die zur Grundausstattung eines jeden Staates gehört, bleibt der EU versagt.[2375]

Durch die Verordnungen zum einheitlichen europäischen Luftraum haben die EU-Mitgliedstaaten ihre autonomen Entscheidungsbefugnisse für die Organisation, Kontrolle und Nutzung ihres Luftraumes (Flugsicherungsdienste und Flugverkehrsmanagement) durch den allgemeinen Luftverkehr zum Teil abgegeben.[2376] Daneben haben die EU-Mitgliedstaaten ihre Rechtsetzungs- und

---

2368 Mit dem Vertrag von Lissabon ist die EG in der EU aufgegangen, die EU ist die Rechtsnachfolgerin der EG, *BVerfGE* 123, 267 (282); *Degenhart*, § 1, Rn. 10.

2369 Insb. auf dem Gebiet der Wirtschafts- und Währungspolitik, Agrarpolitik, Wettbewerbs- und Handelspolitik und der Einwanderungspolitik, *Herdegen*, § 8, S. 97, Rn. 32.

2370 *Herdegen*, § 8, S. 97, Rn. 32.

2371 Sie verfügt über eine grundsätzlich „beschränkte Verbandskompetenz", so *Kotzur*, in: Geiger/Khan/Kotzur/Kirchmair, EUV/AEUV, Art. 7 AEUV, Rn. 6; *Schmidt*, Konkretisierung, S. 22.

2372 *BVerfGE* 89, 155 (192 ff., 212); *BVerfGE* 123, 267 (347 ff.); *Hillgruber*, JZ 2002, S. 1072 ff. (1077); *Schliesky*, S. 135; ähnlich auch *Stemplowski*, in: The End of Sovereignty?, S. 237 ff. (239 f.); *Nettesheim*, in: Oppermann/Classen/Nettesheim, Europarecht, § 11, Rn. 3; *Epping*, in: Ipsen, Völkerrecht, § 8, Rn. 9 ff.; *Classen/Nettesheim*, in: Oppermann/Classen/Nettesheim, Europarecht, § 4, Rn. 21; *Degenhart*, § 2, Rn. 133–139; *Hobe*, Völkerrecht, S. 119.

2373 *Hillgruber*, JZ 2002, S. 1072 ff. (1078).

2374 *Isensee*, ZRP 2010, S. 33 ff. (36).

2375 *Isensee*, ZRP 2010, S. 33 ff. (36).

2376 *Bues*, S. 68; *v. Antwerpen*, Cross-Border-Provision, S. 87; *Schladebach*, Luftrecht, S. 112, Rn. 115.

Umsetzungskompetenzen auf dem Gebiet der Flugsicherung zum Teil an EUROCONTROL übertragen.[2377]

## II. Ein europäischer Staatenluftraum

Art. 1 Abs. 1 und Art. 3 Abs. 1 der Rahmen-VO erwähnen einen „europäischen Luftraum". Es wäre nur einleuchtend, wenn zur Errichtung eines einheitlichen europäischen Luftraumes zumindest der obere Luftraum „denationalisiert" würde, also wenn man diesen Teil des Luftraumes der nationalen Hoheit entziehen und einer supranationalen (in diesem Falle europäischen) Hoheit zuführen würde.[2378] Denkbar wäre daher, dass zukünftig in der Europäischen Union der Luftraum, sowohl was die Regelungs- als auch die administrativen Kontrollbefugnisse angeht, in einem Maße vergemeinschaftet werden könnte,[2379] dass trotz des formellen Fortbestandes der territorialen Souveränität der Mitgliedstaaten dieser Teil des Staatsgebietes – faktisch auf ein *nudum ius* reduziert – wenn auch nicht zu einer *res omnium communis* im Sinne *Fauchilles*, so doch zum ersten Bestandteil einer Art europäischen Staatengemeinschaftsgebietes werden könnte.[2380] In diesem Falle wäre es denkbar, in den „denationalisierten" Luftraumraumblöcken ebenfalls „denationalisierte" Flugsicherungsorganisationen tätig werden zu lassen.[2381] Diese Aufgabe könnte dann durch eine supranationale Flugsicherungsorganisation (bspw. eine aufgewertete EUROCONTROL) oder auch durch private Flugsicherungsorganisationen erfolgen.[2382]

---

2377 *Bues*, S. 68; *v. Antwerpen*, Cross-Border-Provision, S. 70.

2378 *Giemulla*, DVBl. 2007, S. 719 ff. (724); vgl. auch *Bues*, S. 68.

2379 *Krämer*, Kapazitätsengpässe, S. 166, weist insb. darauf hin, dass die immer gravierenderen Engpasssituationen im europäischen Luftraum „sich langfristig nur dann beheben lassen, wenn eine Überwindung der Unterschiede in der Behandlung des Luftverkehrs gelingt, die durch Festhalten der Staaten an ihren Souveränitätsrechten entstehen"; *ders.*, Kapazitätsengpässe, S. 165 ff., beschreibt ausf. die Übertragung des Luftraummanagements auf eine internationale Organisation.

2380 *Khan*, Die deutschen Staatsgrenzen, S. 632; *Hüttel*, S. 106; siehe auch die Pressemitteilung der Europäischen Kommission „Die Kommission startet ihre Initiative zur Verringerung der Flugverspätungen in Europa", vom 07.06.2000, in der der Luftraum als Gemeingut definiert wird: „Der Luftraum ist ein Gemeingut ohne Binnengrenzen und eine stärkere Integration seines Managements sollte angestrebt werden, wobei mit dem oberen Luftraum begonnen werden sollte.", abzurufen unter http://europa.eu/rapid/press-release_IP-00-585_de.htm?locale=EN, zuletzt am 11.02.2023.

2381 *Giemulla*, DVBl. 2007, S. 719 ff. (724).

2382 *Giemulla*, DVBl. 2007, S. 719 ff. (724).

Die EU-Mitgliedstaaten hätten in einem solchen „europäischen Staatenluftraum“ aufgrund des Verlusts ihrer territorialen Souveränität keinerlei souveräne Rechte mehr.[2383] Die Rahmen-VO spricht ebenso wie die anderen drei Verordnungen zum einheitlichen europäischen Luftraum zwar von einem „europäischen Luftraum“, jedoch ist dieser Ausdruck nicht im rechtlich-politischen, sondern vielmehr im geografischen Sinne zu verstehen.[2384] Art. 1 Abs. 2 S. 1 der Rahmen-VO stellt ganz klar fest, dass die Anwendung der Rahmen-VO und der in Art. 3 genannten Maßnahmen die hoheitliche Gewalt der EU-Mitgliedstaaten über ihren Luftraum und die Anforderungen der Mitgliedstaaten im Hinblick auf die öffentliche Ordnung, die öffentliche Sicherheit und Verteidigungsfragen nach Maßgabe des Art. 13 der Rahmen-VO unberührt lässt. Derartige Vereinbarungen heben die Souveränität der EU-Mitgliedstaaten nicht auf, sondern bestätigen sie vielmehr.[2385] Der einheitliche europäische Luftraum will keinen denationalisierten[2386] Luftraum schaffen, sondern es geht vielmehr darum, im geografischen Luftraum Europas die Aufgabe der Flugsicherung nicht mehr wie ursprünglich an den jeweiligen Staatsgrenzen enden zu lassen, sondern in eine Kooperation der Staaten in funktionalen Luftraumblöcken umzuwandeln.[2387] Es kommt somit durch den einheitlichen europäischen Luftraum und auch durch die funktionalen Luftraumblöcke nicht zu einer völkerrechtlich bindenden Herauslösung eines Luftraumstaatsgebiets oder der Generierung eines europäischen Staatenluftraumes.[2388] Die Neustrukturierung ist rein organisatorischer Natur und lässt dabei die grundsätzliche Zuordnung des Luftraumes zum Staatsgebiet des betroffenen Bodenstaates, also deren territoriale Luftraumsouveränität, unberührt, sodass der Luftraum nach wie vor unter der jeweiligen nationalen Hoheit verbleibt.[2389] Grundsätzlich könnten die funktionalen Luftraumblöcke jedoch sehr wohl als eine Art Vorstufe eines europäischen Staatenluftraumes angesehen werden.[2390]

2383 *Bues*, S. 68; siehe auch *ebenda* S. 68, Fn. 486: Ein „europäischer Staatenluftraum“ widerspräche Art. 1 Chicagoer Abkommen.

2384 *Giemulla*, DVBl. 2007, S. 719 ff. (724).

2385 *Giemulla*, DVBl. 2007, S. 719 ff. (724).

2386 *Giemulla*, DVBl. 2007, S. 719 ff. (724).

2387 *Horn*, in: v. Mangoldt/Klein/Starck, Grundgesetz, Bd. 3, Art. 87d GG, Rn. 3a; *Bues*, S. 68 f.

2388 *Bues*, S. 69; ähnlich *Horn*, in: v. Mangoldt/Klein/Starck, GG III (2010), Art. 87d, Rn. 30; *ders.*, in: v. Mangoldt/Klein/Starck, Grundgesetz, Bd. 3, Art. 87d GG, Rn. 3a.

2389 *Giemulla*, DVBl. 2007, S. 719 ff. (724); *Hüttel*, S. 106; *Bues*, S. 69; *Horn*, in: v. Mangoldt/Klein/Starck, GG III (2010), Art. 87d, Rn. 30.

2390 *Khan*, Die deutschen Staatsgrenzen, S. 632; *Bues*, S. 69.

## III. Souveräne Befugnisse in supranationalen Strukturen

Die Verordnungen zum einheitlichen europäischen Luftraum greifen grundsätzlich in die Rechte der Mitgliedstaaten, insbesondere in den Bereich der Flugsicherung, ein. Die EU-Mitgliedstaaten stimmten durch die Verabschiedung der Verordnungen zum einheitlichen europäischen Luftraum der Aktivität der Europäischen Union auf dem Gebiet der Flugsicherung zwar zu, durch diese Zustimmung und Verabschiedung der Verordnungen gaben die Mitgliedstaaten aber ihre Souveränität bezüglich der Flugsicherung nicht komplett auf.[2391] Die *freiwillige*, auf Vertrag basierende Beschränkung nationaler Souveränitätsrechte in supranationalen Strukturen kann nicht als Souveränitätsverlust gewertet werden, sie drückt vielmehr die Souveränität aus, wie sie auch im Chicagoer Abkommen niedergelegt wird.[2392] Möglich war der Erlass des Verordnungspaketes grundsätzlich nur, weil dadurch die sachlich erforderliche „europäische Verantwortung für die Flugsicherung“ auf der einen Seite und die „nationale Luftraumsouveränität“ auf der anderen Seite ausgeglichen wurde.[2393] Den EU-Mitgliedstaaten verbleiben bei dieser Lösung verschiedene „Souveränitätsinseln“, für die sie die ausschließliche Zuständigkeit innehaben.[2394] Folglich wird die nationale Lufthoheit nicht zu einem *nudum ius* ausgehöhlt,[2395] da den

---

2391 *Bues*, S. 69 f.

2392 Annex 11 Chicagoer Abkommen, § 2.1.1, „If one State delegates to another State the responsibility for the provision of airtraffic services over ist territory, it does so without derogation of its national sovereignty.“; *Hüttel*, S. 103; *v. Antwerpen*, Cross-Border-Provision, S. 95, Fn. 329; *Schwenk/Schwenk*, International Co-operation, S. 176; ebenso *Bues*, S. 69; *ebenda*, Fn. 491: „Durch die Delegation ist die Ausübung von gewissen souveränen Rechten lediglich für einen gewissen Zeitraum beschränkt. Jedoch müssen Staaten, die Flugsicherungsaufgaben delegieren, die Aufsicht über die Ausführung dieser Dienste sicherstellen, um ihrer Verantwortung gemäß Art. 28 lit. a) Chicagoer Abkommen gerecht zu werden.“; siehe dazu *Franklin*, Air & Space Law 2007, S. 425 ff. (430); *Schubert*, Air & Space Law 2010, S. 113 ff. (128).

2393 *Bues*, S. 70.

2394 *Bues*, S. 70.

2395 *Khan*, Die deutschen Staatsgrenzen, S. 632; es kann jedoch nicht bestritten werden, dass die absolute Lufthoheit, wie das Chicagoer Abkommen sie vorsieht, im Rahmen des einheitlichen europäischen Luftraumes bereits aufgeweicht ist, siehe dazu *Shrewsbury*, Journal of Air Law and Commerce 2003, S. 115 ff. (149); *Hüttel*, S. 135; *Schladebach*, EuR 2006, S. 773 ff. (792), der auch darauf hinweist, dass die EU-Mitgliedstaaten mit ihrer Zustimmung zu den Verordnungen zum einheitlichen europäischen Luftraum im Rat die Einschränkung ihrer Lufthoheit anerkannt haben.

EU-Mitgliedstaaten ein Gebiet souveräner Hoheitsrechte bleibt, das eine Europäisierung der Luftraumsouveränität einschränkt.[2396]

Auf einen solchen souveränitätsschonenden Ansatz gründen sich die Verordnungen zum einheitlichen europäischen Luftraum und dieser spiegelt sich in verschiedenen Normen wider.[2397] Daraus folgt, dass nicht alle Aufgaben der bisher ausschließlich als hoheitlich eingestuften Flugsicherung solche sind, die als „wesentliche Staatsfunktionen" erachtet werden müssen und bei deren Aufgabe aus dem staatlichen Verantwortungsbereich ein Souveränitätsverlust zu befürchten ist.[2398] Schließlich vereint die Flugsicherung neben ihren Aufgaben mit hoheitlichem Charakter ein weites Feld von Dienstleistungs- und Unterstützungsdiensten. Die Verordnungen zum einheitlichen europäischen Luftraum unterscheiden daher zwischen den hoheitlichen Flugverkehrsdiensten und den nicht-hoheitlichen Unterstützungsdiensten.[2399] In Bezug auf die Luftraumsouveränität sind insbesondere die Flugverkehrsdienste zu beachten, da ihnen die Bewegungslenkung und Überwachung des Luftraumes obliegt und sie daher für die Kontrolle und die Durchsetzung der Luftverkehrsregeln enorm wichtig sind.[2400] Diesbezüglich führt die Anwendung der Verordnungen jedoch nicht automatisch zur Aufgabe souveräner Befugnisse.[2401] Wie der Name schon sagt, erfüllen die Unterstützungsdienste für die Flugverkehrsdienste nur eine unterstützende Funktion, ohne dass sie in die direkte Aufsicht und Kontrolle mit

2396 *Bues*, S. 70; *Schubert*, Air & Space Law 2010, S. 113 ff. (128); „Anstelle die Ausübung hoheitlicher Befugnisse innovativ zu gestalten, werden diese von denen, die die grenzübergreifende Zusammenarbeit und Integration aufhalten möchten, als ‚Hemmschuh' verwendet.", so schon KOM(2007) 845, S. 8; siehe auch KOM(2008) 389, S. 3, wo die Suche nach innovativen Lösungen für die Ausübung der Hoheitsgewalt angeregt wird, um die grenzübergreifende Integration nicht zu blockieren.

2397 So wird z. B. in Erwägungsgrund Nummer 5 Flugsicherungsdienste-VO festgehalten: „Die Erbringung von Flugverkehrsdiensten gemäß dieser Verordnung hängt mit der Ausübung von hoheitlichen Befugnissen zusammen, die keinen wirtschaftlichen Charakter aufweisen, der die Anwendung der Wettbewerbsregeln des Vertrags rechtfertigen würde."; ebenso in Art. 8, Art. 9a Abs. 3 S. 1, Art. 10 Abs. 3, S. 1 Flugsicherungsdienste-VO und Art. 3 Abs. 3 Luftraum-VO; *Bues*, S. 70; *Hüttel*, S. 136.

2398 *Hüttel*, S. 136.

2399 *Hüttel*, S. 136; *Bues*, S. 70; dazu vertiefend Kapitel 8, A.

2400 *Schubert*, Air & Space Law 2010, S. 113 ff. (128), spricht in diesem Zusammenhang von „core sovereign function"; *Bues*, S. 70; *Hüttel*, S. 136.

2401 *Hüttel*, S. 136.

eingebunden würden; sie sind an der Wahrung der Luftraumsouveränität nur untergeordnet beteiligt.[2402]

Auch die Schaffung der funktionalen Luftraumblöcke (Bottom-up-Ansatz) kann einen schonenden Effekt auf die nationale Luftraumhoheit haben.[2403] In Art. 13 der Rahmen-VO ist zusätzlich die vollständige Unabhängigkeit der EU-Mitgliedstaaten zur Wahrung ihrer sicherheits- und verteidigungspolitischen Interessen niedergelegt.[2404] Grundsätzlich lässt sich festhalten, dass die Luftraumhoheit als Teil der staatlichen Souveränität durch die Umsetzung der SES-Verordnungen nur dann gefährdet wäre, wenn den Mitgliedstaaten ihre Steuerungs- und Einflussmöglichkeiten genommen würden.[2405] Die Idee des einheitlichen europäischen Luftraumes fordert jedoch nicht die völlige Negierung der nationalen Souveränitätsrechte auf dem Gebiet der Flugsicherung, sondern vielmehr verbleibt ein entscheidender Gestaltungsraum bei den EU-Mitgliedstaaten, den sie nach ihrem Ermessen und als Ausdruck ihrer Souveränität organisieren können.[2406]

## IV. Resümee

Die Schaffung eines gesamteuropäischen Staatenluftraumes, in dem den EU-Mitgliedstaaten die Hoheitsrechte entzogen und der Luftraum von einer supranationalen Flugsicherungsorganisation überwacht wird, wird von den Verordnungen zum einheitlichen europäischen Luftraum weder gefordert, noch ist er vorgesehen.[2407] Die EU-Mitgliedstaaten müssen zwar miteinander kooperieren und funktionale Luftraumblöcke in Kooperation miteinander errichten, ihre Hoheitsgewalt über ihren Luftraum wird dadurch jedoch nicht beschnitten. Vielmehr bleibt durch die Verordnungen zum einheitlichen europäischen Luftraum die Zuordnung des Luftraumes weiterhin unangetastet.[2408]

---

2402 *Bues*, S. 70 f.

2403 *Bues*, S. 71; a. A. ist *Hüttel*, S. 105, der die in Art. 9a Abs. 1 Flugsicherungsdienste-VO verbindlich vorgeschriebene Errichtung funktionaler Luftraumblöcke als ein rechtsverbindlich vorgeschriebenes Ergebnis ansieht, das nicht auf einer unmittelbaren *freiwilligen* Selbstverpflichtung der betroffenen Staaten beruht.

2404 So auch *Bues*, S. 71.

2405 *Hüttel*, S. 136.

2406 *Bues*, S. 71; *Hüttel*, S. 137.

2407 *Giemulla*, DVBl. 2007, S. 719 ff. (724); ähnlich *Horn*, in: v. Mangoldt/Klein/Starck, Grundgesetz, Bd. 3, Art. 87d GG, Rn. 3a.

2408 *Hüttel*, S. 135 f.; *Bues*, S. 71.

Die Verordnungen zum Single European Sky heben die Souveränität der Staaten auch gerade nicht auf, sondern bestätigen diese vielmehr.[2409] Die *freiwillige*, auf Vertrag basierende Übertragung und Einbindung nationaler Souveränitätsrechte in supranationale Strukturen kann nicht schon als solche als ein Souveränitätsverlust gewertet werden, vielmehr lässt sich eine derartige Delegation grundsätzlich als ein Ausdruck der Hoheitsrechtsausübung werten.[2410] Es kommt durch den einheitlichen europäischen Luftraum nicht zu einer völkerrechtlich verbindlichen Herauslösung eines Luftraumstaatsgebietes oder der Neuschaffung eines gemeineuropäischen Staatenluftraumes, sondern der Luftraum verbleibt nach wie vor unter der jeweiligen nationalen Hoheit.[2411] Da die Kompetenz-Kompetenz völkerrechtlich bei den EU-Mitgliedstaaten verbleibt, ist die Souveränität weder zwischen den EU-Mitgliedstaaten und der Europäischen Union geteilt,[2412] noch verbleibt sie in der Schwebe.[2413] Weiterhin werden durch die Verordnungen zum einheitlichen europäischen Luftraum die Auswirkungen auf die nationale Luftraumsouveränität durch Schaffung von „Souveränitätsinseln“ und Hoheitsreservaten minimiert und geschützt.[2414] Dabei wird allerdings auch deutlich, dass die klassische, nationale Lufthoheit, wie sie in Art. 1 Chicagoer Abkommen niedergeschrieben wurde, zumindest auf der europäischen Ebene nicht mehr zuerkannt werden kann.[2415] Vielmehr kommt es durch die Schaffung des einheitlichen europäischen Luftraumes zu einer Verschränkung[2416] nationaler Luftraumsouveränitäten und einer ausgedehnten Europäisierung.[2417]

---

2409 *Bues*, S. 69.

2410 Annex 11 Chicagoer Abkommen, § 2.1.1, „If one State delegates to another State the responsibility for the provision of air traffic services over its territory, it does so without derogation of its national sovereignty.“; *Hüttel*, S. 103; *v. Antwerpen*, Cross-Border-Provision, S. 95, Fn. 329; *Schwenk/Schwenk*, International Co-operation, S. 176; ebenso *Bues*, S. 69.

2411 *Bues*, S. 69; ähnlich bei *Horn*, in: v. Mangoldt/Klein/Starck, GG III (2010), Art. 87d, Rn. 30.

2412 So *Everling*, in: FS für Rudolf Bernhardt, S. 1161 ff. (1164).

2413 *Hillgruber*, JZ 2002, S. 1072 ff. (1077 f.); *Kirchhof*, in: Isensee/Kirchhof, HStR X, § 214, Rn. 109 ff.; *Hufeld*, in: Isensee/Kirchhof, HStR X, § 215, Rn. 57 f.

2414 *Bues*, S. 71.

2415 *Schliesky*, S. 388; siehe auch *Di Fabio*, Das Recht offener Staaten, S. 122; *Weber-Fas*, Staatsgewalt, S. 292; *Bues*, S. 71.

2416 Siehe dazu auch *Schliesky*, S. 389.

2417 *Bues*, S. 71.

## B. Beziehungen zu Drittstaaten

Die Europäische Union hat es sich zum Ziel gesetzt, einen gemeinsamen Rechtsraum für den Luftverkehr auch über die Grenzen der Union hinaus zu schaffen.[2418] Grundsätzlich gelten die Vorschriften bezüglich des einheitlichen europäischen Luftraumes zunächst nur in den EU-Mitgliedstaaten.[2419] Die Expansion des einheitlichen europäischen Luftraumes auf Nicht-EU-Staaten ist gleichwohl über entsprechende Abkommen zwischen der Europäischen Union und dem Drittstaat möglich und wird gemäß Art. 7 Rahmen-VO ausdrücklich angestrebt. Die geografische Reichweite des Single European Sky erstreckt sich daher auch auf Nicht-EU-Staaten wie die Schweizerische Eidgenossenschaft (Schweiz) und das Königreich Norwegen, die sich in bi- und multilateralen Abkommen zu seiner Umsetzung verpflichtet haben.[2420]

Gemäß Art. 7 S. 1 Rahmen-VO streben die Europäische Union und die Mitgliedstaaten die Erweiterung des einheitlichen europäischen Luftraumes auf Staaten an, die kein Mitglied der EU sind, und unterstützen dieses Wachstum. Dazu setzten sie sich gemäß Art. 7 S. 2 Rahmen-VO entweder im Rahmen von Abkommen mit benachbarten Drittländern oder im Rahmen von Abkommen über funktionale Luftraumblöcke dafür ein, die Anwendung der Verordnung und der in Art. 3 Rahmen-VO genannten Maßnahmen auf diese Länder auszudehnen. Durch eine solche Ausdehnung auf sämtliche europäische bzw. an die

2418 *Dettling-Ott*, in: Hobe/v. Ruckteschell, Kölner Kompendium Luftrecht, Bd. 1, S. 310, Rn. 204; ähnlich *Bues*, S. 56; ähnlich *Horn*, in: v. Mangoldt/Klein/Starck, Grundgesetz, Bd. 3, Art. 87d GG, Rn. 3b.

2419 *Bues*, S. 56.

2420 Mitteilung der Kommission an das Europäische Parlament, den Rat, den Europäischen Wirtschafts- und Sozialausschuss und den Ausschuss der Regionen, Beschleunigte Verwirklichung des einheitlichen europäischen Luftraumes vom 11.06.2013, COM(2013) 408, S. 4, Fn. 12; für die Schweiz siehe Abkommen zwischen der Schweizerischen Eidgenossenschaft und der Europäischen Gemeinschaft über den Luftverkehr vom 21.06.1999, Stand 01.01.2023, abzurufen unter http://www.admin.ch/opc/de/classified-compilation/19994646/201302010000/0.748.127.192.68.pdf, zuletzt abgerufen am 02.03.2023, dort zu finden im Anh. unter Punkt 5, Flugverkehrsmanagement „ATM", S. 26 ff.; das Königreich Norwegen und die Republik Island sind Vertragspartner des Abkommens über den Europäischen Wirtschaftsraum (EWR-Abkommen), das am 02.05.1992 unterzeichnet wurde, ABl. EG Nr. L 1 vom 03.01.1994, S. 1. Dieses Abkommen ermöglicht, dass Norwegen, Liechtenstein und Island zu gleichen Bedingungen am Luftverkehrsbinnenmarkt teilnehmen können wie die EU-Mitgliedstaaten.

Europäische Union angrenzende Länder[2421] soll gewährleistet werden, dass ein „*Single Pan-European Sky*“[2422] geschaffen wird und nicht der einheitliche Regelungsansatz von einzelnen Staaten durchbrochen und somit die Effektivität des Projekts in Gänze bedroht wird.[2423]

## I. Abkommen mit der Schweizerischen Eidgenossenschaft

Das Abkommen mit der Schweizerischen Eidgenossenschaft (Schweiz) und der Europäischen Union war eines der ersten Abkommen, mit dem die EU ihre Vorschriften über den Luftverkehr auf angrenzende Nicht-EU-Mitgliedstaaten ausdehnte.[2424] Zwischen der Schweiz und der Europäischen Union wurde gemäß Art. 7 Rahmen-VO ein bilaterales Abkommen[2425] geschlossen, das die Vorschriften für den Luftverkehr innerhalb Europas einander angleichen will[2426] und die damit zusammenhängenden Rechtsakte auch in der Schweiz für anwendbar erklärt.[2427] Die Einbeziehung der Schweiz war aufgrund ihrer geografischen Lage mitten in Europa ein luftverkehrspolitisches, -wirtschaftliches und -rechtliches Gebot.[2428]

---

2421 Eine detaillierte Auflistung aller EU-Luftverkehrsabkommen bietet die Seite des BMDV unter https://bmdv.bund.de/SharedDocs/DE/Artikel/LF/luftverkehrsabkommen-bmvi.html, zuletzt abgerufen am 22.03.2023.

2422 *V. Antwerpen*, Cross-Border Provision, S. 86 f.; DVO (EU) Nr. 390/2013 verwendete in Art. 18 Abs. 2 in diesem Zusammenhang einen „gesamten europäischen Luftraum“ in Abgrenzung zu einem „einheitlichen europäischen Luftraum“; *Horn*, in: v. Mangoldt/Klein/Starck, Grundgesetz, Bd. 3, Art. 87d GG, Rn. 3b verwendet den Begriff eines „(pan)europäischen Luftraumes“.

2423 *Bues*, S. 56.

2424 *Dettling-Ott*, in: Hobe/v. Ruckteschell, Kölner Kompendium Luftrecht, Bd. 1, S. 310, Rn. 204.

2425 Abkommen zwischen der Schweizerischen Eidgenossenschaft und der Europäischen Gemeinschaft über den Luftverkehr vom 21.06.1999, Stand 01.01.2023 abzurufen unter https://www.admin.ch/opc/de/classified-compilation/19994646/201302010000/0.748.127.192.68.pdf, zuletzt abgerufen am 22.03.2023, dort zu finden im Anh. unter Punkt 5, Flugverkehrsmanagement „ATM“, S. 26 ff.; siehe auch BMDV unter https://bmdv.bund.de/SharedDocs/DE/Artikel/LF/luftverkehrsabkommen-bilateral.html, zuletzt abgerufen am 22.03.2023.

2426 Abkommen zwischen der Schweizerischen Eidgenossenschaft und der Europäischen Gemeinschaft über den Luftverkehr, Stand 01.01.2023, S. 1; so auch *Bues*, S. 57.

2427 Siehe dazu Art. 1 und Art. 2 des Abkommens zwischen der Schweizerischen Eidgenossenschaft und der Europäischen Gemeinschaft über den Luftverkehr.

2428 *Schladebach*, EuR 2006, S. 773 ff. (777).

## II. Abkommen mit dem Königreich Norwegen, der Republik Island und den Balkanstaaten als European Common Aviation Area (ECAA)

Im Dezember 2004 begann die Europäische Union, mit verschiedenen Nachbarstaaten Verhandlungen im Rahmen der European Common Aviation Area (ECAA) zu führen,[2429] um ein ähnliches Luftverkehrsabkommen zu schließen, wie sie es mit der Schweizerischen Eidgenossenschaft abgeschlossen hatte.[2430] Norwegen, Island und die Länder des Balkans (die Republik Albanien, Bosnien und Herzegowina, die Republik Bulgarien, die Republik Kroatien, die Republik Mazedonien, die Republik Montenegro, Rumänien, die Republik Serbien und der Kosovo[2431] im Rahmen der UNSC-Entschließung 1244/99)[2432] unterzeichneten das multilaterale Abkommen zur Schaffung eines gemeinsamen europäischen Luftverkehrsraumes.[2433] In dem multilateralen Übereinkommen zwischen

---

2429 Beschluss des Rates und der im Rat vereinigten Vertreter der Mitgliedstaaten der Europäischen Union vom 09.06.2006 über die Unterzeichnung und vorläufige Anwendung des Übereinkommens zwischen der Europäischen Gemeinschaft und ihren Mitgliedstaaten, der Republik Albanien, Bosnien und Herzegowina, der Republik Bulgarien, der -damals sogenannten-Ehemaligen Jugoslawischen Republik Mazedonien, der Republik Island, der Republik Kroatien, der Republik Montenegro, dem Königreich Norwegen, Rumänien, der Republik Serbien und der Übergangsverwaltung der Vereinten Nationen in Kosovo zur Schaffung eines gemeinsamen europäischen Luftverkehrsraums, ABl. EG Nr. L 285 vom 16.10.2006, S. 1–2; siehe für die Bundesrepublik insb. das entsprechende Gesetz in BGBl. II 2011 vom 18.02.2011, S. 162 ff.

2430 https://transport.ec.europa.eu/transport-modes/air/international-aviation/status-aviation-relations-country/ecaa_en, zuletzt abgerufen am 02.03.2023.

2431 Gem. der Resolution des Sicherheitsrates der Vereinten Nationen 1244 vom 10.06.1999.

2432 Bulgarien, Kroatien und Rumänien wurden nach der Unterzeichnung des ECAA-Abkommens im Jahr 2007 EU-Mitglieder, sodass die SES-Verordnungen auf diese Länder direkte Anwendung finden.

2433 Übereinkommen zwischen der Europäischen Gemeinschaft und ihren Mitgliedstaaten, der Republik Albanien, Bosnien und Herzegowina, der Republik Bulgarien, der Ehemaligen Jugoslawischen Republik Mazedonien, der Republik Island, der Republik Kroatien, der Republik Montenegro, dem Königreich Norwegen, Rumänien, der Republik Serbien und der Übergangsverwaltung der Vereinten Nationen in Kosovo zur Schaffung eines gemeinsamen europäischen Luftverkehrsraums, ABl. EG Nr. L 285 vom 16.10.2006, S. 3 ff.; siehe dazu auch die detaillierte Liste des BMDV, abzurufen unter https://bmdv.bund.de/SharedDocs/DE/Artikel/LF/luftverkehrsabkom men-bilateral.html, zuletzt abgerufen am 22.03.2023.

der EU, ihren Mitgliedstaaten und den Balkanländern über die Schaffung eines einheitlichen europäischen Luftverkehrsraums wurden die Bedingungen für die schrittweise Integration der Parteien in den Luftverkehrsbinnenmarkt der EU manifestiert.[2434] Das Abkommen wurde am 9. Juni 2006 in Luxemburg unterzeichnet.[2435]

Die Verordnungen zum einheitlichen europäischen Luftraum werden in dem ECAA-Abkommen ausdrücklich erwähnt[2436] und die Unterzeichner zur Anwendung verpflichtet, wodurch der einheitliche europäische Luftraum eine bedeutsame Erweiterung erfährt.[2437] Das Abkommen ist seit dem 1. Dezember 2017 in Kraft.[2438]

## III. Die Europa-Mittelmeer-Luftverkehrsabkommen (EMAA)

Mit dem Königreich Marokko wurde das erste Europa-Mittelmeer-Luftverkehrsabkommen (Euro-Mediterranean Aviation Agreement, kurz EMAA) geschlossen.[2439] Es weist ein hohes Maß an Harmonisierung bei der Regulierung auf, enthält Bestimmungen für eine schrittweise Marktöffnung und größere

---

2434 Pressemitteilung der Europäischen Kommission, „Luftverkehr: Kommission drängt Belgien und Griechenland zur raschen Ratifizierung des Übereinkommens mit den westlichen Balkanländern über einen gemeinsamen europäischen Luftverkehrsraum" vom 30.05.2013.

2435 Pressemitteilung der Europäischen Kommission, „Luftverkehr: Kommission drängt Belgien und Griechenland zur raschen Ratifizierung des Übereinkommens mit den westlichen Balkanländern über einen gemeinsamen europäischen Luftverkehrsraum" vom 30.05.2013; *Bues*, S. 57.

2436 Siehe Art. 13 und Anh. 1 des ECAA-Abkommens; Anwendung finden Art. 1 bis 4, 6 und 9 bis 14 der Rahmen-VO; Art. 1 bis 19, Anhänge I und II Flugsicherungsdienste-VO; Art. 1 bis 11 Luftraum-VO und Art. 1 bis 12, Anhänge I bis V Interoperabilitäts-VO.

2437 Siehe Art. 1 i. V. m. Anh. 1 des ECAA-Abkommens; *Bues*, S. 57 f.; *Schladebach*, Luftrecht, S. 119, Rn. 135.

2438 Dazu vertiefend https://transport.ec.europa.eu/transport-modes/air/international-aviation/status-aviation-relations-country/ecaa_en, zuletzt abgerufen am 23.03.2023.

2439 https://transport.ec.europa.eu/transport-modes/air/international-aviation/status-aviation-relations-country/morocco_en, zuletzt abgerufen am 23.03.2023; siehe Europa-Mittelmeer-Luftverkehrsabkommen zwischen der Europäischen Gemeinschaft und ihren Mitgliedstaaten einerseits und dem Königreich Marokko andererseits, ABl. EG Nr. L 386 vom 29.12.2006, S. 57–88.

Investitionsmöglichkeiten und setzt Maßstäbe für zukünftige Luftverkehrsabkommen mit den Partnern der Europäischen Union im Mittelmeerraum.[2440]

Auch zwischen dem Haschemitischen Königreich Jordanien und der Europäischen Union und ihren Mitgliedstaaten wurde ein Europa-Mittelmeer-Luftverkehrsabkommen geschlossen.[2441] Dieses Abkommen integriert das Königreich Jordanien in einen gemeinsamen Luftverkehrsraum mit der Europäischen Union,[2442] ganz nach den Vorstellungen eines einheitlichen Luftraumes.

Ebenso wurde von der Europäischen Union und Israel[2443] ein umfassendes Europa-Mittelmeer-Luftverkehrsabkommen[2444] unterzeichnet, das schrittweise zur Öffnung und Integration der betreffenden Märkte beider Partner, zur Entstehung eines Luftverkehrsraums mit gemeinsamen Vorschriften, zu wirtschaftlichen Vorteilen für die Verbraucher und zu neuen Möglichkeiten für Luftfahrtunternehmen führen soll.[2445]

2440 Mitteilung der Kommission, Gemeinsamer Luftverkehrsraum unter Einbeziehung der Nachbarländer bis 2010 – Fortschrittsbericht vom 01.10.2008, KOM(2008) 596 endgültig, S. 4; so auch *Bues*, S. 58.

2441 Europa-Mittelmeer-Luftverkehrsabkommen zwischen der Europäischen Union und ihren Mitgliedstaaten einerseits und dem Haschemitischen Königreich Jordanien andererseits, ABl. EU Nr. L 334 vom 06.12.2012, S. 3–30; zuletzt geändert anlässlich des Beitritts der Republik Kroatien zur EU, ABl. EU Nr. L 132 vom 21.05.2016, S. 81–84.

2442 https://transport.ec.europa.eu/transport-modes/air/international-aviation/status-aviation-relations-country/jordan_en, zuletzt abgerufen am 23.03.2023.

2443 https://transport.ec.europa.eu/transport-modes/air/international-aviation/status-aviation-relations-country/israel_en, zuletzt abgerufen am 23.03.2023.

2444 Europa-Mittelmeer-Luftverkehrsabkommen zwischen der Europäischen Union und ihren Mitgliedstaaten einerseits und der Regierung des Staates Israel andererseits, ABl. EU Nr. L 208 vom 02.08.2013, S. 3–67; zuletzt geändert anlässlich des Beitritts der Republik Kroatien zur EU, ABl. EU Nr. L 64 vom 07.03.2015, S. 3–5.

2445 Pressemitteilung der Europäischen Kommission vom 10.06.2013, „Luftverkehr: EU und Israel unterzeichnen Abkommen“: „Das Abkommen ermöglicht allen EU-Luftfahrtunternehmen Direktflüge nach Israel von jedem beliebigen Ort in der EU und israelischen Luftfahrtunternehmen Flüge zu Flughäfen in der gesamten EU. Der Luftverkehrsmarkt EU-Israel soll innerhalb der nächsten fünf Jahre schrittweise geöffnet werden, wobei die volle Öffnung im Jahr 2018 erreicht sein soll, d. h., dass die Zahl der Flüge dann keinen Beschränkungen mehr unterliegen wird.“ Abzurufen unter (zuletzt 23.03.2023) http://europa.eu/rapid/press-release_IP-13-519_de.htm.

## IV. Abkommen mit der Russischen Föderation

Die Russische Föderation ist ein äußerst wichtiger Nachbar der erweiterten Europäischen Union mit einer langen Luft- und Raumfahrttradition und einem bedeutenden Luftverkehrsmarkt.[2446] Bereits im Jahr 2005 hat die Europäische Kommission die erheblichen wirtschaftlichen Vorteile dargelegt, die sich aus künftigen umfassenden Abkommen mit Russland ergeben könnten, und daher um Mandate zur Aushandlung umfassender Luftverkehrsabkommen ersucht, die jedoch nicht erteilt wurden.[2447] Auf dem im Jahr 2011 stattfindenden Luftverkehrsgipfel zwischen der Europäischen Union und Russland wurde eine Vertiefung der politischen, technischen und industriellen Zusammenarbeit im Luftverkehrssektor angestrebt.[2448] Man verständigte sich auf eine Modernisierung des Systems für Sibirien-Überflug-Gebühren. Seit über 20 Jahren verlangt Russland für den Überflug ausländischer Luftverkehrsunternehmen über Sibirien neben den üblichen Flugnavigationsgebühren zusätzliche „Überfluggebühren".[2449] Ab dem 1. Januar 2014 sollten die Gebühren, die die Luftfahrtunternehmen aus der Europäischen Union

2446 KOM(2008) 596, S. 5.

2447 Mitteilung der Kommission an das Europäische Parlament, den Rat, den Europäischen Wirtschafts- und Sozialausschuss und den Ausschuss der Regionen, Die Luftfahrtaußenpolitik der EU – Bewältigung der künftigen Herausforderungen vom 27.09.2012, COM(2012) 556 final, S. 13.

2448 Pressemitteilung der Europäischen Kommission „Luftverkehrsgipfel EU-Russland: Perspektiven für mehr Geschäfte und stärkere Zusammenarbeit" vom 12.10.2011.

2449 Diese Gebühren werden von Russland noch immer entgegen internationalen Gepflogenheiten erhoben. Russland ist zwar kein Vertragsstaat der Transitvereinbarung und hat damit auch keinem Staat das dort in Art. 1 Abschnitt 1 S. 1 festgelegte Überflugrecht eingeräumt. Jedoch steht Russland dadurch nicht außerhalb der internationalen Luftrechtsordnung, vielmehr ist die damalige Sowjetunion 1970 Vertragsstaat des Chicagoer Abkommens geworden, in deren Rechtsposition Russland nach der Auflösung der Sowjetunion eingetreten ist. Daher gilt auch für Russland Art. 15 Abs. 3 S. 2 CA, wonach die Vertragsstaaten keine Taxen, Gebühren oder sonstige Abgaben für das Recht des Durchflugs, Einflugs oder Ausflugs eines Luftfahrzeugs eines Vertragsstaats oder der an Bord befindlichen Personen oder Waren erheben. Lediglich die Kosten für die Flugkontrolle können sich die Vertragsstaaten erstatten lassen. Dazu ausf. *Schladebach*, Lufthoheit, S. 196 f.; *Milde*, ZLW 2000, S. 147 ff. (151 f.); *Bentzien* ZLW 2008, S. 508 ff. (520 f.); *Baur*, Air & Space Law 2010, S. 225 ff. (228 f.).

für den Überflug von russischem Gebiet zahlen mussten, transparent und kostenbezogen sein und keine Diskriminierung zwischen den Unternehmen beinhalten.[2450]

Infolge des Angriffskriegs Russlands gegen die Ukraine beschloss der Rat der Europäischen Union am 27. Februar 2022, den Luftraum der EU für russische Luftfahrzeige zu sperren.[2451] Mit der Veröffentlichung des Beschlusses im Amtsblatt der Europäischen Union trat die Regelung in Kraft.[2452] Die restriktiven Maßnahmen der Union untersagen russischen Luftfahrtunternehmen, in Russland registrierten Luftfahrzeugen und Luftfahrzeugen, die zwar nicht in Russland registriert sind, sich jedoch im Eigentum einer russischen natürlichen oder juristischen Person, Organisation oder Einrichtung befinden oder von dieser gechartert oder auf andere Weise kontrolliert werden, in dem Gebiet der Union zu landen, dort zu starten oder das Gebiet zu überfliegen.[2453] Die Sperrung des Luftraums gilt damit sowohl für Maschinen der

---

2450 Zur Lösung dieser langjährigen Kontroverse schlossen die EU und Russland am 24.11.2006 ein Abkommen, das von allen damaligen EU-Mitgliedstaaten, aber erst 2011 von Russland unterzeichnet wurde, Pressemitteilung der Europäischen Kommission „Luftverkehr: Kommission begrüßt Vereinbarung über Sibirienüberflüge" vom 01.12.2011; zu den Sibirienüberflügen siehe auch KOM(2008) 596, S. 5; *Schladebach*, Lufthoheit, S. 197; *Milde*, ZLW 2000, S. 147 ff. (147 ff.); Russland erwog im Jahr 2014 ein Überflugverbot für die europäischen Luftfahrtunternehmen bei Sibirienüberflügen, um sich gegen Sanktionen der EU zu wehren, vgl. dazu „Sanktion gegen Lufthansa und Co, Russland erwägt Überflugverbot für europäische Airlines" abrufbar (zuletzt 02.03.2023) unter http://www.spiegel.de/wirtschaft/soziales/russland-will-europaeischen-airlines-fluege-ueber-sibirien-verbieten-a-984478.html.

2451 Beschluss (GASP) 2022/335 des Rates vom 28.02.2022 zur Änderung des Beschlusses 2014/512/GASP über restriktive Maßnahmen angesichts der Handlungen Russlands, die die Lage in der Ukraine destabilisieren, ABl. EU Nr. L 57 vom 28.02.2022, S. 4–6. In Erwägungsgrund Nummer 7 hießt es: „Darüber hinaus sollten die Mitgliedstaaten verpflichtet sein, Luftfahrzeugen, die von russischen Luftfahrtunternehmen betrieben werden, einschließlich als Vertriebsunternehmen, in Russland registrierten Luftfahrzeugen und nicht in Russland registrierten Luftfahrzeugen, die im Eigentum einer russischen juristischen oder natürlichen Person stehen oder von ihr gechartert oder anderweitig kontrolliert werden, die Erlaubnis zu verweigern, in ihrem Hoheitsgebiet zu landen, von ihrem Hoheitsgebiet zu starten oder ihr Hoheitsgebiet zu überfliegen."

2452 Art. 2 Beschluss (GASP) 2022/335 des Rates vom 28.02.2022 zur Änderung des Beschlusses 2014/512/GASP über restriktive Maßnahmen angesichts der Handlungen Russlands, die die Lage in der Ukraine destabilisieren.

2453 Erwägungsgrund Nummer 5 Beschluss (EU) 2022/2256 der Kommission vom 15.11.2022 über die Einleitung der eingehenden Prüfung bestimmter Leistungsziele,

Aeroflot als auch für Privatflugzeuge russischer Oligarchen.[2454] Dies hat zur Folge, dass in Russland oder anderswo registrierte Flugzeuge, die von einem russischen Bürger oder einer russischen Organisation gechartert oder gemietet werden, auf keinem Flughafen der EU landen und die EU-Mitgliedstaaten nicht überfliegen dürfen.[2455] Für die Überflugrechte und die Flugüberwachung auf der Route von Europa nach Fernost verzeichneten die russischen Behörden hohe Devisen-Einnahmen, die nun entfallen.[2456]

Jedes Abkommen zu Drittstaaten bedeutet einen weiteren Schritt in Richtung eines einheitlichen Luftraumes zwischen der Europäischen Union und ihren Nachbarstaaten. Ähnliche umfassende Luftverkehrsabkommen wurden bereits mit Georgien und der Republik Moldau geschlossen, entsprechende Verhandlungen werden mit der Ukraine[2457], dem Libanon[2458], Tunesien[2459] und

---

die in dem von der Schweiz auf der Ebene funktionaler Luftraumblöcke gemäß der VO (EG) Nr. 549/2004 des Europäischen Parlaments und des Rates vorgelegten überarbeiteten Leistungsplanentwurf für den dritten Bezugszeitraum enthalten sind, ABl. EU Nr. L 297 vom 17.11.2022, S. 80 ff.

2454 Aeroflot stoppt Flüge, EU verbannt russische Airlines aus dem Luftraum vom 27.02.2022, abzurufen unter https://www.aero.de/news-42020/EU-verbannt-russische-Airlines-aus-dem-Luftraum.html, zuletzt abgerufen am 02.03.2023.

2455 Europäischer Rat, Rat der Europäischen Union, Die EU-Sanktionen gegen Russland im Detail, https://www.consilium.europa.eu/de/policies/sanctions/restrictive-measures-against-russia-over-ukraine/sanctions-against-russia-explained/#transport, zuletzt abgerufen am 02.03.2023.

2456 Fehlende Überfluggebühren zwingen russische Luftfahrtbehörde zu Sparkurs vom 09.02.2023, abzurufen unter https://www.aerotelegraph.com/fehlende-ueberfluggebuehren-zwingen-russische-luftfahrtbehoerde-zu-sparkurs, zuletzt abgerufen am 02.03.2023.

2457 Die Ukraine zählt zwar schon zu den Mitgliedern der europäischen „Luftfahrt-Familie“; bevor ihr unbeschränkter Zugang zum EU-Markt gewährt werden kann, müssen jedoch die Sicherheitsstandards und Wettbewerbsaspekte verbessert und an die der EU angepasst werden, https://transport.ec.europa.eu/transport-modes/air/international-aviation/status-aviation-relations-country/ukraine_en, zuletzt abgerufen am 02.03.2023.

2458 Die Verhandlungen mit dem Libanon für ein Euro-Mediterranean Aviation Agreement dauern an; https://transport.ec.europa.eu/transport-modes/air/international-aviation/status-aviation-relations-country/lebanon_en, zuletzt abgerufen am 02.03.2023.

2459 Auch mit Tunesien wurde ein Euro-Mediterranean Aviation Agreement ausgearbeitet, das am 11.12.2017 unterzeichnet wurde. Siehe https://transport.ec.europa.eu/

Aserbaidschan[2460] geführt.

## C. Zusammenfassung des Kapitels

Die EU-Mitgliedstaaten stimmten mit der Verabschiedung des Verordnungspaketes zum einheitlichen europäischen Luftraum der Aktivität der EU auf dem Gebiet der Flugsicherung zu. Dadurch verzichteten die Mitgliedstaaten aber nicht komplett auf ihre Souveränität bezüglich der Flugsicherung, denn die freiwillige, auf Vertrag basierende Beschränkung nationaler Souveränitätsrechte in supranationalen Strukturen wird nicht als Souveränitätsverlust gewertet. Schließlich verbleibt den EU-Mitgliedstaaten ein Reservat an souveränen Hoheitsrechten, das eine Europäisierung der Luftraumsouveränität einschränkt. Grundsätzlich kann davon ausgegangen werden, dass durch die zunehmende Europäisierung die in Art. 1 Chicagoer Abkommen niedergelegte klassische Luftraumhoheit mittlerweile nicht mehr wirklichkeitsgetreu ist, da auch sie dem europäischen Integrationsprozess unterliegt. Jedoch kann die Übertragung von Teilen der Luftraumhoheit auf die Europäische Union als Teilelement eines dynamischen Prozesses angesehen werden. Vor allem im Bereich des Luftverkehrs kann nicht in starren und nationalen Souveränitätskategorien und Souveränitätsgrenzen gedacht werden, da der Luftverkehr eben nur auf der internationalen Ebene und in globalen Strukturen mit überstaatlichem Umfang denkbar ist. Um einen solchen gemeinsamen Luftverkehrsmarkt zu erreichen, wurden mit drei Liberalisierungsverordnungspaketen seit 1987 die Grundlagen für die Ablösung bi- und multilateraler Luftverkehrsabkommen im innergemeinschaftlichen Luftverkehr durch einheitliche Regelungen geschaffen. Die EU kann die Wahrnehmung von Hoheitsgewalt auf limitierte, nach Handlungsmitteln und Regelungsintensität

---

transport-modes/air/international-aviation/status-aviation-relations-country/tunisia_en, zuletzt abgerufen am 02.03.2023.

2460 Am 06.10.2011 erhielt die Europäische Kommission vom Rat die Genehmigung, ein Luftverkehrsabkommen auf EU-Ebene mit Aserbaidschan auszuhandeln, wie von der Kommission 2011 vorgeschlagen. Die erste Verhandlungsrunde fand am 24. und 25.01.2013 in Baku, Aserbaidschan, und die zweite Runde am 04. und 05.07.2017 in Brüssel statt, gefolgt von einer erfolgreichen dritten Runde am 24. und 25.10.2017 in Baku. Auf dem Östlichen Partnerschaftsgipfel am 24.11.2017 in Brüssel brachten die Staats- und Regierungschefs ihre Unterstützung für einen raschen Abschluss der Verhandlungen zum Ausdruck, siehe auch https://transport.ec.europa.eu/transport-modes/air/international-aviation/status-aviation-relations-country/azerbaijan_en, zuletzt abgerufen am 02.03.2023.

abgestufte Ermächtigungen souverän bleibender Staaten gründen und ist dabei immer auf die Übertragung von Hoheitsrechten durch die Mitgliedstaaten angewiesen. Aus den einzelnen nationalen Lufträumen einen europäischen Staatenluftraum zu formen, ist nicht beabsichtigt. Zwar erwähnen die Verordnungen zum einheitlichen europäischen Luftraum einen „europäischen Luftraum", jedoch ist dieser Ausdruck nicht im rechtlich-politischen, sondern im geografischen Sinne zu verstehen. Schließlich hätten die einzelnen EU-Mitgliedstaaten aufgrund des Verlusts ihrer territorialen Souveränität in einem solchen europäischen, de-nationalisierten Luftraum keinerlei souveräne Rechte mehr.

Die Verordnungen zum einheitlichen europäischen Luftraum finden grundsätzlich nur in den EU-Mitgliedstaaten Anwendung. Die Erweiterung des einheitlichen europäischen Luftraumes auf Nicht-EU-Staaten ist allerdings durch den Abschluss entsprechender Abkommen zwischen der EU und Drittstaaten denkbar. Die Rahmen-VO strebt ausdrücklich an, auch über die Grenzen der Union hinaus einen gemeinsamen Rechtsrahmen zu schaffen. Dazu wurden bereits einige Abkommen mit Nicht-EU-Staaten, z. B. der Schweizerischen Eidgenossenschaft, geschlossen oder befinden sich mit weiteren Drittstaaten noch in der Verhandlungsphase.

# Kapitel 7: Rahmenbedingungen der Verordnungen zum einheitlichen europäischen Luftraum

Die Verordnungen zum einheitlichen europäischen Luftraum stellen eine Reihe von organisations- und aufgabenrechtlichen Anforderungen daran, wie die Flugsicherung zukünftig zu erfolgen hat und wie sie nationalstaatlich in den jeweiligen EU-Mitgliedstaaten umzusetzen ist.[2461] Ein entscheidender Faktor ist unter anderem die Trennung regulativer und operativer Aufgaben.[2462]

## A. Wesentlicher Handlungsauftrag

Die Verordnungspakete zum Single European Sky legen verschiedene Rahmenbedingungen fest, innerhalb derer die europäische Flugsicherung stattfinden soll.[2463] Die Voraussetzungen und Anforderungen, unter denen in der Bundesrepublik Deutschland Flugsicherungsdienste erbracht werden dürfen, sind daher maßgeblich in den unionsrechtlichen Vorgaben zum einheitlichen europäischen Luftraum niedergelegt. Ein zentraler Punkt ist unter anderem die garantierte Trennung der Funktionen der nationalen Aufsichtsbehörden und der Anbieter von Flugsicherungsdiensten.[2464] Die Trennung wird zwischen den Flugsicherungsorganisationen und den nationalen Aufsichtsbehörden vorgenommen.[2465] Die betrieblichen Aufgaben erbringen zertifizierte Flugsicherungsorganisationen, die nicht zwangsläufig Behörden sein müssen, sondern vielmehr auch in

---

2461 Die Verordnungen des SES-Paketes gelten gem. Art. 288 Abs. 2 S. 2 AEUV unmittelbar und genießen Anwendungsvorrang, siehe *Scherer*, EuZW 2005, S. 268 ff. (270); *Stutz*, in: Hobe/v. Ruckteschell, Kölner Kompendium Luftrecht, Bd. 2, S. 897, Rn. 5; *Giemulla*, DVBl. 2007, S. 719 ff. (725); *Bues*, S. 80.

2462 *Giemulla*, DVBl. 2007, S. 719 ff. (724); *Stutz*, in: Hobe/v. Ruckteschell, Kölner Kompendium Luftrecht, Bd. 2, S. 900, Rn. 15 f.; *Bues*, S. 81; *Scherer*, EuZW 2005, S. 268 ff. (286, 271); *ders.*, in: FS für Manfred Zuleeg, S. 456 ff. (469 f.).

2463 Dazu Erwägungsgrund Nummer 10 Rahmen-VO; Art. 4 Abs. 2 Rahmen-VO; *Stutz*, in: Hobe/v. Ruckteschell, Kölner Kompendium Luftrecht, Bd. 2, S. 900, Rn. 15.

2464 Stellungnahme der Kommission vom 27.08.2003, KOM(2003) 514, S. 4; dazu auch *Scherer*, in: FS für Manfred Zuleeg, S. 456 ff. (469 f.); *Stutz*, in: Hobe/v. Ruckteschell, Kölner Kompendium Luftrecht, Bd. 2, S. 900, Rn. 15 f.; *Bues*, S. 80.

2465 *Bues*, S. 81.

anderen Rechtsformen organisiert sein können.[2466] Beaufsichtigt werden die Flugsicherungsorganisationen von den nationalen Stellen, die hingegen allerdings in eine Behördenstruktur eingebettet sein müssen.[2467] Weiterhin soll eine effizientere Luftraumnutzung durch die Schaffung der funktionalen, auch grenzüberschreitenden Luftraumblöcke ermöglicht werden, um der erwarteten Luftverkehrszunahme gerecht zu werden.[2468]

## I. Trennung regulativer und operativer Aufgaben

Ein wesentlicher Handlungsauftrag, den die Verordnungen zum einheitlichen europäischen Luftraum den EU-Mitgliedstaaten erteilen, stellt die Trennung der regulativen und operativen Aufgaben dar.[2469] Dazu müssen gemäß Art. 4 Abs. 1 Rahmen-VO in den EU-Mitgliedstaaten eine oder mehrere Stellen als nationale Aufsichtsbehörde benannt oder errichtet werden, welche die ihr nach den Grund- und Durchführungsverordnungen übertragenen Aufgaben wahrnimmt.[2470] Dadurch soll eine offensichtliche Trennung zwischen den Aufsichts- und Regulierungsaufgaben einerseits und den betrieblichen, von zertifizierten Flugsicherungsorganisationen[2471] wahrgenommenen Aufgaben andererseits

2466 *Stutz*, in: Hobe/v. Ruckteschell, Kölner Kompendium Luftrecht, Bd. 2, S. 900, Rn. 15; *Giemulla*, DVBl. 2007, S. 719 ff. (724); *Bues*, S. 81.

2467 *Stutz*, in: Hobe/v. Ruckteschell, Kölner Kompendium Luftrecht, Bd. 2, S. 900, Rn. 15; *Giemulla*, DVBl. 2007, S. 719 ff. (724).

2468 *Stutz*, in: Hobe/v. Ruckteschell, Kölner Kompendium Luftrecht, Bd. 2, S. 900, Rn. 15; *Giemulla*, DVBl. 2007, S. 719 ff. (724).

2469 Art. 4 Abs. 2 Rahmen-VO; *Stutz*, in: Hobe/v. Ruckteschell, Kölner Kompendium Luftrecht, Bd. 2, S. 900, Rn. 16; *Kropp*, in: Hobe/v. Ruckteschell/Heffernan, Cologne Compendium on Air Law in Europe, S. 198, Rn. 817; *Horn*, in: v. Mangoldt/Klein/Starck, Grundgesetz, Bd. 3, Art. 87d GG, Rn. 3c; *Scherer*, in: FS für Manfred Zuleeg, S. 456 ff. (469 f.); *Uhl*, in: Hobe/v. Ruckteschell, Kölner Kompendium Luftrecht, Bd. 2, S. 946, Rn. 241; *Bues*, S. 80; als den „Dreh- und Angelpunkt der Reform des Flugverkehrsmanagements" betitelte es der Bericht der Hochrangigen Gruppe aus dem Jahr 2000, S. 14; Stellungnahme der Kommission vom 27.08.2003, KOM(2003) 514, S. 4.

2470 Art. 4 Abs. 1 Rahmen-VO; Stellungnahme der Kommission vom 27.08.2003, KOM(2003) 514, S. 4; *Stutz*, in: Hobe/v. Ruckteschell, Kölner Kompendium Luftrecht, Bd. 2, S. 900, Rn. 16.

2471 Die Legaldefinition der Flugsicherungsorganisation findet sich in Art. 2 Nummer 5 Rahmen-VO und bezeichnet danach eine öffentliche oder private Stelle, die Flugsicherungsdienste für den allgemeinen Flugverkehr erbringt.

erreicht werden.[2472] Dieser Zustand kann gemäß Art. 4 Abs. 2 S. 1 Rahmen-VO durch eine gewisse Unabhängigkeit der nationalen Aufsichtsbehörden gegenüber den Flugsicherungsorganisationen erlangt werden.[2473] Durch diese Unabhängigkeit ist es nach der Ansicht des europäischen Gesetzgebers möglich, ein Gleichgewicht zwischen den teilweise konträren Interessen der Luftraumnutzer, der Flugsicherungsorganisationen und der Zulieferindustrie herzustellen.[2474] Das entsprechende Fachwissen und die angemessene Ausstattung bei der Behörde werden dazu vorausgesetzt.[2475] In Deutschland bedeutet die Umsetzung des Trennungsgebotes für die DFS Deutsche Flugsicherung GmbH, dass die ihr bisher teilweise zukommenden Aufsichts- und regulatorischen Aufgaben nunmehr von der nationalen Aufsichtsbehörde auszuführen sind.[2476] Die Rechts- und Fachaufsicht über die einzelbeliehenen Fluglotsen obliegt gemäß § 31d Abs. 2 S. 2 LuftVG unmittelbar der nationalen Aufsichtsbehörde, in diesem Fall dem Bundesaufsichtsamt für Flugsicherung. Im Hinblick auf die Umsetzung in das nationale Recht der EU-Mitgliedstaaten erkennt das Unionsrecht an, dass

---

2472 *Stutz*, in: Hobe/v. Ruckteschell, Kölner Kompendium Luftrecht, Bd. 2, S. 900, Rn. 17; *Bues*, S. 80; *Scherer*, EuZW 2005, S. 268 ff. (268); siehe auch *Stutz*, in: Hobe/v. Ruckteschell, Kölner Kompendium Luftrecht, Bd. 2, S. 900, Rn. 17, Fn. 30: „Die oft in der Praxis verwendete Unterscheidung zwischen ‚regulativen' und ‚operativen' Aufgaben erweist sich bei näherer Betrachtung als ungenau. Sie wird weder von den SES-Verordnungen noch der deutschen Rechtsprechung verwendet. Die Aufgaben der nationalen Aufsichtsbehörde umfassen vor allem Kontroll- und Überwachungstätigkeiten und darüber hinaus (nach Maßgabe des nationalen Rechts) auch rechtsetzende Aufgaben."

2473 Vergleiche dazu auch Erwägungsgrund Nummer 9 Rahmen-VO, wonach die Behörden, die die Einhaltung der gemeinschaftlichen Anforderungen überprüfen, über „hinreichende Unabhängigkeit" gegenüber den Flugsicherungsorganisationen verfügen sollten. Diese Trennung wird als eine der grundlegenden Verbesserungen der SES-Verordnungen eingestuft, vgl. dazu Evaluation of the Impact of the SES Initiative on ATM performance, S. 38: „One of the most significant overall benefits of the SES is the requirement for the separation (at least at the functional level) of regulation and service provision. This is recognized as a fundamental step to ensuring effective regulation and avoiding conflicts of interest."; *Stutz*, in: Hobe/v. Ruckteschell, Kölner Kompendium Luftrecht, Bd. 2, S. 900, Rn. 17.

2474 *Stutz*, in: Hobe/v. Ruckteschell, Kölner Kompendium Luftrecht, Bd. 2, S. 900, Rn. 17; so auch *Bues*, S. 81.

2475 Bericht der Hochrangigen Gruppe, S. 12; *Stutz*, in: Hobe/v. Ruckteschell, Kölner Kompendium Luftrecht, Bd. 2, S. 900, Rn. 17.

2476 Vgl. *Scherer*, EuZW 2005, S. 268 ff. (271); ebenso *Stutz*, in: Hobe/v. Ruckteschell, Kölner Kompendium Luftrecht, Bd. 2, S. 900, Rn. 18.

die Wahrnehmung der Flugsicherungsaufgaben je nach EU-Mitgliedstaat diverse Rechtsformen annehmen und als behördliche Aufgabe ausgestaltet sein kann.[2477] Zur Wahrung der Unabhängigkeit zwischen Aufsichtsaufgabe und betrieblicher Aufgabenwahrung wird daher mindestens eine Trennung auf „funktionaler Ebene“[2478] oder die Vornahme der „strukturellen“ Trennung[2479] gefordert.[2480]

## II. Nationale Aufsichtsbehörden

Gemäß Art. 4 Abs. 1 Rahmen-VO benennen oder errichten die Mitgliedstaaten einzeln oder gemeinsam eine oder mehrere Stellen als nationale Aufsichtsbehörde.

### *1. Benennung der nationalen Aufsichtsbehörden*

Das Verordnungspaket zum einheitlichen europäischen Luftraum verpflichtet die EU-Mitgliedstaaten, eine nationale Aufsichtsbehörde für ihren Zuständigkeitsbereich zu schaffen oder zu benennen, die die Aufgaben wahrnimmt, die ihr durch die Verordnungen übertragen wurden.[2481] Art. 4 Abs. 1 Rahmen-VO verlangt dabei nicht die Schaffung einer neuen und eigenständigen Aufsichtsbehörde, sondern überlässt es den Mitgliedstaaten vielmehr selbst, in welcher Behördenstruktur sie die ihnen übertragenen Aufgaben erfüllen werden.[2482] Wichtig ist dabei nur, dass die nationalen Aufsichtsbehörden von den Flugsicherungsorganisationen gemäß Art. 4 Abs. 2 Rahmen-VO unabhängig sind und diese Unabhängigkeit durch eine „ausreichende Trennung – zumindest auf funktionaler Ebene – zwischen den nationalen Aufsichtsbehörden und den Flugsicherungsorganisationen sichergestellt“ ist.[2483] Die EU-Mitgliedstaaten teilen gemäß Art. 4 Abs. 5 Rahmen-VO der Europäischen Kommission den Namen und die Anschrift der nationalen Aufsichtsbehörde mit. In der Bundesrepublik

2477 Siehe dazu Erwägungsgrund Nummer 10 Rahmen-VO, der die unterschiedlichen Rechtsformen je nach Mitgliedstaat erkennt.

2478 Art. 4 Abs. 2 Rahmen-VO.

2479 Vergleiche Erwägungsgrund Nummer 10 Rahmen-VO, worin eine funktionale oder strukturelle Trennung der Flugsicherungsdienste gefordert wird.

2480 *Stutz*, in: Hobe/v. Ruckteschell, Kölner Kompendium Luftrecht, Bd. 2, S. 901, Rn. 19.

2481 Art. 4 Abs. 1 Rahmen-VO; alle nationalen Aufsichtsbehörden wurden eingerichtet.

2482 *Stutz*, in: Hobe/v. Ruckteschell, Kölner Kompendium Luftrecht, Bd. 2, S. 902, Rn. 21.

2483 Dazu Erwägungsgrund Nummer 9 Rahmen-VO, der von „hinreichender Trennung“ spricht; ebenso *Bues*, S. 80.

Deutschland wurde unter Zugrundelegung des Grundsatzes der Trennung der regulativen und operativen Flugsicherungsaufgaben das Bundesaufsichtsamt für Flugsicherung (BAF) als nationale Aufsichtsbehörde für den Bereich der Flugsicherung errichtet.[2484]

## 2. *Aufgaben der nationalen Aufsichtsbehörden und der EU-Mitgliedstaaten*

In den Verordnungen zum einheitlichen europäischen Luftraum wird zwischen den Verantwortlichkeiten und Aufgaben der Mitgliedstaaten und denen ihrer nationalen Aufsichtsbehörden differenziert.[2485] Rechte und Zustimmungsvorbehalte, die unmittelbar mit dem Souveränitätsanspruch der Mitgliedstaaten zusammenhängen, werden meist auch diesen zugesprochen.[2486] Die Einhaltung der unionsrechtlichen Anforderungen hingegen wird von den nationalen Aufsichtsbehörden kontrolliert und überwacht.[2487] Der Aufgabenkatalog wird durch die Verordnungen zum einheitlichen europäischen Luftraum definiert, er kann aber grundsätzlich durch das nationale Recht ausgedehnt werden.[2488] Da die EU-Mitgliedstaaten dafür Sorge zu tragen haben, dass die nationalen Aufsichtsbehörden ihre Befugnisse entsprechend Art. 4 Abs. 3 Rahmen-VO unparteiisch, unabhängig und transparent ausführen, unterstehen die nationalen Aufsichtsbehörden ihrerseits der Aufsicht des jeweiligen EU-Mitgliedstaates.[2489] In Deutschland stellt das Bundesaufsichtsamt für Flugsicherung die entsprechende nationale Aufsichtsbehörde dar.[2490]

---

2484 Siehe dazu Gesetz zur Errichtung eines Bundesaufsichtsamtes für Flugsicherung und zur Änderung und Anpassung weiterer Vorschriften vom 29.07.2009, BGBl. 2009 I vom 03.08.2009, S. 2424 ff., dort Art. 1 Gesetz über die Errichtung des Bundesaufsichtsamtes für Flugsicherung (BAFG), § 1 Abs. 1 S. 1; *Bethkenhagen/von Elm/Nitschke*, ZLW 2011, S. 412 ff. (414 f.); *Sendmeyer*, in: Schulze/Zuleeg/Kadelbach, Europarecht, § 34, Rn. 165.

2485 *Stutz*, in: Hobe/v. Ruckteschell, Kölner Kompendium Luftrecht, Bd. 2, S. 902, Rn. 26.

2486 Siehe dazu bspw. Art. 2 Abs. 3, Art. 8 Abs. 1 S. 2 und Art. 10 Abs. 3 S. 1 Flugsicherungsdienste-VO.

2487 Siehe Art. 2 Flugsicherungsdienste-VO, der auch mit „Aufgaben der Aufsichtsbehörden" überschrieben ist; *Stutz*, in: Hobe/v. Ruckteschell, Kölner Kompendium Luftrecht, Bd. 2, S. 902, Rn. 26.

2488 *Bues*, S. 118.

2489 Art. 4 Abs. 3 S. 1 und 2 Rahmen-VO; so auch *Stutz*, in: Hobe/v. Ruckteschell, Kölner Kompendium Luftrecht, Bd. 2, S. 902, Rn. 26.

2490 Dieses gegründet durch das Gesetz über die Errichtung des Bundesaufsichtsamtes für Flugsicherung vom 29.07.2009, BGBl. I S. 2424 (BAFG); vgl. die Homepage des

*a) Aufsicht über Flugsicherungsorganisationen*

Den nationalen Aufsichtsbehörden wird eine Schlüsselrolle bei der Umsetzung des einheitlichen europäischen Luftraumes zugeschrieben.[2491] Mit ihrer Hilfe soll eine ausnahmslose, solide und europaweite Aufsicht und Kontrolle der Diensteerbringung – und damit die Anwendung der Flugsicherungsdienste-VO[2492] – garantiert werden.[2493] Die nationalen Aufsichtsbehörden beaufsichtigen die Flugsicherungsorganisationen insbesondere in Bezug auf einen sicheren und effizienten Betrieb.[2494] Dabei gewährleisten sie gemäß Art. 2 Abs. 1 Flugsicherungsdienste-VO die Aufsicht in dem Luftraum, in dem der EU-Mitgliedstaat zuständig ist, der die nationale Aufsichtsbehörde benannt oder errichtet hat. Unerheblich ist dabei, aus welchem EU-Mitgliedstaat die Flugsicherungsorganisationen stammen, da nur von Bedeutung ist, in welchem Luftraum sie ihre Aufgaben wahrnehmen.[2495] In Art. 2 Abs. 4 Flugsicherungsdienste-VO wird jedoch geregelt, dass die nationalen Aufsichtsbehörden zu einer engen Zusammenarbeit verpflichtet sind, um auch grenzüberschreitend tätige Flugsicherungsorganisationen angemessen zu beaufsichtigen, ohne dass dabei festgelegt wäre, in welcher Form eine solche Zusammenarbeit zu erfolgen hat.[2496]

Eine Spezialregelung[2497] für die Aufsicht grenzüberschreitender Luftraumblöcke ist in Art. 2 Abs. 3 Flugsicherungsdienste-VO verankert: Demnach müssen die betroffenen EU-Mitgliedstaaten und nicht die nationalen Aufsichtsbehörden die Vereinbarung über die Beaufsichtigung der Flugsicherungsorganisation

BAF, abrufbar (zuletzt am 25.03.2023) unter http://www.baf.bund.de/DE/Home/home_node.html.

2491 Erwägungsgrund Nummer 10 VO (EG) Nr. 1070/2009.

2492 Siehe Art. 2 Abs. 1 Flugsicherungsdienste-VO.

2493 Erwägungsgrund Nummer 9 VO (EG) Nr. 1070/2009.

2494 Art. 2 Abs. 1 Flugsicherungsdienste-VO; https://www.baf.bund.de/DE/Themen/Flugsicherungsorga/Zertifizierung/Zertifizierung_node.html#doc1576598bodyText1, zuletzt abgerufen am 25.03.2023.

2495 *Stutz*, in: Hobe/v. Ruckteschell, Kölner Kompendium Luftrecht, Bd. 2, S. 903, Rn. 27; so auch *Bues*, S. 122.

2496 Gemäß Art. 2 Abs. 4 S. 2 Flugsicherungsdienste-VO sind für Fälle, in denen gegen die geltenden gemeinsamen Anforderungen nach Art. 6 Flugsicherungsdienste-VO oder die Bedingungen entspr. Anh. II Flugsicherungsdienste-VO nicht eingehalten wurden, gemeinsame „Regelungen" zu erarbeiten; *Stutz*, in: Hobe/v. Ruckteschell, Kölner Kompendium Luftrecht, Bd. 2, S. 903, Rn. 27; *Bues*, S. 123.

2497 So auch *Bues*, S. 124.

schließen, die die Dienste im Zusammenhang mit diesen funktionalen Luftraumblöcken wahrnimmt.[2498]

### *b) Zertifizierung von Flugsicherungsorganisationen*

Die Erbringung der Flugsicherungsdienste in der Union unterliegt der Zertifizierung durch die EU-Mitgliedstaaten; diese Zertifizierung der Flugsicherungsorganisationen richtet sich dabei nach Art. 7 Flugsicherungsdienste-VO. Für die Zertifizierung sind gemäß Art. 7 Abs. 2 Flugsicherungsdienste-VO die nationalen Aufsichtsbehörden zuständig.[2499] Die Zeugnisse (oder Zertifikate) geben dabei grundsätzlich die Rechte und Pflichten der Flugsicherungsorganisationen im Einzelnen an.[2500] Auf diese Weise soll ein einheitliches und hohes Sicherheitsniveau in Europa gewährleistet werden.[2501] Die Verkehrsflussregelung, die Flugvermessungsdienste und die Steuerung der Luftraumnutzung werden den Verordnungen zum einheitlichen europäischen Luftraum entsprechend nicht als eigenständige Flugsicherungsdienste qualifiziert und sind daher von der Zertifizierungspflicht befreit.[2502]

---

2498 Art. 2 Abs. 3 Flugsicherungsdienste-VO.

2499 https://www.baf.bund.de/DE/Themen/Flugsicherungsorga/Zertifizierung/Zertifizierung_node.html#doc1576598bodyText1, zuletzt abgerufen am 25.03.2023; siehe auch § 27c Abs. 2 S. 4 und Abs. 5 LuftVG, die dies als „Befähigungsnachweis" bezeichnen; Art. 2 Nummer 15 Rahmen-VO formuliert, dass das „Zeugnis" eine von einer nationalen Aufsichtsbehörde in beliebiger Form gemäß einzelstaatlichen Rechtsvorschriften ausgestellte Urkunde bezeichnet, mit der bescheinigt wird, dass eine Flugsicherungsorganisation die Anforderungen für die Erbringung eines bestimmten Dienstes erfüllt. Diese Definition wird mitunter als nicht eindeutig kritisiert, weil sie bloß diejenigen als „Zeugnisse" ansieht, die durch eine nationale Aufsichtsbehörde ausgestellt wurden, siehe dazu *Bues*, S. 118, Fn. 819; dazu grds. auch *Risch*, in: Grabherr/Reidt/Wysk, Luftverkehrsgesetz, 14. EL, 2010, § 27c, S. 33, Rn. 82 ff.; *Schwenk/Giemulla*, Hdb. des Luftverkehrsrechts, Kapitel 5, S. 191, Rn. 56.

2500 Art. 7 Abs. 4 Flugsicherungsdienste-VO; *Scherer*, EuZW 2005, S. 268 ff. (269); *ders.*, in: FS für Manfred Zuleeg, S. 456 ff. (465); *Uhl*, in: Hobe/v. Ruckteschell, Kölner Kompendium Luftrecht, Bd. 2, S. 950, Rn. 248; *Bues*, S. 118 f.; *Schwenk/Giemulla*, Hdb. des Luftverkehrsrechts, Kapitel 5, S. 191, Rn. 56.

2501 Vgl. Erwägungsgrund Nummer 2 Flugsicherungsdienste-VO; *Stutz*, in: Hobe/v. Ruckteschell, Kölner Kompendium Luftrecht, Bd. 2, S. 903, Rn. 29; so auch *Bues*, S. 118.

2502 *Risch*, in: Grabherr/Reidt/Wysk, Luftverkehrsgesetz, 14. EL, 2010, § 27c, S. 34, Rn. 82; ähnlich bei *Scherer*, in: FS für Manfred Zuleeg, S. 456 ff. (469 f.).

Die Zertifizierung setzt gemäß Art. 7 Abs. 2 Flugsicherungsdienste-VO einen Antrag auf Zertifizierung bei der nationalen Aufsichtsbehörde des EU-Mitgliedstaates voraus, in dem der Antragsteller seine Hauptbetriebsstätte und gegebenenfalls seinen eingetragenen Sitz hat.[2503] Ehe sie ein Zeugnis erteilt, überprüft die nationale Aufsichtsbehörde[2504], ob die betreffende Flugsicherungsorganisation die betrieblichen, rechtlichen, technischen, wirtschaftlichen und organisatorischen Anforderungen gemäß Art. 6 in Verbindung mit Anh. II (Bedingungen für Zeugnisse) der Flugsicherungsdienste-VO und der VO (EU) Nr. 2017/373[2505] erfüllt.[2506] Diese Durchführungsverordnung enthält umfangreiche Anforderungen an die Flugsicherungsorganisationen, die sowohl allgemeiner Natur sind und für alle Flugsicherungsorganisationen gelten als auch besondere Vorgaben beinhalten, die sich auch auf die einzelnen Dienste beziehen.[2507] So müssen die Flugsicherungsorganisationen unter anderem nachweisen, dass sie bezüglich der technischen und betrieblichen Fähigkeiten und Eignung in der Lage sind, bezogen auf ein anzunehmendes „Gesamtnachfrageniveau in einem bestimmten Luftraum, Dienste sicher, effizient, kontinuierlich

2503 Art. 7 Abs. 2 Flugsicherungsdienste-VO; *Bues*, S. 119; daher ist es nicht möglich, dass eine nicht-europäische Flugsicherungsorganisation ein Zertifikat beantragt, siehe dazu *v. Antwerpen*, Air & Space Law 2002, S. 90 ff. (109).

2504 Siehe dazu https://www.baf.bund.de/DE/Themen/Flugsicherungsorga/Zertifizierung/Zertifizierung_node.html;jsessionid=8028ACAC0045891E0A5506723AAD9E81.live21303, zuletzt abgerufen am 25.03.2023.

2505 DVO (EU) 2017/373 der Kommission vom 01.03.2017 zur Festlegung gemeinsamer Anforderungen an Flugverkehrsmanagementanbieter und Anbieter von Flugsicherungsdiensten sowie sonstiger Funktionen des Flugverkehrsmanagementnetzes und die Aufsicht hierüber sowie zur Aufhebung der VO (EG) Nr. 482/2008, der DVO (EU) Nr. 1034/2011, (EU) Nr. 1035/2011 und (EU) 2016/1377 und zur Änderung der VO (EU) Nr. 677/2011, ABl. EU Nr. L 62 vom 08.03.2017, S. 1–126.

2506 https://www.baf.bund.de/DE/Themen/Flugsicherungsorga/Zertifizierung/Zertifizierung_node.html#doc1576598bodyText1, zuletzt abgerufen am 25.03.2023; ursprünglich zu finden unter Art. 4 DVO (EU) Nr. 1035/2011 der Kommission vom 17.10.2011 zur Festlegung gemeinsamer Anforderungen an die Erbringung von Flugsicherungsdiensten und zur Änderung der VOen (EG) Nr. 482/2008 und (EU) Nr. 691/2010, ABl. EU Nr. L 271 vom 18.10.2011, S. 23 ff.; so auch *Stutz*, in: Hobe/v. Ruckteschell, Kölner Kompendium Luftrecht, Bd. 2, S. 903, Rn. 30; *Risch*, in: Grabherr/Reidt/Wysk, Luftverkehrsgesetz, 14. EL, 2010, § 27c, S. 35, Rn. 87; *Schwenk/Giemulla*, Hdb. des Luftverkehrsrechts, Kapitel 5, S. 191, Rn. 56; *Bues*, S. 119 f.

2507 Vgl. Anh. I bis XIII; *Risch*, in: Grabherr/Reidt/Wysk, Luftverkehrsgesetz, 14. EL, 2010, § 27c, S. 35, Rn. 87.

und nachhaltig" zu erbringen.[2508] Dazu bedarf es des Nachweises angemessener technischer und betrieblicher Kapazitäten und entsprechenden Fachwissens.[2509] Auch auf die Einhaltung der entsprechenden ICAO-Vorschriften[2510] wird geachtet.

Sind die in Art. 6 Flugsicherungsdienste-VO geforderten „gemeinsamen Anforderungen" erfüllt und während der Erbringung der Dienste[2511] stets eingehalten worden, erteilt die nationale Aufsichtsbehörde der Flugsicherungsorganisationen gemäß Art. 7 Abs. 3 Flugsicherungsdienste-VO ein Zeugnis.[2512] Dieses kann in beliebiger Form gemäß den einzelstaatlichen Rechtsvorschriften schriftlich von der nationalen Aufsichtsbehörde ausgestellt werden.[2513] Der Behörde obliegt dafür kein Ermessensspielraum, umgekehrt ergibt sich aus einer Zeugniserteilung allerdings auch kein Rechtsanspruch auf Wahrnehmung von Flugsicherungsaufgaben in einem bestimmten Luftraum.[2514]

Laut Art. 7 Abs. 8 Flugsicherungsdienste-VO erkennen die EU-Mitgliedstaaten gegenseitig das in einem anderen EU-Mitgliedstaat erteilte Zeugnis an.[2515]

---

2508 Anh. III Teilabschnitt B der DVO (EU) 2017/373, in der konsolidierten Fassung vom 26.01.2023.

2509 Anh. III Teilabschnitt B der DVO (EU) 2017/373, in der konsolidierten Fassung vom 26.01.2023.

2510 Vgl. Erwägungsgrund Nummer 13 DVO (EU) 2017/373, in der konsolidierten Fassung vom 26.01.2023; bzgl. VO (EU) Nr. 1035/2011 siehe *Risch*, in: Grabherr/Reidt/Wysk, Luftverkehrsgesetz, 14. EL, 2010, § 27c, S. 35, Rn. 87; ebenso *Bues*, S. 120.

2511 Siehe hierzu Art. 7 Abs. 7 Flugsicherungsdienste-VO.

2512 Art. 7 Abs. 3 Flugsicherungsdienste-VO; *Scherer*, EuZW 2005, S. 268 ff. (269); *Risch*, in: Grabherr/Reidt/Wysk, Luftverkehrsgesetz, 14. EL, 2010, § 27c, S. 34, Rn. 84; so auch *Schwenk/Giemulla*, Hdb. des Luftverkehrsrechts, Kapitel 5, S. 191, Rn. 56; *Bues*, S. 120; *Scherer*, in: FS für Manfred Zuleeg, S. 456 ff. (467).

2513 So Art. 2 Nummer 15 Rahmen-VO; in der Bundesrepublik Deutschland handelt es sich bei der Erteilung des Zeugnisses um eine Berufszulassungsentscheidung in Form eines begünstigenden Verwaltungsakts gem. § 35 VwVfG, siehe *Scherer*, EuZW 2005, S. 268 ff. (270 f.); siehe auch dazu *Risch*, in: Grabherr/Reidt/Wysk, Luftverkehrsgesetz, 14. EL, 2010, § 27c, S. 34, Rn. 84; ebenso *Bues*, S. 119.

2514 *Stutz*, in: Hobe/v. Ruckteschell, Kölner Kompendium Luftrecht, Bd. 2, S. 903, Rn. 31; *Uhl*, in: Hobe/v. Ruckteschell, Kölner Kompendium Luftrecht, Bd. 2, S. 951, Rn. 249; *Bues*, S. 120.

2515 Siehe dazu auch Erwägungsgrund Nummer 12 und Art. 7 Abs. 6 Flugsicherungsdienste-VO; *Scherer*, EuZW 2005, S. 268 ff. (269); *ders.*, in: FS für Manfred Zuleeg, S. 456 ff. (465); *Stutz*, in: Hobe/v. Ruckteschell, Kölner Kompendium Luftrecht, Bd. 2, S. 904, Rn. 33; *Schwenk/Giemulla*, Hdb. des Luftverkehrsrechts, Kapitel 5, S. 191, Rn. 57.

Daraus, und im Hinblick auf Art. 7 Abs. 2 und Abs. 8 Flugsicherungsdienste-VO, lässt sich ableiten, dass eine Mehrfachzertifizierung von Flugsicherungsorganisationen durch mehrere EU-Mitgliedstaaten unzulässig ist.[2516] Unterhält eine Flugsicherungsorganisation mehr als eine Hauptbetriebsstätte, ist entsprechend Art. 7 Abs. 2 Flugsicherungsdienste-VO der eingetragene Sitz der Flugsicherungsorganisation für die Zuständigkeit der Zeugniserteilung entscheidend.[2517] Unter den Voraussetzungen von Anh. III, Teilabschnitt A von DVO (EU) 2017/373 können sich Flugsicherungsorganisationen gegen die Möglichkeit der Erbringung grenzübergreifender Dienste entscheiden. Sie können ein Zeugnis beantragen, das sich nur auf den Luftraum des eigenen, nationalen Mitgliedstaates beschränkt.[2518]

### c) *Konstante Überprüfung der Zeugnisse*

Die Überprüfungspflichten der nationalen Aufsichtsbehörden und die korrespondierenden Nachweispflichten der Flugsicherungsorganisationen enden nicht mit der Zeugniserteilung.[2519] Die Beachtung der gemeinsamen Anforderungen im Sinne des Art. 6 Flugsicherungsdienste-VO unterliegt in ihrer Gesamtheit vielmehr einer jährlichen umfassenden Kontrolle durch die nationalen Aufsichtsbehörden.[2520] Jedes Jahr kontrolliert die zuständige Behörde anhand der ihr vorliegenden Nachweise die fortlaufende Einhaltung der Anforderungen durch die Flugsicherungsorganisationen, die von ihr zertifiziert wurden.[2521]

Kommt die Überprüfung der nationalen Aufsichtsbehörde zu dem Ergebnis, dass eine zertifizierte Flugsicherungsorganisation die gemeinsamen Anforderungen oder die im Zeugnis enthaltenen Bedingungen nicht (mehr) erfüllt,

---

2516 *Stutz*, in: Hobe/v. Ruckteschell, Kölner Kompendium Luftrecht, Bd. 2, S. 904, Rn. 33; so auch *Bues*, S. 120.

2517 Art. 7 Abs. 2 Flugsicherungsdienste-VO; *Stutz*, in: Hobe/v. Ruckteschell, Kölner Kompendium Luftrecht, Bd. 2, S. 904, Rn. 33; ähnlich *Bues*, S. 120.

2518 Vgl. Anh. III, Teilabschnitt A DVO (EU) 2017/373, im der konsolidierten Fassung vom 26.01.2023; Art. 7 Abs. 2 Flugsicherungsdienste-VO; sog. beschränkte Zeugnisse; siehe auch *Bues*, S. 120.

2519 *Stutz*, in: Hobe/v. Ruckteschell, Kölner Kompendium Luftrecht, Bd. 2, S. 904, Rn. 36; siehe auch *Bues*, S. 121.

2520 Art. 7 Abs. 7 Flugsicherungsdienste-VO; *Stutz*, in: Hobe/v. Ruckteschell, Kölner Kompendium Luftrecht, Bd. 2, S. 904, Rn. 36; dazu grds. auch *Risch*, in: Grabherr/Reidt/Wysk, Luftverkehrsgesetz, 14. EL, 2010, § 27c, S. 36, Rn. 89 f.; *Bues*, S. 121.

2521 Art. 7 Abs. 7 Flugsicherungsdienste-VO; ausf. dazu DVO (EU) 2017/373, in der konsolidierten Fassung vom 26.01.2023.

fordert sie die Flugsicherungsorganisation auf, Abhilfemaßnahmen zu ergreifen.[2522] Wenn die Flugsicherungsorganisation die gerügten Mängel nicht ordnungs- oder nicht fristgemäß beseitigt, ergreift die nationale Aufsichtsbehörde geeignete Vollstreckungsmaßnahmen.[2523] Bemerkt eine nationale Aufsichtsbehörde demnach, dass der Zeugnisinhaber den Anforderungen nicht mehr entspricht, so leitet sie unter Sicherstellung der Aufrechterhaltung der Dienste geeignete Schritte unter der Bedingung ein, dass die Sicherheit dadurch nicht behindert wird, und entzieht falls erforderlich das Zeugnis.[2524]

#### *d) Befugnisse der nationalen Aufsichtsbehörden*

Die Verordnungen zum einheitlichen europäischen Luftraum benennen die Berechtigungen der nationalen Aufsichtsbehörden nicht konkret.[2525] Gemäß Art. 2 Abs. 2 Flugsicherungsdienste-VO veranlasst jede nationale Aufsichtsbehörde geeignete Inspektionen und Erhebungen, um die Erfüllung der Verordnungsanforderungen zu überprüfen.[2526] Dies schließt die Anforderungen an die personellen Mittel für die Erbringung von Flugsicherungsdiensten mit ein.[2527] Daraus lassen sich Betretungs-, Informations- und Beanstandungsrechte der nationalen Aufsichtsbehörden ableiten.[2528] Sofern die zertifizierte Flugsicherungsorganisation die gemeinsamen Anforderungen oder die an die

---

2522 Siehe dazu DVO (EU) 2017/373, in der konsolidierten Fassung vom 26.01.2023; *Stutz*, in: Hobe/v. Ruckteschell, Kölner Kompendium Luftrecht, Bd. 2, S. 904, Rn. 37; *Risch*, in: Grabherr/Reidt/Wysk, Luftverkehrsgesetz, 14. EL, 2010, § 27c, S. 36, Rn. 90; *Bues*, S. 121.

2523 Art. 7 Abs. 7 Flugsicherungsdienste-VO; *Risch*, in: Grabherr/Reidt/Wysk, Luftverkehrsgesetz, 14. EL, 2010, § 27c, S. 36, Rn. 90; *Bues*, S. 121 f.

2524 Art. 7 Abs. 7 Flugsicherungsdienste-VO; *Risch*, in: Grabherr/Reidt/Wysk, Luftverkehrsgesetz, 14. EL, 2010, § 27c, S. 36, Rn. 90; *ebenda*, S. 37, Rn. 91: Die Maßnahmen gem. Art. 7 Abs. 7 Flugsicherungsdienste-VO stellen in der Regel belastende Verwaltungsakte gem. § 35 VwVfG gegenüber der betroffenen Flugsicherungsorganisation dar. Bezieht sich die Maßnahme allerdings auf die Art und Weise der Ausübung der Flugverkehrsdienste, also die übertragene öffentlich-rechtliche Verwaltungstätigkeit, wird die Maßnahme als Ausübung der Rechts- und Fachaufsicht und damit als innerbehördliche aufsichtsrechtliche Weisung eingestuft. Sie stellt keinen Verwaltungsakt mehr dar und ist nicht justitiabel; so auch *Bues*, S. 121, Fn. 847.

2525 *Bues*, S. 124.

2526 So auch https://www.baf.bund.de/DE/Themen/Flugsicherungsorga/Aufsicht/Aufsicht_node.html, zuletzt abgerufen am 25.03.2023.

2527 Art. 2 Abs. 2 Flugsicherungsdienste-VO.

2528 Art. 5 DVO (EU) 2017/373; *Bues*, S. 124.

Befähigungsnachweise geknüpften Bedingungen nicht mehr einhält, trifft die nationale Aufsichtsbehörde, die das Zeugnis erlassen hat, geeignete Maßnahmen bis hin zu einem Entzug des Zeugnisses.[2529] Geeignete Maßnahmen können etwa Berichtspflichten, der Erlass nachträglicher Auflagen, Beschränkungen der Diensteerbringung oder das Betriebsverbot von flugsicherungstechnischen Einrichtungen bis hin zum Widerruf des Befähigungsnachweises sein.[2530] Dabei hat die nationale Aufsichtsbehörde kein Entschließungsermessen, ob sie einschreitet, da Art. 7 Abs. 7 Flugsicherungsdienste-VO eine Handlungspflicht beinhaltet.[2531] Sie hat jedoch hinsichtlich der Art der Maßnahme ein Auswahlermessen, das in dem durch Art. 7 Abs. 7 Flugsicherungsdienste-VO vorgegebenen Rahmen (Gewährleistung der Aufrechterhaltung der Dienste und Erhaltung der Sicherheit) und unter Berücksichtigung des Verhältnismäßigkeitsgrundsatzes auszuüben ist.[2532] Gemäß Art. 7 Abs. 7 S. 4 Flugsicherungsdienste-VO besteht als letztes Mittel die Möglichkeit zum Entzug des Zeugnisses.[2533]

### *e) Sanktionen*

Die EU-Mitgliedstaaten werden durch Art. 9 Rahmen-VO ermächtigt, Sanktionen für die von den Luftraumnutzern und Dienstleistern begangenen Verstöße festzulegen. Der Begriff der „Sanktionen“ umfasst dabei nicht nur strafrechtliche, sondern auch öffentlich-rechtliche Instrumente sowie Bußgeldvorschriften.[2534] Diese müssen gemäß Art. 9 Rahmen-VO wirksam, verhältnismäßig und abschreckend sein.

---

2529 Art. 7 Abs. 7 Flugsicherungsdienste-VO; ausf. dazu *Risch*, in: Grabherr/Reidt/Wysk, Luftverkehrsgesetz, 14. EL, 2010, § 27c, S. 36, Rn. 89; *Bues*, S. 124.

2530 *Risch*, in: Grabherr/Reidt/Wysk, Luftverkehrsgesetz, 14. EL, 2010, § 27c, S. 36, Rn. 90; ebenso *Bues*, S. 124.

2531 *Risch*, in: Grabherr/Reidt/Wysk, Luftverkehrsgesetz, 14. EL, 2010, § 27c, S. 36, Rn. 90.

2532 *Risch*, in: Grabherr/Reidt/Wysk, Luftverkehrsgesetz, 14. EL, 2010, § 27c, S. 36, Rn. 90, ebenso *Bues*, S. 124.

2533 Art. 7 Abs. 7 S. 4 Flugsicherungsdienste-VO; *Risch*, in: Grabherr/Reidt/Wysk, Luftverkehrsgesetz, 14. EL, 2010, § 27c, S. 36, Rn. 90; *Stutz*, in: Hobe/v. Ruckteschell, Kölner Kompendium Luftrecht, Bd. 2, S. 904, Rn. 37; *Bues*, S. 124.

2534 *Stutz*, in: Hobe/v. Ruckteschell, Kölner Kompendium Luftrecht, Bd. 2, S. 906, Rn. 50; *ebenda* auch Fn. 69, worin darauf hingewiesen wird, dass auch in der englischsprachigen Fassung nicht von „penalties“, sondern von „sanctions“ die Rede sei; ebenso *Bues*, S. 124, Fn. 866.

### *f) Zusätzliche Aufgaben der nationalen Aufsichtsbehörden*

Die in den Verordnungen zum einheitlichen europäischen Luftraum erwähnten Aufgaben stellen lediglich das unabdingbare Mindesterfordernis dar.[2535] Daneben können den nationalen Aufsichtsbehörden nach Maßgabe des Rechts des jeweiligen EU-Mitgliedstaates weitere Aufgaben und Befugnisse übertragen werden.[2536] Die nationalen Aufsichtsbehörden übernehmen bspw. noch die Sicherheitsaufsicht und die Ausarbeitung und Überwachung der Leistungspläne.[2537]

### *g) Unterstützung durch „qualifizierte Stellen"*

Gemäß Art. 3 Abs. 1 Flugsicherungsdienste-VO können die nationalen Aufsichtsbehörden „qualifizierte Stellen"[2538], die die Anforderungen des Anh. I[2539] erfüllen, ganz oder auch teilweise mit der Durchführung der in Art. 2 Abs. 2 Flugsicherungsdienste-VO genannten Inspektionen und Erhebungen beauftragen.[2540] Qualifizierte Stellen sind Institutionen, die durch die nationale Aufsichtsbehörde zertifiziert werden, um im Auftrag der nationalen Aufsichtsbehörde Audits durchzuführen oder Dokumente zu begutachten, die im Zusammenhang mit der Anmeldung von Änderungen an funktionalen Systemen der Flugsicherung eingereicht werden.[2541] Diese Möglichkeit des Einsatzes von

---

2535 *Stutz*, in: Hobe/v. Ruckteschell, Kölner Kompendium Luftrecht, Bd. 2, S. 907, Rn. 51; *Schubert*, Air & Space Law 2010, S. 113 ff. (123).

2536 *Stutz*, in: Hobe/v. Ruckteschell, Kölner Kompendium Luftrecht, Bd. 2, S. 907, Rn. 51.

2537 Erwägungsgrund Nummer 14, Art. 10 DVO (EU) 2019/317 der Kommission vom 11.02.2019 zur Festlegung eines Leistungssystems und einer Gebührenregelung für den einheitlichen europäischen Luftraum und zur Aufhebung der Durchführungsverordnungen (EU) Nr. 390/2013 und (EU) Nr. 391/2013, ABl. EU Nr. L 56 vom 25.2.2019, S. 1–67; *Bues*, S. 125.

2538 Der Begriff der „qualifizierten Stellen" wurde in der SES-II-Verordnung neu eingeführt. Zuvor wurden die „qualifizierten Stellen" als „anerkannte Organisationen" bezeichnet.

2539 Anh. I der Flugsicherungsdienste-VO legt die Anforderungen an qualifizierte Stellen fest.

2540 Art. 3 Abs. 1 Flugsicherungsdienste-VO; siehe auch https://www.baf.bund.de/DE/Themen/Flugsicherungsorga/Zertifizierung/Zertifizierung_node.html, zuletzt abgerufen am 25.03.2023; das Bundesaufsichtsamt für Flugsicherung hat seit 2012 keine „Qualifizierten Stellen" mit der Wahrnehmung von Aufgaben betraut, Jahresbericht 2012, Bericht des Bundesaufsichtsamtes für Flugsicherung, S. 8, abzurufen unter https://www.baf.bund.de/SharedDocs/Downloads/DE/Publikationen_BAF/Jahresberichte/BAF_Jahresbericht_2012.html, zuletzt abgerufen am 25.03.2023.

2541 Jahresbericht 2012, Bericht des Bundesaufsichtsamtes für Flugsicherung, S. 8.

„qualifizierten Stellen" soll die nationalen Aufsichtsbehörden entlasten. Zu den gesetzlichen Anforderungen gehören bspw. umfangreiche Erfahrungen und Kenntnisse in der Bewertung von Flugsicherungsorganisationen, Unabhängigkeit von Flugsicherungsorganisationen und Vorhandensein eines wirksamen Qualitätsmanagementsystems.[2542] Der Einsatz dieser Stellen dürfte insbesondere in kleineren EU-Mitgliedstaaten eine wirtschaftlichere Alternative sein, als für die vielfältigen Aufgabenbereiche stetig eigenes Personal vorzuhalten.[2543] Während Art. 3 Abs. 1 Flugsicherungsdienste-VO die Beauftragung regelt, organisiert Abs. 2 deren Anerkennung und Geltungsdauer: Danach gilt eine derartige von einer nationalen Aufsichtsbehörde gewährte Übertragung der Durchführung unionsweit für einen verlängerten Zeitraum von drei Jahren. Jede qualifizierte Stelle mit Sitz in der EU kann durch eine nationale Aufsichtsbehörde mit der Durchführung der Inspektionen und Erhebungen betraut werden.[2544]

Die abschließende Entscheidung über eine Erteilung oder Nichterteilung des Zeugnisses obliegt allerdings der nationalen Aufsichtsbehörde.[2545] Auf eine qualifizierte Stelle zurückgreifen zu können, ersetzt für den Mitgliedstaat nicht die Notwendigkeit, die nationale Aufsichtsbehörde mit eigenem fachkundigem Personal zu führen, das die Unterstützung der qualifizierten Stelle steuert und die Ergebnisse auswertet.[2546]

## III. Flugsicherungsorganisationen

Die Aufgabe der Flugsicherungsorganisationen ist es, Flugsicherungsdienste[2547] zu erbringen. Ihnen kommt die sichere und effiziente Wahrnehmung von Flugsicherungsaufgaben im Sinne des Art. 2 Nummer 5 Rahmen-VO zu, der eine Legaldefinition des Begriffs vorgibt. Dort heißt es, dass eine Flugsicherungsorganisation eine „öffentliche oder private Stelle bezeichnet, die Flugsicherungs-

2542 Jahresbericht 2012, Bericht des Bundesaufsichtsamtes für Flugsicherung, S. 8.

2543 *Stutz*, in: Hobe/v. Ruckteschell, Kölner Kompendium Luftrecht, Bd. 2, S. 907, Rn. 53; *ebenda* auch S. 907, Rn. 54: Praktischer Anwendungsfall für den Einsatz anerkannter Organisationen wäre bspw. die Überprüfung der technischen und wirtschaftlichen Voraussetzungen im Rahmen des Zertifizierungsprozesses gem. Art. 7 Flugsicherungsdienste-VO; siehe auch *Bues*, S. 126.

2544 Art. 3 Abs. 2 S. 2 Flugsicherungsdienste-VO.

2545 Art. 3 Abs. 2 Flugsicherungsdienste-VO; *Stutz*, in: Hobe/v. Ruckteschell, Kölner Kompendium Luftrecht, Bd. 2, S. 907, Rn. 54.

2546 *Stutz*, in: Hobe/v. Ruckteschell, Kölner Kompendium Luftrecht, Bd. 2, S. 907, Rn. 54.

2547 Diese beinhalten gemäß Art. 2 Nummer 4 Rahmen-VO die Flugverkehrsdienste, die Flugberatungsdienste, den Flugwetterdienst und die CNS-Dienste.

dienste für den allgemeinen Flugverkehr erbringt".[2548] Der Begriff umfasst sowohl zwischenstaatliche als auch supranationale Einrichtungen.[2549]

### 1. *Anforderungen an die Rechtsform*

Anforderungen an die Rechtsform der Flugsicherungsorganisationen machen die Verordnungen zum einheitlichen europäischen Luftraum nicht. Vielmehr erkennt der Verordnungsgeber an, dass die Wahrnehmung von Flugsicherungsaufgaben je nach EU-Mitgliedstaat sehr unterschiedliche Rechtsformen und Organisationsstrukturen annehmen kann.[2550] In der Stellungnahme der Europäischen Kommission aus dem Jahr 2003 heißt es, dass die (Rahmen-) Verordnung eine Trennung der Funktionen der nationalen Aufsichtsbehörden und der Flugsicherungsdienste-Anbieter garantiere und sich diese Trennung sowohl mit öffentlich-privaten Partnerschaften als auch mit der Erbringung von Dienstleistungen vereinbaren lasse – abhängig von dem Modell[2551], das die einzelnen Mitgliedstaaten wählten.[2552] Die Verordnungen enthalten also weder Vorgaben, in welcher Rechtsform die Flugsicherungsaufgaben wahrzunehmen sind, noch werden Fragen der Anteilseignerschaft an den Flugsicherungsorganisationen geregelt.[2553] Sie können demgemäß in öffentlich-rechtlicher Form, in privatrechtlicher Form oder auch als öffentlich-private Partnerschaft (PPP, englisch Public Private Partnership) organisiert werden.[2554] Organisations- und/

---

2548 Art. 2 Nummer 5 Rahmen-VO.

2549 *Bues*, S. 100.

2550 Erwägungsgrund Nummer 10 Rahmen-VO; so auch *Wieland*, Gutachten im Auftrag der DFS 2007, S. 23, unter Verweis auf die Stellungnahme der Kommission vom 27.08.2003, KOM(2003) 514, S. 4; *Stutz*, in: Hobe/v. Ruckteschell, Kölner Kompendium Luftrecht, Bd. 2, S. 901, Rn. 19 ff.; *Scherer*, EuZW 2005, S. 268 ff. (268); *Windthorst*, in: FS für Wilfried Berg, S. 523 ff. (531); *Bues*, S. 101.

2551 Siehe dazu Erwägungsgrund Nummer 10 Rahmen-VO.

2552 Stellungnahme der Kommission vom 27.08.2003, KOM(2003) 514, S. 4; siehe dazu auch *Bues*, S. 101, Fn. 704.

2553 *Stutz*, in: Hobe/v. Ruckteschell, Kölner Kompendium Luftrecht, Bd. 2, S. 901, Rn. 19; *Wieland*, Rechtsgutachten Rechtsfragen der Flugsicherung 2006, S. 14; *Scherer*, EuZW 2005, S. 268 ff. (268).

2554 Erwägungsgrund Nummer 10 Rahmen-VO; Art. 2 Nummer 5 Rahmen-VO spricht von einer „öffentlichen oder privaten Stelle"; *Wieland*, Gutachten im Auftrag der DFS 2007, S. 23 und S. 62, unter Verweis auf die Stellungnahme der Kommission vom 27.08.2003, KOM(2003) 514, S. 4; *ebenda* auch S. 51, wonach „das weite Spektrum möglicher Privatisierungsformen für die Flugsicherung von der Konzessionierung über Formen der PPP bis hin zum kompletten Rückzug des Staates und der

oder Kapitalprivatisierungen werden weder verlangt, noch vom Regelwerk verboten.[2555] Sie verpflichten die EU-Mitgliedstaaten insbesondere auch nicht dazu, für die Erbringung von Flugsicherungsleistungen in öffentlicher Verwaltung Sorge zu tragen.[2556]

Die Verordnungen zum einheitlichen europäischen Luftraum sind daher rechtsformneutral ausgestaltet und bemühen sich, einen Ausgleich zwischen den staatlichen Souveränitätsrechten auf der einen Seite und den Privatisierungsforderungen auf der anderen Seite zu schaffen.[2557] Es besteht demzufolge ein Gestaltungsspielraum des nationalen Gesetzgebers, in dem er agieren kann.[2558]

Die Flugsicherungsorganisationen sorgen mit ihrem Personal, unterstützt von flugsicherungstechnischen Anlagen und Einrichtungen, auf den Flughäfen für einen sicheren und flüssigen Verkehrsfluss bei Start und Landung sowie in der Luft, um ein ordnungsgemäßes Management des Luftverkehrs zu gewährleisten.[2559] Dabei haben sie speziellen Pflichten nachzukommen und bestimmte Vorgaben zu beachten, bspw. zur Transparenz ihrer Rechnungslegung[2560] und ihrer Gebührenerhebungsgrundlage[2561].[2562] Gemäß Art. 7 Abs. 1 Flugsicherungsdienste-VO unterliegt die Erbringung jeglicher Flugsicherungsdienste in der Europäischen Union der Zertifizierung durch die Mitgliedstaaten.

---

Erbringung von Flugsicherungsdiensten durch eine nutzergesteuerte Gesellschaft reicht"; *Bues*, S. 101; *Button/McDougall*, Journal of Air Transport Management 2006, S. 236 ff. (251), vor allem zu den Vorteilen privatisierter Flugsicherungsorganisationen.

2555 *Droege*, DÖV 2006, S. 861 ff. (867); *Kirchhoff/Boewe*, ZLW 2007, S. 17 ff. (30 f.); *Giemulla*, DVBl. 2007, S. 719 ff. (724 f.); *Scherer*, EuZW 2005, S. 268 ff. (271); *Stutz*, in: Hobe/v. Ruckteschell, Kölner Kompendium Luftrecht, Bd. 2, S. 901, Rn. 20; *Bues*, S. 101.

2556 *Wieland*, Gutachten im Auftrag der DFS 2007, S. 62; *Giemulla*, DVBl. 2007, S. 719 ff. (725).

2557 *V. Dam*, in: Hobe/v. Ruckteschell, Kölner Kompendium Luftrecht, Bd. 1, S. 75, Rn. 208; *Bues*, S. 101.

2558 *V. Dam*, in: Hobe/v. Ruckteschell, Kölner Kompendium Luftrecht, Bd. 1, S. 75, Rn. 208; *Bues*, S. 101.

2559 Abrufbar unter https://www.baf.bund.de/DE/Themen/Flugsicherungsorga/flugsicherungsorga_node.html, zuletzt abgerufen am 26.03.2023.

2560 Siehe dazu Art. 12 Flugsicherungsdienste-VO.

2561 DVO (EU) 2019/317 der Kommission vom 11.02.2019 zur Festlegung eines Leistungssystems und einer Gebührenregelung für den einheitlichen europäischen Luftraum und zur Aufhebung der DVOen (EU) Nr. 390/2013 und (EU) Nr. 391/2013, ABl. EU Nr. L 56 vom 25.02.2019, S. 1–67.

2562 *Stutz*, in: Hobe/v. Ruckteschell, Kölner Kompendium Luftrecht, Bd. 2, S. 907, Rn. 56.

Ihre Rechte und Pflichten sind entsprechend Art. 7 Abs. 4 Flugsicherungsdienste-VO in den Zeugnissen anzugeben. Bei der Benennung gemäß Art. 8 Abs. 3 Flugsicherungsdienste-VO können die EU-Mitgliedstaaten weiterhin einen zusätzlichen oder strengeren[2563] Rechte- und Pflichtenkatalog bezüglich der Erbringung der Flugverkehrsdienste festlegen, der über die Zertifizierung hinausreicht.[2564] Auch haftungsrechtliche Fragestellungen, vor allem die staatlichen Rückgriffsmöglichkeiten, können dabei Berücksichtigung finden.[2565]

### *2. Benennung von Flugsicherungsorganisationen*

Die EU-Mitgliedstaaten haben gemäß Art. 8 Abs. 1 Flugsicherungsdienste-VO dafür zu sorgen, dass die Erbringung von Flugverkehrsdiensten auf ausschließlicher Grundlage innerhalb bestimmter Luftraumblöcke geschieht. Dazu benennen sie in ihrem Zuständigkeitsbereich einen zertifizierten Dienstleister[2566] für Flugverkehrsdienste.[2567] Der zeitlich vorgelagerte Rechtsakt der Zertifizierung gemäß Art. 7 Flugsicherungsdienste-VO ist damit streng von dem Rechtsakt der

2563 Ebenso wie die Befugnisse und Aufgaben der nationalen Aufsichtsbehörde sind auch die Rechte und Pflichten der Flugsicherungsorganisationen grds. als Mindestanforderungen zu verstehen, welche nach Maßgabe des nationalen Rechts durch weitere Rechte und Pflichten ergänzt werden können, soweit sie nicht im Widerspruch zu den Verordnungen zum einheitlichen europäischen Luftraum stehen, siehe dazu Erwägungsgrund Nummer 1 S. 2 Flugsicherungsdienste-VO: „Mindestanforderungen zur Wahrung des öffentlichen Interesses erfüllt werden müssen"; siehe *Stutz*, in: Hobe/v. Ruckteschell, Kölner Kompendium Luftrecht, Bd. 2, S. 908, Rn. 57; *Schubert*, Air & Space Law 2010, S. 113 ff. (123), *ebenda* auch Fn. 24, der dieses Thema als kontrovers erachtet. Es bestünde die Gefahr, dass ein EU-Mitgliedstaat zusätzliche Bedingungen oder Pflichten dem Anforderungskatalog hinzufüge, wodurch die Vereinheitlichungswirkung, die der Zertifizierungsprozess stärken soll, relativiert würde. Um den hoheitlichen Charakter der Flugverkehrsdienste zu wahren, muss es den EU-Mitgliedstaaten erlaubt sein, die Benennung von zusätzlichen oder strengeren Bedingungen abhängig zu machen, die sich von anderen EU-Mitgliedstaaten unterscheiden, jedoch für alle Dienstleister gleich sein müssen.

2564 *Schubert*, Air & Space Law 2010, S. 113 ff. (123); *Bues*, S. 100.

2565 Siehe dazu ausf. *Müller*, ZLW 2008, S. 179 ff. (186); so auch *Bues*, S. 100.

2566 Vor dem Hintergrund des hoheitlichen Charakters der Flugsicherung empfindet *Stutz* den als Synonym für Flugsicherungsorganisationen an verschiedenen Stellen der SES-Verordnungen verwendeten Begriff des „Dienstleisters" als unglücklich gewählt, so *Stutz*, in: Hobe/v. Ruckteschell, Kölner Kompendium Luftrecht, Bd. 2, S. 905, Rn. 39, Fn. 57.

2567 Art. 8 Abs. 1 S. 2 Flugsicherungsdienste-VO.

Benennung entsprechend Art. 8 Flugsicherungsdienste-VO zu unterscheiden.[2568] Bei der Wahl einer oder mehrerer[2569] Flugsicherungsorganisationen ist der Mitgliedstaat frei, sofern gemäß Art. 8 Abs. 4 Flugsicherungsdienste-VO neben den gemeinsamen Anforderungen entsprechend Art. 6 Flugsicherungsdienste-VO die Zertifizierung gemäß Art. 7 Flugsicherungsdienste-VO vorliegt. Da die Wahrnehmung von Flugverkehrsdiensten mit der Ausübung hoheitlicher Befugnisse zusammenhängt und im Ermessen[2570] des Mitgliedstaates steht, können Wettbewerbsregeln darauf nicht angewandt werden.[2571] Art. 8 Flugsicherungs-VO lässt die zeitliche Ausdehnung einer Benennung unbestimmt, da eine zeitliche Maximaldauer nicht vorgegeben wird.[2572] Ebenso wenig finden sich Vorgaben bezüglich des Begriffs der „Benennung" von Dienstleistern für Flugverkehrsdienste in Art. 8 Flugsicherungsdienste-VO.[2573] Die Verordnungen zum einheitlichen europäischen Luftraum definieren den Ausdruck nicht.[2574] Zwar wurde eine Definition der „Benennung" in einem der frühen Gesetzesentwürfe der Verordnungen zum einheitlichen europäischen Luftraum formuliert, jedoch nicht im endgültigen Text übernommen.[2575] Grundsätzlich kann die Benennung entsprechend Art. 8 Abs. 1 Flugsicherungsdienste-VO als ein formaler Akt

2568 *Stutz*, in: Hobe/v. Ruckteschell, Kölner Kompendium Luftrecht, Bd. 2, S. 905, Rn. 39; *Bues*, S. 104; dazu ausf. Kapitel 7, A., II., 2., b).

2569 Art. 8 Abs. 5 Flugsicherungsdienste-VO.

2570 So der Wortlaut von Art. 8 Abs. 4 Flugsicherungsdienste-VO.

2571 Erwägungsgrund Nummer 5 Flugsicherungsdienste-VO; *Stutz*, in: Hobe/v. Ruckteschell, Kölner Kompendium Luftrecht, Bd. 2, S. 905, Rn. 40; *Uhl*, in: Hobe/v. Ruckteschell, Kölner Kompendium Luftrecht, Bd. 2, S. 951, Rn. 249; *Scherer*, in: FS für Manfred Zuleeg, S. 456 ff. (466); *Bues*, S. 103.

2572 *Stutz*, in: Hobe/v. Ruckteschell, Kölner Kompendium Luftrecht, Bd. 2, S. 905, Rn. 40; *Scherer*, EuZW 2005, S. 268 ff. (269); *ders.*, in: FS für Manfred Zuleeg, S. 456 ff. (466); *Bues*, S. 103.

2573 *Scherer*, in: FS für Manfred Zuleeg, S. 456 ff. (466).

2574 *Bues*, S. 102, Fn. 709.

2575 *Schubert*, Air & Space Law 2010, S. 113 ff. (118); *Bues*, S. 105, Fn. 734: „Die Benennung im Sinne von Art. 8 Flugsicherungsdienste-VO ist von der sog. ‚Delegation of Responsibilities to provide ATS' zu unterscheiden. Dies ist eine spezielle ICAO-Terminologie, die die Übertragung der Verantwortlichkeit für die Flugverkehrsdiensteerbringung von einem auf einen anderen Staat meint."; der Gesetzentwurf definierte die „Benennung" als „eine von einem oder mehreren EU-Mitgliedstaaten erteilte Erlaubnis, die einem Dienstleister die Zuständigkeit für die Erbringung von Flugverkehrsdiensten auf ausschließlicher Grundlage überträgt", KOM(2001) 564 endgültig/2, S. 19, dort unter Art. 2 lit. f).

verstanden werden, durch den ein Staat eine zertifizierte Flugsicherungsorganisation mit dem Recht und der Verpflichtung betraut, Flugsicherungsdienste in einem bestimmten oder dem gesamten Bereich ihres nationalen Luftraumes auf exklusiver Basis zu erbringen.[2576]

### 3. *Begrifflichkeit der Benennung*

Art. 8 Flugsicherungsdienste-VO erläutert nicht, in welcher Rechtsform dieser formale Benennungsakt geschehen soll und auch das deutsche Recht hat den Begriff der „Benennung" bisher weder ausgeformt noch umgesetzt.[2577] Daher stellt sich die Frage, was sich nun genau unter dem Begriff der „Benennung" verstehen lässt und in welchem Verhältnis sie zu der Rechtsfigur der „Beleihung"[2578] steht.[2579] Das Völkerrecht verbindet mit dem Begriff der „Benennung" den staatlichen Bezeichnungsakt, mit dem natürliche oder juristische Personen des Privatrechts (Flugsicherungsorganisationen) namhaft gemacht und für die Übernahme bestimmter Aufgaben oder Ämter eingeplant werden.[2580] Demnach bezöge sich die Benennung nicht auf die Schaffung eines Rechtsverhältnisses zwischen dem EU-Mitgliedstaat und der Flugsicherungsorganisation, sondern stelle einen vom tatsächlichen und längst begründeten Rechtsverhältnis

2576 *Schubert*, Air & Space Law 2010, S. 113 ff. (118); so auch *Bues*, S. 105; *Scherer*, in: FS für Manfred Zuleeg, S. 456 ff. (466).

2577 *Bues*, S. 105.

2578 Die Beleihung setzt voraus, dass dem Adressaten (natürliche oder juristische Person des Privatrechts) etwas übertragen wird, was bisher dem Staat vorbehalten und damit dem Beliehenen vorenthalten war, siehe dazu ausf. *Frenz*, S. 21 ff., 27; Beliehene sind nach heute ganz herrschendem Verständnis Privatrechtssubjekte, die mit der hoheitlichen (obrigkeitlichen oder schlicht-hoheitlichen) Wahrnehmung bestimmter Verwaltungsaufgaben betraut sind, d. h. dazu befugt sind, Staatsaufgaben in den Handlungsformen des öffentlichen Rechts selbständig wahrzunehmen, *Burgi*, in: FS für Hartmut Maurer, S. 581 ff. (585); *Burgi*, S. 79 f.; *Baumann*, in: FS für Rolf Stober, S. 433 ff. (434 ff.); *v. Danwitz*, in: v. Mangoldt/Klein/Starck, GG II, Art. 34, Rn. 60 f.; *Baumann*, Private Luftfahrtverwaltung, S. 40 ff.; *Makiol/Schröder*, in: Hobe/v. Ruckteschell, Kölner Kompendium Luftrecht, Bd. 2, S. 127, Rn. 472; *Maurer/Waldhoff*, AllgVerwR, § 23, S. 649 ff., Rn. 58 ff.; *Müller*, S. 176.

2579 Zu dieser Fragestellung siehe *Stutz*, in: Hobe/v. Ruckteschell, Kölner Kompendium Luftrecht, Bd. 2, S. 905, Rn. 41; siehe auch *Bues*, S. 105.

2580 So die Antwort des Parlamentarischen Staatssekretärs *Kasparick* vom 14.07.2009 auf die Schriftliche Anfrage des Abgeordneten Mücke, BT-Drs. 16/13795, S. 28; ähnlich *Uhl*, in: Hobe/v. Ruckteschell, Kölner Kompendium Luftrecht, Bd. 2, S. 951, Rn. 251; *Bues*, S. 105.

abzuleitenden Bezeichnungsakt ohne zusätzliche Rechtswirkung dar.[2581] Benennung und Beleihung wären dann zwei streng voneinander zu unterscheidende Rechtsakte, nämlich einmal ein unionsrechtlicher Rechtsakt[2582] gegenüber der Europäischen Kommission und das andere Mal ein gesonderter nationalrechtlicher Rechtsakt[2583] gegenüber der Flugsicherungsorganisation.[2584]

Die „unionsrechtliche" Benennung und die „innerstaatliche" Beleihung müssen jedoch keineswegs auseinanderfallen.[2585] Das Unionsrecht gibt zwar gewisse Vorgaben für die Benennung vor, indem es lediglich die Benennung solcher Flugsicherungsorganisationen zulässt, die entsprechend der allgemeinen Vorgaben zertifiziert sind.[2586] Darüber hinaus überlässt es Art. 8 Flugsicherungsdienste-VO aber dem jeweiligen Mitgliedstaat unter Anerkennung seiner Souveränitätsrechte, eine entsprechende Flugsicherungsorganisation auszuwählen.[2587] Dabei kommt das nationale Recht zum Tragen,[2588] nämlich die Beleihung, die aber unter der Bedingung steht, dass die zusätzlichen unionsrechtlichen Anforderungen erfüllt sind.[2589] Danach stellt die Benennung einen Rechtsakt mit konstitutiver Wirkung dar, mit dem ein Rechtsverhältnis zwischen dem Mitgliedstaat und der Flugsicherungsorganisation nach Maßgabe des jeweiligen nationalen Rechts begründet wird.[2590] Dafür spricht, dass gerade nicht die Europäische

---

2581 *Bues*, S. 105; *ebenda*, S. 105, Fn. 737: „Gegenüber wem eine so verstandene Benennung erfolgen soll, ist unklar. Infrage kommt wohl nur die Europäische Kommission."

2582 Die „unionsrechtliche" Benennung hätte in diesem Fall nur deklaratorischen Charakter, der ein bereits begründetes Rechtsverhältnis öffentlich macht. Siehe dazu die Antwort des Parlamentarischen Staatssekretärs *Kasparick*, BT-Drs. 16/13795, S. 28 f.; *Bues*, S. 105 f.

2583 Die „innerstaatliche" Beleihung wäre auf die Begründung eines Rechtsverhältnisses gerichtet, durch das bestimmte hoheitliche Befugnisse zur Wahrnehmung im eigenen Namen übertragen würden. Siehe dazu vertiefend die Antwort des Parlamentarischen Staatssekretärs *Kasparick*, BT-Drs. 16/13795, S. 28 f.; *Bues*, S. 105 f.

2584 *Stutz*, in: Hobe/v. Ruckteschell, Kölner Kompendium Luftrecht, Bd. 2, S. 905, Rn. 41; *Bues*, S. 105.

2585 *Stutz*, in: Hobe/v. Ruckteschell, Kölner Kompendium Luftrecht, Bd. 2, S. 905, Rn. 42.

2586 Art. 8 Abs. 1 S. 2 Flugsicherungsdienste-VO; *Stutz*, in: Hobe/v. Ruckteschell, Kölner Kompendium Luftrecht, Bd. 2, S. 905, Rn. 42.

2587 *Stutz*, in: Hobe/v. Ruckteschell, Kölner Kompendium Luftrecht, Bd. 2, S. 905, Rn. 42.

2588 Dazu auch *Scherer*, EuZW 2005, S. 268 ff. (271).

2589 *Stutz*, in: Hobe/v. Ruckteschell, Kölner Kompendium Luftrecht, Bd. 2, S. 905, Rn. 42.

2590 *Stutz*, in: Hobe/v. Ruckteschell, Kölner Kompendium Luftrecht, Bd. 2, S. 905, Rn. 43; ähnlich *Uhl*, in: Hobe/v. Ruckteschell, Kölner Kompendium Luftrecht, Bd. 2, S. 951, Rn. 250; sehr ausf. bei *Bues*, S. 106 f.

Kommission der Adressat der Benennung ist.[2591] Die Flugsicherungsdienste-VO selbst unterscheidet eindeutig zwischen der eigentlichen „Benennung“ (in Art. 8 Abs. 1 S. 1 Flugsicherungsdienste-VO) und der „Unterrichtung“ der Europäischen Kommission, dass eine Benennung erfolgt ist (in Art. 8 Abs. 6 Flugsicherungsdienste-VO).[2592] Die Unterrichtung ist im Gegensatz zur im Ermessen der EU-Mitgliedstaaten stehenden Benennung zwingend und unverzüglich vorzunehmen, wodurch nochmals deutlich herausgestellt wird, dass die beiden Rechtsakte voneinander zu unterscheiden sind.[2593] Art. 8 Abs. 3 Flugsicherungsdienste-VO sieht weiterhin vor, dass die EU-Mitgliedstaaten die Rechte und Pflichten der benannten Dienstleister für Flugverkehrsdienste festlegen, sodass die Benennung nicht ausschließlich ein deklaratorischer Bezeichnungsakt sein kann.[2594]

Im deutschen Recht fehlt es hingegen an einer korrespondierenden Vorschrift zu Art. 8 Flugsicherungsdienste-VO.[2595] In der Bundesrepublik Deutschland sieht die rechtliche Ausgestaltung nur das Erfordernis der Beleihung zur Erbringung von Flugverkehrsdiensten vor, wozu § 31b Abs. 1 S. 1 LuftVG und § 31f Abs. 1 LuftVG die Voraussetzungen regeln.[2596] Daher ist zu prüfen, ob die Beleihung der Benennung entspricht, wenn den sonstigen europarechtlichen Vorgaben entsprochen wird.[2597] Die Beleihung stellt einen konstitutiven, staatlichen Akt dar, durch den privatrechtlichen Organisationen die Ausübung hoheitlicher Befugnisse ermöglicht wird.[2598] Außerdem können die Voraussetzungen für eine Benennung über das in den Verordnungen zum einheitlichen

2591 *Stutz*, in: Hobe/v. Ruckteschell, Kölner Kompendium Luftrecht, Bd. 2, S. 905, Rn. 43.

2592 So auch Deutscher Bundestag, Gesetzentwurf der Bundesregierung, Entwurf eines Gesetzes zur Änderung luftverkehrsrechtlicher Vorschriften vom 22.05.2009, BT-Drs. 16/13107, S. 14; *Stutz*, in: Hobe/v. Ruckteschell, Kölner Kompendium Luftrecht, Bd. 2, S. 905, Rn. 43; *Bues*, S. 106.

2593 *Bues*, S. 107.

2594 Art. 8 Abs. 3 Flugsicherungsdienste-VO; *Bues*, S. 107.

2595 *Uhl*, in: Hobe/v. Ruckteschell, Kölner Kompendium Luftrecht, Bd. 2, S. 951, Rn. 251; *Bues*, S. 107; ähnlich *Stutz*, in: Hobe/v. Ruckteschell, Kölner Kompendium Luftrecht, Bd. 2, S. 905, Rn. 44.

2596 *Risch*, in: Grabherr/Reidt/Wysk, Luftverkehrsgesetz, 14. EL, 2010, § 27c, S. 38, Rn. 95; ähnlich *Uhl*, in: Hobe/v. Ruckteschell, Kölner Kompendium Luftrecht, Bd. 2, S. 951 f., Rn. 251; *Stutz*, in: Hobe/v. Ruckteschell, Kölner Kompendium Luftrecht, Bd. 2, S. 905, Rn. 44; *Bues*, S. 107.

2597 *Bues*, S. 107.

2598 *Risch*, in: Grabherr/Reidt/Wysk, Luftverkehrsgesetz, 14. EL, 2010, § 27c, S. 38, Rn. 95; *Burgi*, in: FS für Hartmut Maurer, S. 581 ff. (585); *Bues*, S. 107.

europäischen Luftraum geforderte Mindestmaß hinausgehen und Art. 8 Abs. 2 Flugsicherungsdienste-VO überlässt es jedem EU-Mitgliedstaat unter Anerkennung seiner Souveränitätsrechte selbst, eine entsprechende Flugsicherungsorganisation auszuwählen und zu benennen.[2599] Eine zusätzliche Benennung bei bereits erfolgter Beleihung würde eine bloße Formalie darstellen.[2600] Dieser Ansicht zufolge kommt die Bundesrepublik Deutschland ihrer Benennungspflicht durch Beleihungsakt nach, ohne dass eine separate Benennung nötig wäre.[2601] Dieses Ergebnis ist jedoch nicht zwingend, da neben der Beleihung zusätzlich ein konstitutiver Benennungsakt gefordert werden könnte, wofür in Ermangelung einer Ermächtigungsgrundlage nur ein Verwaltungsakt im Sinne des § 35 VwVfG oder ein öffentlich-rechtlicher Vertrag im Sinne der §§ 54 ff. VwVfG in Betracht kämen.[2602]

Auch wenn die Meinungen auseinandergehen und in Deutschland mit dem Rechtsakt der Benennung nicht zufriedenstellend umgegangen wird, zeigt diese schon jahrelang andauernde Unklarheit über die Rechtsform der Benennung, dass dies für die Praxis grundsätzlich keinerlei Auswirkungen hat.[2603] Praktisch zählt die Benennung entweder als stillschweigend erfolgt oder sie gilt als faktisch entbehrlich.[2604] Zwingend erforderlich ist dabei jedenfalls die Eindeutigkeit des für den bestimmten Luftraum zuständigen Flugverkehrsdienstleisters.[2605]

### 4. *Anspruch auf Benennung*

Es besteht kein Rechtsanspruch einer zertifizierten Flugsicherungsorganisation, benannt zu werden, selbst dann nicht, wenn sie die einzige von dem EU-Mitgliedstaat zertifizierte Flugsicherungsorganisation ist.[2606] Die Entscheidung

---

2599 *Stutz*, in: Hobe/v. Ruckteschell, Kölner Kompendium Luftrecht, Bd. 2, S. 905, Rn. 42; *Bues*, S. 107.

2600 *Bues*, S. 107.

2601 *Stutz*, in: Hobe/v. Ruckteschell, Kölner Kompendium Luftrecht, Bd. 2, S. 905, Rn. 44; *Bues*, S. 107.

2602 *Uhl*, in: Hobe/v. Ruckteschell, Kölner Kompendium Luftrecht, Bd. 2, S. 952, Rn. 252; so auch *Bues*, S. 107.

2603 *Bues*, S. 108.

2604 *Bues*, S. 108.

2605 *Bues*, S. 108.

2606 *Stutz*, in: Hobe/v. Ruckteschell, Kölner Kompendium Luftrecht, Bd. 2, S. 905 f., Rn. 45; *Uhl*, in: Hobe/v. Ruckteschell, Kölner Kompendium Luftrecht, Bd. 2, S. 951, Rn. 249; *Bues*, S. 103.

des Mitgliedstaates muss allerdings willkürfrei ergehen.[2607] Es ist nicht zwingend erforderlich, dass die zu benennende Organisation von dem EU-Mitgliedstaat, der sie benennt, zertifiziert wurde.[2608] Der Wortlaut des Art. 8 Abs. 1 S. 1 Flugsicherungsdienste-VO i. V. m. Art. 1 Abs. 2 Rahmen-VO deutet darauf hin, dass es einem Mitgliedstaat freisteht, für die Gesamtheit seines Zuständigkeitsbereiches nur eine einzige Flugsicherungsorganisation oder mehrere Flugsicherungsorganisationen für unterschiedliche Luftraumblöcke zu benennen.[2609] Aus der Formulierung „auf ausschließlicher Grundlage"[2610] folgt zumindest, dass innerhalb des (gesamten) Luftraumes oder eines Teil desselben immer nur ein Dienstleister tätig sein darf.[2611]

### 5. *Benennung von Dienstleistern für Wetterdienste und Unterstützungsdienste*

Gemäß Art. 9 Abs. 1 Flugsicherungsdienste-VO *können* die EU-Mitgliedstaaten einen Dienstleister für Wetterdienste benennen, der die Gesamtheit oder einen Teil der Wetterdaten auf ausschließlicher Grundlage für diesen Luftraum bereitstellt. Dabei sind gewisse Sicherheitserwägungen zu berücksichtigen.[2612] Die Benennung eines Dienstleisters für Flugwetterdienste erfolgt im Gegensatz zu der Benennung von Flugverkehrsdiensten auf freiwilliger Basis.[2613]

Aus dem Umkehrschluss zu Art. 8 und 9 Flugsicherungsdienste-VO folgt, dass mitgliedstaatliche Genehmigungsvorbehalte für andere Dienste als Flugverkehrs- und Flugwetterdienste unzulässig sind.[2614] Für die Erbringung der

---

2607 *Uhl*, in: Hobe/v. Ruckteschell, Kölner Kompendium Luftrecht, Bd. 2, S. 951, Rn. 249; *Bues*, S. 103.

2608 Vgl. Erwägungsgrund Nummer 14 Flugsicherungsdienste-VO; *Stutz*, in: Hobe/v. Ruckteschell, Kölner Kompendium Luftrecht, Bd. 2, S. 906, Rn. 45; *Bues*, S. 103.

2609 Vgl. *Scherer*, EuZW 2005, S. 268 ff. (269); *Stutz*, in: Hobe/v. Ruckteschell, Kölner Kompendium Luftrecht, Bd. 2, S. 906, Rn. 46; *Bues*, S. 102 f.

2610 So niedergelegt in Art. 8 Abs. 1 S. 1 Flugsicherungsdienste-VO.

2611 *Stutz*, in: Hobe/v. Ruckteschell, Kölner Kompendium Luftrecht, Bd. 2, S. 906, Rn. 46.

2612 Art. 9 Abs. 1 a. E. Flugsicherungsdienste-VO.

2613 *Stutz*, in: Hobe/v. Ruckteschell, Kölner Kompendium Luftrecht, Bd. 2, S. 906, Rn. 47; *Schubert*, Air & Space Law 2010, S. 113 ff. (119); *Uhl*, in: Hobe/v. Ruckteschell, Kölner Kompendium Luftrecht, Bd. 2, S. 951, Rn. 249, Fn. 260; *Bues*, S. 104; *Scherer*, EuZW 2005, S. 268 ff. (269); *ders.*, in: FS für Manfred Zuleeg, S. 456 ff. (466).

2614 *Stutz*, in: Hobe/v. Ruckteschell, Kölner Kompendium Luftrecht, Bd. 2, S. 906, Rn. 49; *Schubert*, Air & Space Law 2010, S. 113 ff. (119); *Bues*, S. 104; *Uhl*, in: Hobe/v. Ruckteschell, Kölner Kompendium Luftrecht, Bd. 2, S. 971, Rn. 350.

Unterstützungsdienste ist neben der Zertifizierung kein zusätzlicher Zulassungsakt erforderlich.[2615] Zertifizierte Flugsicherungsorganisationen dürfen diese privatwirtschaftlichen Dienstleistungen[2616] anderen Luftraumnutzern, Flugsicherungsorganisationen und Flughäfen im Hoheitsgebiet eines EU-Mitgliedstaates bedenkenlos anbieten.[2617] Darin zeigt sich der Unterschied zu den Flugverkehrsdiensten, deren hoheitlichen Charakter die Verordnungen zum einheitlichen europäischen Luftraum ausdrücklich anerkennen und daher die Aufgabenzuweisung in das Auswahlermessen der EU-Mitgliedstaaten nach Maßgabe ihrer jeweiligen Rechtsordnung stellen.[2618] Die Erbringung der Unterstützungsdienste erfolgt auf wettbewerblicher Ebene[2619], wohingegen die Flugverkehrsdienste gemäß Art. 8 Abs. 1 Flugsicherungsdienste-VO zwingend auf ausschließlicher Grundlage erfolgen, also als Monopol ausgestaltet werden.[2620]

### 6. *Haftung bei der Benennung*

Die Verordnungen zum Single European Sky enthalten bezüglich der Haftung der EU-Mitgliedstaaten oder der den Luftraum bewirtschaftenden und von den Staaten benannten Flugsicherungsorganisationen keine Vorschriften.[2621] Mit dem Akt der Benennung sollten vonseiten des Staates die Rechte und Pflichten des Dienstleisters für Flugverkehrsdienste daher festgeschrieben werden.[2622] Aufgrund mangelnder globaler oder regionaler Abkommen bei Haftungsfragen, die die Flugsicherungsorganisationen betreffen, werden die Haftungsaspekte grundsätzlich durch das nationale Recht desjenigen Staates geregelt, über dessen Hoheitsgebiet die Dienstleistungen erbracht werden.[2623] Wird die eigene

---

2615 *Risch*, in: Grabherr/Reidt/Wysk, Luftverkehrsgesetz, 14. EL, 2010, § 27c, S. 39, Rn. 97; *Scherer*, in: FS für Manfred Zuleeg, S. 456 ff. (466).

2616 Erwägungsgrund Nummer 13 Flugsicherungsdienste-VO.

2617 *Stutz*, in: Hobe/v. Ruckteschell, Kölner Kompendium Luftrecht, Bd. 2, S. 906, Rn. 49; *Scherer*, in: FS für Manfred Zuleeg, S. 456 ff. (467); *Uhl*, in: Hobe/v. Ruckteschell, Kölner Kompendium Luftrecht, Bd. 2, S. 971, Rn. 350; *Bues*, S. 104.

2618 *Stutz*, in: Hobe/v. Ruckteschell, Kölner Kompendium Luftrecht, Bd. 2, S. 906, Rn. 49.

2619 Siehe Erwägungsgrund Nummer 13 Flugsicherungsdienste-VO.

2620 *Stutz*, in: Hobe/v. Ruckteschell, Kölner Kompendium Luftrecht, Bd. 2, S. 906, Rn. 49; *Bues*, S. 104; *Risch*, in: Grabherr/Reidt/Wysk, Luftverkehrsgesetz, 14. EL, 2010, § 27c, S. 30, Rn. 73.

2621 *Müller*, ZLW 2008, S. 179 ff. (180).

2622 *Müller*, ZLW 2008, S. 179 ff. (186).

2623 *Schubert*, Air & Space Law 2010, S. 113 ff. (132); *ebenda* auch eine ausführliche Beschreibung möglicher Haftungsmodelle; *Bues*, S. 110; vgl. auch die

nationale Flugsicherungsorganisation benannt, so kommt im Allgemeinen das eigene nationale Haftungsregime des benennenden Staates zum Tragen, das im Einzelnen divergent gestaltet sein kann.[2624] Die Tatsache, dass die Dienstleistungen der Flugsicherungsorganisationen eine souveräne Funktion desjenigen Staates bleiben, über dessen Hoheitsgebiet sie erbracht werden[2625], hat erhebliche Auswirkungen in Bezug auf die Haftung in Zusammenhang mit der Benennung eines ausländischen Anbieters.[2626] Das anwendbare Haftungsregime bei der Benennung einer ausländischen Flugsicherungsorganisation ist bereits im Benennungsakt zu konstatieren, falls in einem funktionalen Luftraumblock nicht schon eigene Haftungsregelungen existieren.[2627] Dabei sollte eine Rückgriffsmöglichkeit des Staates gegen den Dienstleister im Fall von Inanspruchnahme

---

Haftungsregelungen FABEC betreffend bei *Bethkenhagen/von Elm/Nitschke*, ZLW 2011, S. 412 ff. (427 f.).

2624 *Schubert*, Air & Space Law 2010, S. 113 ff. (132 f.); *Müller*, ZLW 2008, S. 179 ff. (181); *Schubert*, The Liability of Air Navigation Services Providers, in: Calleja Crespo/Mendes de Leon, Achieving the Single European Sky, S. 51 ff. (53 f.); *Bues*, S. 110.

2625 Unabhängig von der Staatsangehörigkeit oder des Ortes des Betriebs des Anbieters.

2626 *Schubert*, Air & Space Law 2010, S. 113 ff. (141); bei dem Flugzeugunglück von Überlingen im Jahr 2002, bei dem zwei Flugzeuge in der Luft miteinander kollidierten, kontrollierte die schweizerische Flugsicherungsorganisation „Skyguide AG" aus Verfahrensgründen einen Teil des süddeutschen Luftraumes. Zur Übertragung der hoheitlichen Befugnis zur Flugsicherung im süddeutschen Luftraum hatten die Bundesrepublik Deutschland und die Schweizer Eidgenossenschaft (nur) einen LoA geschlossen, durch den die schweizerische Skyguide AG mit der Flugsicherung beauftragt wurde. Das LG Konstanz führte aus, dass es zu einer wirksamen Übertragung von Hoheitsbefugnissen auf einen anderen Staat, hier der Flugsicherung, eines völkerrechtlichen Vertrages bedurft hätte, der in der Form des LoA nicht vorliege, so *Schladebach*, Lufthoheit, S. 393 f.; generell dazu siehe auch *Böckstiegel/Reifarth*, ZLW 1983, S. 183 ff. (188 ff.); die Abtretung der hoheitlichen Aufgabe der Flugsicherung an ein ausländisches Unternehmen war zu diesem Zeitpunkt rechtswidrig, woraufhin der Bundesrepublik Deutschland die Verantwortung zur Leistung von Schadensersatz auferlegt wurde, Urteil des LG Konstanz vom 27.07.2007, 4 O 234/05 H; *Giemulla*, Luftrecht, Skript WS 2010/2011, S. 76; nach dem Flugunfall bei Überlingen wurde zum Zweck der Ersatzleistungen ein Fonds gebildet, an dem neben anderen auch die Bundesrepublik Deutschland und die Schweizerische Eidgenossenschaft Vertragsparteien sind. Solche Lösungen dürften sich jedoch eher im Einzelfall zur Abwicklung eines konkreten Schadenfalles mit internationalem Bezug anbieten, für eine allgemeine Regelung in einem Staatsvertrag kommen sie kaum in Betracht, so *Müller*, ZLW 2008, S. 179 ff. (182).

2627 *Bethkenhagen/von Elm/Nitschke*, ZLW 2011, S. 412 ff. (428); *Bues*, S. 110.

durch Dritte aufgrund von Schäden geregelt werden, die als Folge von oder in Zusammenhang mit der Erbringung der Dienstleistungen im zugewiesenen Luftraum entstanden sind.[2628] Es ist möglich, im Benennungsakt eine Haftungsschuldnerschaft der benannten Flugsicherungsorganisation oder des benennenden EU-Mitgliedstaates zu verankern.[2629] Um die verschiedenen Probleme, die im Rahmen des Benennungsaktes auftreten können, zu überwinden, bietet es sich als pragmatische Lösung an, weitere Regelungen und Mechanismen zur Schlichtung eines möglichen Haftungsfalles zu treffen.[2630] In Betracht kommen dazu bspw. eine Versicherung, Regelungen zur Immunität, zum Regress oder zum Gerichtsstand, zum anwendbaren Recht und zur Schiedsgerichtsbarkeit.[2631]

## IV. Beziehungen zwischen Dienstleistern

Gemäß Art. 10 Abs. 1 Flugsicherungsdienste-VO können Flugsicherungsorganisationen die Dienste anderer in der Europäischen Union zertifizierter Dienstleister in Anspruch nehmen.[2632] Dies geschieht im Wege der „Unterbeauftragung".[2633] Art. 10 Abs. 1 Flugsicherungsdienste-VO bietet dadurch eine

---

2628 *Müller*, ZLW 2008, S. 179 ff. (186).

2629 *Bues*, S. 110; *Schubert*, The Liability of Air Navigation Services Providers, in: Calleja Crespo/Mendes de Leon, Achieving the Single European Sky, S. 51 ff. (55).

2630 *Schubert*, Air & Space Law 2010, S. 113 ff. (142); *Bues*, S. 110.

2631 *Bues*, S. 110; ausf. dazu siehe *Schubert*, Air & Space Law 2010, S. 113 ff. (141 f.); siehe dazu auch bezüglich FABEC *Bethkenhagen/von Elm/Nitschke*, ZLW 2011, S. 412 ff. (428); ebenso auch Art. 30 „Haftungssystem" Gesetz zu dem Vertrag vom 02.12.2010 über die Errichtung des Funktionalen Luftraumblocks „Europe Central" zwischen der Bundesrepublik Deutschland, dem Königreich Belgien, der Französischen Republik, dem Großherzogtum Luxemburg, dem Königreich der Niederlande und der Schweizerischen Eidgenossenschaft (FABEC-Vertrag) vom 10.07.2012, BGBl. 2012 II vom 13.07.2012, S. 634 ff.

2632 Ein möglicher Anwendungsfall wäre bspw., dass eine für Flugverkehrsdienste zertifizierte Flugsicherungsorganisation die Flugberatungsdienste einer anderen zertifizierten Flugsicherungsorganisation in Anspruch nimmt, so *Stutz*, in: Hobe/v. Ruckteschell, Kölner Kompendium Luftrecht, Bd. 2, S. 908, Rn. 58; *Scherer*, in: FS für Manfred Zuleeg, S. 456 ff. (467); *Bues*, S. 112.

2633 *Schoch*, S. 54; ausf. auch bei *Schubert*, Air & Space Law 2010, S. 113 ff. (150 f.); eine Unterbeauftragung i. S. v. Art. 10 Flugsicherungsdienste-VO ist keine „Unterbenennung" i. S. d. Art. 8 Flugsicherungsdienste-VO. Das Recht, Flugverkehrsdienstleister entsprechend Art. 8 Flugsicherungsdienste-VO zu benennen, steht ausschließlich den Mitgliedsstaaten zu, siehe dazu *Schubert*, Air & Space Law 2010, S. 113 ff. (120); *Bues*, S. 112.

bequeme Möglichkeit, die grenzüberschreitende[2634] Flugsicherung rechtlich festzulegen, ohne dass dafür ein völkerrechtlicher Vertrag geschlossen werden müsste.[2635] Art. 10 Abs. 2 S. 1 Flugsicherungsdienste-VO legt dazu fest, dass die Flugsicherungsorganisationen ihre Arbeitsbeziehungen durch schriftliche Vereinbarungen oder gleichwertige rechtliche Abmachungen formalisieren müssen. Demnach müssen die besonderen Aufgaben und Funktionen festgelegt sein, welche die einzelnen Dienstleister übernehmen und die einen Austausch der Betriebsdaten zwischen sämtlichen Dienstleistern im Hinblick auf den allgemeinen Flugverkehr ermöglichen.[2636] Die nationalen Aufsichtsbehörden sind gemäß Art. 10 Abs. 2 S. 2 Flugsicherungsdienste-VO über die Kooperation in Kenntnis zu setzen.

In Art. 10 Flugsicherungsdienste-VO wird nicht danach unterschieden, ob die „in Anspruch genommenen" Flugsicherungsorganisationen aus dem gleichen EU-Mitgliedstaat stammen wie die „in Anspruch nehmende" Flugsicherungsorganisation.[2637] Denkbar sind daher verschiedene Konstellationen der Unterbeauftragung. So sind Unterbeauftragungen zwischen benannten Flugsicherungsorganisationen innerhalb eines EU-Mitgliedstaates, Kooperationen zwischen Flugsicherungsorganisationen aus unterschiedlichen EU-Mitgliedstaaten, die Unterbeauftragung eines zertifizierten Drittanbieters oder die Unterbeauftragung zwischen benachbarten Luftraumblöcken möglich.[2638]

Zu unterscheiden ist ein Vertrag zur Unterbeauftragung im Sinne des Art. 10 Flugsicherungsdienste-VO von den „Letters of Agreement" (LoA).[2639] Diese

2634 Laut Art. 2 Nummer 41 Rahmen-VO liegen „grenzübergreifende Dienste" in den Fällen vor, in denen Flugsicherungsdienste in einem Mitgliedstaat von einem Dienstleister erbracht werden, dem in einem anderen Mitgliedstaat ein Zeugnis ausgestellt wurde.

2635 Art. 10 Flugsicherungsdienste-VO impliziert nicht, dass er notwendigerweise nur auf grenzüberschreitende Dimensionen angewendet wird, sondern kann auch auf rein innerstaatliche Sachverhalte angewandt werden, siehe dazu *Schubert*, Air & Space Law 2010, S. 113 ff. (153); *Bues*, S. 112.

2636 Art. 10 Abs. 2 S. 1 Flugsicherungsdienste-VO.

2637 *Stutz*, in: Hobe/v. Ruckteschell, Kölner Kompendium Luftrecht, Bd. 2, S. 908, Rn. 59.

2638 Siehe dazu ausf. *Schubert*, Air & Space Law 2010, S. 113 ff. (151); *Stutz*, in: Hobe/v. Ruckteschell, Kölner Kompendium Luftrecht, Bd. 2, S. 908, Rn. 59.

2639 Die „Letters of Agreement (LoA)" regeln die Verfahren bei der Übergabe von Luftfahrzeugen von einer Flugverkehrskontrollstelle an die andere und werden jeweils von Vertretern beider Flugverkehrskontrollstellen unterzeichnet. Sie bedürfen keiner Zustimmung der betroffenen Mitgliedstaaten, dazu *Uhl*, in: Hobe/v. Ruckteschell, Kölner Kompendium Luftrecht, Bd. 2, S. 956, Rn. 268; siehe auch *Schubert*, Air & Space Law 2010, S. 113 ff. (126); *Bues*, S. 113.

sind häufig zwar inhaltlich unzureichend ausgestaltet, ermöglichen aber den Abschluss pragmatischer Vereinbarungen zwischen den einzelnen Dienstleistern und geben der grenzüberschreitenden Flugsicherung einen gewissen rechtlichen Rahmen.[2640] Während die LoA die technischen und betrieblichen Aspekte der Zusammenarbeit festlegen, regelt der Vertrag zur Unterbeauftragung alle Aspekte der Kooperation und umfasst die formelle Genehmigung der betroffenen Staaten.[2641] Der Zweck dieser förmlichen Vereinbarung ist die Sicherstellung, dass der Unterbeauftragte die Dienste in der Art und Weise erbringt, die mindestens die Anforderungen bezüglich Qualität, Integrität, Verfügbarkeit und Kontinuität erfüllen, wie es für die benannte Flugsicherungsorganisation vorgesehen ist, in deren Auftrag der Unterbeauftragte agieren soll.[2642] Aus der Systematik der Verordnungen zum einheitlichen europäischen Luftraum lässt sich trotz des weiten Wortlautes schließen, dass die Unterbeauftragung lediglich als eine Unterstützung und Ergänzung zur Benennung entwickelt wurde und bloß für kleinere Luftraumgebiete, insbesondere solcher im Grenzbereich, denkbar ist.[2643]

Art. 10 Abs. 3 Flugsicherungsdienste-VO regelt die Zustimmung, macht jedoch keine näheren Angaben, in welcher Form ein EU-Mitgliedstaat[2644] seine Zustimmung erteilen soll. Gemäß Art. 10 Abs. 3 S. 1 Flugsicherungsdienste-VO ist die Zustimmung der betreffenden EU-Mitgliedstaaten in den Fällen zwingend erforderlich, in denen die Erbringung von Flug*verkehrs*diensten betroffen ist.[2645] Hier ist wohl die Zustimmung des betreffenden Mitgliedstaates gemeint, da andernfalls das dem Mitgliedstaat gemäß Art. 8 Flugsicherungsdienste-VO obliegende Benennungsrecht, das den äußerst sensiblen und hoheitlichen Bereich der Flugverkehrsdienste den Mitgliedstaaten unterordnet, umgangen werden könnte.[2646]

---

2640 *Schubert*, Air & Space Law 2010, S. 113 ff. (150); *Bues*, S. 113.

2641 *Schubert*, Air & Space Law 2010, S. 113 ff. (150 f.); *Bues*, S. 113.

2642 *Schubert*, Air & Space Law 2010, S. 113 ff. (152).

2643 *Bues*, S. 113 f.

2644 Spiegelbildlich zu Art. 8 Flugsicherungsdienste-VO haben die EU-Mitgliedstaaten die Entscheidungsbefugnis primär inne, nicht die nationalen Aufsichtsbehörden, so *Stutz*, in: Hobe/v. Ruckteschell, Kölner Kompendium Luftrecht, Bd. 2, S. 908, Rn. 62, Fn. 81.

2645 Art. 10 Abs. 3 S. 1 Flugsicherungsdienste-VO.

2646 *Stutz*, in: Hobe/v. Ruckteschell, Kölner Kompendium Luftrecht, Bd. 2, S. 908, Rn. 61; ähnlich *Bues*, S. 114; siehe dort auch: Entsprechendes gilt gem. Art. 10 Abs. 3 S. 2 Flugsicherungsdienste-VO, wenn es sich bei den Diensten um Wetterdienste

### V. Luftraumgestaltung

Einer der wichtigsten Handlungsaufträge ist die Schaffung der sogenannten funktionalen Luftraumblöcke. Dieser Punkt sei an dieser Stelle der Vollständigkeit halber erwähnt, wird jedoch an anderer Stelle ausführlich bearbeitet.[2647]

## B. Rechtlicher Rahmen

Die Verordnungen zum einheitlichen europäischen Luftraum fordern eine harmonisierte Umsetzung der rechtlichen Rahmenbedingungen. Zu den zentralen Handlungsaufträgen des Verordnungspaketes gehört unter anderem die Trennung der regulativen und operativen Flugsicherungsaufgaben.[2648] Dazu müssen alle EU-Mitgliedstaaten gemäß Art. 4 Abs. 1 Rahmen-VO eine oder mehrere Stellen als nationale Aufsichtsbehörde einrichten und benennen, die die Flugsicherungsorganisationen beaufsichtigen. Während die nationalen Aufsichtsbehörden in Behördenstrukturen[2649] geschaffen werden müssen, steht es den Mitgliedstaaten frei, wie sie die Flugsicherungsorganisationen organisieren.

### I. Bezüglich der nationalen Aufsichtsbehörden

Die grundsätzlichen Anforderungen an die nationalen Aufsichtsbehörden sind in Art. 4 Rahmen-VO niedergelegt. Danach benennen oder errichten die Mitgliedstaaten zunächst einzeln oder gemeinsam eine oder mehrere Stellen als nationale Aufsichtsbehörde.[2650] Der Begriff „Aufsichtsbehörde" macht bereits deutlich, dass die Beaufsichtigung der Flugsicherungsorganisation durch hoheitliche Verwaltungsstellen vonstattengehen soll.[2651] Diesbezüglich begründen die Verordnungen zum einheitlichen europäischen Luftraum eine Gewährleistungsverantwortung[2652] der EU-Mitgliedstaaten.[2653] Der Staat muss unbedingt

---

handelt und der Mitgliedstaat von seinem Benennungsrecht nach Art. 9 Abs. 1 Flugsicherungsdienste-VO Gebrauch macht.

2647 Siehe dazu ausf. Kapitel 9.

2648 So auch *Bues*, S. 80.

2649 *Stutz*, in: Hobe/v. Ruckteschell, Kölner Kompendium Luftrecht, Bd. 2, S. 900, Rn. 15; *Giemulla*, DVBl. 2007, S. 719 ff. (724); *Bues*, S. 81.

2650 Art. 4 Abs. 1 Rahmen-VO.

2651 *Bues*, S. 127.

2652 Dazu ausf. *Giemulla*, DVBl. 2007, S. 719 ff. (721 ff.); zur ausführlichen Beschreibung der Thematik der Flugsicherung als Gewährleistungsaufgabe des Staates siehe *Bues*, S. 284 ff.

2653 *Bues*, S. 127.

staatliche Verwaltungsstrukturen bereitstellen und darf sich nicht der hoheitlichen Aufsicht und der damit verbundenen Regulierungstätigkeit entziehen.[2654] Die nationalen Aufsichtsbehörden müssen von den Flugsicherungsorganisationen unabhängig sein.[2655] Eine ausreichende Trennung wenigstens auf funktionaler Ebene soll die geforderte Unabhängigkeit garantieren.[2656] Die nationalen Aufsichtsbehörden überwachen und kontrollieren die Einhaltung der unionsrechtlichen Vorgaben.[2657] Dabei unterstehen die nationalen Aufsichtsbehörden der Aufsicht desjenigen Mitgliedstaates, der sicherstellt, dass die nationalen Aufsichtsbehörden ihre Befugnisse transparent, unparteiisch und unabhängig wahrnehmen.[2658] Die Anwendung entsprechender Verwaltungs- und Kontrollmechanismen, auch innerhalb der Regierungsstellen eines Mitgliedstaates, wirken dabei unterstützend.[2659] Weiterhin sorgen die Mitgliedstaaten gemäß Art. 4 Abs. 4 Rahmen-VO dafür, dass die nationalen Aufsichtsbehörden über die notwendigen Kapazitäten und Ressourcen verfügen, um die ihnen im Rahmen der SES-Verordnungen übertragenen Aufgaben[2660] wirksam und fristgerecht zu erfüllen.[2661] Die den nationalen Aufsichtsbehörden durch die Verordnungen zugewiesenen Aufgaben schließen dabei nicht aus, dass ihnen nach Maßgabe des Rechts des jeweiligen EU-Mitgliedstaates zusätzliche Aufgaben und Befugnisse übertragen werden.[2662] Vielmehr bilden die Aufgaben, die sich für die nationalen Aufsichtsbehörden aus den Verordnungen heraus ergeben, lediglich das unabdingbare Mindesterfordernis.[2663] Nach deutschem Recht ist dies zum Beispiel in § 31b LuftVG i. V. m. § 31d Abs. 2 S. 2 LuftVG festgelegt.

---

2654 *Bues*, S. 127, der insofern eine Privatisierungsgrenze erkennt.

2655 Art. 4 Abs. 2 Rahmen-VO.

2656 Art. 4 Abs. 2 S. 2 Rahmen-VO.

2657 *Stutz*, in: Hobe/v. Ruckteschell, Kölner Kompendium Luftrecht, Bd. 2, S. 902, Rn. 26.

2658 Art. 4 Abs. 3 S. 1 Rahmen-VO; *Stutz*, in: Hobe/v. Ruckteschell, Kölner Kompendium Luftrecht, Bd. 2, S. 902, Rn. 26; *Bues*, S. 127.

2659 Art. 4 Abs. 3 S. 2 Rahmen-VO.

2660 Damit sind insbesondere die Beaufsichtigung und Zertifizierung der Flugsicherungsorganisationen gemeint.

2661 Art. 4 Abs. 4 Rahmen-VO; ebenso *Bues*, S. 127.

2662 *Stutz*, in: Hobe/v. Ruckteschell, Kölner Kompendium Luftrecht, Bd. 2, S. 907, Rn. 51; *Bues*, S. 127.

2663 *Stutz*, in: Hobe/v. Ruckteschell, Kölner Kompendium Luftrecht, Bd. 2, S. 907, Rn. 51; *Schubert*, Air & Space Law 2010, S. 113 ff. (123).

## II. Bezüglich der Flugsicherungsorganisationen

Die Flugsicherungsdienste-VO weist den nationalen Aufsichtsbehörden unter anderem die Aufgabe zu, den sicheren und effizienten Betrieb der Flugsicherungsorganisationen zu gewährleisten.[2664] Durch diese Regelungen schafft die Verordnung den rechtlichen Rahmen für die Festlegung unionsweit harmonisierter Anforderungen[2665] für die Erbringung von Flugsicherungsdiensten.[2666] Dazu benennen die Mitgliedstaaten einen Dienstleister für Flugverkehrsdienste, der im Besitz eines in der Union gültigen Zeugnisses ist.[2667] Im Gegensatz zu der erforderlichen Benennung eines Dienstleisters für Flugverkehrsdienste, *können* die EU-Mitgliedstaaten die Dienstleister für Wetterdienste benennen (Art. 9 Flugsicherungsdienste-VO) oder zu einer Unterbeauftragung ihre Zustimmung erteilen (Art. 10 Flugsicherungsdienste-VO). Da die Europäische Union im Bereich der Luftfahrtverwaltung keinerlei Rechtsetzungskompetenzen zur Regelung hoheitlicher Befugnisse hat, besteht auf diesem Gebiet kein Anwendungsvorrang des Unionsrechts.[2668] Die Verordnungen zum einheitlichen europäischen Luftraum nehmen daher die erforderlichen Umstrukturierungen der nationalen Flugsicherung und des europäischen Luftraumes nicht selbst vor, sondern überlassen weitere Rechtsakte hierzu den Mitgliedstaaten und ihren nationalen Gesetzgebern.[2669] Somit muss das nationale Recht entsprechend ausgestaltet werden, um den Dienstleister benennen oder beauftragen zu können. Die in den Verordnungen zwingend vorgesehenen Beauftragungsoptionen der Benennung der Flugsicherungsorganisation in Art. 8 Flugsicherungsdienste-VO und der Möglichkeit zur Benennung des Flugwetterdienstes in Art. 9 Flugsicherungsdienste-VO dürfen daher durch nationalstaatliches Recht ausgestaltet und an zusätzliche Bedingungen geknüpft

---

2664 Art. 2 Abs. 1 Flugsicherungsdienste-VO; *Scherer*, EuZW 2005, S. 268 ff. (269).

2665 Art. 6 Flugsicherungsdienste-VO: die gemeinsamen Anforderungen betreffen technische und betriebliche Fähigkeiten und Eignung; Systeme und Verfahren für das Sicherheits- und Qualitätsmanagement; Meldesysteme; Qualität der Dienste; Finanzkraft; Haftung und Versicherungsschutz; Eigentums- und Organisationsstruktur, einschließlich der Vermeidung von Interessenkonflikten; Personal, einschließlich einer angemessenen Personalplanung und die Sicherheit; siehe auch *Scherer*, in: FS für Manfred Zuleeg, S. 456 ff. (465, Fn. 62).

2666 *Scherer*, in: FS für Manfred Zuleeg, S. 456 ff. (465).

2667 Art. 8 Abs. 1 Flugsicherungsdienste-VO.

2668 *Stutz*, in: Hobe/v. Ruckteschell, Kölner Kompendium Luftrecht, Bd. 2, S. 909, Rn. 66; *Hobe/Plingen*, ZLW 2007, S. 349 ff. (361); *Bues*, S. 116.

2669 *Giemulla*, DVBl. 2007, S. 719 ff. (725); ähnlich *Bues*, S. 116.

werden.[2670] Der Benennungsakt gemäß Art. 8 Flugsicherungsdienste-VO erfordert keine bestimmte Rechtsform, während für eine Unterbeauftragung gemäß Art. 10 Abs. 2 S. 1 Flugsicherungsdienste-VO eine schriftliche Vereinbarung oder eine gleichwertige rechtliche Abmachung erforderlich ist.[2671]

Einzig Art. 8 Abs. 2 Flugsicherungsdienste-VO grenzt den Gestaltungsspielraum der nationalen Verfassungsgeber ein, indem er einen klaren Handlungsauftrag für die EU-Mitgliedstaaten formuliert.[2672] Dieser manifestiert nämlich den verbindlichen Auftrag an die EU-Mitgliedstaaten, ihre innerstaatlichen Rechtssysteme entsprechend anzupassen, sodass die Benennung gemäß Art. 8 Flugsicherungsdienste-VO oder die Zustimmung gemäß Art. 10 Abs. 3 Flugsicherungsdienste-VO nicht an Auflagen geknüpft werden oder geknüpft werden müssen, die im Widerspruch zu Art. 8 Abs. 2 Flugsicherungsdienste-VO stehen.[2673] So soll eine Neustrukturierung der Flugverkehrsdienste herbeigeführt und der Wettbewerb gefördert werden.[2674] Art. 8 Abs. 2 Flugsicherungsdienste-VO bezieht sich allerdings nur auf die Erbringung grenzübergreifender Dienste.[2675] Bei einer nicht-grenzübergreifenden Diensteerbringung sind die nationalen Anforderungen und Regelungen zu beachten, sofern solche vorliegen.[2676]

---

2670 *Giemulla*, DVBl. 2007, S. 719 ff. (725); *Hobe/Plingen*, ZLW 2007, S. 349 ff. (361); *Bues*, S. 116; *Stutz*, in: Hobe/v. Ruckteschell, Kölner Kompendium Luftrecht, Bd. 2, S. 909, Rn. 66; nicht eindeutig *Schoch*, S. 54.

2671 Art. 8 Flugsicherungsdienste-VO, Art. 10 Abs. 2 S. 1 Flugsicherungsdienste-VO.

2672 *Bues*, S. 117.

2673 So Erwägungsgrund Nummer 16 VO (EU) Nr. 1070/2009: „In Bezug auf die Erbringung grenzübergreifender Dienste sollten die Mitgliedstaaten sicherstellen, dass die Benennung eines Dienstleisters für Flugverkehrsdienste nicht durch ein einzelstaatliches Rechtssystem mit der Begründung untersagt werden kann, dass dieser in einem anderen Mitgliedstaat niedergelassen ist oder sich im Eigentum von Staatsangehörigen jenes Mitgliedstaats befindet."; siehe auch *Bues*, S. 117.

2674 *Schubert*, Air & Space Law 2010, S. 113 ff. (124); *Bues*, S. 117, Fn. 809 weist allerdings auch darauf hin, dass Art. 8 Abs. 2 Flugsicherungsdienste-VO somit in einem Spannungsverhältnis zu Erwägungsgrund Nummer 5 Flugsicherungsdienste-VO steht, welcher die Anwendung von Wettbewerbsregeln auf die Flugverkehrsdienste ausschließt.

2675 Art. 8 Abs. 2 Flugsicherungsdienste-VO; so auch *Bues*, S. 117.

2676 *Bues*, S. 117.

## C. Zusammenfassung des Kapitels

Die Verordnungspakete zum Single European Sky setzen verschiedene Rahmenbedingungen, innerhalb derer die Flugsicherung in Europa stattfinden soll. Ein zentraler Punkt ist dabei die garantierte Trennung der regulativen und operativen Aufgaben. Die betrieblichen Aufgaben, die von zertifizierten Flugsicherungsorganisationen, nicht zwangsläufig Behörden, erbracht werden, und die über diese wachenden nationalen Stellen (die Behörden sein müssen) werden getrennt. Als Adressaten des Verordnungspaketes müssen die EU-Mitgliedstaaten die geforderten Vorgaben in nationales Recht umsetzen und deren Wirksamkeit gewährleisten.

Um diese Trennung der regulativen und operativen Aufgaben zu garantieren, müssen in den EU-Mitgliedstaaten eine oder mehrere Stellen als nationale Aufsichtsbehörden benannt oder errichtet werden, die die ihr nach den Grund- und Durchführungsverordnungen übertragenen Aufgaben wahrnehmen. Nur so kann der Ansicht des europäischen Gesetzgebers zufolge die Balance zwischen den mitunter konträren Interessen der Flugsicherungsorganisationen, der Luftraumnutzer und der Zulieferindustrie hergestellt werden. Das Unionsrecht erkennt dabei an, dass die Wahrnehmung der Flugsicherungsaufgaben je nach Mitgliedstaat unterschiedliche Rechtsformen annehmen und als behördliche Aufgabe ausgestaltet sein kann. Die nationale Aufsichtsbehörde muss offiziell von den Mitgliedstaaten für ihren Zuständigkeitsbereich geschaffen oder ernannt und der Name der Europäischen Kommission mitgeteilt werden. Die nationalen Aufsichtsbehörden kontrollieren und überwachen die Einhaltung der unionsrechtlichen Anforderungen, wobei die Verordnungen zum einheitlichen europäischen Luftraum einen verbindlichen Aufgabenkatalog der nationalen Aufsichtsbehörden festlegen, der jederzeit durch das nationale Recht erweitert werden kann. In Deutschland obliegt die Aufsicht dem Bundesaufsichtsamt für Flugsicherung (BAF) als nationaler Aufsichtsbehörde.

Zu den Aufgaben der nationalen Aufsichtsbehörden zählen unter anderem die Beaufsichtigung und Zertifizierung der Flugsicherungsorganisationen, die fortlaufende Überprüfung der Zeugnisse und die Benennung der Flugsicherungsorganisationen. Problematisch erscheint hierbei der Begriff der „Benennung", da dieser in dem Verordnungspaket zum einheitlichen europäischen Luftraum nicht näher erläutert wird. Auch auf das deutsche Recht kann dabei nicht zurückgegriffen werden, da auch hier die Benennung bisher nicht näher ausgeformt bzw. umgesetzt wurde. Letztlich weisen etwaige Unstimmigkeiten über die Rechtsform und den Inhalt der Benennung keinerlei praktische

Relevanz auf. Die Zuständigkeit des Dienstleisters für einen bestimmten Luftraum muss eindeutig erkennbar sein.

Wo bei den Dienstleistern für Flugverkehrsdienste eine Benennungspflicht vorliegt, besteht bei den Dienstleistern für Wetterdienste eine Benennungsmöglichkeit der Mitgliedstaaten. Daraus lässt sich im Umkehrschluss ableiten, dass mitgliedstaatliche Genehmigungsvorbehalte für andere Dienste als Flugverkehrs- und Flugwetterdienste unzulässig sind. Für die Erbringung von Unterstützungsdiensten ist neben der Zertifizierung kein zusätzlicher Zulassungsakt erforderlich.

Neben den erwähnten Aufgaben können die nationalen Aufsichtsbehörden außerdem wirksame Sanktionsmaßnahmen ergreifen und geeignete Inspektionen veranlassen. Hält die zertifizierte Flugsicherungsorganisation die gemeinsamen Anforderungen nicht mehr ein, trifft die nationale Aufsichtsbehörde, die das Zeugnis ausgestellt hat, geeignete Maßnahmen, die auch zur Aberkennung des Zeugnisses führen können. Die zugewiesenen Aufgaben stellen lediglich das unabdingbare Mindesterfordernis dar und können im Rahmen des nationalen Rechts erweitert werden. Bei Bedarf können die nationalen Aufsichtsbehörden „qualifizierte Stellen" ganz oder auch teilweise mit der Durchführung von Inspektionen und Erhebungen beauftragen, sofern diese die Anforderungen des Anh. I der Flugsicherungsdienste-VO erfüllen.

Die Flugsicherungsorganisationen sorgen mit ihrem Personal auf den Flughäfen für einen sicheren und flüssigen Verkehrsfluss bei Start und Landung sowie in der Luft, um ein ordnungsgemäßes Management des Luftverkehrs zu gewährleisten. Durch die Verordnungen zum einheitlichen europäischen Luftraum werden keinerlei Vorgaben zur Ausgestaltung der Rechtsform der Flugsicherungsorganisationen gemacht. Vielmehr erkennt der Verordnungsgeber an, dass die Wahrnehmung von Flugsicherungsaufgaben je nach EU-Mitgliedstaat sehr unterschiedliche Rechtsformen und Organisationsstrukturen annehmen kann. Insoweit sind die Verordnungen zum einheitlichen europäischen Luftraum rechtsformneutral ausgestaltet und versuchen den schonenden Ausgleich zwischen Privatisierungsforderungen und staatlichen Souveränitätsrechten zu schaffen.[2677] Die Flugsicherungsorganisationen sind befugt, im Wege der Unterbeauftragung andere in der Europäischen Union zertifizierte Dienstleister in Anspruch zu nehmen. Form, Inhalt und Umfang einer solchen Unterbeauftragung werden durch die Flugsicherungsdienste-VO festgelegt. Unabhängig von

2677 *V. Dam*, in: Hobe/v. Ruckteschell, Kölner Kompendium Luftrecht, Bd. 1, S. 75, Rn. 208; *Bues*, S. 101.

etwaigen Unterbeauftragungsvereinbarungen behält die benannte Flugsicherungsorganisation die primäre Verantwortung für den betreffenden Luftraum.

Der Begriff der „Aufsichtsbehörde“ macht bereits deutlich, dass die Beaufsichtigung der Flugsicherungsorganisation durch hoheitliche Verwaltungsstellen abgewickelt werden soll. Diesbezüglich begründen die Verordnungen zum einheitlichen europäischen Luftraum eine Gewährleistungsverantwortung der EU-Mitgliedstaaten. Der Staat hat zwingend gewisse staatliche Verwaltungsstrukturen bereitzustellen und kann sich der hoheitlichen Aufsicht und einer damit verbundenen Regulierungstätigkeit nicht entziehen.

Die Flugsicherungsorganisationen werden von den EU-Mitgliedstaaten für ihren Luftraum benannt, wohingegen sie die Dienstleister für Wetterdienste benennen oder ihre Zustimmung zu einer Unterbeauftragung erteilen können. Die Beauftragungsmöglichkeiten müssen durch die nationalrechtliche Ausgestaltung gewährleistet werden und dürfen an zusätzliche Voraussetzungen geknüpft werden. Für den Benennungsakt an sich gibt es keine bestimmten Vorgaben der Rechtsform, wohingegen es für die Unterbeauftragung einer schriftlichen Vereinbarung oder einer gleichwertigen rechtlichen Abmachung bedarf. Die Flugsicherungsorganisationen werden bezüglich der Sicherheit und Effizienz ihres Betriebes von den nationalen Aufsichtsbehörden beaufsichtigt.

# Kapitel 8: Die Flugsicherungsaufgaben

Dieses Kapitel widmet sich den Flugsicherungsdiensten und dem Flugverkehrsmanagement. Art. 2 Rahmen-VO gibt für die unterschiedlichen Dienste eine Vielzahl an Begriffsbestimmungen vor. Der Aufbau des Kapitels orientiert sich an der Terminologie und der Systematik des Rechts der Europäischen Union. Das deutsche Recht passte § 27c Abs. 2 S. 1 LuftVG entsprechend an die Terminologie, die Definitionen und die Struktur der Verordnungen zum einheitlichen europäischen Luftraum an und unterscheidet bei den Flugsicherungsdiensten ebenfalls zwischen den Flugverkehrs- und den Unterstützungsdiensten für die Flugsicherung.[2678]

## A. Flugsicherungsdienste und Flugverkehrsmanagement

Nachfolgend wird der Anforderungskatalog der Verordnungen zum einheitlichen europäischen Luftraum näher erläutert. Die Begriffe Flugsicherungsdienste[2679] und Flugverkehrsmanagement[2680] müssen auseinandergehalten werden.

### I. Anforderungen an die Flugsicherungsdienste

Die Definition des Begriffs der „Flugsicherungsdienste“ findet sich in Art. 2 Nummer 4 Rahmen-VO. Danach bezeichnen die Flugsicherungsdienste die Flugverkehrsdienste, die Kommunikations-, Navigations- und Überwachungsdienste, die Flugwetterdienste sowie die Flugberatungsdienste.[2681]

---

2678 Vgl. Art. 2 Nummern 4 und 11 Rahmen-VO; Art. 2, 8 und 9 Flugsicherungsdienste-VO; § 27c Abs. 2 LuftVG a. F. unterschied dagegen zwischen Flugsicherungsbetriebsdiensten und flugsicherungstechnischen Diensten. Zu den Flugsicherungsbetriebsdiensten zählten sowohl die Flugverkehrskontrolle als auch die Flugberatung, obwohl nach der Idee des einheitlichen europäischen Luftraumes die Flugverkehrskontrolle ein Flugverkehrsdienst ist, während die Flugberatung den Unterstützungsdiensten zugerechnet wird. Dazu *Windthorst*, in: FS für Wilfried Berg, S. 523 ff. (545).

2679 Air Navigation Services, kurz ANS.

2680 Air Traffic Management, kurz ATM.

2681 Siehe krit. zu dieser Definition, die die Verkehrsflussregelung und das Luftraummanagement ausschließt und daher nicht mit der Terminologie des Chicagoer Abkommens übereinstimmt *v. Antwerpen*, Cross-Border-Provision, S. 64; so auch *Bues*, S. 81, Fn. 562.

Flugsicherungsdienste dürfen in der Europäischen Union grundsätzlich nur von zertifizierten[2682] Flugsicherungsorganisationen durchgeführt werden, die von einem Mitgliedstaat benannt[2683] wurden. Die in der Begriffsbestimmung von Art. 2 Nummer 4 Rahmen-VO enthaltenen Begriffe werden nachfolgend eingehend erläutert und dargestellt.

### *1. Flugverkehrsdienste (Air Traffic Services)*

Die Begriffsbestimmung der Flugverkehrsdienste[2684] bezeichnet gemäß Art. 2 Nummer 11 Rahmen-VO wechselweise folgende Dienste: die Fluginformationsdienste, die Flugalarmdienste, die Flugverkehrsberatungsdienste und die Flugverkehrskontrolldienste (untergliedert in die Bezirks-, Anflug- und Flugplatzkontrolldienste).

#### *a) Fluginformationsdienste (Flight Information Services)*

Der Fluginformationsdienst[2685] gibt den Luftfahrzeugführern Informationen und Hinweise, die für die gefahrarme, geordnete, schnelle und flüssige Durchführung von Flügen erforderlich sind.[2686] Er gehört gemäß Art. 2 Nummer 11 Rahmen-VO neben den Flugverkehrskontrolldiensten, den Flugalarm- und den Flugverkehrsberatungsdiensten zu den Flugverkehrsdiensten.[2687] Eine Begriffsbestimmung findet sich in Art. 2 Abs. 23a Rahmen-VO: Danach bezeichnet der Fluginformationsdienst die Bereitstellung eines Dienstes zur Erteilung von Hinweisen und Informationen, die für die sichere und effiziente Durchführung von Flügen zweckdienlich sind.[2688] Er wird von den Flugverkehrskontrollstellen für Flüge, die der Flugverkehrskontrolle unterliegen, sowie für VFR-Flüge (Visual Flight Rules, also Sichtflugregeln), bei denen eine Sprechfunkverbindung

---

2682 Art. 7 Flugsicherungsdienste-VO.

2683 Art. 8 Flugsicherungsdienste-VO.

2684 Englisch „Air Traffic Services", kurz ATS.

2685 Englisch „Flight Information Service", kurz FIS.

2686 *Mensen*, Hdb. der Luftfahrt, S. 502; *ders.*, Moderne Flugsicherung, S. 107 ff.; *Baumann*, Private Luftfahrtverwaltung, S. 288; *Trampler*, S. 68; *Bues*, S. 82; *Schwenk/Giemulla*, Hdb. des Luftverkehrsrechts, Kapitel 5, S. 198, Rn. 85; *Uhl*, in: Hobe/v. Ruckteschell, Kölner Kompendium Luftrecht, Bd. 2, S. 963, Rn. 295.

2687 Siehe auch § 27c Abs. 2 S. 1, Nr. 1, lit. c) LuftVG.

2688 Art. 2 Nummer 23a Rahmen-VO; was FIS ist, ergibt sich auch aus dem ICAO Annex 11 (Air Traffic Services), Kapitel 4.

besteht, durchgeführt.[2689] Bei den Informationen des Fluginformationsdienstes kann es sich um allgemeine Meldungen handeln, die über Flugrundfunksendungen verbreitet werden, wie zum Beispiel signifikante Wettererscheinungen (SIGMET[2690]), auf den Flugplatz bezogene Start- und Landeinformationen (ATIS[2691]) oder kurzfristig eintretende Beschränkungen des Luftverkehrs bzw. diesen gefährdende Ereignisse wie zum Beispiel ein Treibstoffschnellablass oder einen Luftnotfall.[2692] Weiterhin kann der Fluginformationsdienst mittels Sprechfunkverkehr konkrete Informationen über die Verkehrslage geben und auf Anfragen des Luftfahrzeugführers reagieren.[2693] Der Fluginformationsdienst erteilt keine Flugverkehrskontrollfreigaben und kann daher die Luftfahrzeuge nicht (voneinander) staffeln, weshalb seine Mitteilungen und Hinweise für den Luftfahrzeugführer keine verbindlichen Weisungen sind, sondern vielmehr den (Dienstleistungs-)Charakter von (unverbindlichen) Empfehlungen haben.[2694]

---

2689 § 13 FSDurchführungsVO, VO über die Betriebsdienste der Flugsicherung vom 17.12.1992 (FSBetrV), BGBl. 1992 I vom 23.12.1992, S. 2068 ff., zuletzt geändert durch Art. 571 Zehnte ZuständigkeitsanpassungsVO vom 31.08.2015, BGBl. 2015 I vom 07.09.2015, S. 1474 ff.; *Mensen*, Hdb. der Luftfahrt, S. 502 f.; *Risch*, in: Grabherr/Reidt/Wysk, Luftverkehrsgesetz, 14. EL, 2010, § 27c, S. 26, Rn. 61; *Uhl*, in: Hobe/v. Ruckteschell, Kölner Kompendium Luftrecht, Bd. 2, S. 963, Rn. 295; *Bues*, S. 82; *Schwenk/Giemulla*, Hdb. des Luftverkehrsrechts, Kapitel 5, S. 198, Rn. 85.

2690 Englisch „Significant Meteorological Phenomena", kurz SIGMET, ist ein Wetterwarnsystem für den Flugverkehr.

2691 Englisch „Automatic Terminal Information Service", kurz ATIS, ist ein funkbasierter Informationsdienst eines stark frequentierten Verkehrsflughafens mit Instrumentenflugverkehr, der mit Hilfe technischer Systeme häufige Routinemeldungen auf einer festen Frequenz per Funk wiederholend aussendet, um die Bodenfunkstationen am Flugplatz zu entlasten; siehe auch *Klußmann/Malik*, Lexikon Luftfahrt, S. 51.

2692 *Risch*, in: Grabherr/Reidt/Wysk, Luftverkehrsgesetz, 14. EL, 2010, § 27c, S. 26, Rn. 61; siehe dazu auch *Uhl*, in: Hobe/v. Ruckteschell, Kölner Kompendium Luftrecht, Bd. 2, S. 964, Rn. 297.

2693 Bspw. zu Sprechfunkfrequenzen oder Aktivierung von Flugbeschränkungsgebieten, *Risch*, in: Grabherr/Reidt/Wysk, Luftverkehrsgesetz, 14. EL, 2010, § 27c, S. 26, Rn. 61.

2694 Deren Missachtung jedoch unter Umständen eine haftungsbegründende Bedeutung erlangen kann, *Risch*, in: Grabherr/Reidt/Wysk, Luftverkehrsgesetz, 14. EL, 2010, § 27c, S. 27, Rn. 62; *Baumann*, Private Luftfahrtverwaltung, S. 288 f.; *Schwenk/Giemulla*, Hdb. des Luftverkehrsrechts, Kapitel 5, S. 198, Rn. 85; *Bues*, S. 82.

### b) Flugalarmdienste (Alerting Services)

Auch die Flugalarmdienste[2695] sind gemäß Art. 2 Nummer 11 Rahmen-VO ein Teil der Flugverkehrsdienste. Art. 2 Nummer 23b Rahmen-VO definiert den Flugalarmdienst als die Bereitstellung eines Dienstes zur Unterrichtung der entsprechenden Organisationen über Luftfahrzeuge, die auf die Hilfe von Such- und Rettungsdiensten[2696] angewiesen sind, sowie ggf. zur Unterstützung derartiger Organisationen.[2697] Der Flugalarmdienst bezieht sich grundsätzlich auf alle Flüge[2698], in der Regel wird der Such- und Rettungsdienst von der Flugsicherung ausgelöst.[2699] Zur Durchführung des Flugalarmdienstes wurden drei Alarmstufen eingerichtet: die Ungewissheitsstufe (INCERFA), die Bereitschaftsstufe (ALERFA) und die Notstufe (DETRESFA).[2700] Es handelt sich hierbei um reine Informationsakte ohne verbindlichen Regelungsgehalt, die keinerlei über das „Jedermann-Recht" hinausgehenden Befugnisse bedürfen.[2701]

### c) Flugverkehrsberatungsdienste (Flight Advisory Services)

Auch die Flugverkehrsberatungsdienste[2702] stellen einen Teil der Flugverkehrsdienste im Sinne des Art. 2 Nummer 11 Rahmen-VO dar. Eine nähere Definition findet sich, in Ermangelung einer solchen in den Verordnungen zum einheitlichen europäischen Luftraum, in § 14 FSDurchführungsVO: Wenn die „Durchführung der Flugverkehrskontrolle aufgrund unzureichender Informationen über den Flugverkehr nach Instrumentenflugregeln in einem Luftraum nicht möglich ist, kann dort im Rahmen eines erweiterten Fluginformationsdienstes

---

2695 Englisch „Alerting Services", kurz ALS.

2696 Englisch „Search and Rescue Service", kurz SAR. Im Bereich der Luftfahrt ist für den SAR-Service die Bundeswehr (Heer und Marine) verantwortlich, die diese Aufgabe im Auftrag des Bundesministeriums für Digitales und Verkehr wahrnimmt. Im Rahmen der Bundeswehrreform 2013 wurde die Aufgabe von der Luftwaffe an das Heer übertragen.

2697 Vgl. auch §§ 15, 16 FSDurchführungsVO, § 27c Abs. 2 Satz 1, Nr. 1, lit. b) LuftVG; ICAO Annex 11 (Air Traffic Services), Kapitel 5.

2698 *Schwenk/Giemulla*, Hdb. des Luftverkehrsrechts, Kapitel 5, S. 198, Rn. 87.

2699 *Risch*, in: Grabherr/Reidt/Wysk, Luftverkehrsgesetz, 14. EL, 2010, § 27c, S. 26, Rn. 60; *Klußmann/Malik*, Lexikon Luftfahrt, S. 29.

2700 Die Alarmstufen und die Vorgehensweise werden in § 16 FSDurchführungsVO näher erläutert; dazu ausf. *Uhl*, in: Hobe/v. Ruckteschell, Kölner Kompendium Luftrecht, Bd. 2, S. 964, Rn. 304 ff.; *Klußmann/Malik*, Lexikon Luftfahrt, S. 29 f.

2701 *Baumann*, Private Luftfahrtverwaltung, S. 289; *Bues*, S. 83.

2702 Englisch „Flight Advisory Service", kurz FAS.

ein Flugverkehrsberatungsdienst durchgeführt werden, mit dessen Hilfe der Flugsicherung bekannte Luftfahrzeuge, die Flüge nach Instrumentenflugregeln im unkontrollierten Luftraum durchführen, untereinander gestaffelt" werden. Dieser Dienst wird in der Bundesrepublik Deutschland nicht angeboten.[2703] Der Flugverkehrsberatungsdienst ist dabei vom Flugberatungsdienst zu unterscheiden.[2704]

### *d) Flugverkehrskontrolldienste (Air Traffic Control)*

Die Flugverkehrskontrolldienste[2705] bilden den Kern der Flugsicherungstätigkeit und werden von den dazu ausgebildeten Fluglotsen ausgeführt.[2706] Im Unionsrecht wird der Flugverkehrskontrolldienst in Art. 2 Nummer 1 Rahmen-VO als ein Dienst definiert, dessen Aufgabe es laut Art. 2 Nummer 1 lit. a) ist, „Zusammenstöße zwischen Luftfahrzeugen untereinander und auf dem Rollfeld zwischen Luftfahrzeugen und Hindernissen" zu verhindern. Art. 2 Nummer 1 lit. a) Rahmen-VO beinhaltet mit dem Merkmal „auf dem Rollfeld"[2707] eine geografische Zuständigkeitsabgrenzung zur sogenannten Vorfeldkontrolle des Flugplatzes.[2708] Auf dem Gelände des Flugplatzes umfasst die Flugverkehrskontrolle ausschließlich die Rollfelder, also die Start- und Landebahnen[2709] und die sonstigen für das Rollen von Luftfahrzeugen bestimmten Teile des Flugplatzes[2710]

---

2703 *Uhl*, in: Hobe/v. Ruckteschell, Kölner Kompendium Luftrecht, Bd. 2, S. 965, Rn. 309; *Bues*, S. 83; *Risch*, in: Grabherr/Reidt/Wysk, Luftverkehrsgesetz, 14. EL, 2010, § 27c, S. 27, Rn. 64.

2704 *Schwenk/Giemulla*, Hdb. des Luftverkehrsrechts, Kapitel 5, S. 198, Rn. 86; zum Flugberatungsdienst siehe ausf. Kapitel 8, A., I., 4.

2705 Englisch „Air Traffic Control", kurz ATC; vgl. auch Art. 2 Nummer 1 und Nummer 11 Rahmen-VO; § 27c Abs. 2 Nummer 1 lit. a) LuftVG und §§ 4 ff. FSDurchführungsVO.

2706 *Risch*, in: Grabherr/Reidt/Wysk, Luftverkehrsgesetz, 14. EL, 2010, § 27c, S. 21, Rn. 42; *Uhl*, in: Hobe/v. Ruckteschell, Kölner Kompendium Luftrecht, Bd. 2, S. 952, Rn. 254; *Schwenk/Giemulla*, Hdb. des Luftverkehrsrechts, Kapitel 5, S. 190, Rn. 50, *Trampler*, S. 67, und *Baumann*, Private Luftfahrtverwaltung, S. 280, bezeichnen die Flugverkehrskontrolldienste als den „wichtigsten Teil [der Flugsicherungsdienste und] der Flugsicherung überhaupt".

2707 Ebenso § 4 FSDurchführungsVO.

2708 *Uhl*, in: Hobe/v. Ruckteschell, Kölner Kompendium Luftrecht, Bd. 2, S. 953, Rn. 256; so auch *Bues*, S. 84.

2709 Englisch „Runways"; Art. 2 Nummer 113 DVO (EU) Nr. 923/2012 definiert „Piste"/ „Start-/Landebahn" als eine festgelegte rechteckige Fläche auf einem Landflugplatz, die für die Landung und den Start von Luftfahrzeugen hergerichtet ist.

2710 Art. 2 Nummer 94 DVO (EU) Nr. 923/2012.

einschließlich der sie umgebenden Schutzstreifen und die Rollbahnen[2711].[2712] Daneben erstreckt sich die Flugverkehrskontrolle auf die weiteren zum Rollen bestimmten Teile eines Flugplatzes außerhalb des Vorfeldes.[2713]

Gemäß Art. 2 Nummer 1 lit. b) Rahmen-VO soll der Flugverkehrskontrolldienst außerdem einen raschen und geordneten Ablauf des Flugverkehrs gewährleisten.[2714] Grundsätzlich wird der Flugverkehrskontrolldienst gemäß § 5 FSDurchführungsVO für Flüge nach Instrumentenflugregeln im kontrollierten Luftraum, für Flugplatzverkehr an Flugplätzen mit Flugplatzkontrolle und für Flüge nach Sichtflugregeln, soweit sie gemäß den Bestimmungen der Luftverkehrs-Ordnung innerhalb des kontrollierten Luftraumes der Flugverkehrskontrolle unterliegen, durchgeführt.[2715] Dabei unterteilen sich die Flugverkehrskontrolldienste in drei Arten der Durchführung: die Bezirkskontrolldienste[2716], den

2711 Englisch „Taxiways“; Art. 2 Nummer 126 DVO (EU) Nr. 923/2012 definiert „Rollbahnen“ als einen festgelegten Weg auf einem Landflugplatz für das Rollen von Luftfahrzeugen, der dazu bestimmt ist, eine Verbindung zwischen einem Teil des Flugplatzes und einem anderen herzustellen, einschließlich Abstellplatz-Rollbahn, Vorfeld-Rollbahn und Schnellabrollbahn.

2712 *Uhl*, in: Hobe/v. Ruckteschell, Kölner Kompendium Luftrecht, Bd. 2, S. 953, Rn. 256; ebenso *Bues*, S. 84.

2713 Das Vorfeld ist laut Art. 2 Nummer 94 DVO (EU) Nr. 923/2012 kein Bestandteil des Rollfeldes; *Uhl*, in: Hobe/v. Ruckteschell, Kölner Kompendium Luftrecht, Bd. 2, S. 953, Rn. 256; *Bues*, S. 84.

2714 So auch Art. 2 Nummer 30 DVO (EU) Nr. 923/2012; ähnlich, aber nicht deckungsgleich, auch § 4 FSDurchführungsVO und § 27c Abs. 2, Nr. 1 lit. a) LuftVG, der zu den Flugverkehrskontrolldiensten auch die Überprüfung, Warnung und Umleitung von Luftfahrzeugen im Luftraum zählt und somit die flugsicherungsfremden Elemente der äußeren Gefahrenabwehr enthält.

2715 Die Flugverkehrskontrolle kann auch andere Fälle erfassen, wenn es zur Abwehr von Gefahren für die Sicherheit des Luftverkehrs sowie für die öffentliche Sicherheit oder Ordnung durch die Luftfahrt erforderlich ist, so § 5 Abs. 2 FSDurchführungsVO.

2716 Gemäß Art. 2 Nummer 12 Rahmen-VO bezeichnet der Bezirkskontrolldienst einen Flugverkehrskontrolldienst für kontrollierte Flüge in einem Luftraumblock. Der Bezirkskontrolldienst übernimmt die Überwachung des Luftraumes für das System der Luftverkehrsstrecken (Streckenkontrolle) und führt die Luftfahrzeuge aus dem Streckensystem auf die Anflugverfahren, wo sie an die Anflugkontrolle übergeben werden. Bei Abflügen führt der Bezirkskontrolldienst die von der Abflugkontrolle übernommenen Luftfahrzeuge in das Streckensystem, siehe dazu auch *Risch*, in: Grabherr/Reidt/Wysk, Luftverkehrsgesetz, 14. EL, 2010, § 27c, S. 21 f., Rn. 45; ausf. auch dazu *Uhl*, in: Hobe/v. Ruckteschell, Kölner Kompendium Luftrecht, Bd. 2, S. 963, Rn. 292 ff.; ebenso *Bues*, S. 83, Fn. 576.

Anflugkontrolldienst[2717] und die Flugplatzkontrolldienste[2718].[2719] Auch wenn das Gesetz diese nicht ausdrücklich erwähnt, gehören die Planung und Erprobung der Flugverfahren ebenfalls zu den Aufgaben der Flugverkehrskontrolldienste.[2720]

Da sowohl die Rahmen-VO als auch die §§ 4 bis 8 FSDurchführungsVO nur einige Grundsätze über die Aufgaben und die Durchführung der Flugverkehrskontrolle beinhalten, sind zur Konkretisierung weitere Bestimmungen unterhalb der gesetzlichen Ebene notwendig.[2721] Diese Vorschriften finden sich in Betriebsanweisungen, Betriebsbestimmungen[2722], Betriebsabsprachen[2723] und

---

2717 Art. 2 Nummer 13 Rahmen-VO definiert den Anflugkontrolldienst als einen Flugverkehrskontrolldienst für ankommende oder abfliegende kontrollierte Flüge; so auch *Risch*, in: Grabherr/Reidt/Wysk, Luftverkehrsgesetz, 14. EL, 2010, § 27c, S. 21, Rn. 45; ausf. auch dazu *Uhl*, in: Hobe/v. Ruckteschell, Kölner Kompendium Luftrecht, Bd. 2, S. 963, Rn. 291; ebenso *Bues*, S. 83, Fn. 575.

2718 Der Flugplatzkontrolldienst bezeichnet gem. Art. 2 Nummer 2 Rahmen-VO den Flugverkehrskontrolldienst für den Flugplatzverkehr, er überwacht und lenkt die Start- und Landevorgänge an den Flugplätzen, siehe dazu auch *Risch*, in: Grabherr/Reidt/Wysk, Luftverkehrsgesetz, 14. EL, 2010, § 27c, S. 21, Rn. 44; ausf. auch dazu *Uhl*, in: Hobe/v. Ruckteschell, Kölner Kompendium Luftrecht, Bd. 2, S. 961, Rn. 286 ff.; siehe auch *Bues*, S. 83, Fn. 574.

2719 Siehe Art. 2 Nummer 11 Rahmen-VO sowie § 6 FSDurchführungsVO; *Risch*, in: Grabherr/Reidt/Wysk, Luftverkehrsgesetz, 14. EL, 2010, § 27c, S. 21, Rn. 44; *Bues*, S. 83; *Schwenk/Giemulla*, Hdb. des Luftverkehrsrechts, Kapitel 5, S. 191, Rn. 54.

2720 Ausf. dazu *Risch*, in: Grabherr/Reidt/Wysk, Luftverkehrsgesetz, 14. EL, 2010, § 27c, S. 25, Rn. 58 ff.; *Bues*, S. 84.

2721 *Uhl*, in: Hobe/v. Ruckteschell, Kölner Kompendium Luftrecht, Bd. 2, S. 955, Rn. 263; *Bues*, S. 83 f.

2722 Betriebsbestimmungen werden von der zuständigen Flugverkehrskontrollstelle für bestimmte Luftraumnutzer herausgegeben, damit diese den Luftraum unter bestimmten Bedingungen ohne negative Auswirkungen auf die Flugverkehrskontrolle nutzen können, siehe *Uhl*, in: Hobe/v. Ruckteschell, Kölner Kompendium Luftrecht, Bd. 2, S. 956, Rn. 267; so auch *Bues*, S. 84, Fn. 580.

2723 Betriebsabsprachen sind Vereinbarungen zwischen Flugsicherungsstellen untereinander innerhalb einer Flugsicherungsorganisation oder zwischen Flugsicherungsstellen unterschiedlicher Organisationen. Im ersten Fall sind die Betriebsabsprachen meist in Deutsch verfasst, im zweiten Fall und vor allem, wenn die Flugsicherungsorganisationen aus verschiedenen Staaten kommen, meist in englischer Sprache und werden dann als „Letter of Agreement (LoA)“ bezeichnet. Diese regeln die Verfahren bei der Übergabe von Luftfahrzeugen von einer Flugverkehrskontrollstelle an eine andere, so bei *Uhl*, in: Hobe/v. Ruckteschell, Kölner Kompendium Luftrecht, Bd. 2, S. 956, Rn. 268; vgl. *Schubert*, Air & Space Law 2010, S. 113 ff. (126); siehe auch *Bues*, S. 84, Fn. 581.

Betriebsanordnungen[2724], wovon allerdings nur die Betriebsanweisungen gesetzlich geregelt sind.[2725] Gemäß § 25 FSDurchführungsVO sind die zur Durchführung der in §§ 1 bis 24 FSDurchführungsVO notwendigen Einzelheiten von der Flugsicherungsorganisation in Betriebsanweisungen zu regeln.[2726]

Diese Aufgabe der Bewegungslenkung bedarf der Kommunikation und der Kooperation des Luftfahrzeuges und der Flugsicherung, also entsprechend dem bisherigen Verfahren zwischen den Luftfahrzeugführern und den Fluglotsen.[2727] Die Luftfahrzeugführer, die der Flugverkehrskontrolle unterliegen[2728], müssen die Anordnungen der Flugverkehrskontrolle beachten.[2729] Diese Anweisungen haben verbindliche Verpflichtungen des Luftfahrzeugführers zum Gegenstand und sind ihrer Rechtsnatur nach Verwaltungsakte (Verfügungen) im Sinne von

---

2724 Betriebsanordnungen dienen dazu, die sich aus Betriebsabsprachen, Betriebsbestimmungen und Betriebsanweisungen ergebenden Regelungen in innerbetriebliche Weisungen für das Flugsicherungsbetriebspersonal umzusetzen. Der Unterschied zwischen Betriebsanweisung und -anordnung besteht darin, dass die Betriebsanordnungen zusätzliche oder örtliche Verfahren festlegen und Dienstplan- und Schulungsmaßnahmen betreffen, die die jeweilige örtliche Flugverkehrskontrollstelle betreffen, ausf. dazu bei *Uhl*, in: Hobe/v. Ruckteschell, Kölner Kompendium Luftrecht, Bd. 2, S. 956, Rn. 269.

2725 *Uhl*, in: Hobe/v. Ruckteschell, Kölner Kompendium Luftrecht, Bd. 2, S. 955, Rn. 263; *Bues*, S. 83 f.

2726 Siehe dazu vertiefend *Uhl*, in: Hobe/v. Ruckteschell, Kölner Kompendium Luftrecht, Bd. 2, S. 955, Rn. 264 f.: Die „Betriebsanweisung Flugverkehrskontrolle – BA-FVK" der DFS Deutsche Flugsicherung GmbH enthält die für die Fluglotsen und für weiteres Personal (bspw. Flugdatenbearbeiter, Supervisor) notwendigen konkreten Vorschriften zur Durchführung der Flugverkehrskontrolle, insb. die anzuwendenden Verfahren (Flugverfahren für Flugplatz-, Anflug- und Bezirkskontrolle, Notverfahren, militärische Verfahren, Ausfallverfahren, Sprechfunkverfahren), Staffelungsmindestwerte sowie Vorschriften zu besonderen Vorkommnissen, zur Meldung und zur Dokumentation. Vom Rechtscharakter her stellt die BA-FVK eine intern verbindliche Richtlinie an das DFS-Flugsicherungsbetriebspersonal dar. Bezüglich der Regelungen zum einheitlichen europäischen Luftraum ist vor allem die DVO 2017/373 zu erwähnen. § 25 FSDurchführungsVO bedarf einer Anpassung an diese Verordnung; ähnlich *Bues*, S. 84 Fn. 579.

2727 *Schwenk/Giemulla*, Hdb. des Luftverkehrsrechts, Kapitel 5, S. 192, Rn. 64.

2728 Damit sind hier die kontrollierten Luftfahrzeuge gemeint.

2729 *Schwenk/Giemulla*, Hdb. des Luftverkehrsrechts, Kapitel 5, S. 192, Rn. 65; ebenso *Risch*, in: Grabherr/Reidt/Wysk, Luftverkehrsgesetz, 14. EL, 2010, § 27c, S. 24, Rn. 52; *Uhl*, in: Hobe/v. Ruckteschell, Kölner Kompendium Luftrecht, Bd. 2, S. 957, Rn. 272; *Bues*, S. 84.

§ 35 S. 1 VwVfG.[2730] Der sachliche Inhalt betrifft dabei die konkrete Flugsituation, bspw. die Befolgung des vorgegebenen Kurses oder der Flughöhe.[2731] Abgesehen von Notlagen, in denen eine unmittelbare Entscheidung des Luftfahrzeugführers notwendig ist, dürfen die Anordnungen der Flugverkehrskontrolle nicht missachtet werden.[2732] Diese Abweichungsbefugnis ergibt sich aus SERA.2015[2733], wonach der verantwortliche Pilot eines Luftfahrzeugs die endgültige Entscheidungsbefugnis bezüglich der das Luftfahrzeug betreffenden Dispositionen hat, während er für das Luftfahrzeug verantwortlich ist.[2734]

---

2730 *Risch*, in: Grabherr/Reidt/Wysk, Luftverkehrsgesetz, 14. EL, 2010, § 27c, S. 24, Rn. 52; *Schladebach*, NVwZ 2010, S. 1468 ff. (1470); *Uhl*, in: Hobe/v. Ruckteschell, Kölner Kompendium Luftrecht, Bd. 2, S. 958, Rn. 273; *Bues*, S. 84; *Krämer*, Kapazitätsengpässe, S. 144; *Schwenk/Giemulla*, Hdb. des Luftverkehrsrechts, Kapitel 5, S. 192, Rn. 65; *ders.* insb. Kapitel 5, S. 194, Rn. 71: die Weisungen des Flugverkehrskontrolldienstes sind als Verwaltungsakte grundsätzlich anfechtbar, verlangen jedoch, ihrer Natur nach, die sofortige Vollziehung (entsprechend § 80 Abs. 2 S. 2 VwGO), sodass eine aufschiebende Wirkung von Rechtsmitteln entfällt. Die Flugsicherungsaufgaben obliegen den durch das BMDV beliehenen Flugsicherungsorganisationen (gemäß § 31b bzw. § 31f LuftVG), weshalb ihre Maßnahmen auch dem BMDV zugerechnet werden. Da es sich dabei um eine oberste Bundesbehörde handelt, findet kein Widerspruchsverfahren gemäß § 68 Abs. 1 VwGO statt, sondern es ist vielmehr unmittelbar Klage zu erheben. In Betracht kommt dann eine Fortsetzungsfeststellungsklage gem. § 113 Abs. 1 S. 4 VwGO, wenn der Kläger ein berechtigtes Interesse an der Feststellung der Rechtswidrigkeit des Verwaltungsaktes hat. Dem betroffenen Luftraumnutzer seht beim Nachweis des pflichtwidrigen Verhaltens außerdem ein Amtshaftungsanspruch zu.

2731 *Schwenk/Giemulla*, Hdb. des Luftverkehrsrechts, Kapitel 5, S. 192, Rn. 65.

2732 *Schwenk/Giemulla*, Hdb. des Luftverkehrsrechts, Kapitel 5, S. 192, Rn. 65.

2733 Standardised European Rules of the Air, kurz "SERA". Diese wurden in Deutschland im Zuge der Vereinheitlichung der europäischen Vorschriften eingeführt und ersetzen weitgehend die bisherigen nationalen Regelungen, so *Klaassen*, DHV-Info 193, S. 18 ff. (18).

2734 Anhang, Abschnitt 2 SERA.2015 DVO (EU) Nr. 923/2012 vom 26.09.2012, ABl. EU Nr. L 281 vom 13.10.2012, S. 1, 13; dieses Entscheidungsrecht wird durch die Verpflichtung des Luftfahrzeugführers zur Einhaltung die Regelungen der SERA-Verordnungen und damit auch einer Flugverkehrskontrollanweisung eingeschränkt (SERA.2010 lit. a). Dabei handelt es sich zwar nicht um eine faktische Ausnahme, wohl aber um eine rechtssystematische. Führte die Flugsicherungsanweisung zu einer Gefährdung, wäre also die Befolgung der Ausnahme nicht gerechtfertigt, führte dies zurück zum Grundsatz des Entscheidungsrechts des Piloten, so *Schwenk/Giemulla*, Hdb. des Luftverkehrsrechts, Kapitel 5, S. 192, Rn. 65.

Neben der Flugsicherungsanweisung[2735] stellt die Flugverkehrskontrollfreigabe[2736] das regelmäßige Mittel des Verwaltungshandelns des Fluglotsen dar und ist von den Luftfahrzeugführern zu beachten.[2737]

### 2. *Kommunikations-, Navigations- und Überwachungsdienste*

Aus Art. 2 Nummer 4 Rahmen-VO folgt, dass der Begriff der Flugsicherungsdienste neben den Flugverkehrsdiensten auch die Kommunikations-, Navigations- und Überwachungsdienste als integralen Bestandteil die Flugsicherung umfasst.[2738] Gleichzeitig stellen diese Dienste die unabdingbare Voraussetzung dar, um überhaupt Flugsicherung betreiben zu können.[2739]

#### *a) Begriff der Unterstützungsdienste*

Die Kommunikations-, Navigations- und Überwachungsdienste[2740] werden unter dem Oberbegriff der „Unterstützungsdienste" zusammengefasst. Innerhalb der Verordnungen zum einheitlichen europäischen Luftraum findet sich keine Definition des Begriffs der „Unterstützungsdienste".[2741] Die einzelnen Begriffe werden jedoch dort durch Art. 2 Nummer 16[2742], Nummer

---

2735 Englisch „ATC-Instruction".

2736 Englisch „ATC-Clearance". Die „Flugverkehrskontrollfreigabe" wird in Art. 2 Nummer 29 DVO (EU) Nr. 923/2012 (in der konsolidierten Fassung vom 26.01.2023) definiert als die für ein Luftfahrzeug erteilte Genehmigung, unter den von einer Flugverkehrskontrollstelle angegebenen Bedingungen zu verkehren. Dabei kann die zuständige Flugverkehrskontrollstelle also den Flugverlauf, insb. den Flugweg und die Flughöhe festlegen. So werden die in der Luft befindlichen Luftfahrzeuge untereinander gestaffelt und Sicherheitsabstände zwischen ihnen garantiert. Der Staffelung kommt bezüglich der beschränkten Luftraum- und Flugplatzkapazität besondere Bedeutung zu, wobei es wichtig ist, räumlich und zeitlich kleine Staffelungswerte zu erreichen, um Starts und Landungen in kurzen Zeitabschnitten gewährleisten zu können, ausf. dazu *Schwenk/Giemulla*, Hdb. des Luftverkehrsrechts, Kapitel 5, S. 193, Rn. 67.

2737 *Schwenk/Giemulla*, Hdb. des Luftverkehrsrechts, Kapitel 5, S. 193, Rn. 67; *Bues*, S. 84.

2738 *Uhl*, in: Hobe/v. Ruckteschell, Kölner Kompendium Luftrecht, Bd. 2, S. 972, Rn. 352.

2739 *Uhl*, in: Hobe/v. Ruckteschell, Kölner Kompendium Luftrecht, Bd. 2, S. 972, Rn. 352; *Bues*, S. 91; siehe auch dazu Annex 10 des ICAO-Abkommens.

2740 Kurz „CNS-Dienste", abgeleitet von den englischen Begriffen „Communication, Navigation and Surveillance Services".

2741 So auch *Bues*, S. 92; *Risch*, in: Grabherr/Reidt/Wysk, Luftverkehrsgesetz, 14. EL, 2010, § 27c, S. 24, Rn. 65.

2742 Gemäß Art. 2 Nummer 16 Rahmen-VO werden die „Kommunikationsdienste" als feste und bewegliche Flugfernmeldedienste zur Sicherstellung von Boden/Boden-,

30[2743] und Nummer 38[2744] Rahmen-VO legaldefiniert. Der Begriff der Unterstützungsdienste bietet den Oberbegriff für die in § 27c Abs. 2 Nummern 2, 3 und 4 LuftVG einzeln benannten Kommunikations-, Navigations-, Überwachungsdienste und wird lediglich in § 27c Abs. 2 S. 2 LuftVG für die genannten Dienste verwendet.[2745] Ansonsten kennt das deutsche Recht weder den Begriff der Navigationsdienste noch den der Überwachungsdienste, abgesehen von ihrer Nennung in § 27c Abs. 2 Nummern 3 und 4 LuftVG.[2746] Grundsätzlich bilden die Kommunikations-, Navigations- und Überwachungsdienste den technischen Rahmen, durch den die Überwachung und Bewegungslenkung der Luftfahrzeuge im Luftraum erst ermöglicht wird[2747] und den Fluglotsen die Möglichkeit gibt, ihre hoheitliche Tätigkeit auszuführen.[2748]

Nicht unter den Begriff der CNS-Dienste, aber dennoch unter den Begriff der Unterstützungsdienste fallen außerdem die Flugberatungsdienste[2749] und die Flugvermessungsdienste.[2750] Da die Ausführung der Unterstützungsdienste nicht auf eine Lenkung oder Kontrolle des Luftverkehrs abzielt, erfüllen all diese Dienste hinsichtlich der Erbringung anderer Flugsicherungsdienste entsprechend der Wortbedeutung des Oberbegriffes nur unterstützende Aufgaben.[2751]

---

Bord/Boden- und Bord/Bord-Kommunikationsverbindungen für die Zwecke der Flugverkehrskontrolle bezeichnet.

2743 Gemäß Art. 2 Nummer 30 Rahmen-VO werden die „Navigationsdienste" als die Einrichtungen und Dienste, die Luftfahrzeuge mit Positions- und Zeitinformationen versorgen definiert.

2744 Art. 2 Nummer 38 Rahmen-VO bezeichnet die „Überwachungsdienste" als die Einrichtungen und Dienste, die zur Ermittlung der jeweiligen Position von Luftfahrzeugen verwendet werden, um so eine sichere Staffelung zu ermöglichen.

2745 *Schwenk/Giemulla*, Hdb. des Luftverkehrsrechts, Kapitel 5, S. 199, Rn. 91; *Bues*, S. 92.

2746 *Schwenk/Giemulla*, Hdb. des Luftverkehrsrechts, Kapitel 5, S. 199, Rn. 91.

2747 Bspw. die Überwachung des Luftverkehrs bei der Ausübung der Flugverkehrskontrolle durch die Radaranlagen des Überwachungsdienstes, dazu *Risch*, in: Grabherr/Reidt/Wysk, Luftverkehrsgesetz, 14. EL, 2010, § 27c, S. 27, Rn. 65.

2748 *Uhl*, in: Hobe/v. Ruckteschell, Kölner Kompendium Luftrecht, Bd. 2, S. 972, Rn. 352; *Risch*, in: Grabherr/Reidt/Wysk, Luftverkehrsgesetz, 14. EL, 2010, § 27c, S. 27, Rn. 65.

2749 Englisch „Aeronautical Information Services", kurz AIS, dieser wird in Art. 2 Nummer 3 Rahmen-VO definiert.

2750 § 27c Abs. 2 LuftVG; *Risch*, in: Grabherr/Reidt/Wysk, Luftverkehrsgesetz, 14. EL, 2010, § 27c, S. 27 f., Rn. 65; *Bues*, S. 91.

2751 *Risch*, in: Grabherr/Reidt/Wysk, Luftverkehrsgesetz, 14. EL, 2010, § 27c, S. 27 f., Rn. 65; *Uhl*, in: Hobe/v. Ruckteschell, Kölner Kompendium Luftrecht, Bd. 2, S. 972, Rn. 352; *Bues*, S. 92.

Der Großteil der Unterstützungsdienste bildet dabei eine Schnittstelle zwischen Bord- und Bodensystemen.[2752] Ihre Unterstützung kann sich auch auf einen anderen Unterstützungsbereich beziehen.[2753]

Die Bezeichnung als „Unterstützungsdienste“ soll die Unterscheidung zwischen den hoheitlichen Flugverkehrsdiensten und den (technischen) Unterstützungsdiensten erleichtern, die nach europarechtlichen Vorgaben gerade nicht zur Luftverkehrsverwaltung gehören und zu Marktbedingungen zu erbringen sind.[2754]

### *b) Arten der Unterstützungsdienste*

Nachfolgend werden die verschiedenen Unterstützungsdienste näher erläutert.

#### *aa) Kommunikationsdienste (Communication-Services)*

Art. 2 Nummer 16 Rahmen-VO definiert die Kommunikationsdienste: Demnach sind dies feste und bewegliche Flugfernmeldedienste[2755] zur Sicherstellung der Boden/Boden-, Bord/Boden- und Bord/Bord-Kommunikationsverbindungen für die Zwecke der Flugverkehrskontrolle.[2756] Der Flugfernmeldedienst hat die Aufgabe, die für die Durchführung der Flugverkehrsdienste notwendigen Flugsicherungsinformationen, vor allem die Anweisungen der Flugverkehrskontrollstelle, zu übertragen und

---

2752 *Uhl*, in: Hobe/v. Ruckteschell, Kölner Kompendium Luftrecht, Bd. 2, S. 972, Rn. 353.

2753 Ein Beispiel ist der Flugvermessungsdienst, der u. a. den Betrieb der Anlagen des Navigationsdienstes unterstützt, so *Risch*, in: Grabherr/Reidt/Wysk, Luftverkehrsgesetz, 14. EL, 2010, § 27c, S. 27, Rn. 65.

2754 Siehe dazu ausf. Deutscher Bundestag, Gesetzentwurf der Fraktionen der CDU/CSU und SPD, Entwurf eines Gesetzes zur Änderung luftverkehrsrechtlicher Vorschriften vom 17.03.2009, BT-Drs. 16/12279, S. 9; *Risch*, in: Grabherr/Reidt/Wysk, Luftverkehrsgesetz, 14. EL, 2010, § 27c, S. 28, Rn. 66; *Bues*, S. 92.

2755 Auch wenn der Begriff „Flugfernmeldedienst“ darauf hindeutet, dass unter Kommunikationsdiensten nur die Technik und die Systeme zur Ermöglichung von Sprechfunkverkehr zwischen Piloten und Lotsen fallen, versteht man hierunter auch das Fernsprechen via Telefon und terrestrischer Verbindung. Schließlich ist auch das Fernsprechen eine unabdingbare Voraussetzung für die Arbeit der Fluglotsen, dazu ausf. *Uhl*, in: Hobe/v. Ruckteschell, Kölner Kompendium Luftrecht, Bd. 2, S. 972 f., Rn. 357; *Bues*, S. 92.

2756 Siehe neben Art. 2 Nummer 16 Rahmen-VO auch §§ 21 bis 23 FSDurchführungsVO und Annex 10 des ICAO-Abkommens.

zu übermitteln.[2757] Dafür bedarf es der Überwachung, Unterhaltung und Zurverfügungstellung der technischen Infrastruktur (Kommunikationssysteme) und der für die Nachrichtenübermittlung notwendigen Verfahren.[2758] Die Kommunikation erfolgt in Form der Sprachübermittlung (Sprechfunk) zwischen den Boden- und Luftfunkstellen über die hierfür festgelegten Funkfrequenzen.[2759] Vermehrt wird für die Übermittlung von Flugsicherungsinformationen auch die Möglichkeit der Datenübertragung genutzt.[2760] Unter den Begriff der Kommunikationsdienste lassen sich neben den Diensten, die den von der Sprache getragenen Sprechfunk und die Sprach-Telefonie möglich machen, auch die Datenkommunikationssysteme fassen.[2761] Art. 2 Nummer 16 Rahmen-VO erfasst dagegen nicht solche Kommunikationsdienste, die der Herstellung normaler Bürokommunikation dienen, und einen von den Flugsicherungsorganisationen betriebenen Betriebsfunk.[2762] Die strukturierte Einführung von Datalink-Diensten wird durch die Verordnungen (EG) Nr. 29/2009[2763] und (EG) Nr. 30/2009[2764] geregelt.[2765]

---

2757 §§ 21–23 FSDurchführungsVO; *Risch*, in: Grabherr/Reidt/Wysk, Luftverkehrsgesetz, 14. EL, 2010, § 27c, S. 28, Rn. 67; so auch *Bues*, S. 92 f.

2758 *Risch*, in: Grabherr/Reidt/Wysk, Luftverkehrsgesetz, 14. EL, 2010, § 27c, S. 28, Rn. 67; *Uhl*, in: Hobe/v. Ruckteschell, Kölner Kompendium Luftrecht, Bd. 2, S. 973, Rn. 360.

2759 *Risch*, in: Grabherr/Reidt/Wysk, Luftverkehrsgesetz, 14. EL, 2010, § 27c, S. 28, Rn. 67; *Uhl*, in: Hobe/v. Ruckteschell, Kölner Kompendium Luftrecht, Bd. 2, S. 973, Rn. 360.

2760 *Risch*, in: Grabherr/Reidt/Wysk, Luftverkehrsgesetz, 14. EL, 2010, § 27c, S. 28, Rn. 67; *Bues*, S. 93.

2761 *Uhl*, in: Hobe/v. Ruckteschell, Kölner Kompendium Luftrecht, Bd. 2, S. 973, Rn. 360. Beispielhaft seien ACARS (Aircraft Communications Addressing And Reporting System), VDL (VHF Data Link) und MWARA (Major World Air Route Areas) erwähnt. Diese Systeme sichern den kabellosen Austausch von Daten zwischen der Flugsicherungsorganisation und den einzelnen Luftfahrzeugen; so auch *Bues*, S. 92.

2762 *Uhl*, in: Hobe/v. Ruckteschell, Kölner Kompendium Luftrecht, Bd. 2, S. 973, Rn. 358 f.

2763 VO (EG) Nr. 29/2009 der Kommission vom 16.01.2009 zur Festlegung der Anforderungen an Datalink-Dienste im einheitlichen europäischen Luftraum, ABl. EG Nr. L 13, S. 3–19 vom 17.01.2009. Diese wurde zuletzt geändert durch DVO (EU) 2020/208 der Kommission vom 14.02.2020 zur Änderung der VO (EG) Nr. 29/2009 zur Festlegung der Anforderungen an Datalink-Dienste im einheitlichen europäischen Luftraum, ABl. EU Nr. L 43 vom 17.02.2020, S. 72–73.

2764 VO (EG) Nr. 30/2009 der Kommission vom 16.01.2009 zur Änderung der VO (EG) Nr. 1032/2006 hinsichtlich der Anforderungen an automatische Systeme zum Austausch von Flugdaten bezüglich der Unterstützung von Datalink-Diensten, ABl. EG Nr. L 13 vom 17.01.2009, S. 20–22. Dazu auch Berichtigung dieser VO, ABl. EG Nr. L 153 vom 17.06.2009, S. 29.

2765 *Bues*, S. 93.

### *bb) Navigationsdienste (Navigation-Services)*

Als Navigationsdienste bezeichnet Art. 2 Nummer 30 Rahmen-VO die Einrichtungen und Dienste[2766], die den Luftfahrzeugen Positions- und Zeitinformationen zukommen lassen.[2767] Zu ihnen zählen bspw. Drehfunkfeuer, Doppler-Drehfunkfeuer, Entfernungsmessgeräte (Distance Measuring Equipment, kurz DME), Peiler, Instrumentenlande- und Satellitennavigationssysteme.[2768] Diese Einrichtungen und Dienste gestatten es dem Luftfahrzeugführer, die Anweisungen der Flugverkehrskontrolle für den weiteren Flugverlauf anhand der von den Navigationsanlagen gesendeten Signale und der in den an Bord befindlichen Systemen gespeicherten GPS-Daten umzusetzen, so dass eine sichere Abwicklung des Luftverkehrs ermöglicht wird.[2769] Die Flugsicherungsorganisation nimmt im Rahmen der Navigationsdienste eine eher passive Rolle ein, da sie die erforderlichen Informationen lediglich bereitstellt, die Auswertung jedoch durch Navigationsanlagen an Bord der Luftfahrzeuge bzw. den Luftfahrzeugführer erfolgt.[2770]

### *cc) Überwachungsdienste (Surveillance-Services)*

Der Aufgabenbereich der Überwachungsdienste wird in Art. 2 Nummer 38 Rahmen-VO festgelegt.[2771] Ausweislich der Norm sind dies die Einrichtungen

---

2766 Navigationsanlagen dienen dazu, die für eine Standortbestimmung und Navigation erforderlichen Informationen zu liefern, was in der Regel die Entfernung zwischen dem Luftfahrzeug und einer Bodenstation, die Höhe und Geschwindigkeit über Grund, die Standortkoordinaten und der Winkel zwischen einer Bezugsrichtung am Luftfahrzeug und einer Bezugsrichtung am Boden (z. B. Nordrichtung) ist, *Mensen*, Moderne Flugsicherung, S. 435; sehr ausf. dazu auch *Mensen*, Planung, Anlage und Betrieb, S. 867 ff. und S. 885 ff.; siehe auch *Uhl*, in: Hobe/v. Ruckteschell, Kölner Kompendium Luftrecht, Bd. 2, S. 973, Rn. 362.

2767 Art. 2 Nummer 30 Rahmen-VO; abgesehen von ihrer Erwähnung in § 27c Abs. 2 Nr. 3 LuftVG kennt das deutsche Recht die Navigationsdienste nicht, sie stammen aus der Rahmen-VO, *Schwenk/Giemulla*, Hdb. des Luftverkehrsrechts, Kapitel 5, S. 199, Rn. 91.

2768 *Risch*, in: Grabherr/Reidt/Wysk, Luftverkehrsgesetz, 14. EL, 2010, § 27c, S. 29, Rn. 68; *Bues*, S. 93.

2769 *Risch*, in: Grabherr/Reidt/Wysk, Luftverkehrsgesetz, 14. EL, 2010, § 27c, S. 29, Rn. 68.

2770 *Uhl*, in: Hobe/v. Ruckteschell, Kölner Kompendium Luftrecht, Bd. 2, S. 973, Rn. 363; ähnlich *Bues*, S. 93.

2771 Ebenso wie die Navigationsdienste kennt, abgesehen von ihrer Erwähnung in § 27c Abs. 2 Nr. 4 LuftVG, das deutsche Recht die Überwachungsdienste nicht, sie stammen aus der Rahmen-VO, siehe *Schwenk/Giemulla*, Hdb. des Luftverkehrsrechts, Kapitel 5, S. 199, Rn. 91.

und Dienste, die zur Ermittlung der jeweiligen Position von Luftfahrzeugen verwendet werden, um so eine sichere Staffelung zu ermöglichen.[2772] Unter Überwachung wird in der Flugsicherung die Möglichkeit verstanden, die Position von Luftfahrzeugen erfassen zu können, damit der Fluglotse die Luftfahrzeuge in der optimalen Ausnutzung des Luftraumes staffeln kann.[2773] Zur Überwachung werden sowohl Radaranlagen als auch Radardatendarstellungssysteme verwendet.[2774]

### *3. Flugwetterdienste (Meteorological Service for Air Navigation)*

Der Flugwetterdienst[2775] trägt zur meteorologischen Sicherung des Luftverkehrs bei.[2776] Dazu dienen die genauen Informationen über die aktuelle Wetterlage, verlässliche Flugwettervorhersagen sowie Warnungen vor gefährlichen Wettererscheinungen als grundlegende Voraussetzung für die Sicherheit, Pünktlichkeit und Effizienz der Luftfahrt.[2777] Art. 2 Nummer 4 Rahmen-VO erwähnt zwar die Flugwetterdienste als einen Teil der Flugsicherungsdienste, die Rahmen-VO bietet jedoch für den Begriff des „Flugwetterdienstes" keine Definition an. In Art. 2 Nummer 29 Rahmen-VO werden „Wetterdienste" im Allgemeinen beschrieben: Demnach bezeichnen die Wetterdienste die Einrichtungen und Dienste, welche die Luftfahrt mit Wettervorhersagen, -meldungen und -beobachtungen

---

2772 Art. 2 Nummer 38 Rahmen-VO.

2773 *Uhl*, in: Hobe/v. Ruckteschell, Kölner Kompendium Luftrecht, Bd. 2, S. 974, Rn. 370; *ebenda* auch Fn. 343: Die Übersetzung des Rechtsbegriffs „surveillance" in der deutschen Fassung der Rahmen-VO durch den Begriff der „Überwachung" ist unglücklich gewählt. Eine Übersetzung durch den Begriff „Ortung" wäre treffender gewesen; *Bues*, S. 93; *Risch*, in: Grabherr/Reidt/Wysk, Luftverkehrsgesetz, 14. EL, 2010, § 27c, S. 29, Rn. 69.

2774 *Risch*, in: Grabherr/Reidt/Wysk, Luftverkehrsgesetz, 14. EL, 2010, § 27c, S. 29, Rn. 69; ebenso *Bues*, S. 93, Fn. 653.

2775 Englisch „Meteorological Service for Air Navigation", kurz MET.

2776 § 27e Abs. 1 S. 1 LuftVG; *Schwenk/Giemulla*, Hdb. des Luftverkehrsrechts, Kapitel 5, S. 200, Rn. 95; *Bues*, S. 94.

2777 *Jamin/Lorenzen/Thomas*, in: Hobe/v. Ruckteschell, Kölner Kompendium Luftrecht, Bd. 2, S. 1003, Rn. 506; *Schwenk/Giemulla*, Hdb. des Luftverkehrsrechts, Kapitel 5, S. 200, Rn. 95; *Risch*, in: Grabherr/Reidt/Wysk, Luftverkehrsgesetz, 14. EL, 2010, § 27c, S. 32, Rn. 78.

sowie mit anderen Wetterinformationen und Wetterdaten versorgen, die von den Staaten für Luftfahrtzwecke bereitgestellt werden.[2778]

### 4. *Flugberatungsdienst (Aeronautical Information Service)*

Der Flugberatungsdienst[2779] hat allgemeine, über den einzelnen Flug hinausgehende Aufgaben.[2780] Gemäß Art. 2 Nummer 3 Rahmen-VO bezeichnet der Flugberatungsdienst einen innerhalb des festgelegten Versorgungsgebietes eingerichteten Dienst, der für die Bereitstellung von Luftfahrtinformationen und -daten zuständig ist, die für die sichere, geordnete und reibungslose Durchführung von Flügen erforderlich sind.[2781] Umfang und Aufgaben des Flugberatungsdienstes werden in Abschnitt 6 der FSDurchführungsVO unter dem Titel „Flugberatungsdienste" näher ausgeführt. Der Flugberatungsdienst unterscheidet sich von den Fluginformationsdiensten dadurch, dass der Flugberatungsdienst die Phase der ordnungsgemäßen Flugvorbereitung[2782] vor Flugbeginn unterstützt, während der Fluginformationsdienst die Informationen während der Dauer des Fluges bereitstellt.[2783] Sie bedürfen keinerlei hoheitlicher Befugnisse.[2784]

### 5. *Sonstige Flugsicherungsdienste*

Abschließend soll noch auf die sonstigen Flugsicherungsdienste eingegangen werden. Diese werden von der Rahmen-VO nicht ausdrücklich geregelt. Dennoch ist ihre Durchführung wichtiger Bestandteil der Flugsicherung.

---

2778 Ähnlich auch §§ 27e und 27f LuftVG, § 4 des Gesetzes über den Deutschen Wetterdienst (DWD-Gesetz), vom 10.09.1998, BGBl. 1998 I vom 18.09.1998, S. 2871 ff.; § 3a LuftVO.

2779 Englisch „Aeronautical Information Services", kurz AIS. Die Arbeitsweise entspricht dem in Annex 15 des ICAO-Abkommens festgelegten Verfahren.

2780 *Schwenk/Giemulla*, Hdb. des Luftverkehrsrechts, Kapitel 5, S. 198, Rn. 88.

2781 Art. 2 Nummer 3 Rahmen-VO; siehe auch § 27c Abs. 2 Nr. 5 LuftVG.

2782 Die „Flugvorbereitung" ist der Zeitraum zwischen der ersten Einreichung eines Flugplans und der ersten Freigabe durch die Flugsicherung, dazu *Mensen*, Hdb. der Luftfahrt, S. 197.

2783 *Risch*, in: Grabherr/Reidt/Wysk, Luftverkehrsgesetz, 14. EL, 2010, § 27c, S. 30, Rn. 71; ähnlich *Schwenk/Giemulla*, Hdb. des Luftverkehrsrechts, Kapitel 5, S. 198, Rn. 88.

2784 *Baumann*, Private Luftfahrtverwaltung, S. 289.

### a) *Flugvermessungsdienste*

Die Flugvermessung erfolgt mit Hilfe des Einsatzes von Messflugzeugen und soll die Einhaltung der festgelegten Toleranzen der Funknavigations- und Radaranlagen garantieren.[2785] Diese Dienste unterliegen in den Verordnungen zum einheitlichen europäischen Luftraum keiner spezifischen Regelung. Im Gegensatz zu den bereits beschriebenen Unterstützungsdiensten ist die Flugvermessung nach dem Unionsrecht kein eigener Flugsicherungsdienst[2786], sondern stellt vielmehr ein Arbeits- und Betriebsverfahren dar.[2787] Sie zählt zu den nicht-hoheitlichen Unterstützungsdiensten, die zu Marktbedingungen erbracht werden.[2788]

### b) *Flugsicherungstechnische Dienste*

Die flugsicherungstechnischen Dienste statten die Betriebsdienste der Flugsicherung mit der von ihnen benötigten Infrastruktur aus.[2789] Sie umfassen alle Tätigkeiten, die mit der Beschaffung, dem Einbau, der Abnahme, dem Betrieb, der Instandhaltung und der Überwachung flugsicherungstechnischer Einrichtungen[2790] sowie der Entwicklung und Pflege der EDV-Anwendungsprogramme für die Flugsicherung zusammenhängen.[2791] In den Verordnungen zum einheitlichen europäischen Luftraum werden die flugsicherungstechnischen Dienste nicht als eigenständige Dienste, sondern vielmehr als ein Element des jeweiligen

---

2785 *Risch*, in: Grabherr/Reidt/Wysk, Luftverkehrsgesetz, 14. EL, 2010, § 27c, S. 31, Rn. 75; ebenso *Bues*, S. 94, Fn. 659.

2786 Vgl. Art. 2 Nummer 4 Rahmen-VO.

2787 *Risch*, in: Grabherr/Reidt/Wysk, Luftverkehrsgesetz, 14. EL, 2010, § 27c, S. 31, Rn. 75; *Bues*, S. 94.

2788 *Risch*, in: Grabherr/Reidt/Wysk, Luftverkehrsgesetz, 14. EL, 2010, § 27c, S. 44, Rn. 110.

2789 *Wieland*, Gutachten im Auftrag der DFS 2007, S. 93; gemäß § 27d Abs. 1 LuftVG werden die Flugsicherungsdienste und die dazu erforderlichen flugsicherungstechnischen Einrichtungen an den Flugplätzen vorgehalten, bei denen das BMDV einen Bedarf aus Gründen der Sicherheit und aus verkehrspolitischen Interessen anerkennt; dazu auch *Mensen*, Planung, Anlage und Betrieb, S. 499; *Risch*, in: Grabherr/Reidt/Wysk, Luftverkehrsgesetz, 14. EL, 2010, § 27c, S. 29, Rn. 70.

2790 Zu den flugsicherungstechnischen Einrichtungen gehören Navigationsanlagen, Sprachübermittlungssysteme, Datenübertragungssysteme, Radaranlagen, Radardaten-Darstellungssysteme, Flugplanverarbeitungssysteme und Simulationssysteme, so *Baumann*, Private Luftfahrtverwaltung, S. 290; *Trampler*, S. 69; *ders.* auch S. 69, Fn. 16; ebenso *Bues*, S. 95, Fn. 666.

2791 *Baumann*, Private Luftfahrtverwaltung, S. 290; *Mensen*, Planung, Anlage und Betrieb, S. 500; *Bues*, S. 95.

Flugsicherungsdienstes erwähnt.[2792] Durch diese Einstufung der flugsicherungstechnischen Dienste als Bestandteil des jeweiligen Flugsicherungsdienstes unterfallen sie den für den jeweiligen Dienst geltenden Rechtsregelungen und werden daher sowohl den hoheitlichen als auch den nicht-hoheitlichen Flugsicherungsdiensten zugerechnet.[2793]

## II. Anforderungen an das Flugverkehrsmanagement (Air Traffic Management)

Ausweislich Art. 2 Nummer 10 Rahmen-VO wird das Flugverkehrsmanagement[2794] als die Zusammenfassung der bord- und bodenseitigen Funktionen (Flugverkehrsdienste[2795], Luftraummanagement und Verkehrsflussregelung) definiert, die für die sichere und effiziente Bewegung von Luftfahrzeugen in jeder Betriebsphase erforderlich sind. Insbesondere der Verkehrsflussregelung und dem Luftraummanagement wird innerhalb der Verordnungen zum einheitlichen europäischen Luftraum besondere Bedeutung zugemessen.

### *1. Verkehrsflussregelung (Air Traffic Flow Management)*

Die Verkehrsflussregelung[2796] hat die Aufgabe, Unregelmäßigkeiten in Verkehrsabläufen rechtzeitig zu erkennen, Überlastungssituationen bei der Flugverkehrskontrolle vorzubeugen, den Verkehrsablauf wirtschaftlich und reibungslos zu organisieren und dazu geeignete Steuerungs- und Planungsmaßnahmen zu treffen.[2797] Dies wird in Art. 2 Nummer 9 Rahmen-

---

2792 Beschlussempfehlung und Bericht des Ausschusses für Verkehr, Bau und Stadtentwicklung vom 27.05.2009, BT-Drs. 16/13213, S. 13; siehe auch *Bues*, S. 95.

2793 BT-Drs. 16/13213, S. 13; ob eine solche Aufspaltung der flugsicherungstechnischen Leistungen sinnvoll ist, wird unterschiedlich eingeschätzt. Siehe dazu *Baumann*, Private Luftfahrtverwaltung, S. 291 f.; *Wieland*, Gutachten im Auftrag der DFS 2007, S. 93; krit. hierzu *Uhl*, in: Hobe/v. Ruckteschell, Kölner Kompendium Luftrecht, Bd. 2, S. 977, Rn. 385; ebenso *Bues*, S. 95.

2794 Englisch „Air Traffic Management", kurz ATM.

2795 Die Flugverkehrsdienste zählen sowohl zu den Flugsicherungsdiensten als auch zum Flugverkehrsmanagement, siehe Art. 2 Nummer 4 bzw. Nummer 10 Rahmen-VO. Auf eine erneute Darstellung der Flugverkehrsdienste wird an dieser Stelle verzichtet.

2796 Englisch „Air Traffic Flow Management", kurz ATFM.

2797 Hierzu wurde aufgrund eines Beschlusses der EG-Verkehrsministerkonferenz vom 20.10.1988 zum Aufbau einer zentralen Verkehrsflusssteuerungseinheit bei EUROCONTROL eine Central Flow Management Unit (CFMU, inzwischen Network Manager) eingerichtet, die alle zentralen Steuerungsmaßnahmen für den europäischen Luftraum wahrnimmt und die mittlerweile auch die ehemals von der

VO[2798] sehr ausführlich definiert: Dort wird die Verkehrsflussregelung als eine Funktion bezeichnet, die mit dem Ziel eingerichtet wird, zu einem sicheren, geordneten und reibungslosen Verkehrsfluss beizutragen, indem sichergestellt wird, dass die Kapazität der Flugverkehrskontrolle so weit wie möglich ausgeschöpft wird und dass das Verkehrsaufkommen mit den Kapazitäten vereinbar ist, die die entsprechenden Flugsicherungsorganisationen angegeben haben.[2799] Sie wird mit dem Ziel durchgeführt, Überlastungssituationen infolge von Kapazitätsengpässen in bestimmten Kontrollbereichen, Gebieten oder auch Flughäfen zu verhindern und bestehende Flugsicherungskapazitäten bestmöglich auszunutzen.[2800] Die dazu bestehenden Instrumente[2801] und Methoden werden primär dafür genutzt, um Angebot und Nachfrage zu optimieren, wobei die Nachfrage räumlich und zeitlich gestaffelt wird, um eine effektivere Planung der Kontrollkapazitäten zur Bedarfsdeckung zu gewährleisten.[2802] Engpässe und die daraus resultierenden Nachteile für die Verkehrssicherheit und Wirtschaftlichkeit können nur vermieden werden, wenn beabsichtigte Flüge durch die vorherige Zuweisung von Zeitrastern für den Ab- und Überflug bestimmter Zielgebiete sowie für die Anflüge bestimmter Flughäfen wie auch durch Zuweisung von Entlastungs- und Umleitungsstrecken so gestaltet werden, dass zu keinem Zeitpunkt eine Überlastungssituation in den verkehrskritischen Gebieten auftreten kann.[2803] Der Luftraum wird also „rationisiert“.[2804] Maßnahmen, die die Verkehrsflussregelung zu diesem Zweck ergreifen kann, sind die Zuteilung dieser Zeitfenster (sog. „*En-route-slots*“[2805]), Vorschläge von Umleitungs- oder

---

Flugsicherungsorganisation DFS wahrgenommenen Aufgaben übernommen hat, *Risch*, in: Grabherr/Reidt/Wysk, Luftverkehrsgesetz, 14. EL, 2010, § 27c, S. 32, Rn. 79; *Schwenk/Giemulla*, Hdb. des Luftverkehrsrechts, Kapitel 5, S. 200, Rn. 97; *Mensen*, Hdb. der Luftfahrt, S. 509; *ders.*, Moderne Flugsicherung, S. 368; *Uhl*, in: Hobe/v. Ruckteschell, Kölner Kompendium Luftrecht, Bd. 2, S. 979, Rn. 395; *Bues*, S. 98; *Schwenk/Schwenk*, ZLW 1993, S. 121 ff. (138).

2798 Siehe auch § 9 FSDurchführungsVO; Art. 9 Luftraum-VO a. F.

2799 Art. 2 Nummer 9 Rahmen-VO.

2800 KOM(96) 57, S. 3; Art. 2 Nummer 9 Rahmen-VO; *Risch*, in: Grabherr/Reidt/Wysk, Luftverkehrsgesetz, 14. EL, 2010, § 27c, S. 32, Rn. 79; *Bues*, S. 98 f.; *Schwenk/Giemulla*, Hdb. des Luftverkehrsrechts, Kapitel 5, S. 200, Rn. 97.

2801 Dazu ausf. *Baumann*, Private Luftfahrtverwaltung, S. 283 ff.

2802 KOM(96) 57, S. 3.

2803 *Krämer*, Kapazitätsengpässe, S. 159; *Schwenk*, ZLW 1988, S. 302 ff. (306); *Baumann*, Private Luftfahrtverwaltung, S. 283 f.

2804 *Krämer*, Kapazitätsengpässe, S. 158 f.; *Baumann*, Private Luftfahrtverwaltung, S. 284.

2805 Bei den „En-route-slots“ handelt es sich um antizipierte Zeitnischen für die Nutzung der Lufträume, die sowohl dem Luftraumnutzer als auch der Flugverkehrskontrollstelle

Entlastungsstrecken, die Zuteilung der Slots für eine ausgewählte Anflugsteuerung oder die Verzögerung einzelner Flüge unter bestimmten Bedingungen.[2806]

Um Überlastungssituationen bei der Flugverkehrskontrolle zu vermeiden, wurde bereits im Oktober 1988 durch einen Beschluss im Rahmen der Europäischen Verkehrsministerkonferenz[2807] EUROCONTROL mit der Gründung einer Central Flow Management Unit[2808] (CFMU)

---

durch die Zuweisung einer kalkulierten Startzeit (calculated take-off time) einige Stunden vor dem geplanten Flug mitgeteilt werden. Diese Slots stellen eine kurzfristige taktische Reaktion dar und beziehen sich ausschließlich auf die jeweilige Luftraumkapazität, so *Risch*, in: Grabherr/Reidt/Wysk, Luftverkehrsgesetz, 14. EL, 2010, § 27c, S. 32, Rn. 79; siehe dazu auch *Schwenk/Giemulla*, Hdb. des Luftverkehrsrechts, Kapitel 5, S. 201, Rn. 99; *Uhl*, in: Hobe/v. Ruckteschell, Kölner Kompendium Luftrecht, Bd. 2, S. 981, Rn. 403; *Baumann*, Private Luftfahrtverwaltung, S. 284; die von der Central Flow Management Unit (CFMU) gewährten „Anwartschaftsrechte" werden auch als „Slots" bezeichnet, sind aber als „En-route-slots" von den durch den Flughafenkoordinator zugeteilten „(Flughafen-)Slots" für Start und Landung zu unterscheiden. Diese Slots richten sich nach der Flughafenkapazität und nicht der Kapazität des Luftraumes, wobei zwischen beiden gewisse Abhängigkeiten bestehen, dazu *Schwenk/Giemulla*, Hdb. des Luftverkehrsrechts, Kapitel 2, S. 123 ff., Rn. 160 ff.; *Risch*, in: Grabherr/Reidt/Wysk, Luftverkehrsgesetz, 14. EL, 2010, § 27c, S. 32 f., Rn. 79.

2806 *Baumann*, Private Luftfahrtverwaltung, S. 283 f.; *Bues*, S. 98 f.; *Schwenk/Giemulla*, Hdb. des Luftverkehrsrechts, Kapitel 5, S. 201, Rn. 99; *Risch*, in: Grabherr/Reidt/Wysk, Luftverkehrsgesetz, 14. EL, 2010, § 27c, S. 32, Rn. 79.

2807 Siehe Deutscher Bundestag, Beschlussempfehlung und Bericht des Ausschusses für Verkehr vom 21.03.1989, BT-Drs. 11/4249, S. 4; *Baumann*, Private Luftfahrtverwaltung, S. 282; *Risch*, in: Grabherr/Reidt/Wysk, Luftverkehrsgesetz, 14. EL, 2010, § 27c, S. 32, Rn. 79; *Bues*, S. 99.

2808 Die CFMU nimmt alle zentralen Steuerungsmaßnahmen für den europäischen Luftraum wahr und hat inzwischen auch die ehemals von der Luftraumnutzungszentrale der DFS Deutsche Flugsicherung GmbH wahrgenommenen Aufgaben übernommen. Sie erfasst alle zu erwartenden Verkehrsströme insb. mittels der von den Nutzern aufgegebenen Flugpläne und koordiniert daraufhin die Flugzeiten und -strecken in Abhängigkeit von der Antragsreihenfolge und den in den jeweiligen kontrollierten Lufträumen zur Verfügung stehenden Flugverkehrskontrollkapazitäten, dazu *Baumann*, Private Luftfahrtverwaltung, S. 282 f.; *Risch*, in: Grabherr/Reidt/Wysk, Luftverkehrsgesetz, 14. EL, 2010, § 27c, S. 32, Rn. 79; Einzelheiten über die Arbeitsweise der CFMU befinden sich in der Bekanntmachung über Aufbau, Dienste und Verfahren des Air Traffic Flow and Capacity Managements (ATFCM) vom 28.11.2013 (NfL I 282/13).

beauftragt.[2809] Diese ist seit 1996 mit Standorten in Haren bei Brüssel und Brétigny-sur-Orge in der Nähe von Paris operativ tätig und verantwortlich für die Verkehrsflusssteuerung in der „Integrated Initial Flight Plan Processing System (IFPS) Zone".[2810] In ihr arbeiten regionale und nationale Steuerungszentralen diverser Staaten entsprechend der Vorgaben von EUROCONTROL zusammen, so dass § 9 Abs. 2 FSDurchführungsVO in diesem Zusammenhang von einer „zentralen europäischen Verkehrsflussregelung" spricht.[2811]

### *2. Luftraummanagement (Airspace Management)*

Ein effizientes Luftraummanagement[2812] stellt eine wesentliche Voraussetzung für die Kapazitätssteigerung des Systems der Flugverkehrsdienste, für die optimale Befriedigung verschiedener Nutzeranforderungen und für die Gewährleistung einer möglichst flexiblen Luftraumnutzung (englisch *„Flexible Use of Airspace"*, kurz „FUA") dar.[2813] Näher definiert wird das Luftraummanagement in Art. 2 Nummer 7 Rahmen-VO. Danach bezeichnet es eine Planungsfunktion, die vorrangig dem Zweck dient, die Nutzung des vorhandenen Luftraumes durch dynamische Zeitzuteilung (Timesharing) und, zu bestimmten Zeiten, durch Trennung des Luftraumes für verschiedene Kategorien von Luftraumnutzern auf der Grundlage kurzfristiger Erfordernisse zu maximieren.[2814] Die flexible Luftraumnutzung ist ein von der ICAO beschriebenes und von EUROCONTROL erarbeitetes Konzept für das Luftraummanagement, wonach der Luftraum nicht ausschließlich in rein militärische und zivile Gebiete einzuteilen ist, sondern vielmehr als ein zusammenhängender Luftraum anzusehen ist, in dem die Bedürfnisse aller Nutzer so weit wie möglich zu berücksichtigen sind.[2815] Das

---

2809 BT-Drs. 11/4249, S. 4; *Risch*, in: Grabherr/Reidt/Wysk, Luftverkehrsgesetz, 14. EL, 2010, § 27c, S. 32, Rn. 79; *Bues*, S. 99; *Baumann*, Private Luftfahrtverwaltung, S. 282; *Schwenk/Giemulla*, Hdb. des Luftverkehrsrechts, Kapitel 5, S. 201, Rn. 98.

2810 *Maurer*, Luftverkehrsmanagement, S. 322; *Bues*, S. 99.

2811 *Schwenk/Giemulla*, Hdb. des Luftverkehrsrechts, Kapitel 5, S. 201, Rn. 98; § 9 Abs. 2 FSDurchführungsVO.

2812 Englisch „Airspace Management", kurz ASM.

2813 Erwägungsgrund Nummer 7 Luftraum-VO; KOM(96) 57, S. 3; *Schwenk/Giemulla*, Hdb. des Luftverkehrsrechts, Kapitel 5, S. 201, Rn. 100; ebenso *Bues*, S. 97; *Uhl*, in: Hobe/v. Ruckteschell, Kölner Kompendium Luftrecht, Bd. 2, S. 984, Rn. 417.

2814 Art. 2 Nummer 7 Rahmen-VO.

2815 Erwägungsgrund Nummer 1 VO (EG) Nr. 2150/2005 der Kommission vom 23.12.2005 über gemeinsame Regeln für die flexible Luftraumnutzung, ABl. EG Nr. L 342 vom 24.12.2005, S. 20; so auch *Uhl*, in: Hobe/v. Ruckteschell, Kölner

Konzept der flexiblen Luftraumnutzung wird durch Art. 2 Nummer 22 Rahmen-VO definiert, wo es heißt, dass der Begriff „Flexible Luftraumnutzung" ein Konzept für das Luftraummanagement beschreibt, das im Gebiet der Europäischen Zivilluftfahrt-Konferenz gemäß der EUROCONTROL-Veröffentlichung „Airspace Management Handbook for the Application of the Flexible Use of Airspace" angewendet wird. Insbesondere hilft die Steuerung der Luftraumnutzung dabei, spezielle Nutzungen des Luftraumes (vor allem überregionale Luftfahrtveranstaltungen, militärische Großmanöver, Flüge durch Gebiete mit Flugbeschränkungen und sonstige besondere Flugvorhaben) in enger Abstimmung mit den zuständigen Behörden und Stellen zu koordinieren.[2816]

Im Unterschied zum deutschen Recht, das das Luftraummanagement gemäß § 27c Abs. 2 S. 1 LuftVG den Flugsicherungsdiensten[2817] zuordnet, definieren die Verordnungen zum einheitlichen europäischen Luftraum es als dem Flugverkehrsmanagement zugehörig.[2818] Dies wird anhand der Begriffsbestimmung des Flugverkehrsmanagements in Art. 2 Nummer 10 Rahmen-VO deutlich. Hier wird bei der Zusammenfassung der boden- und bordseitigen Funktionen neben den Flugverkehrsdiensten auch die Verkehrsflussregelung und das Luftraummanagement erwähnt.[2819]

## III. Rechtscharakter der einzelnen Dienste

Die Frage nach dem Rechtscharakter der einzelnen Dienste lässt sich nicht einheitlich für alle Dienste beantworten. Die traditionelle Bewertung der Wahrnehmung von Flugsicherungsaufgaben als Ausübung der Luftaufsicht[2820] und als Ausübung luftpolizeilicher[2821] und hoheitlicher Befugnisse verändert sich durch

---

Kompendium Luftrecht, Bd. 2, S. 984, Rn. 420; ähnlich bei *Bues*, S. 97; *Schwenk/Giemulla*, Hdb. des Luftverkehrsrechts, Kapitel 5, S. 201, Rn. 101.

2816 § 10 FSDurchführungsVO; *Bues*, S. 97.

2817 So bei *Risch*, in: Grabherr/Reidt/Wysk, Luftverkehrsgesetz, 14. EL, 2010, § 27c, S. 33, Rn. 81 unter der Überschrift „sonstige Flugsicherungsdienste" erwähnt.

2818 *Schwenk/Giemulla*, Hdb. des Luftverkehrsrechts, Kapitel 5, S. 200, Rn. 96.

2819 *Schwenk/Giemulla*, Hdb. des Luftverkehrsrechts, Kapitel 5, S. 200, Rn. 96.

2820 Bzgl. der Luftaufsicht siehe § 29 LuftVG.

2821 Vgl. dazu *BGHZ* 69, 128 (131 f.); *BVerfGE* 97, 198 (225 f.); *Schoch*, S. 16; *Droege*, DÖV 2006, S. 861 ff. (864); kritisch bzgl. der Vollstreckbarkeitsdefizite siehe *Baumann*, Private Luftfahrtverwaltung, S. 296 f., ansonsten den sonderpolizeilichen Charakter anerkennend, siehe *Baumann*, in: FS für Rolf Stober, S. 433 ff. (439); zur Problematik des Vollstreckungsdefizits siehe auch *Giemulla*, DVBl. 2007, S. 719 ff. (721 f.): „Auch, wenn die Verfügungen teilweise faktisch nicht vollstreckbar sind, wird dieser Bereich als klassische Polizeitätigkeit angesehen, wie sie auch bspw. für

die Verordnungen zum einheitlichen europäischen Luftraum.[2822] Grundsätzlich strebt das Verordnungspaket die Reorganisation des europäischen Luftraumes und des Luftraummanagements an, betrifft also primär den Marktplatz für Luftverkehrsdienstleistungen und deren Rahmenbedingungen.[2823] Die nach Art. 4 Rahmen-VO gebotene hinreichende funktionelle Unabhängigkeit der nationalen Aufsichtsbehörden von den Erbringern der Flugsicherungsdienste soll dabei einen freien, gemeinschaftsweiten Wettbewerb der Flugsicherungsorganisationen ermöglichen.[2824] Eine marktorientierte Angebotssteuerung löst insoweit teilweise den hoheitlichen Verwaltungszugriff ab.[2825] Ob die Wahrnehmung der Flugsicherung nun die Ausübung hoheitlicher Befugnisse erfordert, deren Erbringung grundsätzlich nicht wettbewerblich ausgestaltet werden soll[2826], oder sie als privatwirtschaftliche Dienstleistungen im Wettbewerb erbracht werden können, wird nachfolgend für die einzelnen Dienste dargestellt.

### *1. Rechtscharakter der Flugverkehrsdienste*

Der europäische Verordnungsgeber ordnet die Flugverkehrsdienste der staatlichen Souveränitätssphäre und damit auch dem Zuständigkeits- und Verantwortungsbereich der EU-Mitgliedstaaten zu.[2827] Aus der europarechtlichen Perspektive wird die Erbringung der Flugverkehrsdienste in der Regel als eine (freiheitsbeschränkende) Ausübung von Staatsgewalt („hoheitliche Befugnisse")[2828] eingestuft, während demgegenüber die übrigen Unterstützungsdienste als privatwirtschaftliche, dem Wettbewerb zugängliche Dienstleistungen

---

den Straßenverkehr typisch ist. In beiden Fällen bleibt wegen der nicht überall möglichen Polizeipräsenz häufig keine andere Möglichkeit als die (repressive) Reaktion in Form der Verhängung einer Verwaltungs- (oder Kriminal-) Strafe, ohne dass dies dem polizeilichen Charakter der Aufgabe Abbruch täte."

2822 *Wieland*, Gutachten im Auftrag der DFS 2007, S. 49; *Ronellenfitsch/Maier*, Rechtsgutachten, S. 17.

2823 *Scherer*, EuZW 2005, S. 268 ff. (268).

2824 *Droege*, DÖV 2006, S. 861 ff. (862 f.).

2825 *Wieland*, Gutachten im Auftrag der DFS 2007, S. 50.

2826 *Droege*, DÖV 2006, S. 861 ff. (863); *Wieland*, Gutachten im Auftrag der DFS 2007, S. 49 f.

2827 Siehe auch Annex 11, § 2.1.1 und 2.1.3 Chicagoer Abkommen; Erwägungsgrund Nummer 5 der Flugsicherungsdienste-VO; vgl. *Müller*, ZLW 2008, S. 179 ff. (181); *Bues*, S. 85.

2828 So formuliert in Erwägungsgrund Nummer 5 der Flugsicherungsdienste-VO.

strukturiert werden müssen.[2829] Grundsätzlich wird die Flugsicherung zumindest in der Form der Flugverkehrsdienste als ein öffentlicher, von Staats wegen durchgeführter Auftrag der Daseinsfürsorge angesehen, der aufgrund der zur Gefahrenabwehr und für die militärische Verteidigungsbereitschaft als unverzichtbar geltenden Flugverkehrsdienste als besonders souveränitätssensibel erachtet wird.[2830] Die Flugverkehrsdienste werden daher als hoheitliche Aufgabe eingestuft.[2831]

Diese Qualifizierung der Flugverkehrsdienste als Dienste hoheitlichen Charakters im Unionsrecht gibt dabei jedoch keinerlei unionsweit verbindliche Einordnung als Hoheitsaufgabe vor.[2832] Insbesondere der Wettbewerbsgedanke findet im Kernbereich der Flugsicherung notwendige Grenzen, da die Europäische Union anerkennt, dass die Flugsicherung mit der Ausübung hoheitlicher Zwangsbefugnisse einhergeht, die sich nicht wettbewerblich organisieren lassen.[2833] Die Flugsicherungsdienste-VO stellt dazu in Erwägungsgrund Nummer 5 ausdrücklich klar, dass die Erbringung von Flugverkehrsdiensten gemäß der Verordnung mit der Ausübung hoheitlicher Befugnisse zusammenhängt, die keinen wirtschaftlichen Charakter aufweisen, welcher die Anwendung der Wettbewerbsregeln des Vertrages rechtfertigen würde. Daneben bezieht sich Erwägungsgrund Nummer 5 S. 2 Luftraum-VO auf die hoheitlichen Befugnisse und formuliert dort, dass im Rahmen dieser Hoheit[2834] über den Luftraum und vorbehaltlich der geltenden internationalen Übereinkünfte die EU-Mitgliedstaaten mit der Flugverkehrskontrolle hoheitliche Befugnisse wahrnehmen.

---

2829 *Bues*, S. 85; *Droege*, DÖV 2006, S. 861 ff. (863); *Wieland*, Gutachten im Auftrag der DFS 2007, S. 49 f.; *Horn*, in: v. Mangoldt/Klein/Starck, Grundgesetz, Bd. 3, Art. 87d GG, Rn. 3d.

2830 *Bues*, S. 85 f.; *ders.*, S. 86, Fn. 595: Unerheblich für die rechtliche Einordnung der Flugverkehrsdienste als hoheitlich ist, ob mit deren Wahrnehmung eine private oder eine staatliche Flugsicherungsorganisation betraut wurde, dazu *Schubert*, Air & Space Law 2010, S. 113 ff. (115).

2831 Erwägungsgrund Nummer 5 Flugsicherungsdienste-VO; Erwägungsgrund Nummer 5 Luftraum-VO.

2832 *Risch*, in: Grabherr/Reidt/Wysk, Luftverkehrsgesetz, 14. EL, 2010, § 27c, S. 18, Rn. 34; ähnlich bei *Horn*, in: v. Mangoldt/Klein/Starck, Grundgesetz, Bd. 3, Art. 87d GG, Rn. 3d; *Bues*, S. 85.

2833 Erwägungsgrund Nummer 5 Flugsicherungsdienste-VO; *Droege*, DÖV 2006, S. 861 ff. (863); *Windthorst*, in: FS für Wilfried Berg, S. 523 ff. (548).

2834 Dies bezieht sich auf Artikel 1 des Abkommens von Chicago über die internationale Zivilluftfahrt von 1944 und die darin anerkannte volle und ausschließliche Lufthoheit der Vertragsstaaten über den Luftraum.

Auch das deutsche Recht qualifiziert die Erbringung von Flugverkehrsdiensten gemäß § 27c Abs. 2 Nummer 1 LuftVG aufgrund des Zwecks des § 27c Abs. 1 LuftVG, für einen sicheren, geordneten und flüssigen Luftverkehr zu sorgen sowie der einseitig-regelnden Verfügungen im nationalen Recht, als hoheitliche Aufgabe.[2835] Die grundsätzliche Zulassung einer Liberalisierung der Flugsicherungsaufgaben durch Art. 87d Abs. 1 S. 2 GG bildet dabei keinen Widerspruch zum Ausschluss einer materiellen Privatisierung der Flugverkehrsdienste durch Art. 87d Abs. 1 S. 1 GG.[2836] Daraus folgt einerseits, dass das europäische Flugsicherungsmanagement rechtsformenneutral ist und die Akteure auf dem „Marktplatz" der Flugsicherung sowohl privater als auch öffentlich-rechtlicher Natur sein können.[2837] Sie können Behörden vergleichbar sein, solange die strukturelle Trennung von den Aufsichtsbehörden gewahrt bleibt.[2838] Andererseits ist der Wettbewerb jedoch für die Erbringung von Flugsicherungsdiensten zugunsten einer Bewirtschaftung zu Monopolbedingungen eingeschränkt,[2839] was insbesondere die Flugverkehrsdienste betrifft. Diese werden gemäß Art. 8 Flugsicherungsdienste-VO durch einen von dem jeweiligen EU-Mitgliedstaat benannten Dienstleister für Flugverkehrsdienste erbracht, der ein in der Union gültiges Zeugnis vorweisen kann. Die staatliche Zuständigkeit und die Anforderung der Benennung drücken aus, dass es sich bei den Flugverkehrsdiensten um hoheitliche Funktionen handelt, die die benannten Flugsicherungsorganisationen für den benennenden Staat wahrnehmen, wobei der Staat vorrangig für die Bereithaltung dieser Dienste verantwortlich ist.[2840]

---

2835 Umkehrschluss aus § 27c Abs. 2 Nummer 1, S. 2 und S. 3 LuftVG; *Risch*, in: Grabherr/Reidt/Wysk, Luftverkehrsgesetz, 14. EL, 2010, § 27c, S. 18, Rn. 34; so auch *Hüttel*, S. 251.

2836 *Windthorst*, in: FS für Wilfried Berg, S. 523 ff. (547).

2837 So Erwägungsgrund Nummer 10 Rahmen-VO; Stellungnahme der Kommission vom 27.08.2003, KOM(2003) 514, S. 4; *Droege*, DÖV 2006, S. 861 ff. (863); *Windthorst*, in: FS für Wilfried Berg, S. 523 ff. (548 f.); *Ronellenfitsch/Maier*, Rechtsgutachten, S. 17 ff.

2838 Siehe dazu die Stellungnahme der Kommission vom 27.08.2003, KOM(2003) 514, S. 4; Art. 4 Nummer 2 Rahmen-VO; *Droege*, DÖV 2006, S. 861 ff. (863).

2839 *Droege*, DÖV 2006, S. 861 ff. (863).

2840 Siehe *Müller*, ZLW 2008, S. 179 ff. (185); *Windthorst*, in: FS für Wilfried Berg, S. 523 ff. (547 f.); *Bues*, S. 86.

## *2. Rechtscharakter der Unterstützungsdienste*

Eine Änderung im nationalen Recht erfahren die Unterstützungsdienste (CNS- und AIS-Dienste). Das Unionsrecht enthält verbindliche Vorgaben bezüglich der technischen Dienste der Flugsicherung (Kommunikations-, Navigations- und Überwachungsdienste sowie Flugberatungsdienste), die nun nicht mehr als Teil der hoheitlichen Luftverkehrsverwaltung gemäß Art. 87d GG zu führen sind: In Erwägungsgrund Nummer 13 der Flugsicherungsdienste-VO heißt es dazu, dass die Erbringung von Kommunikations-, Navigations- und Überwachungsdiensten sowie von Flugberatungsdiensten unter Berücksichtigung der besonderen Merkmale dieser Dienste und unter der Aufrechterhaltung eines hohen Sicherheitsniveaus zu Marktbedingungen organisiert werden sollte.[2841] Die CNS-Dienste können somit nach geltendem EU-Recht nicht mehr als hoheitliche Aufgabe ausgestaltet werden, da das Konzept der Verordnungen zum einheitlichen europäischen Luftraum vorsieht, dass diese unter der Berücksichtigung ihrer besonderen Merkmale und unter Wahrung eines hohen Sicherheitsniveaus von den EU-Mitgliedstaaten zu Marktbedingungen zu regeln sind.[2842] Dementsprechend können diese Dienste in Übereinstimmung mit den europäischen Vorgaben nicht mehr als Hoheitsaufgaben des Bundes angesehen werden, sondern werden in Übereinstimmung mit dem Recht der EU und unter Aufsicht des BAF als privatwirtschaftliche Dienstleistung von Unternehmen im Rahmen ihrer marktwirtschaftlichen Betätigung erbracht.[2843] Daneben wird nur die technische Infrastruktur bereitgestellt, die für die Erteilung der (hoheitlichen) Verfügungen des Flugverkehrskontrollpersonals an den Luftfahrzeugführer erforderlich ist, so dass für die Erbringung der technischen CNS-Dienste keinerlei hoheitliche Befugnisse notwendig sind.[2844] Das gilt auch für den Flugberatungsdienst, der für die Luftfahrzeugführer die erforderlichen Informationen für die Flugdurchführung bereithält und folglich ebenfalls keinerlei hoheitlicher

---

2841 BT-Drs. 16/12279, S. 1, 3, 9 und 11; BT-Drs. 16/12280, S. 4; Erwägungsgrund Nummer 13 Flugsicherungsdienste-VO; so auch *Bues*, S. 96; *Horn*, in: v. Mangoldt/Klein/Starck, Grundgesetz, Bd. 3, Art. 87d GG, Rn. 3d.

2842 Erwägungsgrund Nummer 13 Flugsicherungsdienste-VO; Deutscher Bundestag, Gesetzentwurf der Bundesregierung, Entwurf eines Gesetzes zur Änderung des Grundgesetzes (Art. 87d) vom 22.05.2009, BT-Drs. 16/13105, S. 7; *Bues*, S. 96.

2843 BT-Drs. 16/12279, S. 1 und S. 7; *Hüttel*, S. 252; *Bues*, S. 96; *Windthorst*, in: FS für Wilfried Berg, S. 523 ff. (546).

2844 *Risch*, in: Grabherr/Reidt/Wysk, Luftverkehrsgesetz, 14. EL, 2010, § 27c, S. 19, Rn. 35.

Befugnisse bedarf.[2845] Grundsätzlich werden diese Dienste somit aus der Erfüllungsverantwortung des Staates entlassen, also privatisiert[2846], und zugleich für den Wettbewerb geöffnet, also liberalisiert.[2847]

### 3. *Rechtscharakter des Flugverkehrsmanagements*

Bei der Diskussion des Rechtscharakters des Flugverkehrsmanagements werden nachfolgend die Verkehrsflussregelung und das Luftraummanagement thematisiert.

#### a) *Rechtscharakter und Umsetzung der Verkehrsflussregelung*

In der Bundesrepublik Deutschland zählt die Verkehrsflussregelung zu den hoheitlichen Aufgaben[2848], was mit dem Verständnis der Verordnungen zum einheitlichen europäischen Luftraum übereinstimmt.[2849] Für diese hoheitliche Ausgestaltung spricht, dass mit der Nutzung der knappen Ressource des Luftraumes eine Verteilungsentscheidung von hoher Grundrechtsrelevanz verbunden ist.[2850] Zu den Maßnahmen der Koordination gehören unter anderem die

---

2845 *Baumann*, Private Luftfahrtverwaltung, S. 289; *Risch*, in: Grabherr/Reidt/Wysk, Luftverkehrsgesetz, 14. EL, 2010, § 27c, S. 19, Rn. 35.

2846 Dies wird als materielle Privatisierung verstanden, siehe *Remmert*, in: Epping/Hillgruber, Kommentar GG, Art. 87d GG, Rn. 15; will man allerdings die fortbestehende Gewährleistungsverantwortung des Bundes bejahen, liegt nur eine funktionelle Privatisierung vor. Dagegen spricht, dass sie nur einer allgemeinen Aufsicht des BAF unterliegen, *Windthorst*, in: FS für Wilfried Berg, S. 523 ff. (546); *ebenda* S. 523 ff. (546, Fn. 101 und 102).

2847 *Windthorst*, in: FS für Wilfried Berg, S. 523 ff. (546); *ebenda*, S. 523 ff. (546, Fn. 102): Daher bedarf es für die Aufnahme eines Unterstützungsdienstes für die Flugsicherung keinerlei besonderen Zulassungsaktes. Vielmehr genügt gemäß § 27c Abs. 2 S. 4 LuftVG eine Anzeige über die beabsichtigte Tätigkeit, der ein Befähigungsnachweis über die Zertifizierung gemäß Art. 7 Flugsicherungsdienste-VO beizufügen ist. Das BAF erhält so Kenntnis von der bevorstehenden Wahrnehmung des Dienstes und kann diesen entsprechend beaufsichtigen.

2848 Vgl. § 27c Abs. 2 S. 1 LuftVG.

2849 Gemäß Art. 2 Nummer 4 Rahmen-VO zählt die Verkehrsflussregelung nicht zu den Flugsicherungsdiensten. Das nationale Recht verortet sie gem. § 27c Abs. 2 S. 1 LuftVG hingegen bei den Flugsicherungsdiensten, dazu auch *Risch*, in: Grabherr/Reidt/Wysk, Luftverkehrsgesetz, 14. EL, 2010, § 27c, S. 20, Rn. 39; siehe auch *Bues*, S. 99.

2850 *Wieland*, Gutachten im Auftrag der DFS 2007, S. 91; *ebenda* auch: Die Verteilung der knappen Ressource der Abflug- und Landeberechtigungen hat bzgl. des Grundrechts der Berufs- und Gewerbefreiheit der Luftfahrtunternehmen aus Art. 12 Abs. 1 GG

Zuweisung der En-route-slots und das Anbieten von Empfehlungen für Umleitungsstreckenführungen.[2851] Die Vergabe der En-route-slots stellt einen reinen Informationsakt dar, der erst durch die Umsetzung durch die zuständige Flugverkehrskontrollstelle mittels einer konkreten Flugverkehrskontrollfreigabe für den Luftraumnutzer Verbindlichkeit erlangt.[2852]

Direkte organisationsrechtliche Anforderungen an die EU-Mitgliedstaaten stellen die Verordnungen zum einheitlichen europäischen Luftraum nicht.[2853] Gemäß Art. 6 Abs. 6 Luftraum-VO[2854] betrauen die EU-Mitgliedstaaten EUROCONTROL oder eine andere unparteiische und kompetente Stelle mit der Durchführung des Verkehrsflussmanagements. Weitere Bestimmungen bezüglich der Anforderungen an die Verkehrsflussregelung wurden in Art. 6 Abs. 7 bis 9 Luftraum-VO[2855] niedergelegt, die durch die VO (EU) Nr. 255/2010[2856] zur Festlegung gemeinsamer Regeln für die Verkehrsflussregelung im Flugverkehr weiter konkretisiert werden.[2857]

---

besondere Grundrechtsrelevanz und unterliegt auch wegen der hohen gesellschaftlichen und wirtschaftlichen Bedeutung des Luftverkehrs nach der Rechtsprechung des Bundesverwaltungsgerichts (vgl. *BVerwGE* 82, 246 (255)) dem Vorbehalt einer „allgemeinpolitische[n] Grundentscheidung des parlamentarischen Gesetzgebers".

2851 *Risch*, in: Grabherr/Reidt/Wysk, Luftverkehrsgesetz, 14. EL, 2010, § 27c, S. 32, Rn. 79.

2852 *Risch*, in: Grabherr/Reidt/Wysk, Luftverkehrsgesetz, 14. EL, 2010, § 27c, S. 33, Rn. 80; *Schwenk/Giemulla*, Hdb. des Luftverkehrsrechts, Kapitel 5, S. 201, Rn. 99; *Bues*, S. 266.

2853 *Bues*, S. 99.

2854 Art. 6 Abs. 6 VO (EG) Nr. 551/2004 in ihrer geänderten Fassung der ÄnderungsVO (EG) Nr. 1070/2009.

2855 Art. 6 Abs. 7 bis 9 VO (EG) Nr. 551/2004 in ihrer geänderten Fassung der ÄnderungsVO (EG) Nr. 1070/2009.

2856 VO (EU) Nr. 255/2010 der Kommission vom 25.03.2010 zur Festlegung gemeinsamer Regeln für die Verkehrsflussregelung im Flugverkehr, ABl. EU Nr. L 80, vom 26.03.2010, S. 10–16, zuletzt geändert durch DVO (EU) 2017/2159 der Kommission vom 20.11.2017 zur Änderung der VO (EU) Nr. 255/2010 hinsichtlich der Bezugnahme auf bestimmte ICAO-Bestimmungen, ABl. EU Nr. L 304 vom 21.11.2017, S. 45 f. Diese Verordnung soll gem. Erwägungsgrund Nummer 10 VO (EU) Nr. 923/2012 nicht für den militärischen Einsatz- und Übungsbetrieb gem. Art. 1 Abs. 2 Rahmen-VO gelten. Militärluftfahrzeuge, die als allgemeiner Luftverkehr betrieben werden, sollen hingegen Maßnahmen der Verkehrsflussregelung unterliegen, wenn sie innerhalb des Luftraumes oder an Flughäfen betrieben werden oder betrieben werden sollten, wo ATFM-Maßnahmen gelten.

2857 *Bues*, S. 99.

### *b) Rechtscharakter und Umsetzung des Luftraummanagements*

Das Luftraummanagement stellt eine hoheitliche Aufgabe[2858] im Sinne der Verordnungen zum einheitlichen europäischen Luftraum dar und wird in der Bundesrepublik Deutschland von der DFS Deutsche Flugsicherung GmbH, Geschäftsbereich Center wahrgenommen.[2859] In Art. 7 Abs. 1 Luftraum-VO wird festgelegt, dass die EU-Mitgliedstaaten unter Berücksichtigung der Organisation militärischer Belange in ihrem Zuständigkeitsbereich die einheitliche Anwendung des Konzepts der flexiblen Luftraumnutzung[2860] im einheitlichen europäischen Luftraum sicherstellen,[2861] wie es von der ICAO beschrieben und von EUROCONTROL entwickelt wurde, um das Luftraummanagement und das Flugverkehrsmanagement im Rahmen der gemeinsamen Verkehrspolitik zu erleichtern.[2862] Um das Flugverkehrsmanagement innerhalb der Grenzen der gemeinsamen Verkehrspolitik zu vereinfachen, soll die VO (EG) Nr. 2150/2005[2863] über gemeinsame Regeln für die flexible Luftraumnutzung die

---

2858 Daraus ergeben sich jedoch keinerlei organisationsrechtliche Anforderungen an die EU-Mitgliedstaaten. In der Bundesrepublik Deutschland handelt es sich um eine Staatsaufgabe, die allerdings nicht die Ausübung von Hoheitsrechten umfasst. Da keine explizite und aus Gründen der Rechtssicherheit und -klarheit bekannt zu machende Aufgabenübertragung durch das originär zuständige Bundesministerium für Digitales und Verkehr gem. § 31 Abs. 1 LuftVG an die DFS vorliegt, trifft deren Ausübung durch die DFS auf rechtliche Bedenken. Die Bekanntmachung NfL I 293/08 beachtet die geänderte Rechtslage nicht und stellt keine Rechtsgrundlage für die Wahrnehmung dieser Aufgabe durch die DFS dar. Bis zum Inkrafttreten der Änderung des § 27c LuftVG war die DFS allerdings befugt, da sie bis dahin gem. § 1 FSAuftrVO a. F. mit der Wahrnehmung der Flugsicherung betraut war und die Steuerung der Luftraumnutzung zu den Flugsicherungsbetriebsdiensten zählte, so *Risch*, in: Grabherr/Reidt/Wysk, Luftverkehrsgesetz, 14. EL, 2010, § 27c, S. 33, Rn. 81.

2859 *Schwenk/Giemulla*, Hdb. des Luftverkehrsrechts, Kapitel 5, S. 202, Rn. 102; so auch *Bues*, S. 97; vgl. NfL I 623/15; siehe auch dazu NfL I 32/09.

2860 Siehe zum Konzept der flexiblen Luftraumnutzung auch Kapitel 8, A., II.

2861 In der Erklärung der Mitgliedstaaten zu militärischen Aspekten im Zusammenhang mit dem einheitlichen europäischen Luftraum, ABl. EG Nr. L 96 vom 31.03.2004, S. 9, haben sich die EU-Mitgliedstaaten dazu verpflichtet, „zusammenzuarbeiten und dabei den nationalen militärischen Anforderungen Rechnung zu tragen, damit das Konzept der flexiblen Luftraumnutzung in allen Mitgliedstaaten von sämtlichen Nutzern des Luftraumes vollständig und einheitlich angewandt wird."

2862 Art. 7 Abs. 1 Luftraum-VO; so auch *Schwenk/Giemulla*, Hdb. des Luftverkehrsrechts, Kapitel 5, S. 201, Rn. 101; ebenso *Bues*, S. 97.

2863 VO (EG) Nr. 2150/2005 der Kommission vom 23.12.2005 über gemeinsame Regeln für die flexible Luftraumnutzung, ABl. EU Nr. L 342 vom 24.12.2005, S. 20.

Anwendung des Konzepts einer flexiblen Luftraumnutzung harmonisieren und unterstützen.[2864] Sie legt dazu unter anderem Bestimmungen fest, die zu einer besseren „Koordinierung zwischen zivilen und militärischen Stellen“[2865] führen, die für das Luftraummanagement verantwortlich sind und die Tätigkeit im Luftraum unter der Zuständigkeit der EU-Mitgliedstaaten ausüben.[2866] Durch das Konzept der flexiblen Luftraumnutzung wird eine optimierte Abstimmung zwischen dem militärischen und dem zivilen Luftverkehr gewährleistet.[2867]

In der Bundesrepublik Deutschland wird diese Aufgabe zentral vom DFS-Geschäftsbereich „Center“ wahrgenommen, in dessen Arbeitsbereich überregionale Vorhaben der besonderen Luftraumnutzung in der Bundesrepublik Deutschland fallen, die in enger Zusammenarbeit mit den zuständigen militärischen und zivilen Stellen koordiniert und auch veröffentlicht[2868] werden.[2869]

## B. Zusammenfassung des Kapitels

Die Verordnungen zum einheitlichen europäischen Luftraum beinhalten einen Anforderungskatalog für die Erbringung von Flugsicherungsdiensten und des Flugverkehrsmanagements. Diese Begriffe müssen auseinandergehalten werden.

Die Flugsicherungsdienste lassen sich in die Flugverkehrsdienste, die Kommunikations-, Navigations- und Überwachungsdienste, die Flugwetterdienste sowie die Flugberatungsdienste unterteilen. Dabei umfassen die Flugverkehrsdienste die Fluginformationsdienste, die Flugalarmdienste, die Flugverkehrsberatungsdienste und die Flugverkehrskontrolldienste (untergliedert in die Bezirks-, Anflug- und Flugplatzkontrolldienste). Die Flugsicherungsdienste dürfen in der Europäischen Union grundsätzlich nur von zertifizierten und von einem Mitgliedstaat benannten Flugsicherungsorganisationen durchgeführt

2864 Art. 1 VO (EG) Nr. 2150/2005; *Uhl*, in: Hobe/v. Ruckteschell, Kölner Kompendium Luftrecht, Bd. 2, S. 984, Rn. 420; *Fritzsche*, S. 172; *Bues*, S. 97 f.; *Schwenk/Giemulla*, Hdb. des Luftverkehrsrechts, Kapitel 5, S. 201, Rn. 101 f.

2865 Die Begriffsbestimmung liefert Art. 2 Abs. 2 lit. f) VO (EG) Nr. 2150/2005: Koordinierung zwischen zivilen und militärischen Instanzen, die Entscheidungen treffen und Maßnahmen beschließen können.

2866 Vgl. Art. 1 S. 2 VO (EG) Nr. 2150/2005; *Schwenk/Giemulla*, Hdb. des Luftverkehrsrechts, Kapitel 5, S. 201, Rn. 101 f.; *Uhl*, in: Hobe/v. Ruckteschell, Kölner Kompendium Luftrecht, Bd. 2, S. 984, Rn. 423.

2867 Erwägungsgrund Nummer 8 VO (EG) Nr. 2150/2005; *Bues*, S. 98.

2868 Vgl. NfL I 623/15; siehe auch dazu NfL I 32/09.

2869 *Schwenk/Giemulla*, Hdb. des Luftverkehrsrechts, Kapitel 5, S. 202, Rn. 102.

werden. Demgegenüber bezeichnet das Flugverkehrsmanagement (ATM) die Zusammenfassung der bord- und bodenseitigen Funktionen (Luftraummanagement und Verkehrsflussregelung), die für die sichere und effiziente Bewegung von Luftfahrzeugen in allen Betriebsphasen erforderlich sind.[2870]

Der Rechtscharakter der Dienste lässt sich grundsätzlich nicht einheitlich beantworten. Es werden sowohl Dienste in Ausübung hoheitlicher Befugnisse erbracht, deren Erbringung nicht dem Wettbewerb offensteht, als auch auf marktwirtschaftlicher Basis, wodurch eine marktorientierte Angebotssteuerung ausgelöst wird.

2870 So die Definition Art. 2 Nummer 10 Rahmen-VO.

# Kapitel 9: Die Luftraum(um)gestaltung

Unter der Berücksichtigung des tatsächlichen Verkehrsflusses und ohne sich an den existierenden Staatsgrenzen zu orientieren, will die Initiative zum einheitlichen europäischen Luftraum den Luftraum in verschiedene Luftraumblöcke einteilen. Dadurch sollen der Luftverkehr entzerrt und die Erbringung von sicheren und effizienten Flugverkehrsdiensten gewährleistet werden. Diese Luftraum(um)gestaltung wird nachfolgend näher erläutert.

## A. Generelle Luftraumgestaltung nach ICAO

In seiner Sitzung am 13. März 1990 hat der Rat der Internationalen Zivilluftfahrtorganisation ICAO eine Änderung der Internationalen Richtlinien und Empfehlungen im Annex 11 (Air Traffic Services) zur Luftraumorganisation angenommen.[2871] Danach werden Lufträume entsprechend der darin vorzuhaltenden Flugsicherungsdienste weltweit mit den Luftraumklassen A (Alpha) bis G (Golf) bezeichnet, wobei A die restriktivste und am besten gesicherte und G die am wenigsten kontrollierte Luftraumklasse ist.[2872] Die gesamte luftfahrende

---

2871 *Mensen*, Hdb. der Luftfahrt, S. 537.

2872 Kapitel 2 Abs. 6 von Anh. 11 Chicagoer Abkommen. Dieser schreibt die Klassifizierung des Luftraumes in Lufträume festgelegter Ausmaße für Flugverkehrsdienste vor, die mit Buchstaben (Klasse A bis G) bezeichnet werden, innerhalb deren bestimmte Arten von Flügen durchgeführt werden dürfen und für die Flugverkehrsdienste und Betriebsvorschriften festgelegt sind, so Erwägungsgrund Nummer 1 VO (EG) Nr. 730/2006 der Kommission vom 11.05.2006 über die Luftraumklassifizierung und den Zugang von Flügen nach Sichtflugregeln zum Luftraum oberhalb der Flugfläche 195, ABl. EG Nr. L 128 vom 16.05.2006, S. 3, zuletzt geändert durch Art. 2 DVO (EU) 2016/1185 der Kommission vom 20.07.2016 zur Änderung der DVO (EU) Nr. 923/2012 hinsichtlich der Aktualisierung und Vervollständigung der gemeinsamen Luftverkehrsregeln und Betriebsvorschriften für Dienste und Verfahren der Flugsicherung (SERA Teil C) und zur Aufhebung der VO (EG) Nr. 730/2006, ABl. EU Nr. L 196 vom 21.07.2016, S. 3 ff.; dazu auch *Uhl*, in: Hobe/v. Ruckteschell, Kölner Kompendium Luftrecht, Bd. 1, S. 321 ff., Rn. 10 ff.; sehr ausf. zur Luftraumklassifizierung siehe *Klußmann/Malik*, Lexikon Luftfahrt, S. 475 ff.; *Mensen*, Hdb. der Luftfahrt, S. 537; *Bues*, S. 129; in der Bundesrepublik Deutschland werden die Luftraumklassen A und B nicht angewandt, so *Uhl*, in: Hobe/v. Ruckteschell, Kölner Kompendium Luftrecht, Bd. 1, S. 322, Rn. 11.

Welt ist in sog. Fluginformationsgebiete[2873] eingeteilt, innerhalb derer diese international gültigen Luftraumklassen landesspezifisch definiert sind.[2874] Die Luftraumklassen verweisen auf die darin geleisteten Dienstleistungen und legen den kontrollierten und den unkontrollierten Luftraum fest.[2875] Innerhalb der Luftraumklassen dürfen nur bestimmte Arten von Flügen durchgeführt werden, bspw. Instrumentenflug (IFR[2876]) oder Sichtflug (VFR[2877]).[2878]

Art. 4 Luftraum-VO[2879] steht unter der Überschrift „Luftverkehrsregeln und Luftraumklassifizierung". Art. 4 lit. b) Luftraum-VO enthält den

---

2873 Ein Fluginformationsgebiet (Flight Information Region, „FIR") stellt eine laterale Einteilung des Luftraumes dar. Die Ausdehnung richtet sich nach geografischen oder nationalen Grenzen. Dabei ist der Luftraum eines Landes fast immer in ein oder mehrere Fluginformationsgebiete aufgeteilt. Diese können sich in vertikaler Richtung über den kompletten Luftraum erstrecken oder nur über unteren Luftraum. Beim oberen Luftraum werden besondere Upper Flight Information Regions (UIR) eingerichtet, die häufig das Gebiet mehrerer Fluginformationsgebiete umfassen, dazu *Klußmann/Malik*, Lexikon Luftfahrt, S. 255 f.; ausf. zu Fluginformationsgebieten siehe auch *Uhl*, in: Hobe/v. Ruckteschell, Kölner Kompendium Luftrecht, Bd. 1, S. 329 ff., Rn. 41 ff.; *Bues*, S. 32, Fn. 209.

2874 *Mensen*, Hdb. der Luftfahrt, S. 538; *Schwenk/Giemulla*, Hdb. des Luftverkehrsrechts, Kapitel 5, S. 176, Rn. 15.

2875 *Mensen*, Hdb. der Luftfahrt, S. 538; *ders.* Planung, Anlage und Betrieb, S. 513; *Schwenk/Giemulla*, Hdb. des Luftverkehrsrechts, Kapitel 5, S. 177, Rn. 17 ff.

2876 Englisch, kurz für „Instrument Flight Rules"; vgl. zu den Instrumentenflugregeln auch den vierten Abschnitt, dort §§ 35 bis 41 LuftVO.

2877 Englisch, kurz für „Visual Flight Rules" (VFR), Flüge nach Sichtflugregeln. VFR-Flüge sind solche, bei denen sich der Pilot mithilfe äußerer Anhaltspunkte, bspw. des Bodens oder Horizonts, orientiert und normalerweise keinerlei Flugsicherungsdienstleistungen in Anspruch nimmt. Für die zivile Luftfahrt gilt hier das Prinzip „Sehen und Vermeiden", für die militärische Luftfahrt gilt das Prinzip „Wahrnehmen und Vermeiden", so *Mensen*, Planung, Anlage und Betrieb, S. 512; Voraussetzung zur Durchführung solcher VFR-Flüge sind günstige Wetterbedingungen. VFR-Flüge sind in den Klassen C bis G zugelassen und benötigen nur in den Klassen C und D eine Flugverkehrskontrollfreigabe. Im Chicagoer Abkommen werden die Sichtflugregeln festgelegt; vgl. auch §§ 4 und 28 bis 34 LuftVO.

2878 *Uhl*, in: Hobe/v. Ruckteschell, Kölner Kompendium Luftrecht, Bd. 1, S. 321, Rn. 10; *Bues*, S. 129; *Klußmann/Malik*, Lexikon Luftfahrt, S. 475 ff.

2879 Dieser wird durch den Anhang der DVO (EU) 2016/1185 der Kommission vom 20.07.2016 zur Änderung der DVO (EU) Nr. 923/2012 hinsichtlich der Aktualisierung und Vervollständigung der gemeinsamen Luftverkehrsregeln und Betriebsvorschriften für Dienste und Verfahren der Flugsicherung (SERA Teil C) und zur Aufhebung der VO (EG) Nr. 730/2006, ABl. EU Nr. L 196 vom 21.07.2016, S. 3 ff. näher konkretisiert.

Handlungsauftrag, die Anwendung der ICAO-Luftraumklassifizierung mit geeigneter Anpassung zu harmonisieren, um die nahtlose Erbringung von sicheren und effizienten Flugverkehrsdiensten im einheitlichen europäischen Luftraum zu gewährleisten.[2880] Entsprechend den nationalen Eigenheiten wie bspw. den unterschiedlichen Verkehrsbedürfnissen oder auch der Topografie unterscheiden sich die jeweiligen europäischen Lufträume in ihren Ausmaßen und Charakteristika erheblich.[2881] Um diese nationalen Besonderheiten und das wachsende Luftverkehrsaufkommen zukünftig besser meistern zu können, konzentriert sich die Initiative zum einheitlichen europäischen Luftraum unter anderem darauf, den Luftraum in Europa in funktionale Luftraumblöcke[2882] zu gliedern.[2883]

## B. Die Anfänge der funktionalen Luftraumblöcke

Der Grundgedanke einer Organisation des Luftraumes in „funktionale Luftraumblöcke“ ungeachtet des Verlaufs der Staatsgrenzen[2884] und entsprechend der betrieblichen Anforderungen ist kein Novum.[2885] Bereits in den 30er-Jahren schlug der britische Admiral Lawson in seinem „Plan for the Organisation of a European Air Service“[2886] die Schaffung und Überwachung eines gemeinsamen europäischen Luftraumes vor.[2887] Dieser Plan wurde jedoch nicht angenommen, da weder die politische Einsicht zur Notwendigkeit noch die Bereitschaft zur Aufgabe von Hoheitsrechten und -befugnissen der Staaten vorhanden waren.[2888] Die Staaten sahen sich und ihr Land als eigenen nationalen Markt an, der nicht von einer fremden Luftraumüberwachung kontrolliert werden sollte. Grundsätzlich fand die Idee ihren Niederschlag bei den späteren Verhandlungen zum Chicagoer Abkommen durch die Schaffung der ICAO, der weniger hoheitliche als vielmehr koordinierende Kompetenzen zugeteilt wurden.[2889]

---

2880 Art. 4 lit. b) Luftraum-VO.

2881 *Mensen*, Hdb. der Luftfahrt, S. 511.

2882 Abkürzung FAB(s) von Englisch „Functional Airspace Block(s)“.

2883 Art. 9a Flugsicherungsdienste-VO.

2884 So die Definition Art. 2 Nummer 25 Rahmen-VO.

2885 *Bues*, S. 130.

2886 *Lawson*, S. 16 ff.; *Weber*, Die Zivilluftfahrt im europäischen Gemeinschaftsrecht, S. 24.

2887 *Lawson*, S. 9 ff.; *Weber*, Die Zivilluftfahrt im europäischen Gemeinschaftsrecht, S. 24; *Fritzsche*, S. 45 ff.; *Bues*, S. 43.

2888 So auch *Fritzsche*, S. 46.

2889 *Fritzsche*, S. 46.

Die Gründung von EUROCONTROL im Jahr 1960 demonstrierte ebenfalls, dass die Erbringung von Flugsicherungsdienstleistungen nicht in dem unflexiblen Gewand der nationalen Lufträume erfolgen sollte.[2890] Der ursprüngliche Plan, durch EUROCONTROL eine zwischenstaatliche Einrichtung[2891] im Sinne des Art. 24 Abs. 1 GG zu gründen, scheiterte jedoch aufgrund nationaler Souveränitäts-Ängste der Staaten.[2892] Die Kompetenz für den oberen Luftraum fiel schließlich an die Vertragsstaaten zurück und der erste Versuch zur Schaffung eines einheitlichen Luftraumes war an der Frage gescheitert, ob und inwieweit die Staaten bereit waren, einen Teil ihrer Lufthoheit aufzugeben. Im Jahr 2001 wurden verschiedene Arbeits- und Studienergebnisse veröffentlicht, die Optionen zu einer verbesserten Bewirtschaftung des europäischen und internationalen Luftraumes enthielten.[2893] Interessant ist dabei vor allem die Studie von Wilmer, Cutler & Pickering über ein europäisches „Regulation of Airspace Management and Design", in der das neue Konzept der funktionalen Luftraumblöcke zum ersten Mal tatsächlich auch so benannt wurde.[2894] Der Bericht der Hochrangigen Gruppe vom November 2000 thematisiert die Idee zur Errichtung dieser Luftraumblöcke allerdings noch nicht.[2895]

Die Studie der Kanzlei Wilmer, Cutler & Pickering gibt als Hauptziele eines Single European Sky die Schaffung eines funktionalen Luftraumdesigns,

---

2890 Siehe dazu *v. Dam*, in: Hobe/v. Ruckteschell, Kölner Kompendium Luftrecht, Bd. 1, S. 75, Rn. 207; *Fritzsche*, S. 47; *Bues*, S. 130.

2891 *BVerfGE* 58, 1 (31).

2892 Dazu ausf. *Schladebach*, Lufthoheit, S. 379 f.; *Tannhäuser*, in: Hobe/v. Ruckteschell, Kölner Kompendium Luftrecht, Bd. 2, S. 927, Rn. 132; *Fritzsche*, S. 47; ähnlich bei *Bues*, S. 130; *Schwenk/Giemulla*, Hdb. des Luftverkehrsrechts, Kapitel 2, S. 84, Rn. 48.

2893 *Ewers/Tegner*, S. 24, die zu erwähnenden Studien aus dem Jahre 2001 sind neben der von Wilmer, Cutler & Pickering über ein europäisches „Airspace Management und Design" die von Booz Allan & Hamilton und der DFS über ATM-Market Organisation und von Logica über die ökonomische Regulierung von ATM-Diensten, wozu sich jeweils kurze Zusammenfassungen ebenfalls bei *Ewers/Tegner*, S. 24 ff., finden lassen.

2894 Die Studie empfiehlt vor allem die Bildung eines einheitlichen europäischen oberen Luftraumes, der unabhängig von nationalen Grenzen in Luftraumblöcke unterteilt werden sollte. Sie bezeichnet die Elemente eines funktionalen Luftraumdesigns als „functional blocks of airspace" bzw. funktionale Luftraumblöcke. Siehe dazu die ausführliche Zusammenfassung von *Ewers/Tegner*, S. 24; *Bues*, S. 130.

2895 „Der einheitliche europäische Luftraum", Bericht der Hochrangigen Gruppe, Europäische Kommission, Generaldirektion Energie und Verkehr, November 2000; so auch *Bues*, S. 130.

einheitliche Luftraumklassifizierungen und unter anderem auch die Bildung eines einheitlichen europäischen oberen Luftraumes an, der unabhängig von nationalen Grenzen in Luftraumblöcke unterteilt werden sollte.[2896] Diese könnten von unterschiedlichen ATM-Betreibern kontrolliert werden, was durch eine Lizenzvergabe zum Betrieb der Luftraumblöcke (Joint Franchising[2897]) an unterschiedliche Service-Provider reglementiert werden könnte.[2898] Eine genaue Definition oder Aufgabenbeschreibung, der genaue Ablauf der Lizenzvergabe für die Luftraumblöcke und wie die ökonomische Regulierung der Service-Provider konkret aussehen könnte, wurde in der Studie nicht beantwortet, ebenso wenig, wie der untere Luftraum bewirtschaftet werden sollte.[2899] Das Konzept der funktionalen Luftraumblöcke wurde schließlich 2004 durch das erste Verordnungspaket zu einem einheitlichen europäischen Luftraum begründet und durch das zweite Verordnungspaket 2009 weiterentwickelt.[2900]

## C. Die Idee der funktionalen Luftraumblöcke

Um die größtmögliche Effizienz und Kapazität des Flugverkehrsmanagementnetzes innerhalb des einheitlichen europäischen Luftraumes zu erreichen und ein hohes Sicherheitsniveau aufrecht zu erhalten, sah Art. 5 Abs. 1 Luftraum-VO a. F.[2901] die Umstrukturierung des oberen[2902] Luftraumes[2903] in

2896 *Ewers/Tegner*, S. 24; ähnlich bei *Bues*, S. 131.

2897 Dazu auch *Bues*, S. 131.

2898 *Ewers/Tegner*, S. 24.

2899 *Ewers/Tegner*, S. 24.

2900 *Button/Neiva*, Journal of Air Transport Management 2013, S. 73 ff. (75).

2901 Jetzt Art. 9a Flugsicherungsdienste-VO.

2902 Der obere Luftraum beginnt grds. oberhalb der FL 285, was etwa 28.500 Fuß (ca. 8.700 m) entspricht, *Schladebach*, Lufthoheit, S. 381; *Fritzsche*, S. 171; „Die Flugfläche bezeichnet eine Fläche konstanten Luftdrucks, die auf dem Druckwert 1.013,2 hPa bezogen und durch bestimmte Druckabstände von anderen derartigen Flächen getrennt ist.“, so Art. 2 Nummer 24 Rahmen-VO.

2903 Die Einschränkung, wonach die funktionalen Luftraumblöcke sich lediglich auf den oberen Luftraum oberhalb von FL 285 erstrecken sollen, ist mit Art. 9a Flugsicherungsdienste-VO weggefallen, dazu auch Art. 2 und Art. 5 Abs. 1 VO (EG) Nr. 551/2004 (a. F.) bzw. Art. 9a Abs. 1 der geänderten Fassung der Flugsicherungsdienste-VO; *Schladebach*, Lufthoheit, S. 382; dazu auch *ders.*, Lufthoheit, S. 382: durch die Streichung der geografischen Bezugnahme wird der früheren Überlegung der Europäischen Kommission Genüge getan, nach der eine Ausweitung der FAB auf den unteren Luftraum bereits angedacht worden war.

„funktionale Luftraumblöcke“[2904] vor.[2905] Diese orientieren sich nicht mehr an den Ländergrenzen, sondern sollen die „optimale Nutzung des Luftraumes unter Berücksichtigung des Verkehrsflusses“ gewährleisten.[2906]

Ausweislich Art. 2 Nummer 25 Rahmen-VO wird ein funktionaler Luftraumblock als ein „nach betrieblichen Anforderungen und ungeachtet des Verlaufs von Staatsgrenzen festgelegter Luftraumblock definiert, in dem die Erbringung von Flugsicherungsdiensten und die damit zusammenhängenden Funktionen leistungsbezogen und optimiert sind, um in jedem funktionalen Luftraumblock eine verstärkte Zusammenarbeit zwischen Flugsicherungsorganisationen und gegebenenfalls einem integrierten Anbieter einzuführen“. Diese Begriffsbestimmung erscheint sehr umfangreich und ausführlich. Die ursprüngliche Definition fiel wesentlich kürzer aus. Im SES-I-Verordnungspaket wurde der funktionale Luftraumblock in Art. 2 Nummer 25 a. F. Rahmen-VO deutlich kürzer, nämlich als ein „nach betrieblichen Anforderungen festgelegter Luftraumblock bezeichnet, bei dem der Notwendigkeit eines stärker integrierten Luftraummanagements über bestehende Grenzen hinweg Rechnung getragen wird“. Diese Definition wurde jedoch als unzureichend erachtet und im Zuge der SES-II-Verordnungen geändert[2907] und erweitert.[2908] Insbesondere das Auseinanderfallen von Staatsgrenzen und Flugsicherungssektoren wird in der neuen Definition deutlicher herausgestellt.[2909]

Die Idee der funktionalen Luftraumblöcke ist, dass sie von der existierenden Luftraumstruktur mit den sich an den Ländergrenzen orientierenden Flugsicherungssektoren abweichen und der Luftraum stattdessen in Sektoren strukturiert wird, die auf die wirklichen Verkehrsströme angepasst sind.[2910] Die Luftraumblöcke fungieren dabei als Einheiten, in denen unter

---

2904 Art. 2 Nummer 6 Rahmen-VO definiert den Begriff „Luftraumblock“ als einen Luftraum mit festgelegten Abmessungen in Raum und Zeit, in dem Flugsicherungsdienste erbracht werden. Den Begriff des „funktionalen Luftraumblocks“ definiert Art. 2 Nummer 25 Rahmen-VO n. F.

2905 *Schladebach*, Lufthoheit, S. 381; diese Idee ist nun verankert in Art. 9a Flugsicherungsdienste-VO.

2906 Art. 9a Abs. 2 lit. b) Flugsicherungsdienste-VO.

2907 Diese Definition in der VO (EG) Nr. 1070/2009 geändert, vgl. *Schubert*, Air & Space Law 2010, S. 113 ff. (129).

2908 *Schubert*, Air & Space Law 2010, S. 113 ff. (129); *Hüttel*, S. 43; *Bues*, S. 131, Fn. 906.

2909 *Hüttel*, S. 43.

2910 *Hüttel*, S. 34; *Müller*, ZLW 2008, S. 179 ff. (179); *Bethkenhagen/von Elm/Nitschke*, ZLW 2011, S. 412 ff. (412 f.); *Hobe*, in: Hobe/v. Ruckteschell/Heffernan (eds.),

Beaufsichtigung einer mitgliedstaatlichen Behörde entsprechende Flugsicherungsdienste erbracht werden.[2911] Aufgrund der Einrichtung gut funktionierender Luftraumblöcke können höhere Sicherheitsstandards geboten werden.[2912] Durch den Umstand, dass die Luftfahrzeuge Staatsgrenzen ignorieren können, beseitigen die FABs das Risiko grenzbedingter Störungen und ungleicher nationaler Sicherheitsverfahren.[2913] Außerdem werden der Kraftstoffverbrauch und die Kosten gesenkt, da die Luftfahrzeuge auf direkten Strecken und in besseren Flughöhen verkehren können, sodass von den FABs Kraftstoffeinsparungen und weniger Verspätungen erwartet werden.[2914] Für die Fluggäste führt all dies wiederum zu einer besseren Dienstleistung und es werden weniger Schadstoffemissionen und Lärm produziert, mithin wird die Umwelt geschont und die Flugkosten um mehrere Milliarden Euro pro Jahr gesenkt.[2915]

Die Einrichtung der funktionalen Luftraumblöcke wird von Art. 9a Flugsicherungsdienste-VO geregelt. Ausweislich der Norm fällt es in den Zuständigkeitsbereich der Mitgliedstaaten (und ggf. der Drittstaaten), die

---

Cologne Compendium on Air Law in Europe, S. 204, Rn. 2a; *Hobe/Plingen*, ZLW 2007, S. 349 ff. (361); *Saß*, S. 140; *Bues*, S. 131 f.

2911 *Fritzsche*, S. 171.

2912 Pressemitteilung der Europäischen Kommission „Einheitlicher europäischer Luftraum: Kommission drängt Deutschland, Belgien, Frankreich, die Niederlande und Luxemburg zu entschlossener Verwirklichung eines gemeinsamen Luftraums“ vom 16.04.2014; KOM(2007) 101, S. 5.

2913 Pressemitteilung der Europäischen Kommission „Einheitlicher europäischer Luftraum: Kommission drängt Deutschland, Belgien, Frankreich, die Niederlande und Luxemburg zu entschlossener Verwirklichung eines gemeinsamen Luftraums“ vom 16.04.2014; KOM(2007) 101, S. 5; *Button/Neiva*, Journal of Air Transport Management 2013, S. 73 ff. (74).

2914 Pressemitteilung der Europäischen Kommission „Einheitlicher europäischer Luftraum: Kommission drängt Deutschland, Belgien, Frankreich, die Niederlande und Luxemburg zu entschlossener Verwirklichung eines gemeinsamen Luftraums“ vom 16.04.2014; KOM(2007) 101, S. 5; *Button/Neiva*, Journal of Air Transport Management 2013, S. 73 ff. (74).

2915 Pressemitteilung der Europäischen Kommission „Einheitlicher europäischer Luftraum: Kommission drängt Deutschland, Belgien, Frankreich, die Niederlande und Luxemburg zu entschlossener Verwirklichung eines gemeinsamen Luftraums“ vom 16.04.2014; grds. so auch *Bues*, S. 132.

funktionalen Luftraumblöcke umzusetzen (sog. Bottom-up-Ansatz[2916]).[2917] Die Europäische Kommission hielt auch im Rahmen der Überprüfung und Änderung der Verordnungen zum einheitlichen europäischen Luftraum im SES-II-Verordnungspaket an diesem umstrittenen „Bottom-up-Ansatz“ fest.[2918] Jedoch regelte die Europäische Kommission sowohl die generellen Vorgaben für funktionale Luftraumblöcke in Art. 9a Abs. 2 Flugsicherungsdienste-VO als auch eine Anleitung für die Einrichtung und Änderung von funktionalen Luftraumblöcken in Art. 9a Abs. 8 Flugsicherungsdienste-VO[2919], also im Rahmen eines „Top-down-Ansatzes“.[2920]

Funktionale Luftraumblöcke, die zwei oder mehrere Territorien überlagern, werden nur im gegenseitigen Einvernehmen der betroffenen Mitgliedstaaten festgelegt.[2921] Eine Neuordnung der Luftraumarchitektur verändert allerdings nicht die Zuordnung des Luftraumes zum Territorium des darunter liegenden Mitgliedstaates.[2922] Organisatorisch kann der Luftraum über

---

2916 Art. 9a Abs. 3 S. 1 Flugsicherungsdienste-VO; KOM(2007) 101, S. 7; der sog. Bottom-up-Ansatz war das Ergebnis eines Kompromisses zwischen dem Europäischen Parlament und dem Rat. Während das Parlament sich für einen „Top-down-Ansatz“ aussprach, vertrat der Rat die Meinung, dass die erforderlichen Umstrukturierungen zur Schaffung der funktionalen Luftraumblöcke am besten den EU-Mitgliedstaaten überlassen werden sollte, siehe dazu KOM(2007) 101, S. 7; *Bethkenhagen/von Elm/Nitschke*, ZLW 2011, S. 412 ff. (415); EUROCONTROL, Evaluation of Functional Airspace Blocks, 2008, S. 11 f.; *Stutz*, in: Hobe/v. Ruckteschell, Kölner Kompendium Luftrecht, Bd. 2, S. 911, Rn. 72, Fn. 95; *Hobe/Plingen*, ZLW 2007, S. 349 ff. (361); *Bues*, S. 133; *Hüttel*, S. 35, S. 45; mittlerweile forderte das Europäische Parlament die Kommission auf, angesichts dessen, dass die wichtigsten Ziele des Single European Sky noch nicht erreicht wurden, von einem basisorientierten, also dem „Bottom-up-Ansatz“, zu einem „Top-Down-Ansatz“ überzugehen. So könnten noch bestehende Widerstände überwunden und die Umsetzung der Initiative insb. hinsichtlich des SESAR-Programms und der funktionalen Luftraumblöcke beschleunigt werden, dazu *Thomas*, Europäisches Parlament, Luftverkehr: Einheitlicher Europäischer Luftraum, 11/2015, S. 4.

2917 Art. 9a Flugsicherungsdienste-VO; dazu auch *Fritzsche*, S. 171; *Hüttel*, S. 35.

2918 Krit. dazu KOM(2008) 389, S. 8 f.; so auch *Bues*, S. 133.

2919 Siehe dazu auch VO (EU) Nr. 176/2011 der Kommission vom 24.02.2011 über die vor Errichtung und Änderung eines funktionalen Luftraumblocks bereitzustellenden Informationen, ABl. EU Nr. L 51 vom 25.02.2011, S. 2 ff.

2920 Art. 9a Abs. 2, Abs. 8 Flugsicherungsdienste-VO; *Bues*, S. 133.

2921 Art. 9a Abs. 3 Flugsicherungsdienste-VO; dazu auch *Fritzsche*, S. 171 f.; *Bues*, S. 133; *Hüttel*, S. 35.

2922 Art. 1 Abs. 2 und 3 Rahmen-VO; *Fritzsche*, S. 172; siehe bezüglich der territorialen Staatensouveränität vertiefend auch Kapitel 2, B., V., 2.

einem Mitgliedstaat allerdings auch einem anderen Mitgliedstaat oder einem Flugsicherungsbetreiber in einem anderen Mitgliedstaat zugeordnet werden, da Art. 9a Abs. 4 und Abs. 5 Flugsicherungsdienste-VO zu entnehmen ist, dass ein funktionaler Luftraumblock in räumlicher Hinsicht das Hoheitsgebiet mehrerer Mitgliedstaaten umfassen kann.[2923]

Nach den Vorgaben von Art. 9a Art. 1 Flugsicherungsdienste-VO hätten alle EU-Mitgliedstaaten ihre FABs bis zum 4. Dezember 2012 einrichten müssen. Zu diesem Zeitpunkt war allerdings kein einziger der neun geplanten Luftraumblöcke eingerichtet.[2924] Mittlerweile wurde die Einrichtung der funktionalen Luftraumblöcke abgeschlossen.[2925] Man einigte sich auf neun funktionale Luftraumblöcke[2926], die insgesamt 31 Länder (Stand April 2023) umfassen.[2927]

---

2923 Art. 9a Abs. 4 und Abs. 5 Flugsicherungsdienste-VO; *Hüttel*, S. 34 f.; *Bues*, S. 134.

2924 *Motyka/Njoya*, Journal of Aerospace Technology and Management 2020, S. 1 ff. (4).

2925 Bericht der Kommission an das Europäische Parlament und den Rat über die Fortschritte bei der Verwirklichung des einheitlichen europäischen Luftraumes im Zeitraum 2012–2014 vom 16.12.2015, COM(2015) 663, S. 5.

2926 Die neun Initiativen zur Errichtung der funktionalen Luftraumblöcke sind folgende: BLUE MED FAB (bestehend aus der Italienischen Republik, der Republik Malta, der Hellenischen Republik und der Republik Zypern), Danube FAB (bestehend aus Rumänien und der Republik Bulgarien), FAB Europe Central (bestehend aus der Bundesrepublik Deutschland, dem Königreich Belgien, der Französischen Republik, dem Königreich der Niederlande, dem Großherzogtum Luxemburg und der Schweizerischen Eidgenossenschaft), FAB Central Europe (bestehend aus Bosnien und Herzegowina, der Republik Kroatien, der Republik Österreich, der Republik Slowenien, der Slowakischen Republik, Ungarn und Tschechische Republik), North European FAB (bestehend aus der Republik Estland, der Republik Finnland, der Republik Lettland und dem Königreich Norwegen), DK-SE FAB (bestehend aus dem Königreich Dänemark und dem Königreich Schweden), South West FAB (bestehend aus der Portugiesischen Republik und dem Königreich Spanien), UK-Ireland FAB (bestehend aus dem Vereinigten Königreich Großbritannien und Nordirland und Irland) und Baltic FAB (bestehend aus der Republik Polen und der Republik Litauen), siehe Durchführungsbeschluss (EU) 2015/348 der Kommission vom 02.03.2015 betreffend die Kohärenz bestimmter in den nationalen Plänen oder den Plänen für funktionale Luftraumblöcke gemäß der VO (EG) Nr. 549/2004 festgelegter Ziele mit den unionsweit geltenden Leistungszielen für den zweiten Bezugszeitraum, ABl. EU Nr. L 60 vom 04.03.2015, S. 55–67, in der konsolidierten Fassung vom 19.12.2018.

2927 Alle EU-Mitgliedstaaten, die Schweiz, Norwegen und Bosnien-Herzegowina. Trotz allem folgen diese funktionalen Luftraumblöcke im Wesentlichen noch immer den

In dem geänderten und überarbeiteten Vorschlag der Kommission[2928] sind keine Regelungen mehr in Bezug auf die funktionalen Luftraumblöcke enthalten.[2929] Demnach soll Art. 9a Flugsicherungsdienste-VO gestrichen werden.[2930] Die Tatsache, dass diesbezügliche Vorschriften fehlen, sollte die Mitgliedstaaten jedoch nicht daran hindern, Luftraumblöcke bei Bedarf einzurichten oder beizubehalten.[2931]

## D. Functional Airspace Block Europe Central

Obwohl sich zur Schaffung der funktionalen Luftraumblöcke in Europa verschiedene Initiativen zusammengefunden haben, skizziert die vorliegende Arbeit nur den Functional Airspace Block Europe Central (FABEC), an dem auch die Bundesrepublik Deutschland beteiligt ist, da dieser als der ambitionierteste begriffen wird. Der funktionale Luftraumblock zwischen der Bundesrepublik Deutschland, dem Königreich Belgien, der Französischen Republik, dem Königreich der Niederlande, dem Großherzogtum Luxemburg und der Schweizerischen Eidgenossenschaft wurde durch ein multilaterales Übereinkommen[2932] eingerichtet, das im Juni 2013[2933] in Kraft trat. Damit schafften die sechs beteiligten Staaten die Grundlage für einen einheitlichen europäischen Luftraum in der Mitte Europas.[2934] Dieses Luftraumgebiet hat für den Luftverkehr eine ganz besondere Bedeutung, da hier eine der höchsten Verkehrsdichten weltweit herrscht und für

---

nationalen Staatsgrenzen und bilden den Verkehrsstrom nicht ab. Vgl. dazu *Bethkenhagen/von Elm/Nitschke,* in: ZLW, 2011, S. 412 ff. (412 ff.).

2928 Geänderter Vorschlag für eine Verordnung des Europäischen Parlaments und des Rates zur Verwirklichung des einheitlichen europäischen Luftraumes vom 22.09.2020, COM(2020) 579 final.

2929 COM(2020) 579 final, S. 9.

2930 COM(2020) 579 final, S. 125 f.

2931 COM(2020) 579 final, S. 9.

2932 Gesetz zu dem Vertrag vom 02.12.2010 über die Errichtung des Funktionalen Luftraumblocks „Europe Central“ zwischen der Bundesrepublik Deutschland, dem Königreich Belgien, der Französischen Republik, dem Großherzogtum Luxemburg, dem Königreich der Niederlande, und der Schweizerischen Eidgenossenschaft (FABEC-Vertrag) vom 10.07.2012, BGBl. 2012 II vom 13.07.2012, S. 634 ff.

2933 Siehe dazu https://www.fabec.eu/, zuletzt abgerufen am 23.03.2023.

2934 *Bethkenhagen/von Elm/Nitschke,* ZLW 2011, S. 412 ff. (412); sehr ausf. zum Thema FABEC siehe *Müller,* Single European Sky – Die deutsche Beteiligung am Functional Airspace Block Europe Central.

die nächsten Jahre ein weiterer Anstieg des Verkehrsaufkommens prognostiziert wird.[2935]

## I. Daten und Fakten zu FABEC

Mit einer ungefähren Fläche vom 1,7 Millionen km² und Abmessungen von 960 NM (1.780 km) von Nord nach Süd und von 990 NM (1.835 km) von Ost nach West deckt der funktionale Luftraumblock Europe Central etwa 9 % des europäischen Kontinents ab.[2936] Der Luftraum der sechs beteiligten Staaten beinhaltet die vier wichtigsten internationalen Drehkreuze (Amsterdam, Frankfurt, München und Paris) und gehört zu den komplexesten[2937] und verkehrsreichsten der Welt.[2938] Im FABEC finden pro Jahr etwa 6,24 Millionen[2939] Flugbewegungen statt, was etwa 55 % des gesamten europäischen Flugverkehrs entspricht.[2940]

---

2935 Gesetzentwurf der Bundesregierung, Entwurf eines Gesetzes zu dem Vertrag vom 02.12.2010 über die Errichtung des Funktionalen Luftraumblocks „Europe Central" zwischen der Bundesrepublik Deutschland, dem Königreich Belgien, der Französischen Republik, dem Großherzogtum Luxemburg, dem Königreich der Niederlande und der Schweizerischen Eidgenossenschaft (FABEC-Vertrag), BT-Drs. 17/8726 vom 24.02.2012, S. 31; *Bethkenhagen/von Elm/Nitschke*, ZLW 2011, S. 412 ff. (412).

2936 Abzurufen unter https://www.fabec.eu/who-we-are/common-goals, zuletzt am 26.03.2023 abgerufen.

2937 So die Einleitung zum Vertrag über die Errichtung des Funktionalen Luftraumblocks „Europe Central" zwischen der Bundesrepublik Deutschland, dem Königreich Belgien, der Französischen Republik, dem Großherzogtum Luxemburg, dem Königreich der Niederlande und der Schweizerischen Eidgenossenschaft (FABEC-Vertrag). Das Ratifizierungsgesetz des FABEC-Staatsvertrags wurde im BGBl. 2012 II, S. 634 ff. vom 13.07.2012 verkündet.

2938 Abzurufen unter https://www.fabec.eu/who-we-are/common-goals, zuletzt abgerufen am 26.03.2023; Performance 2019, FABEC Air Navigation Service Providers, abzurufen unter https://www.fabec.eu/images/user-pics/pdf-downloads/performance_reports/FABEC_Performance_Report_2019.pdf, zuletzt abgerufen am 26.03.2023; *Bethkenhagen/von Elm/Nitschke*, ZLW 2011, S. 412 ff. (412); *Bues*, S. 144.

2939 Pandemiebedingt werden hier die Zahlen von 2019 angeführt, so nachzulesen unter https://www.fabec.eu/who-we-are/common-goals, zuletzt abgerufen am 26.03.2023; Im Jahr 2021 waren es 3,2 Millionen Flüge, also knapp die Hälfte des Vor-Corona-Jahres 2019, so nachzulesen in FABEC, Performance 2021, Providing resilient air navigation services, S. 6, abzurufen unter https://www.fabec.eu/images/user-pics/pdf-downloads/performance_reports/FABEC_Performance_Report_2021.pdf, zuletzt abgerufen am 26.03.2023.

2940 BT-Drs. 17/8726 vom 24.02.2012, S. 31; auch abzurufen unter (zuletzt am 26.03.2023) https://www.fabec.eu/who-we-are/common-goals; so auch *Bethkenhagen/von Elm/Nitschke*, ZLW 2011, S. 412 ff. (412); *Bues*, S. 144.

In ihm gibt es 14 Kontrollzentralen[2941] (Area Control Centers).[2942] Im FABEC werden etwa 17.000 Mitarbeiter beschäftigt, von denen allein 5.400 Fluglotsen sind.[2943] Außerdem befinden sich innerhalb des FABEC etwa 278 militärische Lufträume als militärische Trainingsgebiete sowie 89 Flughäfen.[2944]

## II. Herausforderungen von FABEC

Bezüglich des Verkehrsaufkommens wird weiteres Wachstum prognostiziert, dessen Bewältigung zu den besonderen Herausforderungen der europäischen Flugsicherung zählt.[2945] Die beteiligten Staaten erhofften sich, dass die Flugsicherung durch die Umsetzung der europäischen Vorgaben den Luftverkehr aufgrund einer primären Ausrichtung an den Verkehrsströmen und losgelöst der staatlichen Grenzen sowohl kostengünstiger als auch effizienter abwickeln kann.[2946] Zur Einhaltung und Realisation der Vision eines einheitlichen europäischen Luftraumes in der Mitte Europas verpflichteten sich die beteiligten Staaten mit dem FABEC-Staatsvertrag dazu, die Anpassung der Luftraumstrukturen voranzutreiben, die Vereinheitlichung ihrer abweichenden Flugsicherungssysteme herbeizuführen, die gemeinsame und flexible militärische Luftraumnutzung in Gang zu bringen und auf eine Intensivierung der Zusammenarbeit ihrer Flugsicherungsdienstleister hinzuarbeiten.[2947] Neben der Einführung eines gemeinsamen FABEC-Betriebskonzepts sowie Sicherheitsmanagement- und Gebührensystems soll auch die zivil-militärische Luftraumnutzung besser integriert werden und die Umweltauswirkungen durch die Luftfahrt reduziert

---

2941 Diese befinden sich in Amsterdam, Bordeaux, Bremen, Brest, Brüssel, Genf, Karlsruhe, Langen, Maastricht, Marseille, München, Paris, Reims und Zürich.

2942 Abzurufen unter https://www.fabec.eu/who-we-are/common-goals, zuletzt abgerufen am 26.03.2023; Performance 2019, FABEC Air Navigation Service Providers, S. 2; *Bues*, S. 144.

2943 Abzurufen unter (zuletzt am 26.03.2023) https://www.fabec.eu/who-we-are/common-goals; *Bues*, S. 145.

2944 Abzurufen unter https://www.fabec.eu/who-we-are/common-goals, zuletzt abgerufen am 26.03.2023; Performance 2019 FABEC Air Navigation Service Providers, S. 2, zuletzt abgerufen am 26.03.2023; *Bethkenhagen/von Elm/Nitschke*, ZLW 2011, S. 412 ff. (413); *Bues*, S. 145.

2945 So *Bethkenhagen/von Elm/Nitschke*, ZLW 2011, S. 412 ff. (412).

2946 *Bethkenhagen/von Elm/Nitschke*, ZLW 2011, S. 412 ff. (412 f.)

2947 *Bethkenhagen/von Elm/Nitschke*, ZLW 2011, S. 412 ff. (413).

werden.[2948] Die Souveränität der beteiligten Staaten wird dabei grundsätzlich nicht infrage gestellt, sondern bleibt in jedem Fall gewahrt.[2949]

## III. FABEC-Staatsvertrag[2950]

Die sechs beteiligten Staaten konnten nach nur zweijährigen Verhandlungen am 2. Dezember 2010 den „Vertrag über die Errichtung des Funktionalen Luftraumblocks Europe Central“ unterzeichnen.[2951]

### *1. Verhandlungsgrundlagen*

Als Grundlage der Verhandlungen dienten die Machbarkeitsstudie zum FABEC vom 18. September 2008[2952], die gemeinsame Absichtserklärung vom 18. November 2008[2953] sowie die Verordnungen zum einheitlichen europäischen Luftraum.[2954] Ende April 2013 hinterlegten alle beteiligten FABEC-Staaten ihre Ratifikationsurkunden des FABEC-Vertrages bei der Regierung des Königreichs

2948 https://www.fabec.eu/who-we-are/optimised-performance, zuletzt abgerufen am 26.03.2023.

2949 *Bethkenhagen/von Elm/Nitschke*, ZLW 2011, S. 412 ff. (413).

2950 Ein internationales Übereinkommen, das völkerrechtlichen Rang besitzt und zwischen zwei oder mehreren Staaten geschlossen wird, wird als Staatsvertrag bezeichnet, so *Schladebach*, Lufthoheit, S. 383.

2951 Vertrag über die Errichtung des Funktionalen Luftraumblocks „Europe Central“ zwischen der Bundesrepublik Deutschland, dem Königreich Belgien, der Französischen Republik, dem Großherzogtum Luxemburg, dem Königreich der Niederlande und der Schweizerischen Eidgenossenschaft (FABEC-Vertrag). Das Ratifizierungsgesetz des FABEC-Staatsvertrags wurde im BGBl. 2012 II, S. 634 ff. vom 13.07.2012 verkündet; *Bethkenhagen/von Elm/Nitschke*, ZLW 2011, S. 412 ff. (423); *Bues*, S. 147; *De Wit/Fukken/Riemens/Deleu*, FABEC: Structure Follows Performance or Performance Follows Structure?, in: Calleja Crespo/Mendes de Leon, S. 17 ff. (20); *Schladebach*, Lufthoheit, S. 383.

2952 Die Machbarkeitsstudie zum FABEC ist abzurufen unter (zuletzt am 26.03.2023) https://www.fabec.eu/images/user-pics/pdf-downloads/feasibility_study_report_v2_0.pdf.

2953 Die gemeinsame Absichtserklärung zur Schaffung eines funktionalen Luftraumblocks „Europe Central“ ist abzurufen unter https://www.fabec.eu/images/user-pics/pdf-downloads/doi_final_signed.pdf, zuletzt abgerufen am 26.03.2023.

2954 Einleitung zum FABEC-Staatsvertrag; *Bethkenhagen/von Elm/Nitschke*, ZLW 2011, S. 412 ff. (423); *De Wit/Fukken/Riemens/Deleu*, FABEC: Structure Follows Performance or Performance Follows Structure?, in: Calleja Crespo/Mendes de Leon, S. 17 ff. (20); ähnlich bei *Bues*, S. 146 f.

Belgien, welche die Ratifizierung im Namen aller beteiligten Staaten an die Europäische Kommission meldete.[2955] Basierend auf den im Vertrag festgelegten Regelungen[2956] trat FABEC am 1. Juni 2013[2957] formell in Kraft.

## *2. Inhalte und Aufgabenbereiche des FABEC-Staatsvertrages*

Mit dem FABEC-Staatsvertrag verpflichteten sich die sechs Staaten zur Errichtung des funktionalen Luftraumblocks „Europe Central". Im FABEC-Vertragstext werden zunächst in Art. 1 FABEC-Staatsvertrag die Begriffsbestimmungen und in Art. 2 FABEC-Staatsvertrag der Vertragsgegenstand erläutert, ehe in Art. 3 FABEC-Staatsvertrag der räumliche Geltungsbereich des betroffenen Luftraumes dargelegt wird. Dieser räumliche Geltungsbereich umfasst entsprechend Art. 3 Abs. 1 FABEC-Staatsvertrag den betroffenen Luftraum mitsamt den Fluginformationsgebieten (FIR) und Oberen Fluginformationsgebieten (UIR) Kontinentaleuropas.[2958] Der FABEC-Staatsvertrag richtet sich damit nach der durch die VO (EG) Nr. 1070/2009 geschaffenen unionsrechtlichen Rechtslage, die die eigentliche Differenzierung zwischen dem unteren und dem oberen Luftraum aufhebt.[2959] Erstreckt sich eine FIR oder eine UIR in den Luftraum über dem Hoheitsgebiet eines anderen Vertragsstaates, legt Art. 4 Abs. 1 FABEC-Staatsvertrag fest, dass dies die Staatshoheit des betroffenen Vertragsstaates in Bezug auf diesen Teil des über seinem Hoheitsgebiet liegenden Luftraumes nicht berührt. FABEC verfolgt das Ziel, durch die „Luftraumgestaltung und die Organisation des Flugverkehrsmanagements im betroffenen Luftraum ungeachtet der bestehenden Grenzen eine optimale Leistung in den Bereichen Sicherheit,

---

2955 Gemäß Art. 39 FABEC-Staatsvertrag ist die Regierung des Königreichs Belgien Verwahrer des Vertrages, weshalb dort die Ratifikationsurkunden hinterlegt wurden und diese die Ratifizierung an die Europäische Kommission meldete.

2956 Art. 38 FABEC-Staatsvertrag.

2957 Bekanntmachung über das Inkrafttreten des Vertrags über die Errichtung des Funktionalen Luftraumblocks „Europe Central" zwischen der Bundesrepublik Deutschland, dem Königreich Belgien, der Französischen Republik, dem Großherzogtum Luxemburg, dem Königreich der Niederlande und der Schweizerischen Eidgenossenschaft (FABEC-Vertrag) vom 24.05.2013, BGBl. 2013 II vom 23.07.2013, S. 1003.

2958 Gemäß Art. 3 Abs. 2 und 3 FABEC-Staatsvertrag gilt dieser Vertrag für die Französische Republik nur für ihre in Europa gelegenen Departements und für das Königreich der Niederlande nur für die in Europa gelegenen Teile des Königreichs; siehe dazu auch *Bethkenhagen/von Elm/Nitschke*, ZLW 2011, S. 412 ff. (423); *Schladebach*, Lufthoheit, S. 384.

2959 *Schladebach*, Lufthoheit, S. 384.

nachhaltige Entwicklung, Kapazität, Kosteneffizienz, Flugeffizienz und Wirksamkeit militärischer Missionen zu erreichen".[2960] Damit das Ziel des FABEC erreicht wird, verpflichten sich die beteiligten Vertragsstaaten, insbesondere auf den Gebieten Luftraum, Harmonisierung der Regeln und Verfahren, Erbringung von Flugsicherungsdiensten, Zusammenarbeit zwischen zivilen und militärischen Stellen, Gebühren, Aufsicht, Leistung und Lenkung zusammenzuarbeiten und geeignete Maßnahmen im Einklang mit ihren jeweiligen innerstaatlichen Verfahren zu ergreifen.[2961] Auf einige der Bestimmungen soll nachfolgend überblicksartig eingegangen werden.

### a) *Erbringung von Flugsicherungsdiensten, Kapitel IV FABEC-Staatsvertrag*

Die Erbringung folgender Flugsicherungsdienste wird von den Vertragsstaaten sichergestellt: Flugverkehrsdienste, Kommunikations-, Navigations- und Überwachungsdienste, Flugberatungsdienste und Wetterdienste.[2962] Gemäß Art. 12 Abs. 1 FABEC-Staatsvertrag benennen die Vertragsstaaten gemeinschaftlich die Flugverkehrsdienstleister im betroffenen Luftraum in einer gemeinsamen Übereinkunft[2963]. Ebenso wie in den Verordnungen zum einheitlichen europäischen Luftraum wird der Nutzen dieses Mittels nicht deutlich und es bleibt offen, welche Folgen diese gemeinsame Benennung hat.[2964]

Art. 12 Abs. 2 FABEC-Staatsvertrag gilt für Flugverkehrsdienstleister[2965], die nicht nach Art. 12 Abs. 1 benannt wurden. Diese Flugverkehrsdienstleister werden nach Notifikation durch den betroffenen Vertragsstaat gemeinschaftlich von den Vertragsstaaten benannt.[2966] Hier gilt ein vereinfachtes Benennungsverfahren,

---

2960 Art. 6 FABEC-Staatsvertrag.

2961 Art. 7 Abs. 1 lit. a)–h) FABEC-Staatsvertrag, bzw. Kapitel II–IX FABEC-Staatsvertrag; so auch *Bethkenhagen/von Elm/Nitschke*, ZLW 2011, S. 412 ff. (423).

2962 Art. 11 FABEC-Staatsvertrag.

2963 Die Rechtsform der „Übereinkunft" wird nicht näher erläutert, so *Bues*, S. 149.

2964 Von einer gewissen Publizitäts- und Klarstellungsfunktion abgesehen. Sinn und Zweck einer solchen gemeinsamen Benennung könnte zum Beispiel eine gesamtschuldnerische Haftung der Vertragsstaaten sein, da aus einer gemeinsamen Wahrnehmung von Rechten auch eine gemeinsame Verantwortung abgeleitet werden könnte, *Bues*, S. 149; *ders.* S. 149, Fn. 1035.

2965 Hierbei handelt es sich gem. Art. 12 Abs. 2 lit. a)–c) FABEC-Staatsvertrag entweder um Flugplatz-Fluginformationsdienste, um auf eine Kontrollzone der Flugplätze begrenzte Flugverkehrsdienste oder um Flugverkehrsdienste unter militärischer Aufsicht.

2966 Art. 12 Abs. 2 FABEC-Staatsvertrag.

da diese Flugverkehrsdienstleister von den Vertragsstaaten auf nationaler Ebene ernannt werden können.[2967] Die gemeinschaftliche Benennung wird anschließend fingiert bzw. der gemeinsamen Benennung im Sinne des Art. 12 Abs. 1 FABEC-Vertrag zugerechnet.[2968] Art. 12 Abs. 1 FABEC-Staatsvertrag beschäftigt sich vorrangig mit den großen, nationalen Flugverkehrsdienstleistern, während Art. 12 Abs. 2 FABEC-Staatsvertrag sich an Flugverkehrsdienste richtet, die an Regionalflughäfen[2969] erbracht werden, ohne dass diese stets in der gemeinsamen Übereinkunft neu benannt und hinzugefügt werden müssen.[2970] Art. 12 Abs. 3 FABEC-Staatsvertrag beinhaltet eine Schutzklausel, die Übereinkünfte über die Erbringung von Flugverkehrsdiensten, die vor Inkrafttreten des FABEC-Staatsvertrags geschlossen wurden, unberührt lässt.[2971] Art. 12 Abs. 4 und Abs. 5 FABEC-Staatsvertrag legen Informationspflichten der FABEC-Vertragspartner untereinander sowie in Bezug auf die Europäische Kommission und die anderen Mitgliedstaaten fest.[2972] Die folgenden Art. 13 bis Art. 16 FABEC-Staatsvertrag legen eine Zusammenarbeit der Vertragsstaaten auf einheitliche technische Systeme und einen kosteneffizienten Einsatz einer für die Erbringung von Kommunikations-, Navigations- und Überwachungsdiensten bestimmten Infrastruktur durch die zivilen Flugsicherungsorganisationen fest[2973] sowie eine Zusammenarbeit und Koordination der Flugberatungs-[2974] und Flugwetterdienstleister[2975]. Art. 16 FABEC-Staatsvertrag regelt zusätzlich noch die Beziehungen zwischen den Dienstleistern: Demnach haben die Vertragsstaaten sicherzustellen, dass die Flugsicherungsorganisationen die für die Koordinierung ihrer Dienste im jeweiligen Luftraum als erforderlich erachteten Arbeitsbeziehungen formalisieren.[2976]

Die Artikel von Kapitel IV „Erbringung von Flugsicherungsdiensten“ geben keine Änderungen oder Neuerungen vor. Sie sind vorsichtig formuliert und weisen auf eine Zusammenarbeit der Vertragsstaaten hin. Zwar sind hier einerseits hoheitliche und souveränitätssensible[2977] Bereiche von den Neustrukturierungen

2967 BT-Drs. 17/8726 vom 24.02.2012, S. 32; *Bues*, S. 149.
2968 *Bues*, S. 149.
2969 Vgl. § 31f LuftVG.
2970 Art. 12 Abs. 1, 2 lit. a)–c) FABEC-Staatsvertrag; *Bues*, S. 149.
2971 *Bues*, S. 149; BT-Drs. 17/8726 vom 24.02.2012, S. 32.
2972 Art. 12 Abs. 4 und Abs. 5 FABEC-Staatsvertrag; *Bues*, S. 149.
2973 Art. 13 FABEC-Staatsvertrag.
2974 Art. 14 FABEC-Staatsvertrag.
2975 Art. 15 FABEC-Staatsvertrag.
2976 Art. 16 Abs. 1 FABEC-Staatsvertrag.
2977 Hier insb. die Flugverkehrsdienste.

betroffen, andererseits sollen gerade diese Bereiche neustrukturiert und modifiziert werden.[2978]

*b) Aufsicht, Kapitel VII FABEC-Staatsvertrag*

Art. 19 FABEC-Staatsvertrag beschäftigt sich mit der Aufsicht über die Flugsicherungsorganisationen.[2979] Näher konkretisiert wird die Zusammenarbeit der nationalen Aufsichtsbehörden durch das „NSA Memorandum of Cooperation (MoC)".[2980] Gemäß Art. 19 Abs. 1 FABEC-Staatsvertrag haben die Vertragsstaaten die Zusammenarbeit ihrer nationalen Aufsichtsbehörden zur Kontrolle der Flugsicherungsorganisationen im FABEC zu gewährleisten und eine Harmonisierung ihrer Verfahrensweisen sicherzustellen.[2981] Es werden enge Kooperationen, Harmonisierungen und ein gemeinsamer Mechanismus für den Informationsaustausch[2982] zwischen den nationalen Aufsichtsbehörden vereinbart, die jedoch grundsätzlich weiterhin für „ihren" nationalen Luftraum zuständig sind.[2983] Diese Vereinbarungen sind gemäß Art. 19 Abs. 3 FABEC-Staatsvertrag zu formalisieren.[2984] Darüber hinaus verpflichten sich die Vertragsstaaten zur gegenseitigen Anerkennung der Aufsichtsaufgaben ihrer nationalen Aufsichtsbehörden und der Ergebnisse der Wahrnehmung dieser Aufgaben.[2985] Auch die Anerkennung der Beaufsichtigung durch eine „ausländische Aufsichtsbehörde" ist in einem Abkommen festzuhalten.[2986] Art. 19 Abs. 4 und 5 FABEC-Staatsvertrag[2987] regeln die grenzüberschreitende Flugsicherung. Die Zuständigkeit liegt dabei bei der nationalen Aufsichtsbehörde, die die Flugsicherungsorganisation, die grenzüberschreitende Dienste im betroffenen Luftraum

2978 *Bues*, S. 150.

2979 Siehe hierzu auch Art. 2 Abs. 3 Flugsicherungsdienste-VO.

2980 Die Vereinbarung ist abzurufen unter https://www.fabec.eu/images/user-pics/pdf-downloads/fabec_nsas_moc_vers1_1_signed.pdf, zuletzt abgerufen am 26.03.2023; *Bues*, S. 150.

2981 Art. 19 Abs. 1 FABEC-Staatsvertrag.

2982 Art. 19 Abs. 6 FABEC-Staatsvertrag.

2983 Art. 19 FABEC-Staatsvertrag; *Bethkenhagen/von Elm/Nitschke*, ZLW 2011, S. 412 ff. (426); *Bues*, S. 150.

2984 *Bues*, S. 150.

2985 Art. 19 Abs. 2 FABEC-Staatsvertrag; dazu auch Art. 2 Abs. 5 Flugsicherungsdienste-VO.

2986 Art. 19 Abs. 3 FABEC-Staatsvertrag; *Bues*, S. 150.

2987 Vgl. dazu Art. 4 Abs. 1 MoC.

erbringt, zertifiziert hat.[2988] Dies geschieht unabhängig davon, ob die Flugsicherungsorganisation im eigenen Staat oder in einem der FABEC-Staaten grenzüberschreitend tätig ist.[2989] Die Zuständigkeit muss in enger Kooperation mit der ebenso betroffenen nationalen Aufsichtsbehörde, in deren Hoheitsgebiet die Flugsicherungstätigkeit durchgeführt wird, ausgeübt werden.[2990] Dieser allgemeine Vorrang des Tätigwerdens der Zertifizierungsbehörde dient der Vermeidung abweichender Maßnahmen unterschiedlicher Aufsichtsbehörden.[2991] Verlangt allerdings der Vertragsstaat, über dessen Hoheitsgebiet die Flugsicherungsdienste erbracht werden, dass seine eigene nationale Aufsichtsbehörde diese Aufsicht wahrnimmt, bedarf es einer zusätzlichen Einigung der betroffenen nationalen Aufsichtsbehörden über die Bedingungen der Aufsicht.[2992] Gemäß Art. 19 Abs. 8 FABEC-Staatsvertrag behalten sich die Vertragspartner eine „Rückfall-Klausel“[2993] vor. Jeder Vertragsstaat behält sich als letztes Mittel darin das Recht vor, die gemäß Art. 16 Abs. 2 FABEC-Staatsvertrag erteilte Genehmigung nach ordnungsgemäßer Mitteilung an den betroffenen Vertragsstaat und an den FABEC-Rat auszusetzen oder zu widerrufen.[2994]

### *c) Haftung, Kapitel XI FABEC-Staatsvertrag*

Es wurde ein neues mehrstufiges Haftungssystem eingerichtet, das bei schuldhaftem Verhalten der Flugverkehrsdienstleister, die grenzüberschreitende Dienste erbringen, zur Anwendung kommt.[2995] Art. 30 FABEC-Staatsvertrag legt ein Haftungssystem *sui generis* für die grenzüberschreitende Benennung von zivilen[2996]

2988 Art. 19 Abs. 4 FABEC-Staatsvertrag; *Bethkenhagen/von Elm/Nitschke*, ZLW 2011, S. 412 ff. (426); *Bues*, S. 150.

2989 Art. 19 Abs. 4 FABEC-Staatsvertrag; *Bethkenhagen/von Elm/Nitschke*, ZLW 2011, S. 412 ff. (426).

2990 Art. 19 Abs. 4 FABEC-Staatsvertrag; *Bethkenhagen/von Elm/Nitschke*, ZLW 2011, S. 412 ff. (426).

2991 *Bethkenhagen/von Elm/Nitschke*, ZLW 2011, S. 412 ff. (426).

2992 Art. 19 Abs. 5 FABEC-Staatsvertrag.

2993 So *Bethkenhagen/von Elm/Nitschke*, ZLW 2011, S. 412 ff. (427).

2994 Art. 19 Abs. 8 FABEC-Staatsvertrag.

2995 Art. 30 FABEC-Staatsvertrag; *Bethkenhagen/von Elm/Nitschke*, ZLW 2011, S. 412 ff. (427).

2996 Gemäß Art. 30 Abs. 12 FABEC-Staatsvertrag lässt diese Vorschrift völkerrechtliche Übereinkünfte über Schäden, die von den Streitkräften eines Vertragsstaates im Hoheitsgebiet eines anderen Vertragsstaates verursacht wurden, unberührt.

Flugverkehrsdienstleistern im Sinne von Art. 8 Flugsicherungsdienste-VO[2997] im Bereich des FABEC nieder[2998], welches die vorherigen bilateralen Abkommen ablöst.[2999] Ein Vertragsstaat ersetzt gemäß Art. 30 Abs. 1 FABEC-Staatsvertrag einen Schaden, der sich im Luftraum über seinem Hoheitsgebiet[3000] durch ein Verschulden[3001] eines von ihm benannten Flugverkehrsdienstleisters, seiner Beschäftigten oder anderer in seinem Auftrag handelnder Personen ereignet hat.[3002] Ausgenommen davon ist, wenn sich die Hauptbetriebsstätte des benannten Flugverkehrsdienstleisters im Hoheitsgebiet des betroffenen Vertragsstaates befindet.[3003] Das Haftungssystem aus Art. 30 FABEC-Staatsvertrag kommt

2997 Im Falle der Unterbeauftragung i. S. v. Art. 10 Flugsicherungsdienste-VO ist grds. die benannte Flugsicherungsorganisation haftungsrechtlich verantwortlich, siehe *Schubert*, The Liability of Air Navigation Services Providers, in: Calleja Crespo/Mendes de Leon, S. 51 ff. (60 f.); *Bues*, S. 151.

2998 Grundsätzlich basiert das Haftungssystem auf dem Prinzip der deutschen Staatshaftung, *Bethkenhagen/von Elm/Nitschke*, ZLW 2011, S. 412 ff. (427); siehe auch *Müller*, ZLW 2008, S. 179 ff. (183, Fn. 23): „In den übrigen am FABEC teilnehmenden Staaten, die Dienstleister der Flugsicherung mit eigener Rechtspersönlichkeit haben, besteht zumeist ein System der ultimativen Staatshaftung. Dabei haftet der Dienstleister neben dem Staat auch im Außenverhältnis unmittelbar dem geschädigten Dritten. Aufgrund der Regelung des Art. 34 GG ist die Bundesrepublik Deutschland zu einer primären Staatshaftung verpflichtet."; ebenso *Bues*, S. 151, Fn. 1043: Bei Fällen einer FAB-überschreitenden Flugsicherung (inter-FAB) ist das Haftungsregime nicht anwendbar.

2999 *Schubert*, The Liability of Air Navigation Services Providers, in: Calleja Crespo/Mendes de Leon, S. 51 ff. (58 ff.); *Bues*, S. 151.

3000 Sog. Territorialprinzip. Dies gilt auch für Luftraumgebiete, für die nach den Bestimmungen der ICAO eine Verantwortlichkeit eines FABEC-Staates besteht, etwa die „Hohe See". Nicht erheblich für die Haftung nach Art. 30 Abs. 1 FABEC-Staatsvertrag ist die Zuordnung eines Luftraumes zu einer bestimmten FIR, denn es haftet immer der Staat, in dessen Lufthoheitsgebiet der Schaden verschuldet wurde, *Bues*, S. 151, Fn. 1047.

3001 Der Begriff des „Verschuldens" i. S. v. Art. 30 FABEC-Staatsvertrag bedarf einer Interpretation nach internationalen und nationalen Regelungen, siehe dazu Art. 30 Abs. 4 FABEC-Staatsvertrag; *Bues*, S. 151, Fn. 1048.

3002 Art. 30 Abs. 1 FABEC-Staatsvertrag; *Bethkenhagen/von Elm/Nitschke*, ZLW 2011, S. 412 ff. (428); so auch *Bues*, S. 151.

3003 Art. 30 Abs. 1 lit. b) FABEC-Staatsvertrag. Danach wäre Deutschland der Haftungsschuldner, wenn die für den deutschen Luftraum benannte schweizerische Skyguide AG, deren Hauptbetriebsstätte in der Schweiz liegt, ebenda einen Schaden verursacht, jedoch nicht, wenn die DFS Deutsche Flugsicherung GmbH einen Schaden verschuldet, so *Bues*, S. 151; dann bestünde eine Haftung der Bundesrepublik

folglich nur dann zum Tragen, wenn sich einer der FABEC-Staaten eines Flugverkehrsdienstleisters zur Überwachung seines Luftraumes bedient, der seine Hauptbetriebsstätte im Ausland hat, da bei der Benennung eines inländischen Flugverkehrsdienstleisters auf nationale Haftungsregelungen zurückgegriffen werden kann.[3004] Es erlangt demnach keine Bedeutung, wenn der Schaden in einem Luftraum eintritt, der außerhalb des Hoheitsgebiets eines FABEC-Staates[3005] liegt.[3006]

Der Schadensersatz gemäß Art. 30 Abs. 1 FABEC-Staatsvertrag kann gemäß Art. 30 Abs. 4 FABEC-Staatsvertrag nur für den Schaden geltend gemacht werden, der nicht auf der Grundlage endgültiger gerichtlicher Entscheidungen im Einklang mit dem maßgeblichen innerstaatlichen Recht, dem Völkerrecht oder sonstigen Vorschriften[3007] ersetzt wurde.[3008] Der Geschädigte muss daher erst einmal die innerstaatlichen Prozesse zur Durchsetzung zivilrechtlicher Schadensersatzansprüche[3009] durchlaufen haben, ehe er den Schadensersatz aufgrund der Staatshaftung gemäß Art. 30 Abs. 1 FABEC-Staatsvertrag geltend machen kann.[3010] Dabei ist die Frist aus Art. 30 Abs. 3 FABEC-Staatsvertrag zu wahren.

Grundsätzlich können gemäß Art. 30 Abs. 2 FABEC-Staatsvertrag gegen den tatsächlichen Flugverkehrsdienstleister, seine Beschäftigten oder andere in seinem Auftrag handelnde Personen keine unmittelbaren Ansprüche geltend

---

Deutschland entsprechend § 839 BGB i. V. m. Art. 34 GG für die Amtspflichtverletzung des beliehenen oder benannten Flugverkehrsdienstleisters gegenüber Dritten; *ders.*, S. 151, Fn. 1049.

3004 *Bues*, S. 151 f.

3005 Bspw. wenn sich ein Schaden in den Lufträumen von Monaco oder Liechtenstein ereignet. Zwar zählen diese Luftgebiete zu den FIR der Schweiz bzw. Frankreich, aber es besteht keine Haftung aus Art. 30 FABEC-Staatsvertrag, so *Bues*, S. 152, Fn. 1051.

3006 *Bues*, S. 152.

3007 Zum Beispiel das Übereinkommen zur Vereinheitlichung bestimmter Vorschriften über die Beförderung im internationalen Luftverkehr (Montrealer Übereinkommen) vom 28.05.1999, ABl. EG Nr. L 194 vom 18.06.2001, S. 39. Dieses regelt Haftungsfragen im zivilen internationalen Luftverkehr bzgl. Schäden, die während des Fluges an Personen, Gepäck oder Fracht entstehen; daneben das sogenannte Abkommen über Schäden, die Dritten auf der Erde durch ausländische Luftfahrzeuge zugefügt werden vom 07.10.1952 (Römer Haftungsabkommen), das für Nichtvertragspartner einen Haftungsanspruch bei Schäden durch in der Luft befindliche Luftfahrzeuge begründet; *Bues*, S. 152.

3008 Art. 30 Abs. 4 FABEC-Staatsvertrag.

3009 Unter Ausschöpfung aller Rechtsmittel, so BT-Drs. 17/8726 vom 24.02.2012, S. 34.

3010 Art. 30 Abs. 4 FABEC-Staatsvertrag; BT-Drs. 17/8726 vom 24.02.2012, S. 34.

gemacht werden. Allerdings ist der tatsächliche Flugverkehrsdienstleister gemäß Art. 30 Abs. 6 FABEC-Staatsvertrag zum Regress verpflichtet, denn zum Ausgleich ist der leistende Vertragsstaat berechtigt, Rückgriff gegenüber dem betroffenen Flugverkehrsdienstleister zu nehmen.[3011] Sollte der Flugverkehrsdienstleister seiner Verpflichtung nicht nachkommen, hat der Vertragsstaat der Hauptbetriebsstätte des Flugverkehrsdienstleisters an seiner Stelle Ersatz zu leisten.[3012] Bei Streitigkeiten über die Rückzahlung der Regressansprüche ist gemäß Art. 30 Abs. 7 FABEC-Staatsvertrag ein Schiedsverfahren angedacht. Damit die benannten Flugverkehrsdienstleister möglichen Regressansprüchen begegnen können, haben sie gemäß Art. 30 Abs. 11 FABEC-Staatsvertrag für eine angemessene Deckung der Haftungsansprüche zu sorgen. Dieses Haftungssystem basiert grundsätzlich auf dem Prinzip der deutschen Staatshaftung.[3013]

## IV. Aktueller Stand der funktionalen Luftraumblöcke

Generell kommt es durch die mangelnden Fortschritte bei der Errichtung der funktionalen Luftraumblöcke zu erheblichen Verzögerungen bei der Schaffung des einheitlichen europäischen Luftraumes.[3014] Bis zum 4. Dezember 2012 hätten die EU-Mitgliedstaaten ihre funktionalen Luftraumblöcke entsprechend der Vorgaben gemäß Art. 9a Flugsicherungsdienste-VO[3015] nach der Definition des Art. 2 Nummer 25 Rahmen-VO vollständig umgesetzt haben müssen.[3016] Dazu zählen sowohl der Abschluss und das Inkrafttreten

3011 *Bethkenhagen/von Elm/Nitschke*, ZLW 2011, S. 412 ff. (428); *Bues*, S. 152; BT-Drs. 17/8726 vom 24.02.2012, S. 34 f.; siehe bzgl. der Regressmöglichkeiten im deutschen Recht § 31e LuftVG.

3012 Art. 30 Abs. 6 FABEC-Staatsvertrag; BT-Drs. 17/8726 vom 24.02.2012, S. 34 f.; *Bethkenhagen/von Elm/Nitschke*, ZLW 2011, S. 412 ff. (428).

3013 *Bethkenhagen/von Elm/Nitschke*, ZLW 2011, S. 412 ff. (427); *Müller*, ZLW 2008, S. 179 ff. (183); ähnlich *Bues*, S. 152.

3014 *Schladebach*, Lufthoheit, S. 401; Pressemitteilung der Europäischen Kommission „Einheitlicher europäischer Luftraum: Kommission drängt Deutschland, Belgien, Frankreich, die Niederlande und Luxemburg zu entschlossener Verwirklichung eines gemeinsamen Luftraums“ vom 16.04.2014.

3015 Die Kommission empfiehlt in ihrem geänderten Vorschlag für eine Verordnung des Europäischen Parlaments und des Rates zur Verwirklichung des einheitlichen europäischen Luftraumes vom 22.09.2020, COM(2020) 579 final sogar die Streichung von Art. 9a VO (EG) Nr. 550/2004 in der Fassung Art. 2 Nummer 5 VO (EG) Nr. 1070/2009, so COM(2020) 579 final, S. 125 f.

3016 Pressemitteilung der Europäischen Kommission „Einheitlicher europäischer Luftraum: Kommission drängt Deutschland, Belgien, Frankreich, die Niederlande und

der Staatsverträge für den entsprechenden FAB als auch deren technisch-organisatorische Verwirklichung.[3017] Der funktionale Luftraumblock zwischen den FABEC-Vertragsstaaten wurde förmlich zwar durch ein multilaterales Übereinkommen eingerichtet, das am 1. Juni 2013 in Kraft trat, die mit den Rechtsvorschriften verfolgten Ziele[3018] wurden jedoch aufgrund der schleppenden Umsetzung des FABEC nicht erreicht.[3019] Es kann nicht mit Bestimmtheit gesagt werden, ob der Grund dieser defizitären Praxis an administrativen Schwächen oder der generellen Abneigung der EU-Mitgliedstaaten gegen das Gesamtprojekt liegt.[3020] Als größte Schwierigkeit werden von den EU-Mitgliedstaaten die beanspruchten Zuständigkeiten für die Flugsicherung angegeben.[3021] Die Flugsicherung ist damit trotz FABEC grundsätzlich ein nationales Geschäft geblieben.

---

Luxemburg zu entschlossener Verwirklichung eines gemeinsamen Luftraums" vom 16.04.2014; *Schladebach*, Lufthoheit, S. 401; *Motyka/Njoya*, Journal of Aerospace Technology and Management 2020, S. 1 ff. (4).

3017 *Schladebach*, Lufthoheit, S. 401 f.

3018 Optimierung der Nutzung des Luftraumes und der Flugsicherungsdienste; die Staatenvertreter der am FABEC beteiligten Organisationen einigten sich darauf, für die erste Regulierungsperiode (2012–2014) einen FABEC Performance Plan zu erarbeiten. Dieser enthält den jeweiligen FABEC-Beitrag, um die angestrebten Leistungsziele in den Bereichen Sicherheit, Kapazität, Kosteneffizienz und Umweltbilanz zu erreichen. Der erste FABEC Performance Plan ist abzurufen unter https://www.fabec.eu/images/user-pics/pdf-downloads/performance_plan/01_fabec_performance_plan.pdf, zuletzt abgerufen am 26.03.2023; mittlerweile wurde der FABEC Performance Plan für die dritte Regulierungsperiode (2020–2024) ausgearbeitet. Auch in diesem Leistungsplan werden Zielvorgaben bezüglich der Sicherheit, Kapazität, Kosteneffizienz und Umweltbilanz der Flugsicherung in der EU gemacht. Abzurufen unter https://www.fabec.eu/images/user-pics/pdf-downloads/performance_plan/2020-2024/FABEC%20v2%2021-nov-19%2022-25-38.pdf, zuletzt abgerufen am 26.03.2023. Dieser dritte Leistungsplan wurde im Juli 2022 der EU-Kommission zur Beurteilung vorgelegt.

3019 Europäische Kommission, Factsheet vom 16.07.2015, abzurufen unter https://ec.europa.eu/commission/presscorner/detail/de/MEMO_15_5356, zuletzt abgerufen am 26.03.2023.

3020 *Schladebach*, Lufthoheit, S. 402.

3021 *Bentzien*, ZLW 2013, S. 671 ff. (679); *Schladebach*, Lufthoheit, S. 402; ähnlich Europäische Kommission, Study on Functional Airspace Blocks, Final Report, EC Specific Contract MOVE E2/SER/2016-194/SI2.735467, Januar 2017, S. 5.

Die schleppenden Umsetzungsfortschritte im Bereich der Luftraumblöcke behindern nicht nur die Realisierung des einheitlichen europäischen Luftraumes. Sie reduzieren dadurch auch die Effizienz des gesamten europäischen Flugverkehrsmanagementsystems um etwa 30–40 % der kompletten europäischen Flugsicherungsgebühren und -kosten.[3022] Dies entspricht Verlusten von jährlich ca. fünf Milliarden Euro. Außerdem werden geplante Sicherheitsverbesserungen im einheitlichen europäischen Luftraum dadurch beeinträchtigt.[3023] Durch die Verzögerungen bei der Schaffung des FABEC wird 55 % des europäischen Luftverkehrs beeinträchtigt.[3024]

Obwohl die Anzahl die funktionalen Luftraumblöcke von ursprünglich 69 auf neun Luftraumblöcke verringert wurden, dauert der Prozess zur Schaffung eines einheitlichen europäischen Luftraumes nach der Auffassung der Europäischen Kommission weiterhin an.[3025] Es erfordere weitere Bemühungen, um die Luftraumnutzung und die Flugsicherungsdienste unabhängig der nationalen Grenzen zu optimieren.[3026] Daher wurden von der Kommission förmliche Aufforderungsschreiben verschickt, in denen die Mitgliedstaaten zur Durchführung dieser Aufgaben angehalten werden.[3027] FABEC war der erste funktionale Luftraumblock, dessen beteiligte Mitgliedstaaten von der Europäischen Kommission aus genannten Gründen ein solches förmliches Aufforderungsschreiben erhalten haben.[3028] Damit eröffnete die

3022 Europäische Kommission, Factsheet vom 16.07.2015; Pressemitteilung der Europäischen Kommission „Einheitlicher europäischer Luftraum: Kommission drängt Deutschland, Belgien, Frankreich, die Niederlande und Luxemburg zu entschlossener Verwirklichung eines gemeinsamen Luftraums“ vom 16.04.2014.

3023 Europäische Kommission, Factsheet vom 16.07.2015; Pressemitteilung der Europäischen Kommission „Einheitlicher europäischer Luftraum: Kommission drängt Deutschland, Belgien, Frankreich, die Niederlande und Luxemburg zu entschlossener Verwirklichung eines gemeinsamen Luftraums“ vom 16.04.2014.

3024 Europäische Kommission, Factsheet vom 16.07.2015.

3025 *Bentzien*, ZLW 2013, S. 671 ff. (679).

3026 Pressemitteilung der Europäischen Kommission „Einheitlicher europäischer Luftraum: Kommission drängt Deutschland, Belgien, Frankreich, die Niederlande und Luxemburg zu entschlossener Verwirklichung eines gemeinsamen Luftraums“ vom 16.04.2014.

3027 Pressemitteilung der Europäischen Kommission „Einheitlicher europäischer Luftraum: Kommission drängt Deutschland, Belgien, Frankreich, die Niederlande und Luxemburg zu entschlossener Verwirklichung eines gemeinsamen Luftraums“ vom 16.04.2014.

3028 Pressemitteilung der Europäischen Kommission „Einheitlicher europäischer Luftraum: Kommission drängt Deutschland, Belgien, Frankreich, die Niederlande und

Europäische Kommission gegenüber der Bundesrepublik Deutschland ein EU-Pilotverfahren (Vorverfahren zu einem Vertragsverletzungsverfahren). Aus Sicht der Bundesregierung war FABEC durch die ratifizierten staatsvertraglichen Regelungen hingegen als arbeitsfähig einzustufen und sie sah keinerlei weitergehende Verpflichtungen bei der Einrichtung von FABs.[3029] Im Juli 2015 eröffnete die Europäische Kommission schließlich ein Vertragsverletzungsverfahren gegen Deutschland, Belgien, Frankreich, Luxemburg und die Niederlande wegen der nicht zeitgemäßen Einrichtung des funktionalen Luftraumblocks.[3030] Belgien, Frankreich, Deutschland, Luxemburg und die Niederlande hatten anschließend zwei Monate Zeit, um der Kommission mitzuteilen, welche Maßnahmen sie zur Behebung der bestehenden Mängel ergriffen haben.[3031] Aktuell liegt in der Sache die begründete Stellungnahme[3032] der Europäischen Kommission vor und das Verfahren wird weiterhin als „anhängig" geführt.[3033] Als nächsten Schritt kann die

---

Luxemburg zu entschlossener Verwirklichung eines gemeinsamen Luftraums" vom 16.04.2014.

3029 Deutscher Bundestag, Antwort der Bundesregierung auf die Kleine Anfrage der Abgeordneten Uwe Beckmeyer, Sören Bartol, Martin Burkert, weiterer Abgeordneter und der Fraktion der SPD, Stand der Einrichtung funktionsfähiger Luftraumblöcke in Europa vom 08.04.2013, BT-Drs. 17/13002, S. 4.

3030 Europäische Kommission, Factsheet vom 16.07.2015, https://ec.europa.eu/commission/presscorner/detail/de/MEMO_15_5356, zuletzt abgerufen am 04.03.2023; Verfahrensnummer 2014/2094, Deutscher Bundestag, Antwort der Bundesregierung auf die Kleine Anfrage der Abgeordneten Oliver Krischer, Dr. Valerie Wilms, Stephan Kühn (Dresden), weiterer Abgeordneter und der Fraktion Bündnis 90/Die Grünen – Drucksacke 18/10128 –, Klage der EU-Kommission gegen die Pkw-Maut der Bundesregierung, BT-Drs. 18/10317 vom 11.11.2016, S. 5.

3031 Europäische Kommission, Factsheet vom 16.07.2015, https://ec.europa.eu/commission/presscorner/detail/de/MEMO_15_5356, zuletzt abgerufen am 04.03.2023.

3032 Vgl. Art. 258 Abs. 1 AEUV.

3033 Siehe dazu die Datenbank der Europäischen Kommission, abzurufen unter https://ec.europa.eu/atwork/applying-eu-law/infringements-proceedings/infringement_decisions/index.cfm?lang_code=DE&typeOfSearch=true&active_only=1&noncom=0&r_dossier=INFR%282014%292094&decision_date_from=&decision_date_to=&title=&submit=Suche, zuletzt abgerufen am 31.03.2023; ebenso Deutscher Bundestag, Schriftliche Fragen mit den in der Woche vom 09.03.2021 eingegangenen Antworten der Bundesregierung, BT-Drs. 19/27531 vom 12.03.2021, S. 60.

Europäische Kommission den Gerichtshof der Europäischen Union anrufen.[3034] Im Jahr 2019[3035] waren neun FABs in Betrieb.[3036]

In dem geänderten Vorschlag der Kommission[3037] aus dem Jahr 2020 sind keinerlei Regelungen mehr bezüglich der funktionalen Luftraumblöcke enthalten und es wird vorgeschlagen, die Verpflichtung zur Schaffung der FABs aufzuheben.[3038] Der Vorschlag der Kommission will Art. 9a Flugsicherungsdienste-VO[3039] streichen.[3040] Das Fehlen entsprechender Vorschriften soll die Mitgliedstaaten jedoch nicht daran hindern, Luftraumblöcke bei Bedarf einzurichten oder diese beizubehalten.[3041]

## E. Zusammenfassung des Kapitels

Die Idee zur Schaffung funktionaler Luftraumblöcke resultiert aus dem Gedanken, dass größere Bereiche des Luftraumes als ein einziges betriebliches Ganzes organisiert werden, ohne dass die Staatsgrenzen dabei Berücksichtigung finden. Ein zentrales Merkmal eines funktionalen Luftraumblocks besteht darin, dass seine Einrichtung unter Berücksichtigung des Verkehrsflusses erfolgt und sich nicht an dem Verlauf der Staatsgrenzen orientiert. Die Luftraumblöcke stellen daher einen entscheidenden Schritt auf dem Weg zu einem kostengünstigeren, effizienteren und umweltfreundlicheren Luftverkehrssystem in Europa dar. Schließlich bieten solche Luftraumblöcke verschiedene Vorteile, bspw. erhöhte Sicherheitsstandards, geringere Kosten und weniger Kraftstoffverbrauch durch eine direktere Streckenführung, die zu geringeren Verspätungen führen. Daraus resultieren zudem weniger Schadstoffemissionen und Lärmbelästigungen, was sich umweltschonend auswirkt. Bereits in den 1930er-Jahren wurde die Idee der Schaffung und

3034 Vgl. Art. 258 Abs. 2 AEUV; Europäische Kommission, Factsheet vom 16.07.2015, https://ec.europa.eu/commission/presscorner/detail/de/MEMO_15_5356, zuletzt abgerufen am 04.03.2023.

3035 Und auch im Jahr 2023.

3036 *Motyka/Njoya*, Journal of Aerospace Technology and Management 2020, S. 1 ff. (4).

3037 Geänderter Vorschlag für eine Verordnung des Europäischen Parlaments und des Rates zur Verwirklichung des einheitlichen europäischen Luftraumes vom 22.09.2020, COM(2020) 579 final.

3038 COM(2020) 579 final, S. 9.

3039 In der Fassung Art. 2 Abs. 5 VO (EG) Nr. 1070/2009.

3040 COM(2020) 579 final, S. 125 f.

3041 COM(2020) 579 final, S. 9.

Überwachung eines gemeinsamen europäischen Luftraumes diskutiert. Der Ansatz wurde jedoch verworfen, da weder die politische Einsicht zur Notwendigkeit noch die Bereitschaft zur Aufgabe von Hoheitsrechten und -befugnissen der Staaten vorhanden waren.[3042] Das Konzept der funktionalen Luftraumblöcke wurde schließlich 2004 durch das erste Verordnungspaket zu einem einheitlichen europäischen Luftraum begründet und durch das zweite Verordnungspaket im Jahre 2009 modifiziert und weiterentwickelt.

Die Errichtung der funktionalen Luftraumblöcke wird in der Flugsicherungsdienste-VO geregelt. Im Jahr 2023 waren neun funktionalen Luftraumblöcke in Betrieb.

Die Bundesrepublik Deutschland beteiligt sich gemeinsam mit dem Königreich Belgien, der Französischen Republik, dem Königreich der Niederlande, dem Großherzogtum Luxemburg und der Schweizerischen Eidgenossenschaft am Functional Airspace Block Europe Central (FABEC). Die sechs beteiligten Staaten konnten nach nur zweijährigen Verhandlungen am 2. Dezember 2010 den „Vertrag über die Errichtung des Funktionalen Luftraumblocks Europe Central“ unterzeichnen. FABEC wurde durch ein multilaterales Übereinkommen eingerichtet, das am 1. Juni 2013 in Kraft trat. Damit schufen die sechs beteiligten Staaten die Grundlage für einen einheitlichen europäischen Luftraum in der Mitte Europas. Dieses Luftraumgebiet hat für den Luftverkehr eine besondere Bedeutung, da hier eine der höchsten Verkehrsdichten weltweit herrscht und für die nächsten Jahre ein weiterer Anstieg des Verkehrsaufkommens prognostiziert wird.

Die generellen Ziele des FABEC werden in Art. 6 FABEC-Staatsvertrag aufgezählt. Danach soll durch FABEC erreicht werden, dass durch die Gestaltung des Luftraumes und die Organisation des Flugverkehrsmanagements im betroffenen Luftraum, ungeachtet bestehender Grenzen, eine optimale Leistung in den Bereichen Sicherheit, nachhaltige Entwicklung, Kapazität, Kosten- und Flugeffizienz und Wirksamkeit militärischer Missionen besteht. Um diese Ziele des FABEC zu erreichen, verpflichten sich die beteiligten Vertragsstaaten, insbesondere auf den Gebieten Luftraum, Harmonisierung der Regeln und Verfahren, Erbringung von Flugsicherungsdiensten, Zusammenarbeit zwischen zivilen und militärischen Stellen, Gebühren, Aufsicht, Leistung und Lenkung zusammenzuarbeiten und geeignete Maßnahmen im Einklang mit ihren jeweiligen innerstaatlichen Verfahren zu ergreifen (Art. 7 FABEC-Staatsvertrag). Darüber hinaus regelt der FABEC-Staatsvertrag

3042 Siehe auch *Fritzsche*, S. 46.

weitere Aufgabenbereiche, z. B. die Erbringung von Flugsicherungsdiensten (Art. 11 ff. FABEC-Staatsvertrag), die Aufsicht über die Flugsicherungsorganisationen (Art. 19 ff. FABEC-Staatsvertrag) und die Begründung eines Haftungssystems (Art. 30 FABEC-Staatsvertrag).

Aktuell läuft ein Vertragsverletzungsverfahren gegen die EU-Mitgliedstaaten des FABEC, da der Europäischen Kommission dessen Umsetzung zu schleppend vorangeht. Außerdem empfiehlt der geänderte Vorschlag der Kommission aus dem Jahr 2020, die Verpflichtung zur Schaffung der FABs aufzuheben und will daneben Art. 9a Flugsicherungsdienste-VO komplett streichen. Nichtsdestotrotz bedeutet das Fehlen entsprechender Vorschriften nicht, dass die EU-Mitgliedstaaten daran gehindert werden, entsprechende Luftraumblöcke bei Bedarf einzurichten oder diese beizubehalten. Über diesen Vorschlag wird noch diskutiert.

# Kapitel 10: 4-D-Flugführung, Drohnen, Brexit

Dieses Kapitel zeigt die Entwicklungen in anderen zukunftsträchtigen Bereichen der Luftfahrt auf. Daneben wird auf die Entscheidung des Vereinigten Königreichs von Großbritannien und Nordirland eingegangen, die Europäische Union zu verlassen.

## A. 4-D-Flugführung

Die aussichtsreichste Veränderung ist die Umstellung der traditionell luftraumorientierten Flugsicherung[3043] auf eine Gate-to-Gate-Betreuung.[3044] Dies setzt allerdings voraus, dass die Flüge nicht nur planerisch abgestimmt werden, sondern auch, dass eine zentrale Datenbasis vorhanden sein muss, in der alle 4-D-Flugplandaten (Trajektorien) operativ dargestellt und miteinander koordiniert werden können.[3045] Die 4-D-Flugführung zählt daher zu den Hauptpfeilern des SESAR-Projekts.[3046] Dabei wird die Zeit als vierte Dimension in die Flugführung mit einbezogen, wodurch verglichen mit den bisherigen Systemen ein äußerst genauer und auch vorhersagbarer Flugweg des Luftfahrzeuges festgelegt werden kann.[3047] Dieser Flugweg kann zur Gewährleistung des bestmöglichen Flugbetriebes an die Kontrollzentralen gemeldet werden.[3048] Als grundsätzliche Vorteile der 4-D-Flugführung werden die Verbesserung des Flugbetriebs durch die Erhöhung der allgemeinen Vorhersehbarkeit des Verkehrs genannt, ebenso wie reduzierte Emissionen

---

3043 Radarlotse plus Centerlotse sichern den Luftverkehr in einem bestimmten Sektor, siehe dazu näher Kapitel 4, A., I.

3044 *Brützel*, Aviation Management Single European Sky – eine Tragödie in mehreren Akten!?, Teil 1 vom 14.09.2016.

3045 *Brützel*, Aviation Management Single European Sky – eine Tragödie in mehreren Akten!?, Teil 1 vom 14.09.2016.

3046 MEMO/13/666 der Europäischen Kommission vom 10.07.2013 „Europäische Kommission investiert 600 Millionen Euro in neue Forschungen zur Verringerung der Überlastung des europäischen Luftraumes“, S. 3, abzurufen unter http://europa.eu/rapid/press-release_MEMO-13-666_de.htm, zuletzt am 31.01.2023.

3047 MEMO/13/666 der Europäischen Kommission vom 10.07.2013, S. 3.

3048 MEMO/13/666 der Europäischen Kommission vom 10.07.2013, S. 3.

und Kosten, eine leichtere Verkehrsabwicklung für die Fluglotsen[3049] und bessere Dienstleistungen.[3050]

„SWIM“[3051] begründet das System, in dem innerhalb von Augenblicken wichtige Informationen ausgetauscht werden können, also eine gemeinsame Datenbasis von Flughäfen, Luftraumnutzern, Wetter- und Flugsicherungsdiensten, die alle koordinierten Flugpläne vollständig und überschneidungsfrei sowie alle Flüge und das sich daraus ergebende Luftlagebild in Echtzeit zeigt.[3052] Das Informationsmanagement im europäischen ATM-System erfährt dadurch eine grundlegende Veränderung.[3053] Dabei ist zu bedenken, dass ein solches System es nicht ausschließlich den Fluglotsen gestattet, auf die Daten zuzugreifen und Flüge vom Start bis zur Landung zu kontrollieren und zu navigieren, sondern eine solche Zugriffsmöglichkeit dann ebenso aufseiten der Fluggesellschaften besteht.[3054] Solange sich alle Flüge auf der im Gesamtsystem dargestellten Flugbahn befinden, bedarf es keinerlei weiterer Schritte; wenn sich allerdings das Luftlagebild verändert und Abweichungen gegenüber dem System festgestellt werden, kann das System mögliche Konflikte erkennen und Lösungen anbieten.[3055] Außerdem werden keinerlei starre Verkehrswege mehr zur Koordination der Flüge benötigt und die durch Flugroutenverkürzungen ausgelösten Effizienzsteigerungen werden mit bis zu 15 % beziffert.[3056] Grundsätzlich werden durch dieses Vorgehen für einen Großteil der IFR-Flüge die Fluglotsendienste entbehrlich; vor allem werden diese Dienste entbehrlich, wenn das auf die integrierte Datenbasis SWIM aufbauende „Airborne Separation Assurance System

---

3049 Da die Informationen lange im Voraus kommen und weniger Konflikte entstehen.

3050 https://www.skybrary.aero/index.php/4D_Trajectory_Concept, zuletzt abgerufen am 13.03.2023.

3051 Englische Abkürzung für „System-Wide Information System“.

3052 *Brützel*, Aviation Management Single European Sky – eine Tragödie in mehreren Akten!?, Teil 1 vom 14.09.2016; MEMO/13/666 der Europäischen Kommission vom 10.07.2013, S. 4.

3053 MEMO/13/666 der Europäischen Kommission vom 10.07.2013, S. 4.

3054 Sowohl im Cockpit als auch am Boden im Operations Control Centre; *Brützel*, Aviation Management Single European Sky – eine Tragödie in mehreren Akten!?, Teil 1 vom 14.09.2016.

3055 *Brützel*, Aviation Management Single European Sky – eine Tragödie in mehreren Akten!?, Teil 1 vom 14.09.2016.

3056 *Brützel*, Aviation Management Single European Sky – eine Tragödie in mehreren Akten!?, Teil 1 vom 14.09.2016.

(ASAS)“[3057] den Luftraumnutzern die Option eröffnet, systemunterstützt den Flugweg in den vier Dimensionen selbst zu optimieren und auch gefährliche Annäherungen zu vermeiden, also selbständig zu kontrollieren.[3058]

Dabei ist allerdings auch zu beachten, dass derartig fortschrittliche Herangehensweisen sich in einer so standardisierten Flugsicherungsindustrie zwar theoretisch durchdenken, aber nur schwer und langsam realisieren lassen, da dazu grundsätzlich die globalen Vorgaben angepasst werden müssten.[3059] Weiterhin ist zu berücksichtigen, dass es gute Gründe gibt, dass die Flugsicherungslandschaft auch heute noch weitestgehend nach diesen alten Mustern, Methoden und Standards agiert.[3060] Schließlich löst in kaum einer anderen Industrie eine auch noch so winzige Änderung der gelebten Prozesse und der geübten Routine eine solche Ungewissheit und damit auch Unsicherheit aus wie auf dem Gebiet der daher veränderungsresistenten Flugsicherung.[3061]

Das wohl dramatischste Beispiel einer solchen Regeländerung ist der Zusammenstoß zweier Verkehrsflugzeuge im Luftraum im Bereich der deutsch-schweizerischen Grenze im Juli 2002.[3062] Nachdem flächendeckend die vorgeschriebene Einführung eines Kollisionswarnsystems, eines sogenannten „Technical Collision Avoidance Systems (TCAS)“ durchgeführt worden war, wurde von ICAO-Seite beschlossen, dass zukünftig die Luftfahrzeugführer im

---

3057 Vgl. http://www.skybrary.aero/index.php/Airborne_Separation_Assurance_Systems_(ASAS), zuletzt abgerufen am 03.03.2023.

3058 *Brützel*, Aviation Management Single European Sky – eine Tragödie in mehreren Akten!?, Teil 1 vom 14.09.2016.

3059 *Brützel*, Aviation Management Single European Sky – eine Tragödie in mehreren Akten!?, Teil 1 vom 14.09.2016.

3060 Grundsätzlich beruhen viele Regelungen noch auf dem Chicagoer Abkommen und seinen Anhängen. Das ICAO-Dokument 4444 zu den Prozessen der Flugsicherung regelt bspw. in Kapitel 12 die Phraseologie zwischen Luftfahrzeugführer und Fluglotsen ins kleinste Detail, abzurufen unter https://www.skybrary.aero/sites/default/files/bookshelf/3584.pdf, zuletzt abgerufen am 01.03.2023; so auch *Brützel*, Aviation Management Single European Sky – eine Tragödie in mehreren Akten!?, Teil 1 vom 14.09.2016.

3061 *Brützel*, Aviation Management Single European Sky – eine Tragödie in mehreren Akten!?, Teil 1 vom 14.09.2016.

3062 Zum Unglück von Überlingen, siehe Untersuchungsbericht AX001-1-1-2/002 vom Mai 2004, Bundesstelle für Flugunfalluntersuchung, Unfall nahe Überlingen/Bodensee, abzurufen unter https://www.bfu-web.de/DE/Publikationen/Untersuchungsberichte/2002/Bericht_02_AX001-1-2.pdf?__blob=publicationFile, zuletzt abgerufen am 23.03.2023.

Falle eines drohenden Zusammenstoßes nicht die Ansagen des Fluglotsen befolgen sollten, sondern sich nach den Systemanweisungen richten sollten.[3063] Tragischerweise hatten im beschriebenen Beispiel lediglich die Luftfahrzeugführer des einen Luftfahrzeuges, nämlich des DHL-Flugzeuges, bereits das entsprechende Training zu dieser Neuerung erhalten.[3064] Der Kapitän dieses Flugzeuges folgte nach einem Signal des TCAS, auf Kollisionskurs mit einem anderen Flugzeug zu sein, den Anweisungen des Systems und sank.[3065] Die Luftfahrzeugführer der kasachischen Passagiermaschine hingegen waren in die Neuerung noch nicht eingewiesen worden und sanken auf Anweisung des Fluglosten ebenfalls, obwohl das TCAS sie anwies, in den Steigflug zu gehen, ohne dem Lotsen diesen Widerspruch mitzuteilen.[3066]

Grundsätzlich sind laut TCAS-Handbuch Flugmanöver, die dem TCAS zuwiderlaufen, verboten. Die Anweisungen der kasachischen Crew weisen allerdings den Kontakt zur Flugsicherung als wichtigstes Hilfsmittel mit höchster Bedeutung aus.[3067] Daran lässt sich gut erkennen, dass auch die besten technischen Hilfsmittel die Sicherheit im Luftverkehr nur dann gewährleisten können, wenn die Regelungen international übereinstimmen und kongruent angewendet werden. Das gilt auch für die 4-D-Flugführung, die in der Theorie eine große Erleichterung verspricht und auch schon in verschiedenen Tests ihre Vorteile bewiesen hat.[3068] Bis dieses System flächendeckend und sicher eingesetzt werden kann, wird aber sicherlich noch einige Zeit vergehen. Denn, wie die Flugzeugkollision von Überlingen zeigt, gibt es im Luftverkehr keine zweite Chance.

---

3063 Untersuchungsbericht AX001-1-1-2/002 vom Mai 2004, Bundesstelle für Flugunfalluntersuchung, Unfall nahe Überlingen/Bodensee, S. 115; ebenso *Brützel*, Aviation Management Single European Sky – eine Tragödie in mehreren Akten!?, Teil 1 vom 14.09.2016.

3064 Untersuchungsbericht AX001-1-1-2/002 vom Mai 2004, Bundesstelle für Flugunfalluntersuchung, Unfall nahe Überlingen/Bodensee, S. 113; ebenso *Brützel*, Aviation Management Single European Sky – eine Tragödie in mehreren Akten!?, Teil 1 vom 14.09.2016.

3065 Untersuchungsbericht AX001-1-1-2/002 vom Mai 2004, Bundesstelle für Flugunfalluntersuchung, Unfall nahe Überlingen/Bodensee, S. 115.

3066 Untersuchungsbericht AX001-1-1-2/002 vom Mai 2004, Bundesstelle für Flugunfalluntersuchung, Unfall nahe Überlingen/Bodensee, S. 113 ff.; ähnlich bei *Brützel*, Aviation Management Single European Sky – eine Tragödie in mehreren Akten!?, Teil 1 vom 14.09.2016.

3067 Untersuchungsbericht AX001-1-1-2/002 vom Mai 2004, Bundesstelle für Flugunfalluntersuchung, Unfall nahe Überlingen/Bodensee, S. 113.

3068 MEMO/13/666 der Europäischen Kommission vom 10.07.2013, S. 3.

## B. Unbemannte Luftfahrzeuge „Drohnen“

Zusätzlich zu dem wachsenden Luftverkehr nimmt am europäischen Himmel auch der Verkehr an unbemannten Flugobjekten zu. Passagiermaschinen und Frachtmaschinen, Hubschrauber und Kleinflugzeuge werden sich den Himmel über Europa in Zukunft mit unbemannten Luftfahrzeugen (Drohnen)[3069] teilen müssen.[3070] Grundsätzlich wurden die ferngesteuerten Drohnen für militärische Zwecke entwickelt, ihre zivile Nutzung nimmt jedoch sowohl im Privat- als auch im Dienstleistungsbereich rasant zu.[3071] Insbesondere große Unternehmen wie DHL[3072], UPS[3073] oder Amazon[3074] experimentieren mit Drohnen, die die Waren direkt zum Kunden transportieren sollen. Während DHL[3075] die Drohnenpläne

---

3069 Als „Drohnen“ werden unbemannte Luftfahrzeuge oder Flugsysteme (Unmanned Aircraft Systems, kurz UAS, siehe dazu ausf. International Civil Aviation Organization 2011, ICAO Circular 328-AN/190, Unmanned Aircraft Systems (UAS), S. x: „An aircraft and its associated elements which are operated with no pilot on board.“) benannt, die entweder autonom ohne einen Piloten fliegen (International Civil Aviation Organization 2011, ICAO Circular 328-AN/190, Autonomous aircraft, S. ix: „An unmanned aircraft that does not allow pilot intervention in the management of the flight.“) oder durch einen Piloten ferngesteuert werden (Remotely Piloted Aircraft System, kurz RPAS, siehe dazu auch International Civil Aviation Organization 2011, ICAO Circular 328-AN/190, Unmanned Aircraft Systems (UAS) S. x: „Remotely-piloted aircraft system. A set of configurable elements consisting of a remotely-piloted aircraft, its associated remote pilot station(s), the required command and control links and any other system elements as may be required, at any point during flight operation.“), https://www.icao.int/Meetings/UAS/Documents/Circular%20328_en.pdf, zuletzt abgerufen am 24.03.2023.

3070 *Nader/Reichert*, CepInput, Drohnen im europäischen Luftraum, 2016, S. 3.

3071 *Nader/Reichert*, CepInput, Drohnen im europäischen Luftraum, 2016, S. 3.

3072 DHL-Pressemitteilung vom 09.05.2016: „Einbindung des DHL-Paketkopters in die Logistikkette erfolgreich getestet“, abzurufen unter https://www.dpdhl.com/de/presse/pressemitteilungen/2016/einbindung-dhl-paketkopter-logistikkette-erfolgreich-getestet.html, zuletzt abgerufen am 04.03.2023.

3073 Auch UPS erwägt Paket-Zustellung mit Mini-Drohnen, FAZ vom 03.12.2013, https://www.faz.net/aktuell/wirtschaft/unternehmen/logistik-auch-ups-erwaegt-paket-zustellung-mit-mini-drohnen-12693612.html, zuletzt abgerufen am 04.03.2023.

3074 Mitteilung vom 15.12.2016, Amazon liefert erste Bestellung per Drohne im Vereinigten Königreich aus, dazu https://www.heise.de/newsticker/meldung/Amazon-liefert-erste-Bestellung-per-Drohne-in-Grossbritannien-aus-3570750.html, zuletzt abgerufen am 19.03.2023.

3075 DHL gibt Drohnenpläne auf vom 08.08.2021, abzurufen unter https://www.spiegel.de/wirtschaft/ausgeflogen-dhl-gibt-drohnenplaene-auf-a-aeb5a25d-3c3e-4f8a-8825-15ba53d12826, zuletzt abgerufen am 28.03.2023.

wieder aufgegeben hat, verfolgen UPS[3076] und Amazon[3077] diese auch weiterhin. Facebook[3078] hingegen plante, mithilfe von Drohnen den Internetzugang in entlegenen Gebieten und Regionen mit schwacher Infrastruktur und unabhängig von bestehenden Kabel- und Funknetzen zu revolutionieren.[3079] Durch die Zunahme des Drohnenverkehrs in der Luft nehmen auch die an den Luftverkehr gestellten Herausforderungen eher zu als ab. Denn trotz aller Vielseitigkeit, neuer Möglichkeiten und unterschiedlicher Einsatzgebiete der Drohnen existierten bisher weder auf europäischer noch auf internationaler Ebene einheitliche Regeln für ihren Einsatz. Zu Recht betrachtete die Europäische Kommission daher Drohnen als einen Teil einer neuen Luftfahrtära[3080] und hat sie Ende 2015 zum Gegenstand ihrer „Luftfahrtstrategie für Europa"[3081] gemacht. Gemäß der im Jahr 2018 erlassenen Grundverordnung VO (EU) 2018/1139[3082] unterliegen

---

3076 UPS Flight Forward und Wingcopter entwickeln vielseitige neue Drohnenflotte vom 24.03.2020, abzurufen unter https://about.ups.com/de/de/newsroom/press-releases/customer-first/ups-flight-forward-and-wingcopter-to-develop-versatile-new-drone-fleet.html, zuletzt abgerufen am 28.03.2023.

3077 Pilotprojekt gestartet: Amazon liefert Pakete mit Drohnen – binnen 60 Minuten, abzurufen unter https://t3n.de/news/amazon-prime-air-pilotprojekt-pakete-drohnen-1524138/ vom 31.12.2022, zuletzt abgerufen am 28.03.2023.

3078 Sog. „telecommunications relay", Mitteilung der BBC „Facebook builds drone for internet access" vom 30.07.2015, abzurufen unter http://www.bbc.com/news/technology-33728704; Facebook: Riesige Drohne für „Internet für alle" vom 31.07.2016, online abrufbar unter https://www.heise.de/newsticker/meldung/Facebook-Riesige-Drohne-fuer-Internet-fuer-alle-2765946.html, beide zuletzt abgerufen am 19.03.2023. Den Testflug absolvierte die Facebook Internet-Drohne namens „Aquila" im Juli 2016. Nach 96 Minuten endete der Testflug mit einer Bruchlandung.

3079 Das Vorhaben hat Facebook mittlerweile wieder aufgegeben, dazu „Facebook gibt Projekt für Internet-Drohne auf", Spiegel-Mitteilung vom 28.06.2018, abzurufen https://www.spiegel.de/netzwelt/web/aquila-facebook-gibt-projekt-fuer-internet-drohne-auf-a-1215435.html, zuletzt abgerufen am 24.03.2023.

3080 In der ersten Mitteilung der Kommission an das Europäische Parlament und den Rat, Ein neues Zeitalter der Luftfahrt – Öffnung des Luftverkehrsmarktes für eine sichere und nachhaltige zivile Nutzung pilotenferngesteuerter Luftfahrtsysteme vom 08.04.2014, COM(2014) 207 final, wurden die Grundlagen dieser Politik gelegt.

3081 Mitteilung der Kommission an das Europäische Parlament, den Rat, den Europäischen Wirtschafts- und Sozialausschuss und den Ausschuss der Regionen, Eine Luftfahrtstrategie für Europa vom 07.12.2015, COM(2015) 598 final, S. 14.

3082 VO (EU) 2018/1139 des Europäischen Parlaments und des Rates vom 04.07.2018 zur Festlegung gemeinsamer Vorschriften für die Zivilluftfahrt und zur Errichtung einer Agentur der Europäischen Union für Flugsicherheit sowie zur Änderung der VO (EG) Nr. 2111/2005, (EG) Nr. 1008/2008, (EU) Nr. 996/2010, (EU) Nr. 376/2014

alle Drohnen unabhängig von ihrem Gewicht den harmonisierten Sicherheitsvorschriften der Union.[3083] Auf diesen Sicherheitsanforderungen aufbauend und in Übereinstimmung mit dem risikobasierten, betriebsbezogenen Ansatz[3084], der der Grundverordnung zugrunde liegt, erließ die Kommission im Jahr 2019 diverse Vorschriften[3085] zur Regelung der Aktivitäten im Zusammenhang mit Drohnen und deren Betrieb.[3086] Um die Sicherheit des Drohnenbetriebs im Luftraum zu garantieren, wurden im Jahr 2021 außerdem im Hinblick auf das Flugverkehrsmanagementsystem für Drohnen drei Durchführungsverordnungen[3087]

---

und der Richtlinien 2014/30/EU und 2014/53/EU des Europäischen Parlaments und des Rates, und zur Aufhebung der VO (EG) Nr. 552/2004 und (EG) Nr. 216/2008 des Europäischen Parlaments und des Rates und der VO (EWG) Nr. 3922/91 des Rates, ABl. EU Nr. L 212 vom 22.08.2018, S. 1 ff., in der konsolidierten Fassung vom 25.07.2021.

3083 Mitteilung der Kommission an das Europäische Parlament, den Rat, den Europäischen Wirtschafts- und Sozialausschuss und den Ausschuss der Regionen, Eine Drohnenstrategie 2.0 für ein intelligentes, nachhaltiges Ökosystem für unbemannte Luftfahrzeuge in Europa vom 29.11.2022, COM(2022) 652 final, S. 2.

3084 Das bedeutet, dass damit den unterschiedlichen Gefahren in den verschiedenen Bereichen der Zivilluftfahrt Rechnung getragen wird. Bspw. gelten für Hubschrauber oder leichte Sportflugzeuge einfachere und kostengünstigere Genehmigungsverfahren als im gewerblichen Luftverkehr, so https://www.consilium.europa.eu/de/policies/drones/, zuletzt abgerufen am 23.03.2023.

3085 DVO (EU) 2019/947 der Kommission vom 24.05.2019 über die Vorschriften und Verfahren für den Betrieb unbemannter Luftfahrzeuge, ABl. EU Nr. L 152 vom 11.06.2019, S. 45–71, aktuelle konsolidierte Fassung vom 04.04.2022; delegierte VO (EU) 2019/945 der Kommission vom 12.03.2019 über unbemannte Luftfahrzeugsysteme und Drittlandbetreiber unbemannter Luftfahrzeugsysteme, ABl. EU Nr. L 152 vom 11.06.2019, S. 1–40, aktuelle konsolidierte Fassung vom 09.08.2020.

3086 COM(2022) 652 final, S. 2.

3087 DVO (EU) 2021/664 der Kommission vom 22.04.2021 über einen Rechtsrahmen für den U-Space, ABl. EU Nr. L 139 vom 23.04.2021, S. 161–183; DVO (EU) 2021/665 der Kommission vom 22.04.2021 zur Änderung der DVO (EU) 2017/373 der Kommission hinsichtlich der Anforderungen an Anbieter, die Flugverkehrsmanagementdienste/Flugsicherungsdienste und sonstige Netzfunktionen des Flugverkehrsmanagements in dem im kontrollierten Luftraum ausgewiesenen U-Space-Luftraum erbringen, ABl. EU Nr. L 139 vom 23.04.2021, S. 184–186; DVO (EU) 2021/666 der Kommission vom 22.04.2021 zur Änderung der VO (EU) Nr. 923/2012 hinsichtlich der Anforderungen an den Flugbetrieb der bemannten Luftfahrt im U-Space-Luftraum, ABl. EU Nr. L 139 vom 23.04.2021, S. 187–188.

zum U-Space[3088] erlassen.[3089] Auf europäischer Ebene wurde von SESAR JU ein Konzeptpapier[3090] vorgelegt, das eine schrittweise Umsetzung des U-Space vorsieht.[3091] Damit soll eine europaweite Verbesserung der Sicherheit im bodennahen Luftraum bis zu einer Flughöhe vom 150 m (U-Space) erreicht werden.[3092] Der Blueprint schlägt die Umsetzung von vier Gruppen von Diensten zur Unterstützung der EU-Luftfahrtstrategie und des Rechtsrahmens für Drohnen vor.[3093] Die Umsetzung beginnt mit U1 „U-space foundation services“[3094], die die elektronische Registrierung und Identifizierung und Geofencing beinhaltet.[3095] U2 „U-Space initial services“ sieht die Unterstützung des Drohnenbetriebes und dessen Management vor und beinhaltet Flugplanung, Genehmigungen, Ortung, dynamische Luftrauminformationen und Schnittstellen mit ATC.[3096] Das Konzeptpapier sieht unter U3 „U-space advanced services“ die Unterstützung komplexer Operationen in dicht beflogenen Lufträumen vor und beinhaltet dabei das Kapazitätsmanagement und Assistenz bei der Konflikterkennung (detect

---

3088 U-Space beschreibt eine Reihe neuer Dienste, die auf einem hohen Maß an Digitalisierung und Automatisierung von Funktionen und spezifischen Verfahren beruhen und den sicheren, effizienten und geschützten Zugang zum Luftraum für eine große Anzahl von Drohnen erleichtern und unterstützen sollen. Der U-Space bietet den Rahmen, der jede Art von Routinemission in allen Luftraumklassen und in jeder Umgebung (auch in den stark überlasteten) erleichtern soll, wobei eine geeignete Schnittstelle zur bemannten Luftfahrt und zur Flugsicherung geschaffen wird, so https://www.sesarju.eu/U-space, zuletzt abgerufen am 23.03.2023; sehr ausf. dazu *Worpenberg/Valentiner/Johannsen/Goldberg*, NVwZ – Extra 2022, S. 1 ff. (1 ff.).

3089 COM(2022) 652 final, S. 2.

3090 SESAR JU, „U-space blueprint“ 2017, abzurufen unter https://www.sesarju.eu/u-space-blueprint; https://www.sesarju.eu/sites/default/files/documents/reports/U-space%20Blueprint%20brochure%20final.PDF, beide zuletzt abgerufen am 24.03.2023.

3091 Gestaffelt von U1 bis U4, siehe U-space blueprint, S. 5.

3092 Pressemitteilung der Europäischen Kommission „Luftfahrt: Europäische Kommission gibt Drohnenbranche Auftrieb“ vom 16.06.2017.

3093 https://www.sesarju.eu/U-space, zuletzt abgerufen am 23.03.2023.

3094 Umsetzung bis 2019, siehe U-space blueprint, S. 6; Pressemitteilung der Europäischen Kommission „Luftfahrt: Europäische Kommission gibt Drohnenbranche Auftrieb“ vom 16.06.2017.

3095 U-space blueprint, S. 5; ebenso https://www.sesarju.eu/U-space, zuletzt abgerufen am 23.03.2023.

3096 U-space blueprint, S. 5; ebenso https://www.sesarju.eu/U-space, zuletzt abgerufen am 23.03.2023.

and avoid).[3097] Schließlich sollen über U4 „U-space full service“ integrierte Schnittstellen mit der bemannten Luftfahrt angeboten werden, die die volle Einsatzfähigkeit unterstützen und sich auf ein hohes Niveau von Automatisierung, Konnektivität und Digitalisierung sowohl für die Drohne als auch für das U-space System stützen können.[3098] Diese Durchführungsverordnungen[3099] gelten als die tragende Säule des neuen Rechtsrahmens der Union für Drohnen und sollen die Entwicklung der Drohnenindustrie und des Marktes für Drohnendienste erleichtern.[3100]

Die Entwicklung von Unionsvorschriften für Drohnen wurde als besonders wichtig empfunden, da es weder auf globaler Ebene noch auf nationaler Ebene einen Regelungsrahmen gab.[3101] Ein Großteil der bisher betriebenen Drohnen unterfiel den nationalen Regelungen, die weder miteinander harmonisiert waren noch einer Verpflichtung zur gegenseitigen Anerkennung von Genehmigungen oder Zulassungen unterlagen.

Seit Anfang 2021[3102] gelten EU-weite Regelungen für den Betrieb unbemannter Fluggeräte, die auf einer Entscheidung der Europäischen Kommission vom 24. Mai 2019 basieren.[3103] Die rechtlichen Grundlagen auf nationaler Ebene[3104] wurden daraufhin durch das „Gesetz zur Anpassung nationaler Regelungen an

3097 U-space blueprint, S. 5; ebenso https://www.sesarju.eu/U-space, zuletzt abgerufen am 23.03.2023.

3098 U-space blueprint, S. 5; ebenso https://www.sesarju.eu/U-space, zuletzt abgerufen am 23.03.2023.

3099 DVO (EU) 2021/664; DVO (EU) 2021/665 und DVO (EU) 2021/666.

3100 COM(2022) 652 final, S. 2.

3101 COM(2022) 652 final, S. 2.

3102 Ursprünglich sollten die neuen Verordnungen der EU am 01.07.2020 in Kraft treten, dieses verzögerte sich jedoch aufgrund der COVID-19-Pandemie auf den 31.12.2020. „Durch Maßnahmen zur Eindämmung der COVID-19-Pandemie wird die Fähigkeit der Mitgliedstaaten und der Luftfahrtindustrie, sich auf die Anwendung einer Reihe kürzlich angenommener Durchführungsverordnungen im Bereich der Flugsicherheit vorzubereiten, erheblich eingeschränkt.“, so DVO (EU) 2020/1176 der Kommission vom 07.08.2020 zur Änderung der DVO (EU) 2019/1387 hinsichtlich der Verschiebung der Anwendungsfristen bestimmter Maßnahmen im Zusammenhang mit der COVID-19-Pandemie, ABl. EU Nr. L 259 vom 10.08.2020, S. 10 ff.

3103 EU-Regelungen für Drohnen, abzurufen unter https://bmdv.bund.de/SharedDocs/DE/Artikel/LF/drohnen.html; https://www.dipul.de/homepage/de/informationen/allgemeines/rechtsgrundlagen/, beide zuletzt abgerufen am 23.03.2023.

3104 LuftVG, LuftVO, LuftVZO.

die Durchführungsverordnung (EU) 2019/947[3105] der Kommission vom 24. Mai 2019 über die Vorschriften und Verfahren für den Betrieb der unbemannten Luftfahrt“[3106] angepasst.[3107] Die EU-Drohnenverordnung 2022/2023[3108] beschreibt detailliert, wo und wie im Gebiet der EU Drohnen fliegen dürfen. Die neue Drohnenverordnung ist die Grundlage für alle nationalen Drohnen-Gesetze.[3109]

## C. Brexit

Wie bereits gezeigt, wird der einheitliche europäische Luftraum grundsätzlich von der Europäischen Union vorangetrieben. Im Juni 2016 entschloss sich das Vereinigte Königreich von Großbritannien und Nordirland dazu, die Europäische Union zu verlassen. Dieser Austritt („Brexit“) wirft nicht nur bezüglich des Luftrechts, der Verkehrsrechte und der Beziehungen der EU-Mitgliedstaaten untereinander Fragen auf, die die EU nun vor große Herausforderungen stellt.

---

3105 DVO (EU) 2019/947 der Kommission vom 24.05.2019 über die Vorschriften und Verfahren für den Betrieb unbemannter Luftfahrzeuge, ABl. EU Nr. L 152 vom 11.06.2019, S. 45 ff.

3106 Gesetz zur Anpassung nationaler Regelungen an die DVO (EU) 2019/947 der Kommission vom 24.05.2019 über die Vorschriften und Verfahren für den Betrieb unbemannter Luftfahrzeuge vom 14.06.2021, BGBl. 2021 I vom 17.06.2021, S. 1766 ff.; EU-Regelungen für Drohnen, abzurufen unter https://bmdv.bund.de/SharedDocs/DE/Artikel/LF/drohnen.html, zuletzt abgerufen am 24.03.2023.

3107 https://www.dipul.de/homepage/de/informationen/allgemeines/rechtsgrundlagen/; https://bmdv.bund.de/SharedDocs/DE/Artikel/LF/drohnen.html, beide zuletzt abgerufen am 23.03.2023.

3108 Siehe dazu vertiefend Bundesministerium für Digitales und Verkehr, EU-Regelungen für Drohnen, abzurufen unter https://bmdv.bund.de/SharedDocs/DE/Artikel/LF/drohnen.html. Anschaulich aufbereitet unter https://bmdv.bund.de/SharedDocs/DE/Anlage/LF/drohnen-flyer-regelungen-eu-und-deutschland.pdf?__blob=publicationFile und unter https://www.lba.de/SharedDocs/Downloads/DE/B/B5_UAS/Drohnenflyer_BMVI.pdf;jsessionid=7A11EB68109357865F462429CFF69948.live21302?__blob=publicationFile&v=3, beide zuletzt abgerufen am 26.03.2023.

3109 Zu Drohnenregelungen 2022/2023 siehe https://bmdv.bund.de/SharedDocs/DE/Artikel/LF/drohnen.html; https://www.dein-drohnenpilot.de/eu-drohnenverordnung/#:~:text=Ab%20dem%2001.01.2023%20k%C3%B6nnen,das%20Gewicht%20unter%2025kg%20liegt, ferner: https://www.drohnen.de/20336/drohnen-gesetze-eu, alle zuletzt abgerufen am 24.03.2023.

Mit dem Ausgang der Volksbefragung[3110] im Vereinigte Königreich von Großbritannien und Nordirland[3111] vom 23. Juni 2016 erfuhr die Anwendung von Art. 50 EUV eine unerwartete Premiere, als 51,9 % der Bürger für „Leave" stimmten und sich dadurch für einen Austritt aus der Europäischen Union aussprachen.[3112] Am 29. März 2017 unterrichtete das Vereinigte Königreich den Europäischen Rat über seine Absicht, aus der Europäischen Union auszutreten. Damit leitete es den entsprechenden Austrittsprozess ein. Einen Monat später, am 29. April 2017, verabschiedete der Europäische Rat politische Leitlinien, die einen gewissen Verhandlungsrahmen und die von der Europäischen Union vertretenen Standpunkte festlegten. Allerdings zeigte sich auch, dass die Anwendung von Art. 50 EUV viele rechtliche Fragen aufwirft.[3113] Bis zum Tag des Austritts hatte das Recht der Europäischen Union in Vereinigten Königreich weiterhin Gültigkeit. Nach dem Austritt hatte das Recht der Europäischen Union in Vereinigten Königreich allerdings keine Geltung mehr und musste komplett durch neue nationale Rechtsvorschriften ersetzt werden.[3114] Möglicherweise wird der europäische Rechtsbestand in der Luftfahrt als nationales Recht in Kraft gesetzt, da die Ausarbeitung neuer Rechtsvorschriften ein langwieriger und umfassender Prozess ist.[3115]

Probleme könnten bei den Verkehrsrechten entstehen, also der Option, Luftverkehrsbeziehungen zu anderen Staaten zu unterhalten.[3116] Vor dem Brexit nahm das Vereinigte Königreich als Mitglied der Europäischen Union am freien europäischen Binnenmarkt der Luftfahrt teil und seine Fluggesellschaften profitierten als „Luftfahrtunternehmen der Gemeinschaft" von den diversen bilateralen Luftverkehrsabkommen der Mitgliedstaaten mit Drittstaaten.[3117] Die Fluggesellschaften der Europäischen Union durften beliebige Flugrouten innerhalb großer Teile Europas anfliegen und auch uneingeschränkt von dort aus in ausgewählte Drittstaaten (zum Beispiel nach Kanada und die USA)[3118]

---

3110 Zum Referendum siehe ausf. *Kainer*, in: Hatje/Müller-Graff (Hrsg.), Europäisches Organisations- und VerfassungsR, § 31, S. 1453 ff., Rn. 11 ff.

3111 Im Folgenden als Vereinigtes Königreich bezeichnet.

3112 *Streinz*, in: Brexit, S. 17 ff. (17).

3113 *Streinz*, in: Brexit, S. 17 ff. (18); *Kainer*, in: Hatje/Müller-Graff (Hrsg.), Europäisches Organisations- und VerfassungsR, § 31, S. 1456 ff., Rn. 18 ff.

3114 *Giemulla/Kortas*, DVZ 2016, S. 7 (7).

3115 *Giemulla/Kortas*, DVZ 2016, S. 7 (7).

3116 *Giemulla/Kortas*, DVZ 2016, S. 7 (7).

3117 *Giemulla/Kortas*, DVZ 2016, S. 7 (7).

3118 Bspw. durch die Open-Sky-Abkommen.

fliegen.[3119] Dies basierte grundsätzlich auf der zu den vier Grundfreiheiten des Binnenmarktes zählenden Dienstleistungsfreiheit[3120], deren Idee für den europäischen Binnenluftverkehr sektorspezifisch umgesetzt wurde.[3121] Grundsätzlich soll allen EU-Fluggesellschaften freier Zugang zu allen Strecken innerhalb der Europäischen Union gewährt werden, basierend auf einer freien Preisbildung und angepassten Rahmenbedingungen in den EU-Mitgliedstaaten.[3122] Dadurch werden die neun von der ICAO definierten Freiheiten der Luft[3123] gewährt und auch Flüge zwischen EU-Drittstaaten ohne Bezug zum Heimatstaat[3124] und auch die Beförderung innerhalb eines anderen EU-Staates ohne Bezug zum Heimatstaat[3125] zugelassen.[3126] Somit konnte bisher eine britische Fluggesellschaft sowohl von dem und in das Vereinigte Königreich von Großbritannien und Nordirland fliegen (durch Anwendung der 3. und 4. Freiheit) als auch zwischen zwei EU-Staaten, bspw. Frankreich und Italien (7. Freiheit), und auch innerhalb eines anderen EU-Mitgliedstaates wie zum Beispiel Portugal (9. Freiheit) Flüge anbieten.

Nach dem Brexit sind die Abkommen der Mitgliedstaaten und der Europäischen Union mit Drittstaaten nicht mehr auf und für das Vereinigte Königreich anwendbar.[3127] Die britischen Fluggesellschaften sind dann schließlich keine „Luftfahrtunternehmen der Gemeinschaft“ mehr und das Vereinigte Königreich ist kein Teil der Vertragspartei Europäischer Union mehr.[3128] Das Vereinigte

---

3119 *Cronrath/Maertens/Berster/Gelhausen*, Brexit – Auswirkungen auf den deutschen und europäischen Luftverkehr, in: Wirtschaftsdienst 2016, S. 675 ff. (675).

3120 Art. 56 ff. AEUV.

3121 VO (EWG) Nr. 2408/92 des Rates vom 23.07.1992 über den Zugang von Luftfahrtunternehmen der Gemeinschaft zu Strecken des innergemeinschaftlichen Flugverkehrs, ABl. EG Nr. L 240 vom 24.08.1992, S. 8; VO (EG) Nr. 1008/2008 des Europäischen Parlaments und des Rates vom 24.09.2008 über gemeinsame Vorschriften für die Durchführung von Luftverkehrsdiensten in der Gemeinschaft, ABl. EG Nr. L 293 vom 31.10.2008, S. 3 ff.; *Cronrath/Maertens/Berster/Gelhausen*, Brexit – Auswirkungen auf den deutschen und europäischen Luftverkehr, in: Wirtschaftsdienst 2016, S. 675 ff. (675).

3122 *Cronrath/Maertens/Berster/Gelhausen*, Brexit – Auswirkungen auf den deutschen und europäischen Luftverkehr, in: Wirtschaftsdienst 2016, S. 675 ff. (675).

3123 Ausf. dazu siehe Kapitel 2, B., IV., 3.

3124 Das entspricht der 7. Freiheit.

3125 Entsprechend der 9. Freiheit (unabhängige Kabotage).

3126 *Cronrath/Maertens/Berster/Gelhausen*, Brexit – Auswirkungen auf den deutschen und europäischen Luftverkehr, in: Wirtschaftsdienst 2016, S. 675 ff. (675).

3127 *Giemulla/Kortas*, DVZ 2016, S. 7 ff. (7).

3128 *Giemulla/Kortas*, DVZ 2016, S. 7 ff. (7).

Königreich von Großbritannien und Nordirland wurde durch den Austritt aus der Europäischen Union für diese zu einem Drittstaat[3129], für dessen europäische und internationale Vertragsbeziehungen einen neue Basis geschaffen werden musste.[3130] Der Verlust der EU-Mitgliedschaft und dem damit einhergehenden Verlust der Freiheiten der Luft hat daher nicht nur Konsequenzen für britische Fluggesellschaften, sondern für die Fluggesellschaften im Allgemeinen. Um Passagiere oder Fracht in der Europäischen Union aufzunehmen oder abzuladen, dürfen die im Vereinigten Königreich ansässigen Fluggesellschaften als solche eines Drittstaates nur noch mit ausdrücklicher Genehmigung in die Europäische Union fliegen oder nach Abschluss neuer bilateraler Luftverkehrsabkommen.[3131] Grundsätzlich würden allerdings die alten bilateralen Luftverkehrsabkommen wieder aufleben[3132], da nun der Anwendungsvorrang des Europarechts entfiele.[3133] Umgekehrt könnten auch die in der Europäischen Union ansässigen Fluggesellschaften nach dem Brexit nicht mehr aus der gesamten EU ins Vereinigte Königreich fliegen.[3134]

Die gesamte Verhandlungsperiode dauerte etwa vier Jahre, ehe der Austritt rechtskräftig wurde.[3135] Seit dem 1. Februar 2020 ist das Vereinigte Königreich nun ein „Drittland" und kein EU-Mitgliedstaat mehr.[3136] In das

---

3129 Mitteilung der Europäischen Kommission: Der Austritt des Vereinigten Königreichs und die EU-Vorschriften im Bereich Luftverkehr vom 16.03.2020, S. 1.

3130 *Giemulla/Kortas*, DVZ 2016, S. 7 ff. (7); *Cronrath/Maertens/Berster/Gelhausen*, Brexit – Auswirkungen auf den deutschen und europäischen Luftverkehr, in: Wirtschaftsdienst 2016, S. 675 ff. (676).

3131 *Giemulla/Kortas*, DVZ 2016, S. 7 ff. (7); zu den Abkommen zwischen EU-Mitgliedstaaten und Drittstaaten siehe ausf. *Schwenk/Giemulla*, Hdb. des Luftverkehrsrechts, Kapitel 14, S. 599, Rn. 131 ff.

3132 Sofern diese alten bilateralen Luftverkehrsabkommen nicht gekündigt wurden.

3133 *Giemulla/Kortas*, DVZ 2016, S. 7 (7); so auch *Hobe*, in: Ipsen, Völkerrecht, § 46, Rn. 27.

3134 *Giemulla/Kortas*, DVZ 2016, S. 7 (7); mit zahlreichen Beispielen dazu *Cronrath/Maertens/Berster/Gelhausen*, Brexit – Auswirkungen auf den deutschen und europäischen Luftverkehr, in: Wirtschaftsdienst 2016, S. 675 ff. (678).

3135 Zu den Verhandlungen über das Austrittsabkommen sehr ausf. bei *Kainer*, in: Hatje/Müller-Graff (Hrsg.), Europäisches Organisations- und VerfassungsR, § 31, S. 1457 ff., Rn. 20 ff.

3136 Mitteilung der Europäischen Kommission: Der Austritt des Vereinigten Königreichs und die EU-Vorschriften im Bereich Luftverkehr vom 16.03.2020, S. 1 (1).

Austrittsabkommen[3137] wurde ein Übergangs- oder Durchführungszeitraum bis zum 31. Dezember 2020[3138] aufgenommen, bis zu dessen Ende das EU-Recht in seiner Gesamtheit für das Vereinigte Königreich und im Vereinigten Königreich galt.[3139] Ein kompletter Abschnitt in dem Handels- und Kooperationsabkommen zwischen der EU und dem Vereinigten Königreich[3140] vom 30. April 2021 widmet sich der künftigen Ausgestaltung des Luftverkehrs.[3141] Hier wird an Verkehrsrechten[3142], Vertriebsmöglichkeiten und den Rahmenbedingungen für Flugzeug-Leasing und technischer Lizenzierung[3143] festgehalten.[3144] Selbst eine Kooperation in Sachen statistischer Erhebungen in Bezug auf den Luftverkehr

---

3137 Abkommen über den Austritt des Vereinigten Königreichs Großbritannien und Nordirland aus der Europäischen Union und der Europäischen Atomgemeinschaft, ABl. (EU) Nr. L 29 vom 31.01.2020, S. 7 ff. („Austrittsabkommen").

3138 Art. 126 des Austrittsabkommens. Gemäß Art. 132 des Austrittsabkommens konnte der Übergangszeitraum um höchstens zwei Jahre verlängert werden. Hiervon wurde kein Gebrauch gemacht.

3139 Mitteilung der Europäischen Kommission: Der Austritt des Vereinigten Königreichs und die EU-Vorschriften im Bereich Luftverkehr vom 16.03.2020, S. 1 (1).

3140 Abkommen über Handel und Zusammenarbeit zwischen der Europäischen Union und der Europäischen Atomgemeinschaft einerseits und dem Vereinigten Königreich Großbritannien und Nordirland andererseits, ABl. EU Nr. L 149 vom 30.04.2021, S. 10 ff., in der konsolidierten Fassung vom 01.12.2021; siehe dazu auch Brexit: Das Handels- und Kooperationsabkommen ist am 01.05.2021 förmlich in Kraft getreten – was sind die Grundlagen der Beziehungen zwischen der EU und dem Vereinigten Königreich? vom 08.04.2022, abzurufen unter https://www.auswaertiges-amt.de/de/aussenpolitik/europa/erweiterung-nachbarschaft/Brexit/brexit-verhandlungen-wo-stehen-wir/2203744#:~:text=EU%20%2DZollunion%20vorzubereiten.-,Seit%20dem%201.,vom%20neuen%20Handels%2D%20und%20Kooperationsabkommen, zuletzt abgerufen am 24.03.2023.

3141 Abkommen über Handel und Zusammenarbeit zwischen der Europäischen Union und der Europäischen Atomgemeinschaft einerseits und dem Vereinigten Königreich Großbritannien und Nordirland andererseits, ABl. EU Nr. L 149 vom 30.04.2021, S. 10 ff., in der konsolidierten Fassung vom 01.12.2021.

3142 Art. 419 Abkommen über Handel und Zusammenarbeit zwischen der Europäischen Union und der Europäischen Atomgemeinschaft einerseits und dem Vereinigten Königreich Großbritannien und Nordirland andererseits.

3143 Art. 429 Abkommen über Handel und Zusammenarbeit zwischen der Europäischen Union und der Europäischen Atomgemeinschaft einerseits und dem Vereinigten Königreich Großbritannien und Nordirland andererseits.

3144 *Kainer*, in: Hatje/Müller-Graff (Hrsg.), Europäisches Organisations- und VerfassungsR, § 31, S. 1518, Rn. 211 ff.

wurde vereinbart.[3145] So wurde festgelegt, dass Lufttüchtigkeitszeugnisse, Zulassungen und Zeugnisse über Befähigungen und Lizenzen im Wesentlichen weiterhin gegenseitig anerkannt werden.[3146] Allerdings wurden scharfe Kontrollmöglichkeiten durch die jeweils anderen Behörden vereinbart.[3147] In Angelegenheiten der Luftsicherheit wollen beide Vertragsparteien „möglichst umfassend" zusammenarbeiten.[3148] Das Handels- und Kooperationsabkommen ist am 1. Mai 2021 förmlich in Kraft getreten.[3149]

## D. Zusammenfassung des Kapitels

Als eine der aussichtsreichsten Veränderungen der Luftverkehrsbewirtschaftung gilt die Umstellung der traditionell luftraumorientierten Flugsicherung auf eine Betreuung von Flugsteig zu Flugsteig. Dies setzt allerdings voraus, dass die Flüge nicht nur planerisch abgestimmt werden, sondern es bedeutet auch, dass eine zentrale Datenbasis vorhanden sein muss, in der alle 4-D-Flugplandaten (Trajektorien) operativ dargestellt und miteinander koordiniert werden können. Diese 4-D-Flugführung zählt daher zu den Hauptpfeilern des SESAR-Projekts. Dabei wird die Zeit als vierte Dimension in die Flugführung mit einbezogen,

---

3145 Art. 433 Abkommen über Handel und Zusammenarbeit zwischen der Europäischen Union und der Europäischen Atomgemeinschaft einerseits und dem Vereinigten Königreich Großbritannien und Nordirland andererseits.

3146 Art. 434 Abs. 2 Abkommen über Handel und Zusammenarbeit zwischen der Europäischen Union und der Europäischen Atomgemeinschaft einerseits und dem Vereinigten Königreich Großbritannien und Nordirland andererseits.

3147 Art. 434 Abs. 2 Abkommen über Handel und Zusammenarbeit zwischen der Europäischen Union und der Europäischen Atomgemeinschaft einerseits und dem Vereinigten Königreich Großbritannien und Nordirland andererseits.

3148 Art. 435 Abs. 4 Abkommen über Handel und Zusammenarbeit zwischen der Europäischen Union und der Europäischen Atomgemeinschaft einerseits und dem Vereinigten Königreich Großbritannien und Nordirland andererseits; EU-Parlament stimmt neuen Regeln für Luftverkehr nach Großbritannien zu vom 28.04.2021, abzurufen unter https://www.airliners.de/eu-parlament-stimmt-post-brexit-handelsabkommen/60298, zuletzt abgerufen am 24.03.2023.

3149 Brexit: Das Handels- und Kooperationsabkommen ist am 01.05.2021 förmlich in Kraft getreten – was sind die Grundlagen der Beziehungen zwischen der EU und dem Vereinigten Königreich? Vom 08.04.2022, abzurufen unter https://www.auswaertiges-amt.de/de/aussenpolitik/europa/erweiterung-nachbarschaft/Brexit/brexit-verhandlungen-wo-stehen-wir/2203744#:~:text=EU%20%2DZollunion%20vorzubereiten.-,Seit%20dem%201.,vom%20neuen%20Handels%2D%20und%20Kooperationsabkommen, zuletzt abgerufen am 24.03.2023.

wodurch verglichen mit den bisherigen Systemen ein äußerst genauer und auch vorhersagbarer Flugweg des Luftfahrzeuges festgelegt werden kann. Es gilt dabei jedoch zu beachten, dass solche fortschrittlichen Herangehensweisen sich in der standardisierten Flugsicherungsindustrie zwar theoretisch durchdenken, aber nur langsam verwirklichen lassen, da hierzu eine Umstellung der globalen Vorgaben erforderlich ist. Es gibt gute Gründe, warum die Flugsicherungslandschaft bis heute weitestgehend nach alten Mustern, Methoden und Standards agiert. In kaum einer anderen Industrie löst eine noch so kleine Änderung der gelebten Procedures und der geübten Routine eine solche Ungewissheit und damit auch Unsicherheit aus wie auf dem Gebiet der veränderungsresistenten Flugsicherung.

Neben der 4-D-Flugführung spielen Drohnen im Luftverkehr eine immer größere Rolle. Durch die Zunahme des Drohnenverkehrs in der Luft nehmen auch die an den Luftverkehr gestellten Herausforderungen zu. Denn trotz aller Vielseitigkeit, neuer Möglichkeiten und unterschiedlicher Einsatzgebiete der Drohnen existierten bisher weder auf europäischer noch auf internationaler Ebene einheitliche Regeln für ihren Einsatz. Unabhängig von der bevorstehenden EU-weiten einheitlichen Regulierung trat in der Bundesrepublik Deutschland im April 2017 die „Verordnung zur Regelung des Betriebs von unbemannten Fluggeräten“ in Kraft. Die EU-Drohnenverordnung 2022/2023 hingegen beschreibt detailliert, wo und wie im Gebiet der EU Drohnen fliegen dürfen. Die neue Drohnenverordnung ist die Grundlage für alle nationalen Drohnen-Gesetze.

Im Juni 2016 entschloss sich das Vereinigte Königreich von Großbritannien und Nordirland dazu, die Europäische Union zu verlassen. Dieser Austritt (Brexit) stellte bezüglich des Luftrechts, der Verkehrsrechte und der Beziehungen der EU-Mitgliedstaaten untereinander die EU vor große Herausforderungen und bisher unbekannte Probleme. Seit dem 1. Februar 2020 ist das Vereinigte Königreich nun ein „Drittland“ und kein EU-Mitgliedstaat mehr. Ein kompletter Abschnitt in dem Handels- und Kooperationsabkommen zwischen der EU und dem Vereinigten Königreich vom 30. April 2021 widmet sich der künftigen Ausgestaltung des Luftverkehrs. An den Verkehrsrechten, den Vertriebsmöglichkeiten und den Rahmenbedingungen für Flugzeug-Leasing und technischer Lizenzierung wird festgehalten. Das Handels- und Kooperationsabkommen ist am 1. Mai 2021 förmlich in Kraft getreten.

# Kapitel 11: Schlussbetrachtung, Fazit und Ausblick

Der „einheitliche europäische Luftraum" beschreibt die seit dem Jahr 2000[3150] andauernden und ehrgeizigen Bemühungen der Europäischen Kommission, den europäischen Luftraum neu zu ordnen und zu strukturieren sowie die Flugsicherung in Europa zu harmonisieren, modernisieren und effektiver zu machen. Mit ihrem Ziel, die Zersplitterung des europäischen Luftraumes zu reduzieren, möglicherweise komplett zu beenden und die Kapazitäten durch zusätzliche Vorschriften für die Flugsicherheit, das Luftraummanagement, die Kostentransparenz und die Interoperabilität zu erhöhen[3151], hat die Europäische Kommission eines ihrer wohl anspruchsvollsten Projekte begonnen. Seit Beginn der Initiative wurden zwei Verordnungspakete verabschiedet, die mittlerweile fast vollständig umgesetzt werden konnten. Im Juni 2013 schlug die Europäische Kommission eine Aktualisierung der Verordnungen zum einheitlichen europäischen Luftraum mit dem Arbeitstitel „SES 2+" vor.[3152] Diese sieht vor, die Verordnungen in nur einem Rechtsakt miteinander zu vereinen, um Überschneidungen der ersten beiden Verordnungspakete zu reduzieren. Einige mit dem SES-II-Paket im Jahre 2009 eingeführte Änderungen sollen weiterentwickelt werden. Insbesondere sollen die Unabhängigkeit der nationalen Aufsichtsbehörden gestärkt und die Aufgaben des Netzmanagers ausgeweitet werden. Weiterhin ist angedacht, die Flugverkehrsdienste von den Unterstützungsleistungen zu trennen, um den Wettbewerb der Unterstützungsleistungen zu fördern.

Im Dezember 2015 veröffentlichte die Europäische Kommission einen Bericht über die Fortschritte bei der Verwirklichung des einheitlichen europäischen Luftraumes im Zeitraum 2012–2014.[3153] Dieser gibt erste Einblicke über die bisherige Entwicklung des einheitlichen europäischen Luftraumes und die gemachten Fortschritte. Diese Ergebnisse sollen zunächst dargestellt werden,

---

3150 KOM(1999) 614.

3151 COM(2015) 663, S. 2.

3152 COM(2015) 663, S. 10.

3153 Bericht der Kommission an das Europäische Parlament und den Rat über die Fortschritte bei der Verwirklichung des einheitlichen europäischen Luftraumes im Zeitraum 2012–2014 vom 16.12.2015, COM(2015) 663 final.

ehe eine abschließende Bewertung getroffen und ein Ausblick in die Zukunft des Luftraumes gewagt wird.

## A. Bericht der Kommission an das Europäische Parlament und den Rat über die Fortschritte bei der Verwirklichung des einheitlichen europäischen Luftraumes

In Art. 12 Rahmen-VO wird festgelegt, dass die Europäische Kommission die Anwendung der Verordnung einer regelmäßigen Überprüfung unterzieht und dem Europäischen Parlament und dem Rat über den aktuellen Stand Bericht[3154] erstattet. Die Fortschritte, die bisher erzielt werden konnten, werden nachfolgend kurz dargestellt und erläutert.

### I. Leistungsbezogene Ergebnisse

Die überwiegende Zahl der europäischen Flugsicherungsdienste befindet sich vollständig in öffentlicher Hand.[3155] Das Leistungssystem der Verordnungen zum einheitlichen europäischen Luftraum sieht für ein solches Quasi-Monopol der Flugsicherungsdienste eine strenge wirtschaftliche Regulierung vor.[3156]

#### *1. Kapazität*

Im Rahmen der Kapazität konnten gute Fortschritte erreicht und die kapazitätsbedingten Verspätungen reduziert werden.[3157] Im Jahr 2013 gingen bei einem um 1,3 % geringeren Verkehrsaufkommen die ATFM-Verspätungen im

3154 Bericht der Kommission an das Europäische Parlament und den Rat über die Fortschritte bei der Verwirklichung des einheitlichen europäischen Luftraumes im Zeitraum 2012–2014 vom 16.12.2015, COM(2015) 663 final.

3155 COM(2015) 663, S. 3.

3156 VO (EU) Nr. 691/2010 der Kommission vom 29.07.2010 zur Festlegung eines Leistungssystems für Flugsicherungsdienste und Netzfunktionen und zur Änderung der VO (EG) Nr. 2096/2005 zur Festlegung gemeinsamer Anforderungen bezüglich der Erbringung von Flugsicherungsdiensten, ABl. EU Nr. L 201 vom 03.08.2010, S. 1–22; diese VO ist mittlerweile nicht mehr in Kraft, VO 691/2010 wurde aufgehoben durch DVO (EU) Nr. 390/2013 der Kommission vom 03.05.2013 zur Festlegung eines Leistungssystem für Flugsicherungsdienste und Netzfunktionen, ABl. EU Nr. 128 vom 09.05.2013, S. 1–30; COM(2015) 663, S. 3.

3157 COM(2015) 663, S. 3.

Streckenflug verglichen mit dem Vorjahr um etwa 15 % zurück.[3158] Der ATM-Sektor verfehlte allerdings das für 2014 netzweit angedachte Ziel einer Reduzierung der Verspätungen auf eine halbe Minute pro Flug.[3159] Schuld daran waren neben dem Wetter auch Arbeitskampfmaßnahmen und unzulängliche Notfallplanungen, die die entsprechenden Dominoeffekte nicht abfangen konnten.[3160] Die EU-Claim-Statistiken zeigen, dass im Sommer 2022 insgesamt 17.514 Flüge eine Verspätung von drei Stunden oder länger hatten – mehr als 2019, aber weniger als 2018.[3161]

## 2. *Netzmanager*

Die Rolle des Netzmanagers wuchs von einer theoretischen Idee zu einer erfolgreichen Institution heran, die sowohl dem EU-Netz als auch den Nachbarländern deutliche Leistungsvorteile bringt und von den Beteiligten akzeptiert wird.[3162] Der Netzmanager des europäischen Flugverkehrsmanagementnetzes trägt entscheidend zur operativen Netzleistung, insbesondere im Hinblick auf die Flugeffizienz und Kapazität bei.[3163] Durch seine Arbeit konnten die Streckenverspätungen so weit reduziert werden, dass sie unter dem Wert lagen, den die EU-Mitgliedstaaten in ihren Kapazitätsplänen als Zielgröße definiert hatten.[3164] Durch die Koordinierung im Netz konnten die Folgen unvorhergesehener Ereignisse gedämpft werden, zum Beispiel eine Reihe von Streiks in den Jahren 2013 und 2014 sowie Störungen des europäischen Netzes abgefangen werden.[3165] Die Branche übernimmt die Verwaltung des Netzmanagers unter Integration aller operativ Beteiligten.[3166] Im

3158 COM(2015) 663, S. 3.

3159 COM(2015) 663, S. 3.

3160 COM(2015) 663, S. 3.

3161 In Europa gab es 2022 im Juni, Juli und August 36.055 Stornierungen. Das waren deutlich mehr als 2019, aber weniger als 2018. Im Jahr 2018 fielen 0,9 % aller geplanten Flüge aus, 2022 waren es 1,4 %, siehe dazu EUclaim, https://www.euclaim.de/blog/war-2022-wirklich-der-schlimmste-flugsommer, zuletzt abgerufen am 26.03.2023.

3162 COM(2015) 663, S. 4.

3163 COM(2015) 663, S. 4.

3164 COM(2015) 663, S. 4.

3165 Störungen betrafen z. B. die Ukraine-Krise und den Abschuss des Fluges MH17 sowie die Krisen im Irak, in Syrien und Libyen, siehe dazu COM(2015) 663, S. 4 f.

3166 COM(2015) 663, S. 4; das „Netzmanagementgremium" leitet die Aktionen des Netzmanagers. Es setzt sich aus Vertretern der operativ Beteiligten zusammen.

Durchführungsbeschluss (EU) 2019/709 wird in Art. 1 Abs. 1 EUROCONTROL weiterhin[3167] als Netzmanager benannt.[3168]

### 3. *Funktionale Luftraumblöcke*

Eines der Hauptaugenmerke des Single European Sky liegt auf der Errichtung der funktionalen Luftraumblöcke, nach deren Einrichtung sich die Lufträume nicht mehr an den Ländergrenzen, sondern an den tatsächlichen Hauptverkehrsströmen orientieren sollen. Insgesamt waren neun funktionale Luftraumblöcke geplant, die den Weg zu einem einheitlichen europäischen Luftraum ebnen sollten. Mittlerweile konnte die Einrichtung der funktionalen Luftraumblöcke abgeschlossen werden.[3169] Die von der Einrichtung der funktionalen Luftraumblöcke erhofften operativen Ziele zur bestmöglichen Luftraum- und Ressourcennutzung konnten jedoch bisher noch nicht erreicht werden, wodurch im europäischen Flugverkehrsmanagementsystem neben Ineffizienzen auch Zusatzkosten in Höhe von etwa fünf Milliarden Euro pro Jahr versursacht werden.[3170] Gegen 23 Mitgliedstaaten wurden Vertragsverletzungsverfahren eingeleitet.[3171] Dazu zählt auch die Bundesrepublik Deutschland, die dem Functional Airspace Block Europe Central „FABEC" angehört.[3172]

Der geänderte und überarbeitete Vorschlag der Kommission[3173] aus dem Jahr 2020 enthält grundsätzlich keine Regelungen mehr bezüglich funktionaler Luftraumblöcke.[3174] Die Kommission schlägt darin sogar vor, Art. 9a

3167 Die genannte Benennung erstreckt sich auf den dritten und vierten Bezugszeitraum nach Art. 7 der DVO (EU) 2019/317 der Kommission vom 11.02.2019 zur Festlegung eines Leistungssystems und einer Gebührenregelung für den einheitlichen europäischen Luftraum und zur Aufhebung der DVOen (EU) Nr. 390/2013 und (EU) Nr. 391/2013, ABl. EU Nr. L 56 vom 25.02.2019, S. 1–67.

3168 Art. 1 Durchführungsbeschluss (EU) 2019/709 der Kommission vom 06.05.2019 über die Benennung des Netzmanagers für die Netzfunktionen des Flugverkehrsmanagements (ATM) im einheitlichen europäischen Luftraum, ABl. EU Nr. L 120 vom 08.05.2019, S. 27 ff.

3169 COM(2015) 663, S. 5.

3170 COM(2015) 663, S. 5.

3171 COM(2015) 663, S. 5.

3172 Verfahrensnummer 2014/2094, BT-Drs. 18/10317 vom 11.11.2016, S. 5.

3173 Geänderter Vorschlag für eine Verordnung des Europäischen Parlaments und des Rates zur Verwirklichung des einheitlichen europäischen Luftraumes vom 22.09.2020, COM(2020) 579 final.

3174 COM(2020) 579 final, S. 9.

Flugsicherungsdienste-VO zu streichen.[3175] Die Tatsache, dass diesbezügliche Vorschriften fehlen, sollte die Mitgliedstaaten aber nicht daran hindern, Luftraumblöcke bei Bedarf einzurichten oder beizubehalten.[3176]

## II. Technologiebezogene Ergebnisse

Die Vereinheitlichung der Interoperabilität stellt, wie in der Interoperabilitäts-VO niedergelegt, ein wesentliches Ziel des einheitlichen europäischen Luftraumes dar. Daneben spielt die Verwirklichung des SESAR-Projekts bei der Harmonisierung der europäischen ATM-Systeme und -Verfahren eine entscheidende Rolle.

### *1. Interoperabilität*

Neben der Sicherstellung der Interoperabilität der Systeme und Verfahren des ATM-Netzes in Europa gilt es dafür zu sorgen, dass neue operative Konzepte oder Technologien, die mit dem ATM zusammenhängen, eine koordinierte Einführung erfahren.[3177] Es wurden verschiedene Vorschriften erlassen, die bei der Harmonisierung der Interoperabilität der Systeme helfen sollen. Einige Vorschriften enthalten die Voraussetzungen für die Überwachungsleistung und Interoperabilität[3178], eine andere Vorschrift erhöht die Anzahl der Sprachkanalfrequenzen, indem die Sprachkanalabstände von 25 kHz auf 8,33 kHz[3179]

---

3175 COM(2020) 579 final, S. 125 f.

3176 COM(2020) 579 final, S. 9.

3177 COM(2015) 663, S. 5.

3178 DVO (EU) Nr. 1206/2011 der Kommission vom 22.11.2011 zur Festlegung der Anforderungen an die Luftfahrzeugidentifizierung für die Überwachung im einheitlichen europäischen Luftraum, ABl. EU Nr. L 305 vom 23.11.2011, S. 23 ff., in der konsolidierten Fassung vom 20.05.2020; DVO (EU) Nr. 1207/2011 der Kommission vom 22.11.2011 zur Festlegung der Anforderungen an die Leistung und die Interoperabilität der Überwachung im einheitlichen europäischen Luftraum, ABl. EU Nr. L 305 vom 23.11.2011, S. 35 ff., beide zuletzt geändert durch DVO (EU) 2020/587 der Kommission vom 29.04.2020 zur Änderung der DVO (EU) Nr. 1206/2011 zur Festlegung der Anforderungen an die Luftfahrzeugidentifizierung für die Überwachung im einheitlichen europäischen Luftraum und der DVO (EU) Nr. 1207/2011 zur Festlegung der Anforderungen an die Leistung und die Interoperabilität der Überwachung im einheitlichen europäischen Luftraum, ABl. EU Nr. L 138 vom 30.04.2020, S. 1–7.

3179 DVO (EU) Nr. 1079/2012 der Kommission vom 16.11.2012 zur Festlegung der Anforderungen bezüglich des Sprachkanalabstands für den einheitlichen europäischen Luftraum, ABl. EU Nr. L 320 vom 17.11.2012, S. 14 ff., diese wurde zuletzt geändert durch VO (EU) 2017/2160 der Kommission vom 20.11.2017 zur Änderung der DVO

reduziert werden.[3180] Weiterhin wurden bereits bestehende Regelungen durch Änderungsverordnungen aktualisiert und geändert, um Durchführungsfragen zu klären oder Bestimmungen deutlicher zu fassen.[3181]

### 2. *SESAR*

Der ATM-Generalplan, der aus der Definitionsphase heraus entwickelt wurde, bildet die Basis der effizienten und koordinierten Errichtung neuer ATM-Technologien und operativer ATM-Verfahren.[3182] Der Plan wurde erstmals im Jahr 2012 überprüft und aktualisiert und erfuhr im Jahr 2015[3183] eine weitere Überprüfung und Aktualisierung. Diese Überarbeitung aus dem Jahr 2015 sieht vor, die Entwicklungs- und Errichtungstätigkeiten stärker miteinander zu verflechten.[3184] Daneben will der ATM-Generalplan die SESAR-Ideen einer leistungsstarken europäischen Luftfahrt bis zum Jahr 2035 und die Umsetzung des SESAR-Arbeitsprogrammes 2020 realisieren.[3185] SESAR zielt demnach auf einen von der Flugwegführung abhängigen Betrieb ab, so dass die Flugsicherungsdienste den Luftfahrzeugen die Genehmigung erteilen können, ihre favorisierte Strecke zu fliegen, ohne Beschränkungen durch etwaige Luftraumkonfigurationen zu erfahren.[3186]

---

(EU) Nr. 1079/2012 hinsichtlich bestimmter Verweise auf ICAO-Bestimmungen, ABl. EU Nr. L 304 vom 21.11.2017, S. 47; dazu auch https://www.eurocontrol.int/function/833-khz-implementation-support, zuletzt abgerufen am 28.03.2023.

3180 COM(2015) 663, S. 5.

3181 COM(2015) 663, S. 6.

3182 https://www.atmmasterplan.eu/, zuletzt abgerufen am 24.03.2023; COM(2015) 663, S. 6.

3183 Die aktuellste Fassung ist aus dem Jahr 2020. Der europäische ATM-Masterplan 2020 gibt eine klare Richtung für einen digitalen europäischen Luftraum vor. Siehe https://www.eurocontrol.int/news/2020-edition-european-atm-master-plan-sets-clear-direction-towards-digital-european-sky, zuletzt abgerufen am 28.03.2023.

3184 Vgl. https://www.atmmasterplan.eu/downloads, zuletzt abgerufen am 24.03.2023. Hier finden sich alle Dokumente, die den ATM-Generalplan betreffen; COM(2015) 663, S. 7.

3185 COM(2015) 663, S. 7.

3186 COM(2015) 663, S. 7.

## III. Institutionelle und regulatorische Entwicklungen

Im Zusammenhang mit dem Single European Sky wurden seit dem Jahr 2011 verschiedene Ausschüsse eingerichtet, die zu dessen Umsetzung beitragen sollen und erfolgreich ihre Tätigkeit aufnahmen.[3187]

### *1. Ausschüsse des einheitlichen europäischen Luftraumes*

Das Mandat des Leistungsüberprüfungsgremiums[3188] wurde im Jahr 2016 verlängert.[3189] EUROCONTROL wurde bis zum Jahr 2019 zum Netzmanager benannt und hat in dieser Funktion bereits Netzfunktionen wahrgenommen.[3190] Der Durchführungsbeschluss (EU) 2019/709 benennt in Art. 1 Abs. 1 EUROCONTROL auch weiterhin[3191] als Netzmanager.[3192]

Das Branchenkonsultationsgremium[3193], das auf Grundlage der Rahmen-VO gebildet worden ist, gibt der Europäischen Kommission gegenüber Stellungnahmen zu den Initiativen zum einheitlichen europäischen Luftraum und den

---

3187 COM(2015) 663, S. 9.

3188 Art. 11 Abs. 2 Rahmen-VO; englisch „Performance Review Body“, kurz PRB.

3189 Durchführungsbeschluss (EU) 2016/2296 der Kommission vom 16.12.2016 zur Einsetzung der als Leistungsüberprüfungsgremium für den einheitlichen europäischen Luftraum benannten unabhängigen Sachverständigengruppe, ABl. EU Nr. L 344 vom 17.12.2016, S. 92–99; COM(2015) 663, S. 9.

3190 EUROCONTROL wurde durch den Beschluss der Kommission vom 07.07.2011 über die Benennung des Netzmanagers für die Funktionen des Flugverkehrsmanagementnetzes des einheitlichen europäischen Luftraumes als Netzmanager benannt, (K(2011) 4130 endg.); Art. 17 Abs. 2 des Verordnungsvorschlages im Rahmen des SES-2+-Paketes nimmt die Bestimmung auf, dass die Kommission bis zum 01.01.2020 den Netzmanager als eigenständigen Diensteerbringer ernennt. Dabei kann es sich um EUROCONTROL oder eine andere unparteiische Stelle handeln. Dazu Art. 17 Abs. 2 des Verordnungsvorschlages zum SES 2+, COM (2013) 410; COM(2015) 663, S. 9.

3191 Die genannte Benennung erstreckt sich auf den dritten und vierten Bezugszeitraum nach Art. 7 der DVO (EU) 2019/317 der Kommission vom 11.02.2019 zur Festlegung eines Leistungssystems und einer Gebührenregelung für den einheitlichen europäischen Luftraum und zur Aufhebung der DVOen (EU) Nr. 390/2013 und (EU) Nr. 391/2013, ABl. EU Nr. L 56 vom 25.02.2019, S. 1–67.

3192 Art. 1 Durchführungsbeschluss (EU) 2019/709 der Kommission vom 06.05.2019 über die Benennung des Netzmanagers für die Netzfunktionen des Flugverkehrsmanagements (ATM) im einheitlichen europäischen Luftraum, ABl. EU Nr. L 120 vom 08.05.2019, S. 27 ff.

3193 Englisch „Industry Consultation Body“; Art. 6 VO Rahmen-VO.

Legislativvorschlägen ab und unterstützt die Kommission beratend in Bezug auf die Etablierung des Single European Sky.[3194] Das gemeinsame Unternehmen SESAR (SJU) bildet die technische Säule des einheitlichen europäischen Luftraumes und nimmt die Aufgabe der beschleunigten Modernisierung des ATM-Systems in Europa wahr.[3195] SJU bündelt und koordiniert dazu alle einschlägigen Forschungs- und Entwicklungstätigkeiten innerhalb der Europäischen Union.[3196] Im Jahr 2014 ernannte die Europäische Kommission für die Errichtungsphase das SESAR-Errichtungsmanagement.[3197] Inzwischen wurde für den Zeitraum bis zum 31. Dezember 2031 das gemeinsame Unternehmen SESAR 3 JU[3198] gegründet[3199], das auf den Arbeiten und Errungenschaften der vorherigen SESAR-Forschungs- und Innovationsprogramme aufbaut.[3200]

3194 Art. 6 VO Rahmen-VO; COM(2015) 663, S. 9.

3195 VO (EG) Nr. 219/2007, zuletzt geändert durch VO (EU) Nr. 721/2014; COM(2015) 663, S. 9.

3196 Erwägungsgrund Nr. 5 VO (EG) Nr. 219/2007; COM(2015) 663, S. 9.

3197 Siehe dazu DVO (EU) Nr. 409/2013 der Kommission vom 03.05.2013 zur Festlegung gemeinsamer Vorhaben, zum Aufbau von Entscheidungsstrukturen und zur Schaffung von Anreizen für die Unterstützung der Durchführung des europäischen Generalplans für das Flugverkehrsmanagement, ABl. EU Nr. L 123 vom 04.05.2013, S. 1–7, zuletzt geändert durch DVO (EU) 2021/116 der Kommission vom 01.02.2021 über die Festlegung des ersten gemeinsamen Vorhabens zur Unterstützung der Durchführung des europäischen Masterplans für das Flugverkehrsmanagement gemäß der VO (EG) Nr. 550/2004 des Europäischen Parlaments und des Rates, zur Änderung der DVO (EU) Nr. 409/2013 der Kommission und zur Aufhebung der DVO (EU) Nr. 716/2014 der Kommission, ABl. EU Nr. 36 vom 02.02.2021, S. 10–38; COM(2015) 663, S. 9.

3198 Mehr dazu siehe Kapitel 5, C., V.

3199 Art. 3, Abs. 1, lit. h) VO (EU) 2021/2085 des Rates vom 19.11.2021 zur Gründung der gemeinsamen Unternehmen im Rahmen von „Horizont Europa" und zur Aufhebung der VOen (EG) Nr. 219/2007, (EU) Nr. 557/2014, (EU) Nr. 558/2014, (EU) Nr. 559/2014, (EU) Nr. 560/2014, (EU) Nr. 561/2014 und (EU) Nr. 642/2014, ABl. EU Nr. L 427 vom 30.11.2021, S. 17–119.

3200 Delivering the Digital European Sky, abzurufen unter https://www.sesarju.eu/sites/default/files/documents/reports/SESAR%203%20launch%20brochure.pdf, zuletzt abgerufen am 28.02.2023.

## 2. *EASA*

Die Zuständigkeiten der EASA wurden durch das SES-II-Paket auf das Flugverkehrsmanagement und die Flughäfen ausgeweitet.[3201] Zunächst wurden die Vorschriften zum einheitlichen europäischen Luftraum bezüglich der Flugsicherheit in die EASA-Struktur eingegliedert und anschließend ergänzt und modifiziert, damit ein ganzheitlicher Rechtsrahmen für die Luftfahrt entsteht.[3202] Seit 2013 unterstützt die EASA außerdem die Europäische Kommission bezüglich der rechtzeitigen Berichterstattung im Rahmen der Verwirklichung des einheitlichen europäischen Luftraumes.[3203] Daneben war die EASA in das Wirken des SJU eingebunden, um Fälle der Flugsicherheit zu kontrollieren, und nahm die Sicherheitsaufsicht über den Netzmanager wahr.[3204]

## 3. *Zusammenarbeit mit dem Militär*

Die Verordnungen zum einheitlichen europäischen Luftraum konzentrieren sich auf den zivilen Luftverkehr, umfassen also keine operativen und ausbildungsbezogenen Tätigkeiten des Militärs.[3205] Dennoch haben die militärischen Organisationen ein enormes Interesse an dessen Realisierung und werden in

---

3201 VO (EG) Nr. 1108/2009 des Europäischen Parlaments und des Rates vom 21.10.2009 zur Änderung der VO (EG) Nr. 216/2008 in Bezug auf Flugplätze, Flugverkehrsmanagement und Flugsicherungsdienste sowie zur Aufhebung der Richtlinie 2006/23/EG, ABl. EG Nr. L 309 vom 24.11.2009, S. 51–70. Diese wurde aufgehoben durch VO (EU) 2018/1139 des Europäischen Parlaments und des Rates vom 04.07.2018 zur Festlegung gemeinsamer Vorschriften für die Zivilluftfahrt und zur Errichtung einer Agentur der Europäischen Union für Flugsicherheit sowie zur Änderung der VOen (EG) Nr. 2111/2005, (EG) Nr. 1008/2008, (EU) Nr. 996/2010, (EU) Nr. 376/2014 und der Richtlinien 2014/30/EU und 2014/53/EU des Europäischen Parlaments und des Rates, und zur Aufhebung der VOen (EG) Nr. 552/2004 und (EG) Nr. 216/2008 des Europäischen Parlaments und des Rates und der VO (EWG) Nr. 3922/91 des Rates, ABl. EU Nr. L 212 vom 22.08.2018, S. 1–122, in der konsolidierten Fassung vom 25.07.2021; COM(2015) 663, S. 9.

3202 COM(2015) 663, S. 9.

3203 Siehe dazu Art. 12 Abs. 1 Rahmen-VO; COM(2015) 663, S. 10.

3204 COM(2015) 663, S. 10.

3205 Erklärung der Mitgliedstaaten zu militärischen Aspekten im Zusammenhang mit dem einheitlichen europäischen Luftraum, ABl. EU Nr. L 96 vom 31.03.2004, S. 9; COM(2015) 663, S. 10.

diese involviert.[3206] Das militärische Interesse liegt einerseits auf dem Erfordernis, den Luftraum in Europa ohne wesentliche Einschränkungen im Sinne der „flexiblen Luftraumnutzung“ für operative Zwecke und für die Ausbildung nutzen zu können.[3207] Andererseits bemühen sich die militärischen Organisationen, die Ausgaben für ihre Flotten-Ausstattung gemäß den SESAR-Standards möglichst gering zu halten.[3208] Das Militär untersucht dazu, in welchen Umfang seine Flotte entweder mit SESAR-Standardlösungen ausgestattet werden kann oder etwa über sonstige „annehmbare Nachweisverfahren“ diskutiert werden sollte.[3209]

### *4. SES 2+*

Die Europäische Kommission unterbreitete im Juni 2013 den Vorschlag zu einer weiteren Verordnung.[3210] Unter dem Arbeitstitel „SES 2+“ schlug sie eine Aktualisierung der beiden Verordnungspakete zum einheitlichen europäischen Luftraum vor. Dadurch sollen einige mit dem SES-II-Paket aus dem Jahr 2009 eingeführte Änderungen weiterentwickelt, modifiziert und bei anderen Gesichtspunkten dem technischen Fortschritt entsprochen werden.[3211]

Durch das SES-2+-Paket sollen die Vorschriftenbeachtung besser kontrolliert, eine intensivere Kundenorientierung der Flugsicherungsorganisationen gefördert, ein verbessertes Leistungssystem geschaffen sowie eine höhere Gesamtleistung erreicht werden.[3212] Neben der Streichung von Überschneidungen in den vorausgegangenen Verordnungen wird angeregt, die Unabhängigkeit der nationalen Aufsichtsbehörden sowie die Rolle des Performance Review Bodys zu stärken, um deren Eigenständigkeit zu gewährleisten.[3213] Außerdem soll die Effizienz der Unterstützungsdienste durch die Trennung und die damit verbundene

3206 Dazu grds. Erklärung der Mitgliedstaaten zu militärischen Aspekten im Zusammenhang mit dem einheitlichen europäischen Luftraum, ABl. EU Nr. L 96 vom 31.03.2004, S. 9; COM(2015) 663, S. 10.

3207 VO (EG) Nr. 2150/2005 der Kommission vom 23.12.2005 über gemeinsame Regelungen für die flexible Luftraumnutzung, ABl. EU Nr. L 342 vom 24.12.2005, S. 20–25, siehe unter https://eur-lex.europa.eu/legal-content/DE/ALL/?uri=CELEX:32005R2150, zuletzt abgerufen am 24.03.2023; COM(2015) 663, S. 10.

3208 COM(2015) 663, S. 10.

3209 COM(2015) 663, S. 10.

3210 COM(2013) 410.

3211 COM(2015) 663, S. 10 f.

3212 COM(2013) 410, S. 3.

3213 COM(2015) 663, S. 11; COM(2013) 410, S. 3 f.

Marktöffnung als Motivation neuer Innovationen und zur Eröffnung frischer Geschäftsmöglichkeiten gesteigert werden.[3214] Der Vorschlag sieht weiterhin vor, die Leistungsorientierung und Flexibilität der funktionalen Luftraumblöcke auszuweiten, um die Leistungsziele des einheitlichen europäischen Luftraumes zu erreichen.[3215] Weiterhin ist angedacht, die Rolle des Netzmanagers zu stärken, indem eine schrittweise Ausweitung und Einführung branchengeführter Leistungsstrukturen vorgenommen wird.[3216]

Im Jahr 2020 änderte und überarbeitete die Kommission ihren Vorschlag[3217] und unterbreitete weitere Änderungsvorschläge. Hierin wird bspw. auf die Regelungen in Bezug auf die funktionalen Luftraumblöcke verzichtet.[3218] Die Kommission schlägt vor, Art. 9a Flugsicherungsdienste-VO komplett zu streichen.[3219] Grundsätzlich bedeutet die Tatsache, dass diesbezügliche Vorschriften fehlen, nicht, dass die Mitgliedstaaten gehindert werden, bei Bedarf Luftraumblöcke einzurichten oder diese beizubehalten.[3220] Aktuell wird noch über die Vorschläge beraten.

## IV. Europäische und internationale Chancen

### *1. EUROCONTROL*

Nach dem anfänglichen Misstrauen der Staaten gegenüber EUROCONTROL ist die Organisation mittlerweile in Europa anerkannt und gut eingebunden, so dass ihr seit 2010 drei wesentliche Aufgaben übertragen wurden.[3221] So unterstützt EUROCONTROL erstens die Europäische Kommission und die EASA technisch bei der Durchführung regulatorischer Maßnahmen; hilft zweitens in seiner Rolle als Leistungsüberprüfungsgremium der Europäischen Kommission bei der Entwicklung und Realisierung des Leistungssystems und nimmt sich drittens der Aufgabe des Netzmanagers[3222] für die ATM-Netzfunktionen

---

3214 COM(2015) 663, S. 11.

3215 COM(2015) 663, S. 11.

3216 COM(2015) 663, S. 11.

3217 Geänderter Vorschlag für eine Verordnung des Europäischen Parlaments und des Rates zur Verwirklichung des einheitlichen europäischen Luftraumes vom 22.09.2020, COM(2020) 579 final.

3218 COM(2020) 579 final, S. 9.

3219 COM(2020) 579 final, S. 125 f.

3220 COM(2020) 579 final, S. 9.

3221 COM(2015) 663, S. 11.

3222 Art. 1 Durchführungsbeschluss (EU) 2019/709 der Kommission vom 06.05.2019 über die Benennung des Netzmanagers für die Netzfunktionen des Flugver-

an.[3223] Auch bei den Tätigkeiten des gemeinsamen Unternehmens SESAR hat EUROCONTROL eine zentrale Rolle inne, seitdem es zusammen mit der Europäischen Union zu dessen Gründungsmitgliedern gehört.[3224] Die Ausgestaltung der Verordnungen zum einheitlichen europäischen Luftraum fördert die Überschneidungen zwischen den Aufgaben der Europäischen Union und EUROCONTROL.[3225] Der gemeinsame Rahmen für die Zusammenarbeit wurde 2012 festgelegt.[3226]

## 2. *Drittstaaten*

Der einheitliche europäische Luftraum ist nicht nur auf EU-Mitgliedstaaten beschränkt, sondern will auch Drittstaaten einbinden.[3227] Durch verschiedene Abkommen ist dies bereits mit mehreren Staaten gelungen. Durch das ECAA-Abkommen und die Abkommen, die mit Israel, Jordanien oder Marokko unterzeichnet wurden, wächst der Luftraum auch außerhalb der EU-Grenzen weiter.[3228] Grundsätzlich verfolgen diese Abkommen das Ziel, in den beteiligten Staaten Leistungssteigerungen zu erwirken, damit die Zersplitterung des Luftraumes in Europa zukünftig komplett aufgelöst werden kann.[3229]

---

kehrsmanagements (ATM) im einheitlichen europäischen Luftraum, ABl. EU Nr. L 120 vom 08.05.2019, S. 27 ff. benennt in Art. 1 Abs. 1 EUROCONTROL auch weiterhin als Netzmanager. Die genannte Benennung erstreckt sich auf den dritten und vierten Bezugszeitraum nach Art. 7 der DVO (EU) 2019/317 der Kommission vom 11.02.2019 zur Festlegung eines Leistungssystems und einer Gebührenregelung für den einheitlichen europäischen Luftraum und zur Aufhebung der DVOen (EU) Nr. 390/2013 und (EU) Nr. 391/2013, ABl. EU Nr. L 56 vom 25.02.2019, S. 1–67.

3223 COM(2015) 663, S. 11.

3224 COM(2015) 663, S. 11; siehe dazu auch https://www.sesarju.eu/news/sesar-3-ju-and-eurocontrol-reinforce-collaboration, zuletzt abgerufen am 29.03.2023; zum gemeinsamen Unternehmen SESAR siehe ausf. in Kapitel 5, C., IV.

3225 COM(2015) 663, S. 12.

3226 Beschluss des Rates vom 29.10.2012 über die Unterzeichnung im Namen der Europäischen Union und die vorläufige Anwendung der Vereinbarung zur Schaffung eines allgemeinen Rahmens für eine verstärkte Zusammenarbeit zwischen der Europäischen Union und der Europäischen Organisation zur Sicherung der Luftfahrt, 2013/36/EU, ABl. EU Nr. L 16 vom 19.01.2013, S. 1.

3227 Art. 7 Rahmen-VO; dazu auch *Dettling-Ott*, in: Hobe/v. Ruckteschell, Kölner Kompendium Luftrecht, Bd. 1, S. 310, Rn. 204; ähnlich *Bues*, S. 56; ähnlich *Horn*, in: v. Mangoldt/Klein/Starck, Grundgesetz, Bd. 3, Art. 87d GG, Rn. 3b.

3228 COM(2015) 663, S. 12; ausf. zu diesen Abkommen siehe Kapitel 6, B.

3229 COM(2015) 663, S. 12.

### 3. *ICAO*

Die Kooperation der Europäischen Kommission mit der IACO bezüglich Angelegenheiten des Flugverkehrsmanagementnetzes genießt einen hohen Stellenwert, insbesondere was die globale ATM-Interoperabilität anbelangt.[3230] Auf der 12. Luftfahrtnavigationskonferenz Ende 2012 beschloss die ICAO einen Plan für die ATM-Modernisierung (Global Air Navigation Plan[3231]).[3232] Die Europäische Kommission sagte der ICAO ihre Unterstützung bei der Durchsetzung des Plans zu.[3233]

## B. Fazit

Durch die Verabschiedung des ersten Verordnungspaketes zum einheitlichen europäischen Luftraum im Jahr 2004 ging die Europäische Kommission ein nötiges, aber langwieriges und ambitioniertes Projekt an. Ihr ehrgeiziges Ziel war und ist es, die Entwicklung des europäischen Luftverkehrs und der europäischen Luftfahrtbranche durch Innovationen, intensiveren Wettbewerb und die Gewährleistung hoher (Sicherheits-)Standards zu unterstützen.[3234] Nach mehreren frustrierten Zwischenbilanzen rückt der einheitliche europäische Luftraum mitsamt seinen davon erhofften Erleichterungen und gesteckten Zielen jedoch anscheinend immer mehr in die Nähe von Visionen, wenn nicht sogar in die Nähe von Illusionen.[3235]

Durch die Verspätungen in der europäischen Luftfahrtlandschaft war die Europäische Kommission darauf aufmerksam geworden, dass die europäische Flugsicherungslandschaft vereinheitlicht werden musste, um den Luftraum für

---

3230 COM(2015) 663, S. 13.

3231 Abzurufen (zuletzt 11.03.2023) unter http://www.icao.int/publications/documents/9750_4ed_en.pdf.

3232 COM(2015) 663, S. 13.

3233 COM(2015) 663, S. 13.

3234 COM(2015) 663, S. 14.

3235 So *Brützel*, Aviation Management Single European Sky – eine Tragödie in mehreren Akten!?, Teil 1 vom 14.09.2016, abzurufen unter http://www.airliners.de/single-european-sky-analyse/39540, zuletzt abgerufen am 04.03.2023; ähnlich auch DFS-Chef Klaus-Dieter Scheurle, in: Flugsicherung und Brüssel: Deutsche Fluglotsen wettern gegen die EU-Kommission, Handelsblatt vom 13.04.2016, online abzurufen unter http://www.handelsblatt.com/unternehmen/handel-konsumgueter/flugsicherung-und-bruessel-deutsche-fluglotsen-wettern-gegen-die-eu-kommission/13441976.html, zuletzt abgerufen am 24.03.2023.

alle beteiligten Akteure effizienter, sicherer und kostengünstiger zu gestalten. Die klassischen Prozesse der Flugsicherung in Europa konnten mit dem durch die Liberalisierung der Industrie und den wachsenden Wettbewerb boomenden Luftverkehr seit dem Ende der achtziger Jahre nicht mehr mithalten.[3236] Insbesondere den Umstand, dass die einzelnen Lufträume konsequent als hoheitliche Aufgabe innerhalb der jeweiligen staatlichen Grenzen und des nationalen Luftraumes beaufsichtigt wurden, begriff die Europäische Kommission als ein Hindernis. Während am Boden die Grenzen zwischen den EU-Mitgliedstaaten weggefallen waren, bestanden sie im Luftraum weiterhin fort. Die Aufteilung des Luftraumes richtete sich nicht nach dem aktuellen Verkehrsaufkommen und den tatsächlichen Verkehrsflüssen und wurde von vielen verschiedenen nationalen Flugsicherungsorganisationen mit meist unterschiedlichen Flugsicherungssystemen überwacht. Unbeirrt und seit jeher unverändert wurde strikt der eigene Staatenluftraum, also die Luftsäule über dem jeweiligen Staatsgebiet kontrolliert. Kapazitätsengpässe in der Luft und Verspätungen in der Luft und am Boden sind die Folge. Eine solche Zersplitterung des Luftraumes verursacht sowohl für die einzelnen Volkswirtschaften als auch unter Umweltaspekten hohe Kosten und verhindert die optimale und effiziente Nutzung[3237] des Luftraumes über Europa. Um den europäischen Luftraum wirtschaftlicher zu nutzen und die Ziele verwirklichen zu können, muss die vollständige Realisierung des einheitlichen europäischen Luftraumes mitsamt seinen verschiedenen Komponenten im Mittelpunkt stehen.

Viele der europäischen Probleme wurden erkannt und in den Verordnungen zum einheitlichen europäischen Luftraum festgehalten. Auf die vier Verordnungen des SES-I-Paketes aus dem Jahr 2004 folgte im Jahr 2009 ein weiteres Verordnungspaket, das SES-II-Paket. Es modifizierte, kürzte und stärkte die Anwendbarkeit der Verordnungen des SES-I-Paketes im Hinblick auf die Leistungsverbesserung und Nachhaltigkeit des europäischen Luftverkehrssystems. In den fünf Jahren, die zwischen den beiden Paketen liegen, wurden verschiedene Schwachstellen in den Verordnungen erkannt, die durch SES-II behoben werden sollten. Mittlerweile liegt ein weiterer Verordnungsvorschlag der Europäischen Kommission mit dem Arbeitstitel „SES 2+“ vor, der vorsieht, die vorherigen Verordnungen in einer Einzigen zusammenzufassen. Dadurch sollen etwaige Doppelnennungen und Überschneidungen zwischen den Verordnungen

---

3236 *Brützel*, Aviation Management Single European Sky – eine Tragödie in mehreren Akten!?, Teil 1 vom 14.09.2016.

3237 Erwägungsgrund Nummer 7 Rahmen-VO.

revidiert und diese somit vereinfacht werden. Der Verordnungsvorschlag entwickelt außerdem einige im SES-II-Paket eingeführte Änderungen weiter und trägt insbesondere den zukunftsträchtigen technischen Aspekten Rechnung. Zu diesem Vorschlag wurde mittlerweile im Jahr 2020 ein Änderungsvorschlag der Europäischen Kommission vorgelegt, durch den nicht nur bei den andauernden und für die Umwelt schädlichen Ineffizienzen beim ATM Abhilfe geschaffen werden soll, sondern vielmehr auch andere Facetten bezüglich des ATMs gestärkt werden sollen.[3238] Die Kommission schlägt darin unter anderem erneut vor, die bestehenden Verordnungen zum einheitlichen europäischen Luftraum in einer einzigen Verordnung zusammenzufassen und etwaige Überschneidungen mit der EASA-Grundverordnung zu beseitigen.[3239] Auch bezüglich der FABs werden in dem überarbeiteten Vorschlag der Kommission Änderungsvorschläge gemacht. Der Vorschlag enthält keinerlei Regelungen mehr bezüglich der Verpflichtung zur Einrichtung funktionaler Luftraumblöcke[3240] und schlägt außerdem vor, Art. 9a Flugsicherungsdienste-VO[3241] komplett zu streichen. Im Vergleich zum ursprünglichen Vorschlag aus dem Jahr 2013 sind die Ziele dieser Initiative aus dem Jahr 2020 allerdings weitestgehend dieselben geblieben.[3242]

Bei der Entwicklung und der beschleunigten Umsetzung des einheitlichen europäischen Luftraumes ist die Europäische Kommission wohl der einzige der zahlreichen beteiligten Akteure, dem man die unbedingte Verfolgung der Ziele des einheitlichen europäischen Luftraumes attestieren kann. Denn im Laufe der Zeit wurde ersichtlich, dass sich die Schaffung eines einheitlichen europäischen Rechtsrahmens schwieriger als erwartet gestaltet. Zwar mahlen die Mühlen des europäischen Verwaltungsapparates grundsätzlich langsam, aber zusätzlich zu den generellen logistischen und administrativen Problemen der Verwaltung bilden auch die EU-Mitgliedstaaten selbst ein großes Problem bei der Schaffung des einheitlichen europäischen Luftraumes. Denn neben den generellen Schwierigkeiten spielen die nationalen Bedenken der EU-Mitgliedstaaten eine große Rolle, die die Umsetzung des Single European Sky verzögern.

Zunächst einmal gibt es aktuell 27 EU-Mitgliedstaaten mit 24 unterschiedlichen Amtssprachen. All diese unterschiedlichen Kulturen und Denkarten müssen durch den einheitlichen europäischen Luftraum verbunden werden. Aber

---

3238 COM(2020) 579, S. 1.

3239 COM(2020) 579, S. 3; Briefing EU Legislation in Progress vom Juli 2021, S. 5.

3240 COM(2020) 579, S. 8 f.

3241 COM(2020) 579, S. 125 f.

3242 COM(2020) 579, S. 3; Briefing EU Legislation in Progress vom Juli 2021, S. 5.

gerade diese unterschiedlichen nationalen Befindlichkeiten und unterschiedlichen Herangehensweisen verlangsamen die praktische Umsetzung des Single European Sky. Die Staaten hegen nationale Bedenken gegenüber dem einheitlichen europäischen Luftraum und befürchten Souveränitätsverluste, was die praktische Umsetzung des Projekts nicht nur verzögert, sondern auch gefährdet. Zwar bekennen sich die EU-Mitgliedstaaten regelmäßig zur Idee und dem Projekt des einheitlichen europäischen Luftraumes, führen aber ebenso häufig Souveränitätsängste und militärische Sicherheitsbedenken ins Feld. Denn spätestens, wenn militärische Belange betroffen werden, fehlt die Bereitschaft der EU-Mitgliedstaaten, die Überwachung des Luftraumes der Organisation eines anderen Mitgliedstaates zu überlassen.[3243] Die nationalen Interessen stehen damit häufig vor den europäischen Interessen und somit grundsätzlich auch vor der Umsetzung des Verordnungspaketes, die dadurch gehemmt wird.

Dies ist vor allem im Luftverkehr kritisch zu betrachten, da der Luftverkehr nur global funktionieren kann, ohne dass in nationalen Souveränitätsgrenzen gedacht und agiert wird. Die Mitgliedstaaten sind zwar mittlerweile offener als noch in den 1930er-Jahren, als Admiral Lawson erste Ideen einer multilateralen Koordinierung des europäischen Luftverkehrs äußerte, oder in den 1960er-Jahren, als EUROCONTROL als eine zwischenstaatliche Einrichtung gegründet werden sollte und der Plan aufgrund einzelner nationaler Souveränitätsängste scheiterte. Dennoch behindert ihre Angst vor Souveränitätsverlusten und die Priorisierung anderer, nationaler Probleme und Projekte ihren Tatendrang bezüglich der Schaffung des einheitlichen europäischen Luftraumes. Dabei ist die Souveränität der Staaten durch die Single European Sky Verordnungen nicht ernsthaft gefährdet.

Im Verlauf des europäischen Integrationsprozesses haben die Mitgliedstaaten mit den Europäischen Gemeinschaften und der Europäischen Union supranationale Organisationen geschaffen und diesen zur gemeinsamen Aufgabenerfüllung gewisse eigenständig wahrzunehmende Hoheitsrechte übertragen. Dennoch bleibt den EU-Mitgliedstaaten, solange sie die Bestimmungsbefugnis darüber behalten, diese supranationale Gemeinschaft aufzulösen oder sich zumindest individuell aus dem Rechtserzeugungsprozess zu entziehen und ihr Austrittsrecht[3244] zu nutzen, der Charakter eines souveränen Staates

---

3243 *Brützel*, Kein Single European Sky in Sicht, Teil 2 vom 12.10.2016, abzurufen unter (zuletzt 24.03.2023) https://www.airliners.de/kein-single-european-sky-sicht/39788.

3244 Dieses Recht hat das Vereinigte Königreich von Großbritannien und Nordirland im Sommer 2016 für sich in Anspruch genommen. Der Austritt erfolgte im Rahmen und unter den Bedingungen von Art. 50 EU-Vertrag. Dazu sehr ausf. *Müller-Graff*,

erhalten.[3245] In Bezug auf die Flugsicherung und den nationalen Luftraum verbleiben die hoheitlichen Befugnisse in der Hand der Mitgliedstaaten, lediglich die Unterstützungsdienste werden für den Wettbewerb geöffnet. Allerdings trägt nicht nur die Verfolgung von Eigeninteressen der EU-Mitgliedstaaten, sondern auch die Wahrung der Interessen der restlichen Akteure eine entscheidende Rolle dazu bei, dass die Umsetzung des einheitlichen europäischen Luftraumes bisher recht stockend voranschreitet.[3246] Neben den EU-Mitgliedstaaten ist festzustellen, dass auch die Flugsicherungsorganisationen ihre eigenen Interessen verfolgen. Schließlich bedeutet für die Flugsicherungsorganisationen eine Neustrukturierung und Vereinheitlichung des europäischen Luftraumes gleichzeitig eine Umverteilung der Zuständigkeiten, wodurch ihnen sowohl wirtschaftliche Einbußen als auch Kosten entstehen.[3247] Um die Betriebskonzepte zu harmonisieren, müssen verschiedene Anstrengungen zur Anpassung unternommen werden, die jede einzelne Flugsicherungsorganisation verständlicherweise auf ein Minimum reduzieren möchte, einerseits wegen der durch die Anpassung entstehenden Kosten, andererseits wegen der durch Änderungen im Betriebsablauf grundsätzlich implizierten Unsicherheitsfaktoren.[3248] Der damalige DFS-Chef Klaus-Dieter Scheurle glaubte nicht mehr an einen Erfolg und entwickelte eigene Lösungen für eine einheitliche Luftraum-Überwachung.[3249] Es bedürfe einer industriegetriebenen Alternative, also einer Kooperation der einzelnen Flugsicherungen aus eigenem Antrieb heraus, die zum Beispiel auf der Seite der Technologie ein gemeinsames System nutzten.[3250] Eine solche Konsolidierung

---

in: Brexit, S. 33 ff. (33 ff.); *Kindermann*, Brexit, Und nun?, abzurufen unter http://www.lto.de/recht/hintergruende/h/brexit-referendum-uk-grossbritannien-eu-austritt-wirtschaftliche-folgen/, zuletzt abgerufen am 24.03.2023; insb. Art. 50 EUV beleuchtend, siehe *Streinz*, in: Brexit, S. 17 ff. (17 ff.); ausf. zum Thema Brexit siehe Kapitel 10, C.

3245 *Schladebach*, Lufthoheit, S. 116.

3246 *Brützel*, Kein Single European Sky in Sicht, Teil 2 vom 12.10.2016.

3247 *Brützel*, Kein Single European Sky in Sicht, Teil 2 vom 12.10.2016.

3248 *Brützel*, Kein Single European Sky in Sicht, Teil 2 vom 12.10.2016.

3249 Flugsicherung und Brüssel: Deutsche Fluglotsen wettern gegen die EU-Kommission, Handelsblatt vom 13.04.2016, abzurufen unter http://www.handelsblatt.com/unternehmen/handel-konsumgueter/flugsicherung-und-bruessel-deutsche-fluglotsen-wettern-gegen-die-eu-kommission/13441976.html, zuletzt abgerufen am 24.03.2023.

3250 Flugsicherung und Brüssel: Deutsche Fluglotsen wettern gegen die EU-Kommission, Handelsblatt vom 13.04.2016, abzurufen unter http://www.handelsblatt.com/unternehmen/handel-konsumgueter/flugsicherung-und-bruessel-deutsche-fluglotsen-wettern-gegen-die-eu-kommission/13441976.html, zuletzt abgerufen am 24.03.2023.

trage auch dazu bei, die Flugsicherungen effizienter zu machen und den Kostendruck zu verringern.[3251]

Auch wenn das Prinzip der funktionalen Luftraumblöcke und darunter auch der FABEC[3252], an dem die Bundesrepublik Deutschland beteiligt ist, die Zuständigkeiten vereinfachen will, bestimmen dennoch oftmals noch immer die nationalen Grenzen genau diese und enden dort, wo sie auch vor der Initiative zum einheitlichen europäischen Luftraum geendet haben.[3253] Als Beispiel dazu sei die Flugroute zwischen München und Paris erwähnt: Die DFS und die französischen Flugsicherungsorganisationen[3254] konnten sich auf eine direktere Flugroute zwischen München und Paris[3255] einigen, die ein französisches militärisches Übungsgebiet überfliegt, ohne dafür neue oder grenzüberschreitende Sektoren zu schaffen.[3256]

Viele Systeme der Infrastrukturen werden weiterhin auf nationaler Ebene genutzt.[3257] Die DFS Deutsche Flugsicherung GmbH betreibt noch immer bodengestützte (terrestrische) Navigationsanlagen, obwohl gemäß DVO (EU) 2018/1048[3258] auch in Deutschland die An- und Abflugverfahren bis zum Jahr 2030 von einer primär terrestrisch- auf eine primär satellitengestützte Navigation[3259]

---

3251 Bei der DFS ist insb. auch die Altersvorsorge ein Thema. Bis zum Jahr 2024 sollen etwa 270 Stellen und 66 Ausbildungsplätze eingespart werden. Dies geschieht auch als Reaktion auf den Einbruch des Luftverkehrs, so Stellenabbau – Flugsicherung schickt Mitarbeiter in „Übergangsversorgung" online abzurufen unter https://www.reuters.com/article/deutschland-flugsicherung-idDEKBN2AJ1GA, zuletzt abgerufen am 24.03.2023.

3252 Dazu siehe ausf. Kapitel 9, D.

3253 *Brützel*, Kein Single European Sky in Sicht, Teil 2 vom 12.10.2016.

3254 Diese für militärische und zivile Zuständigkeiten getrennt, dazu FABEC, Airspace Management X-border AMC principles, abzurufen unter https://www.fabec.eu/images/user-pics/pdf-downloads/InterFAB-Workshop-2016/Session2_FABEC_Airspace%20Management%20X-border.pdf, dort Folie 4, zuletzt abgerufen am 23.03.2023.

3255 In diesem Fall an Werktagen vom 12.11.2015 bis zum 03.02.2016, FABEC, Airspace Management X-border AMC principles, Folie 2.

3256 FABEC, Airspace Management X-border AMC principles; so auch *Brützel*, Kein Single European Sky in Sicht, Teil 2 vom 12.10.2016.

3257 *Brützel*, Kein Single European Sky in Sicht, Teil 2 vom 12.10.2016.

3258 DVO (EU) 2018/1048 der Kommission vom 18.07.2018 zur Festlegung von Anforderungen an die Luftraumnutzung und von Betriebsverfahren in Bezug auf die leistungsbasierte Navigation, ABl. EU Nr. L 198 vom 26.07.2018, S. 3–8.

3259 Global Navigation Satellite System, kurz: GNSS.

umgestellt werden sollen.[3260] Es werden bereits zahlreiche Flugzeuge satellitengestützt navigiert, und zukünftig soll die satellitengestützte Navigation weiter ausgebaut werden.[3261] Die Anzahl der bodengestützten Navigationsanlagen wird in Zukunft abnehmen, wobei ein Grundgerüst an Drehfunkfeuern auch längerfristig erforderlich sein wird.[3262] Terrestrische Navigationsanlagen dienen insbesondere als Ersatz im Falle von Ausfall oder gezielter Störung (Jamming) von Satellitennavigationssystemen.[3263] Grundsätzlich werden die terrestrischen Navigationsanlagen daher nach und nach abgebaut, aber nicht komplett aus der Anwendung verschwinden. Anhand dessen lässt sich gut erkennen, wie fraglich es erscheint, dass die angedachte Harmonisierung der Systeme und Vereinheitlichung der Prozesse der Flugsicherungsorganisationen zügig umgesetzt und tatsächlich Realität werden. Jede Organisation will ihre eigenen Systeme, Prozesse und Technologien beibehalten und verbessern. Nicht zuletzt ist eine solche Umstellung auch mit Kosten verbunden, die so weit wie möglich herausgezögert werden, was dem ursprünglichen Gedanken der Harmonisierung des Luftraumes deutlich zuwiderläuft.

Aber nicht nur die Flugsicherungsorganisationen selbst, sondern auch deren Mitarbeiter verfolgen die Ziele des einheitlichen europäischen Luftraumes nicht uneingeschränkt. Die Mitarbeiter der Flugsicherungsorganisationen fürchten berechtigterweise um ihre Arbeitsplätze und um die Sicherheit, weshalb auch sie die Harmonisierung der Betriebskonzepte nicht uneingeschränkt unterstützen. Schließlich bedeutet für die Fluglotsen eine Effizienzsteigerung der Flugsicherungsorganisationen gleichzeitig Kosteneinsparungen, die auch mit der Einsparung von Personalkosten einhergehen.[3264] Konkret bedeutet eine Verlagerung der Flugsicherung ins Cockpit[3265], dass der Großteil der Arbeitsplätze der Fluglotsen überflüssig würde.[3266] Daneben treiben auch Hersteller und Fluggesellschaften die Umsetzung des einheitlichen europäischen Luftraumes nicht

3260 Deutscher Bundestag, Unterrichtung durch die Bundesregierung, Funknavigation und Windenergie an Land, Bericht der Bundesregierung an den Bundestag über Maßnahmen zur besseren Vereinbarkeit von Windenergieanlagen an Land und dem Betrieb von Drehfunkfeuern vom 22.12.2022, BT-Drs. 20/5138, S. 4.

3261 BT-Drs. 20/5138, S. 2.

3262 BT-Drs. 20/5138, S. 2.

3263 BT-Drs. 20/5138, S. 2.

3264 *Brützel*, Kein Single European Sky in Sicht, Teil 2 vom 12.10.2016.

3265 Zum Beispiel durch ASAS, kurz englisch für „Airborne Separation Assurance System“, nähere Beschreibung unter Kapitel 10, A.

3266 Dazu ausf. bei *Brützel*, Kein Single European Sky in Sicht, Teil 2 vom 12.10.2016.

wirklich aktiv mit voran.[3267] Grundsätzliche Verlierer sind die Frachtkunden und die Passagiere, die über die Rechnungen, Gebühren und Tickets die Kosten des fehlenden Fortschritts beim Single European Sky zahlen.[3268]

Allerdings ist grundsätzlich dazu anzumerken, dass die Verordnungen ambitionierte Vorgaben machen, die keiner der EU-Mitgliedstaaten von heute auf morgen umsetzen kann. Für die Umsetzung der Verordnungen müssen die Mitgliedstaaten neue organisatorische Strukturen zum Beispiel für die nationalen Aufsichtsbehörden schaffen, Aufgaben dementsprechend umverteilen und neue Aufgabenbereiche entwickeln, ihre Systeme anpassen und harmonisieren, unklare Begriffe auslegen und definieren und sich vor allem mit den anderen 27 EU-Mitgliedstaaten kurzschließen. Dies scheint insbesondere bei der Errichtung der funktionalen Luftraumblöcke problematisch gewesen zu sein. Die neun funktionalen Luftraumblöcke hätten entsprechend des verabredeten Fahrplans der Europäischen Union bis zum 4. Dezember 2012 funktional eingerichtet sein sollen. Erfüllen konnte dieses Kriterium bis zum Stichtag jedoch keiner der EU-Mitgliedstaaten. Zwar ist die Einrichtung der FABs inzwischen abgeschlossen, die angedachten operativen Ziele zur optimalen Luftraum- und Ressourcennutzung konnten aber bisher noch nicht erreicht werden, wodurch es im gesamten europäischen Flugverkehrsmanagementsystem zu Ineffizienzen und Zusatzkosten von nahezu fünf Milliarden Euro pro Jahr kommt.[3269] Diese Kosten werden wiederum auf die Luftfahrtunternehmen und deren Kunden umverteilt und es entstehen neben längeren Reisezeiten und Verspätungen auch mehr Emissionen.[3270] Aufgrund der mangelhaften Umsetzung wurden daher gegen 23 Mitgliedstaaten, darunter auch die Bundesrepublik Deutschland, Vertragsverletzungsverfahren eingeleitet.[3271] Die Kommission hat auf diese Situation reagiert und in ihrem geänderten Vorschlag aus dem Jahr 2020 schließlich keinerlei Regelungen mehr in Bezug auf die funktionalen Luftraumblöcke aufgenommen.[3272] Demnach soll sogar Art. 9a Flugsicherungsdienste-VO gestrichen

---

3267 Dazu ausf. bei *Brützel*, Kein Single European Sky in Sicht, Teil 2 vom 12.10.2016.

3268 Dazu ausf. bei *Brützel*, Kein Single European Sky in Sicht, Teil 2 vom 12.10.2016.

3269 COM(2015) 663, S. 5.

3270 COM(2015) 663, S. 5.

3271 COM(2015) 663, S. 5; Verfahrensnummer 2014/2094, Deutscher Bundestag, Antwort der Bundesregierung auf die Kleine Anfrage der Abgeordneten Oliver Krischer, Dr. Valerie Wilms, Stephan Kühn (Dresden), weiterer Abgeordneter und der Fraktion Bündnis 90/Die Grünen – Drs. 18/10128 –, Klage der EU-Kommission gegen die Pkw-Maut der Bundesregierung, BT-Drs. 18/10317 vom 11.11.2016, S. 5.

3272 COM(2020) 579 final, S. 9.

werden.[3273] Die Tatsache, dass diesbezügliche Vorschriften fehlen, soll die Mitgliedstaaten jedoch nicht daran hindern, entsprechende Luftraumblöcke bei Bedarf einzurichten oder auch beizubehalten.[3274]

Die zukünftig zentralste Rolle für den Erfolg des einheitlichen europäischen Luftraumes kommt der technologischen Komponente zu. Hierzu müssen die auf Branchenpartnerschaften basierenden Flugsicherungsdienste effizienter organisiert und weitere Maßnahmen zur Verringerung der Zersplitterung des Luftraumes in Europa eingeführt werden.[3275] Die Branche sollte bei der Suche nach und Errichtung von netzorientierten Lösungen und gemeinsamen virtuellen Diensten eine mehr zielführende Funktion bekleiden und der Aspekt der Leistungsoptimierung des Flugbetriebes sollte dabei nicht außer Acht gelassen werden.[3276]

Auch die weitere Konzentration auf das SESAR-Projekt wird dabei helfen, dass die Funktionsweise des europäischen ATM-Systems verbessert wird.[3277] Ökologisch betrachtet wirkte sich der Single European Sky in den letzten Jahren positiv auf das Flugverkehrsmanagement aus, was insbesondere mit dem SESAR-Projekt zusammenhängt.[3278] Sowohl die SESAR-Technologie als auch operative Verbesserungen ermöglichen mehr direkte Flugwege und weniger plötzliche Steig- und Sinkflüge, wobei der Wendepunkt hierbei in der Einführung der uneingeschränkten Streckenführung im oberen Luftraum lag, wodurch eine direkte Streckenführung, diverse Kosteneinsparungen und eine Reduktion der $CO_2$-Emissionen ermöglicht wurden.[3279] Zukünftige Investitionen in das Projekt SESAR werden wesentlich zum Gelingen der verbesserten Funktionsweise des europäischen ATM-Systems beitragen.[3280] Der Anfang wurde bereits durch die automatische 4D-Flugführung[3281] gemacht, die sich bereits in fortgeschrittener Entwicklung befindet und mit der schon in ersten Testflügen experimentiert wurde. Es konnte nachgewiesen werden, dass eine automatische Staffelung der Flugzeuge durch die 4D-Flugführung, die die drei Dimensionen des Raumes plus die Komponente der Zeit berücksichtigt, möglich ist.

---

3273 COM(2020) 579 final, S. 125 f.
3274 COM(2020) 579 final, S. 9.
3275 COM(2015) 663, S. 14.
3276 COM(2015) 663, S. 14.
3277 COM(2015) 663, S. 14.
3278 COM(2015) 663, S. 14.
3279 COM(2015) 663, S. 14.
3280 COM(2015) 663, S. 14.
3281 Dazu ausf. Kapitel 10, A.

Generell ist nach wie vor das wichtigste Ziel der Verordnungen, die Fragmentierung des Luftraumes abzubauen. Zukünftig sollte der Fokus auf der erfolgreichen und vollständigen Umsetzung des SES-II-Paketes liegen. Die Verabschiedung des SES-2+-Paketes sollte zusätzlich auf der Agenda stehen, um die Verordnungen zum einheitlichen europäischen Luftraum zusammenzuführen und dadurch dessen Umsetzung zu vereinfachen und zu beschleunigen. Insbesondere sollten alle beteiligten Akteure dasselbe Ziel verfolgen, damit der einheitliche europäische Luftraum verwirklicht werden kann.

Trotz aller Kritik ist es erwähnenswert, dass die Initiative zum einheitlichen europäischen Luftraum bereits verschiedene Herausforderungen gemeistert und einige Fortschritte erzielt hat. Aber bis sich die EU-Mitgliedstaaten, die Europäische Kommission und alle anderen beteiligten Akteure geeinigt und eine politische Einigung erzielt haben, werden sicherlich noch einige Luftfahrzeuge starten und landen.

Dabei ist zu beachten, wie komplex die Thematik in den jeweiligen unterschiedlichen Bereichen ist, sodass eine schnellere Umsetzung utopisch wäre. Auch wenn das Vorhaben den unterschiedlichsten Herausforderungen im europäischen Luftverkehr begegnet und die verbindlichen Leistungsziele, die die EU-Mitgliedstaaten für die kommenden Jahre vereinbart haben, teilweise überambitioniert erscheinen, wäre ein Scheitern des einheitlichen europäischen Luftraumes katastrophal. Alle Beteiligten müssen auch in Zukunft daran arbeiten, dass die gesteckten Ziele erreicht werden und auch die neuen Herausforderungen[3282], die sich ergeben, Beachtung finden.[3283] All diese Überlegungen können den Single European Sky zum Erfolg führen. Die Europäische Kommission hat den einheitlichen europäischen Luftraum jedenfalls auch weiterhin auf ihrer Agenda, was durch ihr Arbeitsprogramm 2024[3284] ersichtlich ist.

Um eine größeren Anreiz zur beschleunigten Umsetzung des einheitlichen europäischen Luftraumes zu schaffen, wurde inzwischen wurde ein

3282 Zum Beispiel die Widerstandsfähigkeit des ATM-Sektors gegen Cyberangriffe oder die Integration von pilotenferngesteuerten Luftfahrzeugen, bspw. Drohnen, im nicht reservierten Luftraum, so COM(2015) 663, S. 14.

3283 COM(2015) 663, S. 14.

3284 Dort Annex III, Nummern 45 und 46, siehe Annexes to the Communication from the Commission to the European Parliament, the Council, the European Economic and Social Committee and the Committee of the Regions, Commission work programme 2024, Delivering today and preparing for tomorrow vom 17.10.2023, COM(2023) 638 final.

„Single European Sky Award" eingeführt, der im März 2016 erstmalig vergeben wurde.[3285] Dieser zeichnet die besten Projekte innerhalb und außerhalb der EU aus, die zur Modernisierung des Flugverkehrsmanagements beigetragen haben und dadurch die beschleunigte Verwirklichung des Single European Sky fördern.[3286]

## C. Ausblick

Es gibt verschiedene Ansätze, die den einheitlichen europäischen Luftraum zukünftig attraktiver und effizienter gestalten sollen. Lotsenfunktionen könnten bspw. ins Cockpit verlagert werden. Im Rahmen des sogenannten „Mission Managements" kann der Luftfahrzeugführer[3287] eine Systemanfrage stellen, um den weiteren Flugablauf gegenüber dem im System hinterlegten aktuellen Stand des Flugverlaufs zu verändern.[3288] Das System nimmt daraufhin eine Prüfung vor, ob die Änderung zu Konflikten mit anderen Flügen führt und gibt diese Änderung entweder frei oder erstellt eine der angefragten Änderung ähnliche Lösung.[3289] Durch dieses Vorgehen übernehmen die Luftraumnutzer die Systembedienung, wohingegen das System weitestgehend die Flugsicherungsfunktionen übernimmt.[3290] Außerdem sollte im Bereich der CNS-Dienste durch die verstärkte Satellitennutzung die operative Bedeutung terrestrischer nationaler Systeme dezimiert werden, wodurch die Handhabung der zivilen Flugsicherung auf eine harmonisierte Struktur gestützt werden könnte.[3291] Grundsätzlich sollte die Harmonisierung operativer Prozesse stärker gefördert werden, um gemeinsame Unterstützungssysteme zu entwickeln, anstelle die Staaten

3285 https://www.sesardeploymentmanager.eu/news/european-commission-initiates-single-european-sky-awards-contest-to-reward, zuletzt abgerufen am 13.03.2023.

3286 https://transport.ec.europa.eu/transport-modes/air/single-european-sky/single-european-sky-awards-2019_en, zuletzt abgerufen am 13.03.2023.

3287 Oder auch die „Operations Control" der Fluglinie.

3288 *Brützel*, Hoffnungsstrategien für den Single European Sky, Teil 3 vom 09.11.2016 abzurufen unter https://www.airliners.de/hoffnungsstrategien-single-european-sky-aviation-management-13/39993, zuletzt abgerufen am 29.03.2023.

3289 *Brützel*, Hoffnungsstrategien für den Single European Sky, Teil 3 vom 09.11.2016.

3290 *Brützel*, Hoffnungsstrategien für den Single European Sky, Teil 3 vom 09.11.2016.

3291 Als Informationsgrundlage verschiedener Anwendungen, zum Beispiel flightradar24.de gestattet ADS-B (Automatic Dependent Surveillance Broadcast) schon jetzt fluginteressierten Privatpersonen die Verfolgung des aktuellen Luftlagebildes und Flügen; *Brützel*, Hoffnungsstrategien für den Single European Sky, Teil 3 vom 09.11.2016.

parallel eigene Systeme aufbauen zu lassen. Neben einer solchen Systemharmonisierung erobern unbemannte Luftfahrtsysteme sowohl auf der zivilen als auch auf der kommerziellen Ebene immer mehr den Luftraum. Sie fliegen über Wälder, Städte oder Nachbars Garten, sie filmen, fotografieren, transportieren oder dokumentieren. Doch so universell sich diese unbemannten Luftfahrtsysteme auch einsetzen lassen, so lückenhaft sind die Regelungen auf europäischer oder internationaler Ebene.

Dennoch verfolgt die Europäische Kommission das Thema konsequent weiter und hat den einheitlichen europäischen Luftraum auch weiterhin auf ihrer Agenda, was durch die Aufnahme in ihr Arbeitsprogramm 2024[3292] ersichtlich ist.

Neben den zahlreichen technischen Entwicklungen ergeben sich immer wieder Fragen, die im Zusammenhang mit europäischen und auch internationalen Verkehrsrechten, also der Möglichkeit, Luftverkehrsbeziehungen zu anderen Staaten zu unterhalten, stehen. Auch der Angriffskrieg Russlands auf die Ukraine hat die europäischen Staaten vor neue, unbekannte Herausforderungen gestellt. Im Luftraum ist immer etwas los und der Luftraum an sich ist begrenzt, wird aber immer voller. Daher ist die Schaffung des einheitlichen europäischen Luftraumes umso wichtiger, um jederzeit alle Luftraumnutzer sicher und effizient an ihr Ziel zu bringen.

---

3292 Dort Annex III, Nummern 45 und 46, siehe Annexes to the Communication from the Commission to the European Parliament, the Council, the European Economic and Social Committee and the Committee of the Regions, Commission work programme 2024, Delivering today and preparing for tomorrow vom 17.10.2023, COM(2023) 638 final.

# Literaturverzeichnis

Abraham, Hans Jürgen, Das Seerecht: Ein Grundriss mit Hinweisen auf die Sonderrechte anderer Verkehrsmittel, vornehmlich das Binnenschiffahrts- u. Luftrecht, 4. Auflage, Berlin 1974.

Achenbach, Jelena von, Komitologie, in: Bergmann, Jan (Hrsg.), Handlexikon der Europäischen Union, 6. Auflage, Baden-Baden 2022, zitiert: *v. Achenbach*, in: Bergmann, Handlexikon der EU, Komitologie, S.

Antwerpen, Niels van, Cross-border provision of air navigation services with specific reference to Europe, Alphen aan den Rijn, 2008.

Antwerpen, Niels van, The Single European Sky, Issue 1, in: Air & Space Law, 2002, Vol. XXVII, S. 3–47.

Antwerpen, Niels van, The Single European Sky, Issue 2, in: Air & Space Law, 2002, Vol. XXVII, S. 90–134.

Auer, André/Mick, Stephan, Organisation des Luftverkehrs, Instandhaltungsbetriebe, in: Hobe, Stephan/Ruckteschell, Nicolai von (Hrsg.), Kölner Kompendium des Luftrechts, Band 2: Luftverkehr, Köln/München 2009, S. 750–785, zitiert: *Auer/Mick*, in: Hobe/v. Ruckteschell, Kölner Kompendium Luftrecht, Bd. 2, S., Rn.

Bamberger, Zelda, Souveränität, in: Bergmann, Jan (Hrsg.), Handlexikon der Europäischen Union, 6. Auflage, Baden-Baden 2022, zitiert: *Bamberger*, in: Bergmann, Handlexikon der EU, Souveränität, S.

Bartkowski, Mareike, Investitionsschutz im internationalen Luftverkehr, Bonn 2001.

Baumann, Johannes Maria, Die Rechtsprechung des EuGH zum Vorrang von Gemeinschaftsrecht vor mitgliedstaatlichen Verwaltungsakten und Gerichtsurteilen, Frankfurt/Berlin/Bern 2010.

Baumann, Karsten, Bundeseigenverwaltung und Wettbewerb? – Die Neuordnung der Flugsicherung, in: DVBl. 2006, S. 332–338.

Baumann, Karsten, Gegenwartsfragen der Beleihung in der Luftverkehrsverwaltung, in: Kluth, Winfried/Müller, Martin/Peilert, Andreas (Hrsg.), Wirtschaft – Verwaltung – Recht, Festschrift für Rolf Stober zum 65. Geburtstag am 11. Juni 2008, Köln/München, 2008, S. 433–448, zitiert: *Baumann*, in: FS für Rolf Stober, S.

Baumann, Karsten, Private Luftfahrtverwaltung: Die Delegation hoheitlicher Befugnisse an Private und privatrechtsförmig organisierte Verwaltungsträger im deutschen Luftverkehrsrecht, Köln/Berlin u. a. 2002.

Baur, Johannes, EU-Russia Aviation Relations and the Issue of Siberian Overflights, in: Air and Space Law 2010, S. 225–247.

Beazley, P. B., Reefs and 1982 Convention on the Law of the Sea, in: International Journal of Estuarine and Coastal Law, vol. 6, 1991, S. 281–312.

Belz, Christoph, Wie spät ist zu spät?, in: Transmission, Das Magazin der DFS Deutsche Flugsicherung GmbH, Ausgabe 2/2018, S. 12–13.

Bentzien, Joachim, Das Luftverkehrsabkommen zwischen der EG und ihren Mitgliedstaaten und den USA vom 30. April 2007, in: ZLW 2007, S. 587–609.

Bentzien, Joachim, Der unerlaubte Einflug von Luftfahrzeugen in fremdes Staatsgebiet in Friedenszeiten und seine Rechtsfolgen, Berlin 1982.

Bentzien, Joachim, Die Lufthoheit als Teil der nationalen Souveränität im Lichte des Lissabon-Vertrages vom 13. Dezember 2007, in: ZLW 2013, S. 671–683.

Bentzien, Joachim, Die völkerrechtlichen Schranken der nationalen Souveränität im 21. Jahrhundert, 2007.

Bentzien, Joachim, Die Zuständigkeit der EU für das Luftverkehrsabkommen mit Drittstaaten, in: ZLW 1998, S. 439–455.

Bethkenhagen, Kathrin, Die Entwicklung des Luftrechts bis zum Luftverkehrsgesetz von 1922, Frankfurt am Main/Berlin u. a. 2004.

Bethkenhagen, Kathrin/Elm, Dieter von/Nitschke, Dirk, Der Staatsvertrag zur Errichtung des Funktionalen Luftraumblocks „Europe Central" (FABEC), in: ZLW 2011, S. 412–448.

Bettati, Mario, La souveraineté au XX$^{e}$ siècle, Paris 1971.

Bindschedler, Rudolf, Betrachtungen über die Souveränität, in: Recueil d'études de droit international en hommage à Paul Guggenheim, Genf 1968, S. 167–183.

Bleckmann, Albert, Souveränitätsprinzip, in: Archiv des Völkerrechts, Bd. 23 (1985) S. 450–512, zitiert: *Bleckmann*, in: AVR 1985, S.

Böckstiegel, Karl-Heinz/Reifarth, Jürgen, Die Luftaufsicht im südwestdeutschen Raum, insbesondere die Einschaltung der schweizerischen Luftaufsicht und die An- und Abflüge zum und vom Flughafen Zürich im deutschen Luftraum, in: ZLW 1983, S. 183–208.

Bogdandy, Armin von/Bast, Jürgen/Westphal, Dietrich, Die vertikale Kompetenzordnung im Entwurf des Verfassungsvertrags, in: Manfred Zuleeg (Hrsg.), Die neue Verfassung der Europäischen Union, Baden-Baden 2006, S. 21–34, zitiert: *von Bogdandy/Bast/Westphal*, in: Zuleeg, Die neue Verfassung der EU, S.

Bogs, Eckhard, Die Planung transeuropäischer Verkehrsnetze, Berlin 2002.

Böhme, Karl-Heinz, Die internationale Organisation der zivilen Luftfahrt in ihrem geschichtlichen Werdegang, Göttingen 1956.

Breuer, Marten, Gebietshoheit, in: Schöbener, Burkhard (Hrsg.), Völkerrecht, Lexikon zentraler Begriffe und Themen, Heidelberg/München u. a. 2014, S. 115–120, zitiert: *Breuer*, Gebietshoheit, in: Schöbener, Lexikon Völkerrecht, S.

Breuer, Marten, Souveränität in der Staatengemeinschaft, in: Breuer, Marten/ Epiney, Astrid/Haratsch, Andreas/Schmahl, Stefanie/Weiß, Norman (Hrsg.), Der Staat im Recht, Festschrift für Eckart Klein zum 70. Geburtstag, Berlin 2013, S. 748–764, zitiert: *Breuer*, in: FS für Eckart Klein, S.

Brinkhoff, Susanne, Introduction to Air Law, in: Wald, Andreas/Fay, Christoph/ Gleich, Ronald (Hrsg.), Introduction to Aviation Management, Aviation Management, Volume 3, Berlin/Münster 2010, S. 277–308, zitiert: *Brinkhoff*, in: Wald/Fay/Gleich, S.

Brinkhoff, Susanne/Windhorn Danielle, Einführung, in: Hobe, Stephan/ Ruckteschell, Nicolai von (Hrsg.), Kölner Kompendium des Luftrechts, Band 1: Grundlagen, Köln/München 2008, S. 1–22, zitiert: *Brinkhoff/Windhorn*, in: Hobe/v. Ruckteschell, Kölner Kompendium Luftrecht, Bd. 1, S., Rn.

Brützel, Christoph, Single European Sky – eine Tragödie in mehreren Akten!?, Ursachen und Ziele des Single-European-Sky-Programms, Teil 1 vom 14.09.2016, online verfügbar unter http://www.airliners.de/single-european-sky-analyse/39540.

Brützel, Christoph, Kein Single European Sky in Sicht, Warum SES, bisher jedenfalls, von diesen Zielen entfernt ist, Teil 2 vom 12.10.2016, online verfügbar unter http://www.airliners.de/kein-single-european-sky-sicht/39788.

Brützel, Christoph, Hoffnungsstrategien für den Single European Sky, Wie der Single European Sky doch noch Wirklichkeit werden könnte, Teil 3 vom 09.11.2016, online verfügbar unter http://www.airliners.de/hoffnungsstrategien-single-european-sky-aviation-management-13/39993.

Bues, Micha-Manuel, Der Single European Sky, Europarechtliche Vorgaben für die Errichtung eines einheitlichen europäischen Luftraums und Probleme der nationalstaatlichen Umsetzung, Köln 2012.

Burgi, Martin, Der Beliehene – ein Klassiker im modernen Verwaltungsrecht, in: Geis, Max-Emanuel/Lorenz, Dieter (Hrsg.), Staat, Kirche, Verwaltung, Festschrift für Hartmut Maurer zum 70. Geburtstag, München 2001, S. 581–594, zitiert: *Burgi*, in: FS für Maurer, S.

Burgi, Martin, Funktionale Privatisierung und Verwaltungshilfe, Staatsaufgabendogmatik, Phänomenologie – Verfassungsrecht, Tübingen 1999.

Button, Kenneth/McDougall, Glen, Institutional and Structure Changes in Air Navigation Service-providing Organizations, in: Journal of Air Transport Management 2006, S. 236–252.

Button, Kenneth/Neiva, Rui, Single European Sky and the Functional Airspace Blocks: Will they Improve Economic Efficiency?, in: Journal of Air Transport Management 2013, S. 73–80.

Bynkershoek, Cornelius von, De domino maris dissertation, 1744, Neuauflage New York 1922.

Calliess, Christian, Die neue Europäische Union nach dem Vertrag von Lissabon, Ein Überblick über die Reformen unter Berücksichtigung ihrer Implikationen für das deutsche Recht, Tübingen 2010.

Calliess, Christian/Ruffert, Matthias (Hrsg.), EUV, AEUV – Das Verfassungsrecht der Europäischen Union mit Europäischer Grundrechtecharta, Kommentar, 4. Auflage, München, 2011, zitiert: *Verfasser*, in: Callies/Ruffert, EUV-AEUV, 4. Auflage, Art., Rn.

Calliess, Christian/Ruffert, Matthias (Hrsg.), EUV, AEUV – Das Verfassungsrecht der Europäischen Union mit Europäischer Grundrechtecharta, Kommentar, 6. Auflage, München, 2022 zitiert: *Verfasser*, in: Callies/Ruffert, EUV-AEUV, Kommentar, Art., Rn.

Conrady, Roland/Fichert, Frank/Sterzenbach, Rüdiger, Luftverkehr, Betriebswirtschaftliches Lehr- und Handbuch, 6. Auflage, München 2019.

Cronrath, Eva-Maria/Maertens, Sven/Berster, Peter/Gelhausen, Marc, Brexit – Auswirkungen auf den deutschen und europäischen Luftverkehr, in: Wirtschaftsdienst, Zeitschrift für Wirtschaftspolitik 2016, S. 675–681.

Daiber, Birgit, EU-Durchführungsrechtsetzung nach Inkrafttreten der neuen Komitologie-Verordnung, Europarecht 2012, S. 240–254.

Dam, Roderick van, Institutionelle Grundlagen des Luftverkehrs, Internationale Organisationen, Eurocontrol, in: Hobe, Stephan/Ruckteschell, Nicolai von (Hrsg.), Kölner Kompendium des Luftrechts, Band 1: Grundlagen, Köln/München 2008, S. 60–82, zitiert: *V. Dam*, in: Hobe/v. Ruckteschell, Kölner Kompendium Luftrecht, Bd. 1, S., Rn.

Dauses, Manfred/Ludwigs, Markus (Hrsg.), Handbuch des EU-Wirtschaftsrechts, Loseblattsammlung, Stand: 58. Auflage, München 2023, zitiert: *Verfasser*, in: Dauses/Ludwigs, Hdb. EU-Wirtschaftsrecht, EL, Buchstabe, Rn.

Dauses, Manfred, Die Grenze des Staatsgebietes im Raum, Berlin 1972, zitiert: *Dauses*, Die Grenze des Staatsgebietes im Raum, S.

Dauses, Manfred, Die Grenze zwischen Luftraum und Weltraum als Gegenständen rechtlicher Regelung, Würzburg 1970, zitiert: *Dauses*, Die Grenze zwischen Luftraum und Weltraum, S.

De Wit, Bianca/Fukken, Jeroen/Riemens, Paul/Deleu, Raymond, FABEC: Structure Follows Performance or Performance Follows Structure?, in: Calleja Crespo, Daniel/Mendes de Leon, Pablo (Hrsg.), Achieving the Single European Sky, Goals and Challenges, Alphen aan den Rijn 2011, S. 17–32, zitiert: *De Wit/Fukken/Riemens/Deleu*, FABEC: Structure Follows Performance or Performance Follows Structure?, in: Calleja Crespo/Mendes de Leon, S.

Degenhart, Christoph, Staatsrecht I, Staatsorganisationsrecht, Mit Bezügen zum Europarecht, 38. Auflage, Heidelberg. 2022.

Deprosse, Harald/Händel, Michael, Network Planning and Slot Management, in: Wald, Andreas/Fay, Christoph/Gleich, Ronald (Hrsg.), Introduction to Aviation Management, Aviation Management, Volume 3, Berlin/Münster 2010, S. 211–232, zitiert: *Deprosse/Händel*, in: Wald/Fay/Gleich, S.

Detterbeck, Steffen, Allgemeines Verwaltungsrecht mit Verwaltungsprozessrecht, 20. Auflage, München 2022.

Dettling-Ott, Regula, Luftraum, Luftraum und Lufthoheit, Exkurs: Luftverkehrsabkommen Schweiz, in: Hobe, Stephan/Ruckteschell, Nicolai von (Hrsg.), Kölner Kompendium des Luftrechts, Band 1: Grundlagen, Köln/München 2008, S. 306–318, zitiert: *Dettling-Ott*, in: Hobe/v. Ruckteschell, Kölner Kompendium Luftrecht, Bd. 1, S., Rn.

Di Fabio, Udo, Das Recht offener Staaten, Grundlinien einer Staats- und Rechtstheorie, Tübingen 1998.

Di Fabio, Udo, Privatisierung und Staatsvorbehalt, Zum dogmatischen Schlüsselbegriff der öffentlichen Aufgabe, in: JZ 1999, S. 585–592.

Dreier, Horst (Hrsg.), Grundgesetz, Kommentar, Band III (Artikel 83–146), 3. Auflage, Tübingen 2018, zitiert: *Verfasser*, in: Dreier, GG, Bd. III, Art., Rn.

Dreier, Horst (Hrsg.), Grundgesetz, Kommentar, Föderalismusreform II und Job-Center, Supplementum 2010, 3. Auflage, Tübingen 2010, zitiert: *Verfasser*, in: Dreier, Supplementum, Art., Rn.

Droege, Michael, Bundeseigenverwaltung durch Private? – Die Reform der Flugsicherung und die Verfassungsgrenzen der Privatisierung –, in: DÖV 2006 S. 861–867.

Ehlers, Dirk/Fehling, Michael/Pünder, Hermann (Hrsg.), Besonderes Verwaltungsrecht, Band I: Öffentliches Wirtschaftsrecht, 4. Auflage, Heidelberg/München u. a. 2019, zitiert: *Verfasser*, in: Ehlers/Fehling/Pünder, BesVerwR 1, Bd. 1: Öffentliches Wirtschaftsrecht, §, Rn.

Eisermann, Karl Stefan, Die Luftfahrtaußenkompetenz der Gemeinschaft, in: EuZW 1995, S. 331–335.

Epping, Volker, Das Ausfertigungsverweigerungsrecht im Selbstverständnis der Bundespräsidenten – Warum der Bundespräsident das 10. Änderungsgesetz zum LuftVG nicht unterschreiben wollte –, in: JZ 1991, S. 1102–1110.

Epping, Volker/Hillgruber, Christian (Hrsg.), Grundgesetz, Kommentar, 3. Auflage, München 2020, zitiert: *Verfasser*, in: Epping/Hillgruber, Kommentar GG, Artikel, Rn.

Everling, Ulrich, Zur Stellung der Mitgliedstaaten der Europäischen Union als „Herren der Verträge", in: Beyerlin, Ulrich/Bothe, Michael/Hofmann, Rainer/Petersmann, Ernst-Ulrich (Hrsg.), Recht zwischen Umbruch und Bewahrung, Festschrift für Rudolf Bernhardt, Berlin/Heidelberg u. a. 1995, S. 1161–1176, zitiert: *Everling*, in: FS für Rudolf Bernhardt, S.

Ewers, Hans-Jürgen/Tegner, Henning, Volkswirtschaftliche Nutzen durch Wettbewerb im europäischen Air Traffic Management am Beispiel Deutschland, 2002, online verfügbar unter http://www.fluglaerm-eppstein.de/Downloads/TUberlin_021105_VWL_Nutzen.pdf.

Fauchille, Paul, Le domaine aérien et le régime juridique des aérostats, in: Revue Générale de Droit International Public 1901, S. 414–485.

Fischer, Frank, Die Flugsicherung in Deutschland vor 1945 – Ein Rückblick, Kreuzlingen (Schweiz) 2014,

Franklin, Mark, Sovereignty and Functional Airspace Blocks, in: Air & Space Law 2007, S. 425–430.

Frenz, Walter, Die europäische Verkehrspolitik nach dem AUEV, in: TransportR 2010, S. 419–426.

Frenz, Walter, Die Staatshaftung in den Beleihungstatbeständen, Berlin 1992.

Frenz, Walter, Handbuch Europarecht, Band 6, Institutionen und Politiken, Berlin/Heidelberg 2011, zitiert: *Frenz*, Hdb. Europarecht, S.

Frerich, Johannes/Müller, Gernot, Europäische Verkehrspolitik, Von den Anfängen bis zur Osterweiterung der Europäischen Union, Band 3: Seeverkehrs- und Seehafenpolitik, Luftverkehrs- und Flughafenpolitik, Telekommunikations-, Medien- und Postpolitik, München/Wien 2006.

Fritzsche, Steffen, Das europäische Luftverkehrsrecht und die Liberalisierung des transatlantischen Luftverkehrsmarktes, Berlin 2007.

Froehlich, Annette, Institutionelle Grundlagen des Luftverkehrs, Internationale Organisationen, European Civil Aviation Conference (ECAC), in: Hobe, Stephan/Ruckteschell, Nicolai von (Hrsg.), Kölner Kompendium des Luftrechts, Band 1: Grundlagen, Köln/München 2008, S. 55–60, zitiert: *Froehlich*, in: Hobe/v. Ruckteschell, Kölner Kompendium Luftrecht, Bd. 1, S., Rn.

Funke, Andreas, Souveränität, in: Schöbener, Burkhard (Hrsg.), Völkerrecht, Lexikon zentraler Begriffe und Themen, Heidelberg/München u. a. 2014, S. 391–394, zitiert: *Funke*, Souveränität, in: Schöbener, Lexikon Völkerrecht, S.

Geiger, Rudolf, Außenbeziehungen der Europäischen Wirtschaftsgemeinschaft und auswärtige Gewalt der Mitgliedstaaten, Zur Entwicklung der Rechtsprechung des Europäischen Gerichtshofs zu den Vertragsschlußkompetenzen der EWG, in: ZaoeRV 1977, S. 640–667.

Geiger, Rudolf/Khan, Daniel-Erasmus/Kotzur, Markus/Kirchmair, Lando, EUV/AEUV, Vertrag über die Europäische Union und Vertrag über die Arbeitsweise der Europäischen Union, Kommentar, 7. Auflage, München 2023 zitiert: *Verfasser*, in: Geiger/Khan/Kotzur/Kirchmair, EUV/AEUV, Art., Rn.

Giemulla, Elmar, Flugsicherung und Verfassungsrecht, in: DVBl. 2007, S. 719–726.

Giemulla, Elmar, Luftrecht, Skript Wintersemester 2010/2011, Universität Berlin, abzurufen unter https://de.scribd.com/document/48735629/LRPW-10-Skript-Luftrecht.

Giemulla, Elmar/Kortas, Peter, Brexit wäre das Ende für einfachen Marktzugang, in: DVZ Nr. 48 vom 17.06.2016, S. 7–7.

Giemulla, Elmar/Schmid, Ronald (Hrsg.), Luftverkehrsgesetz, Frankfurter Kommentar zum Luftverkehrsrecht, Aktualisierungslieferung Nr. 94, 2023, zitiert: *Verfasser*, in: Giemulla/Schmid, Kommentar LuftVG, §, AL Nr., Rn.

Giemulla, Elmar/Schyndel, Heiko van/Schorcht, Hendrik, Luftverkehrsrecht – Ein Überblick, 2003, abzurufen unter http://www.luftfahrtrecht.de/Luftrecht.pdf.

Glaser, Hermann, Zum kulturellen Bedeutungswandel des Verkehrs in der Menschheitsgeschichte, in: Schwedes, Oliver/Canzler, Weert/Knie, Andreas (Hrsg.), Handbuch Verkehrspolitik, 2. Auflage, Wiesbaden 2016, S. 55–76.

Goeke, Ulf, Das Grundeigentum im Luftraum und im Erdreich, Köln/Weimar/Wien 1999.

Gornig, Gilbert, Territoriale Souveränität und Gebietshoheit als Begriffe des Völkerrechts, in: Gornig, Gilbert/Horn, Hans-Detlef (Hrsg.), Territoriale Souveränität und Gebietshoheit, Berlin 2016, S. 35–76.

Gornig, Gilbert, Der völkerrechtliche Status Deutschlands zwischen 1945 und 1990. Auch ein Beitrag zu Problemen der Staatensukzession, Abhandlungen der Marburger Gelehrten Gesellschaft, Nr. 27, München 2007, zitiert: *Gornig*, Völkerrechtlicher Status Deutschlands zwischen 1945 und 1990, S.

Gornig, Gilbert, Hongkong, Von der britischen Kronkolonie zur chinesischen Sonderverwaltungszone, Eine historische und rechtliche Betrachtung, Köln 1998, zitiert: *Gornig*, Hongkong, S.

Gornig, Gilbert, Territoriale Souveränität und Gebietshoheit und das Selbstbestimmungsrecht der Völker, in: Gornig, Gilbert/Michel, Adrianna/Bohle Christina (Hrsg.), Territoriale Souveränität und Gebietshoheit, Selbstbestimmungsrecht und Sezession aus interdisziplinärer Sicht, Marburg 2015, S. 11–41, zitiert: *Gornig*, in: Gornig/Michel/Bohle, S.

Grabherr, Edwin/Reidt, Olaf/Wysk, Peter (Hrsg.), Luftverkehrsgesetz, Kommentar, Loseblattsammlung, 22. Auflage, München, Stand 2021 zitiert: *Verfasser*, in: Grabherr/Reidt/Wysk, Luftverkehrsgesetz, EL, §, S., Rn.

Grabitz, Eberhard/Hilf, Meinhard/Nettesheim, Martin (Hrsg.), Das Recht der Europäischen Union, Band II EUV/AEUV, Loseblattsammlung, Stand 79. Ergänzungslieferung, München 2023, zitiert: *Verfasser*, in: Grabitz/Hilf/Nettesheim, Bd. 2, Art. AEUV, Rn.

Gran, Andreas, Die IATA aus der Sicht des deutschen Rechts, Organisation, Agenturverträge und Allgemeine Geschäftsbedingungen, Frankfurt am Main u. a. 1998.

Grant, R. G., Fliegen – Die Geschichte der Luftfahrt, München 2008.

Graumann, Horst, Flugsicherung – Polizei oder Unternehmen? – Ein Ansatz zu einem neuen Verständnis, in: ZLW 1990, S. 247–255.

Groeben, Hans von der/Schwarze, Jürgen (Hrsg.), Kommentar zum Vertrag über die Europäische Union und zur Gründung der Europäischen Gemeinschaft, Band 1: Art. 1–53 EUV, Art. 1–80 EGV, 6. Auflage, Baden-Baden 2003, zitiert: *Verfasser*, in: v. d. Groeben/Schwarze, Kommentar, Art., Rn.

Groeben, Hans von der/Schwarze, Jürgen/Hatje, Armin (Hrsg.), Europäisches Unionsrecht, Vertrag über die Europäische Union, Vertrag über die Arbeitsweise der Europäischen Union, Charta der Grundrechte der Europäischen Union, Kommentar, Band 2: Art. 67–105 AEUV, 7. Auflage, Baden-Baden 2015, zitiert: *Verfasser*, in: v. d. Groeben/Schwarze/Hatje, Kommentar, Bd. 2, Art., Rn.

Groeben, Hans von der/Schwarze, Jürgen/Hatje, Armin (Hrsg.), Europäisches Unionsrecht, Vertrag über die Europäische Union, Vertrag über die Arbeitsweise der Europäischen Union, Charta der Grundrechte der Europäischen Union, Kommentar, Band 4: Art. 174–358 AEUV, 7. Auflage, Baden-Baden 2015, zitiert: *Verfasser*, in: v. d. Groeben/Schwarze/Hatje, Kommentar, Bd. 4, Art., Rn.

Haltern, Ulrich, Was bedeutet Souveränität?, Tübingen 2007.

Harter, Phillip-Alexander, Verkehrspolitik für Europa? Die Verkehrspolitik der Europäischen Gemeinschaft und die Bundesrepublik Deutschland 1957–1972, Bonn 2010.

Hausen, Henning zur, Institutionelle Grundlagen des Luftverkehrs, Internationale Organisationen, Allianzen, in: Hobe, Stephan/Ruckteschell, Nicolai von (Hrsg.), Kölner Kompendium des Luftrechts, Band 1: Grundlagen, Köln/München 2008, S. 162–176, zitiert: *zur Hausen*, in: Hobe/v. Ruckteschell, Kölner Kompendium Luftrecht, Bd. 1, S., Rn.

Heitger, Ulrich, Vom Zeitzeichen zum politischen Führungsmittel – Entwicklungstendenzen und Strukturen der Nachrichtenprogramme des Rundfunks in der Weimarer Republik 1923–1932, Münster 2003.

Herber, Rolf, Seehandelsrecht – Systematische Darstellung, Berlin/New York 1999.

Herdegen, Matthias, Völkerrecht, 22. Auflage, München 2023.

Herweg, Nicole/Zohlnhöfer, Reimut, Die Große Koalition und das Verhältnis von Markt und Staat: Entstaatlichung in der Ruhe und Verstaatlichung während des Sturms?, in: Egle, Christoph/Zohlnhöfer, Reimut (Hrsg.), Die zweite Große Koalition, Eine Bilanz der Regierung Merkel 2005–2009, Wiesbaden 2010, S. 254–278.

Hillgruber, Christian, Souveränität – Verteidigung eines Rechtsbegriffs, in: JZ 2002, S. 1072–1080.

Hobe, Stephan, Einführung in das Völkerrecht, 11. Auflage, Tübingen 2020, zitiert: Hobe, Völkerrecht, S.

Hobe, Stephan, Airspace, Airspace and Sovereignty over Airspace, in: Hobe, Stephan/Ruckteschell, Nicolai von/Heffernan, David (eds.), Cologne Compendium on Air Law in Europe, Köln 2013, S. 203–214, zitiert: *Hobe*, in: Hobe/v. Ruckteschell/Heffernan, Cologne Compendium on Air Law in Europe, S., Rn.

Hobe, Stephan, Der offene Verfassungsstaat zwischen Souveränität und Interdependenz, Eine Studie zur Wandlung des Staatsbegriffs der deutschsprachigen Staatslehre im Kontext internationaler institutionalisierter Kooperation, Berlin 1998.

Hobe, Stephan, Ein Überblick über das Luft- und Weltraumrecht, in: HFR 2008, S. 143–157.

Hobe, Stephan, EUROCONTROL, in: Hatje, Armin/Müller-Graff, Peter-Christian (Hrsg.), Enzyklopädie Europarecht, Band 1: Europäisches Organisations- und Verfassungsrecht, 2. Auflage, Baden-Baden 2022, S. 1785–1795, zitiert: *Hobe*, in: Hatje/Müller-Graff (Hrsg.), Europäisches Organisations- und VerfassungsR, §, S., Rn.

Hobe, Stephan, Luftraum, Luftraum und Lufthoheit, in: Hobe, Stephan/Ruckteschell, Nicolai von (Hrsg.), Kölner Kompendium des Luftrechts,

Band 1: Grundlagen, Köln/München 2008, S. 255–276, zitiert: *Hobe*, in: Hobe/v. Ruckteschell, Kölner Kompendium Luftrecht, Bd. 1, S., Rn.

Hobe, Stephan/Irmen, Katharina/Plingen, Christian, Privatization of German and Other European Air Navigation Service Providers and the Single European Sky Regulations, in: Air & Space Law 2007, S. 168–178.

Hobe, Stephan/Kunzmann, Katharina/Reuter, Thomas/Julia, Neumann, Rechtliche Rahmenbedingungen einer zukünftigen kohärenten Struktur der europäischen Raumfahrt, Berlin 2006.

Hobe, Stephan/Plingen, Christian, Möglichkeiten der Privatisierung der DFS Deutsche Flugsicherung GmbH unter besonderer Berücksichtigung der Single European Sky Verordnungen, in: ZLW 2007, S. 349–366.

Hofmann, Björn, Das Küstenmeer im Völkerrecht, Baden-Baden 2008.

Hömig, Dieter/Wolff, Heinrich Amadeus (Hrsg.), Grundgesetz für die Bundesrepublik Deutschland, Handkommentar, 12. Auflage, Baden-Baden 2018, zitiert: *Verfasser*, in: Hömig/Wolff, Art., Rn.

Houtte, Ben van, The Single European Sky: EU Reform of Air Traffic Management, in: Common Market Law Review 2004, S. 1595–1612.

Hufeld, Ulrich, Anwendung des europäischen Rechts in Grenzen des Verfassungsrechts, in: Isensee, Josef/Kirchhof, Paul (Hrsg.), Handbuch des Staatsrechts der Bundesrepublik Deutschland, Band X: Deutschland in der Staatengemeinschaft, 3. Auflage, Heidelberg u. a. 2012, § 215, S. 383–431, zitiert: *Hufeld*, in: Isensee/Kirchhof, HStR X, §, Rn.

Hustedt, Thurid/Wonka, Arndt/Blauberger, Michael/Töller, Annette Elisabeth/Reiter, Renate, Verwaltungsstrukturen in der Europäischen Union, Kommission, Komitologie, Agenturen und Verwaltungsnetzwerke, Wiesbaden 2014.

Huster, Sebastian, Europapolitik aus dem Ausschuss, Innenansichten des Ausschusswesens der EU, Wiesbaden 2008.

Hüttel, Maximilian, Rechtsfragen des einheitlichen europäischen Luftraums, Baden-Baden 2014.

Ilgner, Theresa, Die Durchführung der Rechtsakte des europäischen Gesetzgebers durch die Europäische Kommission, Art. 290 und Art. 291 AEUV und deren Auswirkungen auf die Komitologie, Berlin 2014.

Ipsen, Knut, Völkerrecht, Ein Studienbuch, 7. Auflage, München 2018, zitiert: *Verfasser*, in: Ipsen, Völkerrecht, §, Rn.

Isensee, Josef, Integrationswille und Integrationsresistenz des Grundgesetzes, Das Bundesverfassungsgericht zum Vertrag von Lissabon, in: ZRP 2010, S. 33–37.

Jaenicke, Günther, Die Dritte Seerechtskonferenz der Vereinten Nationen Grundprobleme im Überblick, in: ZaöRV, Bd. 38 (1978), S. 438–511.

Jamin, Leander/Lorenzen, Erland/Thomas, Holger, Organisation des Luftverkehrs, Flugsicherung, Flugwetterdienst, in: Hobe, Stephan/Ruckteschell, Nicolai von (Hrsg.), Kölner Kompendium des Luftrechts, Band 2: Luftverkehr, Köln/München 2009, S. 1003–1013, zitiert: *Jamin/Lorenzen/Thomas*, in: Hobe/v. Ruckteschell, Kölner Kompendium Luftrecht, Bd. 2, S., Rn.

Jellinek, Georg, Allgemeine Staatslehre, 3. Auflage, Bad Homburg/Berlin/Zürich 1966.

Jessup, Phillip C., The Law of Territorial Waters and Maritime Jurisdiction, New York 1970.

Kämmerer, Jörn Axel, Privatisierung, Typologie – Determinanten – Rechtspraxis – Folgen, Tübingen 2001.

Kainer, Friedemann, Die Beziehung der Europäischen Union zum Vereinigten Königreich, in: Hatje, Armin/Müller-Graff, Peter-Christian (Hrsg.), Enzyklopädie Europarecht, Band 1: Europäisches Organisations- und Verfassungsrecht, 2. Auflage, Baden-Baden 2022, S. 1443–1532, zitiert: *Kainer*, in: Hatje/Müller-Graff (Hrsg.), Europäisches Organisations- und VerfassungsR, §, S., Rn.

Kaufmann, Marcel, Europäische Integration und Demokratieprinzip, Baden-Baden 1997.

Kehrberger, H. Peter, IATA und IATA-Agentur, Rechtliche und organisatorische Struktur, in: TransportR 1996, S. 131–138.

Kelsen, Hans, Das Problem der Souveränität und die Theorie des Völkerrechts, Beitrag zu einer reinen Rechtslehre, 2. Neudruck der 2. Auflage, Tübingen 1928, 1981.

Kersten, Jens/Georg Jellinek und die klassische Staatslehre, Tübingen 2000.

Kettler, Dietmar, Die Drei-Elemente-Lehre – Ein Beitrag zu Jellineks Staatsbegriff, seiner Fortführung und Kritik, Münster 1995.

Khan, Daniel-Erasmus, Die deutschen Staatsgrenzen: Rechtshistorische Grundlagen und offene Rechtsfragen, Tübingen 2004.

Kindermann, Jochen, Brexit – Und nun?, in: Legal Tribune Online 2016, online verfügbar unter http://www.lto.de/recht/hintergruende/h/brexit-referendum-uk-grossbritannien-eu-austritt-wirtschaftliche-folgen/.

Kinne, Sylvia, Das Luftverkehrsabkommen Open Skies und seine Bedeutung für den transatlantischen Luftverkehrsmarkt, Hamburg 2009.

Kirchhof, Paul, Der deutsche Staat im Prozeß der europäischen Integration, in: Isensee, Josef/Kirchhof, Paul (Hrsg.), Handbuch des Staatsrechts der

Bundesrepublik Deutschland, Band X: Deutschland in der Staatengemeinschaft, 3. Auflage, Heidelberg u. a. 2012, § 214, S. 299–382, zitiert: *Kirchhof*, in: Isensee/Kirchhof, HStR X, §, Rn.

Kirchhof, Paul, Der Staat als Organisationsform politischer Herrschaft und rechtlicher Bindung – Kontinuität und Erneuerung des deutschen Verfassungsstaates in Freiheitlichkeit, Weltoffenheit und demokratischer Solidarität, in: DVBl. 1999, S. 637–657.

Kirchhoff, Gabriele/Boewe, Marius, Die Privatisierung der Deutschen Flugsicherung GmbH – Politisches Wunschdenken und verfassungsrechtliche Realität, in: ZLW 2007, S. 17–32.

Klaassen, Björn, Luftraumänderungen 2015 und SERA, Harmonisierung der europäischen Vorschriften, in: DHV-Info 193 Mai–Juni 2015, S. 18–20.

Klußmann, Niels/Malik, Arnim, Kompendium der Luftfahrt, Bielefeld 2013.

Klußmann, Niels/Malik, Arnim, Lexikon der Luftfahrt, 4. Auflage, Berlin 2018, zitiert: *Klußmann/Malik,* Lexikon Luftfahrt, 4. Auflage, S.

Klußmann, Niels/Malik, Arnim, Lexikon der Luftfahrt, 5. Auflage, Berlin 2023, zitiert: *Klußmann/Malik,* Lexikon Luftfahrt, S.

Kment, Martin, Grenzüberschreitendes Verwaltungshandeln – Transnationale Elemente deutschen Verwaltungsrechts, Tübingen 2010.

Knieps, Günter, Wettbewerb in Netzen, Reformpotentiale in den Sektoren Eisenbahn und Luftverkehr, Tübingen 1996.

König, Doris, Die Übertragung von Hoheitsrechten im Rahmen des europäischen Integrationsprozesses – Anwendungsbereich und Schranken des Art. 23 des Grundgesetzes, Berlin 2000.

Koos, Svenja, Der Single European Sky und das Wetter – Die Aufgaben der Flugwetterdienste im SESAR-Programm, in: promet – Meteorologische Fortbildung 2014, S. 135–142.

Krämer, Paul Michael, Kapazitätsengpässe im Luftraum, Köln/Berlin u. a. 1994.

Kropp, Thomas, Institutional structure of civil aviation, Administration of Air Transport in Germany, in: Hobe, Stephan/Ruckteschell, Nicolai von/Heffernan, David (eds.), Cologne Compendium on Air Law in Europe, Köln 2013, S. 190–202, zitiert: *Kropp*, in: Hobe/v. Ruckteschell/Heffernan, Cologne Compendium on Air Law in Europe, S., Rn.

Krüger, Herbert, Allgemeine Staatslehre, 2. Auflage, Stuttgart/Berlin/Köln 1966.

Krüger, Herbert, Souveränität und Staatsgemeinschaft, in: Berichte der Deutschen Gesellschaft für Völkerrecht (Hrsg.), Heft 1, Zum Problem der Souveränität, Verhandlungen der Tagung der Gesellschaft in Frankfurt am 31. März bis 1. April 1955, Karlsruhe 1957, S. 1–28.

Lagoni, Rainer/Proelß, Alexander, Festlandsockel und ausschließliche Wirtschaftszone, in: Vitzthum, Wolfgang Graf (Hrsg.), Handbuch des Seerechts, 2006, S. 161–286, zitiert: *Lagoni/Proelß*, in: Vitzthum, Handbuch des Seerechts, S.

Langner, Benedikt/Schwenke, Marcus, Der einheitliche europäische Luftraum: Single European Sky, Stand und Ausblick, Centrum für Europäische Politik (CEP) 2011, online verfügbar unter http://www.cep.eu/Studien/Single_European_Sky/cepStudie_Single_European_Sky.pdf.

Lawson, Robert, A Plan for the Organization of a European Air Service, London 1936.

Lenaerts, Koen/Verhoeven, Amaryllis, Towards a Legal Framework for Executive Rule-Making the EU? The Contribution of the New Comitology Decision, in: Common Market Law Review 2000, S. 645–686.

Lenz, Carl Otto/Borchardt, Klaus-Dieter (Hrsg.), EU-Verträge Kommentar, EUV, AEUV, GRCh, 6. Auflage, Köln 2013, zitiert: *Verfasser*, in: Lenz/Borchardt, EU-Verträge Kommentar, Artikel, S., Rn.

Loewenstein, Andreas, European Air Law – Towards a New System of International Air Transport Regulation, Baden-Baden 1991.

Loth, Wilfried, Nationale Interessen, Supranationalität und europäische Identität in historischer Perspektive, in: Gaitanides, Charlotte/Kadelbach, Stefan/Rodriguez Iglesias/Gil Carlos (Hrsg.), Europa und seine Verfassung, Festschrift für Manfred Zuleeg zum 70. Geburtstag, Baden-Baden 2005, S. 59–71, zitiert: *Loth*, in: FS für Manfred Zuleeg, S.

Lübben, Natalie, Das Recht auf freie Benutzung des Luftraums, Berlin 1993.

Mager, Ute, Staatsrecht I, Staatsorganisationsrecht unter Berücksichtigung der europarechtlichen Bezüge, 9. Auflage, Stuttgart 2021, zitiert: *Mager*, Staatsrecht I, Rn.

Makiol, Philip/Schröder, Anna-Katharina, Organisation des Luftverkehrs, Luftfahrtpersonal, Verantwortlicher Flugzeugführer, in: Hobe, Stephan/Ruckteschell, Nicolai von (Hrsg.), Kölner Kompendium des Luftrechts, Band 2: Luftverkehr, Köln/München 2009, S. 116–146, zitiert: *Makiol/Schröder*, in: Hobe/v. Ruckteschell, Kölner Kompendium Luftrecht, Bd. 2, S., Rn.

Mangoldt, Hermann von/Klein, Friedrich/Starck, Christian (Hrsg.), Kommentar zum Grundgesetz, Band 2: Artikel 20 bis 82, 7. Auflage, München 2018, zitiert: *Verfasser*, in: v. Mangoldt/Klein/Starck, GG II, Art., Rn.

Mangoldt, Hermann von/Klein, Friedrich/Starck, Christian (Hrsg.), Kommentar zum Grundgesetz, Band 3: Artikel 83 bis 146, 6. Auflage, München 2010, zitiert: *Verfasser*, in: v. Mangoldt/Klein/Starck, GG III (2010), Art., Rn.

Mangoldt, Hermann von/Klein, Friedrich/Starck, Christian (Hrsg.), Kommentar zum Grundgesetz, Band 3: Artikel 83 bis 146, 7. Auflage, München 2018, zitiert: *Verfasser*, in: v. Mangoldt/Klein/Starck, Grundgesetz, Bd. 3, Art., Rn.

Marx, Johannes, Luftrecht, Ein Lehrbuch für Piloten nach europäischen Richtlinien, Köln 2010.

Maurer, Hartmut, Die verfassungsrechtlichen Grenzen der Privatisierung in Deutschland, in: Juridica International, Vol. XVI 2009, S. 4–13.

Maurer, Hartmut, Staatsrecht I, Grundlagen, Verfassungsorgane, Staatsfunktionen, 6. Auflage, München 2010, zitiert: *Maurer*, Staatsrecht I, §, Rn.

Maurer, Peter, Luftverkehrsmanagement, Basiswissen, 4. Auflage, München 2006, zitiert: *Maurer*, Luftverkehrsmanagement, S.

Maurer, Hartmut/Waldhoff, Christian, Allgemeines Verwaltungsrecht, 20. Auflage, München 2020, zitiert: *Maurer/Waldhoff*, AllgVerwR, §, S., Rn.

Mensching, Christian, Der neue Komitologie-Beschluss des Rates, in: EuZW 2000, S. 268–271.

Mensen, Heinrich, Handbuch der Luftfahrt, 1. Auflage, Berlin/Heidelberg 2003, zitiert: *Mensen*, Hdb. der Luftfahrt, 2003, S.

Mensen, Heinrich, Handbuch der Luftfahrt, 2. Auflage, Berlin/Heidelberg 2013, zitiert: *Mensen*, Hdb. der Luftfahrt, S.

Mensen, Heinrich, Moderne Flugsicherung, Organisation, Verfahren, Technik, 4. Auflage, Berlin/Heidelberg 2014, zitiert: *Mensen*, Moderne Flugsicherung, S.

Mensen, Heinrich, Planung, Anlage und Betrieb von Flugplätzen, 2. Auflage, Heidelberg 2013, zitiert: *Mensen*, Planung, Anlage und Betrieb, S.

Meyer, Alex, Die Erschließung des Luftraums und ihre rechtlichen Folgen (1909), in: Luftrecht in fünf Jahrzehnten, Ausgewählte Schriften als Geburtstagsgabe anlässlich des 80. Geburtstages des Verfassers am 15. Dezember 1959 zusammengestellt, Köln/Berlin/München u. a. 1961, zitiert: *Meyer*, Luftrecht in fünf Jahrzehnten, S.

Meyer, Alex, Die Staatshoheit im Luftraum und die Entwicklungen im Weltraum, in: ZLW 1965, S. 296–311.

Meyer, Alex, Freiheit der Luft als Rechtsproblem, Rückblick, Gegenwart, Ausblick: Ein Leitfaden für internationales Luftverkehrsrecht, Zürich 1944, zitiert: *Meyer*, Freiheit der Luft als Rechtsproblem, S.

Meyer, Alex, Recht im Weltraum, in: ZLW 1960, S. 209–214.

Milde, Michael, Some Question Marks about the Price of „Russian Air", in: ZLW 2000, S. 147–157.

Mölders, Marc, Der Himmel über Europa: Eine Fallstudie zur Genese des „Single European Sky“, 2012, online verfügbar unter https://pub.uni-bielefeld.de/publication/2694346.

Möschel, Wernhard, Zum Subsidiaritätsprinzip im Vertrag von Maastricht, in: NJW 1993, S. 3025–3028.

Motyka, Anna/Njoya Eric Tchouamou, Single European Sky: The Progress so Far, in: Journal of Aerospace Technology and Management 2020, S. 1–20.

Müller, Heike Johanna, Single European Sky – Die deutsche Beteiligung am Functional Airspace Block Europe Central, Hamburg 2019.

Müller, Thomas, Haftung und Haftpflichtversicherung für das Verhalten von Flugsicherungsorganisationen in einem funktionalen Luftraumblock, in: ZLW 2008, S. 179–191.

Müller-Graff, Peter-Christian, Brexit – Die unionsrechtliche Dimension, in: Kramme, Malte/Baldus, Christian/Schmidt-Kessel, Martin (Hrsg.), Brexit und die juristischen Folgen, 1. Auflage, Baden-Baden 2017, S. 33–56, zitiert: *Müller-Graff*, in: Brexit, S.

Nader, Nima/Reichert, Götz, Drohnen im europäischen Luftraum, Erste Regulierungsschritte der EU, Centrum für Europäische Politik (CEP) 2016, online verfügbar unter https://www.cep.eu/fileadmin/user_upload/cep.eu/Studien/cepInput_Drohnen/cepInput_Drohnen.pdf.

Nieto, Francisco Sáez/Valdés, Rosa Arnaldo, Automation in ATM: Future Directions, in: Landry, Steven (ed.), Advances in Human Aspects of Aviation, Boca Ranton, FL, USA 2013, S. 289–298.

Oppermann, Thomas/Classen, Claus Dieter/Nettesheim, Martin, Europarecht, Ein Studienbuch, 9. Auflage, München 2021, zitiert: *Verfasser*, in: Oppermann/Classen/Nettesheim, Europarecht, §, Rn.

Osterloh, Lerke, Privatisierung von Verwaltungsaufgaben, in: Veröffentlichungen der Vereinigung der Deutschen Staatsrechtslehrer, Band 54, Erziehungsauftrag und Erziehungsmaßstab der Schule im freiheitlichen Verfassungsstaat, 1995, S. 204–242.

Pabst, Heinz-Joachim/Schwartmann, Rolf, Privatisierte Staatsverwaltung und staatliche Aufsicht – Ein Beitrag zu den Schranken der Organisationsprivatisierung am Beispiel der 10. Novelle zum LuftVG, in: DÖV 1998, S. 315–323.

Papier, Hans-Jürgen, Recht der öffentlichen Sachen, 3. Auflage, Berlin/New York, Reprint 2011.

Pellegrini, Paola/Rodriguez, Joaquin, Single European Sky and Single European Railway Area: A System Level Analysis of Air and Rail Transportation, in: Transportation Research Part A: Policy and Practice 2013, S. 64–86.

Pfenninger, Carl Oscar, Die völkerrechtliche Behandlung des Luftverkehrs im Frieden, Coburg 1936.

Pieper, Stefan Ulrich, Staatenimmunität – eine Bestandsaufnahme, in: Breuer, Marten/Epiney, Astrid/Haratsch, Andreas/Schmahl, Stefanie/Weiß, Norman (Hrsg.), Der Staat im Recht, Festschrift für Eckart Klein zum 70. Geburtstag, Berlin 2013, S. 839–860, zitiert: *Pieper*, in: FS für Eckart Klein, S.

Pirath, Carl, Die Grundlagen der Verkehrswirtschaft, Berlin/Göttingen/Heidelberg 1949.

Pompl, Wilhelm, Luftverkehr, Eine ökonomische und politische Einführung, 5. Auflage, Berlin/Heidelberg/New York 2007.

Probst, Raymond, Rechtliche Probleme des Raumflugs unter besonderer Berücksichtigung ihrer Bedeutung für den dauernd neutralen Staat, in: ZaöRV, Bd. 19 (1958), S. 637–667.

Proelss, Alexander, United Nations Convention on the Law of the Sea, A Commentary, Baden-Baden 2017.

Rafii, Michael, Hohe See, in: Schöbener, Burkhard (Hrsg.), Völkerrecht, Lexikon zentraler Begriffe und Themen, Heidelberg/München u. a., 2014, S. 143–149.

Ress, Georg, Staatszwecke im Verfassungsstaat – nach 40 Jahren Grundgesetz, 2. Bericht von Georg Ress, in: Staatszwecke im Verfassungsstaat – nach 40 Jahren Grundgesetz, Die Bewältigung der wissenschaftlichen und technischen Entwicklungen durch das Verwaltungsrecht, Berichte und Diskussionen auf der Tagung der Vereinigung der Deutschen Staatsrechtslehrer in Hannover vom 4. bis 7. Oktober 1989, Band 48, Berlin/New York 1990, S. 56–111.

Riedel, Daniel, Die Gemeinschaftszulassung für Luftfahrtgerät, Europäisches Verwalten durch Agenturen am Beispiel der EASA, Berlin 2006.

Riedel, Norbert/Schmidt, Axel, Die Nichtausfertigung des Gesetzes zur Privatisierung der Flugsicherung durch den Bundespräsidenten, in: DÖV 1991, S. 371–375.

Riesch, Erwin, Die Verwendung der Ultragiftwaffe durch Luftstreikkräfte im Lichte des Völkerrechts, in: Niemeyers Zeitschrift für Internationales Recht 1935, S. 15–33.

Riese, Otto, Luftrecht: Das internationale Recht der zivilen Luftfahrt unter besonderer Berücksichtigung des schweizerischen Rechts, Stuttgart 1949.

Rinck, Gerd, Recht im Weltraum, in: ZLW 1960, S. 191–208.

Roach, J. Ashley, Excessive Maritime Claims, 4. Auflage, München u. a. 2021.

Ronellenfitsch, Michael/Maier, Christina, Rechtsprobleme verpflichtender Ausweichempfehlungen im Luftraum E, Rechtsgutachten im Auftrag der Gewerkschaft der Flugsicherung e. V., 2016, abzurufen unter https://www.

gdf.de/index.php/de/flugleiter/mediendaten/category/2-diverse?download=272:rechtsgutachten-luftraum-e-mai-2016-pdf.

Rossbach, Liliane, Luftraum, Luftraum und Lufthoheit, Bilaterale Luftverkehrsabkommen/Außenbeziehungen Deutschland, in: Hobe, Stephan/Ruckteschell, Nicolai von (Hrsg.), Kölner Kompendium des Luftrechts, Band 1: Grundlagen, Köln/München 2008, S. 277–303, zitiert: *Rossbach*, in: Hobe/v. Ruckteschell, Kölner Kompendium Luftrecht, Bd. 1, S., Rn.

Ruffert, Matthias (Hrsg.), Europäisches Sektorales Wirtschaftsrecht, Enzyklopädie Europarecht, 2. Auflage, Baden-Baden 2020, zitiert: *Verfasser*, in: Ruffert, Europäisches Sektorales Wirtschaftsrecht (EnzEuR Bd. 5), §, Rn.

Sachs, Michael (Hrsg.), Grundgesetz, Kommentar, 9. Auflage, München 2021, zitiert: *Verfasser*, in: Sachs, GG Kommentar, Art., Rn.

Saß, Uta, Die Privatisierung der Flugsicherung, Eine ökonomische Analyse, Münster 2005.

Schachtschneider, Karl Albrecht, Souveränität, Grundlegung einer freiheitlichen Souveränitätsanalyse, Ein Beitrag zum deutschen Staats- und Völkerrecht, Berlin 2015.

Schäffer, Heiko, Von Kitty Hawk nach Montreal – Der Weg zur International Civil Aviation Organisation (ICAO), in: TransportR 2003, S. 377–383.

Scharf, Daniel, Das Komitologieverfahren nach dem Vertrag von Lissabon – Neuerungen und Auswirkungen auf die Gemeinsame Handelspolitik, in: Tietje, Christian/Kraft, Gerhard/Lehmann, Matthias (Hrsg.), Beiträge zum Transnationalen Wirtschaftsrecht, Heft 101, Halle (Saale) 2010, zitiert: *Scharf*, Das Komitologieverfahren, S.

Scharf, Daniel, Die Kompetenzordnung im Vertrag von Lissabon – Zur Zukunft Europas: Die Europäische Union nach dem Vertrag von Lissabon, in: Tietje, Christian (Hrsg.), Beiträge zum Europa- und Völkerrecht, Heft 3, Halle (Saale) 2009, zitiert: *Scharf*, Die Kompetenzordnung im Vertrag von Lissabon, S.

Scharpenseel, Moritz, Wettbewerbsrechtliche Beurteilung Strategischer Allianzen nach dem Transatlantischen Luftverkehrsabkommen, Baden-Baden 2010.

Scheibeck, Florian, Die Außenkompetenzen der EG im internationalen Zivilluftverkehr, Frankfurt am Main/Berlin u. a. 1999.

Scheiner, Joachim, Verkehrsgeneseforschung: Wie entsteht Verkehr?, in: Schwedes, Oliver/Canzler, Weert/Knie, Andreas (Hrsg.), Handbuch Verkehrspolitik, 2. Auflage, Wiesbaden 2016, S. 679–700.

Scherer, Joachim, Single European Sky: Gemeinschaftsrechtliche Regulierung im innerstaatlichen Bereich, in: Gaitanides, Charlotte/Kadelbach, Stefan/Rodriguez Iglesias/Gil Carlos (Hrsg.), Europa und seine Verfassung, Festschrift für Manfred Zuleeg zum 70. Geburtstag, Baden-Baden 2005, S. 456–472, zitiert: *Scherer*, in: FS für Manfred Zuleeg, S.

Scherer, Joachim, Vom nationalen zum einheitlichen europäischen Luftraum, in: EuZW 2005, S. 268–271.

Schilling, Jan Moritz, Deutscher Grundrechtsschutz zwischen staatlicher Souveränität und menschenrechtlicher Europäisierung, Zum Verhältnis zwischen Bundesverfassungsgericht und Europäischem Gerichtshof für Menschenrechte, Tübingen 2010.

Schladebach, Marcus, Europäisches Luftverkehrsrecht: Entwicklungsstand und Perspektiven, in: EuR 2006, S. 773–793.

Schladebach, Marcus, Lufthoheit, Kontinuität und Wandel, Tübingen 2014, zitiert: *Schladebach*, Lufthoheit, S.

Schladebach, Marcus, Luftraumverletzungen durch Militärflugzeuge, Der griechisch-türkische Konflikt in der Ägäis, in: ZLW 2003, S. 355–374.

Schladebach, Marcus, Luftrecht, Tübingen 2007 zitiert: *Schladebach*, Luftrecht, 2007, S., Rn.

Schladebach, Marcus, Luftrecht, 2. Auflage, Tübingen 2018, zitiert: *Schladebach*, Luftrecht, S., Rn.

Schladebach, Marcus, Staatshaftung für Flugverbote, in: NVwZ 2010, S. 1468–1472.

Schleicher, Rüdiger/Reymann, Friedrich, Recht der Luftfahrt, Kommentar zur deutschen Luftfahrtgesetzgebung, unveränderter Nachdruck der im Jahre 1937 erschienenen zweiten Auflage, Berlin/Köln 1954.

Schleicher, Rüdiger/Reymann, Friedrich/Abraham, Hans Jürgen, Das Recht der Luftfahrt, Kommentar und Quellensammlung, Band 1, Allgemeine Einleitung und Internationales Luftrecht, 3. Auflage, Köln/Berlin 1960, zitiert: *Schleicher/Reymann/Abraham*, S.

Schleicher, Rüdiger/Reymann, Friedrich/Abraham, Hans Jürgen, Das Recht der Luftfahrt, Kommentar und Quellensammlung, Band 2, Nationales deutsches Luftrecht und Nachträge zum ersten Band, 3. Auflage, Köln/Berlin/u. a. 1966, zitiert: *Schleicher/Reymann/Abraham*, Bd. 2, S.

Schliesky, Utz, Souveränität und Legitimität von Herrschaftsgewalt, Die Weiterentwicklung von Begriffen der Staatslehre und des Staatsrechts im europäischen Mehrebenensystem, Tübingen 2004.

Schmidt, Martin, Konkretisierung von Generalklauseln im europäischen Privatrecht, Berlin 2009.

Schmitt-Sody, Hans-Dieter, Die internationale Luftverkehrsverwaltung, Die Verwaltung und Sicherung des internationalen Zivilluftverkehrs unter dem Einfluss des Weltraumverkehrs, Würzburg 1971.

Schoch, Friedrich, Rechtliche Steuerung der Privatisierung staatlicher Aufgaben, in: Jura 2008, S. 672–683.

Schoch, Friedrich, Vereinbarkeit des Gesetzes zur Neuregelung der Flugsicherung mit Art. 87d GG, Rechtsgutachten erstellt im Auftrag des Bundespräsidenten, in: Die Verwaltung, Beiheft 6, 2006.

Schubert, Francis, Legal Aspects of Cross-Border Service Provision in the Single European Sky, in: Air & Space Law 2010, S. 113–155.

Schubert, Francis, The Liability of Air Navigation Services Providers: Some Lessons from the Single European Sky, in: Calleja Crespo, Daniel/Mendes de Leon, Pablo (Hrsg.), Achieving the Single European Sky, Goals and Challenges, Alphen aan den Rijn 2011, S. 51–63, zitiert: *Schubert*, The Liability of Air Navigation Service Providers, in: Calleja Crespo/Mendes de Leon, S.

Schubert, Francis, The Single European Sky Controversial Aspects of Cross-Border Service Provision, in: Air & Space Law 2003, S. 32–49.

Schulz, Axel, Verkehrsträger im Tourismus, Luftverkehr – Bahnverkehr – Straßenverkehr – Schiffsverkehr, München 2009.

Schulze, Reiner/Zuleeg, Manfred/Kadelbach, Stefan (Hrsg.), Europarecht – Handbuch für die deutsche Rechtspraxis, 3. Auflage, Baden-Baden 2015, zitiert: *Verfasser*, in Schulze/Zuleeg/Kadelbach, Europarecht, §, Rn.

Schwarze, Jürgen (Hrsg.), EU-Kommentar, 4. Auflage, Baden-Baden 2019, zitiert: *Verfasser*, in: Schwarze, EU-Kommentar, Art., Rn.

Schweisfurth, Theodor, Völkerrecht, Tübingen 2006.

Schwenk, Walter, Rechtsgrundlagen für Kapazitätsregelungen des Luftverkehrs im Luftraum und an Flugplätzen, in: ZLW 1988, S. 302–319.

Schwenk, Walter/Giemulla, Elmar, Handbuch des Luftverkehrsrechts, 5. Auflage, Köln/Berlin/Bonn u. a. 2019.

Schwenk, Walter/Schwenk Rüdiger, Flugsicherung in Europa, in: ZLW 1993, S. 121–143.

Schwenk, Walter/Schwenk, Rüdiger, Aspects of International Co-operation in Air Traffic Management, The Hague 1997.

Shrewsbury, Stephen, September 11th and the Single European Sky: Developing Concepts of Airspace Sovereignty, in: Journal of Air Law and Commerce 2003, S. 115–160.

Siegel, Thorsten, Europäisierung des Öffentlichen Rechts, Rahmenbedingungen und Schnittstellen zwischen dem Europarecht und dem nationalen (Verwaltungs-)Recht, Tübingen 2012.

Sodan, Helge, Grundgesetz, 4. Auflage, München 2018, zitiert: *Verfasser*, in: Sodan, Grundgesetz, Art., Rn.

Solle, Stefan, „Komitologie" nach dem Vertrag von Lissabon, in: Stoffrecht 2011, S. 256–264.

Spode, Hasso, Von der Luftpolitik zur Deregulierung: Das Flugzeug und der Massentourismus, in: Roth, Ralf/Schlögel, Karl (Hrsg.), Neue Wege in ein neues Europa: Geschichte und Verkehr im 20. Jahrhundert, Frankfurt/Main 2009, S. 491–514.

Stein, Torsten, Code Sharing und Open Skies – Herausforderungen für die europäische Wettbewerbs- und Luftfahrtpolitik, in: ZLW 2001, S. 135–154.

Stemplowski, Ryszard, Indivisible Sovereignty and the European Union, in: Bohne, Eberhard/Bonser, Charles/Spencer, Kenneth (Hrsg.), The End of Sovereignty? A Transatlantic Perspective, Hamburg 2006, S. 237–242.

Stiehl, Ulrich-Martin, Die Europäische Agentur für Flugsicherheit (EASA), Eine moderne Regulierungsagentur und Modell für eine europäische Luftfahrtbehörde, in: ZLW 2004, S. 312–333.

Stiehl, Ulrich-Martin, Institutionelle Grundlagen des Luftverkehrs, Europäische Union/Europäische Gemeinschaften, Europäische Agentur für Flugsicherheit (EASA), in: Hobe, Stephan/Ruckteschell, Nicolai von (Hrsg.), Kölner Kompendium des Luftrechts, Band 1: Grundlagen, Köln/München 2008, S. 189–211, zitiert: *Stiehl*, in: Hobe/v. Ruckteschell, Kölner Kompendium Luftrecht, Bd. 1, S., Rn.

Streinz, Rudolf (Hrsg.) EUV/AEUV, Vertrag über die Europäische Union, Vertrag über die Arbeitsweise der Europäischen Union, Charta der Grundrechte der Europäischen Union, 3. Auflage, München 2018 zitiert: *Verfasser*, in: Streinz EUV/AEUV, Art., Rn.

Streinz, Rudolf, Brexit – Weg, Ziele, Lösungsmöglichkeiten, in: Kramme, Malte/Baldus, Christian/Schmidt-Kessel, Martin (Hrsg.), Brexit und die juristischen Folgen, 1. Auflage, Baden-Baden 2017, S. 17–33, zitiert: *Streinz*, in: Brexit, S.

Streit, Kurt, Geschichte der Luftfahrt, Künzelsau 1999.

Streit, Kurt/Taylor, John, Geschichte der Luftfahrt, Zürich 1972.

Stutz, Claudia, Organisation des Luftverkehrs, Flugsicherung, Einheitlicher europäischer Luftraum, in: Hobe, Stephan/Ruckteschell, Nicolai von (Hrsg.), Kölner Kompendium des Luftrechts, Band 2: Luftverkehr, Köln/München 2009, S. 896–926, zitiert: *Stutz*, in: Hobe/v. Ruckteschell, Kölner Kompendium Luftrecht, Bd. 2, S., Rn.

Tams, Christian, Artikel 87d I GG und die Neuordnung der Flugsicherung, in: NVwZ 2006, S. 1226–1229.

Tannhäuser, Peter, Organisation des Luftverkehrs, Flugsicherung, Eurocontrol, in: Hobe, Stephan/Ruckteschell, Nicolai von (Hrsg.), Kölner Kompendium des Luftrechts, Band 2: Luftverkehr, Köln/München 2009, S. 926–944, zitiert: *Tannhäuser*, in: Hobe/v. Ruckteschell, Kölner Kompendium Luftrecht, Bd. 2, S., Rn.

Thiery, Samira Helena, Die Luftverkehrsverwaltung im Auftrag des Bundes: Praxis trägerübergreifender Verwaltungssteuerung, Tübingen 2018.

Tichy, Helmut, Der neue Komitologiebeschluss, in: ZfRV 2000, S. 134–140.

Trampler, Hans-Peter, Verfassungs- und unternehmensrechtliche Probleme der bundesdeutschen Flugsicherung, Berlin 1993.

Uhl, Thomas, Luftraum, Einteilung des Luftraums, in: Hobe, Stephan/Ruckteschell, Nicolai von (Hrsg.), Kölner Kompendium des Luftrechts, Band 1: Grundlagen, Köln/München 2008, S. 319–342, zitiert: *Uhl*, in: Hobe/v. Ruckteschell, Kölner Kompendium Luftrecht, Bd. 1, S., Rn.

Uhl, Thomas, Organisation des Luftverkehrs, Flugsicherung, Flugsicherungsdienste und Flugverkehrsmanagement, in: Hobe, Stephan/Ruckteschell, Nicolai von (Hrsg.), Kölner Kompendium des Luftrechts, Band 2: Luftverkehr, Köln/München 2009, S. 944–1002, zitiert: *Uhl*, in: Hobe/v. Ruckteschell, Kölner Kompendium Luftrecht, Bd. 2, S., Rn.

Vedder, Christoph/Heintschel von Heinegg, Wolff (Hrsg.), Europäisches Unionsrecht, EUV, AEUV, GRCh, EAGV, Handkommentar mit den vollständigen Texten der Protokolle und Erklärungen, 2. Auflage, Baden-Baden 2018, zitiert: *Verfasser*, in: Vedder/Heintschel v. Heinegg, EUV/AEUV, Art., Rn.

Verdross, Alfred/Simma, Bruno, Universelles Völkerrecht, Theorie und Praxis, 3. Auflage, Berlin 1984.

Verdross, Alfred/Simma, Bruno/Geiger, Rudolf, Territoriale Souveränität und Gebietshoheit, Zur völkerrechtlichen Lage der Oder-Neiße-Gebiete, Bonn 1980.

Vitzthum, Wolfgang Graf, Staatsgebiet, in: Isensee, Josef/Kirchhof, Paul (Hrsg.), Handbuch des Staatsrechts der Bundesrepublik Deutschland, Band II: Verfassungsstaat, 3. Auflage, Heidelberg u. a. 2004, § 18, S. 163–192, zitiert: *Graf Vitzthum*, in: Isensee/Kirchhof, HStR II, §, Rn.

Vitzthum, Wolfgang Graf/Proelß, Alexander (Hrsg.), Völkerrecht. 8. Auflage, Berlin/Boston 2019, zitiert: *Verfasser*, in: Graf Vitzthum/Proelß, Völkerrecht, S., Rn.

Vogel, Carsten, Die Lufthoheit über der Bundesrepublik Deutschland, Würzburg 1997.

Vosgerau, Ulrich, Staatsgebiet, in: Schöbener, Burkhard (Hrsg.), Völkerrecht, Lexikon zentraler Begriffe und Themen, Heidelberg/München u. a. 2014, S. 427–433, zitiert: *Vosgerau*, Staatsgebiet, in: Schöbener, Lexikon Völkerrecht, S.

Wallnöfer, Klaus, Europarecht, in: Bauer, Lukas, Handbuch Verkehrsrecht, Wien 2009, S. 41–61.

Warschauer, Erich, Luftrecht: Eine rechtsphilosophische Studie, Kattowitz, 1910.

Weber, Ludwig, Die Zivilluftfahrt im Europäischen Gemeinschaftsrecht, Berlin/Heidelberg/New York 1981.

Weber, Ludwig, Institutionelle Grundlagen des Luftverkehrs, Internationale Organisationen, International Civil Aviation Organization (ICAO), in: Hobe, Stephan/Ruckteschell, Nicolai von (Hrsg.), Kölner Kompendium des Luftrechts, Band 1: Grundlagen, Köln/München 2008, S. 29–54, zitiert: *Weber*, in: Hobe/v. Ruckteschell, Kölner Kompendium Luftrecht, Bd. 1, S., Rn.

Weber-Fas, Rudolf, Über die Staatsgewalt – Von Platons Idealstaat bis zur Europäischen Union, München 2000.

Weigand, Bernhard, Zur Einleitung, in: Rektorat der Universität Stuttgart (Hrsg.), Der Traum vom Fliegen, in: Themenheft Forschung, No. 9, Universität Stuttgart, 2013, online verfügbar unter http://www.irs.uni-stuttgart.de/archiv/Pressespiegel/Der_Traum_vom_Fliegen.pdf, S. 9–11.

Weiner, Philipp, Die Vergabe von Slots, Vorschläge zur Änderung bestehender Vergabesysteme, Frankfurt 2009.

Weiss, Wolfgang, Privatisierung und Staatsaufgaben, Privatisierungsentscheidungen im Lichte einer grundrechtlichen Staatsaufgabenlehre unter dem Grundgesetz, Tübingen 2002.

Wiebel, Eva, Probleme einer multilateralen Liberalisierung des Luftverkehrs im Rahmen des GATS (WTO), Hamburg 2006.

Wieland, Joachim, Rechtsfragen der Flugsicherung, Rechtsgutachten im Auftrag des Landratsamtes Waldshut, März 2006, online verfügbar unter http://cmsdata01.landkreis-waldshut.de/landkreis-waldshut/fileadmin/user_upload/Umweltschutz/Gutachten30.3.06.pdf, zitiert: *Wieland*, Rechtsgutachten Rechtsfragen der Flugsicherung 2006, S.

Wieland, Joachim, Zur künftigen Ausgestaltung der Flugsicherung in Deutschland – Die Aufgaben der Flugsicherung und der Rahmen ihrer Privatisierung nach einer Verfassungsänderung, Gutachten im Auftrag der DFS Deutsche Flugsicherung GmbH, Februar 2007, online verfügbar unter http://www.tonihofreiter.de/dateien/NL14_Gutachten_Wieland.pdf, zitiert: *Wieland*, Gutachten im Auftrag der DFS 2007, S.

Windthorst, Kay, Die Flugsicherung im Spiegel von Europarecht und Grundgesetz, in: Hösch, Ulrich (Hrsg.), Zeit und Ungewissheit im Recht, Liber amicorum zum 70. Geburtstag von Herrn Professor Dr. Wilfried Berg, Stuttgart/München/u. a. 2011, S. 523–554, zitiert: *Windthorst*, in: FS für Wilfried Berg, S.

Wolfrum, Rüdiger, Hohe See und Tiefseeboden (Gebiet), in: Vitzthum, Wolfgang Graf (Hrsg.), Handbuch des Seerechts, 2006, S. 287–345, zitiert: *Wolfrum*, in: Vitzthum, Handbuch des Seerechts, S.

Wolfrum, Rüdiger, Restricting the Use of the Sea to Peaceful Purposes: Demilitarization in Being?, in: GYIL, vol. 24 (1981), S. 200–241.

Worpenberg, Christian/Valentiner, Dana-Sophia/Johannsen, Josina/Goldberg, Katharina, Verwaltungsrechtliche Fragen des unbemannten Luftverkehrs, Herausforderungen der U-Space-Verordnung für das nationale Recht, in: NVwZ – Extra 2022, S. 1–9.

Wrangell, Nikolas von, Globalisierungstendenzen im internationalen Luftverkehr, Entwicklung der Regulierung und Liberalisierung unter Berücksichtigung strategischer Allianzen und des Code-Sharing, Frankfurt am Main 1999.

Yang, Yonghong, Sovereignty in China's Perspective, Frankfurt/Main u. a. 2017.

Zippelius, Reinhold, Allgemeine Staatslehre, Politikwissenschaft, 16. Auflage, München 2010.

Zitelmann, Ernst, Luftschiffahrtrecht, Leipzig, 1910.

## Schriften zum internationalen und zum öffentlichen Recht

Herausgegeben von Gilbert Gornig

Band 13 Christoph Eichhorn: Altlasten im Konkurs. 1996.

Band 14 Dietrich Ostertun: Gewohnheitsrecht in der Europäischen Union. Eine Untersuchung der normativen Geltung und der Funktion von Gewohnheitsrecht im Recht der Europäischen Union. 1996.

Band 15 Ulrike Pieper: Neutralität von Staaten. 1997.

Band 16 Harald Endemann: Kollektive Zwangsmaßnahmen zur Durchsetzung humanitärer Normen. Ein Beitrag zum Recht der humanitären Intervention. 1997.

Band 17 Jochen Anweiler: Die Auslegungsmethoden des Gerichtshofs der Europäischen Gemeinschaften. 1997.

Band 18 Henrik Ahlers: Grenzbereich zwischen Gefahrenabwehr und Strafverfolgung. 1998.

Band 19 Heinrich Hahn: Der italienische Verwaltungsakt im Lichte des Verwaltungsverfahrensgesetzes vom 7. August 1990 (Nr. 241/90). Eine rechtsvergleichende Darstellung. 1998.

Band 20 Christoph Deutsch: Elektromagnetische Strahlung und Öffentliches Recht. 1998.

Band 21 Cordula Fitzpatrick: Künstliche Inseln und Anlagen auf See. Der völkerrechtliche Rahmen für die Errichtung und den Betrieb künstlicher Inseln und Anlagen. 1998.

Band 22 Hans-Tjabert Conring: Korporative Religionsfreiheit in Europa. Eine rechtsvergleichende Betrachtung. Zugleich ein Beitrag zu Art. 9 EMRK. 1998.

Band 23 Jörg Karenfort: Die Hilfsorganisation im bewaffneten Konflikt. Rolle und Status unparteiischer humanitärer Organisationen im humanitären Völkerrecht. 1999.

Band 24 Matthias Schote: Die Rundfunkkompetenz des Bundes als Beispiel bundesstaatlicher Kulturkompetenz in der Bundesrepublik Deutschland. Eine Untersuchung unter besonderer Berücksichtigung natürlicher Kompetenzen und der neueren Entwicklung im Recht der Europäischen Union. 1999.

Band 25 Hermann Rothfuchs: Die traditionellen Personenverkehrsfreiheiten des EG-Vertrages und das Aufenthaltsrecht der Unionsbürger. Eine Gegenüberstellung der vertraglichen Gewährleistungen. 1999.

Band 26 Frank Alpert: Zur Beteiligung am Verwaltungsverfahren nach dem Verwaltungsverfahrensgesetz des Bundes. Die Beteiligtenstellung des § 13 Abs. 1 VwVfG. 1999.

Band 27 Matthias Reichart: Umweltschutz durch völkerrechtliches Strafrecht. 1999.

Band 28 Nikolas von Wrangell: Globalisierungstendenzen im internationalen Luftverkehr. Entwicklung der Regulierung und Liberalisierung unter Berücksichtigung strategischer Allianzen und des Code-Sharing. 1999.

Band 29 Marietta Hovehne: Ein demokratisches Verfahren für die Wahlen zum Europäischen Parlament. Legitimation gemeinschaftlicher Entscheidungsstrukturen im europäischen Integrationsprozeß. 1999.

Band 30 Nina Kaden: Der amerikanische Clean Air Act und das deutsche Luftreinhalterecht. Eine rechtsvergleichende Untersuchung. 1999.

Band 31 Brigitte Daum: Grenzverletzungen und Völkerrecht. Eine Untersuchung der Rechtsfolgen von Grenzverletzungen in der Staatenpraxis und Folgerungen für das Projekt der International Law Commission zur Kodifizierung des Rechts der Staatenverantwortlichkeit. 1999.

Band 32 Andreas Fürst: Die bildungspolitischen Kompetenzen der Europäischen Gemeinschaft. Umfang und Entwicklungsmöglichkeiten. 1999.

Band 33 Gilles Despeux: Die Anwendung des völkerrechtlichen Minderheitenrechts in Frankreich. 1999.

Band 34 Michael Reckhard: Die rechtlichen Rahmenbedingungen der Sanktionierung von Beitragsverweigerung im System der Vereinten Nationen. 1999.

Band 35 Carsten Pagels: Schutz- und förderpflichtrechtliche Aspekte der Religionsfreiheit. Zugleich ein Beitrag zur Auslegung eines speziellen Freiheitsrechts. 1999.

Band 36 Bernhard Mehner: Die grenzüberschreitende Wirkung direktempfangbaren Satellitenfernsehens aus völkerrechtlicher Sicht. 2000.

Band 37 Karl-Josef Ulmen: Pharmakologische Manipulationen (Doping) im Leistungssport der DDR. Eine juristische Untersuchung. 2000.

Band 38 Jochen Starke: Die verfassungsgerichtliche Normenkontrolle durch den Conseil constitutionnel. Zum Kompetenztitel des Art. 61 der französischen Verfassung. 2000.

Band 39 Marco Herzog: Rechtliche Probleme einer Inhaltsbeschränkung im Internet. 2000.

Band 40 Gilles Despeux: Droit de la délimitation maritime. Commentaire de quelques décisions plutoniennes. 2000.

Band 41 Christina Hackel: Der Untergang des Landes Braunschweig und der Anspruch auf Restitution nach der Wiedervereinigung Deutschlands. 2000.

Band 42 Peter Aertker: Europäisches Zulassungsrecht für Industrieanlagen. Die Richtlinie über die integrierte Vermeidung und Verminderung der Umweltverschmutzung und ihre Auswirkungen auf das Anlagenzulassungsrecht der Bundesrepublik Deutschland. 2000.

Band 43 Karsten Bertram: Die Gesetzgebung zur Neuregelung des Grundeigentums in der ersten Phase der Französischen Revolution (bis 1793) und deren Bedeutung für die deutsche Eigentumsdogmatik der Gegenwart. 2000.

Band 44 Ulrike Hartmann: Die Entwicklung im internationalen Umwelthaftungsrecht unter besonderer Berücksichtigung von *erga omnes*-Normen. 2000.

Band 45 Thomas Jesch: Die Wirtschaftsverfassung der Sonderverwaltungsregion Hongkong. Eine Darstellung vor dem Hintergrund der Wiedereingliederung in die Souveränität der Volksrepublik China. 2001.

Band 46 Sven Gottschalkson: Der Ausschluß des Zivilrechtsweges bei Eigentumsverlusten an Immobilien in der ehemaligen DDR. 2002.

Band 47 Gilbert Hanno Gornig / Gilles Despeux: Seeabgrenzungsrecht in der Ostsee. Eine Darstellung des völkerrechtlichen Seeabgrenzungsrechts unter besonderer Berücksichtigung der Praxis der Ostseestaaten. 2002.

Band 48 Andreas Zühlsdorff: Rechtsverordnungsersetzende Verträge unter besonderer Berücksichtigung des Umweltrechts. 2003.

Band 49 Katja Schmitz: Durchgriffswirkung von Maßnahmen der UN und ihrer Sonderorganisationen unter besonderer Berücksichtigung von Resolutionen des UN-Sicherheitsrates – Die Entwicklung supranationaler Strukturen. 2003.

Band 50 Stefanie Rothenberger: Die angemessene Nutzung gemeinschaftlicher Ressourcen am Beispiel von Flüssen und speziellen Ökosystemen. Eine vergleichende Betrachtung zum modernen Verständnis eines klassischen völkerrechtlichen Nutzungsprinzips. 2003.

Band 51 Christoph von Burgsdorff: Die Umsetzung der EG-Datenschutzrichtlinie im nicht-öffentlichen Bereich. Möglichkeit einer zukunftsorientierten Konzeption des Datenschutzes in der Privatwirtschaft unter besonderer Berücksichtigung des BDSG. 2003.

Band 52 Frank Reinhardt: Powerline. Verfassungs-, verwaltungs- und telekommunikationsrechtliche Probleme. 2003.

Band 53 Chie Sato: Immunität Internationaler Organisationen. 2004.

Band 54 Johannes Thoma: EU-Recht und Schranken hoheitlicher Staatstätigkeit. 2004.

Band 55 Wolf Peterhoff: Rechtsansprüche enteigneter Volksgruppen und ihre Durchsetzbarkeit. 2004.

Band 56 Do-Hyub Kim: Das deutsche parlamentarische Regierungssystem als mögliches Modell für Korea. 2004.

Band 57 Alexander Koberg: Die Exilregierung im Völkerrecht. Eine Untersuchung ihrer rechtlichen Klassifikation. 2005.

Band 58 Nils Christian Carstensen: Das Verhältnis des Seerechtsübereinkommens der Vereinten Nationen von 1982 zu fischereirechtlichen Übereinkommen und deren Streitbeilegungsvorschriften. 2005.

Band 59 Oliver Franz: Osttimor und das Recht auf Selbstbestimmung. Eine Untersuchung zur Anwendung des Selbstbestimmungsrechts der Völker am Beispiel Osttimors. 2005.

Band 60 Michael Kadgien: Das Habsburgergesetz. 2005.

Band 61 Felix Wolf: Terrorversicherungen und europäisches Wettbewerbsrecht. Verschiedene Modelle staatlicher Beteiligung an einer Terrorversicherung für Wirtschaftsbetriebe und ihre Vereinbarkeit mit dem europäischen Wettbewerbsrecht. 2005.

Band 62 Heiko Bertelmann: Die Europäisierung des Staatshaftungsrechts. Eine Untersuchung zum Einfluss des Europäischen Gemeinschaftsrechts auf das deutsche Staatshaftungsrecht unter besonderer Berücksichtigung der Haftung für judikatives Unrecht. 2005.

Band 63 Cedric Christian Meyer: Konkretisierung unbestimmter Rechtsbegriffe im deutschen und französischen Anlagenzulassungsrecht. 2005.

Band 64 Philippe Gréciano: Die Gerichtsbarkeit der Europäischen Gemeinschaften. Rechtsprechung und Rechtssprache Europas aus französischer Perspektive. Mit einem Vorwort von Theodor Öhlinger. 2007.

Band 65 Anne-Louise Schümer: Die Stellung des Ministerpräsidenten in den Bundesländern im Vergleich. 2006.

Band 66 Helen Ghebrewebet: Identifying Units of Statehood and Determining International Boundaries. A Revised Look at the Doctrine of Uti Possidetis and the Principle of Self-Determination. 2006.

Band 67 Arne Hertel: Beihilfen an kleine und mittlere Unternehmen. 2006.

Band 68 Markus Günther: Europol. Rechtsschutzmöglichkeiten und deren Vereinbarkeit mit nationalen und internationalen Anforderungen. 2006.

Band 69 Christian Wicker: The Concepts of Proportionality and State Crimes in International Law. An Analysis of the Scope of Proportionality in the Right of Self-Defence and in the Regime of International Countermeasures and an Evaluation of the Concept of State Crimes. 2006.

Band 70 Hauke Stöwsand: Zyperns Beitritt zur Europäischen Union. Vom Antrag auf Mitgliedschaft bis zum Protokoll der Beitrittsakte. 2007.

Band 71 Natalie Rowohl: Weltbank und Internationaler Währungsfonds: Ihre Mandate und deren Abgrenzung. Stand und Reformvorschläge. 2007.

Band 72 Ru-Huei Liu: Europäisierung des deutschen Umweltrechts. 2008.

Band 73 Katja Lange: Der Status der Aufständischen im modernen humanitären Völkerrecht. 2007.

Band 74 Tarik El-Shabassy: Die Durchsetzung finanzieller Sanktionen der Europäischen Gemeinschaften gegen ihre Mitgliedstaaten. 2008.

Band 75 Karsten Seifert: Das interamerikanische System zum Schutz der Menschenrechte und seine Reformierung. 2008.

Band 76 Nora Graaff: Staatenverantwortlichkeit. Vom „völkerrechtlichen Verbrechen“ zur „schwerwiegenden Verletzung einer zwingenden Völkerrechtsnorm“ anhand der ILC-Kodifikationsarbeit. 2008.

Band 77 Aldona Szczeponek: Die Umsetzung des Völkerrechts und des europäischen Gemeinschaftsrechts in Polen. Unter Berücksichtigung verfassungsrechtlicher Lösungen anderer europäischer Staaten. 2008.

Band 78 Christian Friedrich Fonk: Europäische Luftqualitätsziele und nationale Erfüllungsverantwortung. 2009.

Band 79 Christina Prinzhorn: Der Grundsatz des öffentlichen Zugangs zu amtlichen Dokumenten aus der Perspektive des internationalen Rechts. Materiell-rechtliche Vorgaben durch das internationale Recht für Informationszugangsrechte in den nationalen Rechtsordnungen Europas. 2009.

Band 80 Steffen Eicker: Der Deutsch-Herero-Krieg und das Völkerrecht. Die völkerrechtliche Haftung der Bundesrepublik Deutschland für das Vorgehen des Deutschen Reiches gegen die Herero in Deutsch-Südwestafrika im Jahre 1904 und ihre Durchsetzung vor einem nationalen Gericht. 2009.

Band 81 Niels Beisinghoff: Corporations and Human Rights. An Analysis of ATCA Litigation against Corporations. 2009.

Band 82 Gesine Wolf-Zimper: Zielgerichtete Sanktionen des Sicherheitsrates der Vereinten Nationen und effektiver Rechtsschutz. 2009.

Band 83 David Bergius: Die offene Frage des Privateigentums der Vertriebenen im deutsch-polnischen Verhältnis. 2009.

Band 84 Axel Rolf Schneider: Petitionen zum Europäischen Parlament mit Berücksichtigung des Bürgerbeauftragten. 2009.

Band 85 Tobias Nord: Rechtsnachfolge bei zwischenstaatlichen Organisationen. 2010.

Band 86 Marcel Bongard: Emissionshandel und effektiver Rechtsschutz: Ein unvereinbarer Gegensatz? Eine Untersuchung zu den Auswirkungen marktwirtschaftlicher Umweltschutzinstrumente auf den Individualrechtsschutz am Beispiel des Emissionshandelssystems. 2010.

Band 87 Armin Huhn: Amtshaftung im bewaffneten Auslandseinsatz. Anwendbarkeit und Leistungsfähigkeit des Amtshaftungsrechts bei Verletzung des ius in bello. 2010.

Band 88 Johannes Mosters: Ethische Beschaffung. Sekundärzwecke im Zeitalter der Globalisierung. 2010.

Band 89 Thomas Herntrich: Thüringen. Von den thüringischen Kleinstaaten nach Zerfall des Alten Reiches bis zum Freistaat Thüringen. Eine völkerrechtliche und verfassungsrechtliche Betrachtung. 2010.

Band 90 Marcelo Antonio Villagrán Abarzúa: Verfassungsrechtliche Grundlagen der Gemeindeverwaltung in Chile. Auch ein Beitrag zur Dezentralisierung und Dekonzentration. 2010.

Band 91 Manfred Hechtl: Die offensive Defensive: Das Recht der präventiven Selbstverteidigung? Lösungsansätze für (scheinbare) Bedrohungen durch einzelne Staaten und internationale Terrornetzwerke. 2011.

Band 92 Christian Grüner: Quantität und Qualität der europäischen Rechtsetzung. 2011.

Band 93 Anna Keller: Der neue Rechtsrahmen für den öffentlichen Rundfunk in Frankreich. 2011.

Band 94 Jörn Eschment: Musterprozesse vor dem Europäischen Gerichtshof für Menschenrechte. Probleme und Perspektiven des Piloturteilsverfahrens. 2011.

Band 95 Marija Dietrich: Staatliches Souveränitätsverständnis im Wandel der gesellschaftspolitischen Strukturen. Eine Perspektive der Europäischen Union nach Inkrafttreten des Vertrags von Lissabon. 2011.

Band 96 Philipp Austermann: Die Anrechnungsbestimmungen im Abgeordnetenrecht des Bundes und der Länder. Eine verfassungsrechtliche und verfassungspolitische Untersuchung unter besonderer Berücksichtigung des Abgeordnetenstatus. 2011.

Band 97 Gilbert Gornig (Hrsg.): Krisengebiete der Welt. Völkerrechtliche und politische Aspekte. 2011.

Band 98 Jörg Brackmann: Genehmigung, Anmeldung und Anzeige gentechnischer Arbeiten und Anlagen. Nach den Änderungen des Gentechnikrechts 2002, 2005 und 2008. 2011.

Band 99 Giuseppe de Vergottini / Valeria Piergigli (eds.): Topographical Names and Protection of Linguistic Minorities. 2011.

Band 100 Nevzat Kirkagac: Verdachtsausweisungen im deutschen Rechtsstaat. 2011.

Band 101 Karlheinz Rode: Verfassungsidentität und Ewigkeitsgarantie. Anmerkungen zu einem Mythos der Deutschen Staatsrechtslehre. 2012.

Band 102 Markus Kühnl: Enteignung und Mediation. Ansätze mediativer Konfliktlösung hinsichtlich einer Enteignung zur Realisierung planfeststellungsbedürftiger Großvorhaben. 2012.

Band 103 Max Fischer: Das System konsistenter Entgeltregulierung im deutschen Telekommunikationsrecht. 2012.

Band 104 Jennifer Satish: Nationale Handlungsspielräume beim Anbau von gentechnisch veränderten Organismen (GVO). Europa- und welthandelsrechtliche Implikationen. 2012.

Band 105 Eva Marie Lischka: Völkerrechtliches und nationales Schifffahrtsrecht. 2013.

Band 106 Friederike Maria Posor: Der Darfur-Konflikt und seine Auswirkungen auf die internationale Staatengemeinschaft. Vor dem Hintergrund neuer völkerrechtlicher Rechtsfortbildung. Möglichkeiten und Grenzen der internationalen Friedenskonsolidierung. 2013.

Band 107 Kai Georg Krenz: Rechtliche Probleme des internationalen Kulturgüterschutzes. Durchsetzung, Harmonisierungsbestrebungen und Restitutionen von Kulturgütern. 2013.

Band 108 Jörg Sommer: Das Recht der Kriegsgefangenen in modernen bewaffneten Konflikten. 2013.

Band 109 Henning Hildebrandt: Die Rechtsproblematik multipler Regulierungsstrukturen in der Doping-Bekämpfung. Zur Notwendigkeit und Möglichkeit einer globalen öffentlich-rechtlichen Kontrolle sozialmächtiger Sportverbände. 2013.

Band 110 Isabelle Reutzel: Das Weltraumrecht in Europa. Eine Analyse der nationalen Regelungen zur Raumfahrt. 2014.

Band 111 Lì Lǐ: Potenzial und Grenzen der Missbrauchskontrollregelung in der Europäischen Union und in der Volksrepublik China. Eine rechtsvergleichende Analyse am Beispiel der Kampfpreisstrategien. 2014.

Band 112 Adrianna Agata Michel: Polens Staatlichkeit in sieben Jahrhunderten. Eine völkerrechtliche Analyse zur Staatensukzession. 2015.

Band 113 René Ghouse: Langzeitverantwortlichkeit im parlamentarischen Gesetzgebungsverfahren. Ausgewählte Reformbemühungen zum Schutz nachrückender Generationen auf dem Prüfstand. 2016.

Band 114 Jan Ulrich Heinemann: Die Entwicklung der Außenkompetenzen der Europäischen Union im Vergleich der Rechtslagen vor und nach dem Reformvertrag von Lissabon. Unter besonderer Berücksichtigung der impliziten Außenkompetenzen. 2016.

Band 115 Christian Ehlenz: Zum Verhältnis von Recht und Ökonomik beim Behinderungsmissbrauch gemäß Art. 102 AEUV. Die Zwangslizenzierung von Immaterialgüterrechten als Paradigma des More Economic Approach. 2016.

Band 116 Franziska Schuierer: Nation-Building als Aspekt des Völkerrechts. Friedenssicherung in Nachkonfliktsituationen. 2016.

Band 117 Wen-Chin Chen: Gerechte Steuerentlastungen der Verbrauchsteuer. Am Beispiel der Energiesteuer und der Stromsteuer. 2017.

Band 118 Yonghong Yang: Sovereignty in China's Perspective. 2017.

Band 119 Diego Schalper: Der Schutz der sozialen Grundrechte unter besonderer Berücksichtigung der Rechtslage in der Bundesrepublik Deutschland und in der Republik Chile. 2019.

www.peterlang.com

www.ingramcontent.com/pod-product-compliance
Ingram Content Group UK Ltd.
Pitfield, Milton Keynes, MK11 3LW, UK
UKHW021824290926
8980IPUK00004B/263

9 783631 912287